Françoise Dolto est née [...] [...]ssi-
ques. Thèse de médecin[...] [...] et
pédiatrie ». Devient p[...] la
Société Psychanalytique [...] la
Société Française de P[...] [...]vec
Jacques Lacan, de la célèbre École freudienne de Paris.
Spécialiste de psychanalyse des enfants, Françoise Dolto est
connue mondialement pour ses travaux : séminaires, essais clini-
ques, communications. Elle est une figure populaire depuis
qu'elle a animé une émission quotidienne sur France-Inter, où
elle répondait directement aux lettres de parents lui confiant
leurs problèmes éducatifs. La création de la première « Maison
Verte » (dans le XVᵉ arrondissement de Paris) fait d'elle un pion-
nier, car elle inaugure sur le terrain une initiation précoce de
l'enfant à la vie sociale.
Elle a notamment publié : Psychanalyse et Pédiatrie *(Le Seuil)*,
Le Cas Dominique *(Le Seuil)*, Lorsque l'enfant paraît *(Le Seuil)*,
L'Evangile aux risques de la psychanalyse *(Delarge)*, Sexualité
féminine *(Scarabée & Compagnie)*.

Des livres sur les enfants, des livres pour les enfants : quelle floraison au monde ! Mais combien de leurs auteurs se mettent véritablement au service des enfants ?
Françoise Dolto, en dialoguant avec un collectif d'enquête, renverse l'ordre des choses et rompt avec le discours habituel sur
l'Enfant majuscule. Cet ouvrage original tente pour la première
fois de considérer d'abord le monde selon le point de vue de
l'enfant et dans son seul intérêt. Au fur et à mesure qu'on lit ces
pages, le regard change : la fatalité le cède à l'espérance. Françoise Dolto nous entraîne à écouter les enfants, à les entendre
vraiment à travers le langage qui est le leur, tout en parlant le
nôtre sans le leur imposer. Langage qui se fait chair.
En dressant un bilan historique et critique de la condition des
enfants et en la confrontant ici à son expérience de psychanalyste, Françoise Dolto nous aide à mieux communiquer avec
les nouveau-nés et ouvre les chemins de l'avenir aux enfants
d'aujourd'hui. « Quiconque, dit-elle, s'attache à écouter la
réponse des enfants, est un esprit révolutionnaire. »
Françoise Dolto retrace les étapes de son combat quotidien pour
la « cause des enfants ». Cinquante années d'écoute exceptionnelle : ses intuitions de petite fille qui voulait être « médecin

(Suite au verso.)

d'éducation », ses premiers contacts avec ses petits malades, son travail en équipe, l'expérience de la « Maison Verte », tout cela constitue un témoignage capital de femme, de thérapeute et aussi de philosophe en acte de notre temps. La contribution du xxᵉ siècle la plus courageuse et la plus lucide à la cause des enfants.

Ceux qui connaissent déjà Françoise Dolto ne seront pas déçus. Et ceux qui la découvriront ne seront plus tout à fait les mêmes, parents et citoyens.

FRANÇOISE DOLTO

La Cause
des enfants

ROBERT LAFFONT

Avec un collectif d'enquête
dirigé par André Coutin

UN NOUVEAU REGARD

La cause des enfants est bien mal défendue dans le monde pour ces trois raisons :

– Le discours scientifique, de plus en plus abondant en la matière, dispute au discours littéraire le monopole de la connaissance du premier âge de la vie. Il occulte la réalité symbolique, la puissance spécifique, l'énergie potentielle contenue dans chaque enfant. Objet de désir pour le romancier, l'enfant devient objet d'études pour le chercheur en médecine et sciences humaines.

– La société se préoccupe avant tout de rentabiliser le coût des enfants.

– Les adultes ont *peur* de libérer certaines forces, certaines énergies dont sont porteurs les petits et qui remettent en question leur autorité, leur acquis, leurs positions sociales. Ils projettent sur les enfants leurs désirs contrariés et leur mal être et leur imposent leurs modèles.

Analyser la « leçon de l'histoire » en étudiant les origines des échecs et les sources des erreurs qui aliènent les relations entre adultes et enfants, depuis des siècles, et proposer une nouvelle approche pour une meilleure prévention, tel est l'axe du présent ouvrage.

Jusqu'à présent tous les ouvrages de pédiatrie ou d'éducation cédaient à la vieille tradition de l' « adulto-centrisme ». Ils ne font que remettre à jour ou mettre à la mode les éternels guides conçus dans l'intérêt des familles. C'est immanquablement l'école des parents. Au service des enfants? Non, au service des parents. La démarche de ce collectif d'enquête change radicalement l'angle de vision : elle consiste à se replacer dans la véritable perspective de l'être en devenir dégagée du prisme parental et de l'optique déformante des manuels et traités dits pédagogiques.

MODE D'EMPLOI

CE travail d'équipe a pour objet de soumettre au regard de la psychanalyse un ensemble de données historiques, sociologiques, ethnographiques, littéraires, scientifiques, recueillies au cours d'une enquête, menée en France et à l'étranger, sur la place faite aux enfants dans la société.

Démarche originale : Françoise Dolto réfléchit et commente en apportant sa double expérience de médecin psychanalyste des enfants et de mère de famille.

Les passages en italique présentent au docteur Françoise Dolto des tendances, des courants, des modes et des constantes et les points de débat et questions en suspens, tels qu'ils apparaissent au terme de l'enquête. Françoise Dolto réagit, confronte ces données à ses observations, apporte son témoignage personnel, développe son point de vue.

La première partie du présent ouvrage tente de dresser un bilan historique et d'établir un diagnostic. La deuxième partie trace une nouvelle approche de l'enfance. La troisième partie expose des scénarios pour une société au service de l'enfance. La quatrième et dernière partie jette les bases d'une prévention précoce des névroses infantiles. La révolution des petits pas. La vraie révolution.

TANT QU'IL Y AURA DES ENFANTS

L'enfant dans la société :
constantes, changements et origines des échecs

> « Les parents éduquent les enfants comme les princes gouvernent les peuples. »

> « Nous avons un mythe de progression du fœtus, de la naissance à l'âge adulte, qui fait que nous identifions l'évolution du corps à celle de l'intelligence. Or, l'intelligence symbolique est étale de la conception à la mort. »

> « C'est un scandale pour l'adulte que l'être humain à l'état d'enfance soit son égal. »

FRANÇOISE DOLTO

CHAPITRE I

LE CORPS DÉGUISÉ

DÉCOUVERTE DU CORPS DE L'ENFANT

Du XVe au XVIIIe siècle, le déguisement de l'enfant en adulte est une constante de la peinture. L'exposition, qui a eu lieu à Cologne au Wallraf Richartz Museum en 1965-1966, est révélatrice à ce sujet. L'emprunt ne porte pas seulement sur le costume. Le physique est aussi confondu. On le voit bien sur une gravure de Dürer représentant un enfant du peuple aux traits de petit vieux.

Dans la « Satirische Schulszene » de Bruegel, les enfants ont des comportements et attitudes de « grandes personnes ». Seule la taille les distingue. Dans « der Gärtner » (Le Nain, 1655), les fillettes qui aident à la préparation du repas sont campées comme de véritables femmes, elles portent le même costume que leur mère. Ce sont des « modèles réduits » de leur génitrice. Même chose pour les garçons, à ceci près qu'au XVIIe siècle, ils ne suivent pas encore la mode masculine, ils sont vêtus non pas comme leurs pères mais comme leurs aïeux mâles des temps médiévaux.

Jusqu'au XVIIIe siècle, le corps de l'enfant est complètement enseveli sous la robe. Ce qui distingue les petits garçons des fillettes, ce sont les boutons par-devant. C'est tout. Ce que les enfants des deux sexes ont en commun, ce sont les rubans. Avant de porter la culotte, l'homme adulte a eu la robe. Petit à petit il va découvrir ses jambes et endosser des hauts-de-chausses. Mais le petit garçon n'y est pas autorisé : il subit toujours deux ou trois siècles de stagnation. On lui donne la robe que portait l'adulte deux ou trois siècles auparavant. Dans les tableaux de famille, on voit les enfants avec des robes, à rubans libres, deux ou quatre. C'est ce qui les distingue des nains adultes.

Pourquoi ces rubans? Philippe Ariès se demande si ce n'est pas une sorte de séquelle, de résidu, des manches libres de la robe médiévale. Par atrophie, ces manches flottantes seraient devenues des rubans. Ce qui tendrait à prouver qu'on n'a encore rien inventé pour le vêtement de l'enfant au XVIIe siècle. On lui fait porter ce que l'adulte portait autrefois[1].

Il y a une autre explication possible : ces rubans seraient un reliquat des guides. Lorsque les enfants faisaient leurs premiers pas, on les tenait attachés, comme on enrêne les chevaux. Et lorsqu'ils étaient maillotons, ils étaient accrochés au mur pour ne pas être à la portée des rats ou pour avoir plus chaud – la chaleur dégagée du foyer montant dans la pièce de séjour. On les suspendait ainsi quand on allait au travail. En somme, les rubans seraient, au XVIIe siècle, un résidu de ces laisses ou sangles des bébés de l'époque antérieure. L'enfant n'en a plus besoin mais le ruban est le signe qu'il a encore le droit de régresser, comme s'il avait gardé, dans l'idée de l'adulte, le costume du tout-petit équipé de lacets, de guides, de rênes.

D'ailleurs, aujourd'hui on vend dans les magasins des harnais pour enfants qu'on promène dans les grands magasins ou dans la rue réputée si dangereuse. Alors on les attelle aux parents!

---

1. *L'Enfant et la vie familiale sous l'Ancien Régime*, 1,3, p. 83, Le Seuil, coll. « Points Histoire ».

Du Moyen Age à l'époque classique, le corps de l'enfant est vraiment emprisonné, caché. On ne le découvre en public que pour le fouetter, le battre. Ce qui devait être une très grande humiliation parce qu'il s'agit des parties qui devaient être cachées. Quand les peintres italiens ou flamands représentent l'enfant nu, il est angelot; il est utilisé comme symbole. Mais petit à petit, Eros va arriver en force... Le bébé nu restera officiellement symbole vis-à-vis de l'Eglise, mais en fait les peintres s'en donnent à cœur joie et là il y a une sensualité qui va pouvoir se libérer, au moins dans l'iconographie; peut-être pas dans la réalité, car il fallait bien faire poser des enfants devant les peintres, seule occasion pour que l'enfant soit regardé, chéri, admiré pour son corps nu. Dans la littérature, il n'est guère décrit mais ce passage de Madame de Sévigné parlant de sa petite-fille traduit une érotisation du corps de l'enfant : « Comme c'est extraordinaire, il faut voir comme elle agite la main, comment son petit nez frémit... » « ... Son teint, sa gorge et son petit corps sont admirables. Elle fait cent petites choses, elle caresse, elle bat, elle fait le signe de la croix, elle demande pardon, elle fait la révérence, elle baise la main, elle hausse les épaules, elle danse, elle flatte, elle prend le menton : enfin elle est jolie de tout point. Je m'y amuse des heures entières. » Lettre de Madame de Sévigné du 20 mai 1672, au sujet de sa « petite mie ». Elle s'extasie sur le corps nu de sa petite-fille. Mais très vite on s'aperçoit que pour elle c'est un jouet. Le 30 mai 1677, elle écrit à Mme de Grignan toujours à propos de sa petite-fille : « Pauline me paraît digne d'être votre jouet. » La grand-mère en jouit sensuellement, voluptueusement, mais il n'y a pas du tout ce sentiment que son esprit est celui d'une personne, d'un être humain en communication avec elle.

Il faut dire qu'à l'époque, ce n'est absolument pas entré dans les mœurs, d'autant plus qu'on faisait beaucoup d'enfants; beaucoup mouraient. Madame de Sévigné : « J'ai perdu deux petites filles... » Ce n'est pas « dix de retrouvées », mais c'est tout de même un peu cela. Attitude comparable aussi chez Montaigne qui note qu'il a perdu deux enfants, comme il aurait dit : « J'ai perdu mes deux chiens ou mes deux chats », avec autant d'indifférence : ça fait partie des événements courants.

Montaigne ne dit même pas, dans le texte, « sont morts » ou « décédés » (je ne sais pas si on disait « décédé » à l'époque) ou « sont repartis à la Maison du Père »... il dit qu'il a perdu des objets. Il n'en parle pas comme d'individus qui ont fini leur vie. Que disent les adultes quand ils ont perdu un être cher? Que disent-ils de cette mort? Ils disent : « Il est mort »; ils parlent de lui comme sujet d'un verbe. L'enfant, à cette époque-là, n'est pas encore sujet d'un verbe; il est objet d'un verbe pour celui qui en parle.

On trouve pourtant sur des tombeaux des représentations d'enfants qui sont morts en bas âge et qui sont censés aller dans les limbes. C'est peut-être là les prémices de la reconnaissance de l'enfant en tant que tel... mais prémices tout à fait limitées, parce qu'on peut se demander : cet enfant que l'on représente, sous la forme d'un petit ange, est-ce que c'est l'âme? Les adultes défunts sont aussi représentés enfants sur leur tombeau. C'est sans doute leur âme qui est ainsi symbolisée.

Dans les icônes de la Dormition de la Vierge, le Christ prend en main un mailloton, qui est représentatif de l'âme de la Vierge. Les premiers signes, qui sont encore atypiques, minoritaires de l'apparition de l'enfant en tant que tel, ne sont pas évidents. Nous le voyons représenté sur son tombeau quand il est mort en bas âge, mais nous ne pouvons pas affirmer que ce ne soit pas l'âme qui est figurée. Ce n'est pas forcément l'enfant en tant qu'individu décédé et inhumé à telle date. Dans le langage écrit, l'enfant reste objet. Il faudra beaucoup de temps pour qu'il soit reconnu comme sujet.

Dans la société d'avant 1789, l'apprentissage reste le rite de passage : la naissance de l'enfant-individu. Il est reconnu comme sujet du verbe « faire » à partir du moment où il est placé chez les autres, comme étant capable de faire du travail utile. Mais il est alors traité comme une machine à produire, puisqu'on peut le battre jusqu'à le casser; le mettre au rebut, le faire mourir (la correction paternelle peut aller jusqu'à la mort).

La représentation du petit enfant jusque dans la peinture classique montre bien que son corps n'est pas pris pour ce qu'il est dans la réalité mais pour ce que la société veut occulter de l'enfance.

La vérité anatomique est jugée indigne du fils de Dieu. L'esprit pourrait-il s'incarner dans une créature immature et disproportionnée? Alors, on préfère donner à l'enfant Jésus les proportions normales de l'adulte : le rapport de la tête au reste du corps est de 1 à 8. A cet âge, il est pourtant de 1 à 4.

La tête devrait être aussi grande que celle de la mère. Mais on ne veut pas laisser voir cette disproportion qui accuse le développement cérébral de l'homme à son premier âge. Il est significatif que sur certains chapiteaux des cathédrales, les paysans sont représentés selon la morphologie d'un corps d'enfant, la proportion de la tête étant de 1 à 4. Ici l'artiste sert le dessein du prince. Il s'agit de rappeler au bon peuple que le pouvoir seul est adulte. L'inverse, serfs, pauvres, enfants, même portrait, même combat.

Une exposition : « L'image de l'enfant vu par les maîtres de la peinture, variations d'un thème, de Lucas Cranach à nos jours », a eu lieu en Allemagne (Weimar, 25 mai-15 octobre 1972). Les tableaux de la période médiévale confirment ce que l'on sait de la situation de l'enfant à cette époque où il était complètement intégré à la vie de l'adulte. Mais une œuvre du XVe siècle retient particulièrement l'attention comme faisant exception : « Le Christ bénit les enfants. » Tout en paraissant sacrifier aux conventions de leur temps, les artistes ont, sans prévenir, des fulgurances, des échappées qui peuvent révéler la face secrète des choses, la vie intérieure, à l'insu même de leurs commanditaires. Tel est le cas de ce tableau atypique où l'on voit des enfants qui jouent, saisis sur le vif, et qui n'ont pas ce masque de nain triste et lugubre qu'on prête en général, comme selon un consensus, aux petits du XIVe au XVIIIe siècle. L'un des enfants qui entourent le Christ, « Laissez venir à moi les petits enfants », tient une poupée : sans doute l'une des premières poupées de l'histoire de la peinture occidentale.

L'enfant – à part ce tableau atypique exceptionnellement non conformiste – n'est pas représenté pour lui-même. On se sert de son corps pour la décoration religieuse, il est le bibelot tutélaire, le petit génie qui escorte les saintes et saints. L'enfant prête son masque joufflu, ses bras potelés et ses fesses dodues à l'angelot qui se multiplie en farandole céleste. L'Eglise a tant prévenu les esprits contre le petit immature, qui ne peut être que le siège des puissances maléfiques, qu'on l'oblige à faire l'ange pour n'être pas la bête. Mais derrière ce masque confit en dévotion perce vite le sourire narquois d'Eros. Les poupons baroques ont des petites gueules d'amour. Une Vénus de Cranach coiffée d'un incroyable chapeau à fleurs accorde à l'un de ces angelots coquins la faveur de tenir sa ceinture.

Dans les tableaux de l'école de Le Nain, au cours de veillées paysannes, on voit des nourrissons sur les genoux d'un père ou d'un grand-père, en présence de leur mère. Les petits grouillent autour des adultes de façon très vivante. Mais ce sont toujours des scènes de la vie paysanne. Jamais une telle spontanéité au sein des familles bourgeoises qui posent devant le peintre. Dans les familles paysannes, l'enfant est intégré à valeur égale des autres suivant l'âge qu'il a. Même si, dans son coin, il a son activité propre, même si son regard ne converge pas vers le peintre ou ce que nous appelons aujourd'hui l'objectif, sa place est nécessaire dans la composition du tableau. Le peintre l'a introduit là de façon inconsciente mais comme partie intégrante et indispensable à l'équilibre de son œuvre. L'enfant a une attitude qui est dissociée de celle des adultes, son regard ne va pas dans la même direction. Il est là comme une promesse d'un autre groupe social qu'il construira plus tard. Pour l'instant, il vit en parallèle avec ses devanciers tout en annonçant déjà une manière de synthèse familiale. Il n'est plus parasite et n'est plus complètement inféodé à sa famille. Avec son jouet, il bâtit une pensée industrieuse qui est sienne et il est en sécurité.

Les peintres qui subissaient les conventions de l'époque et, sur commande, représentaient des figures imposées pouvaient, par certains détails, faire un autre tableau dans le tableau.

Si le peintre voulait que quelque chose échappe aux adultes de son tableau de famille, c'est que lui-même avait à exprimer qu'il gardait un esprit d'enfance qui échappait à la productivité générale de son entourage, de son ethnie. Car un peintre est tout de même un marginal. Il crée pour l'avenir. Il est sûr qu'il n'est pas dans le concert des industrieux du moment et c'est probablement pour cela qu'il peut s'identifier à l'enfant qui est encore du groupe mais qui déjà prépare le futur. Le peintre, pour pouvoir fixer le mystère du devenir, se met hors du temps.

L'exposition comportait 150 œuvres. Si l'on recherche, au cours des cinq siècles traversés, l'évolution du maternage dans les scènes où l'enfant est au berceau ou pris dans les bras, on remarque une seule attitude qui ne soit pas conventionnelle, dans un tableau où le dernier-né de la famille est materné par sa sœur aînée. Ce n'est pas la mère et l'enfant stéréotypés. La grande sœur folâtre se détend avec son frérot, elle ne se sent pas regardée par l'œil de la société. Attitude ludique qu'on ne voit qu'une fois tout au long de l'exposition.

Dans la peinture du XVIIIe siècle, l'enfant, toujours habillé comme un petit adulte, se dégage cependant un peu du cadre familial, de l'obligatoire tableau de famille. On le découvre dans la nature, jouant en groupe ou avec des animaux. Ce n'est qu'au XIXe siècle qu'il apparaît seul dans un costume d'écolier avec des attitudes d'enfant. Chez Legros (« Erdkundestunde »), on note une nette distinction entre les garçons aux cheveux courts et les petites filles en tablier et robe, avec un nœud dans les cheveux. Ils sont en groupe d'amis ou frère et sœur. Le sentiment apparaît dans les expressions du visage. L'enfant devient un être humain doté d'affectivité.

Dans la période contemporaine – l'exposition s'arrête en 1960 –, l'enfant apparaît surtout en groupe ou à deux, rarement seul, mais, même s'il est isolé, on lui fait prendre la pose-photo. Que ce soit l'enfant dans la guerre, l'enfant dans la misère, l'enfant sur les barricades, ou dans les fêtes, l'attitude est désespérément conventionnelle. Dépenaillé ou endimanché, c'est le petit singe à sa maman ou au peintre-photographe.

Jusqu'à travers le cubisme, on observe une expression mélodramatique de l'enfance aussi bien dans sa condition bourgeoise que dans une situation misérabiliste. Surtout chez les petits garçons. Les filles, ce sont les « petites filles modèles » jusqu'à la Seconde Guerre mondiale.

Une échappée libre sur la toile d'un peintre datée de 1950, un artiste allemand inconnu en France : l'enfant

20

seul semble pris pour lui-même, saisi dans une expression d'ambiguïté, une expression d'absence et de rêve. Sur les autres toiles, l'enfant est représenté comme malheureux ou exploité ou, selon le réalisme soviétique, pionnier de son équipe, propre et intégré à l'élite dominante. Mais pas dans ce qu'il peut avoir d'irréductible et d'inconnaissable.

Le message idéologique de l'adulte vient sans cesse le dérober à lui-même, le priver de son histoire.

L'IDENTITÉ SEXUELLE

Jusqu'à ce siècle, la phallocratie aidant, s'est imposée l'idée fausse selon laquelle les petites filles, face aux garçons, ne ressentent la différence de leur sexe que comme le manque de pénis. A quels moments de leur évolution garçons et filles découvrent-ils leur identité sexuelle?

Ce sont deux expériences bien distinctes pour les garçons et les filles. Les mères peuvent les observer comme je l'ai fait moi-même. Cela se passe pour les garçons d'aujourd'hui et de demain, comme, hier, pour mon fils Jean.

Jusqu'à ce jour, Jean... savait bien que le gonflement de sa verge s'accompagnait souvent d'une envie de faire pipi. Alors il urinait et puis son pénis reposait. C'était suffisant pour qu'il établît une relation entre ce phénomène érectile et la fonction urinaire.

Mais voilà, aujourd'hui – il vient d'avoir 29 mois – il constate un changement extraordinaire : son zizi est dressé, il croit qu'il va faire pipi. Rien ne se passe tant qu'il est en turgescence. L'incident se répète. Si l'érection cesse, il peut uriner. Pour la première fois, il pressent, sans les mots pour le dire, que sa verge peut avoir une activité extra-urinaire, une vie propre. Jean fait l'expérience de tous les garçons de son âge. C'est entre 28 et 30 mois que le bébé de sexe masculin découvre l'érection du pénis dissociée de la miction et c'est le moment où il s'éveille à la connaissance de son identité de garçon.

Les filles découvrent leur identité sexuelle en s'intéressant aux « boutons » de leurs seins et au « bouton » de leur sexe, semblable tactile, et en les touchant. La masturbation de cette zone érogène est le signe le plus incontestable du moment de leur histoire où elles ont cette révélation de la grande différence.

A Bretonneau, quand, jeune externe, je refaisais les pansements des petits brûlés, j'observais que les fillettes se frottaient nerveusement le bout des seins pour mieux supporter la douleur. Les pansements de brûlures sont douloureux. Lorsqu'il y a greffe de peau, la manipulation est encore plus délicate. Comme je n'étais pas maladroite – je tenais ce doigté de ma première expérience d'infirmière –, on me réclamait même si je n'étais pas de la salle. Un jour, appelée ainsi au chevet d'une fillette de 6 ans, je commence à humidifier pour décoller le pansement et je vois – ce n'était plus une surprise pour moi – l'enfant se caresser les boutons érectiles. La surveillante, qui jusque-là avait eu l'œil ailleurs, s'en aperçoit et tance vertement la petite. « Je t'ai à l'œil, tu ne recommenceras pas. Salope. » J'ai eu toutes les peines du monde à calmer son indignation. « Elle a mal, il lui faut bien une consolation. Elle se rappelle ainsi qu'elle a eu une maman qui lui donnait la tétée... » – « Ta ra ta ta..., il n'y a pas d'excuses, je ne veux pas d'enfant salaud dans mon service! » se gendarmait cette fonctionnaire de l'Assistance publique qui ne voulait rien savoir de la recherche de la libido primitive comme auto-analgésique.

Quand j'étais en analyse, j'avais été frappée par une petite fille de moins de 3 ans à qui j'avais offert une poupée en rendant visite à sa mère. Aussitôt, elle lui avait mis la tête en bas, lui avait écarté les jambes et après l'avoir déculottée, l'avait jetée dans un coin, en disant : « Elle est pas belle. » – « Et pourquoi elle est pas belle ? » – « Elle n'a pas de bouton. » J'avais d'abord cru qu'elle parlait des boutons-pression qui fermaient la robe et la barboteuse de la poupée. Pas du tout. Il ne s'agissait pas de ces boutons-là. Elle me montrait l'entre-jambes dénudé. – « Ah ! il fallait qu'elle ait un bouton à son corps ? » – « Moi, j'ai trois boutons ! » Elle parlait de son appareil génital, des boutons de ses seins et du clitoris. Par la suite, comme médecin, j'ai entendu maintes petites filles parler des « trois boutons, un en bas, avec un trou », et les deux autres « aux poitrines ».

C'est sans aucun doute l'attouchement mammaire qui éveille les filles à la conscience de n'être pas du sexe opposé, bien avant de voir un petit frère ou cousin nu sur la plage ou dans la salle de bain. C'est une erreur des hommes d'avoir pensé que les filles, ne possédant pas de pénis (qui pour les garçons est d'abord leur « pipi »), ne ressentent pas l'existence de leur sexe, bien sûr pour elle associé d'emblée au plaisir indépendant du besoin et lié au désir, alors que chez les garçons le plaisir érectile pénien est lié au plaisir de soulager un besoin avant d'en être découvert indépendant.

Chez les filles, l'angoisse de ne pas avoir de pénis est très vite dépassée par la certitude d'avoir bientôt des seins. Aussi pour elles l'absence ou le retard de développement mammaire est souvent dramatique. Leur hypertrophie est tout autant mal vécue.

Un garçon peut regarder le sexe d'une fille sans remarquer la différence, jusqu'à l'âge de 2 ans et demi. Il commence à y être très sensible quand, au moment de la miction, il observe les variations de volume de son sexe. Et il ressent la peur de la mutilation. L'érection cesse. Reviendra-t-elle ? Va-t-il perdre son pénis érectile? Cette peur n'est qu'une projection plus tardive de l'angoisse de castration primitive.

L'angoisse de castration vient de ce que nous morcelons pour avaler. Il y a une représentation inconsciente de ce fait. C'est une angoisse de partition qui se fixe en particulier sur ce qui « dépasse » les parties protrusives du corps. Les Egyptiens enserraient les bras des morts pour que leur être aille tout entier au royaume des ombres. Pour que tout l'être de l'enfant continue son évolution, il faut qu'il ait conscience de préserver l'intégrité de son corps. Cela ne va pas de soi chez l'enfant. Si on lui met des gants, il ne sait plus où sont ses doigts. Il n'a plus la référence des yeux, ce qui est prévalant pour un enfant voyant. Il faut les lui palper pour qu'il en ait représentation et pour qu'il les glisse un à un dans chaque doigt du gant. (On les lui enfile quand, distrait, il regarde ailleurs.) De même, quand on essaie une chaussure à un enfant, il met son pied en boule : il a « perdu » son pied. C'est le cauchemar des vendeuses des magasins de chaussures. S'il n'a pas au moins six ans, l'enfant se dérobe, on le gronde, la mère s'énerve. Des employées me sont reconnaissantes d'avoir mis fin à leur supplice en leur indiquant le mode d'emploi : faites agenouiller les enfants avant de leur essayer les nouvelles chaussures. Ils ne voient plus leurs pieds, s'intéressant à autre chose, ils se laissent chausser.

L'angoisse de castration chez le garçon ne s'exprime pas seulement par la peur de voir tomber son pénis mais par l'appréhension devant toute idée de mutilation, comme celle de perdre ses doigts. La fille de moins de 3 ans devant le pénis d'un garçon peut supposer qu'elle en a eu un, elle ressent aussi cette crainte d'être diminuée encore dans son intégrité physique.

Personne ne résout jamais l'angoisse de castration. C'est ce qui nourrit notre sentiment de la mort. De partition en partition, c'est le démembrement pour l'ultime annulation charnelle, support de notre existence qui a nom mort. En parler est rassurant.

Chez les Noirs, il n'y a pas un adulte qui ne dise à un garçon – avant l'initiation : « Je vais te prendre ton zizi et te le couper. » Cela fait partie des rites de bonne convivialité. Et l'enfant ne le croit pas du tout. Mais il est content qu'on lui parle de son sexe.

Chez nous, on se récrie : « Surtout, il ne faut pas dire ça, c'est traumatisant! » Ça dépend de la manière de le dire. « C'est pour de rire. » Mettre les mots sur une angoisse qui existe chez tout jeune garçon est salutaire.

Qui sait pourquoi une fille attrape le « féminin » de son père ou un garçon le « masculin » de sa mère selon l'expression de certains psychologues? Des circonstances particulières qu'on a oubliées, des faits de leur petite enfance qu'on a négligés et qui ne ressortent que lors d'une psychanalyse tardive, peuvent favoriser les troubles du comportement sexuel, ambiguïtés, confusion d'identité, peur de la femme-mère, etc.

J'ai reçu l'appel d'une mère qui a peur des violences de son fils adolescent. Il attaque dans la rue, dit-elle, des femmes qui lui ressemblent. Elle m'apprend aussi que l'adolescent lève la main sur elle si elle prend soin de sa fille. « Ma sœur est à moi. » Il répète cela, depuis qu'il est « tout petit »? – « Oui, c'est cela. » Il a manqué certainement à ce garçon que sa mère le reprenne la première fois qu'elle lui a entendu s'approprier sa sœur. Et le père n'a pas su par son attitude faire respecter sa femme par leur fils ni en paroles ni en comportements, ni la lui interdire sexuellement autant que sa sœur comme « les femmes avec qui il n'aura jamais de relations sexuelles », de même que lui, son père, n'en a jamais eu avec sa propre mère et sa sœur, grand-mère et tante paternelle de ses enfants.

Le non-dit prolonge dangereusement l'équivoque de l'inceste. L'important est de dire à un jeune garçon qu'il ne peut prendre la place du père et qu'il y a des relations de couple entre ses parents auxquelles il ne peut prétendre et qu'il connaîtra à son tour avec une autre femme que sa mère.

Certaines questions restent malheureusement sans réponse des années et s'enkystent dans une ambiguïté honteuse ou sacrée. C'est sacré, on n'y touche pas. L'interdit de l'inceste doit être explicité en réponse à la « question muette » qui ne manque pas de se répéter sous diverses formes et que tant de mères ne savent pas entendre. Une fille qui se masturbe les bouts des seins pose la « question muette ». Encore la question muette, si elle prend le sac et les chaussures de maman et se balade avec : « Comment je deviendrai femme alors que je suis plate et que je n'ai pas de zizi comme les garçons? » Les filles croient que les mères en ont. Question muette du garçon qui se déguise avec les affaires de sa mère : « Quand je serai grand, est-ce que je serai femme comme toi, est-ce que j'aurai moi aussi des bébés dans mon ventre? » Il ne faut pas manquer l'occasion de lui nommer son sexe : « Tu ne seras jamais une femme. Si tu veux jouer à devenir grand, mets donc les chaussures de ton père! » Ça me rappelle une petite fille de 4 ans et demi qui disait : « Quand je serai grand-père, je ferai ceci et cela avec mes petits-enfants. » Elle avait dépassé le stade où on ne sait pas qu'on est fille. Mais personne ne la reprenait pour lui dire : « Quand tu seras vieille, tu seras une grand-mère et seulement si tu as eu des enfants qui ont été père ou mère à leur tour et pas simplement parce que tu auras vieilli. » L'ambiguïté du laisser-dire peut arrêter le développement sexuel. Tout enfant peut continuer à s'amuser à imiter des enfants ou adultes de l'autre sexe à condition que ce soit un jeu, pas un projet.

Cette différence n'est pas expliquée aux enfants. De même que pour comprendre pourquoi ne pas toucher la prise de courant, ils ont besoin de paroles qui explicitent les contradictions entre la tentation séduisante pour l'esprit et son accomplissement dangereux.

SEXUALITÉ INFANTILE : LE MUR DU SILENCE

Après la dernière guerre, une question embarrassante est venue tourmenter les éducateurs, en haut lieu : Allait-on faire ou non une information sexuelle dans le cadre scolaire?

J'ai assisté à une réunion officielle organisée à la Sorbonne. C'était une perspective affolante pour les inspecteurs d'académie qui ne voyaient qu'un remède pour calmer les ardeurs de la prépuberté. Une seule mesure s'impose : c'est d'écraser tous ces jeunes de travail intellectuel et d'exercices physiques pour qu'ils n'aient plus la force ni le temps de se masturber dans les dortoirs, la nuit. La fatigue mentale et physique chassera les fantasmes liés aux pulsions génitales, les attachements affectifs et sensuels entre enfants ou entre enfants et adultes, hétérosexuels ou homosexuels. Dernier triomphe de Jules Ferry dont l'éthique éducative trouvait ici son appendice.

A la limite, ce remède forcé procède de la logique concentrationnaire : dans les camps, on diminue les rations en sorte que les déportés soient tellement affamés qu'ils ne pensent qu'à manger au lieu de penser à leurs relations interpsychiques. Il n'y a plus de temps pour ces échanges chez des gens épuisés et menacés de mort s'ils s'arrêtent de travailler.

Pour exploiter le travail de l'homme, le moyen est d'utiliser son énergie ou de la soustraire.

Pour en revenir aux lycées, lorsqu'on a eu le souci

de corriger la pédagogie jules-ferryenne, en y introduisant l'information sexuelle, on n'a fait qu'ajouter un exercice rhétorique de plus, avec un discours desséché et impersonnel sur la question. Tout ne se résout pas en termes de biologie à un âge où l'on est sous pression et en train de fantasmer.

De toute façon, cette information intervient beaucoup trop tard. Car la sexualité est d'une importance très grande depuis notre venue au monde; elle ne cesse de s'exprimer chez l'enfant, au jour le jour, par le vocabulaire du corps. Les pulsions génitales entraînent une communication interpsychique qui est permanente entre les êtres humains depuis le début de leur vie. Elles sont projetées dans un langage, mais un langage au niveau de notre développement. Au moment de la puberté, où se dégage le sentiment de la responsabilité, le psychisme, qui est une métaphore du physique, serait mûr pour la responsabilité d'un acte sexuel qui comporte des résonances émotionnelles affectives, sociales et psychologiques. Mais pour en être à ce stade, il faudrait, depuis l'enfance, ne l'avoir considéré que comme un fait, ni bien ni mal, dû à la physiologie des humains, puis comme une relation à but fécondateur. Ce jeu créateur change tout à fait de style avec le sentiment de la responsabilité réciproque des êtres sexués... Et il faut que ceci ait été préparé de longue date par le sentiment de la responsabilité de ses actes... ce qui n'est pas fait du tout : il n'y a au sens d'une éthique structurée du désir pas du tout d'éducation morale; il y a toujours une éducation-masque pour autrui de désirs innommés, cachés si ressentis. En quoi consiste l'éducation civique des enfants? C'est conduire un aveugle dans la rue; c'est céder sa place à une vieille dame; c'est savoir comment on vote... C'est comme ça, l'éducation civique... Mais il n'y a pas eu d'éducation à la dignité de son corps et au sens de la noblesse du corps dans toutes ses parties, et si on ne sait comment s'occuper de son propre corps, tant pour son entretien, sa croissance, le respect de ses rythmes, il y a décompensation et, de ce fait, détournement des forces humaines... Tout ceci devrait être une information et une instruction depuis l'âge de la maternelle. Mais ce n'est pas fait du tout : il y a une carence, chez l'être humain, entretenue par l'omission systématique d'en parler à l'école, une ignorance totale et une incapacité à assumer ce qui lui vient de son corps... C'est absolument désespérant.

Ce qui apparaît dans la représentation de l'enfant dans la nature, dans les arts plastiques... ce qui apparaît aussi dans le discours sur l'enfant, c'est que, pratiquement jusqu'à notre siècle, on a séparé l'âme du corps. On a tout codifié : la formation de l' « esprit », au sens de la formation de son cerveau, mais le corps est oublié (s'il n'est pas chargé de tous les vices, les péchés... tout ce qui est maléfique, négatif). On l'oublie, on l'occulte, sauf pour lui donner des coups de bâton, des coups de fouet, lui interdire de bouger. Les activités naturelles du corps sont vues comme triviales, comme une insulte à l'esprit humain, une humiliation infligée à l'espèce humaine. Et pourtant, nous avions, dans la culture française, un maître à penser qui aurait pu être, dès l'âge de la maternelle, un maître du vocabulaire : Rabelais. Rabelais sublime par le langage tout ce qui est de l'ordre du corps, de la nourriture, en même temps que tout ce qu'il y a de plus transcendant, puisque tout de même Gargantua est né « de » l'oreille de Gargamelle; « de l'oreille », non « par l'oreille » maternelle. Il est né de la parole que sa mère entendait. Il est né par le langage... à l'humanité. Et du langage, il a fait des mots, il a fait la réjouissance de tous en commun, et qui n'ont rien d'érotique à cacher. C'est un érotique pour la jouissance du groupe.

Il n'est de meilleure préparation à l'information sexuelle que d'être initié dès la petite enfance au langage de la vie qui rend compte par la métaphore de toutes les fonctions du corps. Même dans une maison moderne équipée de presse-boutons, il reste des bribes de ce langage métaphorique : ainsi nous complémentons les objets les uns par rapport aux autres pour qu'ils prennent leur sens : la branche mâle et la branche femelle des prises électriques; la fenêtre qui s'ouvre grâce au pêne et qui se ferme grâce à la correspondance de l'objet pénétrant dans l'objet qui est pénétré. Tout ceci est une métaphore de la sexualité productrice de cohésion et, après ça, créatrice de plaisir, de bonheur et d'utilité civique aussi.

Je crois qu'aujourd'hui il y a deux aberrations dans le système éducatif qui font que l'adolescent ne peut pas trouver cet accord avec son corps : les exercices physiques sont entièrement axés sur la compétition, et non pas sur la découverte de son corps ou sur le plaisir ludique. Ce qui manque à l'enfant scolarisé, testé, entraîné au sport comme aux examens, c'est de goûter à des jeux où il y a un gagnant et un perdant qui n'est pas humilié de sa défaite si la partie a été belle. La deuxième aberration éducative est la négligence des mains et l'appauvrissement du langage se rapportant à leur intelligence. On a évacué du vocabulaire tout ce qui était concret, tout ce qui correspondait, soit aux fonctions du corps, soit aux objets que l'on manipule. Et de plus en plus tôt. Il y a vingt ans, à l'école primaire, l'arithmétique véhiculait des réalités (des balances, des flacons, des bassins, des robinets...). Aujourd'hui, jusque dans les mathématiques, on apprend très vite aux élèves à manipuler (mentalement) des concepts totalement abstraits. Ce n'est pas la pratique du sport purement compétitif et le langage abstrait, très conceptualisé depuis l'âge de huit ans, qui peuvent aider un enfant à vivre en intelligence avec son corps.

On se donne bonne conscience en disant : « Maintenant les enfants font du sport... Maintenant il y a une liberté dans le langage parce que les enfants peuvent dire à leurs parents, ou devant leurs parents, des mots crus. » Mais ça n'a rien à voir! ça peut libérer une certaine agressivité, mais ce n'est pas ça qui est formateur. Ce langage n'est pas créatif. Nos enfants n'ont plus de vocabulaire. On marche à contresens de ce qui serait plus favorable à l'équilibre de l'adolescent.

Comment expliquer cet obscurantisme tenace qui a élevé un mur de silence devant la sexualité infantile et conduit parents et éducateurs de la IIIe République à faire comme si elle n'existait pas?

La mémoire chez l'adulte efface tout ce qui était de la période préœdipienne. C'est pour cela que la société a eu tant de peine à accepter la sexualité infantile. Dans les siècles précédents, il n'y avait que les nourrices qui la connaissaient. Les parents, eux, l'ignoraient. Les nourrices la connaissaient parce qu'elles vivaient au même niveau que les enfants, à la différence des parents, dans les milieux bourgeois et même dans les milieux ruraux. Les personnes qui s'occupaient des enfants étaient des gens à part, qui avaient la compréhension d'un prélangage, non pas en paroles, mais comportemental. Quand Freud a parlé de la masturbation des enfants, les adultes ont poussé les hauts cris, mais les nourrices disaient : « Mais oui, bien sûr... tous les enfants. » Pourquoi donc n'en avaient-elles pas parlé? C'est que pour la plupart des adultes les enfants jouaient le rôle d'animaux de compagnie ou d'élevage selon qu'on les aimait ou non.

Dans des sociétés comme celle du XVIIe siècle, beaucoup d'enfants des classes aisées étaient élevés par des mères nourricières; ils franchissaient assez bien, et précocement, le stade de l'autonomie. On peut se demander si, avec les nourrices, finalement, ils ne vivaient pas assez bien leur sexualité infantile, dans la mesure où elles n'avaient pas les interdits que les mères ont eus après, au XVIIIe siècle, au XIXe siècle, *quand elles ont commencé à nourrir leur propre enfant[1].*

L'enfance de Louis XIII, comme l'a évoquée Philippe Ariès, montre ce que peut être un premier âge de la vie sans interdits. Jusqu'à six ans, les adultes se comportaient avec le prince de façon perverse : ils jouaient avec son sexe, lui permettaient de jouer avec le sexe d'autrui et d'aller dans le lit des adultes, de lutiner les adultes. Tout cela était permis. Mais tout à coup, à six ans, voilà qu'on le déguise comme un adulte et qu'il doit aussitôt se comporter comme un adulte gouverné par l' « étiquette ».[2]

En dépit du traumatisme qui pouvait survenir, il y avait quand même quelque chose d'essentiel de sauvegardé puisqu'il avait bien, dans les premières années de sa vie, vécu sa sexualité, avec d'autres que sa génitrice et son géniteur. Il avait plus de chance qu'un autre de s'en tirer, malgré la précocité du déguisement d'adulte qu'on lui mettait. Son exemple ne vaut que pour les classes riches. Alors, aux autres niveaux de la société, comment l'enfant de cette époque pouvait-il refouler son désir incestueux et le sublimer? Il était aidé par le fait qu'il travaillait très jeune. Les mères ayant des grossesses rapprochées, il était remplacé très vite sur les genoux de sa mère, du fait que d'autres petits venaient et que, pour lui, les prérogatives sensuelles étaient l'apanage du puéril, alors qu'il était mis dans la liste des coopérants au travail familial. Il comprenait que c'était celui qui concevait les enfants qui avait les droits sur la mère et que lui, son immaturité sexuelle le faisait être évincé par la mère. Le père, ou un substitut du père, était là qui continuait, pendant tout le temps de la vie génitale, féconde, des femmes, de l'obliger à se promotionner, car il

---

1. *L'Histoire des mères, du Moyen Age à nos jours*, Yvonne Knibiehler, Catherine Fouquet, p. 90, La bonne nourrice.
2. Ph. Ariès, ouvrage cité, I, 5, De l'impudeur à l'innocence, p. 145.

n'était ni capable d'être bébé ni encore capable d'enfanter. Mais, ce qu'il y avait d'étonnant, c'est que les fillettes, dès quatorze ans, étaient objets sexuels de barbons. Il ne semble pas que l'inceste ait eu besoin d'être dit de la même façon et qu'en fait il était retardé : « Quand je serai grand, je pourrai baiser des femmes de l'âge de ma mère... quand je serai vieux, je baiserai ma fille dans une autre femme... » La situation d'Agnès, dans *L'Ecole des femmes*, devait être une chose absolument banale. Je pense que la découverte de Freud est venue à un moment où l'enfant a vécu beaucoup plus « en famille » au lieu d'être élevé par une nourrice ou d'être mis précocement hors de la famille pour le travail. Dans la famille nucléaire d'aujourd'hui, surtout en ville, les tensions, les conflits sont beaucoup plus explosifs, dans la mesure où ils restent sous-jacents. Aujourd'hui, le nombre des personnes avec qui l'enfant a des contacts est plus réduit par rapport à celui des adultes qui l'entouraient autrefois. Aux XVIIᵉ et XVIIIᵉ siècles, l'enfant pouvait transférer ses sentiments incestueux sur d'autres femmes qui trouvaient très drôle de jouer à des jeux sexuels avec des petits garçons et des jeunes gens dont elles n'étaient pas la mère. En fait, on s'aperçoit qu'aujourd'hui, d'une certaine manière, l'enfant qui ne voit pratiquement plus ses grands-parents, sinon à quelques rares réunions, est, pour un certain nombre de choses, de plus en plus enfermé en triade : le père, la mère et l'enfant unique. Finalement, il est coincé dans ce noyau, alors qu'on a tendance à dire, parce qu'il y a la télévision, parce qu'il y a les sorties en groupes, les voyages, que l'enfant a un espace élargi. Mais c'est très relatif. Il a un espace matériel élargi, mais un espace relationnel affectif réduit.

Pour vivre ces sentiments qui accompagnent les relations interhumaines, il est beaucoup plus coincé qu'autrefois; et il est ramené beaucoup plus à son géniteur et à sa génitrice qui sont nourriciers et éducateurs. Autrefois, ils n'étaient généralement ni nourriciers ni éducateurs, mais ils étaient les collègues de rites de travail ou de rites de représentation. Il agissait comme eux vis-à-vis du monde, vis-à-vis de l'espace, et entre eux il y avait beaucoup d'adultes de remplacement, pour jouer leurs sentiments et leur sexualité incestueuse qui se déplaçait par transfert sur des personnes de l'entourage des parents.

Il y avait aussi des exutoires comme les fêtes de carnaval, les fêtes masquées.

Ces fêtes concédaient une permissivité des pulsions sexuelles sous masque, une fois par an au moins; quelquefois deux : Carême prenant et Mi-Carême étaient deux jours, en saison froide dans l'Europe du Nord, où l'anonymat était rendu aux familiers et voisins; la face était cachée par des masques et on pouvait vivre les désirs sexuels, les jeux, les fantasmes et parfois les réalisations de désirs sexuels, en ne les assumant pas, puisque c'était Carême.

Aujourd'hui, le Mardi gras est devenu, comme la fête des pères, une opération purement publicitaire, pour vendre des petits brimborions. Les fêtes de débondage émotionnel ne sont plus vécues par les adultes. Même dans les endroits où commercialement on veut les continuer, comme à Nice, ou bien dans le Nord avec les Gilles en Belgique[1]. Il y a certainement un refoulement beaucoup plus grand dans notre société qu'il y avait autrefois. Au niveau des enfants aussi. Il ne semble pas qu'autrefois il y ait eu les mêmes interdits de jeux sexuels entre enfants, hormis frères et sœurs, entre enfants et adultes, hormis leurs parents.

Au XIXᵉ siècle, les interdits étaient donnés mais dans la pratique il y avait des recours, grâce à des personnes latérales. Nombre de garçons ont fait leurs premières armes sexuelles avec les servantes de la famille, et pas seulement dans les milieux bourgeois, mais aussi à la

---

1. Cf. *Le Carnaval de Binche*, Samuel Glotz (1975), Ed. Duculot.

ferme. Quant aux filles, si on les mariait très tôt, c'est parce qu'on savait que, mariées ou non, elles seraient l'objet sexuel des hommes, et il valait mieux qu'un homme en soit responsable, le père donnant la main de sa fille à garder. Ce qui était très étonnant dans nos mœurs, c'est qu'on donnait à son gendre une femme avec de l'argent, comme si elle était une charge, au lieu de la lui faire payer, comme dans certains pays africains où il faut acheter la femme, parce qu'elle est une valeur. Chez nous, c'est le contraire : il fallait faire passer la pilule en donnant une dot. Dans les milieux aisés occidentaux, le mariage des filles a été, jusqu'au XXᵉ siècle, quelque chose de l'ordre du proxénétisme légal. La tractation de la dot introduisait dans le mariage un rapport de vénalité. Premièrement, elle infantilisait le gendre, comme n'étant pas capable d'assurer la charge de la femme, puisqu'il ne pouvait même pas lui donner sa valeur. Deuxièmement, elle infantilisait la femme puisque cela semblait dire : Tu coûtes de l'argent, tu n'es donc bonne à rien. C'était aussi faire d'une fille un objet de possession de son père auquel il lui coûtait de renoncer. En la dotant, il lui signifiait son amour. Et par-delà son appartenance à un autre homme que lui, la dot qu'il lui avait donnée le rendait présent matériellement dans le couple de sa fille.

CHAPITRE II

LA FAUTE

« LAISSEZ VENIR A MOI LES PETITS ENFANTS », OU LA SOURCE DE LA CULPABILISATION

Avant le XIIIᵉ siècle, les enfants communiaient dès le jour de leur baptême, d'une goutte de vin consacré posée sur leurs lèvres. Au XIIIᵉ siècle, les garçons faisaient leur communion publique à 14 ans, les filles à 12 ans. Depuis le Concile de Trente, au XVIᵉ siècle, garçons comme filles étaient admis à 11, 12 ans à la Sainte Table. Pie X, qui a ramené l'âge de discrétion à 7 ans, et institué la communion privée en la faisant précéder de la confession[1], a fait un cadeau empoisonné aux « innocents » tout en croyant répondre à la Parole du Christ : « Laissez venir à moi les petits enfants. »

Cette innovation dans le culte catholique a été une œuvre de perversion associée à une idée juste et généreuse. Elle a entraîné une culpabilisation très précoce de l'enfant et une érotisation de la confidence à quelqu'un caché dans la pénombre du confessionnal. Pour recevoir le sacrement de pénitence, l'enfant doit être inculqué du sentiment du péché. Il ne se sentait pas coupable devant Dieu; l'enfant, depuis son jeune

---

1. Cf. décret de la Congrégation pour les Sacrements « Quam singulari », 8 août 1910. (V. annexes, règle pratique I, p. 214.)

âge, avait le sentiment du mal agir lorsqu'il déplaisait à l'adulte. Il était heureux ou malheureux selon qu'il recevait des bonbons et des compliments ou des punitions ou des coups de ses éducateurs. Il n'avait aucune possibilité de discriminer le bien et le mal de l'agréable et du désagréable.

Pour la chrétienté d'Occident, ce fut l'inauguration d'un rite qui institutionnalise la valeur de la culpabilité à un âge (avant l'œdipe) où l'enfant confond l'imagination et la pensée, le désir inconscient et l'agir, le dire avec le faire et, pire, Dieu avec ses parents et maîtres.

Avant que la communion privée ne vienne tout pervertir, on sortait de l'enfance par la confession générale de ses fautes, au moment de la communion solennelle, l'enfance terminée; et on devenait un égal de ses parents vis-à-vis de Dieu, sur le plan mystique. C'était aussi l'âge de l'insertion sociale. A l'époque, en Europe, beaucoup d'enfants de 12 ans étaient versés dans le monde du travail, quittaient le foyer familial, se confrontaient à la réalité et, devant la loi des hommes, devenaient adolescents responsables. L'usage familial était que la veille de sa communion solennelle, on venait dire pardon à ses parents de les avoir offensés, en le sachant ou non, au cours de l'enfance. Puis, à partir de cette fête familiale et sociale paroissiale, on participait, les filles parmi les femmes, les garçons parmi les hommes, aux activités sociales. On parlait à table, on avait droit à la parole en famille, ce que l'on n'avait pas jusque-là. En France, dans les familles qui continuaient d'éduquer leurs enfants comme avant Pie X, les enfants, encore en 1940, n'avaient le droit de parler à table qu'après leur première communion, qui était solennelle, à 11 ou 12 ans (en classe de 6e de lycée). Dans ces familles chrétiennes, il n'était pas question de communion privée. C'était au cours de la première ou deuxième année d'études secondaires, et après trois ans d'enseignement religieux. Il n'y avait donc pas de confession avant; on ne mêlait pas Dieu aux exactions contre la morale laïque « puérile et honnête ». Et les enfants n'étaient de ce fait pas induits par la religion à étalonner le bien et le mal devant Dieu aux caprices ou névroses de leurs parents et éducateurs.

Au regard de l'ethnologue, l'accès à la table de communion peut être considéré comme un rite de passage.

Autrefois, oui, depuis Pie X, non.

Il y a le sacrement institué par le Christ fondateur de la religion et il y a le rituel qui en accompagne le don. Ce serait un rite promotionnant et libérateur s'il survenait à temps. C'est trop tôt si l'un et l'autre de ces sacrements induisent la culpabilité au lieu de la confiance en soi et dans les autres. Confondre le sacrement de pénitence avec le sacrement de l'eucharistie n'est déjà pas bénin, mais il s'y ajoute aussi la confusion entre l'essentiel de ces sacrements et la contingence des rites. Evidemment, tout dépendait de la façon dont les mères et pères (surtout les mères) préparaient l'enfant à cette autocritique, face à la loi de Dieu et non à la leur. Si peu d'adultes tutélaires en donnent l'exemple aux enfants qui les voient vivre. Si peu font confiance à la vie qui est leur enfant et son intuition; et je ne parle que de la vie du corps. Beaucoup d'adultes sèment la méfiance de soi et des autres, la peur des expériences, la peur des maladies (depuis qu'on sait prévenir les contagions). La culpabilité est partout, jusqu'à celle de mourir. Une observance stricte dans le rituel contingent paraissait autrefois importante : le jeûne. Lorsqu'on allait à la communion, on devait être à jeun. Pourquoi pas, si c'était libérateur... Mais cela a aussi entretenu une certaine ambiguïté, comme si le repas spirituel, mystique, référé aux Paroles de Jésus, aliment symbolique de notre réalité humaine, était antinomique d'un bien-être digestif. Le bien-être organique, au service de notre réalité vitale temporelle et spatiale, n'est-il pas nécessaire aux échanges et, pourquoi pas aussi, à la créativité spirituelle?

Pourquoi la communion à partir de cet âge de discrétion à 7 ans? Pourquoi pas de 0 à 7 ans, comme chez les orthodoxes? L'enfant participe à tout en y mêlant ses interprétations magiques du prendre et du faire, magie de l'oralité et de l'analité. Il ne sait pas sa part de liberté dans ses actes, agréables ou désagréables, utiles ou nuisibles, pour lui-même et pour autrui. Quand il en prend conscience, il en acquiert aussi le sentiment du bien et du mal, ce qui d'ailleurs n'a rien à voir avec le péché spirituel, la plupart du temps. Le sens de la faute est un sentiment laïque. L'enfant ressent l'imprudence de céder à des agissements qui angoissent les parents et qu'ils ont défendus. Il se croit fautif quand il s'est blessé maladroitement à la poursuite d'un besoin ou d'un désir. Au temps des châtiments corporels, quand il était frappé sur la partie sensible et motrice de son individu, il n'était pas puni par Dieu, mais par le gardien de ses biens propres dont son corps d'enfant faisait partie et qu'il avait mis en péril. Mais, à partir du moment où l'enfant se sentait coupable, il était instruit des commandements de Dieu qui ne sont pas à confondre avec les ordres humains. Il y a, chez les orthodoxes, un arrêt de deux ans de l'admission de l'enfant à la communion, pendant l'instruction religieuse qui le prépare à sa communion privée solennelle. La confession se fait au vu de tous, au milieu du chœur; le prêtre est présent mais le pénitent parle à une icône du Sauveur. L'enfant ne dit rien de sa vie personnelle. Le prêtre questionne : « As-tu péché contre le premier Commandement? » – « Oui, pécheur ». – « Le deuxième Commandement? » – « Oui, pécheur... Je suis pécheur en tout. » Mais on ne détaille pas ses actes à un interlocuteur curieux. Connaissant les rudiments de sa religion après ces deux ans d'instruction, l'enfant était admis à nouveau, au cours d'une petite fête familiale, à communier en « adulte responsable de ses actes ».

Pour l'enfant catholique, il n'en va pas de même : dès l'âge de 5 ans, on le soumet à un petit catéchisme. Il imagine Dieu à la place de ses parents. Au lieu d'un éveil à la vie spirituelle, on réduit le rite à une psychologisation de la mystique et à une érotisation de la relation à Dieu de l'enfant et vice versa. C'était, pour les adultes, un moyen de faire pression sur l'enfant en le menaçant du châtiment suprême de la Providence, le « péché mortel », l'enfer ! Il est déjà difficile pour certains enfants de comprendre ce qu'est le péché par acte, le péché par omission, plus encore. Mais le péché par pensée, pour un enfant, ça n'a pas de sens. L'enfant, à 7 ans, ne sait pas ce que c'est que penser. Penser, c'est un acte volontaire. Très peu d'humains, d'ailleurs, pensent (« Personne ne médite », disait Monsieur Teste). La pensée dirigée, la pensée qui travaille à quelque chose autant que le chanteur peut travailler sa voix, est un acte mental qui n'a rien à voir avec les fantasmes. L'enfant prend ses fantasmes pour des pensées. Alors, entre les péchés par pensée et les fautes par omission, quelle différence peut-il concevoir ? Il n'en retient que la peur du péché mortel. Ce décret de l'Eglise catholique a culpabilisé inutilement toutes les générations de notre siècle, au nom de ce Jésus duquel soi-disant on voulait laisser les enfants s'approcher ! Lui qui est venu pour les malvivants, les pécheurs, les immoraux, les hors-la-loi, ou du moins jugés tels par les tenants de l'ordre.

Et que dire de la culpabilisation du corps et des exigences nouvelles de relations hors du milieu familial avec la puberté, l'explosion vitale de l'adolescence, la masturbation toujours ressentie comme un échec, un pis-aller prudentiel, mais pourquoi le déclarer un péché devant Dieu ? Autant dire qu'est pécheur, parce que vexé de son impuissance, le sauteur qui ne franchit pas la barre qu'il s'était mis en tête de passer !

CHAPITRE III

MÉMOIRES DE L'ENFANCE

L'ANGE, LE NAIN ET L'ESCLAVE
OU L'ENFANT DANS LA LITTÉRATURE

Dans la littérature médiévale de l'Europe occiden-
tale, l'enfant a eu la place du pauvre sinon du pestiféré,
du paria. C'est la volonté de l'Eglise. Les textes des
clercs rappellent que l'enfant est un être dont il faut
absolument se méfier parce qu'il peut être le siège de
forces obscures. Le nouveau-né appartient encore à
l'espèce inférieure et il est encore à naître à la vie de
l'esprit. Il porte la malédiction de l'homme chassé du
paradis. Il paye pour les vices des adultes, comme s'il
était toujours le fruit du péché. Les termes dont on use
à son égard sont méprisants, voire injurieux. Longue
période de disgrâce qui s'éclaire par le fait que l'enfant
est tardivement baptisé. Même quand il le sera systé-
matiquement, il est dit que le sacrement du baptême
n'efface pas le péché originel. A cet obscurantisme
succède l'humanisme de la Renaissance qui va mettre
fin à la disgrâce des nabots de Dieu qui sont au
purgatoire sinon dans l'enfer des inférieurs, domesti-
ques, serfs et animaux. Maître Alcofribas en tête, avec
sa géniale parabole de Gargantua qui, par le pouvoir
du verbe, naît géant. On demande à l'adulte de
retrouver l'esprit d'enfance. Esprit d'enfance qui va
devenir, au XVIIIᵉ siècle, la première vertu chrétienne.

L'Eglise, qui a rejeté d'abord le petit de l'homme dans les ténèbres, va le réhabiliter dans les consciences.

« L'Evangile nous défend de les mépriser (les enfants) par cette haute considération qu'ils ont des anges bienheureux pour les garder. » « Traité du choix et de la méthode des études », Fleury, 1686.

« Soyez comme des enfants nouveau-nés », recommande Jacqueline Pascal dans sa prière insérée dans le règlement des petits pensionnaires de Port-Royal (Règlement pour les enfants, 1721).

Il est possible que le culte de l'Enfant Jésus ait préparé et facilité cette réhabilitation. En tout cas, il marque une étape, un premier acquis. La crèche a été inventée par saint François d'Assise, au début du XIIIe siècle. Avant lui, il n'y avait pas de berceau de l'enfant symbole. Ange ou démon, il était créature aérienne ou dans ses charbons ardents. L'enfant symbole est entre ciel et terre, entre deux chaises de bigotes, couché entre deux prie-Dieu. Il est soit un ange déchu, soit le héros futur.

Autre cause historique de la réhabilitation de l'enfant, le culte des petits princes. Il a commencé en pleines guerres de Religion. Pendant l'affrontement entre catholiques et protestants, Catherine de Médicis a envisagé de faire le tour de France dans son carrosse en exhibant à la foule le nouveau roi, Charles IX, qui avait alors dix ans. C'était vers 1560. Louis XIII enfant est vraiment fêté comme l'enfant roi. La cour soigne particulièrement sa popularité comme jamais on ne l'avait fait pour un infant. Tout ce qui concerne la condition de l'enfant et sa place dans la société est cyclique. Mais la dialectique du discours dont il est l'objet est beaucoup plus complexe et subtile que les dominantes ne le donnent à croire. C'est ainsi qu'on ne peut pas affirmer qu'au Moyen Age l'enfant symbole d'innocence et de pureté n'existe pas. Si, dans le discours littéraire, il n'est pas en première ligne, il existe dans les chansons populaires, dans les chants de

Noël. Au XIIIᵉ siècle, on célèbre la maternité dans le répertoire lyrique. Ces dominantes, certes, forcent le trait à l'extrême, et dénaturent en occultant tous les autres moments dialectiques, en laissant dans l'ombre les autres faces. Mais elles ne sont pas pure fiction, jugement arbitraire sans nul fondement. Chacune des dominantes rappelle à l'homme qui, à la fin du XXᵉ siècle, peut prétendre, sinon saisir le phénomène dans sa totalité, du moins connaître le mystère dans sa complexité et le respecter, une des composantes de la réalité de l'être humain en devenir.

DROIT DE VIE OU DE MORT

En Germanie, du temps de l'Empire romain, la société ne paraît avoir accordé au père le droit de vie et de mort sur l'enfant qu'au moment de la naissance et avant le premier allaitement.

A Rome, les décisions des magistrats faisaient loi et limitaient la patria potestas qui était un droit de fait.

Au IIᵉ siècle après J.-C., Hadrien avait condamné un père de famille à la déportation pour avoir tué à la chasse son fils qui s'était rendu coupable d'adultère avec sa belle-mère, circonstances pourtant très défavorables à la victime.

Au début du IIIᵉ siècle après J.-C., les juges exigèrent que les pères ne tuent pas leurs enfants mais les fassent passer en jugement.

Au début du IVᵉ siècle, aux termes d'une constitution édictée par Constantin, le père meurtrier devait subir la peine d'infanticide (L. unic., C., De his parent vel. Lib. occid., IX, 17).

Au VIᵉ siècle, le Code Justinien mit fin au droit de vie et de mort (IX, 17, loi unique, 318).

INFANTICIDES

Dans les procès d'infanticide, en dépit de leur nombre impressionnant, il est difficile de dégager une éthique de la jurisprudence.

Le meurtre d'un nouveau-né est-il moins cher payé que celui d'un enfant plus âgé ? La cour est-elle plus impressionnée par le « mode opératoire » (sévices, poison, couteau...) ? Il semble que l'infanticide suivi d'une tentative de suicide du criminel bénéficie des circonstances atténuantes. Exemples. En 1976, Jocelyne L..., 30 ans, tue son fils âgé de 10 ans, et tente de se suicider : condamnée à 4 ans de réclusion en 1977. En 1975, Eliane G. ébouillante son fils âgé de 2 ans : réclusion criminelle à perpétuité.

SÉVICES GRAVES

Les magistrats semblent opter pour une moindre sévérité des peines, estimant que la sanction pénale des parents coupables ne résout pas le conflit avec l'enfant victime. A noter que les enfants martyrs n'ont pas de défense légale (avocat les représentant).

L'impunité est plus fréquente que la répression en matière de mauvais traitements infligés à des enfants par leurs parents. Le silence de l'entourage couvre les agissements du ou des tortionnaires. Ce sont le médecin, l'assistante sociale, parfois un voisin, qui donnent l'alerte. Les coups et blessures par sévices répétés sont plus sanctionnés que ceux entraînés par une « correction paternelle », trop souvent excusée comme accident regrettable.

Le viol d'un enfant par le père ou le beau-père est caché la plupart du temps comme un secret de famille. Quand la justice est saisie, elle a peine à distinguer la relation sexuelle par contrainte et acte de violence de la liaison par résignation et avec complicité de l'entourage.

Le jugement dominant du Moyen Age révèle que le consensus de ces siècles avait avant tout voulu retenir la malléabilité, la plasticité de l'enfance et l'influence du milieu, de l'éducation sur les jeunes cerveaux; l'enfant est pervers à l'état latent. La religion seule le sauve. C'est ce courant de pensée que prescrit Fénelon avec son *Télémaque*, en rationalisant et laïcisant le jugement des clercs de l'Eglise : l'enfant doit être absolument modelé par l'éducation pour ne pas être un pervers. Rousseau inverse le postulat : l'enfant naît comme le bon sauvage, c'est la société qui le pervertit. Lénine reprendra pour ses petits pionniers le modèle de *Télémaque*. Le cycle reproduit sans cesse ces contradictions internes. Mais auparavant les Romantiques héritent de Rousseau. L'*Emile* de Rousseau ouvre la voie à *La Petite Fadette*[1] et à *Paul et Virginie*[2].

Au début du XIXᵉ siècle, selon la dialectique dominante, c'est l'angélisme qui l'emporte et passe au premier plan. Tous les poètes romantiques chantent l'enfant. Mais la représentation en est puérile. L'enfant est mal incarné, très peu corporisé. Ce n'est que le spectre fragile qui évoque l'origine divine de l'homme et le paradis perdu. A l'adulte, il rappelle la pureté primitive, l'aspect le plus noble, le plus charismatique de la condition humaine.

Les romanciers du XIXᵉ siècle cherchent à placer l'enfant dans son milieu social et ils dramatisent le malheur de sa condition. Il est victime de la société, du bouc émissaire au martyr, il gravit tous les degrés de son chemin de croix.

Même si elle s'attendrit sur l'enfance, même si elle prend l'enfant pour personnage de roman, la littérature du XIXᵉ siècle n'en donne qu'une représentation sociale

1. De George Sand.
2. De Bernardin de Saint-Pierre.

et morale ou fait une recréation poétique sur le vert paradis perdu ou l'innocence bafouée. Il ne s'agit que d'un discours adulte sur ce qu'il est convenu d'appeler « l'enfant ». Romantisme oblige, les auteurs compatissants devant les victimes d'un ordre établi le mettent en scène selon une vision sentimentale et humanitaire : Gavroche, Oliver Twist, David Copperfield. Mais ils passent à côté du monde imaginaire des premières années. La subjectivité reste celle des adultes qui idéalisent leur propre jeunesse. Revanche de l'écrivain libertaire sur les clercs : ils prennent le contrepied de l'Eglise : nous naissons sans péché. C'est la société qui pervertit.

Avec le naturalisme forcené, l'ambivalence réapparaît. La bonté naturelle de l'enfant est à nouveau remise en cause. En montrant qu'il s'adapte assez facilement dans des milieux où il est en péril (Dickens, Hugo), en le faisant évoluer dans la rue comme un poisson dans l'eau, le romancier révèle ses qualités de débrouillardise, ses dons d'imitation aussi bien des vices que des vertus des adultes, ses ruses, sa simulation, sa faculté à vivre dans la violence et de la violence sociale, son amoralisme. Il est parfaitement apte à la marginalisation et la faim ou le besoin de protection le disposent très aisément à devenir complice de la délinquance. Dans la vision naturaliste (Zola), l'enfant n'est plus un personnage que le romancier veut à tout prix enjoliver et gratifier. On prétend le montrer en chair, comme il est, bien vivant mais ni bon ni mauvais. L'homme pauvre et nu en miniature, l'humanité souffrante en raccourci. Certains vont jusqu'à charger le naturel en prêtant tous les vices aux gosses de la rue, comme s'ils voulaient donner raison aux clercs des siècles passés, retrouvant leur attitude négative vis-à-vis des orphelins de Dieu[1].

1. *Les visages de l'enfant dans la littérature française du XIXe siècle, esquisse d'une typologie.* Marina Bethlenfalvay, Librairie Droz, Genève, 1979.

Jules Vallès (L'Enfant) *rompt avec le mélodrame naturaliste sur la chétive créature, éternelle petite victime. Victime, oui, mais pas résignée, ni passive. En état de défense. Sonne l'heure de la révolte. L'insurrection de la jeunesse a ses premiers soubresauts pendant la tragique utopie de la Commune. L'enfant de Vallès sur les barricades poursuit l'escalade dont Gavroche avait inauguré la première pierre.*

Notre XXᵉ siècle n'inventera rien en ce domaine. Il accélérera le temps en reproduisant le même cycle dialectique, si bien que tous les thèmes dominants ou latents du Moyen Age au postromantisme seront utilisés tour à tour par les écrivains, en deux générations. L'existentialisme prend la succession du naturalisme en d'autres termes. Dans *Les Mots* de Sartre, le narrateur reconstitue les années de sa jeunesse comme un ensemble d'attitudes et de poses-photo devant les siens. L'enfant caméléon adapte son comportement à celui de son entourage, pour le manipuler ou pour avoir la paix. Il est tellement aliéné par le spectacle qui lui est imposé qu'il se cherche des modèles et ne trouve qu'à imiter.

Dans toute cette tradition littéraire et ses résurgences, seul le comportement social de l'enfant est pris en compte, étudié, décrit. La seule nouveauté, chez Sartre, c'est d'essayer de rester neutre.

En opposition, des précurseurs, des marginaux portent un autre regard sur l'enfance : de ce côté dort l'imagination sans pouvoir, la créativité qui pousse dans le désert et tout le problème est d'empêcher les adultes de l'étouffer. Mais comment? Qui s'intéresse au conscient et à l'inconscient des premières années, à l'imaginaire de cette solitude aussi désespérante que prometteuse? Qui explore ces galeries, ces puits, ces sources naturelles comme un univers souterrain, invisible mais bien réel?

Tom Sawyer, Huckleberry Finn, *de Marc Twain, sont une première manifestation de la découverte de l'enfant en tant qu'être humain pris pour lui-même, cherchant à s'initier à la vie par ses propres expériences[1].*

Enfin vint Isidore Ducasse. Dans Les Chants de Maldoror, *la métaphore ne se laisse pas facilement décrypter, mais Lautréamont nous a livré le plus fort document écrit en langue française sur la subjectivité de l'enfant. Mais le langage est initiatique. On n'y accède que par l'intuition poétique ou l'intelligence de la psychanalyse.*

C'est un roman autobiographique argentin qui marque un tournant dans le discours littéraire sur l'enfant, *Mon Bel Oranger*, de José Mauro de Vasconcelos. L'arbre est le confident d'un petit garçon de cinq ans. Ce récit a une force instinctuelle extraordinaire. Je me demande comment un adulte a pu se souvenir et exprimer ainsi tout ce qu'il a ressenti à cet âge. Il raconte le deuil de toute la vie imaginaire de ses premières années – la littérature occidentale est très pauvre quand il s'agit de cet âge – dans une maladie qui aurait pu l'emporter. Il arrive à écrire du point de vue de la subjectivité de l'enfant qu'il a été, – sa propre subjectivité mémorisée –, quelque chose de complètement différent de la subjectivité d'adulte, – sa propre subjectivité d'écrivain. Subjectivité actuelle qui est passée par la castration. C'est en se choisissant un père symbolique qu'il a quitté le monde imaginaire animé par son arbre – qui représente sa vie symbolique – pour accepter le monde de la réalité. Il résout la crise œdipienne par une fixation homosexuelle d'enfant sur un vieux monsieur chaste qu'il aime comme un grand-

1. *Terres de l'enfance.* Le mythe de l'enfance dans la littérature contemporaine, Paris, P.U.F., 1961, par Max Primault, Henri Lhong et Jean Malrieu.

père idéal et qui devient le soutien de son évolution. Cet homme est tué dans un accident alors qu'il allait l'adopter. L'enfant fait ainsi la découverte de la mort qui marque pour lui la fin du monde de l'imaginaire et son entrée initiatique dans le monde où tout est commerce et lutte pour la vie. Cette épreuve se joue tout à fait en dehors de la morale ou de la contestation sociale. Il n'y a pas de révolte. *Mon Bel Oranger*, en littérature, est une œuvre marginale, qui prend aux tripes, totalement illogique et poétique, étrangère à tous les romans de mœurs ou de critique sociale qui mettent en scène des enfants. Vivre à cet âge, c'est vivre comme le héros de *Mon Bel Oranger*. Et puis après, vivre en adulte c'est tout à fait autre chose : c'est accepter la mort.

En Europe, un tel témoignage ne trouverait pas sa source d'inspiration. L'enfant est trop encadré par les institutions. Dans le pays de l'auteur, l'enfant n'est pas inscrit à l'école à trois ans, il a ses parents mais il rencontre qui il veut. Il mène une existence un peu sauvage.

Dans la littérature du souvenir, dans les ouvrages de mémoires, l'enfant n'est que projection de l'adulte. Devenus adolescents, nous projetons notre enfance sur un autre individu qui n'a pas notre histoire et dont nous interprétons ce qu'il vit en fonction de notre propre histoire, ou plutôt de ce qui nous en reste, à l'état conscient. Nous, dans nos premières années, nous n'avons pas été ce que nous projetons plus tard. Et nous ne pourrons jamais être totalement véridiques à propos de notre vécu d'enfance. Puisque nous nous trahissons ainsi nous-mêmes, comment respecterions-nous la subjectivité des autres enfants ? Cette annulation de l'autre, si c'est un enfant, est inéluctable. Cela fait partie du refoulement des affects de cette période-là.

Le sacrifice du monde magique au profit du monde rationnel est une étape aussi réelle que la perte des dents de lait. Elle fait partie de la castration de l'être humain. L'enfant reproduit le cycle de l'humanité depuis ses origines : il croit à la raison magique alors que nous nous soumettons aux lois de la science qui explique tout de façon rationnelle. Il reste un nain dans le langage. Il est impossible d'abstraire un enfant de l'ethnie dans laquelle il est né. Mais ce qui est nouveau pour nous Occidentaux, c'est que l'ethnie découvre des modes de communication et des techniques auxquels l'enfant s'adapte bien plus vite que les adultes. D'où le renversement des relations enfants/parents. On le voit bien pendant les guerres : alors que les adultes en ont peur, les enfants, qu'ils survivent ou qu'ils se fassent tuer, peu leur en chaut, ils y entrent de plain-pied, avec toute leur énergie. Mais il arrive un moment où on ne peut plus vivre comme ça, c'est lorsque l'on éprouve le sentiment de la responsabilité d'autrui dans un monde de la réalité pensée et prévue; il nous faut idéer les lois de la réalité. Et découvrir la peur et le danger. L'enfant, c'est une personne qui dans son état ne tient pas compte de son histoire, ni de l'expérience du passage de l'insouciance impatiente de l'enfance à la responsabilité de la puberté assumée. Au fond, l'enfant est comme un somnambule. Le somnambule ne tombe pas du toit, mais quelqu'un d'éveillé, qui prend conscience du vide, réalise le danger du risque, prend peur, tombe. Et les adultes veulent le réveiller tout le temps. Il ne faut pas le réveiller trop tôt, et, en même temps, on ne peut pas ne pas le réveiller un jour, parce qu'il fait partie d'une ethnie qui obligatoirement le réveille. L'initier trop précocement lui fait perdre des potentialités. Il n'empêche qu'il y a là une mutation qui se fait tôt ou tard chez tous les humains.

Dans *Mon Bel Oranger*, la rencontre entre vieillard et enfant est capitale. Tous deux semblent vivre quelque chose ensemble et peuvent se comprendre : le vieillard n'a plus une vie sexuelle érotique, et l'enfant ne l'a pas encore, et ils vivent leur amour... un amour entre celui qui va mourir et celui qui vient de sortir des limbes.

Un très joli livre rend compte aussi de la relation vraie entre le très jeune enfant et l'adulte : *Les dimanches de Ville-d'Avray*. La société n'accepte pas cette innocence. Et pourtant, comme ils sont essentiels, cet échange, cette vie que se donnent l'un à l'autre ces deux êtres, par une communication symbolique et dans la chasteté.

Le champ imaginaire de l'enfance est absolument incompatible avec le champ de la rationalité à travers lequel l'adulte assume sa responsabilité de l'enfant. En témoigner authentiquement, sans projection du narrateur, sans répétition de clichés, sans référence à un modèle social, en dehors de toute morale et de toute psychologie, et sans tenter d'en faire de la poésie, est, à la limite, « intraduisible » par l'adulte.

Alors, la vraie littérature, serait-ce celle qu'un enfant écrirait (comme Anne Frank, mais elle ne rend pas compte des premières années)? Il faudrait l'encourager. Elle ne ressemblerait pas à la littérature écrite pour plaire aux enfants. Même si elle n'intéresse pas le voisin, elle serait peut-être une thérapeutique de l'écriture. Elle accomplirait la Parole de saint Paul : « Lorsque j'étais enfant, je parlais comme un enfant... » (Epître aux Corinthiens).

Mais n'aurait-elle pas valeur de témoignage? *Mon Bel Oranger* prouve que cette tentative de reconstruire et recréer la subjectivité de l'enfance est communicable, tout en ayant une grande valeur littéraire. Si on voyait une floraison de travaux de ce genre, à la différence de tous les romanciers connus qui se servent de leur enfance sous le prête-nom d'un héros pour raconter une histoire, paraphraser un mythe ou régler leurs comptes dans un pamphlet social, cela ne contribuerait-il pas à développer chez le lecteur le respect de la subjectivité de l'enfant? Le pressentiment que nous vivons dans les premières années de notre vie une expérience sensorielle et imaginaire sans rapport avec ce que l'on en projette plus tard? Peut-être, mais il est dans l'évolution normale de chaque individu de trahir et déformer un jour sa propre subjectivité.

Jusqu'au XXᵉ siècle, l'enfant n'apparaît dans la littérature dominante que comme un symbole de la faiblesse fondamentale de l'homme, que ce soit positif : c'est un ange déchu; ou que ce soit négatif : c'est un petit monstre... c'est vraiment le vilain canard; seul l'humanisme peut le sauver. Dans les contes et légendes, et les chansons, on trouve déjà soit l'enfant méchant, soit l'enfant angélique.

La tradition populaire fait collection de tous les clichés établis par des siècles d'habitudes et de préjugés et qui servent à distinguer les petits garçons des petites filles. Celles-ci sont des imitations de femmes et les petits garçons, des imitations d'hommes. Aux uns et aux autres, on indique le chemin à suivre pour ne pas tourner mal. L'enfant est considéré comme un être immature, comme un être inférieur, sans qu'il y ait une très nette ligne de partage entre garçon et fille. Alors, quand donc apparaissent les personnages de filles dans la littérature? Il y a incontestablement, jusqu'au XXᵉ siècle, une plus grande fréquence de petits héros masculins que féminins. Dans les contes et légendes, le Petit Chaperon rouge pourrait, à la limite, être un garçon, sauf qu'il est mangé par le loup et que le loup est finalement un vieux satyre. Mais on sait qu'un petit garçon peut aussi avoir à redouter les satyres.

Les personnages féminins de la littérature romanesque se sont longtemps limités à jouer la mère de l'enfant, ou la jeune fille à marier, la femme mère ou la femme future. Il semble qu'il ait fallu vaincre plus que l'inertie, le refus de toute une société, pour que la petite fille entre vraiment dans la littérature, comme personnage principal. On conçoit que l'enfant des contes ne soit pas sexuellement différencié quand il n'est pas un garçon typique, car il est une émanation d'une société menée par des hommes, sinon profondément misogyne. Il faut dire que la plupart des écrivains sont des hommes. George Sand a été une avant-gardiste. *La Petite Fadette* est, en France, la première héroïne en jupette. *Les Petites Filles modèles*, sous couverture rose, introduisent l'ambiguïté érotique dans le personnage. Sophie est la petite-fille de Justine.

La comtesse de Ségur n'écrivait pas pour les adultes, mais pour ses petits-enfants. Elle ne prenait pas son œuvre pour de la littérature. C'est maintenant qu'on dit que c'est de la littérature.

C'est un peu dans la lignée des contes dont la morale doit conduire l'enfant à accepter la norme, mais le thème du sadisme est très présent; c'est, du reste, le point le plus original : il y a toute une tradition éducative du roman écrit pour les jeunes, dans le but de leur indiquer la marche à suivre, le savoir-vivre, le code de l'intégration sociale. La comtesse de Ségur regrettait qu'il ne soit pas possible de fouetter les indisciplinées jusqu'au sang. Ne disait-elle pas : « Il faut que la punition inspire la terreur »?

Tess, de Thomas Hardy, est une figure prémonitoire, une martyre de la révolte du deuxième sexe. Très jeune, vers 11 ans, elle est placée au service d'un châtelain. A 15 ans, elle est plus ou moins violée par le fils du seigneur. Elle part, elle a un enfant et se marie. Mais elle n'oubliera jamais cet homme qui l'a forcée et l'a brisée. Elle finira par le supprimer, la rage au cœur. Cette rébellion féminine est neuve en littérature à la fin du XIX siècle. Mais la révolte n'est consommée que par la femme venue à maturité. Enfant, elle est victime sociale. Révolte féminine de classe et non révolte sexiste à l'intérieur de la classe bourgeoise comme chez Simone de Beauvoir.*

L'enfant victime de la société est une conception du XIX* siècle. En notre fin de siècle, le thème de la femme-enfant exploitée par l'homme fait diversion et détourne de la vraie question : le discours sur l'enfant occulte l'imaginaire des dix premières années de la vie. Est-il inéluctable, comme un destin, de ne pouvoir utiliser l'écriture que pour une recréation littéraire de notre jeunesse, que pour inventer une enfance qui n'existe pas dans la réalité ou pour servir une idéologie en imposant des modèles? La littérature est-elle l'expression la plus aliénante de l'enfance en même temps que la plus initiatique du passage à la vie adulte? Dans ce sens, elle serait le principal instrument de la mise au pas, de l'endoctrinement, de l'étouffement de la sensibilité artistique, l'écrivain cédant inconsciemment lui-même au mimétisme que la société développe chez les « bons élèves » plus que leur créativité.

La littérature ne peut-elle aussi porter témoignage de la subjectivité du premier âge et inciter à un plus grand respect de la personne humaine dans son état de plus grande fragilité?

La poésie de Lautréamont et Rimbaud est au plan écrit ce que la psychanalyse infantile a été au plan oral, depuis un demi-siècle.

Aujourd'hui, qui ne raconte ses souvenirs d'enfance! Dans la littérature française actuelle, ce narcissisme rétrécit beaucoup l'univers romanesque et il faut lire la production étrangère pour trouver des sujets plus épiques, plus cosmiques. Michel Tournier essaie bien de retrouver les grands mythes, mais dans l'ensemble l'inspiration du roman français actuel puise à l'enfance que l'auteur a eue ou qu'il n'a pas eue.

C'est peut-être le fait de la psychanalyse qui entre dans la culture des intellectuels. Ils soupçonnent plus que jamais l'importance de leurs premières sensations.

Ce « berceau » imaginaire qui trône dans la chambre de nos romanciers et romancières contemporains ne fait que représenter la place de plus en plus grande accordée par la société des années soixante aux problèmes de l'enfance. Mode, culte?

Si culte de l'enfance il y a, est-il récent dans notre société occidentale? Dans la conception actuelle – disons américaine –, je ne crois pas que l'on puisse parler de culte de l'enfant, même dans la première partie du XXᵉ siècle : c'est plutôt une entrée de l'enfant comme personnage à part entière, mais il est quand même tout à fait nimbé de symboles. De ce fait, on ne peut pas vraiment dire qu'il est pris pour lui-même, qu'il est étudié pour lui-même, avec une attitude neutre et qu'on le montre comme il est, sans fatras poético-mythologique. Il est encore prisonnier de tous les symboles qu'il porte, et l'adulte fixe sur lui tous ses rêves et voit en lui un âge d'or perdu. Et même, actuellement, peut-on parler de culte de l'enfant? Il n'est pas sûr que l'enfant soit vraiment bien défendu en tant que personne. Ce « culte de l'enfant » a, lui aussi, quelque chose de très mythique. Ce n'est pas parce qu'on lui concède apparemment une place très considérable aujourd'hui que cela clarifie le regard sur l'enfant. J'ai l'impression que le discours sur l'enfant est toujours tributaire de tout un héritage culturel et mythologique.

L'Enfant majuscule n'existe pas plus que la Femme avec un grand F. Ce sont des entités abstraites qui masquent les individus. Dans l'analyse du discours littéraire, le parallèle entre les relations enfants-société et les relations homme-femme est révélateur de la source commune à toutes les névroses. De même que les adultes projettent sur les enfants ce qu'ils rejettent d'un univers ou ce qu'ils ne trouvent pas en eux et veulent magnifier, de même, l'homme projette sur la femme ses fantasmes, ses rêves déçus, son mal être. La femme-mère en fait autant en couvant un compagnon qui cherche une aile protectrice. Les couples s'infantilisent. Si l'attitude de l'adulte, aussi bien homme que femme, changeait à l'égard des enfants, peut-être la relation du couple s'en trouverait-elle assainie. La fin du sexisme, de la fausse rivalité et de la psychose d'aliénation machiste passerait par un plus grand respect de la personne de l'enfant, et de son autonomie, ce qui implique une meilleure vitalité sexuelle et amoureuse entre adultes couplés, parents.

« PEAU D'ÂNE » ET « PLANÈTE BLEUE » (DES CONTES DE FÉES A LA S.-F.)

Les auteurs de contes et légendes, ceux qui ont transcrit la tradition orale de ce fonds commun du folklore, semblent avoir eu l'arrière-pensée d'aider leurs jeunes lecteurs à passer de l'état d'enfance à la vie adulte, à les initier à l'apprentissage des risques et l'acquisition des moyens d'autodéfense. Bruno Bettelheim[1] trace ainsi la démarcation entre contes de fées et mythes. Les mythes mettent en scène des personnalités idéales qui agissent selon les exigences du sur-moi, tandis que les contes de fées dépeignent une intégration du moi qui permet une satisfaction convenable des désirs du ça. Cette différence souligne le contraste entre le pessimisme pénétrant des mythes et l'optimisme fondamental des contes de fées.

Les mythes proposent l'exemple du héros auquel on ne peut pas s'identifier parce que c'est un dieu ou un demi-dieu, il fait des exploits extraordinaires auxquels on ne peut pas prétendre. Alors que les contes de fées parlent de la vie quotidienne; les personnages principaux, petits garçons, petites filles, les adultes, les fées, etc., souvent, n'ont même pas de nom : on dit « un petit garçon... une petite fille... un berger... un pâtre ».

1. *Psychanalyse des contes de fées*, Bruno Bettelheim *(The uses of enchantment)*. R. Laffont, 1976, pp. 39 et 58.

Ils n'ont pas d'histoire, pas de parents. Ce sont des êtres humains de n'importe quelle famille. Ce n'est pas le prince de..., le roi de... Les héros de la mythologie ont quelque chose d'inimitable. C'est désespérant de se trouver devant une montagne inaccessible. Ils jouent pour l'enfant le rôle du père écrasant.

Les héros grecs n'ont pas tous une fin tragique comme Prométhée ou Sisyphe. Ulysse revient à Ithaque. C'est important pour les très jeunes lecteurs. Si le personnage auquel il s'est identifié meurt ou connaît le supplice éternel, l'enfant, qui lui doit continuer à vivre, peut être tenté d'abandonner la lutte. Le happy-end est nécessaire pour l'encourager à l'effort, à la combativité.

Les mythes ont quand même une valeur d'initiation pour le jeune lecteur : la notion d'épreuve peut être perçue : en faisant des efforts, on peut souvent, sinon toujours triompher des épreuves qui sont inévitables dans la vie.

Je pense que le happy-end des contes de fées donne à l'enfant l'image d'épreuves qui, évidemment, sont loin de sa réalité, mais qui lui permettent momentanément de s'identifier à des héros qui traversent des passes difficiles et qui arriveront tout de même à triompher des obstacles.

Avant l'ère de la télévision, les petits lisaient ou se faisaient lire les contes de fées, d'une génération à l'autre. Maintenant, on regarde sur le petit écran les « science-fiction ».

Je crois qu'il y a substitut. Un signe : les enfants veulent un happy-end. L'autre jour, j'ai suivi à la TV une lutte d'O.V.N.I. et je me suis dit : « Mais c'est tout à fait l'équivalent des contes de fées : il y a suspens, le héros auquel l'enfant s'identifie, les robots font le rôle de fées méchantes ou de fées bonnes, mais il y a toujours un sujet humain. Dans le film d'O.V.N.I. en question, il y avait une femme soi-disant extra-terrestre qui tout d'un coup devenait une belle jeune fille derrière le robot qui disparaissait. Pour les téléspectateurs de moins de cinq ans cependant, rien ne remplace, dans ces « science-fiction », le petit garçon et la petite fille des contes de fées.

Bruno Bettelheim, qui n'est pas spécialement passéiste, qui n'accuse pas systématiquement la télévision ou le cinéma, ne voit pas ce qui sert d'équivalence, pour les moins de cinq ans, aux contes de fées. Il y a encore, dans les émissions du mercredi, des contes de fées joués en dramatique, mais en forçant le grotesque, le bouffon. L'enfant n'y trouve plus l'éthique qui soutient son désir de s'identifier à un héros.

Remettons les contes de fées dans leur contexte social. Etaient-ils faits pour les enfants? Je ne crois pas. Les contes de fées étaient faits pour les veillées, autant pour les adultes que pour les enfants. C'était un message. Ça pouvait être entendu « par tous les âges », mais pour apprendre de rudes vérités. Peau d'Ane est quelque chose de tout à fait choquant pour les enfants : poursuivie par son père incestueux, elle est obligée de se déguiser en ânesse pour empêcher son père de la posséder. Peau d'Ane, c'est l'histoire d'une fille qui se dérobe au plaisir incestueux de son père. C'était entendu par les adultes d'une façon tout à fait érotique; et par les enfants aussi. Et en même temps, on donnait à entendre que quand la mère est morte, il est dangereux pour une fille de rester au contact de son père.

La plupart du temps, on confond les contes pour des enfants et les contes que les adultes racontent aux enfants, que les parents ou grands-parents ont plaisir à raconter aux enfants. »

L'histoire du Petit Poucet, ou l'histoire de Peau d'Ane se retrouvent en Chine : ce sont des archétypes. Cendrillon est née au Tibet. En témoigne ce folklore ladakhi, recueilli pour les réfugiés tibétains d'Old

Delhi (Inde) par Ngawang Söpa : « Au fond d'une vallée, vivait un roi. Et là-haut, sur la pente, une vieille demeurait seule avec sa fille... » Le thème de Cendrillon est posé. Dans cette version tibétaine, enjôlée par sa marâtre, Cendrillon a de ses propres mains tué sa mère : alors que celle-ci pilait de l'orge sur la meule à grains, la fille a lâché la roue du moulin qui a écrasé la mère. Son labeur de souillon et sa vie d'exilée sont un moyen d'assumer la faute ou l'erreur de son existence précédente.

Ce sont des histoires de l'évolution de l'enfant en difficulté avec les adultes, avec le cosmos, la nature, la réalité. Représenter un enfant par rapport au géant, ce n'est pas du tout montrer le petit être immature, mais c'est la meilleure métaphore du passage obligé de tout futur adulte : ou vous passez à côté, ou vous passez dedans sans vous en rendre compte. Mais si vous vous en rendez compte, c'est ça que vous serez amené à vivre. Même si c'est un discours écrit pour l'adulte, par des adultes, c'est le plus valorisant pour l'enfant.

Je me demande si les mythes ne servent pas davantage le destin d'un être humain essentiel, donc que tout être humain rencontre, alors que le conte de fées sert à supporter les stades particuliers de certains humains. Les mythes rendraient compte des relations de l'enfant en tant qu'individu de l'humanité, l'enfant cosmique face aux forces de la nature en ce qu'elles ont d'incompréhensible, aux prises avec le réel que nous ne connaîtrons jamais. Et le conte de fées, ce serait plutôt la représentation de l'enfant historique et social. Mais « enfant » étant pris, sauf pour les contes pervertis, c'est-à-dire édifiants, d'une façon absolument apersonnelle, dépersonnalisée, et compris dans sa totalité.

Dans les mythes, on ne voit jamais de personnages malades; c'est dans les contes de fées que l'on voit l'enfant malade, la mère malade, le père blessé à la suite d'un mauvais sort que leur a jeté une sorcière.

Dans les mythes, ils sont prisonniers de forces, mais ils ne sont pas malades.

Autre aspect spécifique, les mythes représentent souvent les origines de l'humanité, puisqu'il s'agit souvent des conflits et des filiations entre dieux. Il y a peut-être là une fonction propre aux mythes et que l'on ne trouve pas forcément dans les contes de fées... On le voit pour les Indiens, pour tout le Bassin méditerranéen : il s'agit du combat des dieux, des épreuves des dieux, des guerres entre dieux, de la haine, de la jalousie, de l'amour, de l'inceste entre dieux. C'est historique ou préhistorique, tandis que les contes de fées ont l'espace de l'imaginaire.

« Il était une fois »... ainsi commencent les contes, tandis que les mythes sont actuels, une façon d'anthropomorphiser des forces cosmiques, telluriques de toujours.

Dans ce sens-là, on peut dire que le mythe est un apprentissage de la métaphysique et de la religion, de l'homme cosmique dans les rapports avec les forces et le rappel des origines, alors que le conte de fées serait beaucoup plus l'apprentissage de la préparation à l'intégration sociale. Et, du reste, dans leur diversité, d'un pays à l'autre, ils reflètent, par les objets, par les décors et par le mode de vie, des types de société donnés. Dans les mythes, les constantes sont plus frappantes : les incestes, les malédictions, les tabous enfreints, tout cela est presque en clair dans les mythes indiens, gréco-romains, africains. Il est très étonnant de voir que dans le mythe de la création du monde masaï il y a un mélange d'archétypes chrétiens, bibliques, et purement animistes. Dieu a créé un homme et une femme, avec un taureau.

Plutôt que de parler d'Ulysse ou de Prométhée, il serait peut-être plus intéressant de parler à nos enfants de la Lune, de Pluton, de Mars; de leur dire, en fait, des contes de l'espace. Il y a peut-être là une littérature à adopter, mais dont le fond existe; il suffirait simplement d'utiliser davantage des légendes qui viennent d'Asie, d'Amérique et d'Afrique.

Michel Tournier, ses Rois Mages aidant, essaie de reprendre le fil de la tradition en paraphrasant librement la légende. Son invention, c'est le quatrième Roi Mage qui vient uniquement à Bethléem pour trouver la recette des loukoums : c'est un grand gourmand. Cet humour est de nature à beaucoup amuser les enfants d'aujourd'hui.

Et moi, je crois que, pour diverses raisons, le conte de fées de Perrault n'est plus médiateur (d'abord parce qu'il n'y a plus de contexte pour le raconter, parce qu'il n'y a plus de grands-parents pour le raconter... Et puis, le monde a changé). Je me demande s'il n'y a pas entre la science-fiction, la conquête de l'espace et les grands mythes une nouvelle osmose; on est peut-être arrivé à un moment où les enfants peuvent s'abreuver aux archétypes planétaires et être mis en prise directe dans les grands mythes, et peut-être en même temps avec un vocabulaire et un espace différents. Avec les B.D., ils y sont préparés.

Les dessins animés sont, contrairement aux contes de fées, des histoires sans paroles mais non sans couleurs ni sonorités. C'est du langage en actes (passifs et actifs), dans un décor de nature ou créé de la main d'homme, mais simplifié, rendu abstrait; c'est un cadre à l'histoire où un héros (pas forcément humain) a à résoudre les problèmes de vie, de survie, de voisinage, de rivalité, de prestige, de jalousie, de malveillance, de malentendus, de violence, de victimat du faible par le fort, mais toutes ces épreuves sont compensées sinon résolues par l'amour. Les dessins animés ont remplacé les histoires racontées par les adultes aux enfants. Les héros animaux nains permettent aux moins de 5 ans de s'identifier à eux, et les enfants qui ont peu de vocabulaire comprennent le texte latent. Dommage que manque une personne aimée avec qui mettre en mots les émotions que cette histoire en images a suscitées en écho à des expériences réelles ou à des fantasmes que les enfants imaginent dans leurs moments de solitude.

L'ENFANT-SANDWICH

Quand j'étais enfant, il n'y avait pas d'image de petit garçon en publicité; les bébés avaient le sexe des anges. Allez donc savoir si le Bébé Cadum est fille ou garçon! C'était, pour les annonces et réclames, le bébé-objet. L'habitude est prise depuis l'invention du daguerréotype de photographier les nouveau-nés nus mais à plat ventre. Ni vu ni connu, le zizi. Dans les albums de famille, les petits garçons disparaissent dans leur longue robe de baptême. Cette indifférenciation ou cette ambiguïté s'est pratiquement maintenue jusqu'à la veille de la Seconde Guerre mondiale.

Les premières annonces illustrées intéressant les nourrissons font la chasse aux nounous. On montre les nourricières. Et puis ce furent les réclames pour les premiers laits de conserve. Et pour les farines. La Phosphatine Fallière était représentée par une vaste soupière à l'assaut de laquelle grimpait une ribambelle de petits. Succédanés des angelots d'antan. La première représentation publicitaire d'une fillette apparaît sur l'affiche du Chocolat Menier : c'est une petite fille qui s'applique à écrire sur un mur « Chocolat Menier », d'une écriture de bonne écolière selon le standard de l'époque.

Ce précédent – l'intrusion des petites filles modèles dans la publicité – est resté longtemps sans suite.

On observe qu'à partir du moment où la représentation publicitaire de l'enfant est nettement sexuée, c'est l'image masculine qui domine jusqu'aux années 50. Comme si la « pub », c'était l'affaire des hommes, grands et petits, pour choisir la marque et la couleur. Parallèlement, la robe de baptême du petit garçon disparaît de l'album de famille, à mesure qu'il devient sur les murs de la ville le parangon de l'enfant-consommateur, ou plutôt médiateur d'achat.

C'est une tarte à la crème en sociologie que de noter que les spots publicitaires de la télévision sont les émissions qui attirent et retiennent le plus les très jeunes téléspectateurs. Après Mai 1968, on dénonçait ce « détournement de mineurs » culturel : « Quelle calamité! On prend l'enfant pour un consommateur. » C'est vrai, mais la réponse de l'intéressé n'est pas passive. L'enfant n'est pas dupe et il exerce son sens critique : il ne rit que si le gag l'amuse, et ne retient que les slogans dont les à-peu-près, les pataquès et les assonances plaisent à son oreille. La publicité joue avec le langage, elle invente des effets comiques. La vie quotidienne est peu détendue; l'esprit de sérieux, la fatigue crispent les visages des adultes. Rares sont les gens de bonne humeur et les jeux de mots qui naguère faisaient la joie des collégiens sont remplacés par les onomatopées des B.D. Les spots publicitaires dédramatisent le « métro-boulot-dodo » et aident l'enfant à se libérer de certaines situations conflictuelles par le rire ou la gaieté.

Il n'est pas exclu que le langage publicitaire, par ses gags visuels et verbaux, développe les facultés critiques de l'enfant plus que ne le fait l'école. Il peut dire : Si je choisis, je ne choisirai pas forcément comme le petit garçon du film.

La petite fille du Chocolat Menier était à l'avant-garde aux débuts du siècle des médias. Elle annonçait, plus de cinquante ans à l'avance, que l'enfant de moins de dix ans prendrait la vedette sur les murs de la ville et dans les étranges lucarnes, par millions. Cette conquête se ferait par étapes : on vit le règne du couple mère-bébé, puis vint la famille nucléaire, rayonnante grâce à telle marque, le papa-poule succéda au célibataire musclé et la « pub » mit le petit prince seul sur son pot. L'enfant-sandwich, clamèrent les publiphobes. En fait, cette place de premier plan qu'on lui accorde est plutôt valorisante. Désormais, la société lui reconnaît le droit de choisir. Il fait partie de la décision d'achat. On le représente éveillé, astucieux, adroit de ses mains, ayant bon goût, s'exprimant aisément. On chasse les clichés du môme-catastrophe. L'exploitation des enfants par les médias est un faux procès.

CHAPITRE IV

L'ENFERMEMENT

L'ESPACE DE L'ENFANT

Dans quelle mesure l'espace dans lequel le jeune enfant évolue a-t-il changé? Il est plus clôturé qu'il ne l'était à l'époque médiévale en raison de la privatisation de l'aire sociale et familiale. L'enfermement est au XIXᵉ siècle, et jusqu'au milieu du XXᵉ siècle, le sort des fils de la classe aisée, petite et moyenne bourgeoisie. La plus grande mobilité des familles ne rouvre guère aujourd'hui cet espace trop protégé, car on véhicule de porte à porte les enfants et les grands déplacements pour les parcours quotidiens se faisant de plus en plus rapides, l'espace traversé devient comme irréel, sans relation avec les habitants de ces lieux.

D'où est venue l'idée de la maison bourgeoise où l'on vit, claquemuré, replié sur soi? Pour le comprendre, il faut remonter à l'époque de la féodalité, lorsque la sécurité collective était assurée par un seigneur, un prince.

Avoir des murs derrière lesquels se retrancher, des réserves avec lesquelles tenir un siège, des armes pour se défendre, c'était la prérogative d'un maître à qui on payait des impôts en échange de sa protection. A l'exemple des chefs de toute une région, des petits chefs ont l'idée de vivre comme lui en réduction. La maison est comme un château en raccourci, à l'intérieur duquel tout le monde peut se sentir en sécurité. Peu à peu, dans la maison bourgeoise, on en vient à posséder des pièces privatives « comme au château ».

L'image du châtelain a nourri le désir de modifier l'architecture interne en cloisonnant l'unité de vie. Mais il est probable qu'elle a été plus prégnante encore à la campagne qu'à la ville. Les cités étaient enceintes de murs et fermées la nuit par de grandes portes; les milices appointées patrouillaient pour assurer la protection des gens; la richesse privée était répartie en de plus nombreuses mains à la Renaissance qu'au début du Moyen Age.

La privatisation de l'espace est un phénomène des temps modernes, même si, dès le XVe siècle en particulier, dans les palais italiens, et même dans les maisons des notables, les architectes ménagent plus de pièces réservées à l'intimité de la famille. Il n'en reste pas moins que les patios, les loggias ouvertes permettent encore le passage d'une foule de visiteurs. Il y a toujours un lieu commun où toutes les classes se mêlent et où l'enfant évolue et acquiert très vite une grande expérience des relations sociales.

Dans les intérieurs des artisans et des paysans, le rôle de la salle commune restera longtemps prépondérant. La socialisation de l'espace a aussi sa raison pratique qu'il ne faut pas oublier. On comprend qu'il se soit privatisé beaucoup plus tardivement à la campagne où la technique a pénétré dans les foyers avec un siècle de décalage, par rapport au phénomène urbain.

Chaleur du feu, chaleur humaine : l'âtre a rassemblé longtemps adultes et enfants autour de l'unique source de chaleur pour la veillée, dans la maison froide. Activités et repos avaient lieu dans la même pièce. La technique a mis fin à la promiscuité familiale. Mais elle a chassé en même temps la convivialité. Dès que l'on a pu chauffer plusieurs pièces, les enfants ont eu des chambres séparées de celle de leurs parents.

La privatisation de l'espace s'accompagne d'une évolution de la vie familiale. S'il survit aux maladies du premier âge, l'enfant doit avant tout servir à défendre les intérêts de la maison paternelle et à conserver le patrimoine. Dans la période médiévale, il était à sept ans considéré comme un pré-adulte destiné sans tarder à se rendre utile envers la société, c'est-à-dire son groupe social, la corporation du père, et pas seulement sa famille. A partir du moment où il n'est qu'au service de la maison paternelle, la famille du XIXe siècle a moins tendance à le confier à l'extérieur – sauf en bas âge –, à le mettre en apprentissage dès l'âge de sept ans. On le garde à la maison.

Son espace de vie étant réduit, ce qu'il gagne en échanges collectifs avec ses parents plus proches de lui, plus attentifs, plus soucieux aussi de sa santé, il va le perdre en autonomie, en contacts avec les autres.

Cet enfermement bourgeois lui confère une protection illusoire, car seule l'expérience des risques l'immunise vraiment contre les dangers qui peuvent menacer son intégrité physique.

---

4 000 ANS DE COMÉDIE SCOLAIRE

« Ecolier, où es-tu allé depuis ta plus tendre enfance ? – Je suis allé à l'école. – Qu'as-tu fait à l'école ? – J'ai récité ma tablette, j'ai pris mon déjeuner, j'ai préparé ma nouvelle tablette, je l'ai remplie d'écriture, je l'ai terminée; puis on m'a indiqué ma récitation, et dans l'après-midi on m'a indiqué mon exercice d'écriture. A la fin de la classe, je suis allé chez moi, je suis entré dans la maison, où j'ai trouvé mon père assis. J'ai parlé à mon père de mon exercice d'écriture, puis je lui ai récité ma tablette, et mon père a été ravi... Quand je me suis éveillé, tôt le matin, je me suis tourné vers ma mère et je lui ai dit : « Donne-moi mon déjeuner, je dois aller à l'école. » Ma mère m'a donné deux petits pains et je me suis mis en route. A l'école, le surveillant de service m'a dit : « Pourquoi es-tu en retard ? » Effrayé et le cœur battant, je suis allé au-devant de mon maître et je lui ai fait une respectueuse révérence. Il m'a corrigé pour mon retard. Puis il m'a puni pour m'être levé en classe... Je lui ai montré ma tablette et il m'a dit : « Ton écriture n'est pas satisfaisante. » J'ai encore reçu le fouet. L'écolier dit à son père : « Invite le maître à la maison. » A ce que dit l'écolier, le père prêta attention. On fit venir le maître d'école et quand il fut entré dans la maison on le fit asseoir à la place d'honneur. L'élève le servit et l'entoura de soins et tout ce qu'il avait appris de l'art d'écrire sur les tablettes, il en fit étalage auprès de son père. Le père versa du vin au maître et il l'habilla d'un vêtement neuf, lui fit un présent, mit un anneau à son doigt. Le maître dit à l'élève : « Jeune homme, parce que vous n'avez pas dédaigné ma parole, ni ne l'avez mise au rebut, puissiez-vous atteindre le pinacle de l'art du scribe, puissiez-vous y accéder pleinement... De vos frères puissiez-vous être le guide, de vos amis le chef; puissiez-vous atteindre au plus haut rang parmi les écoliers... Vous avez bien rempli vos tâches scolaires, vous voici devenu un homme de savoir. »

(Texte reconstitué d'après des tablettes sumériennes et publié dans le « Journal of the American Oriental Society » à la suite de travaux des plus éminents assyriologues.)

La multiplication des écoles a complété l'internement de l'enfant. « C'est la faute à Charlemagne. » Et ce n'est pas qu'une légende. Tout a commencé sous son règne. Dans les premières écoles religieuses, des adultes venaient aux côtés de jeunes écouter les clercs.

Mais à la fin du Moyen Age, on voit apparaître en Occident les prémices des cycles de scolarisation de nos temps modernes : les élèves se retrouvent groupés en classes d'âge au lieu d'être mélangés à d'autres par disciplines et par niveaux d'instruction[1].

Ce sont les plus riches qui ont échappé le plus longtemps à l'internement scolaire. Les fils de seigneurs ont continué l'apprentissage du métier des armes, ils ont bénéficié de tous les contacts sociaux offerts par une existence ouverte sur l'extérieur, il y avait solidarité de caste mais pas de ségrégation des âges ou des classes : dans leurs jeux et leurs joutes, ils côtoyaient les gens du peuple. Dans les écoles, les pauvres étaient les bons élèves et les riches, les mauvais élèves. Car ceux qui avaient les moyens du pouvoir politique par la naissance étaient moins assidus auprès des clercs qui dispensaient le pouvoir intellectuel. Ils étaient consacrés à la vie des armes. Les fils de roturiers, qui pouvaient en attendre une promotion, étaient exercés à la vie studieuse. Ce sont eux qui, en première ligne, ont été ségrégués par les enseignants qui voulaient faire de leurs écoles des pépinières de clercs. Le savoir livresque, l'érudition ont été ainsi détournés de la chevalerie. On peut trouver là les ferments de la révolution. Car cela aboutit à un changement de mains du pouvoir politique.

Ce qui s'est passé en Gaule et en France médiévale a eu lieu en Afrique noire aux XIXᵉ et XXᵉ siècles. Dans nos anciennes colonies, les premiers scolarisés ont été les enfants des griots, les enfants des plus pauvres, ceux des concubines qui n'avaient aucun avenir. Les fils des notables, des chefs coutumiers, ne ressentaient pas le besoin d'être valorisés par l'école pour être appréciés de la société. Le prestige de leur nom, le pouvoir de

1. *Huit siècles de violence au Quartier latin*, André Coutin, 1969, Editions Stock.

leur caste leur suffisaient. Pour les déshérités, il n'y avait pas d'autre chance de promotion sociale que d'accepter l'enseignement de l'occupant français dispensé aux enfants noirs. Ce sont eux qui ont été scolarisés en langue française, qui sont devenus les maîtres du pays. Cette ségrégation scolaire, voulue par l'ancienne élite au pouvoir héréditaire, a été à l'origine d'une véritable révolution sociale en Afrique noire francophone. Comme dans la France du Moyen Age.

L'ouverture des écoles de clercs a été pour l'Eglise un moyen de compter ses troupes, de prendre en main ses ouailles dès la petite enfance. Les clercs n'admettaient en effet que les sujets dont les noms étaient portés au registre des baptêmes. A cela une raison de politique interne : c'étaient les seuls chrétiens que l'on voulait instruire. Et aussi une raison pratique : comment effectuer un contrôle de l'assiduité si on ne peut appeler chaque élève par son nom ? Jusque dans l'Empire carolingien, on n'était pas pressé de baptiser : il n'est que de voir les baptistères, de la taille d'une petite baignoire. C'est dire qu'ils étaient conçus pour accueillir, non des nouveau-nés, mais des enfants qui avaient grandi.

Dès lors que l'Eglise a convaincu les Français qu'il faut scolariser l'enfant, le confier à l'école, les registres de baptêmes vont se remplir et la cérémonie ne sera plus différée.

Nous observons des retombées coloniales de ce phénomène issu de l'Occident médiéval dans les pays évangélisés par les missions très catholiques. Aujourd'hui, au Brésil, les parents ne peuvent faire admettre à l'école un enfant qui n'est pas inscrit à l'état civil. Le soustraire à cette déclaration est pénalisé. L'amende est d'autant plus forte qu'ils ont attendu plusieurs années avant de faire le nécessaire. Alors, pour payer une moindre pénalisation, les retardataires déclarent un âge inférieur à l'âge réel et font entrer dans la première classe des enfants qui pourraient être dans la quatrième ou la cinquième. Les dirigeants des écoles, contents d'avoir des « clients », ne regardent que l'âge de l'état civil. Cette magouille a occasionné des erreurs de diagnostic lamentables. On présentait à des médecins des cas de puberté très précoce. Des garçons pubères, qui, sur l'état civil, n'avaient que huit ans. On les soignait en endocrinologie sans enquêter sur les cinq années dont leurs parents les avaient rajeunis pour n'avoir à payer que la plus faible amende.

La séparation géographique des enfants riches et des enfants pauvres des villes d'Europe date du XIX⁰ siècle.

Au Moyen Age, l'étalage de richesse était un spectacle. Un riche n'hésitait pas à venir en beaux habits dans un hospice misérable ou dans une maison très pauvre. Les classes se mélangeaient dans la rue et les lieux publics. La ségrégation ne divisait pas la ville en beaux quartiers et ghettos de misère. L'insalubrité était pour tous. Il y avait un brassage constant de populations européennes. Un étudiant étranger de famille noble arrivait à Paris avec son valet ou son frère de lait et, faute d'internat, il logeait chez l'habitant au Quartier latin, sans chercher une maison de sa condition[1].

Dédiés au célibat, les clercs recevaient comme leurs propres enfants ceux qui ne pouvaient pas rester à la charge de leurs parents. Ils étaient logés pendant la durée de leurs études. En échange de quoi, ils étaient destinés à grossir le nombre des clercs de l'Eglise. Ce n'est que dans la seconde partie du XVIII⁰ siècle que les riches ont commencé à s'enfermer dans des quartiers réservés et à se séparer de la population laborieuse. La notion de beaux quartiers date de Haussmann. Avant le XIX⁰ siècle, qui aurait dit : « On va s'encanailler sur

1. Id., ouvrage cité, *Huit siècles de violence au Quartier latin.*

la zone » ? La bourgeoisie se frottait sans cesse au peuple de Paris.

Pendant que les clercs se multipliaient en recrutant dans la classe pauvre, la noblesse poursuivait la tradition du placement des jeunes garçons.

Si on était fils d'un homme de rang élevé, on partait pour un apprentissage, de sept à quatorze ans, chez un autre noble dans le but de devenir soi-même un seigneur, un maître qui serait servi. L'idée saine était que pour apprendre à être bien servi, il faut d'abord savoir servir.

Les enfants pauvres placés dans des maisons restaient au service du maître après quatorze ans, ou étaient placés ailleurs. Mais ils avaient eux aussi profité du temps d'apprentissage. A huit ans, pour tout ce qui était de la vie pratique, ils étaient auxiliaires manuels des enfants de la maison, plus petits, et ils apprenaient en même temps que le jeune maître, en grandissant. Quand le valet servait le repas, son maître lui parlait de ce qu'il apprenait et il l'enseignait s'il était intelligent. Il entendait le maître étudier, il étudiait donc finalement avec lui tout en l'entretenant. Pour les filles, c'était autre chose, parce qu'elles restaient aux cuisines ou à la lingerie et elles n'apprenaient qu'à tenir la maison. A quinze ans, on les mariait. L'enseignement des filles séparées de leur famille était réservé à celles qui étaient destinées à être religieuses; des pensionnats les prenaient comme pupilles.

L'Eglise n'a pas peu contribué à faire porter aux enfants tous les péchés du monde et à entretenir l'idée que leur vulnérabilité les rend suspects : ils sont perméables aux mauvais esprits. N'enseignait-elle pas, et plus encore ne proclamait-elle pas que même le baptême n'efface pas le péché originel. L'enfant naît marqué. Marqué par la disgrâce, par sa faiblesse. On se méfie de lui si on ne le méprise pas. Etant ce qu'il est, il a donc besoin d'être complètement remodelé, complètement refaçonné pour échapper à la puissance maléfique qui prend pour son siège de prédilection cette proie facile.

Le rite de passage, c'était la Première Communion. Avant cette initiation, dans presque tous les milieux et jusqu'à la Seconde Guerre mondiale, les enfants ne parlaient pas à table, en présence du père, sauf si on les questionnait. Ils n'avaient pas le droit de prendre la parole sans y être invités. Ils pouvaient seulement écouter les autres commensaux. C'était un reliquat de l'éducation religieuse de leurs ancêtres. Ce n'est qu'à partir du moment où ils avaient été admis à la Sainte Table qu'ils étaient autorisés à parler à la table profane de la famille. Avant la première communion, l'esprit ne souffle pas en eux. J'avais cinq ans et demi en 1914, cela se passait ainsi dans ma propre famille. Et cela a continué dans le milieu des « enfants bien élevés » jusqu'en 1939.

Le respect du père n'était pas l'apanage des familles bourgeoises. Même dans des maisons paysannes, des enfants vouvoyaient leur père. Il faudra attendre la rupture des années 60 pour que l'enfant, à table, puisse couper l'adulte, pour exprimer son désaccord. Dans les milieux artisanaux et ouvriers, il en va différemment, l'apprenti, même s'il n'a pas dix ans, mange avec le maître. Finalement, ceux qui pouvaient développer le plus leur intelligence de la vie, c'étaient les jeunes qui appartenaient à une structure sociale et économique inférieure.

L'admission à la table paternelle a été retardée jusqu'à l'adolescence dans les milieux de la bourgeoisie. L'enfant ne prend pas ses repas en même temps que ses parents. Il mange en compagnie de « Mademoiselle », la gouvernante qui préside à ses repas en les partageant le plus souvent et chargée d'enseigner aux enfants les bonnes manières. Se tenir assis droit, les mains sur la table mais non les coudes, la fourchette à gauche, le couteau à droite délicatement tenus dirigés vers l'assiette. Ne jamais mâcher la bouche ouverte, etc.

Avec le double internement – familial et scolaire, l'espace concédé à l'enfant des villes s'est donc rétréci de plus en plus. Et ce qu'il en reste est verrouillé, balisé, jalonné d'interdictions.

Sur le chemin de l'école, les petits villageois gardaient une certaine part d'initiatives, ils faisaient des rencontres, inventaient des niches et des jeux. Maintenant, le ramassage scolaire les prive de tout contact avec la nature et la vie des adultes. Le trajet se réduit à une navette porte à porte. Plus de détours, de rencontres en chemin. Les mères viennent chercher leurs gamins en voiture ou le bus les transporte comme des colis recommandés. L'enfant-paquet n'a plus le loisir d'observer, de muser.

Des instituteurs, lors d'un colloque récent sur les échecs scolaires, ont constaté qu'ils réussissaient mieux à capter l'attention de leurs élèves en milieu rural qu'en milieu urbain. Ils ont remarqué que c'est encore dans les villages où il n'y a pas de ramassage scolaire organisé que le degré de concentration en classe est le meilleur. Le trajet à pied vers l'école permet aux enfants de voir le monde qui existe : c'est un monde de froid, de chaud, de vent, de neige, de pluie; il y a le sol qu'on sent, il est très dur, ou boueux, ou sec, sans compter les oiseaux, les bruits de la nature, les ruisseaux, les animaux, etc. Cela donne aux enfants davantage le sens des choses, comme par exemple la raison de mettre tel vêtement qui protège; de ce fait, ils attachent plus d'importance à la peine que les instituteurs se donnent. Ils veulent apprendre, respectent davantage les livres. Ce sont les parents, en ville, qui achètent à leurs enfants les livres, donc ceux-ci n'ont plus d'importance à leurs yeux. En campagne, les enfants, quand ils arrivent en classe, sont fatigués physiquement, mais ils restent disponibles intellectuellement et veulent progresser socialement, et pour ce faire, travailleront plus.

C'est d'ailleurs la même chose pour les enfants qui « font » leur année scolaire pendant le mois de classe de neige. Les professeurs obtiennent d'excellents résultats en général. Les élèves font une expérience de leur corps à l'extérieur, ils ont un espace où ils se sentent responsables d'eux-mêmes, et de ce fait, quand ils rentrent en classe, leur esprit est très attentif parce que tout leur besoin de motricité a été employé. En plus, le soir, ils n'ont pas à rentrer dans le statut moral puéril : « dis à maman », « dis à papa » : raconter tous les soirs ce qu'ils ont fait. Ils sont vraiment autonomes, dans le village où est installée leur classe de neige, et ils n'ont pas le soir à en référer à leurs parents sur leurs différentes actions. On dirait que les parents ne vivent que d'après ce que leurs enfants vont leur raconter. De plus, leur appréhension du dehors et du dedans n'est pas la même; elle n'est pas réduite à un discours sur la sécurité. Bien sûr, il faut faire attention sur les pistes, soigner le matériel, écouter le moniteur, mais sur le chemin il n'y a pas : « Tu vas rencontrer un sadique qui va te proposer des bonbons », ou bien « Tu vas te faire entraîner par des camarades pour les machines à sous ». Il n'y a pas d'interdits (« les mineurs ne peuvent pas faire ceci, faire cela »; « Tu vas te faire écraser »...). En ville, l'espace est plein d'interdictions parce qu'il est plein de tentations que l'enfant n'a pas le pouvoir de l'argent pour se payer, et où il est à la merci de quelqu'un qui lui offre un jouet parce qu'il est arrêté devant une vitrine, bref de dangers éventuels.

Dans les villages où il va en classe de neige, il y a quand même des freins et des interdits nécessaires, mais ceux-ci sont aussi pour les adultes : par exemple, ne pas faire n'importe quoi sur les pistes.

On a mis un peu trop l'accent sur le fait que les résultats scolaires sont meilleurs en classe de neige parce que les élèves sont séparés de leurs parents, et que les parents, tous les jours, défont quelque chose de l'ordre de la vie d'enfance qui se structure à l'école... Je ne crois pas que ça soit la seule explication. Je crois que c'est parce que la vie de liberté, d'expression de soi, l'intense activité physique l'emportent sur le temps d'enfermement. La concentration mentale est possible après une grande dépense du corps, des cris, des rires, des émotions. Des professeurs m'ont dit :

« Un enfant fait toute son année scolaire pendant ce mois-là. »

Ils récupèrent l'espace imaginaire de leur corps; ils voient une montagne : « J'irais bien là-haut! » Ils s'identifient à des gens; ils récupèrent aussi le droit imaginaire à leur propre temps d'enfant, par rapport à leurs parents. Ils sont évidemment soumis à des cours de ski en plus des heures de classe. Ce que leur corps apprend n'est pas une discipline obligatoire, mais un jeu, une partie de plaisir. Si bien que l'école aussi leur fait plaisir. La scolarité leur fait plaisir. Tout est mobilisé, le besoin de motricité, d'imaginaire, de promotion. Conquérir la maîtrise du ski valorise l'élève à ses yeux comme au regard de ses camarades.

Si un gardien de la paix repère un enfant qui erre seul dans la rue à des heures tout à fait extra-scolaires, il est fondé à l'interpeller, lui demander le domicile de ses parents et l'engager à le regagner. Il peut même d'autorité le raccompagner. Mais s'il apparaît que l'enfant est livré à lui-même, une enquête sociale pourra être ouverte. Il n'y a pas en France de restriction de circulation par règlement de police mais le représentant de l'ordre peut la limiter de facto au nom de la protection des mineurs. Cependant les assurances peuvent ne pas couvrir le risque d'accident si l'écolier s'écarte du trajet de son école. Ce qui amène les tuteurs légaux de l'enfant à obliger l'écolier, en l'accompagnant ou en le minutant, à rester strictement sur la trajectoire domicile-école aux heures d'ouverture et de fermeture de l'établissement. Il n'y a pas force de loi ou de règlement de police mais l'assurance est – à moins de souscrire un contrat prévoyant une couverture plus large – un argument dissuasif qui conduit à canaliser l'enfant et l'empêcher de se promener seul.

Ces restrictions de circulation des écoliers, mon mari les a connues en Russie avant la guerre de 1914. Quand des gens rencontraient un enfant dans la rue, en dehors des heures réglementaires, ils l'interrogeaient et le ramenaient chez lui. La loi leur interdisait de sortir à leur guise après l'école et la police de la ville veillait à son application, avec le concours de la population. Les écoliers n'étaient autorisés qu'à faire l'aller-retour de leur maison à leur école, un point c'est tout. Ce n'était pas un couvre-feu au cours d'une période de troubles, c'était la réglementation normale. Aujourd'hui, une telle mesure évoque les rigueurs d'une éducation surveillée. Là-bas, à l'époque, elle était passée dans les mœurs. Et il fallait se déguiser et avoir des complicités pour l'enfreindre. A seize ans, mon mari, qui était en terminale, avait envie d'aller au théâtre pour y admirer la femme de son professeur, une comédienne dont il était amoureux. Sa mère l'avait autorisé à porter de fausses moustaches, le pardessus et le chapeau de son père. Et il se cachait sous cet accoutrement. Des surveillants du lycée étaient postés dans le théâtre pour y surprendre les élèves contrevenants. Et pourtant il s'agissait de grands en classe de terminale. Heureusement, les jeunes gens du lycée de garçons avaient le concours de deux femmes veuves et ménopausées qui faisaient partie du conseil des professeurs et servaient d'initiatrices à la vie sociale... et à la galanterie de bon aloi.

D'après un témoignage d'un ingénieur de bureau d'études envoyé en mission au Zaïre, les policiers de

Kinshasa, pour améliorer leur revenu, arrêtent systé-
matiquement dans la journée des enfants en train de
jouer dehors. Ils connaissent très bien leurs parents qui
travaillent et pour eux il est évident que les jeunes ne
sont pas en vagabondage. Quand les parents revien-
nent le soir, ils savent très bien où retrouver les enfants
« enlevés » : au commissariat, on les leur restitue,
contre quelques monnaie sonnante. C'est comme la
dîme d'une garde forcée.

Ce que font les Zaïrois avec zèle intempestif, corrup-
tion mise à part, n'est pas autre chose qu'une carica-
ture de ce que pourraient faire les policiers en France :
théoriquement, tout enfant surpris en train de jouer
dehors est passible d'être conduit au poste. S'il n'a pas
d'argent sur lui, il est de toute façon en délit de
vagabondage. Pour certains parents méritants, la rue
de Paris est un lieu de perdition. Les parents du garçon
qui avait mis le feu au C.E.S. Pailleron habitaient une
H.L.M. de construction récente en face de l'immeuble
du siège du P.C.F., place du Colonel-Fabien. Ils
travaillaient l'un et l'autre et élevaient leur fils selon le
principe que l'on ne peut rien avoir dans la vie avec de
mauvaises fréquentations. La mère répétait à son fils
chaque matin : « Tu rentres vite, ta grand-mère t'attend, surtout ne fais rien sur le trajet. Ne va plus
dehors car c'est une jungle! » On mesure ici sur le vif
la confiscation de l'espace. Ce qui reste à l'enfant est
parsemé de restrictions : « Attention à ta sécurité, tu
rentres directement, attention à tes fréquentations, ne
parle à personne... » Or, l'enfant a été enfermé à
l'école toute la journée et il est aussi enfermé chez lui.
A l'inverse, pour avoir la paix, des mères logées à
l'étroit envoient leur fils se défouler dans la rue. Que
d'enfants de la grande ville ne savent où aller après la
fermeture de l'école! Pour les uns, il n'y a personne à
la maison; les autres, ils sont indésirables; et les
surprotégés, n'ont pas envie de rentrer tout de suite
chez eux.

Dans les C.E.S. modulaires du type Pailleron, à galeries superposées, pendant les récréations, non seulement les salles de classe mais aussi les couloirs sont fermés. Tout le monde est rassemblé dans la cour. Telle une cour de centrale à l'heure de la promenade des prisonniers. Et les élèves le ressentent avec un certain malaise[1].

Dans les internats, les dortoirs sont fermés à clef toute la journée. Les pensionnaires ne peuvent pas venir prendre un objet dans leur armoire, ils ne peuvent pas s'étendre sur le lit pour s'y reposer quelques instants. Comme si, dans une maison, un membre de la famille n'avait plus le droit de retourner dans la chambre à coucher avant le coucher du soleil. Cette pièce n'est-elle cependant pas le lieu de ressourcement de soi-même; si on est fatigué, si on est dépressif, on retourne sur son lit. Pourquoi l'admet-on pas l'adulte et en prive-t-on l'enfant qui en a encore plus besoin?

Rentré à la maison, l'élève externe est collé devant le poste de télévision. Au moins, pendant qu'il est hypnotisé par l'image, il ne dérange pas. Le petit écran est une fenêtre ouverte sur l'ailleurs, sur le monde extérieur à l'espace clos où on le tient claquemuré. Cette bouche qui vomit une bouillie d'images et d'informations peut impunément choquer l'enfant à qui l'on n'a plus le temps d'expliquer les choses. Il est soumis à un bombardement quantitatif, il ne sélectionne pas et les parents n'ont pas le temps de le faire avec lui.

Cet espace privatisé est vraiment une peau de chagrin. La société moderne a modelé et détruit peu à peu l'espace où les enfants peuvent découvrir leur schéma corporel, observer, imaginer, connaître les risques et plaisirs. L'enfermement reproduit hypocrite-

1. *Les Cahiers au feu*, André Coutin, Ed. Hallier, 1975, pp. 164-165.

ment le concept de la vie des prisons. Le pouvoir discrétionnaire avec lequel les adultes restreignent la civilisation des petits est un racisme d'adulte inconscient exercé à l'encontre de la race-enfant.

LE CHEMIN DE L'ÉCOLE

La route des vacances et même le chemin de l'école, surtout en milieu rural, étaient autrefois l'occasion pour l'enfant de 6 ans de découvrir le monde au-delà de son petit territoire. Pour qu'il investisse le trajet qui va de son lieu de vie à ces lieux d'échanges nouveaux, il faut que le défilement du paysage soit relativement lent. Or, c'était possible quand il y avait la déambulation à la marche, au charroi, au pas du cheval, qui était une vitesse humanisée, mais maintenant qu'il est transporté en voiture sur autoroute, il faut à l'enfant de très longs trajets pour que par des flashes successifs qui ne sont jamais les mêmes, tout d'un coup, il découvre un bout de paysage et qu'il fasse le lien avec la représentation qu'il a de lui-même à ce moment-là. L'avion, encore plus, déréalise complètement le déplacement. Le voyage pour aller de Paris à Lyon avait un sens quand on roulait en train et qu'il n'allait pas vite et s'arrêtait à toutes les stations. Il n'a plus de sens quand on ne voit même pas le paysage traversé. On ne se rend plus compte que l'on change soi-même au rythme des déplacements, ces sauts de puce dans l'espace font qu'aujourd'hui on connaît des petites taches sur terre mais pas ce qui les relie ni ce qui vous y rattache. Pour les bébés du siècle de la vitesse, il n'y a pas de différence entre l'espace qu'ils parcourent sur la planète et un espace hors de la planète dans une autre galaxie. Hier, le petit bébé était transporté d'un endroit à un autre au rythme du pas, ce qui ne le changeait pas beaucoup d'avoir été fœtus. Maintenant, les enfants sont transportés à des rythmes qui ne sont pas celui de la mère qui les a portés. Pour tous ces déplacements, ils sont toujours dépendants d'une collectivité ou d'une institution organisée. Inventeur d'itinéraires, l'écolier d'antan passait à travers champs. Le retour de l'école était moins banalisé. Aujourd'hui, le jeune téléspectateur, voyageant dans l'espace par l'imagination, se déplace moins avec le corps.

Avant que André Ribaud ne parle des « étranges lucarnes » dans *Le Canard enchaîné*, je disais « les étranges fenêtres » à propos du petit écran. Avant que la télévision n'envahisse les foyers, le miroir était pour les enfants la première étrange fenêtre dans laquelle ils découvraient un enfant. Et chacun comprenait que c'était lui-même. Il était d'abord intrigué de ce vis-à-vis inconnu. Mais après il y a eu la T.V. qui apporte dans le lieu de vie des gens complètement déformés : tout petits, en tronc, en groupe. Des bonshommes minuscules grouillent sur l'écran et se battent pour rire ou pour mourir. Tout ça fait un monde ouvert sur de l'étrangeté visuelle qui devient tellement habituelle qu'elle rentre en chaque enfant de façon inconsciente en le « bizarrant » et qu'il ne s'en aperçoit même pas. Pour nous, c'est venu comme un progrès, soutenir notre mémoire, satisfaire notre désir de savoir ce qui se passe dans le monde. Nous ne sommes pas nés devant un récepteur T.V., nous avions déjà reçu une formation. Je me souviens de mon jeune frère Jacques. Quand nous étions enfants, nous n'avions pas de gramophone, mais nous faisions beaucoup de musique à la maison tous les soirs. Jacques avait un panier avec deux rabats qu'il promenait et qui était son électrophone. Il faisait semblant de mettre un disque et il se mettait à chanter les opéras. Quand il n'aimait pas un chanteur, il disait : « Monsieur, laissez la dame parler, ce n'est plus vous! » Il ouvrait le panier et parlait aux messieurs et dames qui chantaient, convaincu qu'il était de leur présence dans son panier. Maman aimait *Manon*. Il sautait les répliques de Manon pour n'interpréter que le rôle de Des Grieux. Ce langage d'enfant, je ne l'ai pas noté à l'époque mais c'est mon petit frère qui le premier m'y a intéressée. Il avait environ 3 ans et demi. A 4 ans, il ne l'aurait plus fait car il savait se servir d'un vrai électrophone. Et maintenant? On fait des télévisions-jouets. J'ai vu un enfant de 4-5 ans qui avait un appareil photo en bois simulant la forme exacte d'un Kodak avec une sangle à passer autour du cou. Ce garçon intelligent faisait « Clic-clic » toute la journée sans avoir un bouton à presser. Tout était fiction sauf la forme du boîtier. Il s'est amusé beaucoup plus que s'il en avait eu un vrai.

LA SOURCE ET LE DÉVERSOIR

Autrefois, on allait à la décharge publique pour les gros déchets dont on voulait se débarrasser, mais chacun avait son tas de fumier, avait sa tinette particulière; il n'y avait pas de fosse d'aisance publique. Ce qui était excrété était gardé. En revanche, on allait à la fontaine, on allait prendre l'eau à la source. Il devait y avoir une communauté de source par le fait que l'on allait chercher l'eau pure tous au même endroit. Et les déversoirs étaient individuels. Les excréments, avec lesquels les animaux marquent leur territoire, n'étaient pas mis en communauté, ou seulement ce qui justement ne sentait pas mauvais : les objets trop encombrants pour rester sur le fumier, les choses que l'on jetait et qui n'étaient pas brûlables allaient à la décharge publique. Mais actuellement, les choses se sont inversées : il y a semi-communauté de déversoir, tout au moins mise en commun des déchets pour leur enlèvement, alors que chacun a sa source d'eau.

Depuis la naissance, la source et le déversoir sont quelque chose de fondamental pour la formation de l'individu social. A partir du moment où c'est privé pour les uns et public pour les autres, il est certain qu'il y a grande différence. L'apprentissage de la vie communautaire n'est plus le même pour ceux qui ont eu de l'eau courante et des w.-c. particuliers à la maison et ceux qui ne les ont pas eus. C'est peut-être un changement important de société que de privatiser à la fois la source et le déversoir. Il y avait et il y a toujours les bains publics qui obligent à une communauté des corps, à une désérotisation. C'était le cas, jusqu'à ces dernières années, de la société japonaise, qui, avec des petits bassins publics, permettait, dans une même salle, d'avoir des bains familiaux.

En Occident, on dit : « C'est privé » ou « C'est public » avec connotation de promiscuité ou de pudibonderie. Les Japonais ont inventé depuis quatre ou cinq siècles une formule très intéressante qui concilie ce qui, chez les Européens, est toujours apparu antagoniste. Un équilibre impossible. (De même que dans la maison traditionnelle à panneau, il n'y a ni dedans ni dehors; de même, pas de cloison étanche entre privé et public.) L'enfant y a pu évoluer dans un espace beaucoup moins fermé, beaucoup moins limité et, en même temps, la relation à son corps et à celui des autres a été beaucoup moins érotique tout en étant parfaitement près de la nature, parfaitement socialisée, pas du tout honteuse; on ne cache rien. L'expérience du Japon est à citer.

LA SÉCURITÉ, POUR QUOI FAIRE?

Tout se passe dans la société, me semble-t-il, à l'exemple des puissants. Les bourgeois aisés veulent vivre – en petit – à l'exemple du prince. Les ouvriers veulent vivre à l'exemple du bourgeois aisé. Ce n'est pas une lutte de classes, c'est un exemple idéalisé : le puissant est idéalisé. D'une part, ce qu'il donne à voir est désirable, donc il est heureux et ceux qui veulent l'imiter lui prêtent le sens de la responsabilité : il ne garde pas pour lui tout seul les avantages de sa puissance, il en redistribue une part à ceux qui l'entourent. Et je crois que c'est une chose dont on n'a pas du tout parlé dans la lutte de classes : la contradiction à assumer d'être contre le maître quand il est un exemple et que, étant maître de sa sécurité, il fait partager sa sécurité aux autres. Ainsi, il a des silos et les gens peuvent y mettre leur blé, en échange de quoi ils lui payent l'impôt de leur temps de travail. De plus, il donne à des gens qu'il distingue les moyens d'arriver à cette sécurité. C'est exactement ce que l'on fait avec la scolarité, en distinguant certains élèves à qui on donne des bourses afin d'assurer la sécurité de leurs études, puis, après la réussite à des concours, la sécurité d'être fonctionnaires, en n'ayant plus à courir le risque d'un métier autogéré ou d'une place chez un « patron » qui n'est pas « l'Etat ».

La sécurité! Ils n'ont que ce maître mot à la bouche, tous ces parents qui, fonctionnaires ou pas mais alors les envient, qui nous amènent des enfants pathologiques et « qui ne veulent pas étudier ». Si je leur demande : « ... Mais, étudier, pourquoi? – ... Pour avoir un bon métier? – ... Un bon métier comme vous?

– ... Ben oui, par exemple. – ... Est-ce que vous aimez votre métier? – ... Ça non, mais j'ai la sécurité! »

Nous voulons donc que nos enfants aient la sécurité. Soit. Mais la sécurité pour quoi faire?... Si le prix de la sécurité, c'est de n'avoir plus d'imagination, plus de créativité, plus de liberté, je crois que la sécurité est un besoin primordial, mais il n'en faut pas trop. Trop de sécurité étête le désir et le risque qui est nécessaire pour se sentir à chaque instant « vivant », « mis en question ». L'adulte qui est obsédé par sa sécurité au point de perdre toute imagination n'a-t-il pas été autrefois un petit à qui, dans les premières années, les premières semaines, la sécurité a cruellement manqué?

Nous avons tous été comme ça : tous les humains sont des petits qui n'ont pas la sécurité si les parents ne l'ont pas. La psychanalyse nous montre que cette peur se joue sur plusieurs générations : untel qui ne songe qu'à sa sécurité est l'enfant de parents qui, à l'âge de l'enfance, ne l'ont pas eue de parents qui eux-mêmes ne l'avaient pas. Je crois qu'il faut voir une société sur plusieurs générations, parce que tout être humain est dans l'insécurité si l'adulte ne la lui donne pas. S'il a survécu, c'est que l'adulte la lui a donnée, au départ de sa vie, mais surtout a permis qu'il l'acquière par expérience. Il n'y a pas de sécurité acquise en dépendance d'autrui. Si celle-ci est fatale au tout début de sa vie, cette dépendance à l'égard de l'instance tutélaire, si elle doit se prolonger, empêche la confiance en soi de se structurer. Mais il n'y a pas que la sécurité matérielle de l'enfant, il y a la sécurité de ses parents par rapport à leurs parents, et je crois que, transmise, c'est elle qui permet à l'enfant de donner ses potentialités. Si je prends seulement mon exemple (les psychanalystes sont assez personnalisants), pourquoi ai-je voulu faire la médecine ? C'est à cause de la guerre de 14... J'ai vu autour de moi tellement de femmes dans l'insécurité sombrer dans la folie, et tant d'enfants verser dans les troubles du caractère et dans l'échec social du fait que le père avait disparu ou qu'il était mort, que, du jour au lendemain, il n'y avait rien pour vivre, et que la mère n'avait pas de métier. Et je me suis dit, toute ma petite enfance : il n'est pas question de grandir sans avoir un métier. Si on est responsable d'enfants, il faut avoir un métier pour pouvoir gagner sa vie si l'homme manque... Là-dessus, la Sécurité sociale est arrivée, l'assurance-maladie, la retraite pour tous. Et le chômage est arrivé. Alors, tout le monde a avec l'assurance-travail, c'est-à-dire l'indemnité-chômage, une relative sécurité, même s'il ne fait rien. Aujourd'hui, même si le père est parti, pour ses enfants, la mère reçoit des allocations, etc. Tout ça, c'est venu dans la loi... parce que tout le monde a vécu cette insécurité et tous les gens qui ont été enfant comme moi qui ne l'ai pas éprouvée mais l'ai observée ont eu cette expérience de l'insécurité. Depuis les inondations catastrophiques dans la région de Limoges en 1982, les compagnies d'assurances doivent couvrir les risques en cas de cataclysme climatique. Auparavant, on n'était assuré qu'en cas de cataclysme individualisé, mais pas pour un cataclysme social général ou un cataclysme climatique général. C'est terminé : c'est une clause que les assurances ne sont plus en droit de maintenir sur leurs contrats. Il se trouve que les expériences de la génération précédente servent à la génération suivante pour combattre l'insécurité qui a été le lot de trop d'échecs des aînés. Le sentiment de l'insécurité chez le petit enfant vient moins de l'anxiété d'une mère qui ne sait pas l'élever que du fait de voir saper ses potentialités, à l'âge conscient, entre neuf et vingt ans, à la suite d'un cataclysme social, ou de la disparition précoce d'un père, dans une société qui n'assure pas ces risques.

Les vieux angoissent les jeunes s'il faut que ceux-ci les assument, comme autrefois. Ceci, une société comme la nôtre y a fait face. Mais attention, si elle va trop loin dans cette protection, elle fait des assistés de tout le monde. Et c'est ça le danger : s'il n'y a plus de risques, il n'y a plus de libido. Lorsque des jeunes font des raids en solitaires, ils rencontrent souvent l'incompréhension de leur entourage qui dit : « Mais pourquoi ce défi ? »

Cet esprit d'aventure est souvent coupé du réel. Il est souhaitable qu'il soit confronté aux dangers quoditiens de certains milieux défavorisés. L'expérience d'une jeune Autrichienne qui a été vivre parmi les Indiens Wayapi en Guyane est révélatrice. Les premiers mois, ils toléraient sa présence mais semblaient se désintéresser d'elle. En fait, elle était en observation. Ils prenaient le temps de l'éprouver. Ainsi, voulant pêcher du poisson dans le rio, elle mettait des vers à son hameçon et rentrait bredouille. Les Wayapi ne lui disaient pas que là les poissons sont herbivores et que, pour avoir une chance de les attraper, il fallait mettre à l'hameçon des petites baies sauvages. Que faire pour attirer leur attention? Montrer son courage. Bonne canoéiste, elle avait amené son kayak. Un matin, elle s'est engagée dans des rapides où les Indiens ne s'aventuraient pas. Et elle les a passés sans chavirer. Ils l'ont regardée faire, un peu ébahis... et elle a compris qu'elle ne les avait pas du tout épatés, ils lui ont dit : « Mais tu as pris des risques tout à fait inutiles. » Dans la forêt amazonienne, il faut tellement lutter pour survivre qu'il ne viendrait pas à l'idée des Indiens d'ajouter à leurs exploits[1].

Il faut que l'être humain ait une part de risque dans sa vie par rapport à ses congénères et par rapport au cosmos, mais, s'il les trouve pour satisfaire ses besoins, il n'a pas besoin de les jouer pour ses désirs.

La jeune Autrichienne a bien compris que, pour ne pas rester en marge de la communauté des hommes de la forêt, il fallait assumer tous les risques pour survivre, et non pas s'en inventer de supplémentaires.

Dans l'Europe médiévale, à l'intérieur de la demeure du prince, il y avait de quoi alimenter toutes les curiosités et tous les intérêts : les troubadours, les baladins et tous les marchands ambulants apportaient des nouvelles du monde extérieur et l'enrichissaient de plus en plus : le prince, pour chacun, était un sur-développé. A l'image du prince, les gens ont fermé leur demeure sur eux-mêmes, en accumulant quelques meubles, en accumulant tout leur bien; il ne leur restait plus assez de sécurité pour filtrer les visiteurs. Si un malandrin entrait chez le seigneur, il y avait trois ou quatre hommes pour le mettre à la porte. Mais ce n'est pas possible chez un particulier... Donc les

1. *Wayapi, ein Jahr im Djungel Guyanas*, Elfie Stejskal, Urac-Pietsch Verlag, Wien, 1981.

bourgeois ont été obligés de jouer au maître en ne l'étant pas : c'est-à-dire en ne s'alimentant pas des rencontres avec le monde extérieur. Je crois que les échanges se sont raréfiés et c'est ça qui a entraîné cette espèce d'étouffement de la vie bourgeoise aux XVIIIe et XIXe siècles, cet étouffement qui a rendu les gens de plus en plus suspicieux sur la façon de vivre des autres. C'est tout de même curieux que, tout en voulant suivre l'exemple du maître qui vivait largement sa libido et sa sexualité, voyageait, s'intéressait aux arts, recevait des artistes, des savants, eux, au contraire, ils l'ont réduite jusqu'à ne plus vivre du tout, en n'ouvrant pas leur porte, sauf de temps en temps, aux vendeurs ambulants (« le planteur de kaïfa ») qui passaient et qui faisaient quelques enfants aux femmes négligées par les hommes.

L'enfermement social qui a suivi la privatisation du logement a été viable tant que les frontières sont restées ouvertes. Les vilains canards de ces familles, qui, pleins de richesses libidinales, se sentaient marginaux, partaient vers les colonies, vers les pays inexplorés. Il y a tout de même des êtres humains qui ne pouvaient pas se contenter de refouler tout le temps leurs désirs pour vivre en sécurité. Alors ceux-là partaient pour l'aventure ou bien devenaient sur place délinquants; on s'en débarrassait en les envoyant en Amérique, ou en Guyane. A travers épreuves, risques et inventivité, ils allaient peupler le monde. Qui étaient ces délinquants? C'était, au départ, des gens aussi bien que leurs voisins, sauf qu'ils avaient une libido qui ne rentrait pas dans la norme.

Qu'est-ce qui fabrique donc les enfants délinquants ou débiles? Ils ont été soit traumatisés jeunes, soit doués génétiquement de tels besoins ou de tels désirs que leur personnalité ne rentrait pas dans le cadre préparé. Alors, ils trichent et fraudent, et on s'en débarrasse d'une manière ou d'une autre... ou eux-mêmes se débarrassent des contingences et des contraintes en partant à l'aventure. Il y avait toujours des guerres où on pouvait être mercenaire : se risquer... Ou bien on partait sur des bateaux qui allaient vers une terre inconnue, etc. S'il n'y avait pas eu la privatisation, il n'y aurait peut-être pas eu de grands voyageurs, des émigrants du Nouveau Monde. Aujourd'hui, nous sommes dans une société toute différente où les frontières se sont fermées. Que peuvent devenir ceux qui ne rentrent pas dans le code de la sécurité obligatoire? C'est un grave problème, et c'est pour ça que, du coup, on ne laisse plus naître les bébés. On en arrive à ce blocage. On dit : « Mais non... d'avoir trop d'humains, c'est une terrible insécurité. » Et certainement pas : plus il y aurait d'humains, plus ils découvriraient de moyens de vivre autrement... C'est pourtant ce qui changerait la société.

Les Etats se replient sur eux-mêmes, plus d'expansion coloniale; la légion étrangère n'est plus ce qu'elle était. Les bagnes sont désaffectés; les prisons sont pleines et les gens ont peur, justement, et d'en créer d'autres et d'ouvrir celles qui sont surpeuplées. On renâcle même à entretenir celles qui existent : les détenus coûtent très cher.

Comme il n'y a plus d'exutoire et de purgatoire, comme on n'envoie plus personne en enfer, les sociétés closes sont explosives. Ceux qui n'acceptent pas d'être copie conforme ne peuvent plus prendre le large et, rejetés aux portes, les marginaux sont voués à l'inactivité haineuse. C'est pour ça que tout à coup les humains sont en train de régresser dans une mentalité malthusienne à l'échelle planétaire. Il en résulte une politique de réduction des naissances et une plus grande normalisation de ceux qui arrivent à naître ou qui veulent naître. Il faut, de plus en plus, qu'ils acceptent le code.

Autrefois, il y avait une solidarité de « caste ». C'était pour ainsi dire une solidarité de métier, quelle que soit la classe. Troufions et officiers fraternisaient à la guerre. Actuellement, ce besoin de solidarité s'est déplacé. On ne se retrouve solidaires que dans la revendication : revendication du droit à satisfaire des besoins et des désirs. Mais la marginalité n'est plus soutenue par de puissants protecteurs. Les riches étaient mécènes de marginaux qui avaient comme moyen d'expression de leur libido la peinture, la musique, les voyages, les expéditions. Maintenant, le mécénat des artistes et inventeurs n'est plus, et cette carence nuit certainement à la culture. Si la libido s'est engagée dans une créativité pour l'art, elle ne peut pas être soumise à la loi du plus grand nombre puisqu'on sait que la plupart des gens veulent du répétitif et pas du nouveau... donc la masse ne peut pas soutenir des artistes qui font du nouveau. Pourquoi les mécènes le faisaient-ils? Probablement parce que leur libido les entraînait bien au-delà de la défense de leurs prérogatives; ils étaient emprisonnés et ils auraient voulu eux-mêmes faire de la peinture, faire des voyages, et ils payaient des gens qui étaient capables de les faire à leur place et en leur nom, mais qui ne pouvaient pas gagner leur vie seuls et n'avaient pas de prestige sans la protection du prince. Les animait le souci de s'identi-fier aux artistes, ou, en tout cas, d'être solidaires d'eux, pour accéder à cet autre monde de l'esprit, alors que la classe bourgeoise voulait y appartenir par la réalité du pouvoir. Et la classe simple voulait y appartenir par les poussières d'honneur qui lui tombaient d'en haut : on servait quelqu'un de riche, on se sentait quelqu'un. Et les riches savaient qu'ils n'avaient rien à désirer que de l'imaginaire.

Il y avait une sorte de conscience artisanale à avoir un bon maître et à être un excellent valet. La livrée qu'on portait faisait honneur.

Ça ne serait pas juste de dire que c'était infâme et insupportable pour tous : tout d'abord, ça dépendait du maître, et aussi, sûrement, des pulsions individuel-les : il y en avait qui, au fond, s'y trouvaient bien. Du reste, on pouvait changer de maître, mais pas de condition. Ils voulaient être fiers de leur maître, de leur maison, et faire partie de la famille.

Je me rappelle mes vacances à Deauville, quand j'étais enfant, on appelait par haut-parleur les chauffeurs de maître qui allaient mettre la voiture dans des parkings qui n'étaient pas encore ainsi désignés. On les appelait par le nom de leur propriétaire, par exemple : Rothschild... La Rochefoucauld! Celui qui servait cette famille était de la Maison. Et il en était très fier. Mais notre demi-siècle a décrété que les métiers ancillaires étaient une honte sociale, oubliant la tradition médiévale de la mise en apprentissage des jeunes gens de familles riches. On les plaçait chez un autre seigneur.

Jusqu'au XIXe siècle, les gros fermiers mettaient leurs fils de douze à seize ans comme valets chez un autre fermier. En Normandie, par exemple, le trousseau pour trois années était enfermé dans une armoire, dite de valet, énorme malle divisée en deux : d'un côté, la penderie et de l'autre, des planches pour ranger les vêtements pliés et une planche plus basse pour y mettre les bottes, les chaussures. Et le nom du gars était gravé : « Jean-Marie... Loïc, etc. » On la chargeait sur la charrette et on amenait le fils portant son habit de dimanche d'été ou son habit de dimanche d'hiver. C'était les gens les plus honorables qui envoyaient leurs fils en apprentissage chez un égal. En retour, ils prenaient en égal le fils d'un autre fermier. Souvent le valet se mariait avec la fille de son hôte. Ils allaient au pair, pour apprendre le métier qu'ils exerceraient plus tard chez leur propre père. En Charente, le « stagiaire » arrivait avec une armoire dite « homme debout ». L' « homme debout » est plus haut que l'armoire de valet normande : 1,70 m environ, comme un homme... Il comporte une porte à un battant en haut, un tiroir au milieu, et une porte en bas. Ce n'est pas la même chose que les « armoires de mariage », larges et à double battant, et qu'on donnait comme dot à la fille, avec les draps et linge de maison. Ces deux sortes d'armoires, « de valet » et « homme debout », témoignent parfaitement des mœurs de l'époque : le valet n'était pas entretenu par son maître; il arrivait avec tous ses vêtements chez l'hôte; tout était payé par les parents, ce qui prouvait qu'on était riche...

Il apparaît que toute la formation des jeunes se faisait extra-scolairement, pour toutes les catégories les plus aisées, les clercs étant les plus pauvres et étant scolarisés par les prêtres. A l'intérieur des castes, la vie s'apprenait par le partage des activités des adultes et l'écoute de leurs conversations. Cette organisation de l'instruction s'est appauvrie de plus en plus, du fait que l'instruction des clercs n'était pas une instruction acquise avec la culture, c'est-à-dire inscrite dans leur corps grâce à la fréquentation des adultes et de leurs amis. C'est une existence où il n'y avait que l'école qui leur apportait quelque chose; et dans leur famille, rien n'était apporté. Or, qu'est-ce que la culture? C'est de rencontrer des gens qui vivent ce qu'ils enseignent. Mais les professeurs ne vivent pas ce qu'ils enseignent; en écoutant les cours, assis en groupe à heures fixes, ni les élèves ni le professeur ne vivent le dire enseigné. C'est un appauvrissement complet. La libido ne s'est pas inscrite comme avant dans le vécu de l'enfant depuis qu'il est petit; la libido n'a pas inscrit la culture; l'information ne s'est pas inscrite dans son corps au fur et à mesure qu'il vivait. Comment l'enseignement scolaire est-il dispensé au futur maître? Par les paroles de quelqu'un, assis, et comme mort, devant lui. La culture livresque est lettre morte. Ainsi, c'est tardivement que les enfants comprennent que c'est un auteur qui se confie à eux dans un livre de classe. Derrière un livre, il y a une personne en chair et en os. Même le manuel d'histoire ou de physique, ou de calcul. Quand j'étais enfant, je lisais toujours les préfaces de mes livres de classe, les autres ne le faisaient pas. Et j'étais très étonnée de rencontrer dans ces préfaces de vrais humains. La préface des grammaires, c'est quelque chose! C'est en lisant ces avant-propos que j'ai compris que c'étaient des humains qui se posaient le problème de l'enseignement de la grammaire qu'ils avaient l'air d'aimer (c'est étonnant, mais ils avaient l'air d'aimer ça)... et qui faisaient état de leurs réflexions, de leurs hésitations sur la place des chapitres pour que la langue soit plus vite comprise et mieux assimilée. Et tous les livres de classe sont préfacés de façon très intéressante pour les enfants. Pourquoi ne dit-on pas aux enfants : « On commence par lire la préface »? Eh bien, non, la préface, c'est quelque chose qu'on ne lit pas aux enfants, sous prétexte que c'est pour les adultes. L'enseignant pourrait présenter d'abord l'auteur. Il pourrait même y avoir une petite notice biographique. N'appelle-t-on pas souvent un livre par son auteur? On dit : « Prenez votre Georgin... Prenez votre Bled! » Monsieur Bled, on l'a vu à la télévision, c'est un homme exquis. Alors que son livre était, j'ose le dire, bien ennuyeux.

Je crois que ça a été perdu dans l'enseignement, alors qu'on pouvait le sauvegarder sans gêner les évolutions nécessaires.

L'APPRENTISSAGE DES RISQUES

La découverte de l'espace pour un très jeune enfant, c'est l'apprentissage des risques. Il est certain que l'espace dont disposait l'enfant européen avant 1939 a évolué dans la mesure où la famille nucléaire ne vit plus de la même façon : moins sédentaire, il a une mobilité beaucoup plus grande. Dans nos pays, l'enfant est plus protégé théoriquement, par la loi, mais d'un autre côté, par le changement de l'espace dont il fait la découverte, il court des risques plus grands. Il a à portée de sa main des produits nocifs qui peuvent être avalés, des machines dangereuses qu'il voit action-

nées par ses parents et que, par mimétisme à ses parents, il croit pouvoir manipuler, sans même en avoir compris la technologie; il fait des gestes, comme font les parents, et alors, il est en danger beaucoup plus grand qu'autrefois. Il a peut-être plus tendance à considérer comme des jouets des objets qui sont purement utilitaires mais qui sont dangereux... et on peut se demander si, par rapport à l'enfant de la société industrielle, l'enfant d'une société de type à dominante rurale, plus vite traité comme un adulte pour tous les gestes de la vie quotidienne, amené à faire une partie des travaux des adultes, à la ferme notamment, ne faisait pas un meilleur apprentissage du feu, du froid et des risques à toucher des instruments, à se prendre les doigts dans une machine...

Actuellement, l'enfant a grand besoin d'une verbalisation qui le renseigne sur la technologie et la raison de tout. Ainsi, il se trouve que l'enfant pense que tout danger, c'est une punition. Le père et la mère sont, pour lui, maîtres de tout ce qui arrive... donc, si la prise de courant lui donne un courant électrique, exactement comme un ancien disait : « C'est Jupiter qui est dedans », il dit : « C'est Papa qui est là. » J'en ai eu un exemple frappant. Mon mari avait dit à l'un de mes fils, 9 mois à l'époque : – « Il ne faut pas toucher les prises électriques », car tous les parents disent cela aux enfants... Et comme cela se doit, chaque enfant essaie de transgresser l'interdit, pour s'affirmer et faire l'expérience de ce qu'on lui dit être dangereux... puisque c'est cela être humain. Donc, la première fois qu'il a pris une décharge électrique en touchant la prise de courant, il est venu me dire : « Papa là » en montrant la prise de courant. Il commençait à parler assez pour dire Papa, Maman, là, pas là... Il ne marchait pas encore debout. Il venait vers les invités et, attirant leur attention, leur montrait une prise de courant et « Papa là ». A son père, lorsqu'il était à la maison, de même. Et son père

96

répétait : « Oui, c'est défendu de toucher là, c'est dangereux. » Papa était là où il y avait eu la confirmation de la parole du père, comme si c'était la parole du père qui avait blessé l'enfant et non pas ce dont la parole du père avait parlé. Et cela, c'est très intéressant au point de vue de l'inconscient de l'enfant. Tout ce qui est objet manipulé par les parents est pour l'enfant le prolongement des parents. Donc, si les parents manipulent des objets et que ces mêmes objets touchés ou manipulés par l'enfant sont dangereux ou font prendre à l'enfant un risque, pour l'enfant, c'est le père ou la mère qui, étant dans cet objet, lui interdisent son initiative et sa motricité, c'est-à-dire qu'ils limitent son humanisation à leur image. Il a fallu que j'explique à mon fils que ce n'était pas son père mais le courant électrique qu'il avait senti; que si son père ou moi avions fait le même geste que lui, nous aurions eu aussi la décharge électrique; que l'électricité est une force utile, qui a ses lois à respecter, autant par les adultes que par les enfants; que ce n'était pas son père qui l'avait puni, ni qui était dans la prise électrique. Après cette expérience et les paroles explicatives qui ont suivi les fausses déductions un peu obsédantes de la présence paternelle dans toutes les prises électriques, cet enfant savait brancher les lampes, le grille-pain... aussi habilement qu'un adulte et savait ne plus courir de risques inutiles concernant l'électricité. Un savoir technique avait remplacé la magie. L'enfant avait gagné confiance en lui-même et son désir d'agir comme les adultes en observant et sollicitant du regard et de la voix leurs explications techniques quand il n'arrivait pas à faire comme eux.

Si on enseigne à un enfant que le risque d'électrocution est le même pour le père, il admettra la réalité du danger. Cette petite histoire de la prise électrique confirme que tout interdit, pour un enfant, n'a de sens que si l'interdit est le même pour les parents. C'est d'ailleurs là qu'il entre dans la loi de l'Œdipe. Si le petit garçon déclare que sa mère est sa femme, c'est que, par identification à son père, il désire se comporter vis-à-vis de sa mère comme son mari. Mais ce n'est qu'en comprenant en quoi son père ne s'est jamais comporté vis-à-vis de sa propre mère comme il se comporte vis-à-vis de sa femme que l'enfant intègre un devenir biologique et qu'il intègre la loi de la prohibition de l'inceste, qui est celle de tous les humains vis-à-vis de leur génitrice. Mais c'est, pour l'enfant, très difficile, car, pour lui, il ne réalise pas du tout, au départ de sa vie et pas avant plusieurs années, que le père et la mère puissent avoir été des enfants qui aient eu vis-à-vis de leurs parents la même relation que lui vis-à-vis de ses parents. Le rapport de masse de corps lui échappe aussi. Que son père ou sa mère aient pu être des bébés, quand il en voit les photos, c'est quelque chose qui n'a pas de sens pour un enfant. On lui dit : « C'est ton père, quand il était petit. » Mais pour lui : « Ce n'est pas Papa, c'est moi. » Avant d'avoir cinq-six ans, un enfant ne peut pas admettre que son père ou sa mère ait été enfant.

Pour faire peu à peu comprendre à l'enfant que la réalité n'est pas telle qu'il l'imagine, il est nécessaire de l'introduire au langage. Le langage recouvre les souvenirs du passé autant que les projets et autant que les réalités dont il n'a pour l'instant que le témoignage souvent trompeur de ses sens. Son père, l'enfant ne peut pas le situer par rapport aux autres. Il ne peut se le représenter ailleurs autrement qu'il est pour lui. Le fait d'entendre dire que son père a été petit, c'est, pour un enfant, lèse-majesté. Avant sept-huit ans, c'est ridiculiser son père que de penser qu'il a été un bébé. Mais s'il a la chance d'entendre son père dire « Maman » ou « Papa » à son propre père ou sa propre mère, ce langage le prépare à admettre ce qu'on lui explique, sans encore le comprendre. D'où l'importance de rencontres fréquentes avec les grands-parents, pour les enfants; importance de leur nomination différenciée selon que ce sont les grands-parents maternels ou paternels; importance, s'ils ne sont plus vivants, ou lointains, ou « brouillés » avec leur enfant, géniteur ou père légal, de parler de ces personnes en famille en explicitant les raisons qui font que l'enfant ne peut les connaître. Tout non-dit concernant les grands-parents, comme tout non-dit concernant un des géniteurs non connu d'un enfant constitue une amputation symbolique chez cet enfant qui a dans l'inconscient, c'est-à-dire dans la structure somato-langagière, des répercussions à long terme à un niveau de la sexualité au sens freudien du terme (libido énergie d'expression féconde en société créatrice ou procréatrice).

A notre époque, au lieu d'initier l'enfant à la sécurité par une parole claire sur la manipulation de tous les objets, on le met à l'abri en le parquant. Le parc d'enfant a été inventé il n'y a pas tellement d'années, lorsqu'on a adopté dans les villes l'architecture verticale et généralisé l'éclairage et le chauffage à l'électricité et au fuel. On a trouvé des garde-fous pour que les petits ne dégringolent pas dans les escaliers des appartements à étages et aussi pour qu'ils ne se brûlent pas en touchant à tout.

Oui, mais au lieu d'initier par le langage, on l'a traité de plus en plus comme un corps dangereux pour lui-même. Et c'est un handicap que nous avons à rattraper dans notre société actuelle. Il ne faut pas non plus, à l'inverse, sous-estimer le risque auquel le jeune enfant est naturellement exposé. Car l'espace qui l'entoure, c'est pour lui la même chose que sa maman; il est alors dans une totale confiance et donc, il est dans un total danger. Cela demande énormément de travail de la part de la mère pour lui signifier ce qu'il ne doit pas toucher – comme l'adulte – et, de plus, une entente parfaite avec elle; il ne manquera pas de faire ce qu'elle a défendu s'il ne sent pas que ce qu'elle interdit, c'est ce qui lui est interdit à elle. Par exemple, lorqu'une mère interdit à l'enfant de toucher ou boire de l'eau de Javel, elle lui dit :

« L'eau de Javel est dangereuse; elle est bonne à toute petite dose pour la vaisselle... Je fais très attention; pure, elle me brûlerait, elle brûlerait le tissu, et si je la buvais, elle m'empoisonnerait, moi. »

L'enfant n'y toucherait pas, puisqu'il se sentirait comme la mère. Mais, trop souvent, elle lui dit : « Ne touche pas » ce qu'elle touche, sans lui expliquer comment elle s'y prend, et quelles précautions, elle, elle prend, comme chacun, et lui aussi, si un jour il le fait, comme elle, devra prendre. Si vous voulez, avec ces interdits constants, c'est comme si on mettait l'Œdipe[1] dans tout. Il faudrait que les parents se mettent dans la même loi que les enfants, par rapport à toutes les choses de la vie auxquelles ils ont en exemple et en paroles à les imiter, alors qu'ils continuent à faire comme s'ils avaient à jouer le rôle de tout-puissants par rapport à un tout-impuissant. En fait, l'enfant, bien plus jeune qu'on ne croit, est tout aussi capable qu'eux... Mais à condition qu'ils le mettent en confiance, lui enseignent la technologie de leur savoir-faire, et fassent comprendre et intégrer la réalité des choses auxquelles eux-mêmes, en vérité, sont confrontés, enseignant le pourquoi des risques et des dangers. Si bien que, quel que soit le petit incident qu'il se provoque à lui-même à un moment où l'adulte tutélaire n'est pas présent, il ne craint pas de lui en parler, il comprend que c'est parce qu'il a eu une mauvaise technologie par rapport à ce qui lui avait été dit, et à partir de ce moment-là, il est en pleine confiance avec l'adulte, guide crédible. L'adulte qui

1. L'Œdipe, en bref, c'est le sexe des parents interdit de contact; l'inceste est interdit de réalisation, mais non son désir imaginaire. Ici, c'est le monde. On peut le dire autrement, le monde appréhendé par la vue n'est pas appréhendable de droit à l'enfant par son toucher et sa préhension. C'est chose sacrée, interdite à l'enfant dans l'absolu, et non relativement à l'expérience à laquelle il est temporairement confronté et qui lui apprend à s'en rendre capable par la technologie prudentielle et efficace qu'à l'instar des adultes il est sollicité d'acquérir en confiance.

aura expliqué auparavant que le danger serait le même pour lui que pour l'enfant s'il s'y prenait de la même façon dont l'enfant s'y est pris ne l'humilie pas et ne le culpabilise pas.

C'est cela, éduquer un enfant : c'est l'informer par anticipation de ce que son expérience va lui prouver. Et de cette façon, il sait qu'il ne doit pas faire tel geste, non pas qu'on le lui ait défendu, mais parce que c'est imprudent, par la nature des choses, par les lois universelles, et aussi par son manque d'expérience et d'exercice préalable en présence d'adulte-guide.

Véhiculé porte à porte d'un intérieur douillet à une ambiance climatisée, l'enfant des villes est aujourd'hui par trop dispensé de faire lui-même l'expérience du chaud et du froid.

Il lui manque, d'une part, de faire lui-même cette expérience, et d'autre part, d'avoir des mots sur cette expérience, car il faut les deux; il ne suffit pas que des sensations aient informé par l'agréable ou le désagréable le corps de l'enfant sur cette expérience qu'il a faite lui-même, il faut des mots de l'adulte, des explications, non des reproches, ni des jugements tels que : « Tu es bête... Laisse ça... N'y touche plus... Couvre-toi, tu vas « prendre » froid, etc. »

On punit, on gronde, on frappe parfois au moment où la conversation serait d'une valeur inégalable. La prochaine fois qu'il se mettra dans cette situation, il aura de nouveau la même difficulté à éviter l'incident, puisque le risque n'a pas été intellectualisé par lui et qu'il n'est pas considéré comme étant capable d'assurer sa sécurité. Il est nocif de dévaloriser un enfant s'il a fait une expérience néfaste, soit du froid, soit du chaud, au risque éventuel qu'il « attrape » un rhume. Par exemple, par le froid : on empêche un enfant de sortir comme il veut, sans son gros manteau, au lieu de le laisser sortir sans ce vêtement puisqu'il le veut – il n'en mourra pas et, au moins, quand il reviendra en se disant gelé, on lui dira : « C'est pour ça que je te disais ce matin de mettre ton gros manteau, puisque tu en as un. » Actuellement, quand viennent les premiers froids, il sort de la maison pour aller à l'école et n'en revenir que pour le repas de midi, ou à la nuit tombée. Alors, la mère se met dans tous ses états parce qu'il n'emporte pas le matin son vêtement chaud. C'est parfois la bagarre. L'enfant se sent accablé de la sollicitude maternelle qu'il ressent abusive, crispante. Autrefois, pour aller aux lieux d'aisances, il avait la possibilité de faire l'expérience pendant quelques minutes; il ne voulait pas mettre son vêtement chaud? A sa guise! Il sortait, il revenait, il se chauffait au coin du feu, mais il avait fait l'expérience, et au bout de deux ou trois fois il mettait, comme la mère, un châle, un tricot... en tout cas un vêtement chaud. Il comprenait que tout le monde le faisait, et que ce n'était pas pour avoir pouvoir sur lui qu'on lui disait de mettre ce qu'il ne voulait pas mettre, mais c'était parce que tout le monde était soumis à cette même condition et que lui était comme tous les humains, dans les mêmes conditions qu'eux. Il en est de même pour la faim. L'obligation de manger, de dormir. Aujourd'hui, l'enfant ne sait pas qu'il est logé à la même enseigne que tous les hommes de la planète parce qu'on lui évite de prendre conscience. On le trimbale, on veut aller vite, on le surprotège et on l'empêche ainsi de faire ses expériences... Résultat, l'enfant de la société moderne n'est plus en sécurité!

Paradoxe de notre époque qui assure contre tous les risques, les petits et les jeunes sont de plus en plus vulnérables par manque d'expérience acquise au jour le jour.

Ce qui fait la sécurité s'expérimente et il y a des mots à dire sur la technologie de cette sécurité. Ces clefs ne sont pas données à l'enfant. Au lieu de bien verbaliser sur les risques immédiats de sa propre vie quotidienne, l'adulte, à travers les médias, ne cesse de parler des risques planétaires. Au début, pour le très jeune auditeur et téléspectateur, ça ne veut peut-être rien dire... Et puis, très vite, il voit l'individu qui parle toujours de la fin du monde, du risque de sauter tous ensemble, de krach des pays riches... l'argent n'a plus de valeur... l'avenir incertain. Est-ce que ce climat d'insécurité générale n'est pas un phénomène relativement récent pour l'enfant? Certes, parce que jamais nous n'avons eu une période si longue sans guerre de feu et de sang. Mais la guerre économique et la course aux armements engendrent une peur plus sourde et ne laissent pas apprécier les risques réels d'une manière concrète. A l'époque féodale, il y avait des moments où il fallait être accueilli dans le château parce que des bandes allaient passer. Il y avait des envahisseurs, des troupes étrangères... et jusqu'aux petits Alsaciens dans l'époque du « Tour de France de deux enfants »... Là, vraiment, il y avait un ennemi concret – qui était d'ailleurs autant l'ennemi des adultes que des enfants. Tandis que, maintenant, on parle d'un risque absolument global, mais qui est invisible.

Ça me rappelle notre second fils : A l'école maternelle, on leur avait parlé de la bombe atomique. C'était en 1947, il avait trois ans. Il revient et me dit :

« Maman, est-ce que c'est vrai la bombe atomique?

– Oui, c'est vrai.

– Alors, c'est vrai qu'une bombe atomique pourrait détruire tout Paris, comme ça?

– Oui, c'est possible. »

Il se tait et puis il me dit :

« Mais ça pourrait arriver avant le déjeuner, ou après le déjeuner? »

Je dis :

« Oui, ça pourrait arriver si on était en guerre, mais en ce moment, nous ne sommes pas en guerre. »

Il reprend :

« Ça pourrait arriver avant déjeuner ou après déjeuner?

— Oui.

— Oh! ben j'aime mieux que ça arrive après déjeuner. »

Et puis on est allé déjeuner et c'était fini. Voilà comment lui avait lutté contre cet imaginaire. Il s'était donné pour sécurité une panse bien remplie...

« Eh bien, tant pis, j'aime mieux que ça arrive après déjeuner. »

C'est bien un recours de l'homme moderne que de renflouer son corps pour être plus solide devant n'importe quelle épreuve. C'est ce que fait le soldat. Le soldat au feu apprend à vivre d'instant en instant et à se protéger ainsi de la peur de la mort. Et c'est ce que notre société enseigne actuellement. Il y a certainement une très grande différence du rapport à la mort chez les enfants d'aujourd'hui et ceux d'hier. Les adolescents d'aujourd'hui craignent beaucoup plus le chômage que la mort; ils prennent des risques mortels pour le plaisir, en sachant qu'ils les prennent, parce que je crois que les jeunes ont besoin de prendre des risques, et puisqu'on ne peut pas prendre des risques utiles, au moins prendre des risques ludiques. Frauder les lois de la prudence, payer peut-être de sa vie le plaisir de se procurer des sensations fortes. A toute époque, les jeunes ont joué ainsi avec le danger. Est-ce pire actuellement? Peut-être aucune époque n'a vu comme maintenant la perte du goût à vivre qui mène tant d'enfants et de jeunes à tenter de se suicider, et beaucoup trop à y réussir sans même avoir risqué de vivre ou de faire servir leur goût du risque à de nobles causes.

Il en est de même chez les adultes alors qu'ils ont traditionnellement le sens de leurs responsabilités familiales.

Le risque utile a été presque supprimé dans le monde du travail, alors on prend des risques inutiles.

Pourquoi a-t-on tellement de difficultés à faire obser-
ver, dans les usines, les normes de sécurité? Il faut
qu'un ouvrier ait été victime d'un accident pour que,
pendant deux ou trois mois, ses camarades d'atelier
fassent attention aux normes de sécurité. Et ensuite, on
ne les respecte plus.

Dans un travail répétitif et fastidieux, comment la
libido peut-elle se vivre? En violant le règlement, en
adoptant une conduite dangereuse. Et pourtant, s'il y a
un accident, c'est la faute à la société et non pas à celui
qui n'a pas pris les précautions requises. En un temps
prolongé de paix, est-on porté à prendre des risques
inutiles? La mort se faisant trop distante, trop abstrai-
te, la libido a-t-elle besoin de sentir à nouveau sa
proximité en la défiant? L'être humain n'a plus d'autre échappatoire dans une société où l'éducation n'a
pas entraîné ses émules à atteindre le niveau du plaisir
à concevoir, à créer; le travailleur est trop pris dans
l'habitude du faire; et le faire sans risque, ce n'est pas
humain; c'est le sort fastidieux de la bête de somme.
Pour rompre avec cette allure morne et résignée, pour
faire acte d'initiative coûte que coûte, on s'accorde en
douce la liberté de violer la consigne de sécurité. Les
conducteurs qui prennent des risques sur la route les
prennent pour eux, mais aussi pour tous ceux qui sont
dans leur véhicule et aussi ceux qui sont en face. Et
c'est leur bonheur de prendre des risques; ils vont y
laisser leur peau, mais après tout, ils aiment mieux ça.
Les chauffards se comptent peut-être parmi ceux qui
n'ont pas eu suffisamment d'épreuves, suffisamment
d'expérience de la mort, ou qui n'ont pas assez le sens
de leurs responsabilités familiale et civique.

Maurice Trintignant disait que tous les pilotes de
course automobile, dans les circuits, prennent des
risques calculés, mais énormes – la mortalité des
pilotes de course est considérable – mais, sur route, il
ne leur arrive jamais rien, parce qu'ils ne prennent pas

le moindre risque; ils n'en ont pas envie. Ils ont un jeu de la mort, donc ils n'ont pas besoin de jouer à cela sur la voie publique, aux dépens des autres et sans aucune règle.

On peut se demander si priver un enfant de « jeux dangereux » n'est pas l'inciter, soit à perdre le goût de vivre, se déprimer (« bof ») ou alors à vivre dangereusement. Toutes ces normes qui font que les jouets ne sont plus dangereux achèvent de dispenser les parents d'assumer leur rôle tutélaire auprès de l'enfant.

Si un enfant se plaint qu'un autre enfant le bat, c'est parce qu'il n'a pas de relations sociales normales. S'il en avait à l'école, il n'arriverait pas qu'un camarade le brime individuellement car il aurait son groupe de copains qui ferait face au groupe de l'autre, et c'est un enfant qui n'est pas du tout dans la société, même s'il fait du judo... Le judo ne le met pas du tout dans la société parce que c'est un sport individuel; ce n'est pas un sport d'équipe.

Ce qui est tragique actuellement dans notre société, c'est que les enfants qui ne réussissent pas à l'école ont une vie sociale, et les enfants qui réussissent à l'école n'en ont plus. Les élèves en échec scolaire ont des parents qui ne leur ont pas donné de vocabulaire concernant la manière de vivre, le vocabulaire inter-relationnel, ni de vocabulaire de la technologie, de l'adresse manuelle et corporelle. Ils ont pris leurs risques eux-mêmes et sont encore très animaux; ils n'ont pas d'identité de sujets humains, mais, grégaires, ils ont une identité dans le groupe, dans l'agir, et particulièrement dans la violence. Ecoutons parler tous ces jeunes, individuellement ou en « bande » : on ne comprend pas ce qu'ils disent tellement leur syntaxe n'est pas construite, mais ils sont en groupe extrêmement construit pour attaquer et se défendre.

C'est une société tribale constituée de violents interdépendants qui ont entre eux une entente sociale, mais qui sont potentiellement délinquants puisqu'ils n'ont pas de code de langage et qu'ils ne peuvent pas acquérir les sublimations culturelles des pulsions archaïques (ce sont les acquisitions scolaires). Le prendre et le faire n'a pas été éduqué concurremment avec des mots. Alors, ils ont le prendre délinquant et le faire délinquant, mais en groupe. Ceux qui n'ont pas de copains et que leur mère inscrit d'autorité au judo sont souvent éduqués comme de petits individus qui n'ont pas de vie sociale. Et, scénario classique, si un autre jeune, à la sortie de l'école, agresse, houspille, l'un de ces petits isolés, il vient le raconter à Maman. Et Maman lui dit : « Défends-toi! » ce qui est idiot, parce que ça sous-entend qu'il n'en est pas capable. Je crois que la bonne manière, dans ce cas-là, c'est de dire :

« Mais qu'est-ce que ça te fait à toi d'être brimé par un camarade? Puisqu'il recommence chaque jour, ça prouve que tu en as besoin. Sans doute as-tu besoin de cette expérience. Observe comme il s'y prend sur toi au lieu de te plaindre. »

Le faire parler de ce qui se passe au lieu de lui dire : « Défends-toi! »... Comment se défendre de quelqu'un qui vous agresse tant qu'on ne sait pas encore comment se défendre, ni observer les autres, ni leur parler? La vie en société vous l'enseigne. L'enfant doit découvrir lui-même qu'il sera moins exposé s'il s'associe à plusieurs camarades; s'il se fait des amis. L'intérêt vital de l'être humain est de développer l'entraide, la relation sociale. Il y a Caïn et Abel avant qu'il y ait la société. Abel est éliminé parce qu'il n'a pas été capable de se défendre... Et c'est Caïn à qui Dieu donne le rôle d'être chef des villes. Il avait un copain, son frère, il l'a tué. Il est tellement désespéré qu'il se cache de Dieu en se croyant très coupable, surtout qu'il est très angoissé de ne plus avoir personne à qui parler. Et à ce moment-là, Dieu lui dit :

« Tu vas être le chef, le patron des villes et personne ne touchera un cheveux de ta tête. »

C'est-à-dire qu'il va s'associer à beaucoup d'hommes en péril; au lieu du danger intérieur de ses pulsions, c'est le danger extérieur qu'il va affronter avec tous les autres. Il devient le fondateur des villes, qui assure la protection des individus associés par contrat et règlements au bénéfice du groupe, contre les dangers extérieurs. Mais il a fallu qu'il passe par l'expérience du danger intérieur de sa violence. L'histoire de Caïn et Abel est exemplaire. Le fratricide y est décrit comme expérimental, épreuve initiatique. C'est un fait d'évolution qui est ressenti « mal » par le meurtrier, qui souffre de ne plus avoir son frère à ses côtés, parce que tout seul on ne peut rien, et à deux non plus : c'est toujours le risque du miroir ou de la rivalité. C'est la sexualité primitive qui est bouffer, cannibaliser, trucider... Mais à partir du moment où on est plusieurs, au moins trois, on mobilise ses moyens de défense, associés contre un danger extérieur.

LA SANCTION-PROMOTION
OU LE COUPABLE-RESPONSABLE

Tous les témoignages concordent à leur sujet : les Indiens Xingu (Amazonie) ne battent jamais les enfants. Un jour, un enfant mit le feu à l'une des cases. Le feu s'étendit bientôt à tout le village qui fut complètement détruit. On ne frappa pas l'enfant incendiaire. On le surnomma simplement « le capitaine du feu ». A rapprocher de l'histoire de Caïn et Abel. Caïn tua son frère Abel et fut nommé par Dieu responsable de la sécurité des villes.

Aujourd'hui, l'écolier souffre-douleur d'un autre est en danger intérieur, parce qu'il n'a pas de vie sociale. Son agresseur peut lui donner les moyens de découvrir en lui le risque de n'avoir pas d'amis. C'est l'union qui fait la force. Ce camarade qui le brime n'est-il pas celui qui lui donne actuellement une expérience très profitable? Et la mère ou le père qui ne trouve à lui dire que : « Défends-toi! » ne sait pas le lui expliquer. Un sport comme le judo ne met pas les enfants dans le groupe. Les parents attentifs à leur enfant ont beaucoup de peine à accepter qu'un enfant aille avec tous les autres dans le groupe. Ils le protègent, et même le surprotègent. Le trottoir, le terrain vague avec les autres enfants, c'est pour ceux dont les parents ne s'occupent pas.

C'est le fait que nous fournissons aux enfants la sécurité par l'impossibilité de prendre des risques, qui les met en insécurité. Ce genre de sécurité donnée par les parents et non conquise avec leur assistance, sur les autres jeunes, ne crée pas chez l'enfant une identité responsable de son corps; identité de lui-même, avec le droit à des initiatives qui est compensé par sa propre autoresponsabilité, l'autodéfense expérimentée au service de l'intégrité de son corps, avec tous les compagnons de son âge et dès le plus jeune âge.

Dans les pays européens, l'enfant est aujourd'hui plus mobile, plus nomade que ne l'étaient ses grands-parents à son âge; il se déplace plus ou entend parler de voyages, voit des images de pays lointains; mais en même temps, il a beaucoup moins de connaissance de la nature. La vie urbaine ne lui enseigne pas ce que c'est que la terre, ses saisons, ce que c'est que le ciel, les étoiles, la place de l'homme dans le monde vivant. Cet élargissement géographique demanderait une vie sociale de plus en plus riche qu'on ne lui rend pas familière quand il est petit. C'est par la vie sociale, actuellement, qu'un enfant peut s'en tirer, et jamais plus tout seul. Il est réduit à sa famille pendant trop longtemps.

Si on compare, par exemple, le voyage tel qu'il se pratiquait il y a encore 50 ans, plus rare mais plus aventureux, et tel qu'il se fait maintenant, on voit que l'enfant n'y gagne pas en expérience. Dans le voyage moderne, tout lui est préparé, tout lui est mâché. Qu'il prenne la voiture ou qu'il prenne l'avion, il est dans un cocon. Avant, il participait à un voyage beaucoup plus lent, avec des moyens de déplacement beaucoup plus inconfortables, avec des étapes, des risques de panne plus grands. Tandis que maintenant, on transporte le même enfermement d'un point à un autre.

Aujourd'hui, l'adulte est réduit à la même chose. Ce qui n'était pas le cas de ses devanciers. En voyage, l'enfant est maintenant exactement au même niveau d'expérience que les adultes. Il n'y a plus aucune différence, sauf qu'il ne sait pas comment on se procure des papiers et de l'argent. Mais le titre d'identité donne une sécurité toute relative. La plupart des voyageurs ne sauraient pas se débrouiller si le train s'arrêtait. Ils sont transportés d'un point à un autre, uniquement parce qu'ils ont des papiers et de l'argent. Pas plus que les enfants, les adultes ne savent se déplacer seuls et au moindre imprévu, ils sont aussi perdus que les enfants. Cela ôte au voyage toute valeur éducative. Ainsi le triomphalisme des responsables qui disent : « L'enfant a aujourd'hui plus de chances de prendre son autonomie, de s'insérer, qu'autrefois », n'est pas fondé. On observe une régression.

Il peut avoir cette autonomie si les adultes délèguent à l'enfant leur savoir... car tout le savoir concernant la déambulation dans la ville, les enfants l'ont autant qu'eux; ils peuvent aussi bien prendre les autobus, les métros... et cela dès trois ans. Mais si l'adulte s'ingénie à laisser l'enfant sans liberté spatiale, n'est-ce pas, en ôtant le droit aux initiatives et à la liberté de déambulation, pour soumettre le plus longtemps possible l'enfant au pouvoir de l'adulte? Il semble que les moyens technologiques, qui pourraient effectivement être utilisés par les enfants bien informés, se retournent justement contre les enfants, du fait que les adultes veulent conserver un pouvoir discrétionnaire sur les enfants. Ils sont tellement infantilisés qu'il faut que leurs enfants soient puérilisés par rapport à cet infantilisme.

Ce ne sont pas les instruments que s'est donnés la société qui sont en eux-mêmes dangereux, c'est l'attitude des adultes qui, peut-être, profitent de tous ces moyens-là pour intimider les enfants et exercer leur pouvoir sadique. Les moyens modernes peuvent à la fois leur donner bonne conscience en ayant l'illusion que les enfants sont plus chanceux qu'autrefois, plus libres, plus autonomes, et en fin de compte leur permettent d'exercer une plus grande pression, en s'excusant, en se donnant bonne conscience. L'élevage coercitif, l'éducation étriquée des enfants, c'est la nouvelle plaie des sociétés humaines dites civilisées.

Au stade de la nutrition, l'apprentissage se fait très mal, dans la mesure où c'est une nourriture qui, justement, échappe au désir de l'enfant. On ne lui demande pas ce qu'il aimerait voir faire par sa mère, ni ce qu'il veut ou non manger. Il *doit* manger. S'il ne mange pas « bien », c'est-à-dire en quantité décidée par l'adulte, il est menacé, comme si c'était très mal. Il n'a même pas le droit de faire l'expérience d'avoir faim dans nos sociétés occidentales. A côté de cela, l'humanité dans son ensemble manque de nourriture, tandis que les enfants de la société civilisée sont gavés de force.

« Si tu ne manges pas, le docteur te fera des piqûres! »

Enfin, c'est incroyable, on menace les enfants, on veut « dresser » le corps de besoins, nourriture et excrémentations, au désir de l'adulte.

Tu ne grandiras pas, autre menace.

Le pouvoir médical s'en mêle en faisant une obligation de ce gavage. Une obligation absurde pour l'enfant qui n'a pas faim. Une obligation pervertissante.

Finalement, il y a peut-être de sa part une réaction tout à fait saine quand il refuse justement ce gavage... parce qu'il n'a plus le choix, il n'a plus le droit d'avoir faim ou d'avoir le désir de tel ou tel aliment. C'est pour cela, du reste, qu'il se jette sur les appareils distributeurs automatiques de friandises entre les repas... ce qui redonne un plaisir de succion et, en plus, il choisit hors les heures aliénantes des repas obligatoires. Beaucoup de familles s'étonnent de voir leur enfant être sans appétit, sans appétence, à l'heure des repas. Il y a des écoles qui, au lieu de donner le repas à midi, comme dans les pensions, font un self-service; et ça marche très bien. La cuisinière voit les plats qui restent, ce que les enfants préfèrent ne pas manger. Ils ont le choix entre deux plats. Alors, l'enfant a de l'appétit pour ce qu'il a pris. Et quelquefois, il n'a pas du tout pris un repas correct, mais il est heureux de ce qu'il a pris. Et puis il y a les jeux de troc... il se sent un pouvoir avec ce qu'il a pris, vis-à-vis de ses camarades :

« Oui, tu prends deux desserts... moi, je te donnerai du fromage... etc. »

Et pourquoi pas? En famille, ça ne serait pas facile. Alors, partout où on restitue une liberté et un certain choix, de nouveau c'est humanisé.

Mais la société considère qu'il doit y avoir, comme pour le soldat, des rations; et on y mêle le pouvoir médical. La diététique est devenue une obligation de manger ce qui est sain, équilibré, etc.

L'enfant a du mal à prendre son autonomie dans ses déplacements, ses gestes, ses initiatives si on ne répond pas à sa curiosité, et son inventivité, à son sens de la découverte. Par exemple, quand il s'est fait mal, qu'il vient le dire en pleurant, combien de mères ont le réflexe de lui demander :

« Est-ce que tu as vu comment tu t'es fait mal? Qu'est-ce que c'était? »

Combien se préoccupent-elles de savoir s'il en a tiré l'expérience pour qu'une autre fois, dans le même espace, il soit en sécurité? Si tel est le cas, alors il profitera d'une petite expérience de relative insécurité qu'il n'avait pas prévue. Mais la plupart du temps, la mère empêche l'enfant de retourner à son activité et d'y renouveler son expérience.

« Ah! puisque c'est comme ça, tu n'iras plus dans cet endroit », c'est une mère qui détruit le fruit de l'expérience de cet enfant. Si, quand l'enfant a risqué quelque chose, on en parle avec lui sans le gronder, il est immunisé pour la prochaine fois. Que de mères couveuses vont à rebours! Un enfant s'est-il fait mal au ski?

« Ah! eh bien, tu ne feras plus de ski! »

Est-il tombé en descendant les escaliers à toute allure?

« Bien, maintenant tu prendras l'ascenseur! »

Un jour, l'ascenseur s'est arrêté :

« Tu prendras l'escalier! »

Si lui-même, après cette expérience, préfère ne plus prendre l'ascenseur, c'est son affaire, mais pourquoi la mère doit-elle l'empêcher de faire une expérience de laquelle il s'est fort bien sorti et dont il a tiré un fruit? C'est un humain comme un autre.

L'interdiction de la mère porte très souvent sur les « deux-roues ». Les jeunes, de plus en plus tôt, dès l'âge de dix ans, veulent déjà avoir la « bécane » du frère ou du copain. Beaucoup de mères disent :

« Non, surtout pas ça! Pas question », interdisant la moto même à des garçons de dix-huit ans (majeurs).

C'est un manque de foi dans l'être humain. Chacun a son destin. On est tous faits pour mourir et c'est toujours des fantasmes de désirs de mort qui traînent derrière cette peur de la mort prématurée. Le discours le plus constructif consisterait à avertir très tôt les enfants des dangers sans rien interdire. C'est la meilleure façon d'éviter ceux qui sont inévitables, connaître bien son engin et bien le Code de la route, savoir se maîtriser, apprendre à observer, à réfléchir.

« Ecoute, il faut que tu saches que ce n'est pas tellement la mort sur le coup qui est grave, c'est d'être handicapé à vie. Chacun de nous est gérant de sa propre vie. »

Et de citer les accidentés du centre de Garches. En soi, il n'est pas mauvais d'en informer l'enfant, à condition de ne pas l'empêcher d'agir par lui-même.

« Te voilà averti. Maintenant, tu en fais ce que tu veux. »

C'est vrai qu'un accident peut rendre infirme. On en a, hélas! beaucoup d'exemples. Il n'empêche que ce n'est pas une raison pour interdire à un enfant d'utiliser un « deux-roues » à l'âge où la loi l'autorise. Maintenant qu'il sait ce qu'il risque, c'est son problème. Et s'il voit lui-même un autre enfant renversé, il intègre beaucoup plus que si on le lui raconte. L'éducation humanisante, c'est l'expérience fondée sur le vécu.

Autrefois, la mort était familière; on l'a évacuée de la vie des enfants, cette fois encore avec la même manie de protection qui consiste à cacher aux jeunes tout ce qui fait peur aux adultes : la sénescence, la maladie, la mort. La chambre mortuaire devrait rester ouverte aux enfants. Il ne s'agit pas de les pousser vers le lit du défunt, il faut dire les mots :

« Est-ce que je verrai le monsieur mort?
— Tu veux dire le cadavre, tu peux m'accompagner si tu veux. »

Qu'un enfant puisse, à sa demande, voir un mort, surtout un parent proche, sans que ce soit choquant pour les adultes. Combien d'enfants sont, non seulement soustraits à cette expérience quand il s'agit d'un père, grand-père, grand-mère ou mère, mais encore sont empêchés d'assister à leurs obsèques.

J'ai été récemment invitée par les Dominicains de Toulouse pour parler de la mort : avec Philippe Ariès : la mort dans l'Histoire; avec Schwarzenberg : la mort des cancéreux; avec Ginette et Emile Rimbaud : la mort chez les enfants atteints de maladies incurables. Le soir de ma conférence sur la mort, il y avait plus de 3 000 personnes dans cette grande église. J'étais très frappée : il y avait tellement de jeunes venus écouter quelqu'un qui n'en savait pas plus qu'eux!

« Je n'en sais pas plus que vous sur la mort, et vous voulez m'écouter! »

Qu'est-ce qu'il y a de fascinant à entendre parler quelqu'un sur quelque chose qu'il ne connaît pas? C'est vrai, c'est surprenant. C'est tout à fait surréaliste.

« Vous avez peut-être une réponse sur le pourquoi de cette affluence pour un tel thème de conférence.

– Alors, vous me la donnez! »

La mort n'est plus dans le courant de l'existence; depuis le premier âge, elle est en fantasme. Alors quelqu'un va en parler et on va croire que celui-là n'a pas de fantasme. Sur la mort, nous n'avons que ça si nous ne la connaissons pas.

Dans le livre La Vie après la vie[1], *témoignaient ceux qui auraient été dans des comas prolongés, dans l'antichambre de la mort; ceux qui auraient approché la mort.*

C'est tout à fait le genre d'expériences qui m'ont été rapportées par des gens eux-mêmes revenus du coma. Exactement ça. Trois ou quatre personnes, en particu-

1. *La Vie après la vie*, docteur Raymond Moody, Ed. Robert Laffont.

lier une femme qui était en plein coma peu après la naissance de sa fille et sans anomalies humorales, alors qu'elle n'avait rien connu de tel pour la naissance de son fils. En fait, elle revivait ce que sa mère avait vécu au moment de sa venue au monde. Elle n'avait jamais su que sa mère était devenue folle à sa naissance; celle-ci n'avait pas voulu la voir, sans avoir envie de la tuer. On appelle ces dérangements névroses puerpérales. Alors, on les avait séparées et on avait dit à la petite, élevée par une gouvernante en famille, que sa mère était tuberculeuse et qu'elle était partie en Suisse. Devenue femme, cette fille fait une crise nerveuse puerpérale après avoir donné naissance à une fille, son second enfant, répétant ce qui s'était passé et qu'elle ignorait de sa mère « morte à sa fille » affectivement, mais sans perdre la raison raisonnante pourtant. Les parents de la jeune femme sont venus visiter leur fille. La mère est restée dehors avec la phobie de voir sa fille qui allait mourir. Le père l'a visitée seul et a rencontré son gendre. Il lui a raconté l'histoire de la naissance de la jeune femme, ce que personne ne savait. Ce jeune mari, qui avait été analysé autrefois, est venu me voir, désespéré :

« Je ne le tolérerai pas! Je tuerai plutôt ma femme si elle sort du coma pour rester infirme à vie... Vous verrez mon nom dans les journaux. »

C'était une femme qu'il adorait, jeune, belle. Il refusait de l'assumer toute une vie paralysée des quatre membres, ce qui était le pronostic post-comateux si la jeune femme s'en sortait vu le rythme plat de l'électro-encéphalogramme. On continuait de la ranimer et lui était dans un drame insoutenable, me demandant secours! Je lui ai dit d'aller manger, de dormir, ce qu'il n'avait pas fait depuis deux jours, puis d'aller voir sa femme et, quoiqu'elle fût dans le coma, de lui raconter l'histoire de sa naissance. Pendant qu'il lui racontait cela, le tracé de l'encéphalogramme s'est redressé et elle s'est réveillée. Ses premiers mots :

« Je crois que je sais pourquoi je n'avais pas le droit d'avoir une fille. »

C'est pour ça qu'elle était entrée dans le coma, alors qu'elle n'avait aucun des symptômes de l'éclampsie dont on la croyait atteinte. Un coma se déclare juste douze heures après la naissance de sa fille. Dans son cas, en dépit des apparences, c'était uniquement de l'hystérie, mais sans la révélation du sens de ses symptômes, elle en serait morte. Après, elle lui a raconté comment elle avait vécu son coma. Elle l'a vécu dans un coin du plafond, dans un angle de murs, témoin de son mari et du chirurgien-réanimateur qui se tenaient autour d'une silhouette en papier comme une image et c'était elle que ça représentait. Comme ils disaient le mot tracé aplati (le signifiant, comme dit Lacan), le signifiant « aplati », elle l'entendait. Mais qui l'entendait? Puisqu'elle était là dans le coin, à la fois curieuse et indifférente à ce qui se passait.

« C'est vrai qu'elle est aplatie; elle est même raplapla, a-t-elle pensé. Qu'est-ce qu'ils vont en faire? Comment vont-ils regonfler ça? C'est du papier, ça n'a pas de substance. »

Puis, après ce moment sans durée, lui a-t-elle raconté, elle ne savait pas où elle était, mais dans une obscurité épouvantable, avec une impression de douleur intense morale et physique. Elle a eu la représentation d'elle-même rentrant par son crâne et remplissant avec une douleur épouvantable son corps; et elle « devenait » dans la sensibilité. Comme c'était agréable d'être dans l'insensibilité avant, ailleurs. C'est à ce moment-là qu'elle a senti la main de son mari, qu'elle l'a serrée; elle a ouvert les yeux et lui a dit :

« Je crois que je sais pourquoi je n'avais pas le droit d'avoir une fille... » Puis : « Je voudrais voir ma petite fille. » Le réanimateur dit au mari à qui il racontait ce « réveil » de sa femme :

« Pas question! Vous allez lui expliquer que la petite est restée à la maternité, qu'elle y retournera mais qu'il faut qu'elle guérisse complètement. » Le réanimateur constatait la reprise du rythme de l'électro-encéphalogramme.

Or, cette femme a totalement guéri, sans aucune séquelle, après avoir été deux fois en tracé aplati. Elle a fait l'expérience d'être témoin de ce qui se passait pour son organisme en étant ailleurs que dans son corps et de ne pas en souffrir et sans se rappeler qu'elle venait d'accoucher ni qui elle était. Son mari, elle ne le voyait pas comme son mari, mais comme un homme attentionné à son image toute plate. Cette présence du témoin, je pense que ça existe aussi chez les petits quand ils ne sont pas reconnus par l'affection et le langage de tendresse des parents. Je pense que les enfants sont témoins et que c'est ça qui fait leur sagesse, leur intelligence. Quand ils écoutent les conversations, sans les écouter, tout en les écoutant, ils sont les témoins dans l'absolu de ce qui vit. Ce ne sont pas que des états post-mortels, mais ceux dans lesquels nous pourrions être nous vivants. Il se trouve que nous ne les avons qu'au moment dit « de coma » (ou presque), à l'insu des autres qui pensent, à propos des nourrissons et des jeunes enfants sans paroles, qu'ils ne comprennent rien.

Il est possible que dans l'état d'enfance, d'adulte à venir, il y ait des perceptions, des facultés tout à fait spécifiques à cet état du devenir.

Les enfants n'ont aucune frayeur de la mort. Pourquoi les parents ne veulent-ils pas que les enfants soient mis au contact de la mort, alors qu'ils n'en ont aucune frayeur? C'est pour eux un fait devant lequel ils se posent des questions. Mais de ne pas avoir de réponse, ça ne les effraie pas; ils chercheront.

De quoi ont peur les adultes? Ils craignent que les enfants, n'ayant pas peur de la mort, veuillent en faire l'expérience et que les adultes n'aient plus de descendance. Je crois que c'est tout simplement ça. Mais les enfants n'ont pas peur de la mort. Je connais actuellement des cas de petits pyromanes. On essaie de les soigner. Mais ils n'ont pas peur de brûler. Ils veulent en faire l'expérience jusqu'à en mourir éventuellement, avec ravissement. Et puis que les autres brûlent, pourquoi pas... puisqu'on fait aux autres ce que l'on aimerait qu'on vous fasse. « Si le feu me fait brûler? » L'enfant n'en a pas l'expérience, mais il a le désir d'en faire l'expérience, quitte à y laisser sa peau. Pour lui, ça n'a pas de sens de vivre si ce n'est pour la satisfaction d'une grande curiosité. Et je crois que les parents ont peur de ça, parce que pour l'enfant, la mort n'est pas une fin : c'est comme tout ce dont il entend parler, un moyen de plaisir éventuel. Je songe à une déclaration de Gilles Villeneuve, le pilote de course automobile qui s'est tué au Grand Prix du Canada. Il avait été carambolé et raccommodé de je ne sais combien de fractures, mais il n'avait pas la possibilité d'imaginer qu'il mourrait d'un accident :

« Moi, a-t-il dit à la radio, je ne mourrai jamais d'un accident... Oui, j'en aurai peut-être encore, mais qu'est-ce que ça peut faire? Je suis encore mieux chaque fois après! »

Il n'avait pas le sens de la responsabilité d'une femme et de deux enfants. Moi, j'ai trouvé cette interview débile, surtout pour son commentaire. L'après-midi de cette interview, il se tuait en course. On ne fait pas un héros d'un adulte qui, avec de pareils propos lorsqu'on est père de famille, semble irresponsable. Il aurait fallu dire : « Ce coureur avait pris de telles assurances sur la vie que ses enfants, bien que leur père soit mort, ont leur éducation assurée par ses soins; sa femme aussi, car elle touchera de grosses indemnités d'assurances. » On ne peut pas donner en exemple quelqu'un qui ignore les conséquences de ses actes, en exerçant un métier dangereux. En fait, ce pilote en est resté à l'esprit d'enfance. Apparemment, je suis tout à fait en contradiction avec moi-même en disant cela, puisque je dis que ce qu'il y a de beau dans l'Evangile c'est l'esprit d'enfance. Mais ce n'est pas l'esprit d'enfance pour coureurs automobiles. C'est l'esprit de tout risquer pour une idée qui servira aux autres. Mais là, ça ne servait à personne qu'à lui : être le premier, celui qui va le plus vite. C'est vrai que les enfants n'ont pas peur de ce qu'ils ignorent, parce que ce qu'ils ignorent c'est ce qui les excite : l'impulsion épistémologique à connaître... naître de cette connaissance nouvelle. Et finalement, c'est la racine même du désir. Le désir, c'est de connaître du nouveau. Seulement, il y a aussi une structure qui se fait avec notre esprit conscient, c'est la responsabilité. Le sentiment de faire partie d'un tissu social dont nous sommes responsables : d'abord c'est familial, ensuite c'est étendu aux êtres aimés et ensuite aux autres de la société. Il y a une responsabilité de chacun vis-à-vis de tous. Et je crois qu'un être humain qui n'a pas été suscité à cette évolution-là – la responsabilité de chacun vis-à-vis de tous – est un être inachevé. Et sa vie ne cesse de poser la question de la finalité. A-t-il une fin spirituelle ou celle de faire seulement un cadavre? Tout est poussière...

C'est là où, je crois, se démarquent deux êtres qui seraient psychanalystes autant l'un que l'autre... C'est que moi je ne pense pas que l'évolution humaine ça soit de revenir au charnier parce que nous sommes chair. Je crois que ça c'est la partie tellurique, planétaire de notre existence. Mais qui peut me dire si j'ai tort ou pas? Je crois qu'il y en a une autre, puisque la parole ne fait pas partie de la terre. La parole n'est pas la symbolique pure du sens. Elle est autre chose que ce qui vient des éléments matériels de la terre; la potentialité de parole est contenue dans l'espèce humaine, mais l'être humain est de parole, de sens, par-delà sa vie éphémère de corps sur la planète terre. Et on peut me dire (et c'est vrai, je ne dis pas non) :

« Oui, c'est parce que vous êtes chrétienne. »

C'est vrai! Mais je crois que toutes les civilisations

se sont construites avec une spiritualité. « La tête sur le billot », je ne pourrais pas penser autrement.

Même pour le plus sceptique, le plus agnostique, il y a une étrange coïncidence entre ce que révèle la psychanalyse (de manière expérimentale, de manière vécue) et le discours des Evangiles après celui de l'Ancien Testament : un ordre de la dynamique de l'être humain.

La symbolique montre que la parole va effectivement au-delà, porte un au-delà, vient d'un au-delà ou d'un en deçà. Mais qui ne s'arrête pas. Il n'y a pas que le souffle, l'émetteur physique ou le support matériel conservateur de la parole, mais aussi le pouvoir qu'elle a. Il y a cette relation subtile et créatrice entre humains qui semble échapper aux lois physiques, qui transcendent le temps et l'espace.

Les parents craignent et redoutent de parler aux enfants de la mort parce que, justement, l'enfant n'a pas encore le sens de responsabilité de sa vie vis-à-vis d'autrui, et il n'est encore que dans le désir. Et là, je crois qu'il faut qu'en nous reste toujours un être humain enfant, mais en même temps aussi, si son corps a engendré, un adulte, homme ou femme, doit avoir le sens de sa responsabilité. Il faut qu'il y ait les deux. Picasso dessine comme un enfant, mais un enfant qui a acquis la maîtrise technique et instrumentale et la perfection de l'adulte artiste travailleur, capable d'une parfaite reproduction des formes. En même temps, l'enfant au regard neuf demeurait, au cœur émerveillé; des mains d'adulte habile concouraient à une création continuelle qui n'a plus rien à voir avec les formes « mécaniques » statiques; ce sont les formes de sa vie intérieure émue, vibrante, au contact de la réalité qu'il exprime avec l'inventivité libre de l'enfance, mais avec la maîtrise technologique de quelqu'un qui ne fait pas n'importe comment avec sa main, qui maîtrise totalement composition, tracé, couleurs, pour exprimer consciemment l'esprit du désir qui l'habite, alors que l'enfant, avec génie ou maladresse, l'exprime inconsciemment, sans savoir ce qu'il dit. Il dessine pour son plaisir, sans être même effleuré du sentiment de sa responsabilité vis-à-vis d'autrui, ni de l'art de son temps.

« LES 400 COUPS » OU LA SÉCURITÉ AFFECTIVE

On oublie que l'enfant est sujet et non pas sujet à et de discussion. A la naissance, et après, en toutes occasions. Par exemple, pour la garde de l'enfant du divorce. Les magistrats ne pensent pas que c'est l'enfant qui est seul « juge ». On croit que le meilleur parent est celui qui a le plus d'argent et le plus de temps libre et le plus de place dans son logement. Alors que ce n'est pas ça qui compte pour un enfant : c'est la tolérance que l'on a pour les difficultés qu'il a à s'adapter à la vie, et l'amour qu'on lui donne pour l'aider à en prendre conscience. La sécurité matérielle passe bien après la sécurité affective. Truffaut l'a bien vu dans *Les 400 Coups*. Le jeune Antoine Doisnel fait tout ce qu'il peut pour trouver les adultes dignes d'avoir pouvoir sur lui. Quand il y a pouvoir, mais que l'enfant sent que l'enjeu en vaut la peine, il peut l'accepter. C'est comme un boxeur qui admet que son manager l'empêche de baiser pendant les trois semaines qui précèdent le match. Ça a un sens. Mais ce que l'enfant ne comprend pas, c'est le pouvoir soi-disant éducateur qui prétend lui donner une éthique, alors que la personne qui a ce pouvoir ne se soumet pas à cette même éthique. Antoine Doisnel cherche avant tout chez ses parents une vérité intérieure.

Dans le film de Truffaut, l'enfant est avant tout un gêneur. Il est de trop. Sa mère était fille mère; elle a voulu l'avorter et c'est la grand-mère maternelle qui l'en a dissuadée. Celle-ci a élevé le bébé avant que sa fille se marie avec un brave type qui veut une femme pour son lit garni et qui se repaît de toutes les petites histoires de son atelier; il n'a que ça à raconter quand il revient (« La secrétaire avec le contremaître... »). Et il a épousé cette femme qui avait un fils. Il n'est pas concerné par l'enfant. Il est seulement gentil et indifférent, et même un peu complice homosexuel. Un soir, la mère téléphone qu'elle est retenue à son bureau. Son compagnon dîne seul avec l'enfant : « Ah! on est entre hommes maintenant, on va faire sa petite cuisine tous les deux... » Et de parler de choses idiotes et de donner des petites bourrades. Quand la femme revient, il lui fait une scène : « Tu es retenue à ton bureau et tu n'as pas une paye supplémentaire. » Or, le petit l'a vue, à la sortie du bureau, en train d'embrasser un homme et elle a vu qu'il l'a vue. Lui ne dit pas un mot et il supporte ce cocufiage de son beau-père parce qu'en échange de son silence, sa mère se fait plus douce.

Un jour, pour avoir la paix avec un professeur qui l'a pris comme tête de Turc, il dit : « Ma mère est morte. » Le professeur : « Mon pauvre petit, je m'excuse... Tu aurais dû me le dire... » Il était tout embêté d'avoir pris, pendant huit jours, cet élève comme tête de Turc. Il l'agresse parce qu'il est angoissé de n'avoir pas de résultats avec ce garçon intelligent qui devrait être une tête de classe. Les parents arrivent, tous les deux. Et il reçoit une taloche du beau-père parce qu'il a dit : « Ma mère est morte. » C'est tellement vrai que sa mère est morte! C'est profondément vrai qu'il n'a plus rien comme sécurité de fond. A partir de là, il fugue. Et la nuit, il se débrouille en chapardant des bouteilles de lait. Et ce qui est étonnant, c'est qu'il continue d'aller à l'école. Il a même écrit à ses parents une lettre dans laquelle il leur annonce qu'il ne veut plus les gêner dans leur vie de couple. Quand il aura fait sa vie et qu'il aura atteint son niveau de dignité, alors, il retournera les voir. Les parents se rendent à l'école et constatent qu'il est présent. Surprise. On voit que ce garçon ne demanderait qu'à se promotionner pour la société puisqu'il continue d'aller à l'école malgré ses difficultés, tout en passant des nuits froides et en ne mangeant presque rien. L'école, il y tient, et c'est l'école qui le coule. Le père va voir le juge d'enfants : « Nous sommes débordés, nous ne pouvons plus... » Et il est envoyé en maison de correction. Je crois que des parents pourraient être aussi maladroits que ceux d'Antoine Doisnel, sans que l'enfant verse dans la délinquance : il suffirait qu'il se sente aimé.

A L'ÉCOLE JAPONAISE

Au Japon, le maître impose aux garçons de huit ans une épreuve très dure : devant toute la classe, il punit un élève qui est parmi les têtes de classe, pour une faute qu'il n'a pas commise. « Tu as volé de l'argent dans ma poche », ou « Tu as triché ».

Après la sanction, il lui donne l'explication de son « erreur judiciaire » : « Sache que le meilleur des maîtres, le meilleur des pères, peut être injuste. Tu dois apprendre à supporter l'injustice du monde tout en étant un homme juste. » Il arrive que l'enfant soumis à une telle secousse en tombe malade. Cette épreuve a pour double effet de désapprendre l'idolâtrie, le culte d'un second père, d'un héros infaillible. Il faut savoir, par moments, perdre son illusion, et apprendre à survivre à la trahison de son idéal, comme à la déception affective. Ceci est à rapprocher de la technique de l'humiliation, imposée par les gourous indiens à leurs disciples. L'admiration n'a qu'un temps. N'est-ce pas de deuils surmontés que s'affine la dynamique du sujet : le désir jusqu'à l'amour ?

CHAPITRE V

L'ENFANT-COBAYE

LE DISCOURS SCIENTIFIQUE

Le discours sur l'enfant, de plus en plus prolixe, a emprunté les instruments des sciences du vivant et des sciences humaines : biologie, économie, statistiques, psychologie expérimentale. Il n'a guère plus d'un siècle. Les premières publications en matière de pédiatrie datent du milieu du XIXᵉ siècle. Et on peut dire que la recherche sur le comportement du nouveau-né – a-t-il besoin avant tout d'apport nutritionnel ou d'amour ? – est encore de pointe; toutes ces questions-là ne font l'objet de travaux suivis que depuis quelques décennies. Allait-on balayer la sagesse des bonnes femmes, les contes de fées, la mythologie, les idéologies reçues et colportées dans le discours littéraire? Ou, au contraire, dégager le fondement des intuitions des poètes et romanciers? La condition de l'enfant pouvait y gagner. La science, sur laquelle tant d'espérance se fixait au XIXᵉ siècle, était, semble-t-il, appelée à se mettre au service de l'enfant.

Il n'en a rien été. La science ne s'est pas mise au service de l'enfant. Elle s'est mise au service de l'ordre établi, de l'instruction publique, de la police. Ou de la Science elle-même. La recherche pour la recherche. Là encore, malheureusement, l'idéologie n'est pas absente. Les écoles de pensée, les tendances s'affrontent.

L'enfance comme champ d'étude est l'enjeu d'une querelle des modernes : les uns, psychosociologues, privilégient le rôle du milieu, de l'environnement; les autres, les facteurs biochimiques, les facteurs génétiques. Et les premiers de suspecter les seconds d'être, sinon réactionnaires, du moins d'être les alliés objectifs de la nouvelle droite. Procès d'intention, rétorquent les neurobiologistes qui revendiquent l'innocence des colombes.

Comme le dit le professeur Imbert, responsable du laboratoire de neurobiologie du développement à l'Université Paris Sud (Orsay), le dénominateur commun aux enfants de toutes origines, tous milieux, déshérités ou nantis, c'est le cerveau.

Au regard des neurosciences, l'enfant n'est pas un adulte en miniature, la différence n'est pas seulement allométrique. La dépendance du mineur, familiale, juridique, économique, n'est pas seule à créer, par quelque conditionnement social, l'état d'enfance.

La spécificité de l'enfance est une réalité au plan du système nerveux central : ce que constate la neurophysiologie, c'est d'abord une très grande fragilité, une sensibilité très forte aux chocs de l'environnement. Mais cette fragilité n'est pas que négative. Elle présente aussi un avantage de plasticité sur le stade adulte : en cas de lésion, une capacité de récupération plus grande. L'aphasie, suite à une lésion cérébrale, n'est pas réversible chez l'adulte. Elle est réversible chez l'enfant. Après nécrose ou exérèse d'une région d'un hémisphère cérébral, on constate que le cerveau de l'enfant peut générer des dérivations, des compensations, des mobilisations.

Ce qui retient actuellement le plus l'attention des neurobiologistes, c'est moins l'extrême fragilité du nouveau-né que sa plasticité, c'est-à-dire sa possibilité sur le plan du cerveau, sur le plan du système nerveux, de récupérer ou de trouver d'autres circuits s'il y a

lésion. On peut même supprimer un hémisphère jusqu'à 6 ans encore, et si cet hémisphère est, pour des
raisons, blessé, il vaut mieux l'ôter que de le laisser,
parce qu'il gêne l'autre hémisphère. L'enfant qui a
subi l'ablation se développe comme un enfant qui a ses
deux hémisphères sains, alors que si on laisse un
hémisphère cicatriciel ou mal irrigué, l'autre hémisphère devient impotent. C'est extraordinaire : on a un
hémisphère de trop. Je crois que toute la vie les
cellules du cerveau peuvent se gêner les unes les
autres; elles semblent faire double emploi et attendre
de prendre le relais en cas d'accident. On n'utilise pas
toutes les potentialités d'un cerveau; il a des réserves
tout le temps.

Les neurosciences confirment l'intuition fondamentale de la psychanalyse sur le potentiel du nourrisson
et l'importance des premiers moments de la vie.

On a dit : tout se joue avant six ans, on a ensuite
circonscrit les trois premières années comme les
années décisives de la formation de la personnalité.

Tout se joue peut-être en huit jours, les premiers
jours de la vie. Le temps des premières empreintes
indélébiles, des blessures cicatricielles, se réduirait à la
période périnatale.

*Les neurobiologistes sont certains, M. Imbert le
confirme, que l'enfant, dès la naissance, juste après
l'expulsion, discriminerait les sons langagiers linguistiques des sons non linguistiques. Mieux encore, il
identifierait déjà la voix de sa mère, par rapport à celle
de toute autre personne.*

Sûrement, et surtout la voix de son père, parce que
c'est celle-là qu'il a entendue in utero : il perçoit
surtout les graves in utero, et il distingue bien la voix
du père de celle de la mère. A Pithiviers, l'expérience
est maintenant classique, on constate que le fœtus
réagit aux impulsions phoniques du futur père qui est
sollicité de communiquer avec lui. Ce n'est pas encore

confirmé par les expérimentations scientifiques. M. Imbert, du Collège de France, est réservé sur ce point. « Cela reste à prouver. » Il faut dire que la recherche en ce domaine progresse très lentement. Les travaux butent surtout sur des obstacles méthodologiques; chaque fois qu'on en surmonte un, on découvre quelque chose de plus, qui vient s'ajouter au capital cognitif et perceptif du nouveau-né. Donc, on peut inférer que le potentiel de l'enfant est plutôt supérieur à ce que l'on tient pour acquis; on peut prévoir qu'on découvrira chez le nouveau-né des capacités bien plus importantes que celles qu'on lui accorde déjà.

DES BÉBÉS BIEN ASSIS

« L'examen neurologique habituel est loin d'exploiter la totalité des aptitudes sensorimotrices néonatales. » Un pédiatre du Centre hospitalier de Bayonne, le Dr A. Grenier, a construit un matériel adapté aux nourrissons de 15 à 20 jours, et il a procédé à des tests en vue de « déparasiter » les bébés d'un certain nombre de contraintes qui inhibent leurs réelles capacités motrices.

Un film qu'il a réalisé avec son équipe montre des nouveau-nés qu'il parvient à faire asseoir à un petit bureau, en leur maintenant la tête avec deux doigts. Entrés en communication avec la maternante, ces bébés assis sont en mesure – on le voit sur l'image – de saisir l'objet qu'on leur présente. Comportement moteur dont on ne soupçonnait pas les nouveau-nés d'être déjà capables.

J'ai connu une jeune femme qui n'a pu vivre que des cachets de son enfant. Mais celui-ci était très perturbé. Elle est venue me voir, avec l'enfant. A la mort de son compagnon, elle s'est retrouvée sans ressources. Comme ils n'étaient pas mariés, elle a dû quitter son logis pour céder la place aux héritiers. Que faire? Quelqu'un lui a donné l'idée de vendre à la publicité la frimousse et les fesses de son bébé. Depuis l'âge de 6 mois, jusqu'à 2 ans et demi, deux fois par semaine, cet enfant – superbe – est devenu mannequin. Et la mère a pu subsister, garder son enfant avec elle et se préparer à un métier avec l'argent que son enfant lui faisait gagner. Quand il avait des séances de pose dans la journée, il ne dormait plus la nuit; il était très instable, très énervé; il fallait qu'il se recolle à sa mère; il était comme mis en insécurité, comme si on lui avait arraché sa peau, surtout quand il était très petit. Je ne l'ai pas vu à ce moment-là, mais seulement quand il a commencé à en souffrir, vers 2 ans et demi. J'ai parlé à l'enfant. Je lui ai expliqué que c'était grâce à lui si sa maman pouvait vivre. Quelque temps plus tard, elle m'a donné des nouvelles : l'enfant avait beaucoup mieux supporté le travail au studio après que sa mère lui eut dit : « Tu sais, c'est ce que la dame t'a expliqué... Nous allons avoir de l'argent... » Et, comme je le lui avais suggéré, elle lui montrait l'argent qu'elle gagnait grâce à lui. Sa décision était prise : « J'arrêterai quand il aura 3 ans, parce que j'aurai terminé ma formation professionnelle. »

C'est une épreuve pour un enfant d'être sous les spots, de passer des habits les uns après les autres, d'être photographié, d'avoir à sourire et prendre tel jouet, enfin d'être le jouet des caméras et des gens derrière des machines qui vous regardent. Dans cette situation, la première chose à faire c'est de donner un sens à ce qu'il est obligé de faire : « Tu vois, ça a un sens pour ta maman qui n'avait plus d'argent, et comme elle est payée chaque fois que tu portes un costume et que tu fais de la publicité... » J'avais recommandé à la mère de lui montrer les publicités faites quand il était petit. On lui a donc expliqué à retardement l'utilité, pour sa mère et lui-même, de ce « travail », cela, à partir du moment où il montrait une particulière tension nerveuse après les séances photos. Si on lui avait parlé ainsi dès le début, à six mois, il aurait été moins perturbé.

Si on engage un enfant dans un tournage, une séance de photos, une série de tests, il est probable que le trouble sera sensiblement compensé par une explication circonstanciée : le prévenir qu'on va l'observer pendant qu'il travaille, joue et mange, mais aussi lui dire à qui, à quoi sert cette expérience. Le chercheur pourrait leur préciser qu'il a vraiment besoin de filmer des enfants pour poursuivre ses travaux. La solution n'est pas de se retourner vers les expérimentateurs : « Faites-le avec vos enfants mais pas avec ceux des autres. » Car à la limite il n'y a pas plus de raisons pour que ce soient les fils de chercheurs plutôt que ceux des autres qui servent de cobayes. Les enfants d'un psychologue ou d'un biologiste sont de lui mais ils ne sont pas à lui, en tant que personnes.

Il ne serait peut-être pas inutile de les inciter à limiter des manipulations aussi délicates en leur demandant de garder toujours présente à l'esprit cette petite question : « Le feriez-vous avec vos propres enfants? »

LA CAMÉRA-VIOL

Combien de générations, au XXᵉ siècle, ont-elles été bercées sur la longue nuit du nouveau-né! Tout était réglé par les pédiatres et psychologues du premier âge. Son premier sourire, sa première vision de son image réfléchie par un miroir. Et son imitation des gestes de son nourricier.

René Zazzo, brillant continuateur de son maître H. Wallon au département de psychologie de la Sorbonne, avait, plus que ses pairs français qu'il trouvait trop épris de controverses théoriques, le regard tourné vers les travaux de ses confrères anglo-saxons et canadiens dont il appréciait l'expérimentation sur le terrain.

Un jour, il rapporte à ses pairs ce qu'il a observé sur son petit-fils : celui-ci, âgé de trois semaines, lui a tiré la langue.

Avait-il rêvé? Etait-ce une interprétation abusive pour une mimique sans lendemain? Pour s'en assurer, René Zazzo provoque le stimulus. Il tire la langue au bébé. Celui-ci répond en faisant de même.

Même son maître est resté incrédule. Pendant vingt ans, les chefs de file de la psychologie, en France, n'ont pas voulu prendre en compte cette manifestation du nourrisson bien qu'elle fût répétitive. Vingt ans, René Zazzo a crié dans le désert. On lui répondait que c'était impossible parce que le bébé ne pouvait voir celui qui lui faisait des grimaces, même si le visage de l'observateur était tout proche du sien[1].

Je pense qu'on ne peut parler de champ de vision chez le nouveau-né, mais à très courte distance, il dispose certainement d'un champ de perception.

Aujourd'hui, la psychologie expérimentale officielle a admis que le nourrisson est capable d'imiter les mimiques de l'adulte.

Ces expérimentations confirment ce que nous savions déjà plus qu'elles ne nous découvrent un fait nouveau. Depuis longtemps, j'affirmais que l'enfant reconnaît sa mère à l'olfaction et je ne rencontrais que

1. *Où en est la psychologie de l'enfant?* Denoël, Médiations.

scepticisme narquois. Et voilà que lors d'un congrès, le professeur Montagner qui poursuit à Besançon des expérimentations dans une maternelle (première et deuxième année) m'interpelle : « Madame Dolto, j'ai prouvé que vous avez raison en ce qui concerne l'odeur de la mère. Il y a trente ans, je croyais que vous inventiez, je disais que ce n'était pas vrai. Le film que vous allez voir confirme que le phénomène est scientifiquement incontestable. » Que nous montre le film du professeur Montagner? Dans une classe de maternelle où les enfants sont occupés, on distingue bien les petits leaders, les mieux adaptés au milieu extérieur, ceux qui ont déjà la maîtrise sensorielle, des autres plus passifs. Quand un leader lance un jeu, les autres l'imitent. A un moment donné, on fait l'expérience de l'odeur de la mère. On dépose sur le dessus d'une petite armoire du linge porté par la mère d'un leader. On filme les réactions du groupe dans son ensemble. On voit alors le leader qui se soustrait au groupe, abandonne son jeu, tourne en rond et puis va se retirer dans un coin de la classe, plié en chien de fusil en posture fœtale et suçant son pouce... Puis, après un moment, on voit la jeune fille qui ôte le linge à l'odeur de la mère, et on voit l'enfant qui, peu à peu, se lève, lâche son pouce, comme s'il se réveillait d'un rêve, et qui retrouve son habitus... et son ascendant sur les autres. C'est extraordinaire! Au contraire, l'enfant passif, mal adapté, ralenti, lorsqu'on met l'odeur de sa mère dans son espace, de même que l'enfant leader se détache de tout ce qu'il faisait, lui, comme s'il était tiré de son habitus, devient gai, tonique, vivant; l'œil animé, il joue avec les autres, il est actif, moteur... Mais quand on enlève de la pièce l'odeur de sa mère, il retombe dans sa passivité habituelle en quelques instants.

Tout cela, je le savais. Fallait-il, pour le prouver, employer de tels moyens? J'estime que cette expérience, inutilement à la fois étrange et dangereuse, peut être traumatisante pour les enfants cobayes. J'ai dit sans ménagements au professeur Montagner : « Mais enfin, c'est absolument comme si, devant un adulte, vous faisiez apparaître tout d'un coup, dans une réunion où il serait en société d'amis, le fantôme de sa mère, quand il avait quatre ou cinq ans; ce fantôme est là, provocant, insolite, et il ne sait plus où il est... Vous déréalisez complètement les enfants que vous soumettez à une telle épreuve : faire revenir le fantôme d'une relation privilégiée à l'époque où il avait de zéro à trois mois et où il n'avait que l'olfaction dans sa relation à l'autre. Il n'est pas surprenant que l'enfant tonique, avancé, forcé brutalement à une telle régression, se remette à sucer son pouce, substitut du sein maternel, et qu'il se réfugie dans la posture fœtale. Cet enfant, à mon avis, a été autiste pendant deux minutes... L'odeur s'en va et il revient à la réalité. Quant à l'autre, l'enfant dépendant, passif en groupe de son âge, il est comme excité par une hallucination : sa mère dont il a été mal sevré (en y laissant des plumes à cette relation fusionnelle passée), sa mère est là. Il se sent en pleine sécurité... Mais après, il revient à cette sécurité entamée de son absence. Cette manipulation a quelque chose d'effrayant. »

Le professeur Montagner m'a répondu que c'était la seule manière de vérifier les intuitions scientifiques. Et je lui dis : « Peut-être, mais les conséquences de ce test sur cet enfant? » En médecine, pour toute expérimentation – en psychologie cela devrait être pareil : avant toute expérience sur un être humain, il faudrait être absolument certain de ne pas nuire. Sinon, s'abstenir.

Ne serait-il pas préférable que l'enfant soit associé à la recherche sur l'enfant? S'il est nécessaire de poursuivre les recherches sur le potentiel, sur les acquisitions de l'enfant, sur les stades de son développement psychique pour ne pas en rester aux étapes schématiques de l'apprentissage cognitif selon Piaget, ne serait-ce pas un moindre mal que de ne pas le faire à l'insu de l'enfant?

Si au moins la maternante expliquait à l'enfant, immédiatement l'expérience terminée, ce qui s'est passé, et pourquoi on a « joué à ça »!

Si la recherche sur l'enfant n'est pas motivante pour le désir de l'enfant, c'est l'aliéner à un désir d'adulte; c'est lui faire jouer le rôle d'objet de plaisir de l'adulte. C'est ici l'aliéner à un désir d'adulte qui est le voyeurisme, soi-disant scientifique. Et puis quel est le rôle suggétionnant inconscient de la maîtresse de classe complice du professeur Montagner?

Il n'y a donc pas d'issue? Entre une observation faite à son insu ou malgré lui et une observation à laquelle il participerait... Ne peut-on respecter une certaine éthique des expérimentations?

C'est extrêmement délicat. On pourrait croire que la projection d'un film d'amateur, fait en famille, peut aider un enfant à prendre du recul, à partir de ce que nous appelons l'Œdipe, à partir du moment où l'enfant a fait le deuil de son enfance. Mais même ces images ne sont pas inoffensives. Je citerai l'exemple d'un petit film sur nos vacances. Notre fils aîné, qui avait trente mois, pointait le doigt vers l'écran : « Regarde moi qui arrose le jardin, et G. (son frère) qui joue au ballon avec Grand-Père. » Je rectifiai : « Mais non, on va repasser le film, tu vois que ton frère est debout près de moi qui suis assise; cet été, il marchait encore mal. C'est toi qui joues au ballon avec Grand-Père, et c'est P., ton oncle, qui arrose le jardin. » Sans répondre, l'enfant, soudain le visage fermé, a claqué la porte de la pièce où nous projetions le film, puis la sienne, et il est resté dans sa chambre sans revenir parmi nous jusqu'au dîner. Les dimanches, quand nous regardions des films, il n'est plus jamais revenu se joindre à nous. Cela jusqu'à cinq-six ans. « Non, j'aime mieux jouer », disait-il. Et puis, un jour, il est revenu quand nous regardions les films, et, devant l'image de l'oncle arroseur, il m'a dit cette phrase (moi, je ne pensais même plus à cette histoire-là) : « Tu te rappelles, quand j'étais petit, je ne voulais pas croire que j'étais moi. » Mais il avait du recul par rapport à ce passé, et maintenant ça l'amusait de se voir et de retrouver ce qui était des souvenirs. A ce moment-là, il se savait un enfant de six ans et il ne se confondait pas, lui, avec le petit de trois ans; et il riait de s'être vu à trois ans il savait qui il était, avec, comme disent les Anglais, un self qui était construit. Mais vers 3 ans, il voulait se voir dans un acte qui satisfaisait son désir promotionnant de devenir un homme. Et quoi de plus promotionnant pour devenir un homme, à cet âge urétral prévalent, que de tenir une grande lance et d'arroser le jardin? Il n'avait pas pu plutôt que pas voulu se reconnaître... Je l'avais blessé. En lui disant la vérité, je l'avais mis dans un « non possumus ». Il ne fallait pas dire : « Mais oui, mon petit chéri, c'est toi qui arroses le jardin, et c'est ton frère qui joue avec le grand-père. » Cela aurait été se moquer de lui. Je crois qu'il y a des épreuves que l'enfant doit assumer si les parents ne l'agressent pas par un : « Ce que tu es bête! » Je lui ai dit : « Regarde mieux. Ton père va repasser le film... » Et j'ai été étonnée de sa fuite qui était, pour lui, une réaction salvatrice : en même temps, il retrouvait sa cohésion en allant jouer dans sa chambre. Pour lui, justement, cette expérience de revoir les vacances d'été deux mois après seulement n'avait aucun intérêt. Plus tard, en revanche, vers 6 ans, il riait de se voir quand il était petit. Les enfants aiment beaucoup revoir les photos de famille.

En fin de compte, je ne pense pas qu'il puisse y avoir vraiment de demande réelle de l'enfant dans le cadre d'expériences concertées par l'adulte. Mais on peut prévoir que ce type de recherche soit appelé à se développer.

Dans le monde animal, on observe la vie des espèces nocturnes grâce à des caméras aux infrarouges. Les neurobiologistes ne peuvent être que tentés d'utiliser à l'avenir tout ce matériel disponible pour observer les enfants.

Je me demande ce que deviendront ces enfants identifiés à des comportements behaviouristes. Chez l'être humain, ce n'est pas cela qui est important, c'est ce qu'il ressent. On note un comportement, mais qu'est-ce que cet enfant a ressenti? Les caméras de Montagner, fixées dans les deux maternelles expérimentales de Besançon, ne relèvent pas ce que l'enfant a ressenti ni le préjudice éventuel causé à l'enfant. Certes, on peut soutenir que c'est intéressant, pour comprendre l'entrée dans des états différents de l'habitude, de voir comment on peut rendre un enfant autiste pendant trois minutes ou trois minutes pseudo-maniaque en comparaison de sa façon d'être habituelle. Cela prouve la fragilité de la structure en cours d'organisation d'un enfant de cet âge, même tonique et apparemment sûr de lui en société. L'odeur de sa mère est plus prégnante que sa propre activité, il a une mère intériorisée pour pouvoir entrer en contact avec les autres, et quand on lui extériorise sa mère sous la forme olfactive, qui est une perception relativée par rapport aux perceptions tactiles, motrices, celle-là se met à être prédominante. Quand tout à coup, dans la société où il évolue, arrive l'odeur intime de sa mère, il n'est plus l'enfant de la société, il redevient le bébé de sa mère.

Quant au petit qui sort de sa passivité dans le climat créé par l'odeur du linge de sa mère, on voit que s'il ne s'adapte pas au groupe, c'est qu'il n'a pas intégré suffisamment en lui une sécurité originée dans sa relation maternelle.

Montagner paraissait ravi de ce qu'il considérait

comme une collaboration objective entre la psychologie expérimentale et la psychanalyse.

Ces expérimentations pourraient au moins, si elles ne peuvent pas être évitées, faire l'objet d'une concertation avec les psychanalystes... avec ceux qui s'intéressent à ce que ressent l'enfant, et qui ont une conception beaucoup plus globale du sujet.

Peut-être... Mais « l'enfant » ça n'existe pas... On fait un discours sur l'ENFANT, alors que chaque enfant est absolument dissemblable d'un autre quant à sa vie intérieure, quant à la façon dont il se structure selon ce qu'il ressent, perçoit et selon les particularités des adultes qui l'élèvent. L'état d'enfance existe par rapport à l'âge adulte futur dans la mesure où il y a des différences spécifiques – comme par exemple entre autres les étapes du développement du système nerveux. Ainsi, les interactions qui se produisent entre le système nerveux et l'environnement sont extrêmement riches chez les enfants puisqu'on voit la vitesse fantastique de l'acquisition, par exemple, du langage. Et puis il y a l'immaturité sexuelle. Mais si l'on considère les êtres les uns par rapport aux autres, il ne faudrait plus parler d'enfants mais de tel individu relativement comparable (selon tel ou tel paramètre) à tels autres, du premier âge, du second âge, etc.

Les inconvénients et les risques pour les enfants observés que présentent les expérimentations n'arrêtent pas les chercheurs. Tout cela est assez troublant parce qu'on ne peut pas, effectivement, les codifier. A la limite, il faudrait dire que ces expériences coûtent trop cher peut-être aux individus qui sont observés pour que l'on invoque le bienfait de la science pour l'humanité. On ne peut pas penser du bien de ces expériences. Et, d'un autre côté, comme elles sont inévitables, on peut prévoir qu'elles vont se développer par de nouveaux moyens technologiques... comme on ne peut pas les ignorer, il y a tout de même une certaine éthique très difficile, mais enfin une certaine éthique à promouvoir. En médecine somatique, les essais cliniques font aussi des victimes. Il y a des maladies iatrogènes; il y a des accidents thérapeutiques, et puis, il y a même la sélection; pourquoi tel groupe de cancéreux a-t-il droit à tel médicament nouveau, et puis l'autre à la chimiothérapie classique? Parce qu'il faut que l'on compare l'efficacité thérapeutique statistique des deux groupes. Il y a quand même forcément une injustice sociale. Mais on est arrivé à en tirer des bénéfices, pour d'autres malades. En psychologie expérimentale, les chercheurs soutiennent que si certaines de leurs expériences ont pu léser un enfant ou le groupe d'enfants observés, les résultats vont profiter à tous les autres enfants à venir. Comment prouver le contraire? Selon quel critère juger à l'avance que tel essai est peut-être nuisible, peu nécessaire, parfois même complètement inutile? La curiosité propre à l'esprit humain ne justifie pas tout.

Allons, messieurs les psychologues, qu'est-ce qui est observable, de l'extérieur, de la réalité d'un être humain? Etudier les hormones d'un individu, quel que soit son âge, c'est prendre la partie pour le tout. Si certaines de ces hormones ont un déficit, ce n'est pas seulement en les compensant qu'on va aider cet être à retrouver un équilibre véritable. Parce que c'est la relation psychique des êtres humains les uns avec les autres qui donne un sens, pour eux, à leur vie. Supposons qu'on administre la « bonne dose » hormonale à quelqu'un dont la relation avec les autres est coupée. En prescrivant cette pharmacopée, on ne pense qu'à son état de santé physique. Sa maladie est un signal. On détruit ce signal. Comment va-t-il nous faire savoir qu'il est en état de détresse interrelationnelle? Chaque sujet a un désir d'être et veut manifester cette intentionnalité. Mais si toute intentionnalité est faite pour le plaisir du « prince », c'est la négation de la personne humaine. Est-ce notre perspective de faire des alpha, des bêta... dans quel but? Préparons-nous « Le Meilleur des Mondes [1] »? Nous risquons de prendre le cap vers un totalitarisme épouvantable, avec une espèce de Grand Ordinateur, imposant à tous sa norme générale.

Les expérimentateurs prétendent nous rassurer par le sérieux scientifique de leurs tests. Jusqu'à ce jour, on tâtonnait, disent-ils, on orientait les jeunes selon l'humeur des éducateurs, de manière tout à fait arbitraire et, en tout cas, aléatoire, tandis que désormais on pourra de manière beaucoup plus rigoureuse, beaucoup plus objective, faire un bilan des aptitudes, des capacités de chaque jeune enfant. C'est l'heure des neurosciences. Et leur arrivée en force m'inquiète. Dans l'optique de cette discipline, tout est axé sur le développement de l'intelligence, alors que c'est l'affectivité qui donne un sens à l'intelligence de tous les humains. L'intelligence toute seule, ça n'existe pas. La santé physique toute seule, ça n'existe pas. C'est tout un ensemble qui construit la personne et ordonne ses variances.

Je me demande si, finalement, la période post-Piaget que nous allons traverser ne risque pas d'être terriblement intellectualiste. Les neurosciences sont par trop objectivantes, ce qui va à contresens de tous nos efforts pour aller dans le sens de la subjectivation de chacun : on ferait mieux de chercher à s'intéresser à tout enfant, quelles que soient ses occupations préférentielles, au lieu de canaliser trop tôt son intérêt sur des données scolaires qui sont les mêmes pour tous. Les tests sont pipés. Il s'agit d'y vérifier ce que le maître souhaite voir confirmer. L'expérimentateur se fait plaisir. Témoin ce test qui a eu lieu aux Etats-Unis. Un test? Un « leurre » qui a été fait aux dépens d'une centaine d'enfants dits « retardés » : 50 ont été choisis arbitrairement pour constituer le groupe de ceux qui, dans les

1. Roman d'Aldous Huxley.

deux ans, devaient se développer. Silence pieux sur les 50 autres... condamnés d'avance par le test à être le groupe témoin qui ne s'en sort pas dans les deux ans. Ces 50-là avaient été marqués absolument par hasard. Les éducateurs ont fait réussir les 50 du premier groupe parce que les scientifiques avaient soi-disant détecté par un test (inexistant) que ces 50-là allaient éclore pendant les deux ans suivants. C'est l'attitude des éducateurs vis-à-vis de ces 50 enfants qui a favorisé leur éclosion, parce qu'ils s'y sont intéressés autrement qu'aux 50 autres dont on avait dit : « Ceux-là, on ne sait pas quand ils vont éclore... en tout cas pas dans les deux ans. » C'est aberrant. Vous me direz que personne ne peut prétendre qu'il y a eu nuisance à quiconque du fait de cette supercherie psychologique. Qui peut affirmer que réussir sa scolarité de tel âge à tel âge soit à apprécier? Que d'y échouer soit nuisible?

La mode est d'installer des caméras un peu partout pour faire du cinéma-vérité. Imposer à des enfants d'être filmés est un usage incontrôlé et irresponsable de l'audiovisuel car on ne connaît pas tous les effets de cet instrument sur des êtres plus ou moins fragiles.

Invitée du Jeudi à la Télévision, j'ai visionné des extraits de films tournés avec des enfants; entre autres, de Godard. Je ne sais pas du tout quelles sont les opinions politiques de Godard, mais son comportement auprès d'enfants est choquant. C'est de la caméra-viol. Il n'a absolument pas compris les enfants. Les enfants qu'il interroge sont soumis à la question et sont sadisés par lui. A une petite fille de 9 ans qui a l'air intelligente : « Est-ce que tu es sûre d'exister? » Alors elle dit : « Oui. » – « Et comment peux-tu être sûre d'exister? » – « Je ne sais pas. » – « Tu vois, je te filme en ce moment; alors, après, les autres verront une image de toi... Mais tu n'es peut-être qu'une image? Quand tu te regardes dans la glace, qu'est-ce que tu vois? Tu te vois, toi, ou tu vois ton image? » – « C'est moi! » – « C'est pourtant une image! » – « Oui, c'est l'image de moi. » – « Alors, qu'est-ce qui existe, c'est ton image ou c'est toi? » – « C'est moi, parce que s'il n'y a plus de glace, j'existe encore. » – « Mais comment tu le sais? »...

C'est tragique de voir un enfant soumis ainsi à la question. Et le jeu bête et méchant se prolonge. Il y met de l'acharnement.

– « Tu fais des choses... ton lit, tu le fais? Mais qui est-ce qui le fait? C'est Maman? Ou c'est la concierge qui vient aider Maman à la maison? Et toi?... Et si on ne le faisait pas? » L'enfant répond avec bon sens : – « Oh bien, ça ne fait rien! Elle se coucherait tout de même. Et si le lit n'est pas fait, elle s'en fout. » – « Alors, si tu ne fais rien, c'est que tu es l'image. » Le jeu stupide se poursuivait dans une école, avec la même petite fille, pendant la récréation. La fillette avait un pensum à faire : il fallait qu'elle écrive 50 fois « Je ne dois pas faire du bruit en classe ». Cette enfant savait qu'elle allait être filmée par un cinéaste, c'est quelque chose de gênant au milieu des camarades. Alors, elle a dû être agitée par les préparatifs, passage de câbles, installation de projecteurs, essais d'éclairage, excitation d'être le point de mire. Et la maîtresse de la punir. Elle a dû parler à sa voisine. « On ne doit pas faire du bruit en classe. » Elle avait 50 fois à écrire ce pensum. Et Godard était là à l'interroger, alors qu'elle savait que si elle n'avait pas fini ce pensum, elle n'irait pas à la récréation suivante... La bêtise d'un professeur qui fait écrire cela... On la voyait qui écrivait. Il lui parlait et elle s'arrêtait d'écrire. Quand il avait fini de lui poser une question imbécile, elle reprenait son pensum. – « Tu fais un pensum? » – « Oui, c'est parce que j'ai parlé en classe. » – « Qu'est-ce que tu écris? » – « Il faut que j'écrive 50 fois : Il ne faut pas que je parle en classe. » Il l'asticotait. Et pour lui dire quoi? – « Est-ce que tu aimes la classe? Tu es pourtant punie. Tu es rejetée par les autres. » Alors, elle lui dit : « Ben non ! » – « Et pourtant, tu n'es pas en récréation. » – « Parce que j'ai mon pensum à faire! » – « Alors, la maîtresse, elle t'a rejetée? » – « Ben non! » – « Alors, qu'est-ce qu'elle a fait? » – « Ben, elle veut que je ne parle plus en classe. » Elle justifiait le système imbécile, mais elle avait à faire quelque chose, et il l'en empêchait, sous prétexte qu'il voulait qu'elle soit contestataire... Contestataire de rien du tout : elle subissait la maîtresse et cet imbécile qui l'empêchait de faire ce qu'elle avait à faire; elle serait donc privée d'une deuxième récréation.

Puis, Godard la filme chez elle. Il lui dit : – « Ça t'embête que je sois là? » Et elle répond : – « Ben non... Maman m'a dit... » (sa mère lui avait dit qu'elle allait être photographiée). Et on entendait la mère qui disait : – « Déshabille-toi vite. » Or elle savait que la caméra tournait. Godard la tance : « Mais tout à l'heure, tu ne voulais pas que je voie tes fesses! » Elle s'était d'abord cachée pour qu'il ne la voie pas. Maintenant, il avait l'air furieux qu'elle ne contrarie plus son voyeurisme.

Ensuite sur un panneau on pouvait lire le mot « OBSCUR », écrit en grosses lettres. – « Qu'est-ce que c'est, pour toi, l'obscurité? » – « Ben, c'est le noir. » – « Mais le noir, c'est quoi? » – « Ben, c'est quand on dort. » – « Mais pourquoi, quand on dort? On peut dormir quand il fait jour. » – « Oui, mais moi je ferme les yeux. » – « Alors tu es dans l'obscurité? » – « Ben non, s'il ne fait pas noir. » – « Et alors, quand tu dors, c'est obscur dans toi? » Là, elle ne savait pas quoi répondre... C'est tellement bête : ce sont des questions d'intellectuels (de gauche?) complètement idiotes, mais qui, en même temps, essaient de créer une sorte de décalage, de provoquer une interférence entre deux langages qui ne se rencontrent pas.

A ce stade-là, ce n'est pas du voyeurisme, c'est du viol. L'utilisation de l'audiovisuel est pervertie. On est loin de la « caméra invisible » qui répond à ce vieux rêve de l'adulte d'observer les animaux sauvages dans leur état naturel. On est loin aussi de la « caméra-stylo » ou du cinéma vérité. Autre rêve d'adulte d'un cinéma des enfants fait par les enfants. Il y a un troisième fantasme d'adultes qui consiste à braquer la caméra-viol sur l'enfant-objet d'expérience. Le plaisir de Godard, c'est de dire : « Vous voyez, je fais un film sur les enfants, qui n'est pas pour les enfants, mais je n'en suis pas dupe. Et vous non plus, madame Dolto. Vous, spectatrice, vous êtes libre de voir justement tout ce qui échappe à la caméra et à l'intervieweur. » Il pourrait se défendre en jésuite : « L'enfant a une certaine manière de se défendre, de répondre par le bon sens, ou d'esquiver par des silences. Et c'est là qu'est la vérité. Malgré l'agressivité de l'intervieweur, et en dépit des inquisitions de la caméra, l'enfant échappe. » Cette justification même ne serait pas recevable. L'enfant échappe... mais il est marqué. Ce jeu n'est donc pas inoffensif.

Godard est de ceux qui ont sacralisé la caméra. Pour lui qui estime le système scolaire actuel complètement contestable (le pensum, etc.), la caméra en intrusion à l'école est salvatrice : elle exorcise, elle libère l'enfant, et le parent et la société adulte qui regardent le film peuvent voir à l'évidence l'absurdité du système.

Voire! Et si c'était celle du cinéaste, dans ce cas, à côté de la plaque! (pardon, de la pellicule.)

Je trouve aussi que les parents qui ont autorisé cette expérience n'ont pas assumé leur rôle de parents, de même les adultes tutélaires, leur rôle qui est de protéger aussi les enfants d'autrui.

C'est pour cela aussi que j'ai dit à Hélène Vida, la présentatrice de l'émission : « Ça m'ennuie que vous montriez ces images au grand public comme un document intéressant. Si Godard était là, je lui dirais : Vous violez les enfants sans aucun intérêt scientifique.

Il n'y a aucun intérêt scientifique dans ce que vous avez fait là. »

Les chercheurs qui étudient les interactions entre l'enfant et son environnement se divisent sur les méthodes à utiliser : les uns travaillent en laboratoire, sur des groupes d'enfants, avec ou sans caméras; les autres, préoccupés de fausser le moins possible l'expérience, sont partisans de ne pas faire des groupes d'enfants mais de les observer dans leur milieu. Par exemple, sur des terrains de jeux, ou à l'école, à la maison, ou en vacances... Bref de les observer là où ils vivent plutôt que de les transplanter dans un laboratoire ou de reconstituer en studio leur vie. Ainsi, prendre des enfants d'un ou deux ans, leur mettre dans un studio des cubes, des objets à identifier, etc., fausse complètement le jeu, alors que les filmer à la maternelle ou chez eux, dans le décor naturel où ils évoluent, préserve mieux la spontanéité des individus observés[1].

D'abord, il y a les impératifs techniques, l'éclairage, le cadrage, etc., le temps limité pendant lequel on doit voir, démontrer... Et puis on bute encore sur l'obstacle méthodologique fondamental : l'observateur change quelque chose, par le fait même qu'il observe. Surtout si un être humain observe un autre être humain. La question n'est pas de savoir si on peut quelque peu minimiser la part de la subjectivité de l'observateur; on ne peut pas suffisamment la réduire, même si on évite une transplantation de l'enfant, même si on évite une mise en scène... comme avec la caméra de Godard.

Je citerai un film qui a été tourné dans une école nouvelle, où les enfants sont responsables de la classe de maternelle. Les cinéastes ont planté pendant huit

---

1. Cf. travaux du Centre d'ethnologie sociale et de psychosociologie animé par Marie-José Chombart de Lauwe.

jours leurs caméras et tiré leurs câbles. De temps en temps, ils faisaient semblant de filmer. Et puis les enfants les ont oubliés... théoriquement. Les professeurs m'ont fait part des réactions étonnantes d'une petite fille qui était plutôt retardée au milieu des autres enfants. Dans cette école, les enfants choisissent : « Moi, je vais m'occuper des plantes. Moi, je vais m'occuper des cobayes, etc. » Chacun avait son programme, chacun avait ses responsabilités pour la semaine. Or, pendant tout le tournage, c'était cette petite fille qui animait la classe, alors que les élèves qui auparavant étaient les leaders les plus actifs et les vrais participants à leur classe étaient amorphes. Il faut dire que les parents avaient endimanché leurs enfants. Ils étaient peignés et portaient des habits différents de ceux dont ils avaient l'habitude. La petite fille qui a eu la vedette du tournage avait été coiffée par sa mère, ce qui ne lui arrivait jamais. La mère, sachant qu'il y aurait spectacle, s'était occupée d'elle... Pas plus peut-être que les mères de tous les autres enfants, mais autant, ce qui n'était pas son cas auparavant. Eh bien, cette enfant est apparue aux spectateurs du film comme la plus animée, la plus intelligente. La maîtresse a témoigné : « Le lendemain, quand les caméras sont parties, elle est redevenue celle qui ne faisait rien dans la classe. » Comme Cendrillon, elle ne s'était transformée à vue que pour la fête. Mais pour être vue par qui? Il y avait peut-être un cameraman pour qui elle vivait davantage. On ne le sait pas et on ne saura jamais ce qui s'est passé. Mais après, elle a repris son rôle de parasite de la classe. Et les autres ont retrouvé leur allant. Qu'est-ce que ça veut dire? Le film n'en dira rien... et l'on n'a pas compris davantage. Et les professeurs stupéfaits n'ont pas compris non plus.

De telles expériences ne tourneraient pas court si on filmait les réactions des enfants, parents et professeurs après qu'ils ont visionné le film. Il y a eu des essais intéressants au service de la recherche de l'ancien

O.R.T.F. On filmait une personnalité ou un groupe et on leur projetait l'émission pour qu'ils se revoient six mois plus tard. Pierre Schaeffer, le directeur du service, avait accepté que sa fille, cinéaste, enregistre une émission au cours de laquelle étaient confrontés le filmage d'une école traditionnelle et celui d'une école nouvelle. J'avais été invitée à une table ronde, avec les professeurs des deux classes observées et les inspecteurs d'académie concernés. Cette discussion était enregistrée et devait faire partie de l'émission. Malheureusement, ce film très intéressant n'a jamais été diffusé, Pierre Schaeffer s'y est opposé (?).

Un fait est certain : l'intrusion des caméras dans la vie privée bouleverse la vie des personnes filmées. Alors, qu'est-ce que ce doit être pour un enfant? Sans qu'on le sache. Raison de plus de manipuler le sujet avec délicatesse. Et ne faudrait-il pas consulter les intéressés, au lieu de les traiter comme des cobayes? Quand on fait des essais pédagogiques, on ne demande pas aux enfants leur avis, comme lors des essais cliniques on sollicite l'autorisation du malade, de ses proches. Un nouveau médicament n'est pas testé à l'hôpital sans accord préalable des patients. Qui songe à consulter les élèves quand on essaie la réforme sur telle classe et que l'on continue l'ancien système sur telle autre, pour faire ensuite la comparaison? Si l'on tente de jeter les bases d'une éthique des expérimentations pédagogiques, à ce préalable – consulter les enfants – il faut ajouter la discussion en commun après projection du film. Les chercheurs, le réalisateur auraient à s'interroger et réfléchir sérieusement au sens et à la portée de leur expérience. Si les enfants ont été traumatisés, je pense qu'en leur donnant à se voir avec une certaine distance, on peut désamorcer, dédramatiser, compenser l'effet de choc. Malheureusement, ça n'est pas fait.

Il reste la valeur scientifique des expériences. Quelle est la portée des propos d'enfants enregistrés? C'est extrêmement troublant, parce que, en toute rigueur, tout est faussé à partir du moment où ils sont objets d'expériences. Comment assurer des conditions constantes pour faire des correctifs, comme on le fait en physique et en chimie, pour la température? Peut-on le faire en psychologie expérimentale? Les chercheurs du C.N.R.S. publient des diagrammes, des graphiques. Tout cela est très impressionnant. La méthodologie paraît très affinée. Mais qu'est-ce que l'on peut vraiment induire avec toutes ces données d'enquête sur les interactions entre le milieu socio-culturel, l'âge et le sexe des proches qui s'occupent de l'enfant, la mobilité (famille nomade ou sédentaire)? On relève des constantes dans ces interactions : tel comportement avec un ensemble de facteurs qui sont justement l'instabilité de la famille, avec ou sans père... Enfin, on arrive à des fréquences statistiques. En général, il n'y a pas de surprise. Et c'est ça, peut-être, qui m'inquiète. Parce que, si on découvrait des paradoxes, peut-être qu'on chercherait plus loin, se disant : « Tiens, là il y a quelque chose d'inattendu, d'incompréhensible. » Mais les résultats des enquêtes des psychosociologues confirment la voix du bon sens, ou le travail des analystes dans les traitements individuels. Que de thèses, que de travaux de laboratoire pour révéler... ce que l'on savait déjà! C'est la montagne qui accouche d'une souris.

Les psychologues sont plus à l'aise pour étudier les interactions dans les milieux dits défavorisés que dans les milieux privilégiés. Il semble que ce soit extrêmement difficile d'étudier scientifiquement ce qu'il y a de spécifique dans l'état d'enfance. Ça semble plus facile chaque fois que l'enfant est dans une situation extrême, qui attente à sa liberté, à son intégrité physique et morale, chaque fois qu'il est dans une grande misère ou qu'il subit de mauvais traitements. Plus on va vers les milieux privilégiés occidentaux, où l'enfant est apparemment nanti, assuré du nécessaire, plus on a de difficultés pour comprendre les blocages, les dérapages, les échecs. On peut filmer les réactions de sujets dont les besoins sont manifestement insatisfaits, mais ce qui concerne les désirs ne peut pas se filmer.

Dans le domaine de l'observable, la psychanalyse – dans les centres d'hygiène mentale – peut aller beaucoup plus loin que la psychologie expérimentale. C'est la seule méthode de travail qui soit respectueuse du sujet, à la fois en tant qu'être humain dans son milieu et en tant qu'être humain pris pour lui-même, quel que soit le milieu. Elle seule permet d'entrer en contact vrai avec la recherche de communication qu'un sujet, le psychanalyste, recherche avec un individu, quel que soit son âge, économiquement défavorisé ou favorisé et quelles que soient ses conditions familiales ou affectives.

Il n'existe pas d'Enfant avec un grand E : il existe un individu à l'époque de son enfance et qui, quant à l'essentiel, de son être au monde, est ce qu'il sera toujours. Et c'est tellement vrai que, moi, je vois des adultes que j'ai vus à l'âge de trois ans, et qui reviennent me voir. Une femme m'a rendu visite ces dernières années : « Vous vous souvenez de moi? Je suis venue vous voir quand j'avais trois ans, ça a été extraordinaire pour moi de vous avoir rencontrée! » – « Quel souvenir en avez-vous gardé? » – « Eh bien, je me rappelle, je vous avais fait un dessin et, sur ce dessin, vous m'avez dit : " Mais, tu penses quand tu t'endors ", et c'était vrai, et je vous ai dit : " Mais oui, je pense ", et puis j'ai regardé ma maman. » Elle se souvenait de ce moment-là. Elle a ajouté : « Je me suis dit alors : j'ai aussi le droit de penser à mon papa. Ce fut un éclair formidable qui a changé tout dans ma vie. » A l'époque, j'avais gardé le document de cette consultation; elle ne m'avait pas parlé de son père (dont la mère avait divorcé lorsque l'enfant était encore bébé).

En analyse, on peut mettre au jour des souvenirs bien antérieurs à trois ans, deux ans. Ce qui n'est pas dit, exprimé, ne peut pas être connu de « l'observateur », mais c'est justement ce qui se passe, pour

« l'observé », indicible et non repérable par l'observateur, qui est le plus important de leur rencontre. C'est la même chose entre deux interlocuteurs humains.

LES MANIPULATEURS SONT MANICHÉENS

Bien qu'il soit en déclin ou en disgrâce, le jeu des idéologies a imprimé dans les mentalités le raisonnement manichéen jusque dans la médecine, l'hygiène de vie : c'est tout bon ou tout mauvais. Par exemple, pour la naissance sans violence, certains disent : « Sûrement pas, pas question ! » et d'autres : « C'est la seule voie; il faut la suivre absolument ! » et d'obliger le père à venir, même s'il est trop impressionnable. Ce qui est un comportement manichéen. On en revient, de ces recettes uniques, comme des idéologies.

De même pour l'éducation dite nouvelle, qui est aussi de conception manichéenne : on a fait des expériences pédagogiques les plus contraires : tout se passe comme si on allait prendre deux groupes d'enfants, en disant : comme on ne sait pas où on va, pour le premier on instituera une permissivité totale; et le second, on va le remettre à l'éducation des jésuites : sous la férule.

Les psychologues étudient le comportement apparent sans se rendre compte que l'être humain c'est une complicité psychique, à la fois inconsciente et affective, mais qui ne peut pas être dite, et qui pour chacun touche à son vrai inconnaissable par autrui. Le comportement apparent n'informe pas sur le sujet ni sur ce que sa sensibilité lui fait éprouver.

Il est à craindre, du reste, que la floraison contemporaine d'ouvrages, d'encyclopédies, de guides éducationnels, invite les couples d'aujourd'hui à adopter des normes et des règles. Pour ne pas dire des recettes miracles. Là encore, c'est un conditionnement manichéen parce que les systèmes d'éducation proposés sont contraires; on n'enseigne pas aux jeunes parents à moduler, à interpréter, à écouter leur intuition : votre enfant est né de vous et tel que vous êtes vous, soyez vrais, dites avec des mots ce que vous ressentez et c'est de votre sincérité dont votre enfant a le plus besoin. Le langage actuel lui-même devient purement conceptuel, purement détaché. C'est peut-être tout simplement la mort d'une civilisation.

L'involution de la matière cosmique dont parlent les physiciens s'accompagne peut-être d'une involution du psychisme humain, ou bien est-elle une expression d'une soi-disant observation qui ne serait qu'une projection et non une réalité?

La tendance manichéenne se retrouve même chez les meilleurs essayistes. Il faut nuancer les conclusions d'Elisabeth Badinter[1] sur l'absence de sollicitude maternelle qu'on pouvait constater au XVIIᵉ siècle. L'attitude vis-à-vis des enfants n'était pas aussi rigide, en dépit des discours à la mode.

Des témoignages écrits prouvent qu'il existait maints citoyens et citoyennes qui avaient pour l'enfant une sollicitude très développée, tout à fait comparable à celle d'aujourd'hui, avec les mêmes défauts qu'aujourd'hui (adoration excessive, projection de l'adulte, assimilation à un jouet), avec toujours cette interrogation : l'enfant a-t-il une âme? Si oui, faut-il la modeler?

Ariès s'est montré plus nuancé qu'E. Badinter, quand il distingue « sentiment de l'enfance » et « affection pour l'enfant » (voir ouvrage cité, pages 117 et 313). Mais on ne peut pas pour autant schématiser et dire : le sentiment maternel est une chose que l'on ne voit apparaître qu'au XIXᵉ siècle. Ce n'est, historiquement, pas exact : on trouve bien des manifestations, que l'on peut évidemment qualifier d'atypiques, mais

---

1. *L'Amour en plus*, Flammarion.

*aujourd'hui, on pourrait aussi trouver énormément d'exemples dans notre société, à l'inverse de la mode actuelle qui fait de l'enfant le centre, on pourrait montrer qu'il y a également un certain nombre de personnes qui, au contraire, se comportent avec l'enfant comme au Moyen Age ou comme au XVII*e* siècle (par exemple, au M.L.F., des voix s'élèvent pour revendiquer le droit de refuser la maternité après la naissance de l'enfant, sans pour autant que l'abandon soit jugé dénaturé). Alors, on est amené à nuancer l'état du bilan, parce qu'il ressort de notre enquête que la relation reste pratiquement la même : il n'y a pas de changement fondamental.*

Il y a tout de même une grande différence : au Moyen Age ou au XVII*e* siècle, l'enfant était toujours nourri au sein d'une femme – sans ça, il mourait –, que ce soit la mère ou une autre femme. Cette alimentation au sein était continuée tout le temps que cette femme avait du lait, et n'était pas orchestrée par un homme extérieur – un connaisseur, un scientifique – qui disait : « C'est mal, vous êtes coupable si vous nourrissez votre enfant (comme c'est le cas maintenant) au-delà de quatre mois. » Aujourd'hui, le corps médical interdit aux femmes de nourrir leur enfant à leur gré, ou, si la femme résiste, il l'y « autorise » mais quelques mois, six ou sept au plus.

Renversons les termes : c'est l'enfant qui compte dans notre propos, et non pas les parents.

Jusqu'à présent, on a étudié plutôt la relation des adultes par rapport à l'enfant; en fait, c'est surtout pour étudier la société de cette époque. Tandis que si on considère uniquement l'enfant, l'intérêt de l'enfant, ses chances de structuration, on s'aperçoit qu'au XVII*e* siècle, finalement, l'image maternelle était peut-être parfaitement développée pour l'enfant, à partir du moment où il avait une nourrice qui, elle, était en communication avec son compagnon adulte et ses autres enfants. Aujourd'hui, il y a plutôt régression par rapport au XVIIᵉ siècle, dans la mesure où il n'y a plus de nourrices. Il y a mécanisation. Quelle que soit la nourrice, elle est mécanisée en ce sens qu'elle doit donner, à deux mois et demi, du jus de viande; il y a anonymat et neutralisation de la nutrition, au nom de la Science. Et la Science ne considère l'enfant qu'en tant qu'animal d'observation et non pas comme sujet de sensibilité; elle ne cherche pas à connaître ce que l'enfant exprime. Il semble impensable qu'un enfant ait quelque chose à dire le concernant.

Le discours actuel prête à notre époque le privilège d'avoir enfin fait la part centrale à l'enfant, par rapport aux siècles précédents. C'est tout à fait relatif. On peut se demander – à la lecture des siècles passés – si justement ça ne se retourne pas contre le véritable intérêt de l'enfant, et s'il n'est même pas perdant. On ne cesse de dire : « Enfin, nous contemporains, nous commençons à faire à l'enfant la part qui lui convient : nous commençons à respecter ses droits, nous commençons à lui ouvrir l'espace... » et on s'aperçoit que finalement, il est transféré d'un endroit à un autre comme un paquet, avec de nouveaux interdits qui sont plus contraignants que les limites de son territoire dans la France rurale. On peut se demander, pour le maternage, si l'enfant n'est pas considéré comme un cobaye d'élevage industriel – et ce n'est pas parce qu'il y a une amplification du discours sur l'enfant (on donne aujourd'hui trente-six méthodes pour étudier l'enfant dès le premier âge) qu'il est plus respecté dans sa personne.

Au demeurant, qu'est-ce qu'il en résulte pour lui? Ce n'est pas le fait d'avoir tapissé d'images de bébés sexués les murs de la ville qui, pour autant, fait avancer sérieusement la cause des enfants.

Il est sain de secouer cette autosatisfaction contemporaine qui consiste à dire : « On n'a jamais tant fait à propos de l'enfant qu'aujourd'hui; il y a, par rapport à l'obscurantisme dont il a été la victime les siècles précédents, une très belle perspective. » Le discours actuel obscurcit encore plus les choses plutôt qu'il ne les éclaire. Cela nous amène à être beaucoup plus nuancé et relativiste que quand on regarde la situation de l'enfant dans les siècles précédents. Car on retrouve les mêmes contradictions.

Le XIXᵉ siècle et la première partie du XXᵉ siècle ont hérité de cet enfermement de l'enfant, en rupture avec le Moyen Age qui était certainement plus favorable à l'apprentissage de l'autonomie de l'enfant. On lui donnait en sécurité une communication sociale avec tous ceux avec qui la nourrice était en relation; elle était sa provende en même temps qu'elle était l'initiatrice à la communication : le milieu était favorable à son individuation.

LE SPERME NOBEL

Aux Etats-Unis, il y a une banque de sperme de prix Nobel américains. Après insémination, une Mrs. Blake aurait accouché d'un enfant dont le père serait un célèbre mathématicien. Quel va être le sort de cet enfant, qui a été conçu dans cet esprit-là, et qui va être suivi, observé et testé comme devant répondre précocement à l'attente des expérimentateurs?

L'entourage attend, exige même, qu'il fasse des performances, dans sa classe d'âge. Or, l'intelligence humaine peut être en réceptivité et ne rien montrer du tout. S'il ne manifeste rien d'exceptionnel – ce qui ne veut pas dire qu'il ne sera pas un adulte très intelligent –, cet enfant Nobel aura beaucoup de mal à s'en sortir, puisque dès la naissance, il sera accueilli comme devant obligatoirement être un hyper-doué. Il risque de devoir supporter l'échec de l'expérience – échec apparent – que les adultes vivent mal. Nous ne pouvons rien en dire de plus pour le moment. Attendons. C'est aux fruits qu'on reconnaîtra si l'expérience présentait un intérêt. Maintenant, on ne peut que discuter à vide. Nous savons que l'éducation joue un très grand rôle dans le sens des échanges avec les parents responsables, l'enfant se voyant adulte comme le sont ses tutélaires. Donc, dans le cas de cette insémination, le bébé Blake se voit adulte comme ce père qu'on lui propose comme modèle; mais ce n'est pas en tant que mathématicien que ce père importe à ce petit, c'est en tant que porteur d'une dynamique de vie ou d'une dynamique de négation qu'il va lui transmettre. Et personne ne peut dire que le fait d'être mathématicien est un signe d'intelligence. L'intelligence est un ensemble de cœur, de générosité, de désir d'authenticité donné à l'enfant qui va naître. Elle n'est pas le fort de l'adulte qui veut que la vie de l'enfant soit la répétition de la sienne, ce qui revient à projeter sa mort en lui. On verra dans dix, vingt ans, ce que fera ce bébé Nobel. Quoi qu'il arrive, il sera une bête de laboratoire. C'est choquant, bien sûr, pour nous actuellement. Le sera-t-il demain? Je n'en sais rien. C'est un Christ, c'est un sacrifié. Une souris de laboratoire si cela tourne court. Mais il aurait pu ne pas naître. Personne ne l'obligeait à survivre. Il a choisi ce destin qui est peut-être au service des humains sur la planète. On ne sait pas. Ce que je trouve exceptionnel, c'est une mère et un père légaux qui acceptent cette expérience. Quel vide entre eux, quelle absence de relations vraies pour qu'ils commandent un enfant avant tout pour son intelligence, comme si sans cette « bosse des maths », ils ne pouvaient pas continuer à se supporter vivant l'un en face de l'autre! Cet enfant est, sur le plan génétique, le descendant de lignées qui ne sont pas celles des personnes qui l'élèvent. Pourquoi l'élèvent-ils? Par curiosité? ou par générosité envers l'humanité? Est-ce que la mère est une Sainte

Vierge et son mari un Saint Joseph? Ou des parents qui veulent exhiber un bébé-blédine intellectuel? Je vois d'ici cette femme qui est en train de biberonner ce bébé et dont toutes les amies assistent au repas du prince : « Ah! c'est l'enfant d'un prix Nobel... et ton mari, qu'est-ce qu'il en dit? Et quel effet cela fait-il de donner le biberon à Einstein? » Les gens oublient qu'Einstein n'était pas un bon élève. Et pourtant, ils veulent un enfant qui soit intelligent dès la naissance. Alors que l'intelligence peut se développer beaucoup plus tard dans une expression d'elle-même inattendue et, en attendant, se cacher derrière une apparence de débilité. Einstein, retardé scolaire, peu parlant, rêveur : ses parents l'aimaient comme ça, sans savoir qu'il était intelligent, et acceptant qu'il fût incapable de passer un examen. Il était le « pauvre petit dont on ne tirera jamais rien ». Mais c'est peut-être ça qui, en même temps, a stimulé son intelligence. Qui sait? Si Einstein avait été autre, déjà reconnu génial dans son enfance, il ne serait peut-être jamais devenu Einstein. En tout cas, une expérience comme celle-ci demande déjà d'être partagée par une ethnie et un groupe exceptionnels afin que tout le monde la porte. Mais ce père et cette mère, quelle est leur attitude profonde vis-à-vis de leurs propres parents et vis-à-vis de cet être humain parent d'autres lignées qu'ils ignorent? On ne sait même pas si dans la famille du donneur il y avait eu des femmes-enfants, des pères sadiques. Justement, peut-être cet enfant sera-t-il, au bout de cette lignée, plus léger, plus dispos si ses parents éducateurs n'ont pas d'antécédents trop névrotiques. C'est là l'inconnu. Et le prix Nobel n'y peut mais.

CHAPITRE VI

LA TÊTE SANS LES JAMBES

L'ORDINATEUR AU SERVICE DES ENFANTS?

Si le corps de l'enfant ne peut plus aujourd'hui s'exprimer de la même façon qu'autrefois – il est beaucoup plus enclos, et prisonnier –, en revanche, l'esprit peut se libérer et construire des mondes, en jouant avec un ordinateur. La télématique n'est-elle pas au service des enfants?

Elle présente un certain aspect positif en ce sens qu'ils ne sont pas commandés par un être humain qui veut en imposer à leur sensibilité. Ils voient aussi que leur esprit, quant à la logique, est tout aussi aiguisé que l'esprit de l'adulte. Mais il reste néanmoins que l'affectivité est complètement absente de ces jeux et que le plaisir n'est qu'un plaisir d'excitation mentale; la sensibilité est hors du coup : on a tort ou raison. Tu t'es trompé, ou, parce que tu ne t'es pas trompé dans le circuit, tu as raison. Alors que ce n'est ni l'un ni l'autre; il ne s'agit que d'un circuit, qui est un moyen... Mais un moyen de quoi?

Les jeux électroniques isolent les enfants, alors que le juke-box se partage entre copains. On se regroupe autour à certaines heures et on flippe à tour de rôle devant les autres. On tape sur la machine pour faire tomber les pièces, on se refile des jetons. Avec le jeu électronique, on s'isole comme pour téléphoner mais l'interlocuteur est logique et anonyme sans image et sans cœur. On est dans un simulateur et on est confronté à une guerre interplanétaire comme un cosmonaute dans sa capsule.

Un jeu lancé avec succès synthétise la voix de l'interlocuteur de l'enfant : quand il a répondu juste, ou bien fait sa combinaison, il y a une voix de robot qui dit à l'enfant : « Tu es formidable. » Aux psychologues, qui sont très inquiets des conséquences affectives sur l'enfant, les partisans de ces jouets répliquent : « Mais il y a un dialogue, justement, dans lequel les parents n'interviennent pas, ce qui donne à l'enfant une confiance en lui-même et en son intelligence. L'intelligence en tant qu'elle est intelligence logique. »

Les pédagogues soutiennent que la voix synthétique d'une machine à enseigner ne remplacera jamais la relation parlée avec un professeur. Si le maître se contente d'imposer un savoir et une attitude, s'il n'est pas un éveilleur et un animateur, un ordinateur programmé peut faire office de distributeur de connaissances. Au moins, ce substitut n'exerce pas sur ses élèves une autorité sadique.

Les nostalgiques des vieux jouets de construction disent que la télématique empêche l'imaginaire de l'enfant de se projeter. Les modèles miniatures télécommandés, qui sont de jolis moulages d'instruments du monde moderne, empêcheraient l'enfant de rêver. Mais sont-ils si frustrants que cela? Il paraît que manœuvrer des engins téléguidés est excellent pour la latéralité de l'enfant : gauche, droite, en avant, en arrière...

Je crois que c'est un défaut que nous avons quand nous sommes pris dans une époque de ne pas voir les transpositions et les compensations que la technologie oblige de découvrir. Finalement, lorsque le décor change, le rythme de vie change, l'espace se modifie.

Ne peut-on faire confiance à l'homme, en général, pour s'adapter et retrouver, sous des formes tout à fait différentes, les mêmes fonctions, ou des compensations à ces fonctions qu'il ne pourrait pas exercer telles que ses ancêtres? Il parvient à se défendre et se réaliser par d'autres moyens.

« Ce n'est pas comme avant » n'implique pas forcément régression. Les « modernes » défendent de nouvelles formes qui permettent à l'homme contemporain de dialoguer d'égal à égal avec l'homme de l'Antiquité, tandis que les « anciens », au contraire, sont des nostalgiques qui ne voient rien de positif, de créatif, dans les œuvres de leurs descendants. Ils pleurent sur un passé dont ils font un âge d'or, oubliant du reste que dans ce passé, il y avait des contraintes, des frustrations d'un autre ordre, mais qui étaient peut-être tout aussi stérilisantes que celles d'aujourd'hui. On retrouve cette querelle des anciens et des modernes à propos des jouets. Les enfants d'aujourd'hui ne respectent pas les jouets en plastique qui sont des moulages : ils les cassent et n'en ont aucune peine; leurs parents, eux, avaient connu le chagrin de perdre les jouets en bois ou en fer de leur époque.

Les jouets qui étaient aimés étaient des jouets auxquels l'enfant s'identifiait; quand ils étaient hors d'usage, c'était comme s'il perdait un ami. Le jeu électronique, ce n'est pas un ami, c'est un instrument. On l'avait déjà observé avec les poupées qui parlaient, les poupées qui pissaient (on ne sait pas pourquoi) : plus on programme de fonctions sur un même objet, moins l'enfant peut l'aimer, parce qu'il ne peut pas projeter une vie affective sur ce jouet; c'est une vie fonctionnelle et non une vie affective. La poupée qui répète à la demande ce qu'il y a sur la bande magnétique, et pas autre chose, est un être répétitif, donc ce n'est pas un être humain qui invente des sentiments et des pensées au jour le jour. En revanche, ces nouveaux jouets vont accentuer le comportement animal, par réflexe conditionné, au lieu de favoriser l'échange relationnel.

JEUX D'ENFANTS, JEUX D'ADULTES

Les jeux des enfants sont quelquefois, mais pas toujours, une déformation ou une imitation des jeux d'adultes. Par exemple, les jeux de balle des garçons sont le reste de jeux de paume pour jeunes gens et guerriers; mais les billes, le saute-mouton, le jeu de l'ours (aujourd'hui presque disparu et qui m'a valu, au lycée de Nice, de fortes bosses), les barres, etc., sont bien spécifiquement des jeux enfantins. Cependant le colin-maillard, qui sort aussi des mœurs modernes, était encore un jeu d'adultes au XVIIIᵉ siècle, comme en témoignent maintes estampes... Les crécelles que nos gamins achètent à la foire et font tourner tout le long de l'année viennent tout droit des crécelles qu'on devait mouvoir pendant l'office de Ténèbres seulement et qui représentent les cloches primitives de nos églises; car pendant les premiers siècles du christianisme, les églises n'avaient pas de cloches et les fidèles étaient appelés à l'office par des cliquettes et des crécelles parfois énormes, comme il en subsiste encore dans quelques églises d'Orient. De même les poupées de nos filles étaient primitivement les représentations de diverses divinités; au Maroc, des poupées figurent encore la Pluie et on les promène cérémoniellement en temps de sécheresse. C'étaient donc des statuettes sacrées portatives, qui n'ont perdu cette signification que relativement tard en Europe, j'entends depuis trois ou quatre siècles à peine, pour devenir un jouet commun à toutes nos filles. Ce n'est pas à dire que les petites filles ne se soient pas fait de tout temps des « bébés »; car jouer à la maman est biologiquement un préexercice, tout comme le cheval représenté par une canne est un préexercice des garçons dans toutes les nations du monde...

Que le jeu des enfants et des adolescents soit un préexercice, c'est-à-dire un entraînement à des activités pratiquement ou physiologiquement utiles au cours de la maturité, c'est l'évidence même : pourtant cette évidence n'est apparue que depuis peu; et un excès s'est produit, puisque la manière de concevoir les jeux et les sports de nos jours tend à surmener et à affaiblir ses adeptes.

ARNOLD VAN GENNEP
Coutumes et croyances populaires en France
(Le Chemin vert)

Observons les rapports entre les enfants et les objets en peluche. Ils en conservent longtemps un pour garder en eux-mêmes de leur petite enfance en relation avec l'affectivité de tendresse, de douceur tactile chaude et caresssante, comme avec l'adulte de cette époque-là. Il en est qui le mettent dans leur lit jusqu'à quinze ans. Jusqu'à quel âge les enfants de l'ordinateur auront-ils besoin, par compensation, de caresser le nounours? Est-ce qu'on peut, avec un ordinateur, l'aimer comme on aime un compagnon? Je ne crois pas. On l'aime comme on aime un esclave. C'est un esclave qui se casse... On le remplace par un autre, mais est-ce qu'on l'aime? Qu'en est-il de la tendresse?

Avec les échecs électroniques, on se trouve seul devant l'appareil et on est privé de tout le côté affectif de la rivalité humaine : « Tu m'as battu, je t'ai battu... Comme il est long à réfléchir... Qu'est-ce qu'il va faire? » J'ai joué avec mon père au jeu d'échecs des soirées entières, et il y avait une espèce d'élément de rivalité humaine.

Mon père, un beau jour, a dit : « J'aimerais bien jouer aux échecs; qui, ici, veut jouer avec moi? » Alors, nous avons commencé ensemble, avec un manuel tous les deux, mon père et moi. Au début, nous étions à peu près à égalité; et puis il allait voir des copains de l'X; il revenait et il me battait pendant deux ou trois jours; mais après, j'étais à égalité; et puis je le battais; il retournait à son groupe d'anciens Polytechniciens. Ces dépassement successifs ont été très amusants pour nous deux. Seulement, à force de se perfectionner avec des forts en maths qui avaient une très grande complication de raisonnement, il prenait beaucoup de temps, si bien que je lisais en même temps qu'il réfléchissait. Moi, je réfléchissais deux ou trois minutes. Et puis ça ne me compliquait pas du tout l'esprit de me dire : « Après tout, je n'ai peut-être pas vu tout ce qui pouvait se passer; mais je lis. » Lorsque ce n'était pas moi, ma mère était sa partenaire au jeu d'échecs, mais elle, c'était les cartes qu'elle préférait.

Ma mère, en attendant, s'endormait; ça ne l'amusait pas du tout de voir quelqu'un qui réfléchissait (moi non plus), c'est pourquoi je lisais. Mais mon père aimait être assisté dans sa réflexion. Et en effet, c'est assez amusant, un certain temps, de voir que l'autre réfléchit, parce qu'on réfléchit à sa place : comme si on était de son côté; on a joué et on se dit : « Tiens, qu'est-ce qu'il pourrait faire? » On croit saisir, tout à fait intuitivement d'ailleurs, les processus idéatoires de son partenaire. Ce conjoint imaginaire, c'est peut-être un conjoint œdipien comme l'était mon père, c'est peut-être un conjoint copain. Ça ne pouvait amuser ma mère parce que, justement, c'était son conjoint génital. Elle s'en allait jouer au bridge avec mes frères, me laissant la place en face de mon père. Je dis que si j'avais eu tout de suite un interlocuteur parfait – avec les jeux électroniques c'est théoriquement l'appareil – au lieu de progresser au contact d'un autre qui lui-même est relativement limité au départ, et qui se perfectionne de plus en plus, je serais passée à côté du vrai plaisir de jouer. Les échecs en tant que seul jeu combinatoire, mais sans la relation avec l'affectivité et l'esprit de quelqu'un avec qui l'on aime échanger, sont assez stériles. Il n'y a pas le plaisir de se dire après la partie : « Oh! mais je t'ai battu. » – « Oui, mais tu verras, quand j'aurai pris ma leçon avec Untel, c'est moi qui te battrai. » Voilà, mon père et moi, nous nous amusions de ça. Et quand il revenait, il avait fait des progrès en une soirée. Et puis moi, je faisais des progrès au contact des progrès qu'il avait faits. Ce plaisir aux échecs, aucune machine ne peut me le donner.

Avec l'arrivée en force des jeux électroniques, dès la petite enfance, on s'habitue à être seul avec un appareil, un engin, sans échange avec des camarades.

Une expérience limite.
Des enfants dont les pères travaillent dans la bimbe-loterie et qui ont gratuitement pour leurs fils tous les prototypes de jouets nouveaux, jeux tout faits, engins télécommandés, modèles miniatures; des enfants dont les pères voyagent beaucoup et qui rapportent à la maison un jouet d'un pays du monde. Ces enfants, et leurs petits voisins invités, ont l'embarras du choix dans un bric-à-brac de jouets à domicile. Ils se servent librement. Que voit-on? Leurs relations ludiques sont pauvres et les parties finissent mal.

Les échanges ne s'établissent pas, ni entre partenaires ni entre soi et le jouet choisi. Il faut alors faire quelque chose : se disputer ou casser. C'est au moins un acte personnel.

Une image désuète.
Le père qui s'amuse avec le train électrique du Père Noël que le destinataire est encore trop petit pour assembler et faire fonctionner seul. Aujourd'hui la mode n'est plus d'acheter un jouet pour faire plaisir aux parents. « N'intervenez pas, c'est l'enfant qui doit choisir. » Déjà, dans quelques magasins pilotes, les chouchous du Père Noël commandent leurs jouets à l'ordinateur. On dira que c'est bon pour l'enfant parce qu'il a le sentiment que c'est lui qui les choisit. En fait,

il y a le conditionnement publicitaire qui le fait choisir justement ce que l'on veut qu'il choisisse; ou, dans le programme de l'ordinateur, il n'y a peut-être pas suffisamment de choix; il ne peut commander que ce qui est au programme. Evidemment, ce n'est pas le programme des parents... Mais il y a le conditionnement publicitaire.

Au bout du compte, n'est-il pas perdant? Est-ce que, dans la petite enfance, il était vraiment entièrement frustrant pour l'enfant que le père ou la mère aiment ses jouets? Et jouent aussi, participent, en disant : « Regarde cet animal, comme il est drôle... » ou regardent les livres. Avant, la mère lisait les livres, disait de regarder les images; l'enfant lui posait des questions... Maintenant, il y a les livres-disques que le petit met tout seul. Alors, c'est bon dans la mesure où l'enfant doit se servir lui-même; on ne vient pas jouer à sa place; on lui fiche la paix. Seulement, il y a beaucoup moins de contacts.

En contrepartie, on voit apparaître une nouvelle vague de jeux de société, pour jouer à six, sept, huit, dix. Ce sont des jeux de stratégie, stratégie militaire ou stratégie économique. Toujours avec cette préoccupation de développer seulement l'intelligence, le quotient intellectuel.

En fait, je pense que ces jeux devraient être joués à l'école. Et le français, finalement, devrait être le seul enseignement par maître d'école.

On a introduit dans les lycées des jeux de stratégie; il y a eu des expériences, à Versailles : des jeunes de terminale ont été sollicités de participer à des simulations de situations réelles auxquelles sont confrontées les entreprises : reconversion, rachat par un groupe étranger, l'O.P.A., la concurrence, l'exportation. Mais ce jeu de stratégie leur était proposé à un âge où ils sont déjà des adultes. Ne devrait-on pas le faire chez les plus petits?

Ce qui manque dans tous ces jeux, c'est le vocabulaire d'échange entre deux personnes, entre deux sujets. Ce sont des instruments. Les gens deviennent inconsciemment intelligents, mais n'ont plus le vocabulaire pour se parler.

Dans les jouets du XIXᵉ siècle et du début du XXᵉ (les poupées, les déguisements), on retrouve une projection de toutes les idées reçues sur les modèles qu'il faut donner aux enfants (la petite fille qui pleure parce qu'on lui a cassé sa poupée, le petit garçon qui peut s'habiller en petit soldat, etc.). Correspond-elle à des archétypes incontestables, ou imposait-elle à l'enfant des modèles tout à fait idiots? On s'interroge toujours sur cette expérience qui a été faite par les Suédois : on mettait d'un côté un groupe de petits garçons, et un groupe de petites filles de l'autre; on leur donnait un certain nombre d'éléments, et les petites filles avaient une tendance très nette à construire des villes; et les garçons, à détruire ces villes.

Cela est tout à fait patent. Il y a bien longtemps que je n'ai pas été sur une plage... Mais, quand nous étions enfants, nous allions toujours sur une plage où il y avait du sable fin. C'était très étonnant de voir ces jeux ardents que jouaient les filles et les garçons : les filles installaient des bateaux et, avec de l'imagination, on y vivait, comme s'il s'agissait de transatlantiques. Les garçons, eux, faisaient des châteaux, et les filles les y aidaient. Comme on ne construit qu'avec du sable mouillé de la marée précédente, à la marée montante, les garçons démolissaient ce qu'ils avaient fait, avant que n'arrive la marée, tandis que les filles regardaient la mer monter et démolir ce qu'elles avaient fait. Mais jamais elles n'auraient aidé les garçons à démolir. Après avoir été bâtisseurs pendant quelques heures, c'était vraiment la partie la plus excitante du jeu pour les garçons de tout démolir; les filles, elles, les regar-

daient en disant : « Mais comme c'est dommage! »
On aurait pu voir peu à peu la mer saper le château,
mais eux, pas du tout, ils ne voulaient pas attendre et
ils jouaient les démolisseurs. Il n'empêche que, pendant qu'ils bâtissent, les garçons sont révoltés si quelqu'un met le pied par maladresse sur leur tour ou leur route d'accès.

Entre garçons, il y en a qui sont conservateurs, qui n'aiment pas détruire ce qu'ils ont fait, mais ils aiment mieux détruire eux-mêmes activement que de laisser faire la mer. Cela arrive qu'une fille détruise l'œuvre de sa voisine mais jamais la sienne. L'agressivité est relationnelle. Mais sur cette plage de mon enfance, on voyait ainsi se répéter les comportements au moment de la démolition que la vie cosmique allait produire. Parmi les filles, il n'y en avait aucune qui jouait à démolir, tandis que pour les garçons, c'était un jeu de démolir : puisque la mer va arriver pour démolir, on joue à démolir soi-même. Et les filles, non, ça ne les amusait pas du tout.

Quand j'étais enfant, ça m'avait frappée. Je me rappelle : on fignolait la cuisine, le salon, en sachant que la mer allait arriver; on fignolait jusqu'au dernier moment; et puis, pouf... une vague emmenait la maison et on regardait la catastrophe naturelle. Tandis que les garçons, voyant que la mer montait, démolissaient leur château... et la mer n'envahissait que des ruines. C'est très curieux.

A travers les annales de la guerre et de la paix, qu'observe-t-on? Ce sont les hommes qui font la guerre de Troie, et non pas les femmes. Regardons en Irlande : des femmes de camps et d'idéologies complètement adverses se sont réunies pour qu'il n'y ait plus de guerre... Les hommes ne l'ont jamais fait. Les femmes peuvent allumer la guerre par vengeance, mais elles ne le font pas par plaisir, alors qu'il y a un ludisme de destruction chez l'homme.

Le jouet électronique est encore le luxe. C'est dans ce sens-là que je regrette qu'il ne soit pas plus introduit dans les écoles. Je me souviens des jeux d'encyclopédie par l'image. Il y avait une série de plots, avec des planches d'images perforées qu'on posait sur les plots. C'était un test de connaissances. Pour savoir si on avait la bonne réponse, il fallait connecter deux plots pour qu'une sonnerie se déclenche.

Au début, j'en avais envie parce que je me disais « On va apprendre beaucoup »; j'étais très contente... Et puis, après trois ou quatre parties, comme je savais que ça tintait toujours quand on faisait coïncider les mêmes plots couplés, je trouvais ça insipide et ennuyeux. Le circuit étant toujours le même, je savais très bien qu'à tel petit plot c'était tel autre petit plot qui répondait; si bien qu'on n'avait plus besoin, la quatrième fois, de mettre la planche sur l'appareil : on avait en tête les réponses; on avait intégré le circuit. Je crois que les machines à enseigner actuelles sont comme des jeux « Electra » perfectionnés.

Les ordinateurs sont là, avec les banques de données pour nous fournir le contenu des dictionnaires encyclopédiques : l'âge d'Edison quand il a découvert le phonographe; ou le nombre d'habitants de telle ville. Maintenant, je crois qu'on est davantage préoccupé d'apprendre à apprendre, de connaître des méthodes de travail, et de mettre en main des outils qui permettraient de se recycler quatre fois dans sa vie à partir d'un tronc commun acquis au départ. Le moment est venu d'introduire la télématique dans l'école publique – toutes ces machines à programmes, machines à logiques. Et, pour l'instant, on est encore au gadget, notamment pour les jouets, puisque ce sont les jouets qui sont l'objet de tout un conditionnement commercial. Il me paraît souhaitable que le grand projet de mettre des ordinateurs à disposition dans les écoles aboutisse. Je pense que cette expérience marquera la fin de l'enseignement reposant uniquement sur ce qui est ânonné, ce qui est appris par cœur, ce qui est finalement une accumulation de connaissances que l'on enregistre en vrac et sans mode d'emploi. Jusqu'à ces dernières années, même après des études supérieures, les jeunes étaient lancés dans la vie active sans avoir jamais appris à travailler; sans avoir jamais appris à apprendre.

CHAPITRE VII

UNE ANGOISSE ARCHAÏQUE...

L'ENFANCE SYMBOLIQUE DE L'HUMANITÉ

Dans la séquence finale de La Guerre du feu, *on voit un couple, à l'aube de l'humanité, sortir du bestiaire d'amour et de l'accouplement animal pour inventer la sexualité de face, les yeux dans les yeux.*

Ces deux êtres qui en étaient restés à la castration première font, dans le coït, la découverte de ce que représente symboliquement la face dont chacun est privé. C'est une révélation de voir le visage du partenaire aimé au lieu de satisfaire les instincts par le bas du corps sur un mammifère humain. L'excitation-besoin-tension le cède au désir de rencontre. Et c'est à partir de là que le langage s'associe au cosmos et à la « reconnaissance », connaissance ensemble retrouvée dans l'union des corps de la valeur respectée par les autres, celle de l'amour, harmonique subtile du désir humain. On voit que c'est un nouvel acquis d'une tout autre qualité que celui qui permet de ne pas avoir faim et froid grâce au feu qui tient les animaux à distance et que l'on sait rallumer quand il s'éteint.

On peut penser qu'à ce stade ou cet âge de l'humanité, les fantasmes commencent parce que de l'autre désiré, même absent, l'image reste en mémoire, et, dès ce moment-là, le langage symbolique va se développant.

Je trouve que le film *La Guerre du feu* va très très loin, et mériterait presque des colloques, alors que certains critiques disent que ce film est débile. Moi, je crois que ce sont ceux qui le disent qui sont débiles. Ils ont tellement peur de ce qu'il y a en eux; la peur des personnages du film est leur propre peur.

La Guerre du feu nous met à nu. Même actuellement, bien que nous ne soyons plus dans ces prégnances de danger (par exemple, le risque de mourir, de ne pas satisfaire le besoin de nourriture), nous sommes encore habités par une angoisse archaïque qui fait que tout être humain peut être notre ennemi sans merci. Il n'est que de lire les faits divers des journaux. N'ayant plus de raison d'être aussi dangereux les uns pour les autres, nous continuons d'avoir en nous cette agressivité dangereuse dans les pulsions refoulées. D'où l'impératif des sublimations de ces pulsions dans la culture, sinon nous reviendrions au meurtre fratricide. C'est ce qui se passe dans les pays totalitaires, et dans les goulags. Avec les nazis, on a vu la destruction d'une « espèce » par l'autre. Les « espèces » étant les juifs et les soi-disant aryens. Le spectre rôde quand il ne sommeille pas en chacun de nous. Et il suffit que ce soit justifié pour que l'on passe à l'acte de la destruction de l'autre, pour s'en nourrir; l'eucharistie est sublimation. Elle a enseigné en effet qu'à travers la destruction de la vie, le savant génocide du blé, symbole de la matérialité des créatures vivantes, et dans l'amour du travail de chacun adonné jour après jour à l'agriculture et à la boulange, c'est là que réside le Fils de Dieu, que nous mangeons – nourriture toujours sacrificielle obtenue aux dépens de la mort donnée de notre vie qui s'en soutient. Et que ce sont seulement les paroles d'amour fraternel gardées qui donnent sens de vie spirituelle à ce carnage ininterrompu nécessaire sur notre planète à la survie des espèces.

La Guerre du feu, c'est l'enfance symbolique de l'humanité. Tous les enfants commencent par agresser; tous. Ceux qui persistent adultes sont des individus qui n'ont pas eu la possibilité de sublimer dans des activités créatrices et licites ces pulsions agressives. Si on revit avec eux leur histoire, on doit comprendre ce qui s'est passé dans leur jeunesse. Très souvent, ces adultes agressifs ont été des « enfants gâtés ». L'analyse révèle que la mère a violé les désirs de l'enfant en le satisfaisant au-delà des besoins par peur qu'il ne meure de privation ou qu'il cherche à en jouir avec d'autres, sans elle. Cette angoisse vient de ce que sa libido s'est engouffrée dans cet objet sorti d'elle, au lieu de rester en relation avec ceux de sa classe d'âge, pour elle, des adultes de son sexe et de l'autre sexe. Cet enfant est devenu le fétiche d'elle-même; elle se masturbe le nombril, si j'ose dire, représenté par l'enfant.

L'onanisme joue un rôle capital dans les relations entre mère-enfant, père-enfant, comme, du reste, entre homme et femme; il y a énormément d'onanisme déguisé en soi-disant faire l'amour; la fornication, dans le sens de la détente d'une excitation localisée dans une partie du corps, c'est de l'onanisme à deux. Cette détente, qui peut ne pas se faire par la main du sujet, se fait par un objet qui est intermédiaire entre lui et la mère; par exemple, nous voyons des petits débiles rendus débiles par des situations gravissimes familiales, et qui ne peuvent se masturber qu'avec un coussin, jamais avec leurs mains; d'ailleurs, leurs mains ne font rien... parce que la masturbation commence par toucher la bouche, mettre tout à la bouche, puis mettre les mains dans la bouche de l'autre, à l'anus, aux fesses, etc., et progressivement sur des objets de transition du plaisir avec son propre corps, ses zones érogènes, ces objets partiels, pour le plaisir à découvrir avec un autre. Alors cet autre, c'est une partie de soi. A la limite, mon interlocuteur est une partie de moi, pendant que je lui parle... au minimum, je lui prête mes oreilles; et quand je me tais et qu'il me parle, il me prête ses oreilles.

Lorsque la mère, par angoisse, a contrarié en le comblant la recherche personnelle des plaisirs de l'enfant en quête de satisfactions « bradées » par son inventivité autour de besoins, c'est le déclenchement du processus d'agressivité. L'enfant a besoin de sécurité. A tort, la mère croit qu'elle la lui donne en lui donnant tout ce qu'il a l'air de vouloir. Cette sécurité, il ne peut en fait la tenir que de quelqu'un qui suscite en lui un progrès quotidien, qui lui parle de ses désirs, et qui lui parle de ce qui l'intéresse : « Tu regardes la lumière; on l'éteint; tu vois, la lumière est éteinte; la lumière est allumée; c'est le petit bouton que je manie ici... » Et, à un bébé, on peut lui faire manier le bouton en lui disant : « Tu éteins, tu rallumes », il sait alors qu'il est maître d'une perception. Il ne sait pas très bien comment, mais sa mère le lui a enseigné, par les mots, et quand il entendra allumer la lumière et qu'il verra que la lumière s'allume, ou s'éteint, il saura qu'il y a eu une médiation humaine pour le faire; au lieu de croire à la magie, ou à la toute-puissance maternelle.

L'agressivité de certains individus de notre ethnie s'éclaire dès lors que l'on sait qu'aucune verbalisation venant de la mère ou du père ne les a initiés au fait que c'est le désir qui est à l'origine de leur existence. Presque toujours, tous les enfants sont instruits d'un fonctionnement des corps à l'origine de leur existence, et non pas d'une option désirante entre deux êtres, ce désir qui crée la vie et l'énigme de son propre être.

Même s'il n'a pas été « programmé », voulu par ses géniteurs, tout être, du fait qu'il naît, c'est qu'il a désiré naître. Et on se doit de l'accueillir ainsi : « Tu es toujours né d'un désir inconscient... et, d'autant plus que tu n'as pas été consciemment souhaité, désiré par tes parents, et que te voilà vivant d'autant plus que tu es sujet de désir. Tu es d'autant plus sujet de ton être de désir que tu n'étais pas objet de leur attente au cours de leur étreinte, que la conception a été une surprise pour tes parents, mais qu'ils t'ont permis d'aller jusqu'au bout. » C'est l'enfant-désir : lui a désiré naître, alors que ses parents ne savaient pas qu'il désirait enfanter, il est désir toujours, amour souvent, « charnalisé ». Chaque être humain est ainsi verbe incarné (exactement ce que l'on dit de Jésus-Christ). En effet chaque être humain mérite cette même définition au moment de sa conception.

S'il n'a pas été programmé, il y a moins de chance que la mère se l'approprie et s'identifie à lui. En tout cas, il a eu au moins trois semaines sinon un mois à deux mois (avant qu'elle n'ait ses prochaines règles) à n'être vivant connu que de lui, signifiant du désir inconscient de ses deux géniteurs. Les enfants qui ont été désirés et conçus, après longue attente de leurs parents, n'ont pas cette puissance vitale de vie secrète à l'insu de tous puisqu'ils satisfont le désir de leurs parents. C'est l'enfant surprise, inattendu, qui est le prototype de l'être humain le plus riche de sa seule dynamique vitale, sans auxiliaire en alerte au départ de son existence.

BAPTÊME À LA CHINOISE

A Longbow une figure de tigre en guise de patron est dévolue à chaque enfant, lorsqu'on célèbre le premier mois de sa vie. En plus, pour tenir éloignés les démons qui menacent l'enfant, des parents prudents ont donné des noms répugnants à leurs enfants, tels que « fille de fumier », « vilain enfant » ou tout simplement « saleté ». L'esprit des temps nouveaux a fait éclore des noms non moins bizarres : c'est ainsi que « Sers le Peuple », « Défends l'Orient » et « Petite Armée » se côtoient aujourd'hui dans la salle de classe.

Il m'arrive de penser que la faute originelle serait, pour les humains, d'avoir mangé leurs bébés; faute de bêtes à manger, tenaillés par la faim, les parents en seraient venus à avoir l'idée de manger leurs enfants... et les enfants d'aujourd'hui peuvent se ressentir comme pouvant manger leur mère, et être mangés eux-mêmes.

C'est en nous aussi. Et ce serait l'origine de cette fonction symbolique qui se révèle dans le langage familier : « il est exquis, je ne peux pas le becqueter », etc., ainsi que dans les troubles psychosomatiques.

Le mythe nous le dit. Pour les Grecs, c'était la tragédie du destin de l'Homme, la fatalité, la cause du malheur de la société.

Découvrir ainsi les soubassements de toute notre dynamique psychologique et créatrice a marqué un progrès considérable. Nous sommes dans une époque passionnante.

Si vraiment les êtres humains étaient capables du respect total du plus petit parmi eux – ce qui est contenu dans le message de ce fou qu'a été le Christ –, si on arrivait à reconnaître autant de valeur dans ce que fait un tout-petit que dans ce que fait un adulte, et qui est déjà construit avec logique, je crois que ce serait une révolution considérable. Celui qui communique avec ce qui a le plus de valeur au monde, c'est l'enfant, mais parce qu'il est petit matériellement, faible physiquement, nous lui imposons la puissance que les forts imposent aux faibles. Le message révolutionnaire du XXᵉ siècle consiste à dire : c'est le plus malade qui n'est pas agressif, le plus petit qui n'est pas nuisible, qui est comme il est... c'est celui-là qui est le plus beau.

Il faut inviter à regarder ce petit, ce futur, ce devenant non pas sous l'angle de la fragilité et de la faiblesse, mais sous l'angle de ce qu'il a de neuf, de créateur, de dynamique et de révélateur de lui-même et des autres à son contact aussi; des autres qui sont en cours de croissance ou de décroissance, en état de santé ou de maladie dévitalisante. Le nouveau-né y est confronté. Dans le *Manuel à l'usage des enfants qui ont des parents difficiles*[1], il y a cette phrase : « Les enfants sont bien les seuls à pouvoir quelque chose pour les parents, parce que, eux, ont l'avantage de ne pas encore avoir été adultes. » Précisément, l'enfant n'a pas encore été déformé par la vie des adultes. On doit s'intéresser à lui, pas seulement parce qu'il a le droit de vivre, le droit d'être lui-même (c'est vrai, bien sûr, mais ce n'est pas ce qui est le plus mobilisateur pour la collectivité des adultes), mais parce qu'il apporte beaucoup plus qu'on ne pense, parce qu'il est l'amour, la présence parmi nous de l'amour.

L'enfant est le talon d'Achille de l'adulte : le plus fort apparemment soit-il a peur d'être désarmé devant cet être de vérité.

PEUR DE MOURIR, PEUR DE VIVRE

Si on observe les différents types de communautés, les rites d'apprentissage ou les modes éducatifs, on a l'impression que certains types de sociétés (exemples de Sumer, l'Egypte pharaonique, l'empire Inca, les Aztèques) jouent un rôle d'équilibrage par rapport à l'action névrotique des parents. Et pourtant le conservatisme, l'immobilisme des sociétés archaïques très hiérarchisées, révèlent que l'Etat-père, le clan, est plus « carcéral » encore que la maison familiale. Pour des raisons économiques ou par peur de l'aventure, de l'inconnu, toute société se méfie de la liberté des jeunes, de leur impatience. Au fond, la société veut-elle que la condition de l'enfant s'améliore profondément? On lui reconnaît des droits. On lutte contre la malnutrition, on condamne – tièdement – les mauvais traite-

1. Jeanne Van den Brouck, éditions Jean-Pierre Delarge.

ments, mais c'est la partie visible de l'iceberg. Mais tous les autres enfants qui ont à peu près ce qu'il faut matériellement et organiquement, qu'ont-ils pour se développer en tant que personnes? Finalement, en dépit de tous les discours, et tous les grands laboratoires s'en occupent, on ne peut pas dire qu'il y ait un progrès linéaire dont chaque enfant profite. De là l'hypothèse qu'il y a une sorte de refus collectif inconscient : la société a peur du génie propre de l'enfant.

Pas au sens de génie artistique, mais de génie sexuel au sens libidinal de désir. Les enfants expriment plus la liberté que l'adulte. Ils empêchent ou retardent la sclérose des civilisations. La génération montante est une force qui empêche les adultes de se sentir en sécurité (fausse) en répétant toujours leurs mêmes modes de relation entre eux. Le mal-être particulier de notre époque, c'est que l'évolution technique est allée tellement vite que l'évolution de la relation entre les humains est devenue comme secondaire par rapport aux efforts techniques que les adultes doivent faire... Si bien qu'ils ne peuvent plus encadrer leurs enfants. Ceux-ci vivent alors en vrac, ce qui leur donne une très forte puissance qui n'est pas humanisée. Actuellement, nous connaissons et observons tellement d'enfants qui ne sont pas humanisés par rapport à leurs pulsions, c'est-à-dire qu'ils n'ont pas d'éthique pour devenir eux-mêmes des créateurs, des êtres humains qui ont le droit de penser, d'aimer, de se diriger, d'avoir des initiatives... La phase de latence est mal préparée pour les sublimations valables et profitables au groupe, à la communauté et à eux-mêmes, parce que procurant du plaisir et de la joie à l'enfant qui éventuellement rejaillit sur sa famille, mais qui, s'exprimant dans sa classe d'âge, l'y fait apprécier et lui donne la joie et le plaisir d'un rayonnement dans la société de son temps.

Le plus grand drame de la condition humaine est qu'au moment de plus vive créativité, de plus forte voyance, nous soyons placés sous la dépendance de l'adulte. L'immaturité physique accompagne para-doxalement une extraordinaire précocité de génie naturel et de sensibilité.

Le dernier point d'ossification, qui est dans les clavicules, se fait à 21 ans; c'est à ce moment-là que l'individu de l'espèce humaine est enfin adulte, dans sa totalité somatique et psychique. Alors qu'il est déjà sexué, qu'il est capable de procréer avant 21 ans, il n'est pas encore totalement adulte au point de vue strictement organique. Et à partir de 21 ans, il y a une période étale, jusque vers 30 ou 35 ans. Ensuite, il décline au point de vue organique et il entre peu à peu dans la vieillesse, tout en entretenant sa vie, en ayant une vie de pleine maturité soi-disant dans la société, mais son organisme est déjà en train de s'user, et d'aller sur la pente pour la mort. Au demeurant, l'être humain est le seul être créé – créature animale, puisque c'est aussi un animal mammifère – qui mette si longtemps à pouvoir devenir autonome, qui a besoin si longtemps d'une protection particulière. Il mourrait s'il n'avait pas la tutelle de ses parents. Alors qu'un petit animal peut trouver sa vie, puisqu'il trotte, il marche peu après sa naissance. Evidemment, il lui faut un certain temps de tétée, mais il se développe et défend son organisme; son instinct de conservation, il l'assume tout seul, dès qu'il est sur ses pattes. L'être humain, à la naissance, marche... si on le soutient sur le lit; mais c'est perdu au bout de quelques jours. Mais il marche parce qu'il était contenu dans un organisme qui marchait : celui de sa mère. Et il est comme sa mère, il en a déjà toutes les fonctions mais ne peut encore les mobiliser seul.

LES SOINS MATERNELS
À L'ORIGINE DE LA VERTICALITÉ
DU BIPÈDE

Si l'on inclut les insectes, 99 pour cent des animaux n'accordent aucun soin à leur progéniture. La nouvelle sociobiologie est venue renforcer l'hypothèse des évolutionnistes selon laquelle l'objectif de l'individu de chaque espèce vivante est d'assurer la continuité de son capital génétique. Or, il y a deux stratégies pour y parvenir : 1) produire une très grande quantité d'œufs fécondés sans investir sur aucun d'entre eux; 2) à l'inverse, en produire très peu mais investir beaucoup en chacun d'eux. L'homme et l'huître incarnent les deux attitudes les plus extrêmes en matière d'élevage des petits : le premier est prodigue en soins pour protéger une descendance fragile, menacée et coûteuse et il fonde tout sur la tête d'un ou deux enfants, tandis que le mollusque pond juqu'à 500 millions d'œufs par an et cette abondance compense toute absence de soins. Mais la stratégie du maternage a ses revers : la perte d'un jeune de l'espèce due à l'action des prédateurs ou des fléaux naturels est catastrophique si les naissances sont espacées et que les parents ont dépensé beaucoup d'énergie à les élever. Le taux de la mortalité infantile doit être modéré dans la mesure où le temps d'investissement parental est considérable. La parade à ce danger d'extinction de l'espèce qui materne le plus consiste à développer la capacité d'apprentissage du nouveau-né, pour accroître son aptitude à s'adapter à un milieu hostile et partant, ses chances de survie. D'après certains éthologues, comme le Pr Lovejoy, de l'Ohio (Etats-Unis), la locomotion bipède aurait été l'une des réponses à ce problème de maternage chez les premiers hominidés. La femelle pouvant à moindre risque porter son enfant, à la différence des singes qui vont de branche en branche dans la forêt, leur petit accroché sur leur dos, et s'occuper plus aisément de deux ou trois petits à la fois. Le choix du maternage aurait été déterminant dans le passage de l'hominidé quadrupède à l'hominien bipède. D'autres spécialistes du comportement animal objectent que l'évolution des grands mammifères ne laisse pas de présenter des formes de maternage assez développé chez des quadrupèdes (comme l'éléphant). Même si, chez les hominiens, le fait de se mettre debout n'a pas eu pour finalité de faciliter la tâche de la mère, on peut admettre que la charge du maternage stimule chez l'être vivant le comportement intelligent et que le développement cérébral ainsi induit a pu favoriser la spécialisation du membre antérieur dans les fonctions de préhension et de manipulation, ce qui aurait affiné et individualisé les soins réservés aux nouveau-nés.

A partir du moment où il répond à ce besoin de tutelle du nouveau-né, l'adulte ne peut pas s'empêcher de blesser, de handicaper ce petit être, de créer des dommages qui réduisent son formidable potentiel. En même temps qu'il exerce une pression pathogène, il a cette responsabilité décisive d'introduire l'enfant au langage. C'est là que la rupture s'établit, la crise se noue, car le langage, en 1984, n'est pas le même langage qu'en 1784. Il n'est que d'écouter parler les Canadiens qui ont émigré avec le langage de leurs parents français des XVIIᵉ et XVIIIᵉ siècles, et qui ont évolué autrement, dans un monde social plus réduit que le lieu d'où ils émanaient et où, du fait de la Révolution française, non seulement le langage grammatical, mais aussi la manière de vivre les uns avec les autres, ont changé. Ce qu'il y a de tout à fait révolutionnaire sur la planète actuellement, c'est que la communication entre les humains fait qu'ils reçoivent de partout des éléments de leurs fonctions symboliques qui ne sont pas reliés seulement à leurs êtres élus ni à ceux de leur petit groupe. C'est en cela que nous traversons, socialement et ethnologiquement, une révolution extraordinaire et que nous comprenons que, quelle que soit son individuation, l'éducation marque profondément un être humain, par le langage, non seulement verbal, mais gestuel. Il prend l'exemple qui lui est donné par le groupe comme modèle de ce qu'il a à advenir.

Comment, en 1984, le tuteur peut-il être plus respectueux que ne l'étaient ses ascendants du désir de l'enfant?

Pour être plus respectueux, il ne faut pas qu'il ait besoin de cet enfant pour s'affirmer; il faut déjà qu'il soit totalement dans la vie de désir avec les adultes de sa classe d'âge et qu'il soutienne ce petit qu'il à en tutelle à advenir à lui-même, parmi ceux de sa classe d'âge à lui, sans être gêné par des différences. Il doit de plus en plus faire un pari sur l'inconnu; faire crédit à une évolution de plus en plus imprévisible. Il n'y a plus de référence, de terme de comparaison. A 35 ans, on est un vieux pour un jeune de 15 ans. Et les réflexes d'anciens combattants sont de plus en plus incongrus. « Ah! moi, à ton âge... » Pourquoi le comparer à cet ancien quand il avait son âge? Actuellement, nous sommes dans une situation insaisissable puisque nous ne savons pas du tout pour quelle société un enfant se développe, étant donné la rapidité du changement social qu'accélère cette communication planétaire.

Il est possible que les sociétés, quelles qu'elles soient, sécrètent des anticorps qui s'opposent inconsciemment à toute amélioration profonde de la condition de l'enfant.

Le groupe social dominant résiste au changement de peur d'être démis, relégué, mis au rebut, mais la société entière sait que pour ne pas mourir, il ne faut pas stagner : la vie ne connaît pas la stagnation.

Je pense que l'être humain est appelé à autre chose

qu'à ne dépendre que d'un seul groupe social, selon la structure actuelle de notre société. Nous arriverons sûrement à ce que l'humanité planétaire soit en inter-communication constante.

Quand on regarde tous les exemples de civilisations depuis 4 000 ans, on a vraiment l'impression que, quelle que soit l'évolution du discours sur l'enfant – depuis 150 ans, la science au service de l'enfant, la protection juridique des mineurs, la prise de conscience planétaire : « tous les enfants du monde » –, l'antago-nisme entre vétérans et jeunes, le mûr et l'immature, le passé-présent et le proche avenir, reste aussi tenace que la querelle des anciens et des modernes, comme si aucune société ne parvenait à concilier des intérêts totalement contradictoires.

La résistance à ce qu'on peut appeler la révolution freudienne me fait penser à celle qui s'est développée devant la révolution galiléenne, ou copernicienne, qui a forcé l'humanité à intégrer tout à coup que la planète n'était qu'un élément de l'espace pris dans un ensemble sidéral, alors que jusque-là, elle devait être le centre du monde. Désormais, on savait qu'elle n'est qu'un tout petit point dans l'espace incommensurable pour le commun des mortels. Or, nous avons accepté ce qui paraissait une humiliation et une contradiction totale avec la pensée des humains les plus évolués de l'époque.

La révolution psychanalytique, c'est la même chose pour la compréhension de l'individuation et de l'iden-tité de chacun. Les humains, après une très vive résistance, seront finalement capables aussi d'assumer ce changement radical d'échelle « mentale » et de rendre à chaque être humain sa responsabilité, à égalité avec celle de tous les autres, de soutenir ce mystère qu'est un être humain, qui est un être de verbe qui s'est incarné, mais que cet organisme émetteur et récepteur de langage est un être punctiforme par rapport au verbe que toute l'humanité ensemble exprime, qui fait être chacun, avec sa fonction signifiante en relation créatrice et dynamique dans le monde et qui, pour moi, est Dieu en et à travers chacun. Il n'y a pas d'autre mot pour le dire, bien que ce mot de « d'yeux » comme on peut l'entendre aussi (nos yeux qui perçoivent la lumière), c'est encore une métaphore de tout à fait autre chose... S'il y a intérêts contradictoires entre la survie de l'espèce ou de la société en général et le développement de l'individu, il ne me semble pas que ce soit pour des raisons économiques, parce que, maintenant, on établit facilement le coût énorme de la multiplication des erreurs, de la non-prévention, de l'incapacité de production des individus qui ont été malmenés, qui ont été détruits, qui n'ont pas pu se construire eux-mêmes. Aujourd'hui, la société ne peut plus ignorer que c'est son intérêt économique de modifier ses attitudes, de s'organiser autrement pour faire une plus grande part au développement de l'enfant et aux moyens d'y parvenir. Or, même si on fait ce bilan-là, ça ne modifie absolument pas la politique du groupe à l'égard des enfants. La raison n'en semble donc pas d'ordre économique. Tous ceux qui sont responsables d'enfants se heurtent à des refus d'aide publique. Mais le manque de crédits est souvent un faux argument, alors qu'en fin de compte, ce sont les mentalités que l'on ne peut ou ne veut pas changer. Les adultes résistent. Ils ont peur, peur de la vie qui est imprévisible. Ils pensent que tout doit être « programmé ».

Justement, je crois que cet immobilisme vient de ce que l'humanité enfantine apporte la certitude de la mort pour les adultes, encore que ceux-ci peuvent refuser la mort en faisant confiance et en s'identifiant à cette vie qui monte. Au lieu de tout miser sur cette pépinière qui assure leur survie sur terre, ils l'empêchent de croître, sous prétexte que si on veut continuer à vivre comme nous vivons, on ne peut pas laisser les plus jeunes libres d'imaginer, libres de leurs initiatives.

182

Etrange perversion, les hommes d'une même génération – et qui ont des parcelles de pouvoir – raisonnent
comme si l'espèce humaine n'était qu'une espèce
animale et que leur rôle consiste uniquement à reproduire le même capital génétique, sans changer le
programme. En fait, ce sont des générations et des
générations qui se privent d'avenir. Tout se passe
comme si elles ne voulaient pas de futur. Les hommes
sont meurtriers, ils ne sont pas suicidaires, mais ils
veulent survivre au prix du meurtre de ceux qui
désirent venir sur terre... Qu'est-ce que c'est qu'un
pays qui ne favorise pas davantage l'esprit d'invention,
la créativité, la joie de vivre, le renouvellement, le
développement des êtres jeunes? C'est un pays qui
dépérit. On a beau le répéter, tout le monde en
convient... les responsables ne changent pas d'attitude!

Notre société actuelle veut vivre sur des acquis
matériels, comme si la jeune génération n'aurait pas,
elle, l'inventivité de concevoir une manière de vivre
autrement. Chacun est gouverné par la peur de sa
propre mort et veut défendre sa survie, comme des
animaux se défendraient et non pas comme des
humains êtres de désir et de communication devraient
miser sur l'inventivité constante de l'esprit humain à
trouver de quoi vivre autrement. Ce sont les jeunes qui
sont notre avenir; ce sont eux qui doivent avoir la
confiance du pays.

*Dans d'autres siècles, on construisait, on « œu-
vrait » pour la postérité. Le désir, toujours en activité,
de l'artiste créait, et cette création restait après lui,
témoignage pour d'autres. Maintenant, on voit des
hommes d'affaires qui construisent des fortunes qui,
justement, sont destinées à disparaître, englouties avec
eux. Des dictateurs annoncent : « Après moi le déluge » et font en sorte de léguer un champ de ruines.
Comme Hitler. Et même à l'échelle de la famille, il y a
des couples qui ne vivent que pour eux : rien ne doit*

rester du patrimoine, sous ce prétexte : « On ne peut vivre qu'au jour le jour, profitons-en, parce qu'on ne sait pas de quoi demain sera fait... »

Mais de quoi profitent-ils? Ils ne profitent pas de ce qui est essentiellement humain, qui est la communication avec les autres.

La seule chance, pour les nouveaux, de créer quelque chose, d'avoir une initiative, de changer un petit peu leur société, leur environnement, c'était que, autour d'eux, les gérontes, ceux qui avaient le pouvoir, les vétérans, laissaient des interstices, des créneaux... Alors que maintenant, tout le monde, ayant peur plus que jamais de l'avenir, se réfugie dans l'idée que tout est incontrôlable et qu'il est impossible d'influer sur le cours des choses. On a créé des appareils à prévoir – les ordinateurs – mais ils ne gouvernent rien du tout, puisque ce sont des émanations de l'esprit humain et qu'ils sont faits pour conserver du répétitif.

La génération montante n'est-elle pas encore plus privée d'avenir que les générations passées qui n'avaient à surmonter que l'obstacle des anciens qui ne voulaient pas céder la place, qui ne voulaient pas changer de doctrine, qui ne voulaient pas sortir de leur routine...? La grande peur du nucléaire, le catastrophisme planétaire sont de nouvelles armes de dissuasion pour les gens en place, l'alibi sans réplique pour se replier à l'abri des habitudes et geler une société déjà bloquée. La conjoncture n'est pas engageante pour les enfants de cette fin de siècle.

A moins d'une soudain mutation... Supposons que, tout d'un coup, les humains prennent conscience de leur obligation de communiquer avec les autres... Aussi bien leurs pensées que leurs biens matériels. Il est possible qu'il y ait une telle énergie potentielle retenue que les barrages sautent. Les freins de la société ne font que renforcer le désir de cette jeune génération qui va, finalement, apporter un renouveau d'amour en transformant une union contre en une communication pour, une interpénétration entre les uns et les autres.

Dans un monde de surplus, de pléthore de biens matériels mal répartis, le seul bien unique, c'est justement l'amour entre les êtres. Nous avons une manière tout à fait aliénée de vivre avec les biens matériels. Plus on en a, plus l'insécurité est grande : la peur de les perdre. Si on s'attache à des valeurs qui offrent moins de prise à l'événement, il est certain qu'à ce moment-là, la peur est plus maîtrisable.

Un être vivant est une individuation vivante; il a son identité qui est créatrice et communicante, où qu'il aille... s'il a une sécurité en lui. Mais la peur du futur, la peur de demain, ne peut que renforcer la colonisation des enfants et l'interdiction de vivre à ces enfants qui désirent naître.

La phrase la plus entendue ces dernières années, dite par des adolescents et des moins adolescents, c'est : « Nous n'avons pas demandé à naître. »

Ils n'ont peut-être pas « demandé », mais ils ont « désiré »... La demande et le désir, ce n'est pas pareil. Le désir est inconscient et la demande est consciente.

Ils l'ont désiré, sans ça ils ne seraient pas là. Ils assument le désir de survivre. En fait, c'est une plainte, un cri.

Quand la peur de la mort envahit tout, les enfants rencontrent une résistance du groupe social de plus en plus dure. C'est absurde et tragique, puisque nous ne savons que nous sommes vivants que parce que nous savons que nous mourrons. C'est la définition de la vie : cette créature vivante est vivante parce qu'elle mourra; elle naît, elle se développe et elle meurt. C'est donc par la mort que la vie est définie. Et nous avons peur de ce qui fait notre définition d'être vivant.

La peur de mourir, c'est finalement la peur de vivre.

Il peut y avoir un changement de mentalité dans les années qui viennent, parce qu'actuellement on arrive à une sorte d'immobilisme qui est terriblement stérilisant. Les gens s'empêchent de vivre et ils empêchent les nouveaux de naître. On ne peut plus circuler librement dans le monde. Il y a une volonté collective de tout figer. Le pouvoir lui-même ne peut se conserver qu'en mystifiant les gens et en les intoxiquant avec des mots... avec un abus de langage. Ainsi on dit : « Tout le monde a le droit à la santé... » mais ça ne veut rien dire, puisque la santé est le résultat d'une manière d'être au monde. On pourrait dire : « Chaque citoyen a droit aux soins »... mais pas « à la santé », ça ne veut rien dire.

Je pense que les gens ont aussi droit à la maladie... Ils ont le droit d'être malades. La maladie est une expression. Quand ça ne peut pas se dire avec des mots, avec des sentiments, c'est le corps qui parle.

Dans notre société, la maladie est vécue comme une sanction. Lorsqu'un individu est malade, en plus de la souffrance ou de la mutilation qui peut être entraînée, il se culpabilise. Alors qu'au moment où un individu est en déperdition, le groupe a la responsabilité de l'aider à comprendre, à se réassumer lui-même à sa manière, et non pas de force, comme on veut qu'il assume. Changer l'homme. En quoi cela consiste-t-il? Cela consiste à demander à chacun : Quel est ton désir propre? Ton désir, parlons-en.

Quiconque s'attache à écouter la réponse des enfants est un esprit révolutionnaire. Les autres soi-disant révolutions ne changeront rien.

Lors de la dernière « Journée des vieux », je me suis dit que cette politique en faveur du 3e et 4e âge était hypocrite.

Je crois qu'il y a beaucoup à comprendre dans le

sentiment de handicap des vieux. De même que les vieux, ça fait partie des handicapés, on s'occupe des petits comme de handicapés qu'il faut dresser, programmer parce que si on ne fait pas ça, ils vont être handicapés. Et je me dis qu'on est tout à fait à côté de la plaque, parce que, quel que soit l'âge d'un être humain, le fait qu'il se sente handicapé vient de la dominante du moi idéal-adulte que nous avons dans notre époque actuelle. Dans la communication, il est ce qu'il a à être et ceci on l'oublie tout le temps. On croit qu'il faut remplacer ce qu'il n'a pas, qu'il faut le secourir dans ce qui lui manque, alors que ce n'est pas vrai du tout. Il faut communiquer avec lui, c'est tout! Nous sommes actuellement dans une société où l'on n'intègre ni vieux ni enfants. Il n'y a pas un café, un restaurant où l'on puisse se rendre avec un bébé, un enfant de zéro à sept ans. Ils n'ont pas leur place dans un restaurant, comme ils n'ont pas leur place dans un lieu de loisir, pas leur place dans un lieu de conférence où les adultes vont parler, pas leur place dans un lieu chic comme un golf.

Il serait moins hypocrite de mettre cette pancarte : « Les chiens et les bébés ne sont pas admis. »

Dans les supermarchés, les gens n'aiment pas voir des enfants qui sont indisposés, ou mouillés, ou crottés.

J'ai l'impression que dans la société, ça se passe comme ça : les chiens ne sont pas admis et les bébés ne sont pas souhaités! Ils ne sont même pas prévus, parce qu'en fait ils sont de trop.

DÉSESPOIR DES JEUNES

Les mythes collectifs ont fait long feu. Chacun se sent plus responsable de lui et cherche à avoir sa propre ligne de recherche.

La religion, étant beaucoup plus interprétée symbo-

liquement, n'est pas prise à la lettre, comme avant; elle n'est plus religion d'Etat, elle n'est plus exploitée politiquement pour assujettir les êtres ou justifier les inégalités. Dans les pays où le parti unique n'a pas pris le relais de l'Eglise romaine et où on ne manipule pas l'homme dans la foule, le citoyen s'éveille à une sorte d'autodéfense de l'individu, de retour sur soi. Mais le phénomène de massification s'accompagne d'une normalisation de toute la vie collective. Finalement, le paradoxe est que l'on en vient, dans l'évolution de la société actuelle, à devoir prendre son autonomie comme une chose absolument urgente, vitale, pour s'en tirer, pour survivre, alors qu'en fait, tout tend à l'empêcher.

La marge de liberté pour chercher sa voie disparaît de plus en plus. Le moindre comportement qui traduit une initiative, une imagination, est tout de suite coincé. « Non, non, c'est dans ce sens-là qu'il faut aller... C'est comme ça... Ne cherche pas ton chemin, le voilà. »

Il y a une détresse, une absence d'espoir chez les jeunes qui est bouleversante. J'aurais pu croire que c'était un phénomène parisien, limité aux grandes villes. En France, la province aussi désespère, jusqu'à Aurillac où j'ai écouté des lycéens de terminale, des étudiants en psychologie, en deuxième année de fac, des infirmières, un bachelier en première année d'école de cinéma, un agrégatif de maths. D'abord, la politique, ça ne les intéresse pas, ce qui est étonnant tout de même; un tout petit peu l'écologie, la nature. Comme ils ne veulent pas se droguer, ils boivent, mais c'est la même chose, et pour discourir dans l'abstrait. Se préparer à la vie actuelle? Faire sa vie? « Comme on ne peut rien faire, à quoi ça sert? » Tous : « On va vers le rien. » Au moins entre lycéens, on vogue sur la même galère? – « Même pas. Personne n'a de contact avec personne. » – « Mais vous avez des copains de votre classe? » – « Pas du tout! On n'est pas copains, quand nos parents disent que dans les classes ils rigolaient... d'ailleurs, il n'y a plus de chahut du tout; ça n'existe pas; ni à la fac ni nulle part. Vite que le cours se passe pour qu'on soit tranquille chez soi... Et quand on s'intéresse à un cours... » Une lycéenne : « Je veux avoir ma terminale et je m'y intéresse; j'y vais parce que ça serait une mauvaise note de ne pas y aller, mais j'ai l'impression que je perds mon temps! » Alors, rien contre les professeurs? « Ils sont braves, ils font leur cours, on s'en fout et eux aussi... » Voilà! Et ce sont des gens qui n'ont rien de pathologique, et leurs parents non plus... « Ah! c'est comme ça, la jeunesse, disent les parents. C'est drôle, avant ça n'était pas comme ça. »

Et l'on vivote entre la petite bouffe, la copine (ou le copain), la logomachie et le déluge sonore, pour s'enivrer de quelque chose. Tout ça est très sado-oral. C'est une espèce de refuge dans une jouissance primaire, une consommation très primaire. Ce sont des boulimiques. C'est parce qu'il n'y a plus rien à faire qui soit utile. Le désir ne se sublime plus dans cette absence de relation vraie, de véritable pulsion de vie. Où seraient pour eux les pulsions de vie, puisqu'ils ne peuvent pas avoir d'enfants, bien qu'ils soient tous couplés... Ils étaient tous couplés, ces jeunes; presque mariés, même (mais copain-copain), pas engagés l'un à l'autre pour le meilleur et le pire.

Ils n'ont pas d'argent et ils sont un peu honteux que papa et maman les aident encore. « On est bien obligés, puisqu'on ne peut pas gagner sa vie tant qu'on n'a pas de diplômes... Et quand on aura le diplôme, qu'est-ce qu'on gagnera? Pas de quoi avoir une famille. »

Ils sont complètement en porte à faux, de plus en plus parce que, ayant des liaisons précoces, une vie de couple très précoce, étant assistés et souffrant d'être assistés, faisant des études qui ne débouchent sur rien, qui ne promettent rien, qui n'assurent rien, avec une politique dans laquelle ils ne veulent absolument pas entrer, parce qu'elle leur paraît absolument périmée. Depuis le lendemain de mai 1981, les étudiants qui ont voté socialiste disent : « Bon, il y a eu la fête, mais c'est maintenant du pareil au même. » Après tout, Mitterrand est un vieux politicien qui gère comme il peut un tas de choses qui le dépassent. Ils raisonnent comme ça. Alors, c'est sans espoir. Et ils supportent encore moins le fait de voir leurs parents, ou retourner leur veste, ou simplement vivre au jour le jour, en s'abrutissant de travail routinier et subvenir à leurs besoins alors qu'eux sont déjà en couples... couples qui ne mènent à rien, parce que ce sont des collages ou de la gymnastique sexuelle.

LE POUVOIR PAR LA TERREUR

Un rapport secret sur l'enfance et la jeunesse, que Tocqueville aurait commandé au comte de Gobineau, à ses débuts en 1843, relate une révolte dans une colonie pénitentiaire de l'époque, située à Mettray en Indre-et-Loire[1]. C'est une maison de correction modèle, dite « paternelle et agricole ». Les pensionnaires sont des semi-délinquants et des enfants abandonnés. La mutinerie a lieu alors que l'annonce du passage d'une comète dans le ciel a rendu les détenus nerveux. Les insurgés réclament le châtiment de leurs geôliers et une charte des droits des jeunes prisonniers. Le rapporteur qui visite ce bagne d'enfants déclare : « Les jeunes sont un des grands dangers qui menacent notre civilisation... La seule politique qui convienne à la jeunesse, c'est celle de la terreur. » Le dressage par la terreur. Une terreur organisée au niveau de l'État et qui s'acharne sur les jeunes récalcitrants. C'est la première fois que la justification de la terreur exercée sur les faibles et les petits est mise froidement par écrit.

1. *La Semaine de la Comète*, Marc Soriano, Stock.

Ce que l'on n'ose pas dire et qui est enfoui dans la conscience des responsables. Ce rapport secret est à l'enfance ce que Mein Kampf *a été à la race juive.*

Le pouvoir qui a la main de fer dans un gant de velours, a la peur de la spontanéité, du génie propre, du naturel de la jeunesse. Elle dérange parce qu'elle porte à remettre en question un certain nombre de valeurs reçues et le système. Mais, en plus, c'est très épuisant d'être à son écoute. C'est peut-être la clef du véritable et seul changement, et que personne ne veut.

Les mutins ont séquestré le directeur de l'institution ainsi qu'un inspecteur général qui est venu de Paris pour faire un rapport (ce serait, aujourd'hui, le direc- teur de l'éducation surveillée en France, au ministère de la Justice). Gobineau, témoin de cette révolte, joue le médiateur des enfants. Il fait parler tous les meneurs comme des hommes et leur parle comme à des adultes : donnant-donnant. Il ne s'aplatit pas du tout devant eux comme les autres. Il négocie et il leur demande de participer à une table ronde pour établir une charte du droit des enfants.

Ce document est révélateur du mépris des forces vives d'une ethnie.

QUI PEUT TUER UN ENFANT ?

« Quien puede matar a un nino ? », Qui peut tuer un enfant ? est le titre du film espagnol de Narcisse Ibanez Serrador (mal traduit en français « Les révoltés de l'an 2000 »), un des plus féroces du genre. Un prologue présente des séquences de documentaires sur des mas- sacres d'enfants, au camp d'Auschwitz, au Viêt-Nam, au Biafra, en Inde. Ces petites victimes du monde des adultes, de leurs guerres, de leurs injustices entre peuples et classes justifient en quelque sorte la révolte des enfants, leur domination par l'inversion du pouvoir adulte/enfant. Un jeune couple en vacances débarque sur une île espagnole charmante, que le mari a connue étant étudiant. Ils sont accueillis par des enfants aux visages fermés ou au sourire inquiétant. Il n'y a plus d'adultes, les enfants les ont tués, sauf un vieillard qu'ils massacrent. La jeune femme est enceinte. Une petite fille s'approche d'elle et lui caresse gentiment le ventre : elle contamine ainsi le bébé qui déchire sa mère de l'intérieur et la tue. Le jeune homme n'a pas osé tirer sur des enfants. Quand un bateau de police arrive, les hommes découvrent trop tard la vérité, à laquelle ils ne pouvaient croire. Ils sont tués ainsi que le jeune homme. On voit alors un bateau de ces enfants mutés ou contaminés, on ne le sait, se diriger vers la côte, où ils veulent contacter les autres enfants pour les entraîner dans leur « jeu »...

Marie-José Chombart de Lauwe, maître de recherches au C.N.R.S., au centre d'Ethnologie sociale et de Psychosociologie, classe ce film selon sa typologie des mises en scène : la société qui s'autodétruit. L'enfant muté, à l'origine d'une nouvelle race, exprime cruauté, haine des adultes, désir de vengeance.

« Un tel film concrétise la mauvaise conscience des adultes à l'égard des enfants et leur peur des générations montantes qui les contestent, avec lesquelles il leur semble de plus en plus difficile de communiquer. Devant la crise des sociétés modernes, le retour à l'enfance est un réflexe de protection ou une projection de l'angoisse, ou encore un appel à une autre façon d'exister. Les réalisateurs de ce film ont vécu eux-mêmes avec ces sentiments et ils les ont perçus dans le public. Ils ont mis en scène des enfants avec leurs points de vue propres, leurs sensibilités. Mais l'ensemble de la production s'explique aussi en fonction d'un langage sur et à partir de l'enfant qui est à la fois commun aux hommes d'une même société et ancré au plus profond du psychisme de

> chacun : la représentation de l'enfant est l'objet et le lieu de l'articulation du psychologique et du social. »
>
> Marie-José Chombart de Lauwe
> *L'enfant dans le film*, 1980

L'AIDE AUX ENFANTS DU QUART MONDE

Les responsables de la famille et de la prophylaxie sociale tiennent à son égard le discours des ex-colonisateurs à leurs anciens assistés. Et de vouloir racheter les fautes passées et rattraper le temps perdu par le « stupide » XIXe siècle et l'inhumain XXe siècle : « L'enfant a été trop laissé pour compte et maintenant, on va davantage l'assister, s'occuper de lui, etc. »

Qu'en résulte-t-il? Une surprotection. On veille à ce qu'il n'entre pas dans le monde réel, sous prétexte de le protéger, de prolonger l'enfance... de crainte qu'il n'ait pas d'enfance. On le coupe du reste en le maintenant dans un univers supposé magique. Et ça se retourne contre lui.

Veut-on changer quelque chose ou se donner bonne conscience? Finalement, que fait-on d'autre que de lui reconnaître des droits théoriques, au lieu de l'insérer vraiment dans la société de plein droit?

Actuellement, dans le cadre des organismes internationaux, l'aide à l'enfance consiste à dire : « Il faut que les enfants du Nigeria, les enfants du Sahel, les enfants du Cambodge, les enfants de Colombie, au fond, vivent comme nous. » On oublie que dans les sociétés traditionnelles de ces pays-là, tout n'était pas nuisible à l'enfant : la ritualisation des actes de la vie et des rapports avec les adultes, l'initiation, donnaient à chacun valeur d'homme.

Il est à craindre qu'on ne voie que la malnutrition, la misère de l'enfant, les malheurs de la guerre, et qu'on propose en échange un faux modèle occidental. C'est trop facile de condamner ces types de société. Il y a, au contraire, des expériences sociales communautaires extrêmement intéressantes dans ces populations, que ce soient des Indiens ou que ce soient des Africains. Alors, le fait de les déraciner complètement pour leur proposer cette assistance ne fait pas le bonheur de leurs enfants. Comme si, par exemple, les enfants cambodgiens avaient besoin du même mode de vie que nous. Il serait plus approprié d'analyser nos propres échecs personnels dans notre société plutôt que d'aller proposer des solutions miracles à l'échelon mondial. Grâce à cette nouvelle illusion qui se crée : la bonne conscience planétaire, les sociétés industrielles qui ont eu un passé colonial et sont en train de le liquider éprouvent toujours le besoin d'agir en soi-disant père vis-à-vis de ces populations du Tiers Monde et du Quart Monde, à la faveur des guerres, des famines, etc. Là où on envoyait des missionnaires, maintenant on envoie des médecins-sans-frontières. Pour les urgences, oui. Tout être a droit à être secouru après cataclysmes et catastrophes. Mais si c'est pour imposer un modèle sanitaire, familial, social, non. Même sur le plan de la renutrition. Le professeur Trémolières, dont on ne contestait pourtant pas l'humanisme, dénonçait les interventions un peu simplistes qui étaient faites au moment de la guerre du Biafra... avec des enfants ibos qui ont été amenés par avion dans les pays voisins... De même qu'envoyer des tonnes de vivres, ce n'est pas une solution. Il faut savoir quel est le mode alimentaire traditionnel; on ne peut pas imposer à une mère africaine n'importe quelle nourriture pour son enfant. Encore faut-il ne rien heurter dans sa mentalité, dans ses croyances et ne pas risquer de couper la parole qu'elle échange avec son petit, ni, pour les sauver physiquement, séparer les enfants de leurs familiers, de leur langue, de leur climat.

LES DROITS ET LES SLOGANS

Liberté, égalité, fraternité : Révolution française. 1789.

C'étaient les hommes les bénéficiaires. Les femmes en étaient exclues. Pas de droit de vote, pas d'accession aux postes de responsabilité, pas d'égalité des salaires, pas d'études supérieures, etc.

D'où la lutte des femmes pour conquérir les mêmes droits que leurs partenaires masculins.

Pendant ce temps-là, les enfants étaient séparés par le sexe, discriminés. Les hommes instruisaient les garçons, les femmes, les filles, qui conquéraient le droit aux études en un siècle.

Puis les hommes ont déserté les carrières de l'enseignement, les postes des maîtres et des professeurs ont été en majorité occupés par les femmes. Les femmes enseignant les garçons, on a mis ensemble les élèves des deux sexes. La mixité était instituée par la force des choses.

Aujourd'hui, on met en avant les droits des enfants, comme hier des minorités se battaient pour le droit des femmes.

Les slogans finissent par déclencher des changements de comportements sociaux, sans que l'« ordre » vienne d'en haut.

Pour les enfants, je serais assez partisan de : « L'égalité des chances. »

Mais que veulent dire les droits à ceci ou cela ?

Il ne s'agit pas de porter un jugement de valeur sur les changements du mode éducatif d'une société et d'une époque à l'autre. Nous nous contenterons de constater les faits.

Se demander si un système d'hier est meilleur ou

pire qu'une nouvelle méthode est une pensée rétro. Cela ne veut pas dire que la cause des enfants ne progresse pas.

Il est bénéfique pour l'enfant que le père biologique ne soit plus le centre du pouvoir et que ses enseignants ne soient plus les seuls détenteurs du savoir.

Ce qui manque à l'éducation actuelle, c'est la fonction d'initiation : le rite de passage collectif.

Les machines à enseigner suffisent pour apprendre les techniques.

Pourquoi ne pas enseigner à chacun la technologie de la discipline qu'il a envie de pratiquer?

Les professeurs ne sont plus que des examinateurs d'un contrôle permanent des performances. Les études ne sont destinées qu'à ceux qui comprennent plus vite que les autres et en qui le professeur reconnaît ses meilleurs imitateurs.

L'Education nationale a fondé tout le système scolaire sur le postulat que l'homme descend du singe.

Les « humanités » étaient la conservation de la culture bourgeoise. On privilégiait chez les enfants leur habileté au mimétisme de l'homme. Imiter, conserver, répéter.

Ce système, qui réduit l'éducation à la transmission du savoir, est remis en question devant la proportion des échecs scolaires. Le phénomène « masse », augmentation de la population scolaire, n'explique pas à lui seul l'inadéquation du système, le désintérêt des élèves : l'école en France dans le monde actuel ne prépare pas à la vie d'adulte.

Les jeunes ont d'autres sources d'information.

Ils ont besoin d'apprendre des *techniques* tout en ayant des interlocuteurs pour discuter et se confier. Des interlocuteurs maîtres enthousiastes de la technologie ou de la discipline qu'ils enseignent mais qui ne soient pas des juges.

Pas de pontifiants censeurs et procureurs, mais des animateurs à l'écoute et aimant former les jeunes dans la voie qu'ils ont eux-mêmes choisie. Les jeunes ne parlent plus la langue de leurs aînés.

Pourquoi ne pas encourager et récompenser l'exercice de la mémoire? Le par cœur, surtout dans l'enfance. La plus grande intelligence sans mémoire est freinée dans son efficacité.

Le déphasage a commencé en 1936, avec les congés payés. Et n'a cessé de s'accentuer avec l'institution des vacances familiales et la part grandissante accordée au temps des loisirs. Les enfants se sont accoutumés à n'avoir des parents que pendant les vacances. Tout au long de l'année, ils voient rentrer à la maison un homme et une femme fatigués, amers, empêchés de vivre, se plaignant de leur patron, de leur métier. Comment s'étonner que le travail se dévalorise aux yeux des enfants?

L'écologie est peut-être un recours pour retrouver, dans une meilleure relation avec la nature, cet échange perdu avec le père et la mère. Tant de jeunes renâclent au « labeur » de la société industrielle et aspirent à un mode de vie proche des rythmes naturels de travail, de production, de croissance animale et végétale, parce qu'ils ont perdu la triangulation qui seule permet de communiquer. Ils ne connaissent que, dans la société de consommation, le raisonnement binaire : oui, non. Ils rejettent le travail monotone sédentaire et salarié, mais impersonnalisé.

PSYCHIATRIE SANS FRONTIÈRE

Nous sommes tous des « transculturels ».

Le racisme qui oppose Noirs-Blancs sévit sous d'autres formes dans la vieille Europe : sexisme, racisme enfants/adultes. Ce que m'apprennent mes échanges d'informations avec des médecines traditionnelles d'Afrique ou d'Amérique, c'est qu'ils en sont à nos pratiques et croyances d'il y a quelques siècles et que nous pensons, à tort, révolues, dépassées chez nous, alors qu'en réalité, nous les avons transposées à d'autres objets et déguisées sous des apparences empruntées à la vie moderne et même à la haute technicité. Quand nous disons à propos d'un malade : « C'est la faute au manque de potassium », nous héritons directement de la mentalité archaïque de ceux qui disaient : « C'est la faute au mauvais œil. »

Les « quimboiseurs » (quimbois = tiens, bois), les sorciers des Antilles qui détournent de vous le « mauvais œil », le maléfice que quelqu'un vous jette, connaissent autant la nature de l'homme que le moderne prescripteur de potassium.

Un psychanalyste comprend bien l'efficacité des sorciers-guérisseurs : telle décoction de plantes peut modifier brutalement par exemple l'activité sécrétrice, déréglant ainsi des ressentis habituels du corps; d'autres décoctions peuvent rompre les comportements caractériels habituels, induisant une régression; cela peut porter le patient à opérer un transfert sur le sorcier. Celui-ci prend la place du père ou de la mère tutélaire sur lesquels nous comptons pour nous sortir de nos difficultés.

A la Martinique, la société reste infantilisée par une attitude mentale qui survit de la pensée animiste dans le mode de vie occidentalisée, mais vidée de son contenu originel, de sa préhistoire, et qui consiste à projeter le sentiment de culpabilité sur les êtres et les choses. Tout ce qui arrive de désagréable vient du monde extérieur, c'est toujours la faute d'un autre qui vous empoisonne, vous envoûte, vous vole votre âme. La culpabilité ainsi « extériorisée », ainsi faussement matérialisée, échappe à toute prise de conscience, toute révélation du refoulement inconscient. La culpabilité fixée sur le moi, même dans sa forme la plus pathogène, est réversible. Il y a espoir de la résoudre et de devenir responsable en tant que connaissant son histoire et l'acceptant.

Dans nos sociétés industrielles, le « culte » de la

culpabilité diluée sévit toujours, quoi qu'on pense. Nos enfants nous échappent parce que soit la fréquentation de mauvais camarades, soit les objets-gadgets que nous mettons entre leurs mains nous les enlèvent. Cette cécité nous empêche de nous dire : Nous croyons qu'ils se perdent parce que nous ne savons pas les aimer et faire confiance à la jeunesse.

Quels que soient le type de société et le mode de l'éducation, l'homme retombe toujours dans le piège qui est de confondre *culpabilité* et *responsabilité*. Le langage ambivalent entretient la confusion : Le naturel est à la fois pur et impur, le sauvage est bon et dangereux. L'acte de connaissance est victoire et péché.

La psychanalyse a un rôle important à jouer dans une société d'assistés et un monde qui, au nom de la soi-disant science, évacue le sacré, source de l'amour et de l'espérance.

L'inconscient correspond au mystère de l'être, à l'inconnaissable, à l'indicible. Nous nous en détournons comme nous fuyons le sacré parce que nous en avons peur. C'est l'inconnu du Réel en deçà et au-delà de la réalité.

Pour les laboratoires pharmaceutiques, les cas cités de malades guéris par leurs médicaments, ce sont des matricules : R... 64 ans, S... 39 ans, T... 25 ans, etc., bref, des corps de mammifères bipèdes et non des individus ayant une histoire personnelle et unique liée à un père et une mère. La médecine technicienne dit : Un tel a ce comportement pathologique parce qu'il a un déficit en potassium ou en calcium. Alors, donnons-lui le médicament chimique qui lui apporte ce dont il est en manque. En réalité, la maladie n'est pas dissociable d'une interaction entre l'organique et le psychique qui entraîne un excès de dépense biochimique, qui crée un besoin momentané d'un oligo-élément dans le métabolisme.

Les prescripteurs de médicaments ne traitent souvent en l'homme que le mammifère ou, s'ils ne le font pas en réalité avec leurs patients, ils ne prennent pas en compte la relation patient-soignant quand ils rendent compte de leurs cures : cela ne ferait pas scientifique. La science humaine a-t-elle vraiment besoin de considérer les patients comme des mammifères?

CHAPITRE VIII

LA CAUSE DES ENFANTS :
PREMIER BILAN[1]

SI la faim dans le monde, la guerre, l'exploitation de la main-d'œuvre, la prostitution, les trafics en tout genre touchent les hommes les plus vénérables, c'est dire que l'enfance est la moins épargnée par ces « fléaux ». On quête, on en appelle aux droits de l'homme, on inaugure l'année de l'Enfance. Bonnes œuvres, beaux discours, tout le monde verse sa larme et son obole, on dénonce les bourreaux d'enfants, les Minotaures du siècle, les ogres technocrates...

La frontière entre les enfants nantis et les déshérités, les gâtés et les écrasés, est arbitraire et trompeuse. Ce qui empêche de voir les réactions de défense de la société. Recherchons le dénominateur commun de l'enfance : le bien nourri pas plus que le mal logé, le scolarisé, le petit champion pas plus que le petit esclave, n'est traité comme une *personne*. Le sort qui est réservé aux enfants dépend de l'attitude des adultes. La cause des enfants ne sera pas sérieusement défendue tant que ne sera pas diagnostiqué le refus inconscient qui entraîne toute société à ne pas vouloir traiter l'enfant comme une personne, dès sa naissance, vis-à-vis de qui chacun se comporte comme il aimerait qu'autrui le fasse à son égard.

1. Françoise Dolto et collectif d'enquête.

Les mauvais traitements, les perversions sexuelles, l'esclavage, la malnutrition, le divorce, les échecs scolaires, les maladies infantiles sont devenus des thèmes de la littérature. Plus rares sont les études et recherches sur le « mystère », l'inconnu de l'enfance : potentiel, charge émotionnelle, relation intime avec les forces de la nature, don médiumnique pour communiquer.

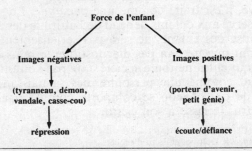

LE DISCOURS SUR L'ENFANT

Petite dialectique du rapport de forces (avant la psychanalyse et la découverte des lois de l'inconscient au cours du développement de l'être humain)

Faiblesse du « petit »

images négatives

enfant-jouet · **bébé animal à s'approprier**
enfant-tube digestif · **nain-handicapé**

hyperprotection · **exploitation**
(angoisse des adultes) · **(défiance de la société)**

**La société des adultes fixe les normes
de la croissance du « petit »**

Force de l'enfant

Images négatives · **Images positives**

(tyranneau, démon, · **(porteur d'avenir,**
vandale, casse-cou) · **petit génie)**

répression · **écoute/défiance**

Depuis des siècles, le discours sur l'enfant met beaucoup plus l'accent sur son immaturité que sur son potentiel, ses capacités propres, son génie naturel. Le discours scientifique a le même parti pris.

La société adulte a peine à scruter l'enfance dans sa réalité intrinsèque, sans recourir à un critère d'ordre économique, rendement, rentabilité. C'est le futur homme qu'il s'agit de former et armer pour le rendre productif. Chaque fois qu'on veut bien considérer sa créativité, on attend de lui quelque production artistique ou scientifique; s'il cesse d'être traité en innocent, futile, il est le nain intelligent, le petit adulte, l'enfant prodige. Sa créativité n'est reconnue que si elle profite au monde des adultes.

Dans ce sens, la créativité – d'ordre artistique ou scientifique – est moins le fait de l'enfant de moins de dix ans que de l'adolescent en rupture qui sublime un déséquilibre, qui se dissocie de son entourage immédiat. Par contre, les dix ou douze premières années de la vie correspondent au plein épanouissement de la spontanéité. L'enfant est capable d'une invention très diverse, d'un jaillissement perpétuel dans sa vie quotidienne, dans son langage. Ce qui est très différent de la création dans le domaine de l'art ou de la recherche scientifique. Les éducateurs modernes confondent créativité et spontanéité. En exerçant cette dernière, l'enfant libère son génie propre qui ne fait pas de lui pour autant un petit génie. Ni artiste ni savant d'élite. C'est le génie de la liberté qui est la chose au monde la mieux partagée par tous les enfants qui ne sont pas trop tôt engagés dans la compétition.

Qu'est-ce qui peut révéler les véritables perceptions, sentiments, connaissances de l'enfant de moins de dix ans? Des tests? Des entretiens? Jusqu'à cet âge, il adapte ses réponses à la demande de l'adulte; il l'imite volontairement, ou il se laisse enfermer dans un mimétisme inconscient. Ses interlocuteurs décodent son langage selon leurs propres critères, références et étalons. Ils le récupèrent en voulant déceler à tout prix un don, un traumatisme, un emploi possible dans la société. Il est noté en fonction de son aptitude à l'insertion sociale.

A quoi sert l'enfance si elle est autre chose qu'un passage délicat et nécessaire, si elle n'est pas seulement un temps d'initiation et d'apprentissage? A rien, d'un point de vue d'économiste et de sociologue. Et pourtant, elle peut donner aux autres quelque chose d'irremplaçable.

Un indice : l'enfant évolue comme un poisson dans l'eau dans la mythologie. Il la recrée sans cesse. C'est son langage premier. C'est ce qui investit et peuple son imaginaire. Un rêve éveillé. Un voyage qui le libère des limites de son corps et de la dimension temporelle. Peut-être est-il le médium de la réalité. Il est en prise directe avec une réalité essentielle qu'adultes, nous ne saisissons plus que déformée à travers métaphores et symboles, par un système de conventions.

Percevrait-il la réalité de notre réalité? C'est plus qu'une hypothèse. Dans les premiers mois de sa vie, il n'a pas la réflexivité mais, au cours de son devenir, il va réfléchir son intelligence. Dans cette métaphore, l'intelligence est comme une lumière, un éclairement du monde que chacun porte en soi. Réfléchir son intelligence : pour cela il faut des objets. Il peut aussi rayonner son intelligence ou encore la mettre sous le boisseau si, par son intelligence, il est victime de la vision que les autres ont d'elle. Ce sont en effet les enfants intelligents précoces – non considérés comme tels, c'est-à-dire interlocuteurs valables méconnus –, qui faute d'objets langagiers, d'échanges substantiels sensoriels ou subtils sensoriels, sons, formes, paroles, musique, jouets, mouvements, à partir de quelques mois, apparaissent arriérés, psychotiques, autistes. Leur fonction symbolique – le langage du cœur – n'a pas été intégrée aux échanges corps à corps nécessaires à la survie physique.

ÉVOLUTION DU PRIX DE L'ENFANT

1re époque : **Les sociétés endogamiques.**
Mettre au monde un enfant (mâle), c'est servir le clan, la collectivité; assurer la relève. On verse ainsi son tribut de productivité; un apport de bras supplémentaires.

2e époque : **Les sociétés exogamiques.**
Le fils qui vient au monde est un cadeau à la famille qui attend un héritier mâle.
L'enfant, quel que soit son sexe, est le couronnement du couple.

3e époque : **Les sociétés malthusiennes.**
Le coût de l'enfant est trop élevé; la massification cause trop de problèmes, d'où régulation des naissances et législation de l'avortement.

4e époque : **La société de l'égoïsme collectif.**
L'enfant est un fardeau pour le couple et une gêne pour sa jouissance égoïste. Et comme l'État ne peut plus le prendre en charge... sans le soumettre à une norme unique, il n'a aucune chance d'être au monde en tant que personne.

Des dizaines de millions d'enfants dans le monde, qui « n'ont pas demandé à naître », sont rejetés d'avance par la communauté. Ils s'adaptent pour survivre. Les adultes sont prompts à exploiter cette « sous main-d'œuvre ». Que d'énergie gaspillée, que de dons précoces vite épuisés!

A vouloir trop précipitamment « rentabiliser » l'enfant à charge, la société se prive d'un potentiel humain inestimable qui permettrait d'assurer la relève si on lui donnait le temps de la maturation nécessaire.

Survivre : c'est l'épreuve du premier âge, même

pour nos enfants dont le développement physique n'est plus menacé. Si ceux-là ne risquent pas de mourir de faim, de guerre ou de drogue, ils ont tous un combat singulier à mener contre la maladie mentale induite par leurs proches.

Servir : ceux qui ont survécu à l'épreuve du premier âge sont sommés de ne pas être des bouches inutiles : qu'ils soient les marginaux ou les nantis, ils tombent sous le coup de l'exploitation systématique.

Enfance protégée égale, souvent, enfance aliénée.

Les lois, l'insertion sociale, la vaccination n'évitent pas à l'enfant de la société industrielle les risques de l'aliénation et ne le soustraient pas à sa condition. Il partage l'infériorité de sa classe d'âge. Il appartient malgré lui à un sous-continent.

En dépit des apparences, la condition de l'enfant n'a guère varié depuis quatre mille ans (Sumer). S'agissant de sa cause, on peut parler des illusions du progrès. Tout « avantage » desservant son intérêt véritable.

De plus en plus abondant, le discours sur l'enfant, qu'il soit littéraire ou scientifique, tend à réduire le champ d'étude à celui de sa relation avec ses parents. On attache trop d'importance à la fonction des parents. L'éducation et la pédagogie ont abusivement annexé l'univers de l'enfant qui, considéré dans ses dimensions véritables, dépasse pourtant de très loin le domaine et la compétence des nourriciers et des éducateurs.

L'essentiel est toujours esquivé et dissimulé. On n'ose pas aborder le problème dans son authentique subversion. La société a peur de l'aborder. Elle se masque la réalité avec des images rassurantes. Dire la vérité sur ce sous-continent noir, c'est comme faire la révolution.

Pourquoi est-ce que cela paraît subversif de dire que les parents n'ont aucun droit sur leurs enfants? A leur égard, ils n'ont que des devoirs, alors que leurs enfants n'ont vis-à-vis d'eux que des droits, jusqu'à leur majorité. Pourquoi est-ce que cela paraît subversif de dire que tout adulte doit accueillir tout être humain dès sa naissance comme il aimerait lui-même être accueilli? Que tout bébé et enfant doit, par tout adulte, être assisté dans son dénuement physique, son incoordination et son impuissance physique, son aphasie, son incontinence, son besoin de soins et de sécurité avec le même respect que cet adulte désirerait s'il était dans la situation de cet enfant (et non pas comme il a été, ou croit avoir été, traité lui-même dans son enfance)?

Tout enfant, homme ou femme en devenir, est déjà soutien spirituel et force vive du groupe familial et social qui le prend matériellement en charge. Cette force, cet espoir de renouvellement vital que l'enfant représente, on dirait que les adultes refusent de les reconnaître, et qui les leur rappelle est subversif.

Pourquoi la chaîne de respect et d'amour entre les générations s'est-elle rompue dans notre civilisation industrielle? Pourtant, comme toujours, et de tout temps, sous toutes les latitudes, ceux qui aujourd'hui accueillent un enfant, l'assistent, le protègent, seront dans leur vieillesse les assistés et protégés de cet enfant devenu adulte. C'est à travers ses témoignages parlés aux jeunes qu'à son tour il aura charge d'assister que les actes valeureux des anciens resteront en mémoire de ce groupe ethnique. Tout ce qui, des actes, des pensées, des espoirs, des échecs, aura été humanisé par la parole, sera vivifiant au cœur de ceux qui sont, par cette chaîne d'amour et d'intérêts communs, unis les uns aux autres par-delà leur courte existence.

Comment est-il possible que de rappeler la valeur inappréciable d'un être humain en advenir quand il est jeune, en souvenir quand il est vieux, paraisse subversif?

DEUXIÈME PARTIE

UN ÊTRE DE LANGAGE

Nouvelle approche du premier âge

« On parle beaucoup de lui mais à lui, on ne parle pas. »

« Les enfants gravement handicapés et déficients sont utiles, indispensables à la société dans leur être de souffrance. »

FRANÇOISE DOLTO

Quelque chose a peut-être changé dans la condition de l'enfant à partir du moment où le regard de la psychanalyse s'est posé sur les très petits sans limitation d'âge. Il y a trente ans, le corps médical n'admettait guère que la relation langagière puisse s'établir dès la naissance. L'expérience personnelle de Françoise Dolto éclaire bien les résistances de la société et les difficultés rencontrées dès que l'on se mêle de modifier l'attitude de l'adulte vis-à-vis des enfants et d'échanger avec chacun d'entre eux comme étant « plus petit que soi mais d'égale grandeur ».

CHAPITRE I

L'INITIATION

Le texte suivant inaugure déjà un autre discours littéraire sur l'enfance. Ce n'est pas une projection narcissique ou idéologique de l'adulte écrivain ou éducateur, ni le jeu de l'archétype ni l'exercice de sytle conventionnel; c'est une vraie histoire d'enfant, écoutée de l'intérieur et dont la voix est transparente et libérée. La puissance du désir qui porte cette petite fille de cinq ans à endurer l'apprentissage, à triompher de l'épreuve, à accepter le passage douloureux du livre imaginaire à la banalité objective du récit écrit par les adultes pour les enfants dociles. On mesure ici ce que les méthodes de lecture peuvent avoir de violent, à quel point tout passage initiatique est souffrance, ne serait-ce que l'acceptation de la réalité, mais aussi le nouveau lecteur découvre que lui aussi peut être pris comme objet par les autres, un objet couvert de signes.

Dans les pages qui suivent, Françoise Dolto fait le récit de son apprentissage de la lecture. Elle réveille chez tant de ceux qui l'ont lue le souvenir oublié de leur propre expérience que cela ne paraît pas déplacé de faire servir ce texte au propos de la cause des enfants.

J'ai décidé de vous raconter une histoire[1] : *Les babouches d'Aboukassem*; ou plutôt comment j'ai découvert, sur lit de peine et de déception, le bonheur de la lecture... enfin, le bonheur ultérieur sans doute...

Les babouches d'Aboukassem! Titre prestigieux, non? Je vous entends acquiescer comme à la promesse d'un match de football. C'est le titre de ce livre à la belle reliure rouge qui est associé pour moi à des heures d'espoir et de larmes mêlés. (« Françoise, pourquoi pleures-tu? – Parce que je n'y arriverai jamais! ») Les phonèmes de ce titre m'évoquent un jour radieux du mois d'août 1913 au bord de la mer, en Normandie, où j'eus la révélation qui brusquement m'a fait passer de l'analphabétisme à la culture! Peut-être était-ce la répétition du long travail dans l'obscurité et le patient silence qui avaient préparé, pour moi, l'éblouissement criant de mon être au jour? ma naissance?

Lire? Quelle surprise extraordinaire pour moi! Alors que pour les autres autour de moi cela semblait tout naturel : la suite logique des événements, comme disent les grandes personnes qui ne s'étonnent de rien. Pas plus d'une naissance pourtant toujours un miracle, que cet autre miracle, qu'un objet fait de feuilles pleines de petits signes noirs raconte une histoire, évoque un climat, un paysage, donne vie à des êtres imaginaires. Miracle aussi que des mots mêlés à nos pensées nous apportent le monde, les autres, là dans notre chambre. Miracle que, dans la plage de lumière d'une lampe, ce trésor qu'est un livre répande dans notre cœur la vie enclose qu'il recèle en petits signes à déchiffrer. Et puis, comme c'est étrange, que ces pages

---

1. L'auteur a dédié ce témoignage au philosophe belge Alphonse de Waelhens qui venait suivre sa consultation d'enfants à l'hôpital Trousseau, « comme un jeune apprenti psychanalyste ».

magiques, sans lecteur, ou « l'objet » refermé, cela ne soit plus qu'une chose. Un objet, peut-être jamais comme un autre, mais qui, lui, ne rêve pas : un livre. Ne sommes-nous pas, nous-mêmes, chacun de nous, dans notre chair, chose, neuve, comme rouge ou dorée, ou vieille et défraîchie, ne sommes-nous pas couverts de petits signes? Les autres peuvent y lire, un jour d'attention éveillée, de cœur éclairé, sans que nous en sachions, ni en rêvions. Ainsi chacun de nous ne donne-t-il pas aux autres, grâce à son existence en tant qu'objet, à en lire, à en déchiffrer, à en savoir d'eux-mêmes et du monde, et à en rêver?

Je me souviens, comme si c'était aujourd'hui, de cette révolution dans mon cœur d'enfant. Que de plaisirs promis, dans tous ces autres livres rangés dans la bibliothèque dont je découvrais les titres. Car, depuis ce jour d'août (doux) mémorable de mes bientôt cinq ans (moi qui aimais beaucoup jouer et puis, quatrième d'une famille nombreuse, on n'est jamais tranquille dès que la maisonnée est éveillée, avec sa bonne odeur de pain grillé), je me souviens du rai de lumière entre les volets clos, quand tout dormait encore, de cette heure de charme et de silence tamisé. Recroquevillée dans un fauteuil, dans le pinceau de soleil où dansaient les mystérieuses poussières jamais fatiguées, j'ouvrais un des livres et, gourmande et sourde, je m'y absorbais. Livres neufs, ou abîmés, livres dits de classe de mes aînés, de contes et d'aventures, livres de prix, marqués du lycée de Vanves avec une couronne de lauriers, trophées gagnés par mon père lorsqu'il était petit : Histoire romaine, Jules Verne, contes de Florian, de Grimm, d'Andersen, de Perrault. Pages à la tranche dorée, collection reliée de « Mon journal », hebdomadaire pour enfants daté de 1880, avec des images d'enfants aux habits démodés comme ceux que portaient mon père et ma mère sur les photos Nadar... Et puis... puisqu'en apprenant à lire j'avais appris à écrire... sur des feuilles aux lignes à écartement large où, entre ces rails, j'écrivais au crayon des lettres (je veux dire des missives faites de lettres à la queue leu leu sûrement bien difficiles à lire) à mes grand-mères et à mon arrière-grand-mère qui, celle-ci, adorable, répondait aussitôt. Alors, dès le brouhaha du petit déjeuner, j'attendais le facteur... Vous voyez, *Les babouches d'Aboukassem* avaient révolutionné ma vie.

Quelle reconnaissance j'en ai gardée à « Mademoiselle », une jeune institutrice luxembourgeoise venue, cet été de 1913, aider ma mère alors que mon frère, le cinquième, venait de naître. Elle était venue pour « les grands ». Avec elle, nous allions sur la plage, elle y tricotait ou brodait. J'admirais son adresse, figée devant elle à l'abri du parasol.

« Allez, allez, Françoise, va jouer, va creuser un trou, ne reste pas là à « baguenauder »! »

C'était son mot à elle, si on observait ou si on réfléchissait. Chère Mademoiselle! Elle était toujours occupée à « faire quelque chose ». Pour elle, vivre et réfléchir, c'était « baguenauder » : quelque chose d'inutile! Ça m'étonnait. Et puis un jour, à la plage, elle avait apporté des aiguilles à tricoter pour moi (pour moi!) et elle avait monté les mailles « pour moi », elle m'avait montré à tricoter pour faire une couverture au berceau de ma poupée. Formidable. Je savais tricoter, et ça m'amusait, ça m'amusait! Nous avions bien fait connaissance, Mademoiselle et moi. Le soir, c'était les devoirs de vacances des grands et près d'elle et d'eux, en tirant la langue, je tricotais. Miracle, elle savait rattraper les mailles qui lâchaient (– pas toutes seules, me disait-elle, et puis là tu as fait « un pou »). Pendant longtemps, jusqu'aux tranchées de la guerre de 14, je croyais que les poux, c'était des ratés de tricot. (J'étais bien étonnée d'apprendre que les pauvres poilus en eussent beaucoup.) A la maison donc, quand les autres « travaillaient avec Mademoiselle », j'avais découvert un livre rouge, assez peu épais, qui contenait des images fascinantes. Quand j'avais fait trop de poux ou trop perdu de mailles, j'attendais que Mademoiselle ait le temps de réparer les malheurs, et – à la façon dont elle me lisait parfois des histoires – je lisais ces images prestigieuses pour moi. Je « baguenaudais » sans doute, sans faire de bruit. Mademoiselle me regardait du coin de l'œil. Parfois je contempais la couverture cartonnée. Je rêvais. J'essayais de me souvenir de tous les détails d'une des images (il fallait dire des « gravures »), puis, j'ouvrais le livre et j'étais toujours étonnée de retrouver l'image telle qu'elle était. Dans mon souvenir, les chameaux, les ânes, les gens à turban, tout bougeait, et je les retrouvais immobiles.

A force de me voir faire ce manège d'ouvrir le livre, le fermer, puis le rouvrir, et sans doute à voir mon expression, les autres, les grands s'esclaffaient. Surtout quand je leur disais ma surprise toujours renouvelée. Mademoiselle, non. Elle me disait les noms des choses : mosquées, marché oriental, croissant turc, comme un croissant de lune, turban, caftan, fez, femmes voilées, palmiers, babouches. Alors, les images n'avaient plus tort de ne pas bouger, je les regardais avec tous ces mots merveilleux dans ma tête et c'était comme si j'y étais. Elle me dit un jour que le livre s'appelait *Les babouches d'Aboukassem*. Aboukassem, c'était celui-là, avec son turban, sa barbe, son caftan, sa large ceinture, toujours en train de discuter au marché strié d'ombres et de lumières crues, un souk.

A part les pages à gravures, le reste était rempli de gros caractères. Mademoiselle me dit au bout de quelques jours :

« Si tu veux apprendre à lire, tu pourras lire ce livre-là et connaître l'histoire qu'il raconte.

– Oui! Je veux apprendre à lire! »

Le lendemain matin, nous commencions. Le fameux livre, *Les babouches d'Aboukassem*, était là sur la table, mais ce n'est pas lui que Mademoiselle ouvrait. C'était un autre, petit et tout plat, recouvert en papier bleu avec une étiquette collée, blanche, rectangulaire, bordée de deux traits bleus comme un col marin bleu l'est de galons blancs. Sur l'étiquette, de l'écriture de Mademoiselle, le mot qu'elle me dit être « Françoise ».

« C'est ton livre de classe : « La méthode de lecture ».

C'était comme ça qu'on apprenait à lire.

Elle l'ouvrait à la première page. Il s'ouvrait très à plat, ce livre mince, on n'avait pas besoin de le tenir ouvert, comme *Les babouches d'Aboukassem* qui se refermait si on ne le tenait pas des deux mains. Il y avait des signes tout seuls, « des lettres », disait Mademoiselle. Ça se prononce en sons. Il y avait des majuscules et des minuscules. Il y en avait avec des traits épais et les mêmes avec des traits tout fins, des droites et des penchées, des raides et des moins raides, d'imprimerie et d'écriture cursive. Quel joli mot, je pensais. (Ecrire en cursive! comme pour M. Jourdain parler en prose! n'était-ce pas magique?)

Il y avait les voyelles et les consonnes, celles qui n'avaient pas de son, si on ne les assemblait pas à une voyelle, et puis les diphtongues et puis... les attrapes. Ça, les attrapes, c'était les signes qu'on oublie, les accents, les trémas, les points, les apostrophes, les tirets, les cédilles, les virgules et tous ces signes qu'on oublie de mettre, qui n'ont l'air de rien, qui ne se prononcent pas mais qui changent les sons des lettres et les font se prononcer autrement, ou même, incroyable, changent le sens de ces assemblages de mots, faisant d'eux des questions ou des réponses, des farces ou des choses très sérieuses. C'était vraiment extraordinaire cette méthode de Mademoiselle, mais pas longtemps.

Tous les matins, Mademoiselle m'appelait. A chaque page, il y avait à droite une petite image d'une chose dont le mot pour la dire commençait par le son clair ou sourd (consonne!) du signe majuscule et du jumeau minuscule, chacun en caractère d'imprimerie et de cursive, pas pareils à voir, mais pareils pour le son. Ces signes occupaient la gauche de la page.

Chaque page présentait la même ordonnance. C'était la moitié supérieure de chaque page. L'autre moitié était occupée des assemblages de ces signes qu'on voyait avec ceux des pages d'avant. Mademoiselle montrait les signes avec le bout pointu du coupe-papier, et moi je cherchais le son qui correspondait aux signes. Mon attention allumée ressemblait à celle qu'on met à dépister un truc, à trouver une devinette. Si je tombais juste, la pointe du coupe-papier avançait. Sinon, elle restait sur place ou, pire, Mademoiselle retournait à une des pages d'avant et on y restait le temps que je trouve, puis on revenait à la page laissée en panne.

Je voulais avancer, regarder les autres pages. Rien à faire. Patatras! Un groupe de signes que je ne connaissais pas faisait revenir en arrière, à la page de « la méthode » où j'avais, disait-elle, appris ces signes et leur son pour la première fois.

Après ça, Mademoiselle prenait un petit cahier à larges lignes, et je devais y écrire les lettres du jour en écriture cursive, avec un crayon dont je cassais souvent la pointe, tant j'appuyais fort. Elle ne me grondait pas. Je me sentais bête et maladroite. Avec son petit canif, elle retaillait le bois, et puis la pointe, patiemment, en disant :

« Pendant ce temps-là, détends bien ta main, comme ça, oui. Non, ne regarde pas l'heure. Il faut faire toute la page du livre, ça fait trois lignes d'écriture. »

Je ne voyais pas du tout le rapport entre ce « travail », comme elle disait, et l'espoir toujours repoussé de lire l'histoire de ce livre merveilleux, fermé sur le coin de la table : *Les babouches d'Aboukassem.*

Et ma sœur et mes frères aînés qui se moquaient de moi quand je redescendais de la chambre de Mademoiselle :

« Alors, *Les babouches d'Aboukassem*, c'est intéressant? »

Et moi de répondre crânement (très vexée) :

« Oui, très.

– Menteuse! Qu'est-ce que ça racontait aujourd'hui? »

Hélas! je n'allais pas leur dire « Pa, pe, pi, po, pu. Gna, gne, gni, gno, gnu », alors je disais :

« On a lu le marché oriental, les palmiers du désert... tout ça... Mais vous êtes trop bêtes pour que je vous raconte! »

Mademoiselle venait parfois à mon secours :

« Ne vous moquez pas, elle apprend très vite, elle saura lire bientôt. »

Quoi? ça s'appelait apprendre à lire, cette demi-heure d'efforts complètement absurdes? Ce qu'elle appelait « notre travail avec Françoise » qui avait l'air de la satisfaire, cette Mademoiselle toujours calme, alors que moi je n'en voyais ni le sens ni la fin de ces ânonnements de sons qui ne voulaient rien dire d'autre que des sons.

Enfin, on arrivait à la dernière page avec Z (zed), avec l'image du zèbre. A Paris, nous habitions rue Gustave-Zédé. Eh bien, croyez-moi ou non, sur la page à écrire, Mademoiselle, entre les larges lignes, avait fait un modèle « Rue Gustave-Zé-dé » que j'ai recopié sagement comme un dessin, ces signes-là qui n'étaient pas sur le livre, sans comprendre qu'il s'agissait de sons écrits et connus de moi. Je me souviens d'avoir admis, pour faire plaisir à Mademoiselle, que j'avais écrit le nom de notre rue à Paris, mais sans comprendre ce qui lui faisait me faire croire et dire cela.

Les trains de lettres, les groupes de signes que j'ânonnais et que j'écrivais sur les pages de mon cahier n'avaient aucun rapport avec l'ensemble si naturel de la modulation de la voix que me donnait en mémoire l'image de notre rue, quand, trottinant au retour de promenade, je clamais joyeuse, oubliant ma fatigue et la peur de ne jamais retrouver le chemin de la maison :

« Voilà! On est arrivé rue Gustave-Zédé! »

Après la page avec le zed, il y avait quelques pages sans image, avec des lignes de signes noirs d'abord gros puis plus petits. C'était les « exercices de lecture ». Quelle affaire! C'était seulement « du texte », disait Mademoiselle.

« Allons! Tu peux, tu sais! »

Alors j'y allais. A chaque blocage, ou erreur, c'était le retour à la page où ce groupe de signes, cette « syllabe », cette « diphtongue » que je ne reconnaissais pas avaient été étudiés la première fois.

Quel mystère, et quelle misère, ce retour aux pages d'avant, alors que je me croyais arrivée au bout de cette méthode de malheur. Ce bout de la méthode qui, me disait Mademoiselle, me permettrait de lire *Les babouches d'Aboukassem*!

Enfin, il fallait y arriver, les avoir lues ces quatre dernières pages de « texte ».

Après une semaine qui m'a paru très longue, Mademoiselle disait que c'était très bien :

« Cette fois, tu as lu sans aucune faute. »

Pour moi, ces « textes » étaient abscons. Mademoiselle était ravie. C'était vraiment incompréhensible les grandes personnes!

« Demain, Françoise, on commencera *Les babouches d'Aboukassem*.

– Quelle joie! Finie la méthode?

– Oui, mais on la garde encore, au cas où tu aurais besoin d'y revenir...! »

Le lendemain, j'étais tout excitée en arrivant pour travailler.

« Nous irons jusque-là, dit-elle en mettant une marque au crayon vers la 5e ou 6e ligne du « Premier chapitre ».

– Non, non, jusque-là », disais-je en montrant le bas de la première page.

Elle riait :

« Nous verrons. »

Et me voilà ânonnant les syllabes des signes assemblés, passant sur une trop bizarre pour aller au bout du mot.

« Non, non, fais attention, tu as sauté une syllabe. »

Et, avec un crayon, Mademoiselle limitait sur un arc de cercle chaque syllabe à lire, en cachant les suivantes. Elle corrigeait :

« Non, ce n'est pas ça : épelle « a », « r », ce n'est pas « ra », c'est « ar », et après « b.r.e. » (oui, lis « bre »). Tu vois le mot tout entier (elle coiffait d'un grand arc les deux petits arcs) : « ar.bre », « arbre ». Tu vois bien, « rabre », ça ne voudrait rien dire. Bon. Mais tu es fatiguée, tu as très bien lu sans faute jusque-là et maintenant tu lis n'importe comment. Arrêtons pour aujourd'hui. »

On n'avait même pas été jusqu'à la marque du crayon!

« Nous continuerons demain, mais si tu veux, tu vas écrire les deux premières lignes, là, jusqu'au point, sur ton cahier en caractères d'écriture. Dans le livre, c'est en caractères d'imprimerie, fais bien attention. »

Ça, c'était à nouveau drôle, même très amusant, d'écrire pareil autrement. Mademoiselle ne bronchait pas. Je la regardais, en m'arrêtant :

« Continue, c'est bien : il n'y a pas de faute. »

Mais tout cela pourquoi?

J'aimais bien Mademoiselle, mais je ne comprenais rien à ce qu'elle me faisait faire. Où ça nous menait?

Je me rappelle le jour où j'avais lu sans faute (comme elle disait) la première phrase entière. C'était une phrase parce que ça avait commencé par une majuscule, qu'il y avait eu des virgules, où il fallait s'arrêter pour respirer, et que, arrivée au point, je devais m'arrêter.

« Bien, continue la deuxième phrase. »

Et mes yeux trottinaient en ânonnant d'une voix tendue et monocorde les petits signes des mots que mon doigt suivait. Mademoiselle ne mettait plus des arcs de cercle au crayon au-dessus des lignes, elle ne bouchait plus avec son pouce la partie de la ligne pas lue. Enfin, je parvenais jusqu'au « pointalaligne ». Ça y est, arrivée!

« C'est très bien. Alors, qu'est-ce que tu as lu? »

Je montrais le paragraphe :

« Tout ça.

– Oui, et qu'est-ce que tu as lu?... Qu'est-ce que ça raconte? »

Il y avait une image sur la page de droite. Alors, je me lançais à inventer ce que racontait l'image (à mon idée). Mademoiselle, très sérieuse et toujours calme, me disait :

« Non, ça c'est ce que tu inventes. Ce n'est pas ce qui est écrit et que tu as très bien lu.

– Quoi? (Qu'est-ce qu'elle veut dire par « très bien lu »?) Je vous assure que c'est ça.

– Allons, recommence (larmes, mouchoir). Allons, du courage, nous arriverons.

– (A quoi? toujours recommencer, recommencer.) Non, non, je n'ai plus envie de lire.

– Allons, Françoise, tu y es presque... Courage! »

Et moi de reprendre en reniflant, à travers mes larmes, la demi-page. Insipide et absurde activité sonore, et d'autant plus difficile qu'on pleure et qu'il faut se moucher.

Arrivée pour la troisième ou quatrième fois au bout de cette damnée phrase, Mademoiselle, toujours calme :

« Alors, qu'est-ce que ça raconte... Bon, eh bien, essuie tes larmes, mouche-toi, bois un peu d'eau, là, maintenant recommence.

– Non! ça ne veut rien dire.

– Si, ça veut dire quelque chose. Allez, recommence, tu t'arrêteras bien aux virgules. Ecoute bien ce que tu lis. »

Ecouter? Ecouter?? Je recommence, et voilà le miracle! J'écoutais ce que je lisais et la phrase prenait un sens! C'était formidable! Arrivée au point, je continuais, j'écoutais, puis, arrivée au « pointalaligne », je recommençais sans que Mademoiselle ne dise rien, pour le plaisir, je lisais d'abord lentement, j'écoutais, et ma voix tendue et monocorde se faisait moins tendue, je lisais plus vite, je m'arrêtais aux virgules, je continuais, baissais le ton au point! Je ne voulais plus m'arrêter, mais on annonçait le déjeuner. C'était ça lire? Les phrases, les paragraphes voulaient dire quelque chose. Oui, mais...

A table, Mademoiselle dit à ma mère :

« Ça y est, Françoise sait lire.

— Ah! bien, ça n'a pas été long.

— Non, mais pour Françoise, si, et puis je ne suis pas certaine qu'elle en soit contente, n'est-ce pas, Françoise?

— Si..., mais je ne savais pas que c'était ça, lire. »

Et les frères de dire :

« Alors, tu croyais que c'était quoi?

— Je ne sais pas...; autrement.

— Qu'est-ce qu'elle est bête celle-là! Lire c'est lire, toujours pareil, écrire c'est écrire, pas autre chose. »

Bien sûr, ils avaient raison, ça devait être ça.

A la plage, l'après-midi, je m'approchai du parasol où Mademoiselle brodait.

« Dites, Mademoiselle?

— Quoi donc?

— Je voudrais savoir comment on apprend à lire pour de vrai.

— Mais tu sais maintenant.

— Oui, parce que vous m'avez dit d'écouter... alors ça voulait dire quelque chose, mais peut-être que demain je ne saurai plus!

— Mais non, on n'oublie pas, c'est comme de marcher : quand on sait, on n'oublie plus.

— Oui, mais ce que ça dit. C'est bien que ça dise, mais c'est pas intéressant, c'est pas les vraies *Babouches d'Aboukassem*.

— Mais si; c'est le commencement de l'histoire; tu as lu le premier chapitre.

– Je réfléchissais.

– A quoi penses-tu?

– Je pense à pourquoi, avant, vous ne m'aviez pas dit d'écouter.

– Mais si, je te le disais tout le temps, mais tu n'arrivais pas à écouter, tu étais trop occupée avec tes yeux, peut-être.

– Mais quand on lit en écoutant, c'est pas l'histoire qui est dessinée?

– Va jouer, demain matin, on verra ce qui te tracasse. »

Et le lendemain, je lisais plus vite et je comprenais ce que je lisais, mais vraiment ça ne racontait pas ce que j'aurais voulu savoir.

« Pourquoi dit-il autre chose que les images?

– Ecoute, me révéla Mademoiselle, celui qui a dessiné, il a d'abord lu l'histoire et puis il a inventé des images sur ce qu'il avait lu. Toi aussi, si tu n'avais pas vu des images tu en aurais inventé, à partir du texte.

– Mais « les textes », c'était dans les dernières pages de la méthode?

– Ah! oui, tu as raison, mais l'histoire, celle des *Babouches d'Aboukassem*, c'est aussi un texte.

– Ah! c'est un texte? Un texte c'est une histoire? (j'étais perplexe). Dans la méthode, les textes, ils ne voulaient rien dire; c'étaient des exercices de lecture.

– Mais si, c'étaient des phrases qui racontaient quelque chose. Tu n'avais pas compris?

– Non, il n'y avait pas d'image, c'était des mots.

– Mais, justement, c'est ça lire; on n'a pas besoin d'image; on pense à ce que ça veut dire et on peut dessiner à quoi ça fait penser.

– Ah! oui, mais il y a des mots qui font penser à rien... »

Je commençais à entrevoir; en même temps que ce savoir nouveau, je réalisais quelque chose qui pour moi, avant cet acquis, était impensable. Le foisonnement de mon imagination que les images merveilleuses de ce livre magique avaient fait naître en moi, cela avait été un piège. L'histoire que je voulais connaître avait été l'appât pour lequel j'avais tant désiré apprendre à lire, grâce auquel j'avais comme on dit « appris très vite », mais, associée à ce nouveau savoir, quelle déception !

Ce qui m'étonnait alors, c'est que je pouvais apprendre à lire. C'était fait, c'était ça... ce n'était que ça ! et je ne pouvais plus oublier ce savoir. Ensuite je me suis rendu compte que c'était pareil quand on savait monter à bicyclette. Ça ne s'oubliait pas. Le nom des couleurs, on ne pouvait plus les confondre, les notes fausses ou justes. Comme cela me paraissait étrange. Je m'étais exercée à essayer de ne pas savoir lire... J'avais trouvé qu'en me servant de mes yeux d'une certaine manière, je voyais floues les lignes... comme si je ne savais plus lire. Mais je savais que j'usais d'un truc amusant (j'accommodais à l'infini). Je ne « pouvais » plus lire, mais je « savais » toujours. Et ça ne marchait pas, le truc, avec les grosses lettres, comme les noms des journaux. J'étais, je m'en souviens, toute enfant, plongée dans ces réflexions sur l'irréversibilité des acquis ; même si on ne voulait pas de l'acquis qu'on possédait après l'avoir brigué (c'était le cas de la lecture avec laquelle, au début de mon savoir, je me suis sentie... piégée... bête d'en avoir eu envie).

Et pourtant, le souvenir de cette mutation irréversible est resté attaché pour moi à ce titre inoubliable : *Les babouches d'Aboukassem*, à ces « gravures » en noir et blanc pour moi sublimes, à un texte plat, inadéquat au foisonnement imaginaire dont les images si parlantes avaient suscité mon désir et mon persévérant effort d'apprendre à lire, effort qui, grâce à Mademoiselle et à « la méthode », m'avait ouvert la voie de la culture. Et si je n'avais pas été motivée personnellement par un livre particulier, élu par moi comme l'unique chose désirable ? Et si j'avais été à l'école des heures durant, au milieu d'une trentaine d'enfants pour qui, pas plus que moi, l'urgence de lire tel livre n'aurait donné sens à la leçon de lecture, urgence comprise et utilisée par Mademoiselle qui avait à lutter contre mes résistances, ma fatigue, qui savait soutenir mon courage et négocier mes moments de démission; c'est elle, cette « urgence motivante », qui – en même temps que la méthode, et surtout la relation interpersonnelle de l'élève et de l'institutrice confiantes l'une dans l'autre – c'est cela tout ensemble qui était efficace. Alphabétiser quelqu'un. Quand? Comment? Pour quoi en faire?

Est-ce que, si j'étais née cinquante ans plus tard, au temps des dessins animés, de l'audiovisuel, des bandes dessinées, j'aurais eu un désir aussi ardent d'apprendre à lire?

C'est peut-être une question pour les philosophes.

CHAPITRE II

GENÈSE ET COMBAT
D'UNE PSYCHANALYSTE D'ENFANTS

*Pour mieux comprendre le travail de Françoise
Dolto et l'intérêt qu'il suscite, qui grandit avec le
décalage des générations, il est important de le replacer dans son contexte historique et d'évoquer non
seulement les obstacles qui se sont dressés sur son
chemin mais aussi le cheminement progressif de ce qui
fut autant une « idée » de chercheur qu'une vocation.
On verra que la psychanalyse n'a fait que rejoindre et
confirmer une intuition d'enfant, de jeune fille et de
femme.*

Après avoir ainsi découvert la lecture, à l'âge de
cinq ans, je crus ma vie toute tracée : je serais
fabricant d'un journal d'enfants.

Avant de savoir lire, j'étais fascinée par les journaux
d'enfants que je voyais affichés aux kiosques ou aux
mains de mes frères aînés. J'étais en admiration devant
les modèles à réaliser avec du bristol ou du tissu sans
pouvoir lire encore le mode d'emploi. Des hebdoma-
daires de 1880 avaient été reliés pour les frères et
sœurs de ma mère. J'en voyais les qualités et les
défauts. Etre adulte et intelligent, c'était faire un
journal d'enfants qui aurait les qualités des autres
mais dont on corrigerait les défauts, en particulier
l'invraisemblance dans les histoires vraies inventées.

A huit ans, je changeai de propos.

« ... Et toi, Françoise, que veux-tu faire plus tard?

– Médecin d'éducation.

– Qu'est-ce que cela veut dire?

– Ça veut dire un médecin qui sait que les enfants peuvent être malades pour des choses de l'éducation. »

J'étais le quatrième enfant de la famille (à l'époque nous étions déjà six). Entre l'Anglaise qui chez nous s'occupait des petits (ma mère s'occupant des plus grands) et la cuisinière il y avait des disputes. Le dernier-né vomissait. Le médecin alerté venait. Et le mettait à la diète. Il pleurait, il avait faim tout simplement. J'ai vu des dérythmages d'enfants par des tensions domestiques qu'on cachait à ma mère. Je le savais mais n'en touchais mot. J'avais compris.

Dans mon coin, je me demandais : Comment se fait-il que le docteur ne demande pas ce qui s'est passé? Comment se fait-il que, devant l'indigestion de mon petit frère, il dise : Il faut le mettre à la diète et l'empêcher de sortir pendant trois jours...? Alors que s'il avait demandé ce qui s'était passé entre six heures et huit heures du soir, moment où mon frère a commencé à vomir, il aurait appris que l'Anglaise s'était disputée, à propos de son plateau, avec la cuisinière qui lui avait fait une scène... Et moi, je l'avais observé (j'avais cinq ans), mais personne n'était venu rien me demander. Je me disais que si le médecin l'avait su, il aurait pu rassurer mon petit frère :

« Tu n'as pas besoin de t'en faire, elles se sont disputées, mais il ne faut pas avoir d'inquiétude... C'est des histoires de femmes, la cuisinière et Miss. Puisque je l'ai compris, à mon tour, il n'y a pas besoin de vomir. Tu t'y feras à leurs histoires! »

Entre mes oncles, mes tantes, mes grands-parents, il y avait toujours du monde à la maison. Beaucoup de gaieté mais aussi des tensions. Cette vie familiale intense permettait à un enfant observateur et réceptif comme je l'étais alors de se rendre compte à quel point les relations entre les gens, les épreuves, altéraient leur tonus affectif, leur santé. Les réactions qu'on appelait des maladies et qui, en réalité, étaient émotionnelles. J'avais pu observer que des femmes et des enfants se délabraient physiquement ou psychologiquement parce qu'un père, un frère, un fiancé avait disparu à la guerre, parce qu'un des fils était réformé... Je me disais : « Mais que les docteurs sont bêtes, ils ne comprennent pas les enfants. Ils ne comprennent pas les grandes personnes non plus; peut-être que si ces personnes criaient ou pleuraient, elles n'auraient pas besoin de médicaments. »

J'avais envie que le médecin auquel la mère faisait appel pour venir au chevet d'un enfant souffrant ne soit pas piégé par ce que croyait la mère – qu'il commençait une maladie –, mais qu'il comprît que l'enfant avait quelque chose à exprimer, et le trouver. Alors que la mère était angoissée et le croyait malade. Bien sûr, l'enfant ne pouvait pas dire à sa mère ce qui s'était passé. Peut-être même l'avait-il oublié.

Si nous étions indisposés, ma mère était furieuse (en S1réalité angoissée). Nous, on se sentait coupables de donner du souci à notre mère. Le médecin venait, nous consignait au lit, on s'embêtait. Moi, j'estimais que dès qu'un enfant convalescent se sentait capable de faire quelque chose, il fallait le laisser se lever, jouer. Ma mère aurait écouté le médecin s'il avait été dans ce sens. Car elle était une femme active.

« Le docteur a interdit que tu sortes, que tu te fatigues... ou même : que tu te lèves avant d'avoir eu 36°8. »

On était dans un état renaissant et il fallait faire semblant d'être invalide alors qu'on avait la force de se lever. Rester passif. Je trouvais ça stupide et injuste. Parce que quelqu'un d'extérieur décrète qu'on doit rester couché. Qu'on doive rester coucher? Stupide. Les médecins d'autrefois faisaient « garder la chambre ». Mais c'était la pièce où vivaient tous les autres. Avec le chauffage de toutes les pièces, ce mot est synonyme de chambre d'isolement. Même quand on n'est pas ou plus contagieux. Ne pas aller en classe, si j'étais contagieuse pour les autres élèves, ça je le comprenais bien. Mais à la maison, j'aurais pu m'amuser, lire, faire ce que je voulais. Pourquoi s'ennuyer au lit parce qu'on est soi-disant malade mais qu'on a envie de se lever?

Dans mon idée d'enfant, un « médecin d'éducation » n'aurait pas fait ça. Ah! ça non!

Pour moi, il n'y avait décidément aucun doute : les maladies étaient provoquées par des histoires de famille. (Bien sûr, il n'y a pas que ça.)

Les enfants peuvent parfaitement avoir la prescience de ce qu'il faut pour tous les enfants. Ils ont vite l'âge d'être consultés. Etait-ce, venant de moi, une intuition fondamentale de ce qui allait se développer dans deux ou trois décades sous le vocable de « psychosomatique »? Non. Je crois que c'est l'expérience de la guerre de 1914 qui m'a amenée à choisir un métier qui me donne prise sur l'avenir, référé au présent et au passé.

J'avais cinq ans et demi quand le conflit mondial a éclaté. Entre cet âge et dix ans en 1918, j'ai assisté à la transformation des familles et j'ai été très touchée par de nombreux drames existentiels de gens qui n'étaient pas préparés à assumer leur sort s'ils n'avaient pas un milieu sécurisant autour d'eux. Des familles se détruisaient parce que le père n'était plus là. Des femmes devenaient folles, d'autres « neurasthéniques ». La fragilité des grandes personnes. Et l'argent. Sans qualification, une veuve devait gagner sa vie. Je voyais autour de moi commerçantes, employées, qui travaillaient et qui étaient équilibrées, même si leur fils ou leur mari était tué à la guerre.

Les couturières gagnaient bien leur vie et n'étaient pas honteuses d'être couturières. Mais une veuve de guerre de milieu bourgeois ne pouvait pas être couturière; même adroite de ses mains, elle n'avait pas de métier, on ne voulait pas d'elle; il fallait qu'elle fasse des choses en cachette, pour les vendre par l'intermédiaire de mères maquerelles du petit négoce qui leur donnaient quatre sous... et elles n'avaient plus de quoi faire vivre leurs enfants comme du vivant de leur mari... Alors, malheureuses, mal nourries, mal aimées, humiliées, elles perdaient la face, ou leur force, et tout se déglinguait. Cela m'avait frappée. Et je me disais : un être humain doit ne compter que sur lui-même et pouvoir disposer d'argent par son propre travail en cas de besoin. L'idée s'est enracinée en moi qu'une femme qui élève des enfants doit avoir appris un métier avant de se marier, pour que, s'il arrive un malheur à son mari, par la guerre, un accident ou une maladie, elle puisse continuer à assurer à ses enfants vie et éducation qu'elle et son mari préconisaient pour eux.

Donc, avoir un métier. Mais pas n'importe lequel.

Une autre observation m'inclinait à choisir un métier qui ne fût pas seulement commercial. Pendant la guerre de 1940, il y eut les B.O.F. [1] Pendant celle de 1914, on les appelait les « Nouveaux riches ». On savait qu'ils prospéraient de la misère du monde. Ils spéculaient sur le malheur des autres, achetant à bas prix maisons, meubles, bijoux, terrains, fonds, pour les revendre le plus cher possible. Je ne voulais pas prendre un métier de commerce parce que le commerce m'était apparu comme un métier de salaud. Alors que ce n'est pas vrai. Les intermédiaires sont nécessaires et tout dépend de la manière, régulière ou non selon les lois, d'assurer la médiation.

La loi morale du profit au détriment d'autrui m'avait beaucoup choquée. J'ai vu des gens que j'admirais comme des gens honnêtes devenir à mes yeux malhonnêtes pendant la guerre, exploiter au travail le temps, la santé des gens. Pour moi, ils avaient déchu. « Il y a, me disais-je, des métiers qui font perdre le sens humain. »

Ceci me conduisait à me tourner vers les soins aux enfants – certains adultes me décevant –, parce qu'il y avait tout à faire pour des êtres en devenir; non encore

---

1. Beurre-Œuf-Fromage, les enrichis du marché noir sous l'Occupation.

déformés, abîmés par les épreuves de la vie (ou ses profits).

... « Médecin d'éducation. » Lui, au moins, il aurait prise sur le devenir.

Je pensais aussi me marier, avoir des enfants et, si nous avions assez avec le métier du mari, vivre bourgeoisement, entretenue par un mari. Je ne trouvais pas ça péjoratif; pour moi, le rôle de la femme, c'était tenir son foyer et éduquer les enfants. Si le mari gagne assez, c'est très bien. Mais je me disais : Avant de me marier, je veux avoir un métier, pour le cas où... J'avais tellement vu de veuves rester chargées d'enfants et sans moyens. La Sécurité sociale n'a été créée qu'en 1936. Il n'y avait pas que la guerre pour ruiner les gens. Il y avait eu les crises, le krach américain de 1929, la révolution russe et ses émigrés. Il y avait la maladie...

Après le bac, à seize ans, je voulais poursuivre des études pour devenir médecin. Mais j'ai dû attendre des années avant de m'inscrire en faculté. Pourquoi? Parce que ma mère s'y est opposée et que mon père s'est aligné : tu es notre seule fille maintenant. Tu as cinq frères. Reste auprès de nous. Tu n'as pas un besoin urgent de gagner ta vie.

« A vingt-cinq ans, tu feras ce que tu voudras. Mais jusque-là, tu es sous notre toit. Après, si tu t'obstines encore, tu partiras. »

Je n'avais aucune raison de peiner mes parents.

A l'origine, nous étions deux filles et quatre garçons. J'étais la quatrième enfant. Ma sœur aînée est morte en quelques mois d'un cancer à 18 ans, quand j'en avais douze. Un cinquième garçon naquit quand j'avais 15 ans. Pour ma mère, l'idée que la seule fille qui lui restait menât une vie hors de la famille lui était insupportable. Et puis, pour elle, si une fille choisissait la voie des études, elle se vouait à une vie de célibat et de stérilité. Dans les deux lignées familiales, j'étais la première fille qui manifestait un tel désir.

« Tu n'es pas faite pour ça, répétait-elle.

– Je veux avoir un budget, répliquais-je, vivre chez moi.

– Tu peux rester avec nous et puis tu te marie-ras...

– Je veux faire des études et avoir un métier.

– Alors, tu ne veux pas te marier? Tu peux faire toutes les études que tu veux, mais sans fréquenter les facultés.

– Oui, c'est vrai, mais je veux étudier la médecine. Cela m'intéresse et je veux m'assurer d'un métier valable même si, mariée avec enfants, je ne dois pas le pratiquer. »

Pour une mère, rompre les habitudes des femmes appartenant à son milieu social, c'était tout simplement se dévoyer. Dans son milieu, l'idée qu'une femme fît des études pour gagner sa vie suscitait de la terreur. Je risquais le pire : devenir ce que ma mère prédisait : non mariable. C'était la, et me, priver de descendance. Une folie. Une honte. Même chez des parents comme les miens, ouverts à la culture : il n'y avait à la maison aucune restriction de lecture. Et comme j'avais des intérêts divers, couture, musique, sport, je n'avais pas le temps de m'ennuyer. Je patientais. Et je ne le regrette pas. J'ai pu aborder, un peu plus âgée que mes camarades, des études qui, à l'époque, mettaient immédiatement l'étudiant au contact, à l'hôpital, des détresses humaines.

Un autre souvenir-jalon qui dénote une certaine aisance naturelle à s'adresser aux jeunes enfants comme à des êtres d'égale grandeur : Françoise Dolto ne se fixe pas sur la taille, comme le font la plupart des gens. Que les êtres soient grands ou petits ne compte pas à ses yeux.

Enfant, j'avais lu des livres d'un Suédois : la gymnastique pour les femmes, pour les hommes, pour les enfants. C'étaient des albums nouveaux proposant des mouvements très simples. La gymnastique suédoise en famille, selon le précepte que, pour se porter bien, il faut faire de la gymnastique tout petit. Mon regard s'attardait sur les images d'enfants faisant de la luge dans la neige, choses que je n'avais jamais vues. C'était comme des gens des rêves, des paysages de contes de fées.

Je trouvais ça merveilleux. J'avais été élevée par des parents qui ne faisaient de sport que la bicyclette, en vacances.

Sur ces images, les gens avaient tous l'air content : les enfants avaient l'air bienheureux de remuer dans la nature. J'aurais bien eu envie d'en faire autant, moi qui étais toujours habillée avec des robes, chaussettes, souliers. L'été, les bains de mer étaient à l'époque minutés!

Nous avons suivi des cours de gym. Ma mère pensait que c'était parce qu'elle n'avait pas fait de gym dans sa jeunesse qu'elle était restée petite! Son frère et sa sœur élevés comme elle étaient grands...

Moi, je ne la trouvais pas petite. C'est curieux, elle avait la taille de ma fille qui a 1,51 m et que je ne trouve pas petite. Mais elle a souffert de sa taille, alors que ma fille n'en souffre pas.

Pour moi, la taille des gens n'a aucune importance, pourvu qu'ils se trouvent bien dans leur peau et que leur corps soit conforme à leur désir d'action. Moi je ne suis ni grande ni petite.

Sous la toise, mon père, mes frères et ma sœur se classaient parmi les grands; le plus petit de mes frères a 1,76 m. Même lorsque j'étais enfant, la taille des uns et des autres ne m'importait pas, du moment qu'on était bien vivant et qu'on était communicatif. Ça a beaucoup étonné mon mari qui se disait petit alors qu'il avait 1,69 m! Il était très ukrainien, russe du Midi, mais musclé, proportionné... Alors?

Encore une idée contradictoire à celle de mes parents et de nombreuses gens qui pensaient que c'était « bien » d'être grand de taille.

Etre médecin, selon moi, ce n'était pas cultiver la

perfection du corps, mais associer la santé et le vivre du cœur et de l'esprit. C'était la recherche d'un équilibre entre une vie pour soi et la vie avec les autres, mais pas la poursuite de « normes ». C'était un peu vague, mais je n'avais aucune tendance à chercher des « normes », ni physiques ni mentales.

Des promenades mythologiques avec son petit frère vont convaincre la jeune fille que les enfants sont aux sources du savoir et qu'il est dangereux d'étouffer leur fonction imaginaire.

J'avais quinze ans quand est né le benjamin de la famille. Déception de ma mère qui venait de perdre son aînée et qui ne désirait pas avoir un cinquième garçon. Elle l'a nourri au sein comme nous tous mais, s'occupant des « moyens », elle m'a confié le soin de m'occuper du petit dernier, de ses jeux, de son éducation. Je lui ai raconté des contes et légendes inspirés par les grands mythes. J'ai pu observer avec quelle aisance et jubilation naturelles un jeune enfant développe et anime une vie imaginaire qui est peut-être bien le réel du réel. La réalité essentielle du songe éveillé collectif. A ses yeux, les personnages de la mythologie vivaient parmi nous. En le promenant dans le Jardin des Tuileries, je lui avais montré la Saône et le Rhône, représentés comme des femmes et des hommes, et il avait découvert avec plaisir que dans la grande famille des cours d'eau, les fleuves sont des adultes et les affluents leurs enfants, et il retenait leurs noms à ma surprise. Qu'un cheval ait des ailes, quoi de plus exact puisqu'il avait vu de ses yeux la statue de Dada Pégase. Très jeune, dès quatre-cinq ans, il adorait aller au musée car il y retrouvait ses compagnons familiers de la mythologie. La grande punition, pour lui, était d'être privé de musée. J'obtenais alors une réduction de peine : « On n'ira qu'une heure. »

Mon puîné, Philippe, doué d'une très jolie voix, comparable, disait-on, à celle des enfants de la chapelle Sixtine, était l'aède de la famille. Il campait des attitudes héroïques, interprétait des morceaux épiques de sa composition dans lesquels je reconnaissais des mots et expressions des adultes qu'il avait saisis au vol d'une oreille toujours au vent. Pour ses improvisations d'opéra, sans doute à cause du volume sonore, il était plus « critiqué » par l'entourage que notre dernier frère dont pourtant le babil était fabuleux, car aucun adulte n'était sur le dos de celui-ci pour trouver son discours délirant. Mais mon puîné, déjà garçonnet, aurait dû ne s'occuper que de ses devoirs et leçons; il était de temps à autre prié de se taire, car son chant gênait et le pauvre garçon se sentait brimé.

Ayant pu donner libre cours à ses incursions verbales, Jacques, mon dernier frère, n'a eu aucune peine à s'insérer dans le monde extra-familial, à mener très tôt une vie sociale facile. Mon frère Philippe, dont le « lyrisme » gênait, a souffert de la répression de ses dons artistiques, rabroués. Je me rappelle qu'après la mort de notre sœur aînée, il improvisait un interminable magnifique oratorio en mode mineur sur un arbre foudroyé. Où allait-il chercher le langage épique du poème dramatique qui traduisait inconsciemment le deuil familial? De longs récitatifs qu'interrompaient des lamentos modulés exprimaient la désolation de toute la forêt, ses arbres, ses animaux qui pleuraient leur compagnon. Moi, seule maintenant dans ma chambre « des filles », je l'écoutais, lui, chantant ainsi « un malheur » dans sa chambre « des petits » porte fermée... pour ne pas gêner les autres. Moi, cela m'aidait à vivre... Et puis l'oratorio s'interrompait – une voix d'adulte avait enjoint sèchement à l'enfant en deuil de se taire. « Tu n'as pas de cœur! Toute la famille a du chagrin, et tu chantes! » Et l'enfant malheureux, coupable, se taisait. L'artiste, le sensible, comme l'arbre était abattu... heureusement le chant de son épreuve, après un moment, reprenait, d'abord a capella, puis avec le lyrisme naïf de nouvelles paroles de désolation. Moi qui avais douze ans, je le trouvais courageux, mais lui, il ne le savait pas. Il ne pouvait pas faire autrement malgré blâmes et gronderies dont il était l'objet de la part des adultes incompréhensifs et rejetants.

Je crois qu'au lieu d'étouffer sans cesse, au nom de leur âge, de la raison, des exigences de la scolarité, la fonction imaginaire, spontanée, de l'enfant, ses dons d'expression, sa fantaisie, sa spontanéité – il lance vers les autres des éclairs, des étincelles, des fulgurances sans calcul, sans raison intéressée, ses élans qui se manifestent hors des règles du commerce – la société des adultes devrait laisser les enfants libres de leur langage propre, pour l'épanouissement, non seulement de la première enfance, mais encore dans la grande enfance. Tant de blocages seraient évités ou au moins limités. Mais pour cela, il faudrait renverser la vapeur. Respecter les caractéristiques expressives de chacun.

En m'occupant de mon petit frère, j'avais découvert combien les enfants sont aux sources du savoir. Des êtres qui posent les vraies questions. Ils cherchent des réponses que les adultes ne possèdent pas. Quand les adultes veulent comprendre les enfants, c'est le plus souvent pour les dominer. Ils devraient les écouter et, plus souvent qu'on ne le croit, ils découvriraient que les enfants détiennent les clefs de l'amour, de l'espérance et de la foi dans la vie par-delà les souffrances et les drames familiaux ou sociaux dont ils partagent l'épreuve, chacun selon son âge et ses dons naturels.

J'attendais donc pour commencer des études. Deux ans avant le délai prévu, ma mère me permit de faire les études d'infirmière. Je sautai sur l'occasion. A tout prendre, ce serait un métier, au cas où les études de médecine s'avéreraient trop ardues, ce que je craignais.

Elle espérait, m'a-t-elle dit plus tard, que je m'en contenterais ou même que cela me rebuterait. Au contraire, cela m'a énormément servi par la suite car, hélas! au cours des études de médecine rien n'est fait pour développer l'adresse manuelle, l'efficience gestuelle. Au contraire, infirmière, on est enseignée au service des malades, à « l'envers » du décor hospitalier. Il y a toujours une mise en scène quand « le docteur » passe; c'est après que le malade ou l'opéré est sans prestance à défendre, tel que sa souffrance le broie, le décourage. Ce n'est pas au médecin, nimbé de trop de pouvoir, ou de savoir, que la famille exprime son angoisse, ses difficultés morales ou matérielles, c'est au personnel soignant, et son inquiétude, son désarroi concernant le traitement, le diagnostic du médecin... Ce fut pour moi une excellente école et qui m'a beaucoup servi au cours de mes premières années de vie hospitalière médicale.

Je commençai donc mes études de P.C.N. (Physique-Chimie-Sciences naturelles) en 1933. A l'époque, c'était la propédeutique de la médecine.

C'est là que je rencontrai Marc Schlumberger, le fils de Jean – l'écrivain. Ingénieur prospecteur de pétrole de formation, mais déjà psychanalyste formé en Autriche puis en Angleterre (il était passé à l'école de Summerhill), il voulait devenir médecin pour pratiquer librement la psychanalyse en France. C'est lui qui me dit que, si je voulais faire ce que j'appelais la « médecine d'éducation » comme je le lui expliquai, je devais étudier la Psychanalyse.

Je fus d'abord très étonnée car, pour moi qui avais choisi la psychanalyse comme matière à option pour le baccalauréat de philosophie, c'était une branche nouvelle de philosophie et moi je voulais m'occuper du développement des humains, pas seulement de spéculation d'idées, si intéressantes fussent-elles.

Que savais-je de la psychanalyse? C'était alors une discipline qui n'était introduite que dans certains milieux, et plus à l'étranger qu'en France. En puisant dans la bibliothèque de mon père, j'avais lu ce qu'on pouvait lire sur Freud en français en 1924. A l'écrit du bac, j'avais fait un bon devoir de philo classique. A l'oral, l'examinateur m'interroge sur la psychanalyse. Je lui dis :

« C'est le temps et l'espace croisés de l'enfance qui toujours présent, inconscient, revient dans les images des rêves. »

C'était ce synchronisme rémanent qui m'avait intéressée, et ce n'était déjà pas si mal. J'ai expliqué à ce professeur ce que j'avais alors compris de la psychanalyse : que les associations d'idées peuvent être aussi dans l'inconscient et que, dans le sommeil, l'activité du rêve gardait le repos du dormeur qui n'est pas physiologiquement en état d'avoir une vie de relation mais qui la fantasme en mêlant le souvenir du passé réel à ses désirs du moment. Mon exposé avait amusé l'examinateur. Il avait alors abordé la question inévitable en psychanalyse :

« Et la place de la sexualité, mademoiselle? Le pansexualisme de Freud, qu'en pensez-vous?

– Ça, je n'ai peut-être pas très bien compris, mais ce qui m'a intéressée pour le sommeil et les rêves prouve que tout le reste doit être très intéressant aussi. »

Discret, il n'a pas insisté... C'était en 1924.

Je dois à Marc Schlumberger, mon camarade du P.C.N. en 1933, d'avoir lu Freud alors traduit en français (*Psychopathologie de la vie quotidienne*, *Le mot d'Esprit et l'inconscient*, *Les trois leçons* puis *La Science des rêves*). Cela était une révélation. Par ailleurs, je me sentais coupable de déranger l'ordre familial en ayant opté pour la réalisation de mes projets d'étude.

Quelle n'était pas mon angoisse lorsque j'ai été accueillie par René Laforgue à qui je suis allée parler de mon désarroi sur le conseil de Marc. Ma psychanalyse, très classique, dura trois ans. Pour l'époque, c'était une très longue analyse et l'expérience était rare. Je l'ai poursuivie trois années durant, avec une interruption d'un mois seulement pendant les vacances. En France, ma spécificité c'est d'avoir été ainsi analysée avant d'être épouse et mère. Je ne connais pas d'autres psychanalystes de ma génération dans ce cas. Ça a été pour moi un effort énorme, mais une aide extraordinaire pour ma vie de femme et pour mon métier, puis, je le crois, une chance pour mes propres enfants. En analyse, j'ai compris que ma mère avait voulu me retenir auprès d'elle par amour maternel, pour compenser la perte dramatique de sa fille aînée. Pour elle, ma présence à la maison était devenue une compagnie nécessaire. A ses yeux, devenir médecin, c'était pour une femme quelque chose comme être perdu pour toute vie de famille. C'était un métier qui obligeait une femme à rester célibataire – donc la solitude –, livrée aux dangers de toutes les promiscuités.

A cette époque-là, chez les psychanalystes, si on se destinait à s'occuper d'enfants, il suffisait de ne plus avoir de difficultés pour soi dans la vie. J'estimais que pour être à la hauteur des enfants et de leurs parents, je devais être longuement analysée. Ce qui était une idée tout à fait révolutionnaire. Heureusement, mon psychanalyste a accepté cette prolongation. Encore aujourd'hui, je pense qu'un psychanalyste doit remonter beaucoup plus loin dans sa propre histoire s'il veut s'occuper d'enfants, de psychanalyse d'enfants veux-je dire, car il y a des psychothérapies d'adultes ou d'enfants qui ne relèvent pas de la psychanalyse, qui relèvent de guidance, ce qui est autre chose.

Pendant mon externat à l'hôpital des Enfants-Malades, mes camarades étaient surpris et quelque peu ironiques de m'entendre parler à des nouveau-nés. Les enfants étaient pour moi les enfants de leurs parents. Je leur parlais de leur papa et de leur maman qui allaient venir les voir, de leurs petits voisins de lit, de mes relations avec eux. Si j'avais été critiquable sur le plan professionnel, pédiatrique, on m'aurait chambrée comme une farfelue. Heureusement, j'avais une certaine habileté pour les soins et j'étais sérieuse dans mon travail. En salle de garde, on me discutait ferme, on mettait en boîte la jeune externe qui était en

analyse prolongée et qui, à l'hôpital, parlait aux bébés.
On me répétait :

« Mais ça ne sert à rien de leur parler, ils ne comprennent pas. »

Je répondais qu'ils avaient l'air de tout comprendre et on riait en douce, sans me critiquer méchamment. Car on sentait bien que les enfants aimaient que je m'occupe d'eux. Moi, je ne savais pas que j'aimais les enfants... J'aimais les humains, voilà tout. D'ailleurs, je n'ai pas varié : je n'aime pas plus les enfants que les adultes, j'aime les enfants en tant qu'êtres humains, et leurs parents désemparés autant qu'eux.

Un samedi, j'étais chez des amis. Soudain, je me lève :

« J'ai oublié de dire au revoir à Michel! Je reviens dans une heure... »

J'ai planté là mes hôtes interloqués, bien loin de deviner qui pouvait donc être ce fameux Michel.

En arrivant, je disais toujours bonjour à « mes » enfants et au revoir en partant. Ce jour-là, à midi, Michel, l'un des petits (dix-huit mois), était à la radio quand j'ai eu fini mon service. Je m'étais promis d'aller lui dire au revoir à la radiologie, d'autant plus que je ne devais pas le revoir de ce samedi midi au lundi matin. Mais j'étais partie sans le faire, j'avais oublié d'aller lui dire au revoir au service de radiologie. Je suis donc retournée dans l'après-midi à la salle des Enfants-Malades. La surveillante me dit : « Vous avez oublié quelque chose? – Oui, j'ai oublié de dire au revoir à Michel. – Ah! Michel! depuis qu'il est revenu de la radio, il n'est pas bien. Il n'a pas pris son goûter. Et pourtant, il allait tellement mieux ce matin. – Et la fièvre? – Un peu remontée. » Je m'approche du lit de Michel, triste, prostré, l'air indifférent. Alors les autres enfants m'interpellent : « Mam'zelle, mam'zelle! » – « Vous, je vous ai dit au revoir, mais pas à Michel. » Et m'adressant à Michel : « Tu vois, ta mademoiselle Marette est très méchante. Ce matin j'ai oublié d'aller te dire au revoir quand tu étais à la radio... Il paraît que tu n'as pas goûté. Ça ne va pas bien? Ecoute-moi, je pense à toi... et maintenant le docteur... va passer (c'était l'interne) et moi je reviens lundi matin. Demain, c'est dimanche, c'est un jour où je ne viens pas mais le docteur est là et puis ta maman et ton papa viendront te voir, et puis tu as tes copains. A lundi. »

Le lundi matin, la surveillante me dit :

« C'est incroyable. Après votre passage samedi après-midi, Michel, tout content, voulut boire. On lui a présenté son biberon. Il l'a pris alors qu'il l'avait refusé une demi-heure plus tôt. Hier matin, la fièvre est retombée, il a vu ses parents. Depuis, tout va très bien! »

La surveillante, après cela, m'avait à la bonne.

J'avais oublié cette histoire jusqu'à ces dernières années. Il a fallu qu'une personne qui assistait à cette réunion d'amis quarante ans plus tôt réveillât ce souvenir. C'était le quotidien de ma vie d'externe. J'étais ainsi avec les bébés. Je leur expliquais ce qu'on allait leur faire. Je les rassurais. Et mes camarades médecins ne comprenaient pas que je parle de la sorte avec des petits qui ne possédaient pas encore le langage intelligible.

Pourquoi soudain, chez mes amis, avais-je pensé à Michel? Ai-je senti qu'il avait besoin de moi? Peut-être était-il en train de refuser son biberon et d'inquiéter la surveillante? Je crois que cette intuition fait partie de la relation des soignants aux soignés. C'est le transfert. Mais à cette époque-là, je ne m'en rendais pas compte, n'étant pas encore analyste et n'ayant d'ailleurs pas du tout envie de le devenir.

Comment donc le suis-je devenue?

Un de mes patrons d'externat, le professeur Heuyer, qui militait pour l'évolution de la psychiatrie et qui d'ailleurs était très réticent à l'égard de la psychanalyse, m'a engagée à faire mon internat dans les hôpitaux psychiatriques au lieu des hôpitaux de Paris – on les appelait à l'époque les asiles. On préparait le concours de l'Internat des asiles départementaux (c'était la Seine).

J'ai eu l'occasion de faire un remplacement d'interne dans un asile proche de Paris, un service de femmes. On y passait son temps à ouvrir et fermer des portes avec un lourd trousseau de clefs. Les pensionnaires étaient, dans un état carcéral, maintenues en inactivité totale. C'était dramatique. Le côté relationnel était absent. Il y avait un interne pour mille ou douze cents malades, et aucun personnel hospitalier formé. Nous recevions les entrants quotidiens : beaucoup de démences séniles, mais il y avait des femmes d'âge moyen en période de ménopause, certaines qui avaient exercé un métier, de jeunes ménagères – soudain délirantes à l'occasion d'une déception ou d'une épreuve, d'un deuil – étaient tombées dans un état dépressif. Et des jeunes filles après désespoir d'amour... ou avortements, fortement culpabilisées... Ramassées sur la voie publique, envoyées en transit à l'infirmerie spéciale du dépôt, elles étaient placées dans un asile de la périphérie. On envoyait aussi dans la périphérie les malades qui, internées à Sainte-Anne, ne recevaient pas de visites. A leur arrivée, on leur supprimait gaine, bas, chaussures, brosses, peignes (pour qu'elles ne puissent se nuire!). Il ne leur restait qu'une chemise et une robe longue sans ceinture. Aucun objet dans les mains et rien à faire. Des jeunes filles mêlées à des démentes séniles. Une fille de mon âge ne pouvait que se désespérer, en voyant toutes ces femmes délabrées. Tous les quinze jours, il fallait remplir des feuilles de prolongation de placement en recopiant les précédentes, sans avoir le temps de parler à la malade, sans connaître ce qui l'avait amenée à cette décompensation. J'ai trouvé ça tellement abominable que je me suis déterminée à intervenir en amont : il faut travailler avec les enfants. Devant l'effrayant et l'impossible de rien faire pour les adultes parce que c'est trop tard, je me suis dit : Il faut s'occuper des enfants, avant que les êtres en arrivent là! A ce stade, c'est du ressort de la médecine générale mais éclairée de la psychanalyse. Voilà ce qu'il faut faire.

Je me rendais compte que, quelle que soit la gravité psychiatrique, toutes ces femmes, que ce soit à propos de leurs hallucinations ou d'un désespoir récent, parlaient de leur petite enfance. Il faut aider, me disais-je, ces êtres à en parler avant qu'ils ne décompensent gravement, pour que ces restes refoulés de l'enfance puissent s'exprimer et ne se réveillent pas méconnaissables à l'occasion d'une épreuve de l'âge adulte. Une femme, par exemple, qui n'a pas eu le bébé qu'elle voulait, ou qui a perdu un enfant, peut reproduire l'angoisse de sa mère à qui c'était arrivé quand elle avait trois ou quatre ans! Elle présente alors brusquement comme une faille dans son identité, confondant le mode de comportement d'idéation d'un adulte et d'un enfant.

Je voyais que c'était des histoires dues à l'éclipse subite du sentiment de l'identité, parce que des relents de l'enfance avaient resurgi dans la vie de la personne à l'occasion d'un incident ou d'une épreuve. Et cela m'a confirmé qu'il fallait s'occuper d'enfants, pour prévenir : faire s'exprimer ce qui, non dit, exploserait plus tard. Ça correspondait bien à ce que j'avais compris au cours de ma propre analyse. J'ai pensé à l'application de la psychanalyse à la prévention des maladies. Au début, j'étais partie de l'application de la médecine à la prévention des troubles caractériels et sociaux en famille, dus à la méconnaissance du médecin pour des événements affectifs qui provoquaient des symptômes physiques fonctionnels méconnaissables comme tels et soignés comme vraies maladies. Les événements conséquences de la guerre m'avaient beaucoup appris, dans mon milieu social limité, mais l'hôpital et l'asile psychiatrique m'avaient montré que la névrose était de tous les milieux sociaux.

J'ai eu une chance étonnante pour l'époque d'avoir été psychanalysée jeune fille par quelqu'un qui n'a rien manipulé en moi, qui m'a laissée être comme j'étais. Certainement, je dois à cette spécificité-là de n'avoir pas eu d'idée préconçue devant les enfants que je voyais. Plus tard, devenue mère, je me suis projetée, comme toute mère, dans mes enfants, mais sûrement pas avec la même inquiétude de bien ou mal faire, la même angoisse devant leurs souffrances, leurs difficultés qui auraient été miennes si je n'avais pas déjà été analysée, mais je n'ai jamais – avec mes enfants – réagi ni en médecin ni en psychanalyste – du moins consciemment. Je savais que je ne savais pas!

Le langage de vérité est salvateur mais terrible car il faut s'accepter tel qu'on est avec humilité, on va à ce qui nous est essentiel mais sans être fier de soi. La souffrance d'être associée au désir de persévérer dans l'exister, sans raison logique, et se reconnaître devient vivable petit à petit. Vivre, c'est au jour le jour tenir avec les autres et bâtir quelque chose. De mon analyse était né le désir d'être authentique mais pas du tout de devenir moi-même psychanalyste. Je le suis devenue par... la demande sociale, si je puis dire. En commençant, je me suis occupée de quelques adultes névrosés crevant d'angoisse, envoyés par les psychiatres dont les autres psychanalystes ne voulaient pas parce qu'ils ne travaillaient plus, ne pouvaient pas payer. Car, à tous les niveaux socio-économiques, la névrose ralentit les échanges au point d'être (ou de se sentir) rejeté des vivants communicants. Communiquer à nouveau, ne fût-ce qu'avec une seule personne qui authentiquement écoute, sans savoir ni pouvoir, mais dans un contrat limité de temps et d'espace, cela soutient la fonction symbolique à se ranimer, la vie à reprendre. Je faisais ainsi mon apprentissage tout en finissant mes études de médecine. A la consultation de pédiatrie de l'hôpital Bretonneau – médecine enfants –, le docteur

Pichon m'avait engagée comme assistante de psychothérapie exclusivement. Pipi au lit, insomnies, cauchemars, problèmes scolaires et caractériels. Pour écrire ma thèse, j'avais retenu seize cas. A l'époque, je pensais que cela pouvait intéresser le personnel médical et j'avais édité ma thèse à compte d'auteur. Je ne pouvais me douter que, trente ans plus tard, le même texte toucherait le grand public[1]. La première thèse de médecine consacrée à la psychanalyse peu avant la mienne : celle de Schlumberger, était une étude psychanalytique d'un rêve tournant de la cure d'un adolescent dépressif qui guérit, le fameux rêve de la tasse cassée. La mienne, passée en juillet 1939, avait comme sujet d'étude « Le complexe de castration ». Ce conflit structurant dynamique inconscient que Freud a nommé tel, parce qu'il s'agit de l'angoisse liée chez tout enfant au renoncement à la réalisation de l'inceste, à son adaptation aux impératifs de la réalité, la souffrance, la mort, ainsi qu'à l'acceptation de l'impuissance humaine des adultes. Le passage à l'âge de raison, disait-on avant la psychanalyse. Cette thèse, je la dédiais aux pédiatres appelés à soigner les troubles de cette période sensible.

La guerre est arrivée et les enfants de Paris sont tous partis en exode. On craignait les gaz asphyxiants sur Paris. Toutes les écoles primaires et les hôpitaux d'enfants ont été fermés d'octobre 1939 à octobre 1940. Alors, les femmes médecins ont été réquisitionnées, par l'Ordre des médecins qui venait de se former, pour constituer des équipes volantes chargées de contrôler la santé, dépister les malades parmi les enfants déplacés hors de Paris. Ces navettes n'ont duré que pendant la « drôle de guerre ». Quand les Allemands ont occupé la moitié nord du pays, et que la vie sous l'Occupation s'est organisée, les services pédiatriques des hôpitaux ont recommencé à fonctionner et j'ai été chargée de consultations d'enfants à l'hôpital

---

1. *Psychanalyse et pédiatrie*, Ed. du Seuil.

Trousseau, tout en remplaçant en ville, à Boulogne, un généraliste. Mais peu à peu, j'ai eu assez de demandes pour ne faire que de la psychanalyse d'adultes chez moi. J'en suis venue à cesser de pratiquer la médecine générale pour n'être plus qu'un médecin de la relation parlée, aussi bien avec les enfants qu'avec les adultes. J'ai toujours travaillé en consultations hospitalières pour les enfants et adolescents.

Les parents venaient se plaindre de pipi au lit, de retard mental, de retard scolaire, etc., et je voyais l'enfant sans les parents. Et puis, peu à peu, je me suis rendu compte que les parents se détraquaient quand leurs enfants allaient mieux[1]. Il fallait donc parler avec les parents, un peu, sans que ce soit vraiment une thérapie pour eux, puisqu'ils venaient à la consultation d'un hôpital d'enfants. Et qu'ai-je observé? Dans certains cas, c'étaient les parents qui rendaient les enfants malades; dans d'autres, le mal était fait, les uns et les autres n'allaient pas bien. Si l'état de l'enfant en traitement s'améliorait, je constatais que celui du parent qui avait été demandeur allait mal. Jamais les enfants ne se détraquent parce que les parents vont mieux; c'est le contraire; c'est toujours les parents qui se détraquent lorsque l'enfant va mieux. Cela nous a amenés, dans certains cas, surtout en consultations privées et pas à l'hôpital d'enfants, à dire :

« Commencez d'abord, vous père et mère, à venir parler quatre ou cinq fois, avec ou sans votre enfant, afin que l'on comprenne bien ce qui se passe chez votre enfant et ce qui vous inquiète vous, que nous comprenions ce dont il souffre lui (ou elle). »

Et c'est ainsi que tantôt c'étaient les parents qu'on soignait, tantôt c'étaient les enfants tout de suite; pour d'autres encore, c'était le parent qui parlait un peu et qui disait :

1. Etrange conséquence inconsciente de leur satisfaction consciente. Phénomène dynamique positif, analogue aux « résistances » au cours des cures chez les adultes.

« Moi, ça ne va pas... L'enfant va bien maintenant. »

Alors, je disais :

« Je continue avec votre enfant, et vous, vous allez chez quelqu'un d'autre pour vous-même. »

On s'était déjà rendu compte, entre thérapeutes, que c'était mauvais que le parent soit suivi pour lui-même chez le même psychanalyste que l'enfant; c'était comme si, dans l'inconscient du psychanalyste, il devenait le « référent sachant » illusoire, autant de la mère ou du père que de l'enfant. Aussi préfère-t-on donner l'adresse d'un autre psychanalyste pour celui qui, secondairement, a besoin d'être soigné. Je témoigne des débuts de la psychanalyse en France. Mais quand on voit maintenant ce que c'est devenu! Partout, il y a des psychothérapeutes d'enfants, des « psy » pour manipuler et récupérer les enfants dans le social, les rééduquer... au lieu de permettre à un enfant d'être ce qu'il est, de se déterminer par rapport au milieu qui l'entoure en soutenant sa confiance en lui-même et le sens de sa vie. On se rend compte que l'école n'est pas non plus ce qu'il faut pour bien des enfants; dans la majorité des cas, c'est très difficile pour les enfants de réussir à l'école telle qu'elle est, tout en développant joie de vivre et sentiment de sa liberté créative et ludique. On a cru bon de créer des pédagogies spécialisées... Pourquoi pas? La société évoluant, l'école qui arme les enfants pour la vie doit changer. Mais, à mon avis, c'est une prévention beaucoup plus profonde de la relation parents-enfants, enfants-société des adultes, grâce à la découverte des lois dynamiques de l'inconscient, à laquelle il faut arriver. La psychologie des processus conscients a développé une finalité de société qui a accentué l'esprit d'imitation et l'instinct grégaire qui tend à redresser tout ce qui paraît déviant. Donc il faut définir pour tout la norme. Ce qui ne peut être un épanouissement pour le jeune, mais plutôt une régression si on l'oblige à faire ou paraître au plus près de la norme au lieu de se sentir motivé à s'exprimer pour un plaisir partagé avec les autres motivés comme lui. Il est certain que cette banalisation du psychologisme n'est pas en soi réjouissante. On sait aujourd'hui l'importance qu'il y a à communiquer et à ventiler des émotions par l'expression à quelqu'un. La cure psychanalytique aide à mettre des mots sur ce que l'on vit. Quand il a des « mots pour le dire », pour reprendre l'expression de Marie Cardinal, l'enfant qui est relié aux parents, et qui en est le détecteur, n'a pas besoin, par des *maux*, de traduire qu'il reçoit et subit les effets de ce dont sa mère, son père souffrent et qu'il perçoit. Quand la mère peut dire en mots ses angoisses, l'enfant reçoit moins d'impact détraquant et, du coup, va mieux... C'est vrai, et on s'en aperçoit chez les enfants petits. Alors que beaucoup de gens soient formés à écouter les autres est souhaitable. Mais manipuler ou culpabiliser ceux qui ne sont pas dans la norme, c'est faire plus de tort que de bien. Ce n'est pas mieux d'accabler des parents qui souffrent de l'échec au bonheur de leur enfant.

« C'est votre faute. »

Peut-être est-ce de leur fait, mais cela n'est pas de leur faute.

C'est terrible cette culpabilisation qu'on a inoculée au couple au nom de la psychanalyse, qui en avait déjà bien assez pris le pli, depuis Adam et Eve. En fait, c'est une mauvaise application de la psychanalyse, une perversion (inconsciente) de l'utilisation consciente des découvertes des lois de la dynamique de l'inconscient.

A l'époque où j'ai rédigé ma thèse de médecine, personne ne nous enseignait une approche spécifique des enfants. Je ne savais pas « m'occuper d'enfants ». Peut-être tant mieux. Tout était, quant à la psychanalyse, encore à défricher. J'ai avancé pas à pas, avec une technique de psychanalyse très classique mais en suivant mon intuition. Mme Morgenstern[1] avait com-

1. Sa famille juive, restée en Pologne, avait été déportée. Elle était la première psychanalyste freudienne s'occupant d'enfants. Elle s'est suicidée, âgée de soixante-dix-huit ans, le jour de l'entrée des Allemands à Paris.

mencé à débroussailler le continent noir de l'enfance en montrant qu'un enfant, même bloqué, s'exprime quand on lui donne un moyen de communication non codé par l'adulte, tel que le dessin. Freud, dans le cas du petit Hans, ne s'était pas servi du dessin. Il s'en tenait à la parole du père de Hans, l'enfant phobique. Plus que l'enfant même, c'était les projections du père et ses fantasmes qu'il a analysés, enfin ce dont se souvenait le père de ce que son fils lui disait, ce qui n'est pas la même chose. Mme Morgenstern, formée par Freud, psychanalyste d'adulte, elle aussi à Paris, a pris l'initiative de donner du papier et un crayon à des enfants qui ne parlaient pas mais âgés d'au moins quatre ans. S'ils rompaient leur mutisme, si leur état semblait s'améliorer, elle n'allait pas plus loin en analyse. Elle ne parlait pas, ou très peu, avec les parents. On ne savait pas le faire avec des tout-petits. Moi, j'ai essayé d'aller plus loin avec eux, comme avec les adultes, cherchant à observer et analyser le transfert dans la relation du soigné au soignant. Soignant en pédiatrie des nourrissons, je m'étais rendu compte qu'ils réagissent à nos expressions. Et que leurs états somatiques sont les réponses à des choses reçues en famille. C'est leur mode de langage. Je l'ai raconté dans ma thèse. Ça, c'était tout à fait nouveau. Chercher à exprimer, à verbaliser cette interaction, c'était établir une communication avec l'être humain plus profonde qu'on ne l'avait fait jusque-là. C'était l'étude du transfert, inauguré par Freud, mais appliqué aux cures d'enfants. Je détectais parmi des névroses infantiles certaines dont les débuts passés inaperçus avaient été très précoces; des troubles de santé ou de relation répétés, dus à l'angoisse mais qu'on attribuait à des causes organiques ou à des caprices caractériels. C'était donc à l'âge de l'élevage, à celui de la première éducation qu'il fallait veiller et prévenir les névroses, décoder le sens de ces troubles répétitifs dans lesquels s'épuisait l'énergie de communication et du cœur à cœur.

Médecin d'éducation : cela peut vouloir dire aussi qu'il faut un médecin pour réparer les erreurs d'une éducation qui peut faire plus de mal que de bien. Et quand je pensais éducation, ce n'était pas de tel ou tel système conscient pédagogique, mais les interrelations inconscientes en famille.

L'interrelation des adultes sur les enfants, et vice versa, induit pathologie ou santé. C'est de travailler à la compréhension et à l'assainissement de ces relations. Aider à se comprendre les enfants, ou les parents eux-mêmes, ce n'était pas la psychopédagogie qui m'intéressait. Donc plus d'internat des asiles mais le travail sur le tas, les consultations; la pédiatrie, mais orientée vers les difficultés caractérielles, psycho-affectives, familiales ou sociales, les désordres fonctionnels innombrables des consultations d'enfants et d'adolescents.

Dans les services de pédiatrie, en France, jusqu'aux années 50, le regard de la psychanalyse ne se portait pas encore sur les nouveau-nés. Les rares personnes qui cherchaient à comprendre les hauts et les bas des nourrissons, leurs rechutes rapides, leurs rétablissements soudains, les variations dites « imprévisibles » de leur état organique, relevaient d'une approche intuitive mais n'avaient pas l'aide de la psychanalyse qui commençait à peine à avoir droit de cité pour la grande enfance. Mme Aubry[1], sans être psychanalyste, a découvert que l'enfant parle aise ou malaise psycho-affectif avec son tube digestif et qu'un climat de tension provoque des troubles digestifs. Ses travaux ont marqué le tournant de la pédiatrie en France.

Elle avait observé des enfants de l'Assistance publique rejetés par leurs nourrices parce qu'ils vomissaient. Ils étaient recueillis dans une pouponnière hospitalière où on les remettait physiologiquement en état. La pédiatre responsable, en quittant son service à

1. Jenny Aubry, pédiatre des hôpitaux puis psychanalyste après son voyage aux U.S.A. en 1945.

midi, laissait des enfants bien portants. A 14 heures, on l'appelait en urgence pour toxicose ou diarrhée verte... Elle arrivait immédiatement, faisait faire l'examen des selles, voyait que c'était non infectieux... Elle demandait ce qui s'était passé autour de cet enfant... Alors on découvrait que le bébé avait commencé après avoir été témoin d'une dispute entre sa maternante et la surveillante. Le médecin décidait de lui redonner un biberon, qui partait immédiatement en diarrhée; de lui redonner encore un biberon... et finalement, en remplissant, re-remplissant le tube digestif de l'enfant, on le mettait hors de danger. Pourquoi, d'un état non infectieux, passait-il à des symptômes d'infection grave? Parce que son péristaltisme était exacerbé; il parlait avec son tube digestif pour se mettre au niveau de tension du climat affectif de sa maternante, il était à l'unisson avec elle, comme un grand de douze à dix-huit mois pleure parce que sa mère pleure, est gai si elle est gaie. Stimulé par l'intensité verbale et émotionnelle de la personne qui s'occupe de lui, un bébé de quelques semaines y réagit par un péristaltisme suractivé qui le fait marcher à vide, après qu'il a expulsé le contenu du tube digestif. Ce n'est d'abord pas infectieux. Alors, si on lui remplit son tube digestif, on donne à celui-ci quelque chose à triturer, à manipuler, et l'occupation de cette suractivité calme l'enfant, surtout si on lui parle de ce qu'il exprime. Peu à peu l'ordre revient. Plus de diarrhée – la muqueuse ne s'est pas infectée plus. Avant qu'on ait compris ce processus dynamique réactionnel, on mettait à la diète, à l'eau, on « surveillait ».

On ne s'en est pas tenu à ce gavage. Par la suite, on a expérimenté un traitement par la relation parlée qui explique au bébé et à l'adulte soignant leur symbiose fonctionnelle symbolique.

Combien de fois ai-je vu la mère rire à travers ses larmes et me dire :

« Vous croyez qu'il peut comprendre? »

A l'époque où Mme Jenny Aubry découvrit qu'un

climat de tension provoque des troubles digestifs chez les nourrissons, dans les hôpitaux, on ne savait pas qu'on pouvait rassurer l'enfant angoissé en le berçant. Bercer les enfants, c'était des manières de campagne arriérée! Les lits étaient fixes, car il n'était pas prévu d'avoir à les balancer doucement. Or bercer les bébés, c'est les aider à se retrouver imaginairement dans le ventre de leur mère, donc une réassurance apaisante.

J'avais l'intuition de toutes ces choses-là de très bonne heure, mais sans avoir « les mots pour le dire ». Quand j'étais étudiante en médecine, cette approche était encore insolite et on ne rencontrait que quelques « originaux » pour attacher de l'importance à l'angoisse des bébés, et puis il y avait fort à faire pour les enfants d'âge scolaire, ceux qui parlaient, qui bégayaient, qui tiquaient, qui volaient, qui cauchemardaient, fuguaient. C'était, avec les travaux de Piaget, les évaluations de niveau d'intelligence. C'était la conscience, la mémoire, le jugement, l'étalonnage du vocabulaire. Et les trouvailles de Montessori, Freynet et de tant d'autres relativant les conclusions des étalonnages psychotechniques, le rôle de la relation aux maîtres, de la confiance réciproque, de la curiosité personnelle de chaque être humain dégagée de la compétitivité, le respect du chemin et du rythme de chacun par les autres. C'était des démarches très éloignées de la psychanalyse. Celle-ci était plutôt mal vue de ces milieux, mais pour moi, qui pensais en psychanalysée jeune, passionnée, je trouvais leurs travaux très intéressants, et par la compréhension psychanalytique, je tentais d'éclairer le cheminement des enfants par ces techniques pédagogiques, associées au désir vivifiant de maîtres compréhensifs.

Le plus difficile allait être pour moi de ne pas rester isolée, comme une « originale » qui ne parle que pour elle-même. Il ne fallait surtout pas faire avancer les choses trop vite, mais cependant convaincre de jeunes médecins de s'adresser aux enfants très jeunes, même aux nouveau-nés, comme à des êtres de langage.

Tandis que je m'aventurais sur cette voie encore peu sûre de recherche vers la prévention précoce des névroses, et sur celle de la psychanalyse précoce, mes confrères accumulaient patiemment leurs griefs. Et puis quand, beaucoup plus tard, cette approche nouvelle a commencé à intéresser de jeunes collègues, et que j'ai voulu m'adresser à eux, la Société Internationale de Psychanalyse – c'était en 1960 – m'a exclue comme persona non grata.

Le destin était bon pour moi, car cette exclusion m'a rendu grand service. Je pouvais travailler complètement libre. Les responsables de la Société Internationale qui ainsi m'excluaient donnaient trois raisons :

1. Vous êtes intuitive, c'est inutile voire nuisible en psychanalyse.

2. Les gens qui ne vous connaissent pas ont un transfert sauvage sur votre personne.

3. Vous avez des idées sociales derrière votre recherche de prévention qui nous paraissent suspectes de communisme! C'est dangereux pour de jeunes analystes de prendre contact avec vous, bien que par ailleurs nous sachions que vous menez aussi des cures tout à fait classiques. Vous leur donnez des idées... Il faut inculquer une méthode. Plus tard la recherche, mais restez avec nous et publiez, mais ne formez plus de jeunes.

En conclusion, on me demandait de renoncer à communiquer oralement mon travail si je voulais rester dans la Société. Mes pairs avaient à mon égard les réactions de défense que l'adulte a vis-à-vis de l'enfant représentant le danger pour l'ordre admis en cours.

Qu'avais-je donc de si inquiétant?

Je préconisais l'abandon de la médecine que j'appelais vétérinaire, telle que je la voyais pratiquer quand il s'agissait d'enfants. Je préconisais l'abandon du dressage au cours du premier âge, en lui substituant le respect dû à un être humain réceptif du langage, sensible, l'égal en quelque chose de subtil et d'essentiel de l'adulte qu'il contient et prépare, mais il est impuissant à s'exprimer par la parole, il s'exprime en réagissant par tout son être aux joies et aux peines de vivre des êtres de son groupe familial qu'il partage à sa façon. Je voulais faire comprendre la valeur structurante de la vérité dite en paroles aux enfants, même les plus jeunes, concernant les événements auxquels ils sont mêlés, ce qui arrive et modifie l'humeur et le climat familial, au lieu de le leur cacher. Je préconisais de répondre véridiquement à leurs questions, mais aussi, et en même temps, respecter leur illogisme, leurs fabulations, leur poésie, leur imprévoyance aussi, grâce auxquels – quoique sachant la vérité des adultes – ils s'en préservent le temps qui leur est nécessaire par l'imagination du merveilleux, les dires mensongers pour le plaisir ou pour fuir une réalité pénible (si on était plusieurs à croire un mensonge... ne serait-ce pas alors une réalité?). Le vrai a plusieurs niveaux selon l'expérience acquise. Chaque âge ne peut se construire que du savoir, par son expérience. Mais tout savoir n'est qu'une scission entre une question qu'il semble résoudre et une autre qui cherche réponse.

Je travaillais donc de façon « classique », psychanalyste convaincue que c'est la méthode inaugurée par Freud qui est à poursuivre. La remise en question permanente d'un savoir que font ensemble le patient et le praticien au travers d'une cure qui est questionnement permanent que pose le transfert : relation réciproque du patient – affabulée ou réelle – et du psychanalyste qui l'écoute en s'éprouvant pour dépister en quoi il peut induire, lui, cette relation. Et s'il ne l'induit pas en tant que personne, alors c'est par le rôle qu'il joue comme catalyseur qu'il peut aider son patient à décoder un travail énergétique de chimie sentimentale et idéative relevant de la reviviscence de l'histoire de ce patient dans son transfert d'émois refoulés. Cela, qui est le travail classique dans la cure, peut être le même avec des enfants qui parlent et à condition que l'enfant lui-même désire être aidé. Pour ceux qui ne parlaient pas, j'ai recherché ce même mode de travail avec des moyens d'expression autres que verbaux, toujours associés à la parole – dessins, modelages, fantasmes mimés avec des objets (jeu libre) parce qu'ils conduisent l'enfant à revivre son passé en séances dans sa relation de transfert à l'analyste. C'est cette explication du passé réactivé qui est le travail analytique. Quant à l'actuel de sa vie, c'est l'affaire de ses parents, de son médecin, de ses éducateurs – et de lui s'il veut et peut contribuer à les faire guider, le soutenir dans ses visées actuelles. Ce n'est pas le rôle du praticien chargé d'une cure psychanalytique, pas plus d'un adulte que d'un enfant, que de conseiller ses parents ou lui-même en ce qui concerne des actes interrelationnels de la vie présente.

C'est la grande distinction si mal comprise par tant de gens entre la psychanalyse (qui ne concerne la personne qu'à travers l'expérience – fût-il un enfant – de son histoire passée) et la psychothérapie (qui peut prendre toutes sortes de moyens pour l'aide directe concernant ses difficultés actuelles).

La psychanalyse est un travail lent qui – parfois – semble avoir un effet thérapeutique rapide, parfois non et même souvent peu convaincant à court terme. Au contraire, bien des cures psychothérapique donnent des résultats appréciables à court terme, et sans récidives.

C'est une des raisons de la méfiance de tant de gens vis-à-vis de la psychanalyse et de leur moindre défiance vis-à-vis de ces nombreuses psychothérapies plus ou moins justifiées par des théories issues de la psychanalyse et appliquées au moins en ce qui concerne leurs fondateurs par des psychanalystes de formation, déçus de la longueur du travail dans beaucoup de cures dites classiques. Je ne suis pas l'ennemie des psychothérapies; il m'est même arrivé d'en faire. Et cependant, quel que soit le temps donné à une psychanalyse, même interrompue avant sa fin, l'expérience montre que les effets à long terme sont toujours positifs et profitables, non seulement au patient, mais à ses descendants (quand il en aura, s'il s'agit d'un enfant ou d'un adolescent). Au contraire, les effets d'une psychothérapie réussie s'arrêtent avec l'arrêt de la psychothérapie et ne jouent pas un rôle préventif sur l'évolution ultérieure quand l'enfant deviendra adolescent, en activité génitale sociale et parent lui-même. Et puis, il y a les indications. Il n'est jamais trop tôt pour faire une psychanalyse, mais il est parfois trop tard chez des adultes qui ont engagé leur parole et leur responsabilité pour des raisons névrotiques dominantes. Sans parler de repartir à zéro qui n'existe pas (car l'expérience n'est jamais éludable et un échec compris est profitable), une psychanalyse mène le patient à faire peau neuve en quelque sorte, en un temps plus ou moins long, et surtout à donner quitus total à son passé autant qu'à son psychanalyste.

Une psychothérapie touche peu au passé, soutient le patient à sortir de son impasse anxiogène actuelle, à prendre son parti des côtés viables, en les aménageant, de ce qui lui paraissait sans espoir avant d'en avoir considéré tous les aspects avec son psychothérapeute. Le transfert avec le psychothérapeute qui est le nerf du travail est utilisé mais non explicité comme un leurre névrotique qui soutient illusoirement le patient dans la conviction que son psychothérapeute sait pour lui.

Ce rôle du supposé sachant est, au regard du patient, en psychothérapie, tenu par son psychothérapeute (qui utilise sa confiance pour l'aider).

Au contraire, le psychanalyste sait qu'il ne sait rien ou pas grand-chose, et seulement en ce qui le concerne lui-même, en tout cas rien en ce qui concerne son patient. C'est le patient qui sait (sans savoir qu'il sait) pour tout ce qui le concerne (et cela même s'il s'agit d'un enfant, d'un bébé). Le travail qu'ils font ensemble démystifie rapidement l'illusion du patient qui voudrait que son psychanalyste soit pour lui le tout sachant.

Ce qui empêche l'être humain même adulte d'être

un vivant autonome en société ce sont des choses archaïques d'enfance. Il a reçu le langage mais, avant l'analyse, ce qui a pu être dit n'était pas adressé à lui. Garder le silence sous prétexte que le patient est par exemple malentendant n'est pas une attitude psychanalytique, ni garder soi-même son habitus humain. On peut parler à un sourd. Qu'entend-il? Je ne sais pas. Il intuitionne ce que l'on veut lui dire. Et moi j'ai parlé à des sourds également, lorsque j'en ai eu en cure, bien que les sachant incapables de percevoir le son de ma voix, parce que cela m'est naturel de parler quand je communique avec quelqu'un. Mais si un enfant mis en relation avec moi est tout à fait à l'aise, n'a rien à me dire et n'attend rien de moi, je ne lui parle pas. Je n'explique jamais à un enfant qui dessine ce que son dessin traduit. Jamais. Il dessine, bon... Après, s'il me le donne, je lui demande s'il peut et veut raconter son dessin. Parfois, il raconte un fantasme, parfois il énumère : arbre, table, maison, bonhomme... J'enchaîne :

« L'arbre dit-il quelque chose à la table? »

Il répond ou il ne répond pas. La séance suivante, ça sera mieux. Je l'appelle, je l'invite à parler à travers ce qu'il a dit, mais s'il ne parle pas, tant pis, ou tant mieux.

Si je me réfère à ma propre expérience de mère, moi qui ai élevé trois enfants, je me demande quels conflits peuvent perturber la communication au-delà de 7-8 ans. Il n'y en a pas, à partir du moment où on laisse l'enfant vivre autonome en famille pour tout ce qui le concerne, que chacun fait ce qu'il a à faire et qu'on parle avec lui, de tout. De temps en temps, un petit coup de gueule remet les choses en place. « Vraiment, ton désordre... le jour où tu seras prêt, je t'aiderai parce que vraiment il faut pouvoir circuler dans ta chambre et savoir où sont tes affaires... » Il faut, bien sûr, attendre la demande : « Viens, Maman! parce que je ne retrouve plus rien... » Alors, on fait le rangement à deux et puis on convient de recommencer tous les quinze jours ou trois semaines. On met tout en ordre avec entrain et gaieté en se plaisantant l'un l'autre sur ses manies ou ses petits travers. Les mères et les pères en ont autant que les enfants. Quand on rend la vie agréable aux repas, les enfants viennent à table parce que c'est plus amusant que de rester tout seul, on parle de tout. Mais si c'est pour forcer à manger ce qu'ils ne veulent pas, on les en dégoûte. « Ah! ces tripes, c'est ignoble! » – « Eh bien, si tu préfères des œufs sur le plat, va te les faire. » Ils se les font cuire, pourquoi pas? Je n'ai jamais empêché mes enfants de se faire des œufs sur le plat, de manger seulement ce qu'ils voulaient, le jour où je servais quelque chose qu'ils n'aimaient pas. Ils étaient très contents. Il faut dire que, petits, ils ont été habitués à être autonomes dès qu'ils le voulaient. Je n'ai pas connu ces pressions, ces chantages d'enfants dont tant de mères se plaignent : « Si tu ne me fais pas un câlin, je ne mangerai pas » ou : « Je ne me coucherai pas si tu ne me fais pas un câlin. » Il est si simple de dire : « Si tu ne veux pas te coucher, ne te couche pas; nous, nous allons nous coucher. » Chez nous, ça ne durait pas. « Tu n'es pas forcé de te coucher si tu n'as pas sommeil; nous, nous avons sommeil. » Je n'ai pas eu à le répéter trois fois.

Mais il faut bien le dire, la meilleure des préventions n'empêche pas les maladies, les accidents, la souffrance, la mort des êtres qui nous sont chers. Il y a les échecs, les deuils. Il y a surtout des périodes sensibles qui font que tel enfant réagit par la violence ou « encaisse » sans rien montrer sur le moment des événements qui marqueront toute sa vie ou qui, apparemment oubliés, entreront en résonance avec les épreuves ultérieures. Une zone de fragilité ou plusieurs deviennent avec l'âge zone de fracture. C'est une chose de perfectionner l'élevage et l'éducation des enfants. C'est tout à fait autre chose d'entreprendre la cure des névroses et psychoses installées, organisées, déjà chez des enfants.

De même qu'en médecine il y a l'hygiène publique familiale, les vaccinations, l'éradication de certains fléaux pour la santé, mais demeurent des maladies dont les gens qui en sont atteints ont des troubles reconnaissables. Si parfois on attaque directement le pullulement de l'agent microbien pathogène, cela n'empêche que, même dans ce cas-là, les séquelles de cette maladie font que chaque personne qui en a été atteinte est à soigner différemment. Il en est de même pour beaucoup de suites de désordres microbiens.

CHAPITRE III

LES ENFANTS DE FREUD

Actuellement se manifeste une réaction de rejet chez certains écrivains, des femmes surtout, qui voudraient rompre leurs attaches avec l'acquis de Freud, ce qu'elles en ont retenu, sans être analysées. Dans leurs romans, on relève ce leitmotiv : « Il faut sortir de l'image paternelle et de l'image de la mère... Il faut tuer le père mythique et tuer la mère mythique », à première vue, ça ne semble pas du tout contradictoire, puisque, en fait, ce que révèle la psychanalyse, c'est la nécessité, pour être, de dépasser, de se délivrer, donc de « tuer » le père et la mère imaginaires. Mais, en fin de compte, ce que veulent dire ces femmes, c'est qu'il faut se débarrasser du concept de l'Œdipe et amorcer des relations nouvelles avec les enfants, comme avec ses parents, qui soient, disent-elles, beaucoup plus chaleureuses, détendues, moins conflictuelles, etc. A quoi peut correspondre cette revendication, cette préoccupation de se détacher de tout cet acquis culturel comme si c'était une sorte de conditionnement? De la même façon, semble-t-il, les féministes ont eu, un certain temps, pour cheval de bataille que la douleur de l'enfantement était uniquement due à des réflexes conditionnés, parce que la tante, la grand-mère avaient dit : « Ah! ma petite, tu souffriras en couches, etc. » et de conclure : En fait, tout le destin de la femme, même ses viscères, etc., tout cela est finalement un immense bourrage de crâne multiséculaire qui nous a conditionnées. Et de soutenir qu'on peut arriver à se délivrer de tout ce fatras et créer la femme nouvelle. Maintenant, c'est la nouvelle mère, c'est le nouveau père, c'est le changement des relations entre enfant et père et mère.

C'est un leurre d'intellectuel. Comme s'il suffisait de faire acte de volonté, de décider un beau matin que Freud c'est un héritage culturel que l'on refuse! Quand ces femmes de lettres annoncent qu'il faut tuer le père mythique, elles l'expriment consciemment, alors que la psychanalyse découvre que ce sont des processus inconscients. Leur rejet, c'est seulement un reniement du discours de la psychanalyse, ou de ce qu'elles en ont retenu, plutôt qu'un véritable affranchissement de ces processus souterrains dont la psychanalyse sait qu'ils sont à l'intérieur de chaque être humain, et surtout inconscient.

En nier l'existence ne prouve pas que ça n'existe pas et qu'on se soustrait à l'Œdipe. Pour conduire son enfant à tuer le père mythique, il suffit qu'au fur et à mesure de sa croissance, le père soit vraiment réel. L'enfant n'a pas besoin d'en avoir un mythique, puisque le père est vraiment là. Quelle erreur commettent bien des intellectuels dits libérés en se faisant appeler par leur prénom! Que les adolescents ne disent plus « Papa » comme un bébé, c'est indispensable, mais « Père », et si le père l'appelle « Fils », il s'affirme comme le père réel. Pour tuer le père mythique, il faut qu'il y ait davantage de réalité paternelle. Et pour la renforcer, il est tout à fait vain et même contre-indiqué de nier la relation génétique, et par elle le pouvoir de désillusion de l'un vis-à-vis de l'autre; le jeune prend son père comme modèle de lui, et le père prend le fils comme représentant de sa génitude. C'est du narcissisme partagé. Il est fier de sa semence si le fils réussit. Mais il se sent impuissant si le fils est en situation d'échec. Comme si le fait d'avoir mis au monde un enfant qui n'est pas valable à ses yeux voulait dire qu'il est impuissant génital. Il pense : « J'ai fait une merde. » C'est ce qui se passe avec les parents qui ne sont pas satisfaits de leur enfant : quand il ne suit pas bien à l'école, l'enfant reçoit l'angoisse de ses parents.

« Tout le monde voit que je suis un pauvre type, puisque mon fils est un pauvre type. » Ce rapport narcissique et œdipien ne sera pas aboli parce que le garçon appellera son géniteur « Jules », au lieu de « Père » ou « Papa ». La même relation se retrouve entre enseignant et enseigné : le professeur est furieux d'avoir un mauvais élève, puisque cet échec veut dire qu'il est mauvais professeur, surtout s'il perçoit que cet élève est, par ailleurs, un enfant intelligent. « Bon à rien », « Sans avenir », écrivaient les professeurs du jeune Einstein, mauvais élève, anticonformiste.

C'est la condition de l'être humain de chercher à imaginer sa puissance sur l'autre qui ne correspond pas à son désir. Cette limite de pouvoir fait notre souffrance. La psychanalyse apporte une lucidité nouvelle sur la vérité des liens entre les humains engendrés et engendreurs. Mais, au lieu d'accepter cette vérité, les gens veulent la nier et en éviter la souffrance. Mais il faut y passer, par cette souffrance. Un père ou une mère ne peuvent pas éviter de souffrir de leur impuissance à donner à l'enfant ce qu'il demande, ou ce qu'ils croient qu'il demande... Ils voudraient absolument que leur enfant les satisfasse, et il faut absolument qu'ils vivent cette déception. Ils agissent d'abord comme si c'était un être à modeler. Seule une souffrance leur apprendra à respecter le fait de la vie qui est dans cet enfant.

Ce qui est symptomatique dans la réaction de ces romancières, c'est qu'elles sont exaspérées par l'emprise, qu'elles ont sans doute expérimentée elles-mêmes, du père dans la vie d'une femme... Qu'elles souhaitent que, par le changement de la société et par le fait d'avoir des échanges plus véridiques, plus vivants, le père mythique soit à ce moment-là dominé, effacé par le père réel, cela se conçoit fort bien... C'est une juste envie de voir que les générations soient un peu moins captives de cela... Mais nier le conflit. Et prétendre supprimer la souffrance est un leurre dangereux. Comme d'aggraver systématiquement (à l'instar d'Hervé Bazin) la lutte entre les parents et les enfants, sous prétexte qu'il y en a une, c'est tout aussi pathologique...

Il y a eu des excès dans ce sens-là. Une mode chasse l'autre. On a mal digéré toute une littérature qui était bien mal teintée de freudisme, ce qui fait que maintenant on a l'impression qu'il faut se délivrer d'hypertrophie de l'Œdipe.

Or la littérature, elle ne peut qu'être narcissique, puisque n'écrivent que des gens qui souffrent de désirs qu'ils ne peuvent pas satisfaire et qui les satisfont par le fait d'écrire leurs fantasmes.

Il y a une véritable inflation des souvenirs d'enfance. Tout le monde écrit sur son enfance imaginaire et la donne pour autobiographique. C'est cette mode qui, peut-être, crée un effet de saturation et conduit des romanciers en mal de nouveauté à chercher autre chose, au risque de verser dans l'excès inverse.

L'ennui est qu'on n'écrit pas de la bonne littérature en faisant de la psychanalyse comme on ferait du roman historique ou du roman à thèse. Le grand romancier en fait sans le savoir. Inconsciemment. Il n'y a rien de plus – *La Comédie Humaine*, c'est un exposé de la dynamique de l'inconscient des humains. Relire *La Peau de chagrin, Les Illusions perdues, Splendeurs et Misères des Courtisanes, Le Père Goriot...* De même, Zola et certains auteurs qui ont conté la saga des familles, comme Jules Romains : c'est un exposé psychanalytique. Et aussi l'histoire de J.-P. Chabrol sur les gens de 1935-36 : les chroniques régionales sont une initiation au jeu inconscient des influences réciproques dans la vie, dans la mort, dans la maladie, dans les délinquances et les réussites sociales, de tout ce qui aujourd'hui s'éclaire par la psychanalyse.

Si on voulait analyser psychanalytiquement ces œuvres, on trouverait des vérités, et très rarement des erreurs. Pourquoi cette exactitude? Parce que ce sont de vrais romanciers qui ne se piquent pas de comprendre des théories analytiques, et qui se contentent de décrire finement avec une très grande réceptivité les rapports de désir et de force tout en n'en voyant pas les interférences. Ce sont des jeux menés en dessous. Si, sur une terre aride, apparaît une végétation, c'est parce qu'il y a des courants d'eau souterrains, qu'on ne voit pas. Toute la géographie de la surface est explicable par le sous-sol. Et c'est simplement cette « profondeur de l'être » que la psychanalyse a éclairée en analysant dans le temps croisé au développement des enfants les rencontres signifiantes, vitalisantes et dévitalisantes des idées et des émotions, ou des perceptions et des mots qui les validaient.

La psychanalyse est avant la lettre dans Eschyle et Sophocle.

Si Freud y a pris le complexe d'Œdipe, c'est parce que c'est éternel; son rapport original c'est d'avoir trouvé, d'une part, les lois et, d'autre part, une méthode pour que les mutilations, les aberrations, les freinages puissent, en se parlant, parfois rétablir la dynamique d'un individu à son service. C'est tout. Mais il n'a pas changé la réalité des faits. La psychanalyse, comme la science, ne fait que découvrir ce qui existait avant et qu'on ne savait pas encore. Qu'on ne dise pas que ça culpabilise! Cela déculpabilise plutôt, puisque, comme l'on peut prévoir, on éveille un sens de responsabilité, mais pas de culpabilité au sens « J'ai agi mal », non! Connaître une vérité, ce n'est pas la même chose que d'apprendre qu'on a fait une faute. C'est sortir d'un état d'ignorance pour entrer dans une période de recherche et celle-là n'est jamais acquise.

On ne sait jamais quel est le début. Ça peut être au XVIe siècle, un grand-père ou une grand-mère incestueux. On porte tout cela, et à partir du moment où un certain effet névrotique s'est installé, des lésions, etc., si on en connaît les distances, on les admet; on sait qu'on a peut-être une prise pour ne pas persévérer dans cette erreur, dans ce chemin, on peut peut-être améliorer les choses; en tout cas, ne pas les aggraver. Cette conscience qu'on est responsable n'est pas accablante. Ce qui est fait est fait, on est construit par ce qui s'est passé, mais on sait qu'on a peut-être une prise pour ce qui suit, pour le développement de son enfant, ou de soi-même.

En fait, tout revient à l'angoisse; de toute façon, il est impossible de vivre sans; il s'agit de vivre avec, de manière qu'elle soit supportable; elle peut même être créatrice.

Dans les sciences dites de l'homme, la psychanalyse peut éclairer la dynamique de l'inconscient de ce qui relève de la médecine, de la psychologie, de la pédagogie, de la sociologie et de l'ethnologie. Mais chacune de ces sciences garde sa spécificité : et si la psychanalyse met en question le sens, la finalité, les échecs ou la réussite de ces sciences, elle ne peut jamais donner réponse quand il s'agit de l'angoisse humaine et de ses aménagements, mais aussi quand il s'agit des joies humaines, d'espérances, de créations, en tant que science fondée sur l'observation empirique des interrelations émotionnelles. La psychanalyse permet d'élaborer des hypothèses concernant le comment mais jamais le pourquoi du vivre et du mourir. La psychanalyse n'est ni une métaphysique ni une science occulte!

Si le langage obscur de l'inconscient, qui réunit tous les êtres humains, qui les associe, qui les structure, qui les tisse les uns aux autres, n'est pas dit, c'est le corps qui parle ce langage. Toute la pathologie est psychosomatique chez l'enfant, et elle continue encore de l'être chez l'adulte dans ce qu'« il » ne peut pas « se » dire.

Pourquoi la musique est-elle, pour ceux qui l'écoutent, une psychothérapie? C'est qu'elle est déjà une symbolisation des émois et des échanges entre humains, dans un code artistique, qui n'est pas un code fixé comme un langage, mais qui traduit des émois d'une personne à une autre. Le pré-verbal, c'est déjà du symbolique. Et c'est un échange. C'est l'expression de l'être humain qui ne peut pas encore parler : l'enfant parle par sa mimique, et si la mimique n'est pas « entendue » comme étant une réponse à ce qui est en jeu autour de lui, sa manière à lui d'écouter et d'apporter sa signifiance dans l'ensemble de ce qui est dit à ce moment-là est de le jouer avec son corps, au risque d'entamer en lui ce qui est humain et de survaloriser l'animal. Et l'animal, ce n'est pas humain, ce sont les pulsions de mort (dans le sens de mort du sujet du désir et vitalité de l'individu anonyme de l'espèce en tant que mammifère de l'espèce, mais pas sujet de langage). Le désir est un désir de communication interpsychique chez les humains et c'est cela le langage. Et l'inconscient est tout le temps dans le langage, à condition que celui qui s'exprime soit spontané.

Quel est donc le langage que l'enfant entend? Il n'entend (dans le sens d'entendement) qu'un rituel nutritif d'entretien de son corps, si on ne l'introduit pas dans le langage des sentiments, des idées par des paroles qui les lui expriment. Les animaux mangent quand ils trouvent à manger, mais les petits humains peuvent rester fixés au rituel alimentaire. Et celui-ci, établi par le groupe, par le savoir médical, peut détourner le sens symbolique des échanges nourriciers. La mère n'écoute plus l'appel de son bébé depuis qu'on lui inculque la règle pour tous : il « faut » nourrir tout enfant toutes les trois heures, parce que la science dit que c'est toutes les trois heures. Au sein, il était nourri quand il avait faim; avec le biberon, tout a été régularisé et normalisé. Cela appauvrit le langage des sentiments. Avec la nourriture pour les bébés – en petits pots – toute prête et où tous les aliments sont passés au tamis, l'hygiène est sauve! Mais l'attente gourmande, l'observation de la mère affairée à préparer, puis à présenter le plat inventé, pensé, cuisiné par elle dans l'odeur particulière des légumes et des fruits qu'elle épluchait en en parlant à son enfant... Tout cela qui charmait les sens de l'enfant après le sevrage et qui personnalisait la relation mère-enfant aux abords des repas, tout cela riche de sens symbolique est, dans les pays industrialisés, en train de disparaître. Fast food!

CHAPITRE IV

LA SECONDE NAISSANCE

L'ÊTRE HUMAIN À L'ÉTAT D'ENFANCE

LE désir qui habite l'organisme d'un spécimen humain à l'état d'enfance est d'atteindre, par sa croissance, à la maturité. L'objectif, si tout se passe bien, c'est de procréer afin que sa mort laisse du vivant. C'est l'universelle loi des individus des espèces vivantes. L'imaginaire de l'être humain, d'une puissance énorme, est en langage dès le début de sa vie, dès la vie fœtale et dès la vie nourrissonne. A tort, nous croyons, nous adultes, que l'enfant ne peut comprendre le langage que s'il en a la technique expressive grammaticale orale. En réalité, il intuitionne la vérité de ce qui lui est dit, peut-être comme des plantes dont on dit qu'elles ressentent l'affectivité des personnes qui sont présentes, si elles sont des personnes qui seraient nuisibles à une plante ou des personnes qui aiment les plantes. Des expériences montrent qu'on ne trompe pas les plantes. Le botaniste expérimentateur approche avec des ciseaux, sans intention d'agresser la plante, celle-ci ne croit pas le geste et ne se ratatine pas. Et celui qui méprise la plante, qui marcherait dessus, elle le sent, même s'il n'a rien en main. L'expérimentateur dit : « Je vais te brûler »; elle sait que ce n'est pas vrai et que ce sont des paroles; elle ne le croit pas. Et ça rejoint justement la compréhension de l'enfant vis-à-vis de son père ou de sa mère; en fait, de l'adulte qui est autour : l'adulte peut lui dire des choses agressives en mots, il ne les croit pas quand il ne sent pas l'agressivité destructrice rejetante de cet adulte; ce sont des mots, mais qui ne sont pas vécus. C'est curieux. Recevoir une gifle de quelqu'un de qui on se sait estimé et aimé n'aura pas du tout la même valeur que de recevoir une gifle de quelqu'un qui vous méprise. Il en est de même pour des gestes et des paroles « gentilles » mais vides d'éprouvé réel. L'enfant a l'intelligence de la vérité, en tout cas de la sincérité des échanges affectifs. Si un adulte agresse physiquement un enfant, c'est qu'il est sans parole à son égard; il ne le considère pas humain. Si nous méprisons le végétatif qui est en nous, c'est parce que nous avons donné une inflation à l'intellectuel et à l'opérationnel : on se sert d'une plante pour la couper, pour faire beau dans un jardin, etc., cette plante craint ce jardinier... mais celui qui n'agresse pas la plante pour son propre plaisir, elle ne le craint pas.

Il y a dans l'enfance, à la période apparemment végétative puisqu'elle n'est pas encore motrice, du nourrisson, ce même style de compréhension par rapport aux intentions profondes de l'adulte, par rapport à ce qui, dans l'adulte, a été enfant et a respect de l'enfant.

L'homme à sa naissance est déjà lui-même, entièrement, mais sous une forme où tout est en advenir. Les choses se réaliseront petit à petit, s'exprimeront plus tard, selon ses rencontres formatrices. Mais tout est là, et il mérite donc d'être respecté au même titre que s'il avait 50 ans d'expérience, d'autant plus que les années peuvent dégrader et abîmer les richesses d'origine.

Dans l'histoire de l'enfant sauvage [1] dont Truffaut a fait un film, il y a un enseignement à tirer : du fait que l'enfant n'a pas eu les échanges avec l'adulte depuis le début de sa vie, la communication ne se fera jamais. Truffaut a bien représenté Victor sous l'averse, comme

1. D'après Victor de l'Aveyron.

s'il avait des rites religieux avec la pluie; il est en communication langagière et symbolique avec des forces cosmiques, comme s'il était un végétal qui jouissait de recevoir la fécondité par la pluie. A ce moment-là, il semble atteint de folie : il est fou pour nous parce que son système symbolique est différent du système symbolique qu'on enseigne aux enfants.

On dit : « J'ai reçu une dégelée », « Il est tombé des hallebardes », enfin, on a tout le temps des images comme celles-là qui sont des images où le cosmos représente les humains. Tout enfant a un langage, il s'exprime, il a des amis dans la nature; il ne les a pas toujours chez les humains. C'est un être de communication, depuis l'origine de sa vie, et, n'ayant pas eu d'humain mais ayant survécu à cette absence de protection, il a continué d'être un être de langage. Cette fonction symbolique est utilisée par les humains qui donnent leur code à l'enfant parce qu'ils le protègent. Mais je crois qu'on n'a pas assez vu que, quel que soit l'être humain, quel que soit son niveau d'âge ou son niveau de comportement, c'est toujours un être intelligent, animé tous les instants de son état de veille par sa fonction symbolique et sa mémoire.

POURQUOI LA VITALITÉ DE LA JEUNESSE FAIT-ELLE PEUR?

Le travail qui s'ouvre devant nous depuis qu'on a compris ce qui se passe dans l'inconscient nous découragerait à l'avance si on ne pensait pas à la relève des générations suivantes. On a l'impression de déboucher sur une anthropologie tout à fait nouvelle : l'homme n'est pas du tout ce qu'il croyait être, et l'enfant n'est pas ce que les adultes croient qu'il est. Les adultes refoulent en eux l'enfant, alors qu'ils visent à ce que l'enfant se comporte comme ils le veulent. Ce sens éducatif est faux. Il vise à faire se répéter une société pour adultes, c'est-à-dire amputée des forces inventives, créatives, audacieuses et poétiques de l'enfance et de la jeunesse, ferment de renouveau des sociétés.

Singulière espèce qui, à l'âge adulte, ne veut pas évoluer par crainte de la mort et qui a peur instinctivement de la vie.

Parce que nous avons peur de la mort, nous nous cramponnons au fait d'être vivants par la seule conservation du corps, cet objet connu, alors que la vie est beaucoup plus que ce corps. Cette peur empêche la vie. On a peur d'être tué, d'être remplacé, d'être supplanté, d'être fini, mais ce faisant, on s'étrique soi-même en étouffant son enfant, l'enfant que l'on a été et qu'il représente, et qu'on n'a jamais pu être assez complètement pour accepter d'y avoir renoncé soi-même. Seuls les quelques individus qui, dans leur histoire, arrivent « à ne pas laisser en eux mourir l'enfant » réussissent à créer quelque chose et faire avancer les choses, par des sauts, des découvertes, des émotions qu'ils apportent à la société, ils ouvrent une autre fenêtre, une autre porte. Mais les plus inventeurs, les plus innovateurs sont des isolés, des marginalisés, et toujours menacés de psychose. Du reste, on le voit : il y a toute une littérature, tout un discours sur folie et génie. Finalement, la société a inscrit dans l'inconscient, en tout cas dans le subconscient, cette idée que l'artiste est suspect, le chercheur aussi. Il y a une vision pathologique de l'art et de la science, quand elle est créatrice. Les gens sont très prompts à dire : « Cet inventeur est fou. »

Quel fou, quel schizophrène devait être Archimède! Tout le monde a pris son bain, tout le monde a eu la sensation d'un bras facile à soulever, ou d'un effort facile ou difficile à faire dans l'eau... Mais jamais personne n'avait regardé son bras comme une chose qui pouvait être un objet complètement autre qu'appartenant à son corps et ainsi se faire une idée du calcul de la force que son bras recevait... Pour ça, il fallait qu'il puisse à la fois ressentir son bras et à la fois le considérer comme un objet partiel quelconque qui aurait pu être celui du voisin. C'est extraordinaire d'avoir découvert ça! Quelle image de son corps avait-il quand il était dans le bain pour avoir pu s'en détacher à ce point? Depuis des milliers d'années, des hommes avaient cette expérience et n'en avaient jamais rien déduit. Les corps flottent... oui, mais c'est la mesure calculable de la masse qui est scientifique. On peut penser alors que cet être « mutant » a dû être négligé par sa mère pour ne pas connaître son corps du tout! pour que ça lui soit bien égal que son bras, que sa main soit un objet partiel. Son cerveau réfléchissait à ce corps dans l'espace comme s'il avait été en morceaux. Archimède... un cas?

LA DOUBLE NAISSANCE

Pour communiquer avec les enfants du premier âge, des générations de mères ont cru bien faire en imitant le « parler bébé ».

Le « parler bébé », c'est de la non-communication. Durant le premier âge, les mères ont tendance à avoir à l'égard des bébés le même langage que les gens réservent aux animaux de compagnie : on parle de l'animal de compagnie, on ne lui parle pas. Il y a plus. Certaines personnes parlent plus facilement à un chien ou à un chat qu'à un enfant. Je pense que ça vient de ce que, pour nous structurer adultes, nous sommes obligés de refouler tout ce qui est de l'enfance. Etre fascinés par un passé complètement caduc pour nous, ce serait comme de parler au fantôme de nous-mêmes. Alors, nous nous abstenons de le faire. Nous refusons de parler à nos bébés, et cependant, en les voyant, nous nous identifions à notre mère quand nous étions bébés. C'est spontanément ce que font les parents, ils s'identifient à leurs propres parents, en même temps qu'ils s'identifient au bébé. Ils sont une relation narcissique avec eux-mêmes dans un bébé « imaginé » au lieu d'être une relation à ce bébé dans la réalité. Et cette relation avec eux-mêmes, ils l'objectivent en ayant une relation avec un autre adulte, avec qui ils parlent de l'enfant sans lui parler à lui-même.

Que se passe-t-il lorsque nous évoquons notre enfance?

On entend souvent des gens parler d'eux-mêmes, disant par exemple : « Ma petite fille, tu vas t'arrêter de fumer. »... Ou encore : « Je me suis dit : qu'est-ce que je vais faire dans cette situation? » Il y a beaucoup de gens qui parlent d'eux en se tutoyant; il est plus rare que l'on parle de soi en disant « il », mais cela arrive.

Une fois, nous avons eu quelqu'un à dîner; nous lui offrions de reprendre d'un plat, et il nous a répondu (c'est un artiste) : « Non, il a assez mangé... Je ne veux pas qu'il en reprenne. » Ce n'était pas par plaisanterie. Pour lui, c'était un moyen efficace pour ne pas trop manger.

Les hommes publics sont tentés de parler d'eux à la troisième personne dès que leur popularité entre dans la légende. Tel de Gaulle qui parlait ainsi de lui : « De Gaulle se doit à la France... » Des écrivains célèbres s'inventent même des pseudonymes (Gary-Ajar) qui leur permettent beaucoup plus facilement de parler d'eux comme étant une autre personne. Si on parle de soi au passé, il serait plus sain finalement d'en parler comme d'un autre... d'en parler à la troisième personne.

Si je dis : « Quand j'étais enfant, je faisais des bêtises », ou : « Quand j'étais enfant, mes parents me trouvaient très vivante au milieu des autres petits enfants... », je parle de moi au passé, ce n'est pas moi de maintenant. On ne peut pas parler au présent de soi dans le passé. Nous n'arrivons pas à parler au présent à l'enfant, puisque nous parlerions à l'enfant qui est en nous à l'imparfait. C'est pour cela qu'on peut parler à un chien, parce que nous avons un présent qui est muet et que nous considérons comme un animal domestique de nous-même, qui est à notre service comme notre corps est à notre service. Et nous parlons à l'animal domestique... « Tu n'es pas content... » comme à une partie de nous qui ne serait pas contente. Mais à l'enfant auquel nous nous identifions dans le passé, nous avons de la peine à parler « vrai » : en le considérant aussi intelligent que nous, et plus bien souvent. Nous ne pouvons pas l'admettre. Toujours cette confusion de la valeur avec la force, du manque d'expérience avec la sottise, de la raison avec le pouvoir d'intimidation.

Lorsqu'on sort d'une analyse, on rétablit le rapport exact entre le moi présent et le moi enfant, la bonne distance.

C'est plus qu'une distance. A soi-même, présent et encore plus passé, on n'est plus intéressé du tout. C'est surtout ça qui, à mon avis, a été le principal des résultats de mon analyse : mon passé ne m'intéresse plus du tout dans ce que j'en ressentais. C'est comme des photos : de temps en temps, on y pense... en famille. Mais soi-même... c'est mort. Ce n'est « ressuscitable » que parce qu'il y a d'autres personnes autour, comme des témoins devant lesquels on a vécu telle chose. C'est devenu « historique ». Il arrive quelquefois que vous rencontriez une personne de la famille qui vous parle de quand vous étiez enfant, et qui vous dise : « Mais tu avais l'air de penser, quand les gens étaient ensemble, tu faisais de grands yeux... Tu te taisais et on disait : Mais qu'est-ce qu'elle pense derrière sa tête, etc. » Je n'ai aucun souvenir que je pensais quelque chose, mais comme les gens me le racontent, je suis avec eux, par leurs dires, témoin de moi enfant, et j'admets que je devais être comme cette petite fille que les photos montrent. Pour moi, ce sont des petites traces de souvenirs joyeux. Il se peut que certaines personnes gardent de mes expressions des souvenirs plus souffrants. Mais moi, non. En tout cas, je ne me souviens pas de la joie; je n'ai que le souvenir d'avoir été proche témoin d'un moment de vie; une personne qui devait être moi était joyeuse. En revanche, l'odeur de printemps, le réveil de la nature pendant les vacances de Pâques, qui se passaient à la campagne... certains orages de Paris au mois d'avril... Je m'en souviens avec une sensation très précise : la surprise joyeuse que ça puisse exister. C'est tout de même relié à ce que je suis maintenant, et je m'y éveille par moments. Si c'est l'unité retrouvée entre l'enfant et l'adulte qui sont en soi-même, ce moment-là se vit peut-être vraiment au présent. Dans la sérénité de la réconciliation avec soi-même. Quand on dit que l'on recherche une unité, je crois que c'est celle-là. Il ne faut pas la confondre avec celle que les gens croient avoir eue à la vie fœtale, avec leur mère. Illusion. Elle n'a jamais existé. Ils n'ont jamais eu la fusion avec leur mère : l'œuf avec ses enveloppes dans le ventre d'une femme, ce n'est pas l'unité, et il n'y a pas eu unité de perception; il y a eu contamination chimique et physique, bien sûr : la chaleur de la mère fait la chaleur du fœtus; la vie de la mère, la vie du fœtus; le sucre dans le sang de la mère nourrit le sang du fœtus; c'est une communication physiologique, des perceptions auditives qui sont celles de l'extérieur, en partie celles de la voix de la mère, mais il n'y a jamais de fusion... l'unité que soi-disant on cherche avec la mère, je ne crois pas que ce soit avec la mère. Mes souvenirs me ramènent avec émoi à des sensations qui sont d'ordre respiratoire et d'ordre olfactif, et qui sont liées au cosmique. Je me demande si ce n'est pas la

vraie personnalité qui est détachée de l'histoire relationnelle avec la mère et le père. A ce moment-là se
libère la sensibilité particulière que l'on a dans la
relation avec le monde, enfin dépouillée de tout le
reste. J'ai des souvenirs associés à d'autres personnes.
Comme je ne suis pas une enfant unique (j'étais la
quatrième de sept), il y avait du monde autour de moi.
Mais moi, ce que je ressens, moi, ce n'est vraiment que
moi. Et les personnes qui sont là, peut-être, l'ont
ressenti, mais ça ne s'était pas communiqué. Elles ne
me disaient pas : « Comme je jouis du printemps... »
Des sensations qui n'ont jamais été dites et qui étaient
partagées sans doute. Alors, il y a d'autres personnes
que moi qui l'éprouvent à d'autres moments de la vie
actuelle, quand quelque chose de la géographie physique, du temps, me le fait ré-éprouver... Et je me
retrouve la même que dans ma petite enfance à ce
moment-là, j'éprouve sans doute une réminiscence,
c'est comme un flash sensoriel.

Chacun de nous a quelques petits souvenirs de son
narcissisme regonflé. Et c'est certainement plus fragile
si cette résurgence est due à la retrouvaille et aux dires
de tierces personnes que si elle est due à celle d'un
espace géographique et d'un événement climatique ou
cosmique. Là on peut le retrouver semblable ou
presque, tandis que les personnes, telles qu'elles
étaient, sont perdues.

*Au fond, la condition de l'être humain ne serait-elle
pas de se délivrer des marques et des traumatismes de
la vie fœtale, puisqu'on est obligé de prendre en charge
le passé, le vécu des ascendants?*

Comme nous en sommes structurés, nous ne pouvons pas nous en délivrer. L'enfant qui naît en 1981
n'est pas le même que celui de 1913, ou 1908. Ce n'est
pas le même enfant français, sur la terre de France... Il
a le passé de ses parents qui n'est pas le même et qui
l'a formé en capital pré-sensoriel à développer, comme

une photo à développer qui est en lui. Et c'est cela, dans sa sensibilité, qui existe au départ. On ne naît pas Cro-Magnon, la mémoire comme une cire encore vierge. Pas du tout. Tous les souvenirs de nos parents, de nos ancêtres sont inclus en nous. Nous sommes, en notre être, représentants d'une histoire, même si nous ne le savons pas, à partir de laquelle nous allons nous développer.

Il y a tout un cycle d'épreuves à traverser avant de pouvoir véritablement épanouir, libérer ce que chacun a d'unique, de spécifique, c'est-à-dire de singulier à chacun de nous.

Pour le comprendre, il faut faire la comparaison entre quelqu'un qui a eu un destin continu, élevé par ses géniteurs devenus des parents tutélaires, éducateurs, et quelqu'un qui a été abandonné par ses géniteurs dont il ne connaîtra jamais le visage ni l'histoire. Il en est le représentant et il n'a jamais eu de mots ni de présence de gens qui lui ont présenté le lien qui le joint à ses deux lignées. Et c'est là qu'on s'aperçoit qu'il n'est pas comme un Adam, du tout, bien qu'il n'ait pas connu de parents. Il est vraiment de son temps, même tout bébé : il est le résultat d'une histoire de ses parents, qui ne peut par personne lui être dite avec des mots. Et c'est cela qu'il ne peut pas dépasser. D'où le drame profond des enfants abandonnés, même ceux qui ont été adoptés. Même dans le cas où on retrouve un nom sur une tombe, ou l'endroit où ce géniteur et cette génitrice sont morts, on ne retrouve pas l'histoire. S'il retrouve ses géniteurs tardivement, ils ont une histoire qui est étrangère à celle de l'enfant qui n'en a pas été complice, et eux n'ont pas été complices de son histoire quand il était petit. Que peut dire une mère, un père à son enfant qui les retrouve quand il ou elle a soixante ans et lui vingt ou trente ans : « Ah! comme tu ressembles à ton père (ou au mien)! » ou : « Comme tu ressembles à ta mère, à ta tante, à ta grand-mère! » Il ou elle va lui parler de sa ressemblance physique avec des gens de son histoire, mais il ou elle ne peut rien dire d'autre.

L'Œdipe des enfants abandonnés ne peut pas vraiment se résoudre, parce qu'ils restent prisonniers d'une énigme.

Chacun de ces enfants est prisonnier d'une énigme. Il résout un certain Œdipe qui a pris comme pion représentatif les personnes qui l'ont élevé. Mais il est toujours à la recherche de ses géniteurs et de ses frères. La preuve en est ce fantasme qu'ont tous les enfants abandonnés ou adoptés : celui du risque de devenir à leur insu amoureux de leur sœur – ou de leur frère. Cela les induit à chercher un conjoint dans des régions éloignées de celles où ils sont nés, c'est-à-dire où leur mère a accouché. Le tabou de l'inceste pèse sur eux. Ils ont peur que, si quelqu'un leur est sympathique, ce soit leur frère ou leur sœur. Et, pour être sûrs de ne pas être incestueux, ils choisissent quelqu'un de tout à fait étranger à leur région d'origine. Donc, l'Œdipe est là, enfoui quelque part.

Quel que soit le vécu propre de l'individu, même s'il n'a pas eu de stress prénatal ou de complications néo-natales, tout passage de la vie fœtale à la vie aérienne est en soi un traumatisme, quelque chose comme l'épreuve initiale dont on ne se remet jamais tout à fait : c'est le deuil du placenta, première en date de nos « castrations », partitions douloureuses irréversibles.

C'est une partition d'une partie fondative de notre métabolisme, la perte des enveloppes amniotiques et du placenta. On ne peut s'en remettre qu'après beaucoup d'épreuves et d'initiations. Et toutes ces mutations ne se feront que sur le modèle de la naissance. Quand on a mon âge et qu'on a connu beaucoup d'enfants, quand on a su comment ils sont nés, le processus de leur accouchement, de leur apparition au monde, on peut dire que chaque fois qu'ils ont eu une mutation dans leur existence, elle s'est passée de la même façon que leur naissance. Je parle d'enfants qui n'ont pas été chimiquement ou agressivement accouchés, qui ont eu un accouchement spontané. Aucun être humain ne naît de la même façon. Je citerai cette mère qui avait eu sept ou huit enfants à l'époque où on n'était pas sous « monitoring » (maintenant les accouchements sont absolument mécaniques et scientifiques) : « Moi, je sais, tel de mes fils est né de telle façon, eh bien, il va passer l'épreuve de onze-douze ans de la même façon. » Bien d'autres mères m'ont parlé dans les mêmes termes. Et d'ailleurs, elles s'impliquaient elles-mêmes, disant : « Je suis anxieuse du tournant qu'il faut qu'il (ou elle) prenne, mais je ne m'inquiète pas parce que j'étais anxieuse au moment de sa naissance et ça a très bien marché... avec lui (ou elle), je suis anxieuse à chaque fois qu'il va y avoir un tournant dans sa vie. » Quand ils étaient devant une difficulté, ces enfants se comportaient de la même façon qu'ils avaient négocié le passage de la vie de fœtus à celle de nourrisson.

Lorsque l'on voit des individus prendre des tournants importants, des changements de vie radicaux, avec une sorte d'inconscience ou de tranquillité, c'est qu'ils ont probablement eu un accouchement plus facile que d'autres, sans heurts, sans douleur.

Il est dans la condition de l'homme de ne pouvoir véritablement épanouir sa personnalité que dans une seconde naissance. L'Evangile le dit. Les gens croient que c'est un parler mystique, alors que c'est, en fait, le processus d'humanisation, tout simplement. La première naissance est une naissance mammifère, le passage d'un état végétatif à un état animal, et la deuxième naissance est le passage de l'état de dépendance animale à la liberté humaine du oui et du non, une naissance à l'esprit, à la conscience de la vie symbolique. Ce serait ça la mutation qui aurait fait de ce mammifère supérieur un être humain, cette spécificité à avoir une double naissance, le risque de la mort suivi de transfiguration.

La première naissance nous sépare de ce monde de communication que nous les adultes nous ignorons et que peut avoir le fœtus. C'est aussi la naissance au langage qui se fait avec la césure du cordon ombilical. La deuxième naissance, sans laquelle nous n'arriverons pas à être vraiment nous-mêmes, c'est ce qui nous fait replonger dans l'avant-code avec les parents pour retrouver notre nature, mais notre nature avec l'élément de la culture qui a codé le langage. Cette parole de l'Evangile : « Si vous ne devenez des petits enfants... » s'éclaire. En même temps que nous vivons notre relation à l'autre, logique, nous référant au sens des mots, nous vivons aussi sur un autre registre une relation à laquelle nous ne faisons pas attention, du domaine de l'inconscient, et celle-là a toujours existé. Mais on ne retient, dans le langage courant, que ce qui est logique, repérable, dans les échanges avec les gens. Or, il y a beaucoup d'illogique entre les gens qui communiquent, mais nous ne le savons plus. Et il faut renaître à cette acceptation, à cette intelligence de l'illogique, parfois beaucoup plus dynamique que ce qui est logique et qui y existe. Le langage clair porte, quand il est spontané, en même temps que son dire manifeste, un dire latent, le langage de l'inconscient. On pourrait dire que la deuxième naissance sert à faire le deuil vrai de la première naissance, en tant que mort en nous du mammifère humain, mais en gardant ce qui existait, transmissible et vivant, la communication sans paroles. Il faut que la première naissance soit ressentie comme une mort pour qu'il y ait résurrection, c'est-à-dire mutation en vie autre : le passage du placenta organique au placenta aérien. Au point de vue respiratoire, nous avons comme placenta l'atmosphère qui est le même placenta aérien pour tout le monde; et au point de vue digestif, nous sommes sur la terre à laquelle nous prenons par la bouche les éléments nutritifs et à qui nous rendons l'inutile par l'anus et le méat urinaire. Après notre expulsion du ventre maternel, notre nourriture, au lieu d'être le sang qui circule, venu en nous par l'ombilic, et que nous restituons de même au placenta, vient de la terre : nous construisons notre corps par les aliments que nous avalons par la bouche. La bouche est à la fois notre cordon ombilical – le nez aussi – et en même temps, par elle, nous crions puis parlons, ce qui est tout à fait autre chose; nous exprimons ce que nous ressentons, ce qui ne se pouvait pas dans la vie fœtale. C'est ça qui est le renouveau, parce que, quand nous nous exprimons avec le code de langage que les autres comprennent, tout ce qui ne rentre pas dans ce code existe cependant aussi... mais demeure dans l'inconscient. Nous communiquons d'inconscient à inconscient quoiqu'il y ait un langage qui, codé et conscient, nous empêche de tout dire, et les autres de tout entendre, de ce que nous exprimons.

En fait, l'adaptation à cette autre vie ne va pas de soi mais peut durer toute la vie d'un individu. Et il ressort de notre « enquête historique » qu'on a été beaucoup plus attentif, en parlant de l'immaturité de l'homme, à son développement intellectuel, lié au temps de formation du système nerveux central, beaucoup plus qu'à cette véritable maîtrise de la communication, qui semble être la condition même du développement de la personnalité. On n'a jamais véritablement centré toutes les recherches, les études, sur cette condition même de l'être humain toujours en cours d'un deuil de lui-même, depuis sa naissance, et encore tout son temps dit de vie.

Après en avoir fini avec les balbutiements actuels sur ce que l'on appelle maintenant la psychologie prénatale, néo-natale, etc., on devrait cerner un peu plus la « Loi » essentielle à l'œuvre chez les individus de l'espèce humaine, cette espèce dont les individus, grâce à leur mémoire du passé, ont des souvenirs et, grâce à leur imagination, anticipent l'avenir, le redoutent ou l'espèrent.

Je crois très important le point de vue que la psychanalyse a apporté : que la césure du cordon ombilical est une castration en ce sens que c'est une partition physique du corps, avec la perte d'une partie jusque-là essentielle à la vie de l'individu, qui est ressentie comme l'alternative fondamentale : « Sors de tes enveloppes. Sors! C'est ton placenta ou la mort. Si tu restes avec ton placenta, tu meurs. Si tu laisses ton placenta derrière toi, tu risques de vivre, mais peut-être aussi tu meurs, ça dépend de ta force à respirer... » Sortir de l'abri des enveloppes inséparées de l'organisme maternel, et indissociables du placenta. Quitter le placenta, quitter les enveloppes, c'est-à-dire quitter l'oxygénation passive, le passif nutritif et en même temps la sécurité pour le corps tout entier, c'est vraiment sortir d'un état vital, le seul connu; c'est mourir. Mais c'est de cette expérience-là, vécue jusque dans son risque le plus grand, que s'ouvrent tout d'un coup les poumons au son du premier cri, en même temps que se ferme le cœur : l'enfant perd l'audition de son propre cœur et il entend comme le rythme du cœur de la mère qui jouait avec le balancement rapide perdu du cœur fœtal. Il n'entend plus deux rythmes qui se cherchaient, qui se mariaient. Je pense que toute cette vitalité organique du mammifère humain se retrouve sous forme langagière archaïque dans les tam-tams et la musique de percussion. Les Africains et les Indiens dansent et chantent au martèlement des tambours pendant des heures et des heures, sans se fatiguer apparemment, comme hors du temps et de l'espace, comme autrefois *in utero*, avec le concassage des rythmes qui les entretenaient dans une vitalité portée de continu présent. Ils retrouvent, par l'art des rythmes, la vitalité utérine entretenue de soi-même, semble-t-il, sans aucun travail ni fatigue pour le faire.

Mais ils ne sont pas seuls. C'est le groupe entier qui porte chacun, comme une mère son fœtus.

Est-ce une nouvelle version du mythe du paradis perdu? Une vision biologique?

Quand on parle de régression, c'est régression à des comportements de son histoire de corps et d'affectivité. Le mot « régression » lui-même implique qu'il y ait aussi progression et stagnation par rapport à un curriculum biologique. La régression veut dire : reprendre des moyens d'expression, ou des moyens de sustentation, ou des moyens de vitalité d'échange avec le monde extérieur qui sont archaïques, pour nous, c'est-à-dire qui ont été ceux d'une histoire, ou désirés à une époque de notre histoire, et arrêtés à ce moment-là sans paroles. Et y revenir, c'est prendre des forces pour repartir.

L'EXPÉRIENCE DU TEMPS

Les enfants du premier âge ne connaissent ni passé ni futur. Ils vivent dans l'éternité. Qu'est-ce qui les fait entrer dans la dimension du temps humain?

« Attends », « Attends », mot essentiel pour initier le bébé à l'écoulement du temps au moment de lui donner le biberon, en lui faisant saisir le décalage entre sa demande et la satisfaction du besoin. Le désir nous fait entrer dans la dimension temporelle et vice versa.

Les enfants sourds n'ont pas eu cette première expérience de l'attente de la « réponse » à la demande. N'ayant pas eu, comme les entendants, les paroles de temporisation, ils n'ont pas acquis le sens de l'heure. Dans les écoles spécialisées, on n'exige pas d'emblée la ponctualité des élèves. Elle ne s'obtient pas sans apprentissage.

Beaucoup de dégâts s'opèrent dans les maternités, à partir du moment où le nouveau-né est séparé de sa mère. Sa première expérience, ce sont les laps de temps qui s'écoulent entre les retrouvailles avec la mère. Sans elle, il est comme dans la nuit, noyé dans le braillage des autres bébés. Le désir de survie du corps est assouvi, mais pas de la survie du lien symbolique avec le père et la mère. Les obstacles, ce sont les institutions hospitalières, l'architecture des maternités. Parfois les nourrissons sont deux étages au-dessus des accouchées. Si elle ne le nourrit pas, la mère ne voit son enfant que cinq minutes par jour, à l'heure des visites. Y a-t-il l'espoir d'être entendu? Les jeunes infirmières, concassées par le temps de l'institution, commencent à la remettre en question. Les enfants à naître héritent de cette institutionnalisation de tout.

Si on veut mener la prévention, il y a trois moments cruciaux, critiques :

– La séparation de la mère et du nouveau-né à la maternité.

– La garde des enfants en pouponnières.

– La maternelle à deux ans. A la maternelle, on ne tient compte ni des choix du rythme du désir ni des choix des enfants.

Ces passages son repérables; on peut avoir prise sur le développement de l'enfant dans ces situations-là[1], à condition de ménager les relais et surtout de parler à l'enfant des raisons qui obligent à agir à son égard comme on le fait et qui sont pour lui pénibles, voire nuisibles, mais, dans l'état actuel de la société où il est né, jugées inévitables parce que ce sont des solutions nécessaires pour les parents. Ce n'est pas « bien », c'est comme ça. On pourrait tout de même s'en excuser auprès de ces petits, non?

Si le temps de l'enfant est trop tôt structuré par le désir de la mère, l'enfant ne peut pas exprimer sa curiosité au monde, il vit à un rythme imposé par les

1. *Cf.* 4e partie : Prévention.

obsessions de l'adulte et souvent contraire au sien. Ou il se soumet, ou il refuse tout. Dans quelle dépendance certaines personnes tutélaires mettent-elles l'enfant dont elles s'occupent! Mères et gardiennes ne sont pas conscientes d'induire une vie à contresens, à contre-rythme, en imposant aux bébés une sorte d'emploi du temps standard : il faut partir au jardin, aller se promener. Je leur demande : « Avez-vous envie, vous madame, d'aller au jardin? – Ah! non, j'y vais pour lui. – Est-ce pour avoir une bonne relation avec lui et qu'il soit heureux? Pourquoi lui gâcher le temps qu'il a à la maison si ni vous pour vous, ni lui n'en a envie? Un enfant qui n'a pas envie de sortir, c'est qu'il est content de rester à la maison, d'y faire des choses amusantes. On va au jardin public, on a à peine le temps d'y arriver qu'il faut rentrer. Si vous vous arrêtiez en chemin? – Ah! oui, il s'arrêterait à toutes les vitrines. » Un enfant de dix-huit mois, de deux ans, ne « prend pas seulement l'air », il s'intéresse à tout ce qui se passe autour de lui. Parlez avec lui de tout ce qui l'intéresse. Ce sera ça la vraie promenade. Trop de gens ont l'idée qu'il faut que l'enfant aille faire des pâtés dans le sable. Pourquoi le « faut-il »? Je crois que ce sont des personnes qui ne savent pas être en relation avec l'enfant. Avec un tel emploi du temps, le bébé ne peut pas découvrir son articulation au monde de la société; il n'a même pas l'occasion de la découvrir et d'en parler surtout avec qui le promène.

C'est intéressant de voir les déviations des rapports mère-enfant dans la dimension temporelle, dans le vécu du temps.

Ce qui correspondrait au rythme du besoin et du désir de l'enfant est complètement contrarié par une attitude obsessionnelle de l'adulte. On lui impose un rythme arbitraire, contraire à son propre rythme.

Actuellement, on aggrave encore beaucoup les choses sur le plan scolaire en disant qu'un enfant ne peut pas entrer dans une classe s'il n'est pas né le 1er janvier de l'année, ou en refusant de laisser un enfant, pendant la récréation, choisir des compagnons de jeux plus jeunes ou plus âgés, des autres classes.

C'est le rythme de chacun qui devrait compter et non pas l'âge civil. Comme des machines, les enfants sont programmés.

L'âge affectif, la dynamique du désir de l'enfant devraient être le seul fondement des passages en classe supérieure, des acceptations de grands enfants au milieu de plus jeunes ou plus âgés dont le mode de vie lui convient mieux s'il est autant accepté d'eux qu'il les recherche.

J'ai regardé avec mes frères les photos des classes dont nous avons fait partie, et nous nous sommes demandé ce que nos condisciples étaient devenus. Ceux qui s'adaptaient le mieux n'ont pas dépassé professionnellement l'honnête moyenne, la bonne médiocrité. Les personnes qui ont réussi à être autonomes au cours de leur vie adulte s'étaient comportées en cancres ou en marginaux deux ou trois années, durant leurs classes primaires ou secondaires, en tout cas des élèves très irréguliers en travail et en discipline. A l'époque, on ne les faisait pas redoubler, chose qui n'est plus possible aujourd'hui. Ce sont ceux qu'actuellement on met en ségrégation. Le temps broie. Si un enfant n'est pas inscrit dans une crèche, presque avant de naître, il ne pourra pas y avoir une place. Tout est fait pour ne pas le laisser être. Il n'y a pas de place pour lui s'il n'est pas dans la course. C'est l'angoisse.

Les enfants entendent dire précocement : « Il n'y aura pas de place pour toi, c'est trop tard. » Et en plus : « Il n'y aura pas de travail pour tout le monde. Alors, réussis tes examens brillamment pour ne pas être exclu d'office ! »

On cultive l'angoisse qui devient la base de l'éducation. Elle est à l'origine de tant de dérèglement adolescents.

C'est dans le lien mère-enfant que s'origine la notion du temps positif au développement d'un être ou du temps persécutif, comme si c'était une personne. Puisque c'est une personne représentative de la société qui était d'accord avec le temps pour en être aussi persécutée que l'enfant.

Ou on est complètement ajusté et le désir est moribond. Ou on refuse d'être fusionnel à ce persécuteur et on est empêché de vivre.

Chacun est objet du besoin dévorant du temps, notre être entier asservi à lui, dans les autres, ou un déchet du temps, rejeté comme non conforme à la mesure que les autres – dans l'espace commun à celui de notre corps – spécifient comme « normale ».

A quel stade de son développement l'enfant sait-il ce que c'est que « demain » ?

Je l'ai remarqué à l'arrivée dans la famille d'un nouveau-né (frère ou sœur) : la notion du temps qui s'écoule, irréversible, s'acquiert à l'occasion du dépassement de la jalousie provoquée par cette naissance et l'installation de droit dans la famille du puîné.

Le plus âgé commence par régresser vers des étapes antérieures de son rapport au monde, parfois à son corps, pour être aussi valeureux qu'un petit. Il s'agit de maîtriser ce danger d'identification. Lorsque l'enfant entend dire : « Laisse le bébé avec sa maman, et toi, le grand (ou la grande)... faisons des choses plus intéressantes », il peut, plus grand que le nouveau venu, conserver son identité et le niveau acquis de ses échanges, il accepte d'être et on voit en huit jours naître en lui la notion dans les verbes du passé et du futur. Il me semble que les enfants uniques manquent de cette expérience du temps. Sans le savoir, ils ne peuvent être en cohésion avec eux-mêmes. Ils restent prêts à s'identifier à l'autre de l'être aimé. C'est le dépassement de la jalousie qui donne à l'individu, de l'intérieur de lui-même, un enracinement à son être dans son temps et son corps à lui et non pas dans le temps et le corps d'un autre. A ce moment-là, j'ai vu apparaître cette conscience du temps chez les enfants.

Ma fille, qui était la dernière et de plus la seule fille sur trois, n'a pas vu un plus petit qui la menaçait de régression pour rivaliser avec lui. Elle a conservé plus longtemps la notion de se sentir à son âge comme si elle était plus âgée, peut-être entraînée par ses frères aînés. Elle n'a pas connu l'épreuve de souffrance de se comparer à un plus petit. Ce fut peut-être une fragilité. Il faut absolument que chaque enfant dépasse en lui-même les potentialités régressives.

Ce qui le fait souffrir, c'est la nostalgie du passé, mais oui déjà! C'est aussi le constat d'impuissance par rapport au désir « d'être grand », d'agir « tout seul » comme le font les adultes.

S'aimer soi-même plus que d'aimer sa relation à un autre ou celle d'un autre envers soi-même. Le principe de réalité va à l'encontre. « Ce n'est pas ressenti valeureux d'être petit. Tu ne peux pas retourner en arrière. » Hier est révolu, demain c'est long à venir. C'est la mort mais, si elle est acceptée, c'est la transfiguration. La répétition d'une satisfaction de désir est mortifère; le désir jamais répétitif, toujours inventif, mène à un amour libérateur.

Jusqu'à l'âge adulte, la régression est liée à la relation à la mère et aux autres proches de la mère. L'enfant s'identifie au père et à la mère en lui intro-jectés, encore plus qu'à ses parents réels actuels. C'est au moment de la puberté qu'il faudrait, au plus tard, quitter ce modèle intérieur de père et mère, et le désir que père et mère éducateurs expriment, et surtout le plaisir à leur faire pour n'être plus axé que sur le désir et le plaisir de réalisation de soi avec et pour les autres hors de la famille. Sinon, comment accéder à la puberté sans se trouver livré à une telle liberté, une telle aspiration démesurée à l'inconnu de l'avenir qu'on ne vit que dans le risque? Et puis décevoir ses parents est aussi douloureux que d'être déçu par eux.

Cette lenteur qu'on voit chez les enfants à la puberté vient de cette épreuve. De même que cette dévoration de nourriture tellement inutile qu'on observe chez tant d'adolescents. Ils mangent comme des goinfres et non comme leur corps en a besoin. C'est un retour à l'âge où ils étaient petits et où on leur répétait : « Mange pour grandir. » A l'âge qu'ils ont, c'est : « Sortir pour grandir », ce n'est plus « manger ». Sortir à l'extérieur de la famille. Les adolescents sains ne vous parlent que de cela : « Ils ne veulent pas que je sorte. » Objection des pères (refrain) : « La maison devient un hôtel meublé. » Eh oui. C'est nécessaire. Les patrons de l'hôtel meublé devraient être contents d'y voir revenir les adolescents, après s'être bien amusés ou occupés à l'extérieur. Les adultes doivent se réjouir d'être le havre, le port.

Frustration des parents : les enfants ne sont plus instruments de désir, ils n'apportent plus de plaisirs. Ils ne viennent plus que profiter. Le bateau ivre qui part à l'aventure et qui revient au port. Quand le port est trop anxiogène, les ados font des fugues.

La fugue est salutaire, bien que sans expérience le jeune y coure des risques.

J'ai vu un juge qui était désolé que la loi aille à l'encontre de l'intérêt de l'adolescent fugueur, sous prétexte de la méfiance envers l'inconnu des risques que court l'adolescent sans expérience. Quelqu'un qui abrite un fugueur, lui offre un asile momentané est délinquant s'il ne le signale pas au commissariat de police de son domicile ou à la gendarmerie. Il est complice de la fugue.

L'expérience serait salutaire d'être secouru par un autre adulte, si la famille avertie par cet adulte ou par le jeune lui-même venait le chercher quelques jours plus tard, mais que cela se passe sans mettre la société dans le coup... Bonne occasion pour les parents d'apprendre que leur enfant étouffe dans leur milieu. Ce n'est pas l'affaire de la société. Pourquoi pénaliser l'accueil d'un jeune en cavale ?

On a tellement peur de l'exploitation des jeunes par des pervers, qu'il n'est pas permis aux adultes d'accueillir des enfants fugueurs. « S.O.S. Enfants » a été supprimé par la loi. Et pourtant ces « chiens perdus sans collier » avaient un local où ils pouvaient aller et parler. Les responsables ont pu se laisser séduire par certains de ces jeunes, ou les séduire. Et après? C'est pire d'être séduits par les parents que par quelqu'un d'extérieur. C'était le fils de Robert Boulin qui avait pris cette initiative. Il y avait, évidemment, quelques pré-délinquants, mais aussi pas mal d'autres qui avaient seulement besoin de s'échapper quinze jours du cercle familial étouffant. On prévenait les parents : « Votre fils, votre fille est chez nous. Cela vaut mieux qu'être dans la rue. »

BÉBÉ ANIMAL ET PETIT D'HOMME...

Quoi de plus commun que notre attendrissement devant les petits animaux. Surtout les mammifères.

Cette espèce d'attendrissement devant les petits mammifères vient sans doute de notre propre ressenti de mammifère ne pouvant s'exprimer autrement que par la motricité quand nous sommes enfants. Cela nous reporte avant l'époque où nous avions tort ou raison, lorsque nous avions des comportements maladroits parlants – enfin non parlés par nous et parlés par les adultes –, et je crois que c'est pour ça qu'il y a des gens qui sont outrageusement gênés de leur corps, et qui pour s'en sortir ont besoin de boire, pour retourner à l'époque où c'était la seule manière de relation avec d'autres, car ayant bu, intoxiqués, ils ont des comportements qu'ils ne critiquent pas, voire animaux. C'est aussi sans doute la raison qui motive leur besoin d'animal de compagnie.

L'absorption de décoctions excitantes, de boissons fortes chez les peuplades dites primitives comme dans les sociétés modernes aurait-elle pour moteur secret et irrésistible de retrouver la sécurisation supposée des premiers anthropoïdes, une abolition de l'angoisse d'être seul dans un présent insatisfaisant entre un passé mort et un avenir pas encore vivant?

Chaque fois qu'on boit quelque chose d'un peu fort – chaud ou froid –, enfin quelque chose qui surprend notre température corporelle, ça présentifie l'estomac et ramène à la sensation archaïque de plénitude. C'est justement une sécurisation de l'être humain depuis sa plus archaïque relation à l'autre.

Analysons notre attitude d'extase devant le bébé animal. Ne lui substituons-nous pas inconsciemment le petit d'homme?

Ce n'est pas structurant pour celui qui est l'objet de ce désir voyageur. Beaucoup de mères emploient à l'égard des bébés un langage érotophilique : elles se font plaisir, elles bêtifient comme elles le font en caressant des petits animaux. C'est une relation de l'époque orale; l'un agit, l'autre subit; ce n'est pas une relation de sujet à sujet; c'est une relation de soi à l'autre en tant qu'objet. Elle mène à la relation d'objet anal, c'est-à-dire à un désir d'expulser l'objet qu'on a d'abord désiré absorber. Il n'y a plus de place pour la mère si l'enfant est objet totalement envahissant. Et elle tend à le rejeter. C'est l'histoire de Ionesco, *Amédée ou comment s'en débarrasser.* Au début, il est si gentil, cet enfant qui a ses grands pieds dans la maison. Comme il est sujet, il ressent sa position d'objet comme une valeur pour ses parents qui sont fatalement ses modèles parce que adultes : il est éduqué à prendre du volume, du volume... Mais il ne sait pas qui il est; il est volume et il devient avide, comme la mère est avide. Et il arrive un moment où la mère est envahie : on sent qu'elle ne peut plus rien faire; il braille dès qu'il ne la voit pas, puisqu'il veut être comme quand il était petit, pris dans les bras. Elle ne peut plus le porter puisqu'il est devenu trop lourd. Il est dans une situation d'expansion phallique (phallique veut dire symboliquement la valeur à jamais inaccessible).

Au lieu d'Amédée, on peut recourir à la métaphore du bébé animal que l'on élève dans un appartement. Il y a eu une mode du bébé alligator aux Etats-Unis; au début, c'est amusant, il mordillait sans dommage, on le mettait dans sa baignoire, et puis, avec sa mâchoire, il devenait capable de couper un doigt. Et il était encombrant dès qu'il dépassait le mètre. Alors, on le jetait dans les égouts où il se mettait à proliférer. D'où une chasse à l'alligator cauchemardesque. C'est bien ce qui se produit tous les étés où tant d'animaux sont abandonnés. Leurs propriétaires les ont pris parce qu'ils étaient petits. Mais quand ils deviennent grands, ils gênent. On est responsable des déprédations, des vols qu'ils font, des bruits, des aboiements. Alors on les jette à la rue. On s'en débarrasse sur une route de campagne.

Ce comportement possessif console son propriétaire de bien des frustrations : on déplace un être vivant hors de son espèce pour faire de lui tout ce que l'on veut. C'est ce que l'on fait bien souvent d'un enfant : on le déplace de ce qui fait le génie de son espèce, ou plutôt de son âge de corps, qui est son expression, ses jeux, sa communication pour des garçons et filles de son âge. L'adulte s'identifie à lui qui, croit-il, prend plaisir seulement à manger, et il le gave, alors que cet enfant a besoin d'une relation de respect de sa personne et de sujet en communication de désir; il est entièrement dans le langage, il entend et comprend tout mais ne sait pas se faire entendre ni comprendre.

L'enfant devient exigeant et persécuté si on se sépare ensuite de lui, puisque, à cette époque heureuse et sans conflit encore de sa petite enfance, il faisait partie de l'être de sa mère puis il était l'objet de son avoir, objet de son pouvoir. Le cauchemar de l'enfant qui a peur des panthères ou du loup vient de ce qu'une mère panthère ou louve s'est développée en lui, à l'image de la mère de qui il ressentait, sans qu'elle s'en rende compte, cette agression maternelle, consciente ou sollicitante dont il était tout le temps l'objet à l'époque où sa relation au monde et à sa mère était de dépendance vitale.

Comme un animal contre son prédateur, il se défend avec toute cette intensité orale et en même temps l'intensité anale du faire (le chier dans son lit et, s'il n'y est pas pendant la journée, dans son froc la journée). Il fera ce que l'on appelle des bêtises, c'est-à-dire des expériences, qui ont été accompagnées de rires ou de gronderies, de caresses ou de cris mais qui n'ont jamais été modulées par du langage à lui correctement parlé. Ce qui l'amène à détourner tous les objets qu'il voit de leur usage. C'est l'enfant qu'on appelle gâté, et qui en réalité est malheureux, prisonnier du rejet ou de la sollicitude des parents. Il n'a aucune autonomie possible sans se placer dans une situation de grand risque ou de continue dépendance.

On dit d'un enfant qui n'a pas connu son père, ou qui n'a pas eu sa mère, qu'il est un enfant malheureux et voué à des difficultés d'adaptation. Les latéraux peuvent faire quelque chose de tout à fait essentiel chez un enfant dont ils savent qu'il ne connaît pas son père, à condition de ne pas le laisser se couper de ses racines et de lui parler comme à un enfant dont la vie prend origine en un géniteur inconnu peut-être mais valable du seul fait qu'il l'a engendré garçon ou fille. Nul n'est venu de soi-même ni ne peut se donner source de sa mère seule parce que seule connue; tout être humain a sa double origine en deux lignées. Je pense que c'est le problème des enfants adoptés, aussi d'ailleurs des enfants de notre sang.

Si, dans le tout premier âge, pendant la grossesse, il a été honni de s'être incarné, et puis honni à sa naissance, quelles qu'en soient les raisons (pénibilité de son accouchement, sexe non désiré), l'enfant peut en garder – surtout si cela ne lui a pas été dit en paroles – que la signifiance de son être est douleur, méprise, tristesse. Je crois que dans ce cas-là, c'est comme s'il devait provoquer sa mère, qui l'élève et qui est parfois sa génitrice, à le désavouer de sa première mère, de son premier père, de son premier temps. Je pense qu'un être humain a besoin d'être relié à son origine incarnée, à ce moment de ce que nous appelons la scène primitive, c'est-à-dire la scène conceptionnelle, procréative et d'être relié à elle en illustrant la joie de ce moment-là ou sa réhabilitation par celui qui lui parle, l'acceptant dans son actuelle présence si cette conception fut, pour sa génitrice, problématique. Ce moment où trois désirs rencontrés ont donné origine à l'authentique vie de cet être humain vivant que l'on aime aujourd'hui; l'amour ne peut le couper de ce qui a été le début de son être au monde, espéré déjà ou honni par rapport à ce que maintenant on aime. Je pense que c'est cette continuité depuis le germe qui fait le positif d'un être humain. S'il n'est pas élevé par ses parents géniteurs, mais par des latéraux ou des adoptifs, ceux-ci ont à lui dire : « Bénie soit ta mère, béni soit ton père par qui j'ai le bonheur aujourd'hui de t'aimer » ou : « Quelle reconnaissance j'ai envers ton père ou ta mère! » C'est cela aimer un être humain vivant, fils ou fille d'homme et de femme qui se sont désirés pour l'engendrer. « J'aime aujourd'hui en toi le représentant ici et maintenant de deux histoires croisées, quelqu'un de valable, rejeton de deux familles destiné à créer et peut-être à les prolonger. » Je crois que c'est ça qui signifie à un enfant le sens de sa vie par la relation de parole structurante d'un narcissisme sain.

Les droits de l'Homme expriment une règle qui est tout à fait coupée du contexte affectif inconscient dynamique au-delà du corps matériel. Si on dit : « Au nom du droit de l'individu, je te respecte », ça ne veut rien dire. Ce sont des mots, des mots vides de sens. Ça doit être porté de l'intérieur. Une conviction intérieure de l'adulte qui l'exprime. Ça rejoint peut-être ce que les mathématiciens disent autrement : c'est que tout s'organise autour du moindre petit point; ce crayon est le centre du monde, tout est le centre du monde. Tous nos lieux de centre convergent au même point : le centre de celui qui parle à un autre est au centre de cet interlocuteur qui est au centre de ses enfants, de sa femme, de ceux qu'il aime et tout l'humain coïncide en une espèce d'origine commune. Je crois que c'est pour ça que le dieu unique de notre civilisation a un tel sens. Ce dieu unique, on le met n'importe où ailleurs, alors qu'il est là, au centre de chacun, au même point pour chacun. On n'en est pas encore à dire ça. On l'a dit pour le Soleil : la Terre était le centre de l'univers, après quoi, on a découvert que c'était le Soleil qui était le centre. Maintenant l'on sait qu'il ne l'est que d'une toute petite partie de cet univers. Sur le plan de la métaphore affective et spirituelle des humains, il y a cette même révolution à penser, c'est que le *je* est même chez chacun, et la vie qui émane de chacun de nous, nous savons qu'elle émane du même point, ce je qui est dans l'autre[1]. Je crois que c'est la clef de la santé que l'on se donne les uns aux autres, ou de la maladie dont on se contamine. Rejeter l'autre, c'est rejeter une partie de soi-même.

Pour ne pas traiter en objet son interlocuteur, il faut avoir cette conscience d'être porteur d'un point qui peut être aussi le centre de l'autre et que l'autre, réciproquement, est aussi un autre centre identique.

Cette conscience est occultée chez l'être humain à cause de sa sensorialité individuée dans l'organisme.

1. Et non pas le je grammatical.

Dans la sensorialité, nous sommes des individus séparés et nous ne pouvons plus vivre dans un corps à corps fusionnel non séparés. Mais la communication psychique est possible entre deux êtres de corps séparés parce que l'esprit est le même chez tous, et cet esprit, c'est justement le verbe, c'est-à-dire le désirant communiquant; il est dans des lieux artificiellement différents, mais il est le même. On dit : « Mon Dieu! » Et Mon Dieu, qu'est-ce que c'est? C'est au centre de nous; ce n'est pas loin et à l'extérieur. C'est-à-dire que c'est partout : tout est centre et rien n'est périphérie, en même temps que nous sommes des êtres séparés dans l'espace de nos sens et tous à la périphérie les uns des autres.

Notre sensorialité, le plus fréquemment, commande aux relations adultes-enfants. Vis-à-vis de l'enfant du premier âge, l'adulte se sent dévorant à plaisir, des yeux, des oreilles, du contact à la peau. Mais c'est à lui-même peut-être qu'il prend contact pour se réconcilier avec une partie de lui totalement oubliée ou bien refoulée. Et puis, quand l'enfant grandit et le gêne, parce qu'il devient envahissant, l'adulte, un beau jour, refuse ce type d'érotisme dont il a provoqué le désir d'en prolonger la jouissance chez son enfant. C'est l'inconscience humaine.

Cette dialectique de l'absorption et de l'expulsion, de l'accaparement et du rejet est peut-être un rapport avec la vie et la mort.

« Tu me donnes la vie, je te couve, et puis à un moment, je te rejette parce que tu gênes ma vie, tu me donnes la mort, tu m'uses, tu me fatigues, tu me tues. » On entend souvent des mères dire de leur enfant : « Il me tue. » Il y a la référence à la mort associée au vivre de leur enfant. Peu de temps avant, il entend sa même mère dire : « Il est ma vie; sans lui, je ne peux pas vivre; non, non, je ne peux pas m'en séparer. » Comportement de mammifère. Quand leur enfant est petit, il est incapable de survivre sans elles. Ainsi l'on voit des mammifères aller au feu pour sauver leur petit, au risque d'y rester; et puis il y a un moment où ils l'ignorent, le moment où il devient capable de survivre, de trouver sa nourriture, de s'autodéfendre des autres et surtout quand il devient mûr du point de vue génital. Chez l'adulte humain, c'est beaucoup plus tard que chez l'animal. Cela, parce que chez l'homme, il y a toujours, en quelque chose, confusion du désir et des besoins. L'adulte – en tout cas l'adulte mère – continue, par-delà la parturition, une gestation symbolique; à partir du moment où elle investit un bébé, qu'elle soit la nourrice ou qu'elle soit la génitrice, elle est aussi responsable de ce bébé que de sa propre conservation; quand elle est la nourrice, elle a besoin de l'enfant pour la téter, et si l'enfant ne la tète pas, il faut souvent qu'elle se tire le lait car il ne se tarit pas immédiatement. Les hommes sont comme des pères qui se nourriraient de donner leur propre nourriture, leur avoir, leur savoir, leur pouvoir, à leur enfant, comme à eux-mêmes, d'une façon tout à fait narcissique : ils ont apparemment besoin de cet enfant, mais c'est un désir jusqu'au moment où cet enfant devient si grand et fort – un peu comme dans la pièce de Ionesco, *Amédée* – qu'on ne sait plus comment s'en débarrasser si son propre désir ne l'attire pas hors de sa famille d'origine. Il envahit alors tout, on voudrait le laisser en plan. Trop tard, l'enfant qui, petit, était assisté est, devenu géant, tyran domestique.

Existe-t-il un fondement biologique aux mauvaises relations perverties adultes-enfants?

Oui, un fondement biologique qui est la confusion du désir et du besoin. Elle est à l'origine chez l'enfant : si on lui parle, la parole qui fait lien à distance avec l'adulte (le langage verbal, la sonorité verbale) remplace cette plénitude physique dont il a besoin de façon répétitive mais non constante. Il est un désir constant tant qu'il est éveillé. C'est le désir de communication. Cette communication, pour être ressentie, doit être caractérisée par des variances de perceptions. Si elle est continue, de modalité constante, il ne la sent plus; c'est un climat émotionnel ou un bain continu de paroles qui, si c'est monotone, ne veut rapidement plus rien dire. Ce qui se répète perd sens pour le désir. La variance subtile, sensorielle, idéative, fait vivre le cœur et l'esprit de l'être humain. Et le désir est tout le temps une recherche de nouveau; je crois que ça vient biologiquement de notre encéphale immense, qui anticipe sur notre agir par l'imagination référée à la mémoire, souvenir des perceptions reçues. La fonction symbolique établit entre nos perceptions un sens de rencontres créatrices à leur tour de relations. L'être humain enfant est impuissant à agir mais non à percevoir longtemps; il mourrait physiquement s'il n'y avait pas l'adulte allant vers lui agissant pour sa survie. Il est donc le centre de tout ce qui vient vers lui, pour entretenir sa vie. Et cette vie qui se mature progressivement, à ce moment-là, s'est informée de la façon d'être à son égard pour agir de la même façon vis-à-vis de l'autre. La relation dévorante à sa nourricière lui a fait comprendre l'activité de son corps comme individuée par rapport à l'autre au fur et à mesure qu'elle s'éloigne, qu'il souffre du manque d'elle, et qu'elle revient à lui. En se développant, lui aussi veut aller au corps absent de l'autre, pour donner ou pour prendre, et c'est alors que la symbolique lui permet de donner et de prendre des paroles et de les garder avec lui comme représentants de l'autre dans son activité créatrice imaginaire qui à son tour fonctionne par rapport aux matériaux que le cosmos ou que l'industrie humaine lui donnent à manipuler. Et pour qu'il y ait cette variance émotionnelle dans la manifestation de l'affectivité, comme dans la communication par le langage parlé, il est nécessaire que la relation de l'enfant à l'adulte tutélaire ne soit pas duelle mais triangulaire, qu'il soit témoin que l'être désiré, indispensable à sa survie, est aimé et désiré par un autre qui devient alors modèle relationnel humain. Le langage qu'ils emploient est pour lui un repère codant les variances de leurs relations à eux de besoins et de désirs. C'est ainsi par l'autre, de l'autre que l'être humain enfant est suscité – si cet autre est plus développé que lui – à se développer pour en acquérir les caractères qu'il constate avoir valeur auprès de son être élu. Il est préférable aussi qu'il y ait un certain nombre de coutumes et de comportements du groupe des enfants qui favorisent ces prises de conscience. Pour éviter que tout soit monotone, continu et pléthorique, certains types de société ont inventé des solutions qui ne sont pas forcément applicables, transposables aujourd'hui, mais qui peuvent rendre compte justement de certaines recherches d'équilibre. Par exemple, répartir les échanges sur les autres membres de la famille, ou des voisins.

« TU ME DONNES »

Dans une des deux maternelles de Besançon, où Montagner a filmé les petits qui ont entre deux et trois ans, trois et quatre ans, j'ai été intéressée par un geste d'un des garçons qui tenait à la main un camion. Une maternante venait de déculotter un petit qui s'était sali; l'enfant s'était baissé en avant; elle lui nettoyait le derrière. Le petit garçon au camion, d'abord non concerné par la scène, s'approchait de cette lune fendue du bébé (dont on ne voyait que le siège puisqu'il était penché en avant) et il tendait à ce derrière nu son camion. La maternante ne s'apercevait de rien. Je crois même que personne n'avait remarqué cette petite séquence du film avant moi, car lorsque après la présentation du film j'en ai parlé, je n'ai pas eu d'écho à mon observation et nous n'avons malheureusement pas eu le loisir de revoir et rediscuter de ce film avec le professeur Montagner et ses collaboratrices après le congrès où, comme toujours, tout va trop vite. Or, au décours de ce film d'observation d'une classe de maternelle, on découvrait et on prouvait la justesse de ce que Montagner nomme, je crois, « un pattern dominant provoquant le don ». Il s'agit d'une posture, muette de parole (ou parlée, cela ne change rien), qui suscite immanquablement le don de l'objet qu'un enfant tient et, quoi que l'on fasse ou dise, hors ce geste particulier, l'enfant refuse de lâcher ou de donner. Il suffit que le demandeur penche sa tête sur une de ses épaules, faisant ainsi changer de vertical à horizontal l'axe de son visage, aussitôt l'enfant lui tend l'objet précieux qu'il ne voulait pas lâcher, comme s'il ne pouvait pas résister à l'impulsion de donner. Ce geste qui provoque le don, le professeur Montagner l'a donc savamment dénommé : « pattern provoquant le don ». Dans la séquence que j'ai observée, voyant que son geste ne recevait aucun écho, comme dépité, il a remis son camion contre lui entre ses bras et s'en est allé plus loin.

Qu'est-ce que cette petite séquence voulait dire? Que s'était-il passé pour que le spectacle de la croupe d'un enfant de son âge déclenche le geste du don, exactement comme si, face à lui, un autre enfant (ou un adulte) quelconque avait penché sa tête, cette mimique apparemment inconsciemment codée (?) de supplication efficace, imparable?

J'ai réfléchi et je me suis dit : quand une mère change les langes de son bébé qui est couché, pour lui nettoyer le siège, elle penche la tête sur l'épaule, et de sa main active, tandis que le petit est étendu sur une table à langer, ou même s'il est sur ses genoux, elle lui soulève parfois le siège, en maintenant les pieds dans sa main passive, et elle penche la tête pour bien voir ce qu'elle fait de l'autre main. Comme c'est répétitif, il associe sans doute le fait de voir la mère tête penchée au moment où il a « donné » caca à maman qui prend caca (et donne soins de propreté).

Quand un visiteur entre dans un centre de débiles,

ceux-ci s'avancent vers lui en inclinant la tête de côté. Torticolis congénital ou attitude pour recevoir le don? Ils attendent quelque chose. C'est une question muette pour : « Donne-moi quelque chose. »

On demande à l'enfant de parler par son visage, mais tout son corps et tous ses fonctionnements peuvent être parlants et parfois éloquents.

NOURRIR LE DÉSIR...

Dans certains laboratoires de psychobiologie de l'enfant, les maîtres de recherches commencent à avancer que chez le nourrisson d'homme le besoin d'affectivité précède celui de la nutrition, alors que jusqu'à présent on avait plutôt tendance à dire : C'est autour de l'acte nutritionnel que se tisse et se noue l'attachement de l'enfant.

C'était le discours en usage. Mais je crois que c'est le contraire : l'enfant vit plus de paroles et du désir que l'on a de communiquer avec le sujet qu'il est que de soins physiques – bien sûr le minimum vital étant assuré. Tout ce qu'on avait mis en avant : l'hygiène, la diététique, a sa valeur quant à l'organisme mais ne vaut qu'à la seconde place! Le corps à corps prend sens par le cœur à cœur.

C'est la disponibilité de l'adulte à entrer en contact verbal et affectif avec cet enfant qui est primordiale. Contrairement aux campagnes qui étaient faites sur les bonnes nourrices, on reconnaît la bonne nourrice moins à sa lactation qu'à son pouvoir de communication. La voix de la nourrice ou du nourricier est un facteur très important. On est gaucher ou droitier de la voix selon son oreille directrice. On peut avoir un œil droitier, une oreille gauchère, tout en étant, par exemple, droitier de la main. C'est très important pour l'écriture : les gauchers qui sont droitiers de l'œil sont des écœurés de la scolarité. Depuis le début. Car un enfant petit ne peut pas agir si ce n'est très près de son visage. C'est comme si son visage était une moitié et que tout ce qu'il faisait était l'autre moitié... Un enfant gaucher de la main mais droitier de l'œil et qui n'est pas myope voit à trois kilomètres mais il ne peut rien faire avec ses mains à distance de son visage. L'écriture est un supplice chez un enfant dont le cou est soumis à une forte tension musculaire. En revanche, s'il est gaucher de l'œil et gaucher de la main, tout va très bien parce que son œil directeur et sa main directrice vont ensemble. Gaucher de l'œil et droitier de la main, c'est moins grave. Car le gaucher de l'œil penche la tête. C'est tout de même très inconfortable.

A dix ans, ça n'a plus aucune importance, parce qu'à cet âge-là l'enfant n'a plus besoin d'écrire très près de son œil.

Un chanteur qui a une oreille gauchère a une voix gauchère (parce qu'on a la voix de son oreille); actuellement, les appareils d'enregistrement compensent, mais en audition publique, ces gauchers de voix ne sont pas supportés, quelle que soit la qualité du timbre de leur voix. Ils ne peuvent chanter que dans des chœurs; ils ne sont pas appréciés en solistes, alors que l'étude scientifique de leur voix révèle qu'ils ont un organe magnifique.

Il y a des enfants à qui on donne une nourrice gauchère de la voix et qui, à cause de cela, deviennent sourds à tout tant l'entendre leur est désagréable. Le choix de la garde ne peut quand même pas être fondé seulement sur la latéralisation de la nourrice. D'autres facteurs jouent et peuvent compenser.

Mais dès que l'on s'interroge sur ces facteurs, on s'aperçoit qu'il y a une multitude d'éléments qui échappent, et les chercheurs peuvent arriver à les cerner, sans pour autant qu'on puisse trancher, et sans qu'on puisse être normatif. La créativité de l'être humain provient de ses désirs refoulés dans un climat affectif suffisamment gratifiant pour qu'il puisse les sublimer à l'exemple de qui l'entoure. Un Etat qui déciderait de séparer une mère naturelle de son enfant, parce qu'elle aurait une voix contraire, serait le « Meilleur des Mondes[1] », c'est-à-dire à contresens de l'humanité authentique. C'est justement sur ce qui va lui manquer avec cette mère que l'enfant va construire sa différence, et pas celle du voisin. Je crois que plus il y a de différence entre les êtres, plus le désir contrarié est créatif.

Avec les acquisitions et les données de la science, il faut se garder de vouloir créer des conditions idéales, mais il y a une certaine attitude avec les enfants, et surtout une attitue verbale, qui permet de dire ces différences, ces manques, et qui justifie et humanise la souffrance de ce qui manque, la souffrance de ne pas voir son désir satisfait. On justifie le désir, mais on ne le satisfait pas. En ne satisfaisant pas un désir, mais en le justifiant (par exemple, on voit ça avec les parents qui se croient obligés de donner tout ce que leur enfant demande[2], réclame, voire exige – s'il a réussi par caprice; ils s'aperçoivent qu'ils arrivent à une situation sans issue : l'enfant est toujours mécontent). Si l'adulte considère une demande comme devant être satisfaite, c'est comme si, pour lui, c'est un besoin : l'enfant va considérer qu'il n'est pas justifié dans son désir, ce qui est au contraire le cas si cette demande est parlée, atermoyée ou déclarée non satisfaisable. Il n'y a pas d'autres solutions que de parler à l'enfant du désir sien, sous le couvert de sa demande reconnue en le justifiant d'avoir ce désir, en l'estimant de désirer cela, d'en parler et détailler l'objet brigué par lui, mais en lui en refusant la satisfaction au corps, la consommation ou le jouir physique. On peut parler tout désir, représenter l'objet, etc. C'est l'introduction à la culture. Toute la culture est le produit du déplacement

---

1. Aldous Huxley, *Satire de société moderniste.*
2. La demande est toujours masquée du désir, même si elle en est métaphore.

de l'objet du désir ou de la pulsion elle-même sur un autre objet, celui-là servant à la communication entre sujets de langage.

... MAIS MAÎTRISER LE DÉSIR...
ET PASSER LE RELAIS

Si le désir est toujours satisfait, c'est la mort du désir. Lui dire « Non » offre l'occasion de verbaliser autour de l'objet du refus, à condition de respecter chez l'enfant son droit de faire une scène. « Je ne fais pas ce que tu veux, tu as raison... Et moi j'estime que j'ai raison de ne pas le faire. » Une tension est alors créée, mais de cette tension découle une relation vraie entre cet enfant qui émet un désir et l'adulte qui exprime le sien, étant entendu que rien ne manque à l'enfant, quant à ses besoins vitaux. Deux sujets qui soutiennent chacun leur désir.

Cas de figure : l'agréable divertissement surnommé « lèche-vitrines ». Votre fils voit une auto en devanture d'un magasin de jouets. Il désire la toucher. Au lieu d'entrer dans la boutique, occupez-le à détailler la beauté de ce jouet. Une demi-heure se passe dans une relation très riche avec l'adulte. Et il dit : « Je voudrais bien l'acheter. » – « Oui, tu as raison, ce serait bien si on l'achetait, mais je ne peux pas te l'acheter. On y retournera demain, on la verra tous les jours; on en parlera tous les jours. » Le bénéfice est double : le fait de parler du désir justifie le désir même et, en même temps, ne contraint pas le parent à satisfaire tous les désirs. Un enfant jette son dévolu sur un objet et demande à le posséder sur-le-champ. La seule réponse constructive consiste à verbaliser et communiquer avec lui en paroles sur la séduction que cet objet exerce sur lui.

Dire : « Mais, de mon temps, on n'avait pas ça », c'est identifier l'enfant à son parent enfant; c'est le sortir de son temps, de son espace et de son désir. Ou encore : « N'y pense plus, ce n'est pas pour nous. »

Non, il n'y a pas d'autre solution que de dire : « Tu as raison, ce jouet est très beau; tu en as envie et moi je ne peux pas te l'acheter. Si je te payais ça, nous ne pourrions pas, ce soir, avoir de la viande à dîner... parce que j'ai tant d'argent et si je le mets là-dedans, je ne pourrai pas l'avoir pour autre chose. » Certes, il peut répondre : « Mais ça m'est égal; je préfère n'avoir que du pain. » – « Oui, mais moi ça ne m'est pas égal. » L'enfant est en face de quelqu'un qui a un désir et le défend; il ne le fait pas exprès pour sadiser l'enfant; il explique à son jeune interlocuteur qu'il exerce sa responsabilité d'adulte, et que son opposition n'est que la maîtrise de son propre désir. Il y a une hiérarchie de ses désirs que l'adulte assume. Le conflit entre son désir et celui de l'enfant doit aussi être assumé.

Il n'est pas bon que l'enfant, sous prétexte de le laisser s'épanouir librement, ne rencontre jamais de résistance; il faut qu'il rencontre d'autres actes de désir, celui des autres et correspondant à d'autres âges que le sien. Si on cédait tout à l'enfant, on annulerait complètement ses pouvoirs créatifs qui sont la recherche ardente de satisfaire un désir jamais satisfaisable et qui, en ce qu'il est satisfait, se détourne en cela du moins de l'objet et se satisfait d'une autre façon.

Palliatifs sociaux, les ludothèques sont des lieux où il y a beaucoup de jouets : les parents font un dépôt (comme pour un livre) et l'enfant a le droit d'emprunter un jouet à la fois différent chaque semaine, qu'il ramène. Il expérimente avec ce jouet, il le ramène, il en prend un autre. De cette façon, il se construit sensoriellement et il se crée des images de maîtrise de ce jouet. Ce n'est pas le jouet neuf qui intéresse les enfants, c'est de faire fonctionner et de maîtriser un jouet prêté momentanément et de l'incorporer à leurs fantasmes. Il en est des jouets comme des livres : ce que l'enfant désire, c'est de faire sien le concept, c'est aussi fantasmer son plaisir, et rencontrer dans un autre l'acquiescement concernant la valeur reconnue de sa demande quoique peut-être insatisfaisable actuellement. Dénier son désir comme le renard de la fable relève de la ruse, intelligence non humaine, se satisfaisant bêtement de son impuissance raisonnable. « Mais voyons, sois raisonnable! renonce à ton projet... Peut-être à tel ou tel, mais non pas à ton désir. » Et puis l'union à plusieurs est déjà un plaisir si l'on peut parler ensemble de l'inaccessible désiré, et si l'on fait des projets, et si l'on travaille à les réaliser, à résoudre les obstacles qui s'opposent pour le moment et en ce lieu à la satisfaction du désir brigué.

Depuis le temps que les enfants des hommes désiraient aller sur la Lune et qu'ils entendaient de grand-père en petit-fils dire « c'est impossible... ».

Et combien d'autres désirs dont l'impossible satisfaction a décuplé chez les hommes l'énergie pour le soutenir. Chaque génération s'est soutenue du travail et du savoir de la génération précédente, qui a œuvré en léguant le fruit de ses tentatives apparemment stériles, de son travail encore inutilisable à la génération suivante; l'être humain joue d'âge en âge sa force et son intelligence sans jouir de la satisfaction de l'atteinte de l'objet désiré, mais, grâce au relais comme dans une course, l'un d'eux atteint le but soutenu par l'espoir de tous ceux qui l'ont précédé et dont il a pris la suite avec détermination, courage. Le désir est créateur d'hommes. Par les hommes, désireux de dépasser les limites du possible, l'impossible advient... parfois, renouvelant leur foi en leur désir et leurs espérances dans sa maîtrise.

CONTRE LE DANGER D'IMITER L'ADULTE

Une question qui est au centre du débat de notre époque, entre psychologues, sociologues, psychosociologues, ethnologues, médecins, enfin ceux qui s'interro-

*gent sur la réalité de l'enfant par rapport à son devenir,
au devenir de l'Homme.*

*Est-ce qu'il y a une spécificité de l'enfance? L'enfant
a-t-il une réalité propre, même si elle est transitoire, ou
bien est-ce simplement une étape? L'on retrouve, dans
toutes les disciplines, cette ambiguïté et cette perplexité
pour définir l'enfant.*

C'est une fausse question, parce que la frontière
psychique entre enfance et âge adulte n'est pas très
déterminée. Qui peut se sentir adulte? Certes, il y a des
repères somatiques : la maturation gonadique; la ter-
minaison de l'ossification; la trajectoire de développement qu'on peut mettre en courbe et qui est étale au
maximum de la « force de l'âge ». De ce point de
vue-là – croissance, âge cellulaire, etc. –, l'enfant est
un pré-adulte... et l'adulte un pré-vieillard.

*Pour le manipuler, on ne le respecte pas comme un
futur adulte, on le traite comme une non-personne,
comme s'il n'était pas dans cet avenir.*

*Les romanciers et poètes qui lui reconnaissent un
pouvoir magique contribuent à accréditer cette légende
d'irréalité, de monde à part, cet angélisme qui justifie
de ne pas considérer les enfants comme personnes à
part entière. Pierre Emmanuel écrit : « Préservons le
continent tout à fait merveilleux et unique et irremplaçable de l'enfant. » A ce compte, il le réduit à l'état de
non-personne, en même temps que d'irréel.*

C'est vrai que les enfants sont poètes. L'adulte
peut être poète aussi, mais il a oublié qu'enfant il
l'était déjà. Il a perdu ce sens. Saint-John Perse est un
adulte, mais il a conservé en lui le continent de
l'enfance, d'où jaillit la source de la poésie. La poésie
existe toujours sous-jacente, seulement l'éducation, ou
plutôt l'instruction peut écraser chez un enfant les
possibilités poétiques.

Le petit enfant imagine – il faut le délivrer de cette

idée qui domine chacun de nous jusqu'à quatre-cinq ans – que l'adulte c'est l'image de lui-même quand il en aura la force. C'est vrai que l'enfant a envie de conquérir la puissance de cet adulte. C'est d'ailleurs pour ça qu'il apprend, selon le code intelligible aux autres, la langue que parlent ceux qui l'élèvent; il veut s'exprimer comme s'expriment ces adultes; et si certains n'apprennent pas bien la langue, c'est qu'ils ont déjà leur propre code de langage, qui est différent du langage des adultes. Parmi eux, les poètes sont ceux qui acceptent la langue véhiculaire, enfin la langue de tout le monde, qui permet aux uns et aux autres de communiquer avec des mots qui devraient dire autre chose et en même temps, ils continuent à parler « à leur arbre », comme le héros du *Bel Oranger*, à des êtres visibles ou invisibles, à des imaginaires qu'ils conservent en eux. Ils leur parlent au moyen d'une langue codée autrement, qui est à la fois axée sur la musique, sur des images, et en même temps sur des scansions qui dans la langue de communication ne pourraient pas servir au fonctionnel : c'est une langue de plaisir, et pas n'importe lequel, de plaisir qu'on ne peut pas empêcher, qui leur est indispensable, le plaisir de créer; le poète, s'il n'écrit pas de poésie, souffre à en mourir. Il en crève. Les gens écrivent parce que s'ils n'écrivaient pas, ils tomberaient malades. Mais le plus souvent, au lieu de développer leur singularité, les enfants se voient grands comme les adultes qui les entourent. L'enfant porte les gènes de ces adultes-là, mais il a à advenir tout autre qu'eux. Et je crois que c'est ce qui me plaît dans la façon dont j'entends la Parole de Jésus de Nazareth : « Laissez venir à *Moi* les petits enfants », *Moi* représentant, au moment où il parle, Moi, Fils de Dieu[1], c'est-à-dire un

---

1. « Avant que Moïse et Abraham fussent nés, je suis... Je serai avec vous jusqu'à la fin des temps. » Nous sommes dans une civilisation que l'on nomme l'ère chrétienne, du moins en Occident où la culture s'éclaire de ces dires fondateurs. Mais ils vont à contre-courant du désir possessif du maître sur l'esclave, du fort sur le faible, de l'adulte sur l'enfant.

tout autre que chacun des humains d'aujourd'hui, apparemment leurs seuls modèles. Laissez-les advenir à tout autre que vous. C'est comme cela que je les comprends.

Il est difficile, mais nécessaire, d'extirper chez l'enfant cette « illusion magique » que son père est le modèle, celui qui sait et à l'imitation de qui il a à advenir. Plus tard, le « faire comme papa fait aujourd'hui (ou comme maman) » est remplacé par « faire comme les autres garçons (ou filles) »; c'est la recherche d'une identité admise par les autres. C'est toujours en quelque chose une aliénation inévitable à un paraître valeureux. Il a à advenir *lui* par rapport à son origine vitale, son désir, non pas pour le plaisir de quelqu'un d'autre, fût-il son très vénéré père.

Là est, je trouve, la nouveauté que la psychanalyse a apportée comme idée d'éducation préventive de pertes d'énergie du cœur et de l'intelligence. Si on tenait compte de cet acquis pour former maîtres et éducateurs, ceux-ci apprendraient à préparer un enfant à advenir à ce qu'il a à advenir selon ce qu'il vit, ce qu'il est, ce qu'il ressent, et non pas seulement ce qu'il envie et que possède un autre à ses yeux, en lui disant essentiellement : « Tu me demandes un conseil; je te le donne, mais surtout ne le suis que si toi tu le désires, parce que ce conseil n'a de valeur que d'échange parlé; c'est la réaction de quelqu'un d'une autre génération à ce qui te questionne. Tu avais besoin de parler de ton questionnement, et que je te réponde, mais ne prends pas ce que je te dis comme une vérité, c'est seulement mon opinion. Puisque les humains ont besoin de communication, je te dis ce que tes questions ont suscité de réflexion en moi, mais surtout, ne suis pas ce conseil; demande à beaucoup d'autres personnes et, grâce à cela, tu élaboreras de toi-même la réponse à ton questionnement. » L'important est que cela soit dit depuis que l'enfant est tout petit : ne pas imiter et ne jamais se soumettre à l'autre fût-il adulte, mais trouver sa propre réponse à ce qui le questionne.

« Qu'est-ce que tu cherches? Voyons ensemble comment tu pourrais peut-être le trouver... Et quand tu auras trouvé, tu me diras ce que tu as trouvé, et comment; on en parlera. » Voilà ce que devrait être l'éducation, tout le temps. L'adulte mettrait sa vigilance à ce que l'enfant échappe au risque de son imitation et de sa soumission à son savoir, à ses méthodes et à ses limites, ou d'opposition à autrui, fût-il prestigieux à ses yeux, et qu'il ne trouve pas valeureux d'obéir à un autre sans critique, ni que celui qui veut le soumettre trouve valeureux d'avoir soumis l'enfant à sa direction, sans critique. Il est extrêmement fallacieux de considérer les humains en période d'enfance comme un monde à part. Les enfermer ensemble dans un supposé cercle magique est stérilisant. Le rôle de l'adulte est de susciter et d'aider l'enfant à s'insérer dans la société dont il est un élément vivant nécessaire, durant le temps qu'il est encore dans sa famille. Pour soutenir son développement, il faut le considérer dans son advenir et faire confiance à l'adulte qu'il vise à devenir. Le drame est que, à partir du moment où on cesse de le regarder comme un petit poète, comme un enfant qui rêve, qui a son monde à part, on fait intervenir le modèle imposé. « Tu es un pré-adulte, mais par rapport à ce que moi-même je suis comme adulte. » Alors qu'il est un pré-adulte, c'est vrai, mais d'un style qui n'existe pas encore, qui est à inventer, qu'il doit trouver lui-même.

Les enfants sont le plus souvent, dans la tragique condition qui leur est faite, adulés ou asservis. Ballottés entre ces deux traitements qui sont tous les deux abusifs : le regard attendri sur leur vert paradis : « Profitez-en comme nous en avons joui à vos âges »; ou bien le doigt tendu, corrections à l'appui, vers un modèle à imiter. Dans les deux attitudes, le conformisme est réducteur. Il occulte la vérité : l'enfant qui vient au monde devrait nous rappeler que l'être humain est un être qui vient d'ailleurs et que chacun naît pour apporter à son temps quelque chose de nouveau.

Ce sont vraiment deux comportements de l'adulte vis-à-vis de l'enfant qui sont apparemment tout à fait antithétiques mais qui sont tous deux des détournement de mineurs. L'enfant est soit enfermé, soit exploité; il est tour à tour rêve d'enfance, fantasme nostalgique, jardin à admirer et objet de pouvoir, disciple soumis, serviteur zélé, digne héritier...

Je crois que c'est le drame permanent de la condition de l'enfant : l'être humain est un être de désir au début de sa vie et qui est leurré par le désir d'imiter le parent qui, lui, est tout heureux d'être imité. Au lieu de lui laisser prendre au jour le jour ses initiatives et se développer avec sa propre orientation à lui, selon son propre désir, l'adulte pense que s'il le soumet à lui, son enfant aura plus de facilité, et moins de risques. Pourquoi ne pas s'inspirer de l'exemple de la médecine du corps? On vaccine bien contre les dangers des maladies; ne pourrait-on, très tôt, vacciner l'enfant contre le danger de l'imitation et de l'identification abusives... Il est obligé d'en passer par là, par le fait qu'il est petit et qu'il a l'intuition de « lui grand » et qu'il veut, personne qu'il est déjà, mimer l'adulte. L'enfant ne cherche pas de cartomanciennes pour savoir son avenir comme le font les adultes. A la question : « Comment je serai quand je serai grand? », il se répond : « Je serai " lui " (ou " elle "), alors je sais mon avenir. » L'enfant sait son avenir : c'est de devenir comme l'adulte qu'il fréquente, d'abord de sexe qu'il ne sait pas différencié, puis de l'adulte de son sexe, jusqu'au jour où il est tellement déçu qu'alors il ne veut plus d'avenir. Et il devient plus vrai, d'ailleurs, mais aussi en danger par rapport à la société, puisque les parents ne le reconnaissent pas si lui ne se reconnaît pas en eux. C'est ça le problème. Et c'est aussi que les enfants ne cherchent pas à savoir l'avenir, et que la mort n'est pas un problème pour eux comme pour l'adulte qui en a peur. L'enfant, non : il vit au jour le jour.

Il se trouve que ça le conduit à la mort, ça le conduit à ce qu'on appelle la castration, c'est-à-dire la perte de ses possibilités de vivre une fois qu'il les a épuisées à la manière d'enfant, et il en sortira pubère, puis il deviendra adulte. Mais tout ceci, il ne le prévoit pas, et c'est pour ça que tous les gens qui font de la littérature appuyée sur la psychanalyse sont à côté du problème : en effet, il ne s'agit pas de décrire les processus inconscients de l'extérieur, mais d'entendre le parler et l'agir de quelqu'un qui les vit à sa manière, différemment des autres.

C'est comme ça que l'on vit le temps de l'enfance : quelque chose ne va pas, on ne fait aucun projet, c'est dans l'immédiat qu'on a des recours : un grand frère, un père adoptif, un arbre, un avion qui passe dans le ciel... On a balisé sa route, son domaine, on évolue inconsciemment dans l'advenir de l'adulte. Et si on a envie d'en finir, ce sera toujours la rivière qui n'est pas loin, ou l'arbre duquel on va se lancer, ou bien on ira chez un autre... On fera dix kilomètres, on fera du stop. C'est très limité. L'enfant ne cherche pas à savoir l'avenir; il le fait, il crée l'avenir. Il n'est pas prudent. Il ne fait pas de réserves. Il œuvre selon son désir, en assume les conséquences.

Dans ses rapports avec la nature, son anthropomorphisme n'est ni scientifique ni poétique : c'est tout réuni. C'est sans doute le moment de la conscience humaine où effectivement les choses ne sont pas séparées en disciplines. Tout se passe comme si on allait à la rivière pour y prendre du sable aurifère et faire sa maison avec, sans en avoir séparé les pépites d'or. C'est cette totalité qu'on trouve, non pas chez l'enfant type, mais chez l'enfant en chaque être humain. Ce serait peut-être déjà un progrès (en tout cas méthodologique) de ne plus parler que d'enfance... L'enfance de chaque homme, chaque femme. Absolument : les Enfants ou l'Enfance... Je suis furieuse quand je me prends à dire « l'Enfant », parce que par habitude on dit « l'enfant », mais ça n'existe pas cette abstraction, ce concept est faux, ça ne veut rien dire. Pour moi, c'est : *un* enfant, tel enfant; mais aussi bien *un* adulte et *une* femme; *la* femme, ça n'existe pas. Et encore « les enfants », c'est dangereux; ça englobe tout; il faudrait plutôt dire « certains enfants » ou « tel enfant ». On peut dire : les humains à l'état d'enfance. Sinon, on retombe dans le piège du non-adulte et du pré-adulte, abstrait et donc inexistant.

On peut le comparer à un arbre qui, au printemps, n'a pas encore de fruits. Il ne réagit pas au monde, aux intempéries, au cosmos comme il le fera quand il aura eu des fruits. A l'état d'enfance, chaque homme est cet être porteur de potentialités créatrices mais qui l'ignore ou bien, s'il l'imagine en fantasmes, il n'en fait pas cas. Heureuse imprévoyance, corrélative de l'amour de la vie, de l'espérance en elle et de la confiance en soi.

LE PASSAGE DE L'ÊTRE A L'AVOIR

En fait, la très grande différence entre un être humain à l'état adulte et l'être humain à l'état d'enfant, c'est que dans l'organisme de l'enfant, l'adulte est potentiel et il en intuitionne les pouvoirs par le jeu du désir. Tandis que l'adulte a la cicatrisation de son état d'enfance à jamais perdu pour lui. Plus douloureux qu'une nostalgie, il porte le souvenir pénible de son impuissance à être aujourd'hui l'adulte qu'il aspirait d'être, et en même temps, il ressent son impuissance à jouir encore une fois du mode de vie de l'enfant : la vue d'un enfant qui a confiance en lui en ne se sachant pas encore impuissant ou totalement confiant dans la personne de son père accentue ce sentiment du « jamais plus ». Les jeux sont faits. Pour lui, c'est le représentant d'un rêve, bon ou mauvais, qui lui rappelle son époque révolue où il avait des espoirs et où il ne les a plus. Il est devenu une réalité et les espoirs qu'il avait enfant, s'il s'en souvient, sont trop pénibles à évoquer, étant donné ce qu'il est devenu. Je crois que c'est pour ça que l'enfant lui présentifie un souvenir pénible, puisque lui devenu adulte ne peut plus changer sa vie.

Il est probable que jusqu'à cinq-six ans, l'enfant ne conçoit pas l'adulte qu'il sera, il ne le « voit » pas autrement que selon ses modèles parentaux. Mais après, même à sept-huit ans, il y a des individus qui ont un projet, plus ou moins conscient, mais qui est là, et qui va s'opposer au modèle qu'on lui propose ou impose. Cela donne parfois des individus qui sont un peu farouches, pas forcément du reste, parce qu'ils peuvent être « cassés », « brisés », mais je pense que l'adulte qui est en eux peut s'exprimer très précocement. Probablement pas avant cinq ans, mais sûrement avant dix ans, dès huit-neuf ans.

Dans son premier âge, l'enfant porte l'adulte qu'il sera. Mais il ne le conçoit pas du tout comme un advenir. Pour lui, l'adulte qu'il va devenir, il le porte tellement qu'il ne cherche pas à savoir; il a un désir, mais il ne cherche pas à savoir s'il le réalisera ou non.

Les enfants révèlent dans les circonstances dramatiques, dans la familiarité avec la mort, avec les choses majeures, qu'ils ont en eux une humanité totale. Il y a une détermination, une force, une personnalité affirmée chez les petits leucémiques. L'approche de la mort qui menace leur organisme, la présence du danger éclairent non seulement une lucidité sublime face à la maladie, mais aussi une perception de la vie tout à fait étonnante. Et cela, ce n'est pas la maladie qui leur donne cette faculté. Elle ne fait que l'accentuer, le révéler, cela témoigne du potentiel de tout être dès le début de sa vie. Les enfants sont dans l'essentiel de ce qu'est l'être humain, dès leur conception, et jusqu'à leur mort : l'essentiel est là, qu'il émerge ou non, que les autres en soient témoins ou non, c'est toujours là.

J'ai entendu un orphelin âgé de trois ans, révolté, clamer : « J'ai le droit d'avoir ma mère; si elle est morte, c'est que mon père l'a bien voulu. » On avait beau lui expliquer que son père ne pouvait pas empêcher cette mort, il ne voulait pas l'entendre. Il fallait un responsable à sa souffrance. Pourquoi sa mère n'avait-elle pas pu survivre? Quoi qu'il en soit, entendre une telle réflexion d'un enfant de trois ans amène à penser que ce n'est pas un hasard, une inspiration exceptionnelle, mais un échantillon du potentiel de tous les enfants du monde. Il y a sûrement des émergences qui sont peut-être plus des indications pour les autres qu'une véritable structure de personnalité. Ils ne sont pas conscients de ce qu'ils disent. C'est la différence : l'adulte réfléchit à lui; l'enfant ne réfléchit pas à lui; il est. L'adulte réfléchit à lui parce qu'il est en deuil de son enfance, et qu'il peut découvrir après coup comment il était, maintenant qu'il a perdu ce passé. Il a gardé un souvenir, conscient ou inconscient par des traces en son corps : « J'étais dans une maison et cette maison est démolie, je suis dans une autre; je pense à cette maison démolie. » Mais l'enfant qui investit cette maison ne s'occupe pas de savoir comment elle est et de la raconter; il investit cette maison et il y vit, il y produit ce qu'il a à y produire, et il ne réfléchit pas à ce que représente cette maison pour lui ni pour les autres. Il est co-cette maison, comme il est co-ses parents sans s'interroger sur eux. De là nous incombe cette responsabilité énorme qui est la nôtre à éduquer des enfants.

Peut-être le passage à l'âge adulte est-il le passage de l'être à l'avoir; je veux dire, l'opposition entre l'être et l'avoir. Peut-être l'enfant est-il essentiellement fait d'être, et l'adulte d'avoir, tout en réfléchissant, se comptant, s'objectivant. On commence à posséder un passé, comme on possède une maison. L'enfant n'a pas de maison : il est dans la maison, ou il est en dehors.

Lors d'un premier contact, plus d'un enfant m'a abordée en ces termes : « Qu'est-ce que tu as, toi? » Il est dans notre rôle de psychanalyste de dire : « Eh bien, je te le dirai, mais raconte-moi ce que toi tu as. » Alors, on discute pour savoir qui va parler le premier. Et puis ils disent ce qu'ils ont : « J'ai un papa, une maman, un frère, un nounours... » enfin tout ce qu'ils ont, comme êtres de relation avec eux. « Maintenant, j'ai dit. Et toi? » – « Qu'est-ce que tu veux que je te dise? » – « Tu as un mari? » – « Oui... Et si je n'en avais pas? » – « Ah! ben... c'est mieux que tu en aies un... Tu as des enfants? » – « Et si je ne te le dis pas? » – « Ah! ben, c'est pas juste, puisque moi je t'ai dit. »...

C'est souvent comme cela que s'établit l'échange langagier avec les enfants, et je suis très étonnée qu'ils ne « déclarent » jamais avoir autre chose à eux, que des personnes avec qui ils sont en relation. Quand ils l'écrivent, trouvant que ça n'est pas beaucoup, ils ajoutent : « Ah! et puis j'ai un tonton, et puis j'ai la dame qui me sortait quand j'étais petit. »

Les enfants ne parlent jamais de possessions matérielles; pour eux, avoir, c'est avoir des êtres de relation. Combien sont réduits à n'avoir... qu'une ou deux personnes. Je pense à cette gardienne d'immeuble qui amenait sa fille et des enfants de voisines à notre Maison Verte[1] et qui, un jour, me dit d'une petite fille : « Elle n'a pas de père. » Et l'enfant était là, près de nous. Je m'adresse à la petite : « Tu entends ce que dit madame? Elle dit que tu n'as pas de père, mais ce n'est pas vrai. Peut-être qu'elle ne sais pas. » Tout de suite, la gardienne a repris : « Mais si, mais si : elle n'a pas de père : il est mort quand sa maman était enceinte d'elle; je l'ai bien connu. » – « Mais si vous

1. Dans le XVe arrondissement de Paris, une expérience pilote de lieu de rencontre ouvert aux enfants accompagnés de leur mère et/ou père, pour les préparer à la crèche, aux garderies et à la maternelle, aux lieux où l'on accueille les petits à la condition de les séparer de leurs parents. Voir 4e partie, le chapitre « Prévention ».

l'avez bien connu, c'est qu'elle a un père. » Alors, elle a raconté : « Il l'aimait tant, il voulait que ça soit une petite fille, il avait déjà acheté une petite robe pour elle, c'est lui qui a choisi son prénom... » A cette enfant, on avait toujours dit qu'elle n'avait pas de père, faisant d'elle une hémiplégique symbolique. Cette femme, sa nourrice, gardienne, depuis sa naissance, connaissait le père de l'enfant, mais l'enfant pouvait croire qu'elle n'avait pas eu de père! Cette révélation a été une transformation dans la vie de cette enfant et, par elle, une transformation dans la vie de sa mère, une vie de travail consacrée à sa fille : elle passait tout son temps libre chez le couple nourricier de sa fille, comme une fillette elle aussi, jumelée à sa fille et arrêtée au souvenir des circonstances de la mort accidentelle de son tout jeune conjoint dont elle n'avait jamais parlé comme de son père à sa fille.

CHAPITRE V

LE DRAME
DES HUIT PREMIERS JOURS

MÉDECINE ET PSYCHOLOGIE PRÉNATALES

LES nouvelles techniques de dépistage prénatal sont une arme à double tranchant. Il est à redouter que les médecins s'en servent pour magnifier leur savoir et avoir tout pouvoir sur le fœtus, et le privent d'une relation unique, irremplaçable avec la mère qui le porte et l'écoute. Prenons l'exemple de l'échographie; elle permet de savoir à quatre mois si le fœtus est masculin ou féminin. Cela n'autorise pas le médecin à jouer la pythonisse devant la femme enceinte. Je verse au dossier deux cas précis de mères qui ont dit aux gynécologues : « Chut. Je ne veux pas savoir avant la naissance si mon enfant est fille ou garçon. » Eh bien, ils le leur ont dit. Elles avaient pourtant insisté, en donnant leurs raisons de préférer le silence. Que voulaient-elles? « Je veux rêver que cet enfant, il est à lui-même. Ni son père ni moi ne voulons savoir d'avance le sexe qui est le sien. Pourquoi le savoir avant sa naissance? pour programmer garçon ou fille, il est à l'intérieur de moi : qu'il vive comme il a besoin de vivre, je l'aime autant garçon que fille... » Que de parents ont choisi un prénom, de fille ou de garçon, avant la naissance! L'enfant naît, on le nomme autrement. Son premier cri et le premier regard sur lui font que les noms prévus ne correspondent pas à cette relation intime et profonde car les noms viennent de l'inconscient, de très loin. Il est souhaitable que le prénom naisse de cette rencontre émouvante. Les parents qui donnent le nom prévu, presque toujours, dépouillent les enfants de l'essentiel de leur première relation. Et on devrait dire aux parents : « Pensez à des noms, mais attendez le moment du premier cri de votre enfant. Quand vous l'aurez vu, à ce moment-là, il sera devenu réalité pour vous, vous verrez qu'il vous fera donner le nom que vous désirez tous les trois, et que vous voudrez vraiment pour cet enfant-là, non pas celui que vous avez rêvé, mais ce fils ou cette fille dans sa réalité unique et irremplaçable pour vous. »

Au départ, ce qu'il y avait de dynamique dans cette recherche prénatale, c'était le dépistage des malformations. La démarche médicale était parfaitement saine. Mais on a dérapé et on en use en fait pour prendre un pouvoir et pour faire exhibition de savoir. Au bout de cet interventionnisme, de ce dirigisme médical, il y a le spectre de l'eugénisme. C'est une tentation pour l'humanité.

L'autre jour, j'ai vu arriver à la Maison Verte une mère bouleversée, serrant contre elle un bébé âgé de 15 jours. C'était son premier-né. Il ne dormait plus depuis 8 jours. Je le regarde. Le bébé paraissait très nerveux. La mère dit : « On m'a dit de venir à la Maison Verte, que ça me remonterait le moral. » Et elle me raconte que le pédiatre qui s'occupait de l'enfant depuis l'accouchement lui a imposé de sevrer au quatrième jour, parce qu'elle avait au sein une irritation dont il craignait qu'elle ne s'infectât. Il avait prescrit des antibiotiques sous forme de pommade. Elle se l'est appliquée et s'est trouvée guérie en deux jours. Elle avait sevré le bébé qui, depuis, était nourri au biberon. Il se portait bien, mais le troisième jour il a commencé à mal dormir. Elle a demandé à son médecin si elle pouvait lui redonner le sein. Réponse : « Je vous l'interdis! » Je demande à la mère : « Comment vont vos seins? » – « Très bien, c'était terminé en 24 heures, et j'aurais aimé le nourrir. Mais lui, il ne dort plus! Depuis huit jours, nous passons des nuits blanches. » Et elle pleurait, et son mari qui l'accompagnait essayait de la consoler. Alors, je m'adresse au bébé : « Tu vois comme ta mère a du chagrin de ne pas avoir pu te nourrir. » Puis à elle : « Mais est-ce que le médecin vous a bien dit que vous pouviez le mettre autant que vous vouliez contre votre peau, même s'il n'y a pas de lait; il peut même être à votre sein. » Elle : « Vous croyez! Mais quand est-ce que je fais ça? » – « Pourquoi pas tout de suite. » Et elle met son enfant contre sa peau, et le voilà qui attrape le sein et qui tète; il est heureux. Et elle, rayonnante, regardait avec amour ce bébé et son mari alternativement. Elle l'a complètement nourri. Elle croyait n'avoir plus de lait et pensait continuer le biberon. Elle est allée quelque temps après voir son médecin. Et elle lui a dit qu'elle l'avait remis au sein. Il lui a répondu : « Madame, c'est épouvantable ce que vous avez fait... Vous aviez eu des antibiotiques. » – « Mais ça faisait plus de dix jours déjà que je les avais arrêtés! » – « Oui, mais alors, vous verrez, vous ne pourrez plus jamais le sevrer, cet enfant. Vous avez de la chance que j'accepte de continuer à m'occuper de votre enfant! » Tant et si bien qu'il lui a fait peur. Elle est revenue à la Maison Verte. Je l'ai rassurée : « Mais cet enfant, regardez comme il est heureux. Et vous! » – « Oh! oui, tout va bien, et nous dormons tous toutes nos nuits. » – « Pourquoi, quand le lait se tarira en son temps, ne se sèvrerait-il pas comme tout autre enfant? » L'enfant a maintenant huit mois. Elle est revenue, il y a huit jours. « Et alors? » – « Eh bien, c'est étonnant, à six mois, de lui-même, il a refusé le sein! une tétée, puis deux, puis, en quinze jours, il s'est sevré. Il est au biberon, ça marche très bien. J'ai revu mon médecin, je lui ai raconté. Il n'était toujours pas content : « Oui, il s'est sevré seul, et vous avez de la chance encore, mais à six mois. Or, il faut sevrer à quatre mois. Voilà! » Et si une mère veut nourrir un an et qu'elle le peut – cette femme ne travaillait pas –, pourquoi pas? Non. Le pouvoir médical en avait décidé autrement. Elle m'a dit : « Je ne sais pas si ce médecin aura appris quelque chose. A quatre mois, il m'avait dit de le sevrer... mais j'allais partir en vacances d'été... J'ai attendu mon retour. Il était furieux... Et moi, je suis bien contente et suis venue vous dire ma reconnaissance. Regardez, le bébé est superbe et il mange un peu de tout. Et dire que je partais pour une vraie dépression quand il m'avait interdit de le nourrir. » Et ce mauvais augure qui prédisait : « Vous ne pourrez jamais le sevrer; ça va faire des complications. » Rien du tout. Si on doit imposer l'arrêt, deux ou trois jours, peut-être plus, au début de la lactation, il faut faire admettre au bébé l'absence du sein. Pour cela, on le nourrit pour apaiser sa faim par l'aliment prévu, puis la mère le met contre elle, lui explique qu'elle ne peut plus l'allaiter et pourquoi. D'ailleurs, il ne veut pas non plus, dans ce cas, à cause d'une mauvaise odeur de pommade qui modifie l'odeur de sa mère. Il est vrai qu'il n'est pas prudent de donner à un enfant un lait plein d'antibiotiques[1], mais on peut très bien arrêter quelques jours, puis reprendre le sein, mais si tout va bien, que l'enfant sevré et la mère sont d'accord, que l'enfant dort bien, pourquoi lui redonner le sein? Mais alors pourquoi suspendre la proximité du bébé à sa mère, le bouche-à-peau nécessaire entre l'enfant et sa mère? Sans être au sein, il aurait au moins l'odeur de sa mère et le contact avec elle? Chaque dyade[2] mère-enfant est différente, et ce n'est pas le médecin qui peut en savoir quelque chose. C'est la mère qui sait, qui sent ce qu'elle doit faire. Cette femme désirait cette intimité. Aucune contre-indica-

---

1. La prise trop précoce d'antibiotiques peut entraîner des altérations des cellules très sensibles. Par exemple, créer une anomalie du colimaçon de l'oreille et provoquer une surdité. Il y a bien plus d'enfants sourds qu'autrefois. N'est-ce pas dû à l'absorption d'antibiotiques?

2. Mot d'André Berge, psychanalyste, pour définir la relation particulière du nourrisson à sa mère, surtout s'il est nourri exclusivement au sein de sa mère.

tion pour l'en priver définitivement. Une simple interruption suffisait, mais en assurant dans leur relation la continuité de tout ce qui n'était nuisible ni à l'enfant ni à la mère.

Dans les maternités, le corps médical ou infirmier abuse de son pouvoir. L'histoire d'une jeune psychologue du Midi est révélatrice. Elle habite Golfe-Juan où son mari est horticulteur. Je l'avais connue à Paris quand elle faisait ses études. Elle m'avait contactée et, à Antibes où je passe mes vacances d'été, elle me téléphone un jour en catastrophe : elle venait d'accoucher de son deuxième enfant, à Antibes où il y a une bonne clinique : « Je suis inquiète pour mon bébé, parce que j'ai été obligée de le sevrer brusquement, alors que j'ai nourri l'aîné jusqu'à six mois. Ça me prive beaucoup; est-ce que vous pouvez venir? » A la clinique, elle me raconte que le bébé, une fille, le quatrième jour après l'accouchement, n'a plus voulu prendre le sein, alors qu'elle avait une montée de lait et qu'elle la nourrissait depuis le deuxième jour. Elle me dit : « Et ce qui me prive aussi, c'est que quand elle était au sein, je la voyais six fois par jour, et maintenant qu'elle est au biberon, je n'ai le droit de la voir que si j'ai une visite, et à 13 heures 1/2; je ne peux pas la voir le reste du temps; c'est interdit pour les bébés au biberon. » Je cherche avec elle ce qui a pu se passer : « Vous savez, les bébés sont très sensibles à l'odeur; est-ce qu'on ne vous a pas fait cadeau d'une eau de toilette dont elle n'aurait pas reconnu l'odeur? » – « Pas une eau de toilette mais j'ai cette pommade que le médecin m'a dit de mettre le troisième jour d'allaitement, par précaution, parce que j'avais une petite irritation à un sein. » Je lui dis : « Mais sentez... ça pue! Et vous avez mis votre bébé au sein, avec cette pommade. C'est peut-être cela, tout simplement! Vous allez bien vous nettoyer le sein à l'eau et au savon (ce qu'elle fait). Maintenant, on va demander à voir le bébé. » Elle sonne. Arrive une infirmière : « Ah! Mais, madame, ce n'est pas l'heure. » – « Mais madame (moi) est docteur. » – « Ah! bien. Alors, je vous amène le bébé, bien sûr. Excusez-moi. » Et elle apporte le bébé. L'infirmière partie, la mère met sa fille au sein, qui boit avec bonheur. Ce bébé, très malin, ne voulait pas d'une odeur ignoble de pommade. Et c'est tout! C'eût été simple de dire à la jeune accouchée : « Vous n'aurez qu'à vous mettre cette pommade par prudence, et bien vous laver les seins avant la tétée. »... L'infirmière revient pour reprendre le bébé; et la maman lui dit : « Vous savez, elle a tété, très bien tété. » – « Comment? Mais elle venait de prendre son biberon! » – « Elle venait peut-être de prendre son biberon, mais elle était bien contente au sein. » – « Ah! bien. Vous allez voir ce que le docteur va vous dire... Il vous avait interdit de donner le sein. » Et le lendemain elle me téléphone : « Je suis rentrée à la maison. Quand le médecin est passé le soir, et que je lui ai expliqué, il m'a fait une scène épouvantable : " Alors, ce n'est plus moi qui commande ici; c'est n'importe qui! " » Et il l'a mise à la porte de la clinique. Cinq jours après l'accouchement, elle a dû retrouver les soucis de son foyer, elle qui avait déjà une petite de 2 ans et demi. C'est inhumain! Voilà le pouvoir médical... abusif!

Des réactions de responsables aussi irresponsables comme celles-là montrent, au fond, comment fonctionnent certaines personnes et institutions de soins. Pourquoi ça? Pourquoi la condition de l'enfant est-elle sans cesse menacée? Parce que l'adulte soignant, au lieu d'être au service des soignés, leur laissant leurs initiatives chaque fois que ce n'est pas dangereux, projette son amour-propre, des complexes tout à fait personnels sur ce qu'il croit être l'enjeu de son pouvoir. Ce pédiatre n'est pas là pour avoir pouvoir sur ses clientes et leurs bébés, mais pour être au service de cet être nouveau et de sa relation à sa mère, bien sûr en ne nuisant pas à leur santé. Ce médecin ne savait-il pas qu'un bébé reconnaît sa mère à l'odeur? N'ayant pas reconnu le sein, le nourrisson d'Antibes n'a pas tété; alors, on l'a mis au biberon, sans se poser la moindre question. Si une mère veut sevrer son enfant, c'est à elle de le savoir et d'en avoir envie; et alors, l'enfant le sait en même temps qu'elle et s'accorde au désir de sa mère. Si la mère veut sevrer, de lui-même son sein est moins gonflé ou le lait moins nourrissant; l'enfant est d'accord pour être sevré; mais si la mère souffre de sevrer son enfant, le bébé souffre aussi, et se cramponne d'autant plus au sein. Et surtout, s'il est sevré de sa vue, de son rythme, de sa voix, du contact de sa peau. Pourquoi, sous prétexte qu'il est au biberon, ne doit-il plus voir sa mère... que si elle reçoit des visites, et encore : cinq minutes et à 13 heures 1/2. C'est-à-dire qu'il ne voit jamais sa mère en intimité; toujours avec quelqu'un qui est présent. Le médecin de maternité n'y pense pas, parce que, pour lui, l'enfant n'est pas réellement la finalité de son acte médical. Pour lui, l'enfant n'est pas un être de désir et, d'abord, de relation élective à sa mère et à son père. La mère, le nouveau-né sont au service de la clinique et objets du pouvoir discrétionnaire du médecin. Sait-on qu'il y a des maternités où les mères n'ont pas le droit de langer leur nouveau-né? Si elles sont primipares, une monitrice leur enseigne à le faire sur une poupée en celluloïd!

On voit apparaître trois causes du « malentendu » fondamental dans les relations adultes/enfants; on les retrouve dans toutes les sociétés humaines. D'abord, les responsables ne se préoccupent pas du tout du développement et de l'expression personnelle de l'enfant; ils pensent à appliquer une sorte de norme qu'on leur a inculquée pour tel ou tel cas de figure. Ensuite, c'est l'ignorance, c'est la pseudo-science qui commandent. Enfin, le pouvoir médical et le pouvoir institutionnel qui décident de tout et se substituent au désir de l'enfant et de sa mère, dès l'accouchement et même avant... pendant la grossesse.

Finalement, à travers les exemples de la vie quotidienne, on arrive à comprendre pourquoi les mêmes erreurs se répètent. Cela tient au manque de langage, au manque de respect de l'être humain qui vient de naître. Si nous sommes médecins, on ne le dira jamais assez, nous sommes au service, au moment de la naissance, de la bonne relation du bébé à sa mère, quelle que soit cette bonne relation : une mère ne veut pas nourrir au sein... Eh bien, le devoir médical est de l'aider à ne pas nourrir au sein même si ce bébé en souffre, puisque c'est son désir, et il n'y a pas de raison que l'enfant ne soit pas dans le désir de sa mère; il y a été et il en a fait son sang pendant les neuf mois de vie intra-utérine, donc il continue à être en accord avec son désir profond à elle; et c'est son désir profond à elle qu'il faut soutenir, contre vents et marées. Mais la proximité du corps à corps de l'enfant à sa mère doit être le plus possible favorisée ainsi que le soutien de la mère à parler à son bébé et à lui donner, assistée de la puéricultrice si elle est primipare, le biberon et les soins de corps.

Or, il se trouve que le rapport langagier est contre le pouvoir technologique et l'autorité, car à partir du moment où on établit cette communication, il ne peut plus y avoir cette soumission, cette obéissance immédiate, cette efficacité apparente du prescripteur, du pédagogue. Et je crois que c'est pour cela que le responsable a lui-même une attitude de rétraction vis-à-vis de cette approche-là. Pour lui, c'est en fait se désarmer, c'est accepter que la relation de langage soit plus importante que la technologie qu'il veut imposer. L'intimité entre la mère et son enfant échappe à son pouvoir.

Ceux qui sont au service de l'accouchement et des premières semaines de la vie ont tout à apprendre de cet être qui n'est jamais comme un autre; il est lui (ou elle) mais aussi lui – sa mère et son père, présent ou absent. C'est tout à fait autre chose qu'un autre bébé et une autre mère, un autre père. C'est là où l'individu et où la relation spécifique d'un être humain à sa mère et à son père, et vice versa, ne sont pas à soumettre à des théories, appliquées à tous pareillement. Bien sûr, chacun a les mêmes étapes de développement à parcourir, mais à des rythmes différents. Ce qui est à soutenir, c'est justement la structuration lente de l'individuation dans le plaisir du langage, des échanges entre l'enfant et ceux qui sont à la fois ses parents et ses éducateurs. C'est du langage avant tout, mais il est médiatisé par des corps à corps. Il y a des cas où des primipares sont anxieuses. Il faut que la mère soit aidée peu à peu dans la technologie des soins et, en soutenant son intuition, à comprendre les désirs de son enfant, par ses réactions. Quand les mamans se précipitent, après huit heures de crèche, pour dévorer leur enfant de baisers, il fait des yeux blancs, il crie, il a peur, il ne sait pas qui se jette sur lui. Il faut l'expliquer aux mères : huit heures, pour un bébé, c'est comme quatre jours pour nous, et encore bien plus, parce qu'il n'a comme perception résiduelle de sa mère que la perception de son olfaction et de sa voix. Il faut un certain temps pour qu'il la reconnaisse, après l'avoir retrouvée. Une directrice de crèche qui veut bien préparer les mères leur dit : « Attention, vous allez voir votre bébé; ne vous précipitez pas pour l'embrasser; parlez-lui; la maternante va vous raconter sa journée; habillez-le; parlez gentiment avec lui et puis, à la maison, vous ferez la fête... Mais pas avant. » Ces bébés-là sont en sécurité et ne crient pas en retrouvant leur mère, comme c'est le cas des mamans frustrées et qui sans réfléchir se jettent sur leur bébé retrouvé pour le dévorer de baisers. Tout aussi insécurisantes pour leur enfant, les mères fatiguées, pressées, qui prennent hâtivement livraison du paquet sans le saluer ni parler aux maternantes de la crèche : un bagage à la consigne.

Qu'est-ce que la relation langagière? Est-ce que c'est la voix? Est-ce que c'est le geste? Ou le langage mental?

Pour le fœtus, c'est déjà un langage mental; mais pour l'adulte, c'est difficile de savoir s'il s'agit de langage mental; il y a un accord d'être, de plaisir d'intuition réciproque, qui touche au narcissisme de l'adulte parent et induit le langage de l'enfant. Dans cet échange, il faut laisser les mères suivre leur élan. Il n'y a pas une seule manière. On peut ou non parler avec le *flatus vocis* à l'enfant qu'on porte. C'est étonnant comme résultat. J'ai eu l'expérience avec mon fils aîné. Il est né en pleine guerre, en 1943. Je faisais tous mes déplacements à bicyclette... On ne se rend pas compte aujourd'hui, au volant d'une voiture, que la rue Saint-Jacques monte beaucoup depuis le boulevard Saint-Germain. Je revenais d'une course et je peinais sur ma machine. Et alors, cet enfant, ce fœtus, probablement gêné parce que j'étais fatiguée moi aussi, remuait, remuait, si bien que je me disais : « Je ne vais pas pouvoir pédaler jusqu'à la maison. Je n'en peux plus. Et marcher en poussant ce vélo, ce sera encore plus long! » Et ce jour, j'ai eu l'idée de lui dire : « Ecoute, mon chéri, si tu bouges comme ça dans mon ventre, ça va être encore plus long, parce que tu me gênes pour pédaler. Reste tranquille, on va être vite arrivés. » Il s'est immédiatement arrêté. Je lui avais parlé intérieurement... Pas tout haut, pas avec mes lèvres. Il s'est arrêté, j'ai pu pédaler, je suis arrivée à la maison et je lui ai dit : « Maintenant, ça y est. » Et il s'est mis à faire la sarabande dans mon ventre. Il avait huit mois. Et son père, quand j'étais fatiguée, le soir, était à côté et lui parlait. On sait maintenant (mais à ce moment-là, « on » ne le savait pas) que les fœtus entendent plus les sons graves que les aigus. Et si moi je parlais, peut-être aussi que je parlais à son père, il continuait de remuer... Et si son père lui disait : « Maintenant, on va dormir, il faut être tranquille; toi aussi, tu vas dormir », il se calmait tout de suite.

LES BÉBÉS ONT DES OREILLES

Un soir, il y a de cela une vingtaine d'années, alors que notre immense famille était la victime d'une vigoureuse offensive d'oreillons, ma plus jeune sœur, Franny, fut transportée, avec son berceau, dans la chambre manifestement saine que je partageais avec Seymour, mon frère aîné. J'avais quinze ans, Seymour en avait dix-sept. Vers 2 heures du matin, les cris de la nouvelle venue me réveillèrent. Je restai pendant quelques minutes dans une position parfaitement neutre, écoutant ce remue-ménage, jusqu'à ce que j'entendisse ou sentisse Seymour bouger dans le lit voisin du mien. A cette époque, nous laissions en permanence une lampe électrique sur la table de nuit placée entre nos lits, en prévision de cas d'urgence qui, si mes souvenirs sont exacts, ne se produisirent jamais. Seymour alluma cette lampe et se leva.

— Le biberon est sur le poêle, c'est maman qui me l'a dit, dis-je.

— Je le lui ai donné il y a un moment, répondit Seymour, elle n'a pas faim.

Il se dirigea vers la bibliothèque et promena lentement le faisceau de sa lampe le long des rayons. Je m'assis dans mon lit.

— Qu'est-ce que tu vas faire? dis-je.

— Je me suis dit que je pourrais peut-être essayer de lui lire quelque chose, me répondit Seymour en prenant un livre.

— Mais elle n'a que dix mois, voyons! objectai-je.

— Je le sais bien, répondit Seymour. Les bébés ont des oreilles, tu sais, ils ont des oreilles pour entendre.

L'histoire que Seymour, ce soir-là, lut à Franny à la

Beaucoup d'éducatrices sont incrédules quand on leur **parle de** ça; elles **peuvent** encore admettre que le fœtus **soit sensible** à la **voix**... Elles ont lu des choses... On le **leur a** dit, etc. **Mais elles** ne conçoivent pas le langage **mental**.

Le **langage mental**, c'est **ce que** la mère fait spontanément et **que** l'enfant perçoit, même si ce n'est pas adressé à **lui, puisque** c'est de **cette** empreinte que peut être marqué **un fœtus**... Les soucis que sa mère se fait, à propos de **quelqu'un** d'autre, **vont faire** de lui un être qui naît soucieux; il est en mimétisme avec l'émoi de la mère.

Les neurobiologistes sourient ou haussent les épaules. Ils disent : « Je ne crois pas à la télépathie. »

Mais la télépathie **entre** le bébé et la mère est bien connue de toutes **les mamans.** Prenons une femme qui dort très bien. Il **suffit** que son bébé remue dans son berceau dans la **chambre** voisine, elle l'entend, alors qu'aucun autre **bruit ne** l'alerte. C'est une chose qui frappe les pères. **Beaucoup** de mères enceintes parlent à leur fœtus comme s'il était dans la pièce (enfin, il est dans la pièce puisqu'il est en elle). Elles n'osent pas le dire mais elles le font souvent. Elles ont raison. Après sa naissance, dès l'ouverture des enveloppes, encore plus quand il est tout à fait sorti du corps de sa mère, le nouveau-né perçoit, et certains enregistrent même les paroles qu'ils ont entendues comme le ferait une bande magnétique. On en a eu la preuve par des psychanalystes qui ont permis à certains de remonter leur histoire jusque-là. Les témoins auditifs ont pu confirmer l'exactitude de ces réminiscences qui surgissent en cure psychanalytique.

LE KIDNAPPING DES MATERNITÉS

L'éthologie, qui étudie le comportement des diverses espèces animales, a mis au premier plan de l'apprentissage des petits le phénomène d'attachement aux nourriciers. Les psychologues de s'emparer de cette observation et de déclarer : « Cela doit exister chez les êtres humains, puisque ça existe chez les animaux[1]. »

L'attachement existe pour l'être humain en tant que mammifère. Mais l'être humain est autre, parce que sa fonction symbolique est toute différente de l'instinct de l'animal. Il n'est que de voir qu'aucun animal n'investit un petit qui est mal né ou infirme. Jamais. Tandis que les humains investissent une affectivité énorme sur les enfants handicapés. Il n'y a pas de sélection naturelle : une mère humaine n'abandonne pas son enfant parce qu'il est mal né, au contraire, elle continue bien au-delà de la naissance à donner à l'enfant mal portant les trésors d'amour secourable d'un partage infatigable.

L'adoption existe chez l'animal. Comme la bergeronnette avec les œufs de coucou, la couvaison ou le maternage peut se faire avec les petits des autres... même avec des leurres.

1. *Cf.* Colloque sur l'attachement, René Zazzo, Delachaux et Niestlé.

L'oiseau femelle s'occupera d'une autre espèce que la sienne de la même façon que son instinct de maternage est programmé. Mais si c'est un petit mal venu, elle ne le maternera pas. Elle s'occupe de ceux que les autres poussins rejettent mais ne nourrit pas celui qui n'est pas viable. Le non-viable n'est pas investi par la mère. C'est le contraire chez les humains... même chez ces médecins qui sont en fait dans le monde des humains ceux qui ont pour nous des fonctions maternantes : un enfant handicapé, ils l'aident à survivre, et ils ont raison parce que cet enfant handicapé a une vie symbolique et c'est la communication interpsychique, chez les humains, qui est beaucoup plus importante que l'harmonie corporelle. Malheureusement, on a peu à peu faussé le langage maternel naturel en séparant la mère de son nourrisson au moment de l'accouchement. C'est quelque chose qui est tout à fait pathogène. C'est le corps médical qui a imposé aux femmes cette rupture radicale. Alors que leur fœtus a été mêlé à la société avec elles, tout d'un coup, si elle accouche à l'hôpital on met ce fœtus arraché à sa sécurité connue dans une société de nouveau-nés qui braillent, et la mère, si elle ne le nourrit pas, n'a même pas le droit de le voir plus de cinq minutes par jour, et encore, si le père ou sa famille vient la voir. Comme si on craignait de déranger les infirmières en leur demandant d'aller le chercher. Pourquoi ne pas laisser l'enfant près de sa maman, pour que, conseillée, elle s'en occupe elle-même? On invoque la question de sécurité : s'il arrive quelque chose, c'est l'hôpital qui serait responsable. Donc, on remet le nouveau-né entre les mains de personnes spécialisées. La mère n'est pas mise au courant, on ne lui enseigne même pas à langer son bébé. On la fait jouer à toiletter et langer un bébé de celluloïd et non pas son vrai bébé qui est langé par n'importe qui. C'est quelque chose d'absolument inhumain.

Chaque nourrisson n'est plus qu'un enfant de la science et non plus un enfant de sa mère pendant les jours où elle reste à la clinique. Il y a des bébés qui en sont marqués pour la vie... marqués de ne pas avoir eu cet accueil par le père et la mère. Les nouveaux accoucheurs qui ont compris cela permettent au père d'être présent à l'accouchement. Bien sûr, ils ne l'imposent pas, parce qu'un père qui y assiste malgré lui est angoissé et donne de l'angoisse à sa femme et à son enfant. Quand je pense que maintenant les hôpitaux se substituent à cet acte paternel qui est de donner soi-même son nom à l'enfant; or, à Paris, ce n'est plus jamais le père qui le déclare à la mairie; c'est l'infirmière qui demande à la future mère ou à la mère à peine accouchée : « Quel nom vous lui donnez? » et qui le déclare. Si la mère ne sait que dire, c'est l'agent hospitalier qui suggère ou décide. Le père n'a rien à faire. Il est le tiers exclu par l'hôpital, comme si l'enfant appartenait à la société anonyme et au corps médical anonyme. C'est affreux! C'est quelque chose qu'il faut absolument faire cesser. L'être humain est tout de suite à accueillir par son groupe familial. La liturgie du baptême, où la mère et le père présentent vraiment l'enfant, avait justement pour but de le faire considérer comme un être humain à valeur égale d'eux-mêmes. J'en suis certaine. Mais c'est tout à fait nié maintenant quand les femmes accouchent dans certains hôpitaux. Lorsqu'un enfant naît, il est capital que ce soit la mère qui dise qui est son père, et le père qui se déclare lui-même responsable de l'enfant. Enfin il est là, il naît à la parole, et à la parole qui est la formulation dans un code langagier de ce que l'enfant ressent mais dont on lui supprime l'intellection si on ne le lui met pas en langage, dans le code verbal de ses parents, alors qu'il entend tout et si on le laisse dans ce corps qui n'est pas affectivé immédiatement... Il est comme symboliquement orphelin, ou laissé à l'état d'animal, objet de l'administration anonyme aux pleins pouvoirs.

Maintenant, on a accumulé suffisamment de connaissances et d'observations pour ne pas renouveler ces maladresses, ces erreurs. Bien sûr, ce n'est pas la prévention de tous les incidents de parcours, mais ça peut réduire des blessures ou rendre réversibles toutes les séquelles des accidents qui pourront se produire.

Prenons le cas de ces enfants qui, à la naissance, sont confiés à l'Assistance publique. La seule manière de les aider quand ils décompensent et que justement somatiquement ils n'entrent pas dans le langage (le corps vit, mais ils ne sont plus en communication, à force de changer de personnes qui ne connaissent ni leurs parents ni leur histoire), c'est de leur faire rencontrer régulièrement un thérapeute psychanalyste. Il leur dira ce que, par l'Administration responsable d'eux, il sait de leur histoire, en leur parlant de leur mère, des difficultés qu'a eues cette mère à leur naissance et qu'elle avait ses raisons pour les confier à la société qui les élève en tant qu'enfants de leur père et de leur mère de naissance... Si vous voyiez le regard de ces enfants qui s'allume. Ils comprennent toujours le mot « père et mère de naissance », à la stupéfaction des personnes qui l'observent pour la première fois. Maintenant, elles le savent très bien, mais c'est étonnant de voir à quel point ces enfants se réenracinent dans leur identité. Parce qu'il y a une individuation, et puis une identité symbolique de cette individuation. C'est ça le cheminement de l'être humain. Et si cette identité symbolique, nommée en relation aux géniteurs, n'est pas donnée, c'est comme si l'enfant n'était pas décroché de son placenta; c'est son placenta qui avait cette notion, puisqu'il y a eu un coït fécondateur, et à ce moment-là un début de vie entre un homme et une femme. Il a eu un sens, ce coït où le langage parlé entre amants s'arrête et où un être humain en naît. Il est ce nouveau venu, la parole riche de rencontre de deux interpsychismes au moment de sa conception : c'est ça qui doit être rendu à un être humain de manière symbolique parlée à sa personne, sinon il reste dans le deuil de son placenta, et il ne se développe pas totalement[1], retenu à son passé par des potentialités mortifères. Nous avons à comprendre que le corps du nouveau-né est déjà symbolique d'une relation de désir : le désir de naître et le désir de donner naissance par ces corps qui semblent à certains n'avoir été que des corps : les êtres humains ne sont pas que corps... Ils sont aussi corps, c'est-à-dire manifestations matérialisées, individualisables pour le jouir dans leurs rencontres d'instants de plaisir parfois sublimes, parfois non, mais qui toujours sont communication interpsychique du verbe, et s'il y a conception, appel à la vie qui se signifie par l'enfant qui de la rencontre des cellules germinales de ses géniteurs inaugure son devenir humain.

L'URNE DE LA NUIT UTÉRINE

A Bali, la naissance d'un enfant est marquée par un rituel sacré qui magnifie la mémoire de la vie utérine. Juste après l'expulsion, le placenta, un peu de sang et le liquide amniotique sont déposés dans une noix de coco enserrée de fibres de palme; l'urne natale d'un garçon est placée à droite du portail d'entrée de la maison, celle d'une fille à gauche. Ensuite le cordon ombilical est séché, enveloppé dans une petite gaze, et il est conservé durant toute la vie de ce nouveau membre de la communauté. A noter que les Incas conservaient eux aussi le cordon.

---

1. Comme Adam et Eve, l'enfant est par définition (ou plutôt en l'absence de définition du mode de son entrée humaine par conception génétique) sans ombilic, sans trace d'origine.

Il y aurait chez le fœtus le désir de donner naissance soi-même, de créer.

De toute façon, l'enfant se donne naissance... On dit à tort : « Il est du sang de son père. » Mais non! Pas du tout, ni de sa mère! Le fœtus élabore son propre sang, qui est très souvent autre que celui de ses géniteurs; c'est le placenta qui élabore le sang de l'enfant. Il a reçu la vie, mais cette vie, elle est dans son placenta : c'est lui qui se la donne au fur et à mesure de son avancée dans la vie; tous les jours, il survit à lui-même et il est l'enfant de ses propres œuvres en même temps qu'il a besoin de protection, de soins tutélaires. C'est une tutelle indispensable à notre vie physiologique, mais il n'y a rien de seulement physiologique chez l'humain : tout est symbolique en même temps. Tous nos fonctionnements sont langage. Et il y a ce destin de survivre que chacun assume inconsciemment. Nous participons à la vie sans vraiment en savoir beaucoup, et nous ne savons pas du tout ce que c'est que la mort.

SEVRAGE PRÉCOCE, ENFANTS RETARDÉS

L'enfant qui est séparé trop tôt de sa mère régresse à la vie fœtale et n'entre pas dans la vie motrice, langagière, verbale, comme ceux qui restent avec leur mère, comme s'il ne savait pas encore qu'il est. Pour comprendre cela, il est nécessaire de connaître par quel processus le sujet s'individualise.

Qu'est-ce qu'un individu? Il existe en tant qu'objet reconnu par les autres comme individué par les limites de la peau de son corps. Mais l'être humain qui a une histoire originale irréductible à celle d'un autre est aussi un sujet de désir, c'est-à-dire qu'il est dans le langage et il n'existe qu'en relation avec ces autres élus, ceux qu'il connaît, qu'il aime et qui font de son être un sujet de désir. Le sujet est inconscient au moment où il prend corps dans les deux cellules germinales; il est encore inconscient *in utero*; il est inconscient quand il naît; constamment présent, mais inconscient encore un certain temps de sa vie; et cependant, il est totalement en réaction sensible et en impression mémorisables des relations langagières de désir, ou de contre-désir, qu'il éprouve en même temps que sa mère, *in utero*, et en même temps que père et mère dans leurs relations vis-à-vis de lui. L'entretien de son individuation quant au fonctionnement corporel nécessite la satisfaction des *besoins* essentiels de son corps (en rythme, qualité, quantité) : respiration, soif, faim, sommeil, lumière, mouvement. L'individuation psychique, articulée à l'individuation organique, est le fruit de relations interpsychiques; elle est due à la fonction symbolique dont le lieu d'arrimage est l'organisme tout entier, focalisé par le cerveau et l'encéphale dans son ensemble. Et il n'y a un sujet qui se connaît comme individu que lorsqu'il dit (s'il est élevé en langue française), même de façon imparfaite : « Ma... (Moi)... veux... » Et quand il dit « Moi », c'est déjà un sujet qui s'identifie à son individu-corps. Mais avant ce stade, il est presque totalement fusionné à tout ce que la mère et le père vivent à son propos. Et cette individuation, en même temps que le sujet se crée, se structure par rapport à ses désirs et à ses privations de satisfaction. C'est leurs alternances qui le font se sentir exister. Ce sont les temporisations, les privations de satisfaction de ses désirs qui font le petit enfant se sentir être; c'est comme cela que le sujet, corporellement puis psychiquement, s'individue. Il se découvre soi-même en fonction de ce qui lui manque, ou de ce qui lui est refusé. De ce qu'on lui refuse parce que c'est impossible, ou parce que, quoique possible, autrui lui oppose un désir contradictoire au sien. Quant à lui, au début fusionnel à l'adulte, on peut dire que, sujet, il émerge assumant son individuation par le premier « Non » qu'il oppose au vouloir d'autrui. Tant qu'il est co-sa mère, si elle pleure, il est triste; si elle rit, il est gai; toutes ces choses que nous voyons être en induction... comme le jeu du courant induit dans un petit solénoïde à un grand quand passe un courant électrique dans le grand solénoïde. C'est quand il y a séparation des deux que l'enfant par l'émoi qu'il en ressent se sent potentiellement « existable » sans sa mère, mais il ne l'est pas encore longtemps. Aussi est-il pathogène de le séparer de sa mère lorsqu'il est encore trop jeune pour savoir qu'il est fils ou fille d'Untel et d'Untel et pour se savoir animé de désirs; il est fusionné à la personne dont sa sécurité dépend. En commençant à lui dire « Non » il inaugure son désir de n'être pas dans une dépendance totale. Si on le sépare de son élu tutélaire inconscient, ou bien il est malade et il fait une régression par cette maladie; ou bien il le supporte, mais c'est qu'il a pris la personne à laquelle on l'a confié comme un prolongement organique de fortune, comme substitut altéré de sa mère mais qu'elle ne remplacera jamais. Il a alors une rupture psychique avec ses racines, ce lui-même qu'il ne retrouvera jamais, et tôt ou tard cet enfant manifeste une insécurité fondamentale dans son être au monde. C'est précisément cela que je crains actuellement; on veut aider les mères et les enfants, et on a raison de faire quelque chose pour aider les mères qui doivent travailler, mais on veut le faire sans respect du lien qui assure la communication psychique, le lien symbolique. C'est toujours au même risque qui est d'arracher brusquement précocement l'enfant à sa mère, sans médiation, pour le mettre dans un soi-disant monde meilleur. Il en résulte une pathologie qui fait régresser à la vie fœtale le sujet non individué qui reste imaginairement un objet partiel d'une entité : à la crèche, il fait partie du groupe des bébés, mais il ne sait pas qui il est : il est anonyme, un être-objet de besoins satisfaits par la crèche. Son être de désir est tout le temps bafoué dans les changements de personnes à travers lesquelles il ne peut retrouver, liés à la satisfaction de ses besoins, l'odeur et la voix et les rythmes de sa mère. Il se lasse de ce guet inutile et le soir, quand sa mère revient, il ne sait plus qui elle est, ni qui il est pour elle, ni peut-être même qu'il « est ». S'il n'est pas enrhumé et qu'il a les narines libres tous les soirs, c'est à son odeur que le bébé reconnaît d'abord sa mère. Mais si, dès qu'elle le voit, elle se précipite sur lui pour l'embrasser, il n'a pas le temps de la reconnaître et la ressent comme une énorme bouche dévorante affamée de lui, comme la sienne, lors de ses biberons de la journée. Alors, à nouveau, il fait partie d'elle-même, fusionné à son corps à elle. Et, après, de jour en jour, perdu le matin, retrouvé et réenglouti le soir, l'enfant a de moins en moins de chance de se connaître individué. C'est une pathologie qui sévit actuellement et qui donne cette extrême fréquence d'enfants qui ne parlent pas, qui ont des retards psychomoteurs. Physiquement bien développés mais sans curiosité ni désir de communiquer, dépendants mais sans amour, ni inventivité ludique et convivialité.

La mère, quand elle rejoint son bébé le soir à la crèche, au lieu de le dévorer de baisers, devrait d'abord lui parler. C'est ce que je suis arrivée à faire comprendre à quelques-unes. Cela demande beaucoup de volonté de la part des mères et une vraie préparation. 7 ou 8 heures au travail sans leur enfant, c'est dur. Au début, c'est difficile pour elles qui du jour au lendemain sont privées de leur enfant; elles le reconnaissent tout de suite au milieu des bébés de la crèche, c'est le leur, et elles veulent lui montrer leur tendresse par du corps à corps. Mais l'enfant fait des yeux blancs, il est complètement affolé, il crie parce qu'il ne sait pas qui l'embrasse. Il lui faut du temps pour qu'il reconnaisse son odeur, sa voix, ses rythmes. A la mère donc de surseoir à ses baisers : qu'elle l'habille, lui parle, qu'elle parle avec la maternante de garde, puis qu'elle l'emmène à la maison. C'est seulement là, dans le cadre de la maison, qu'il reconnaîtra lui, sa mère et tous les autres; et à ce moment-là, elle pourra, si elle veut, faire la fête des baisers et du corps à corps. Mais si elle le fait plus tôt, elle met l'enfant dans un stress – tous les matins, par son arrachement; tous les soirs, par sa violente et impatiente tendresse. Si bien que des enfants sensibles, pour moins souffrir, deviennent en apparence indifférents. Ils se laissent traiter en objets, mais alors, au bout de quelques mois, manifestent retard de langage et retard psychomoteur. Le langage verbal, le langage psychomoteur, ce sont des codes établis avec ses élus, non pas avec n'importe qui, et pas d'un coup mais progressivement et non sans que la mère, en paroles, ait préparé son enfant à telle nouvelle personne amie d'elle à qui elle en confie la charge. Ça ne sert à rien que la mère, pour faciliter le passage, reste quelques heures avec son bébé à la crèche; il faut qu'elle fasse, en actes et en paroles, le relais entre lui et les autres enfants, entre elle et les maternantes, et non pas simplement entre lui à la maison et lui dans un autre cadre. Si la maman entre dans la crèche, pour l'accompagner – c'est requis les premières fois dans certaines crèches –, il faut aussi qu'elle s'occupe des autres bébés, comme si elle était une parmi les maternantes et qu'elle parte seulement quand, elle présente, une autre maternante l'aura devant elle changé et lui aura donné son repas. Elle explique alors à son enfant qu'elle doit travailler et qu'elle a une confiance totale dans les personnes de l'équipe qu'elle lui nomme et qui vont le garder. Alors, même dans le cas où l'enfant pleure, il n'y a aucun trouble pour l'avenir de l'enfant. Au contraire, il s'éveille plus vite qu'un autre qui reste jusqu'à deux ans avec sa mère, sans fréquenter d'autres enfants et d'autres adultes. Il ne faut pas confondre les désagréments dus à des séparations temporaires prévues et expliquées avec l'arrachement brutal institutionnalisé. Celui-ci a valeur de langage exprimant que les humains sont des violeurs, des rapteurs et, de ce fait, il n'a aucun désir de communiquer avec eux : plus on est « chose », moins on souffre; plus on est non parlant comme animal domestique familier, moins on est en danger. Mais alors, l'enfant ne développe pas le langage pour dire son désir et il ne développe pas sa psychomotricité sous forme de mimiques langagières complices et en réponse, les expressions du visage et les expressions gestuelles.

Les ouvrages de pédiatrie parus dans ces trente ou quarante dernières années en Occident ont laissé croire qu'il fallait à tout prix, pour éviter carences et névroses, que la mère et l'enfant soient en symbiose totale pendant le premier âge.

L'enfant a besoin que la mère se soucie de sa nourriture, puisqu'il ne peut la chercher seul; de son hygiène corporelle, sinon il est dévoré de micro-organismes responsables d'infections, donc il a besoin d'être nettoyé et il a besoin d'être nourri – corps intérieur et corps extérieur – pour que l'intégrité de son corps soit préservée et qu'il continue à se dévelop-per, en relation au cosmos, mais toujours par la médiation de la mère (ou de la personne nourrice). Si ce n'est pas la même personne nourrice les premiers jours de la vie, l'enfant est désorienté car il est relié à elle par l'olfaction. Après quelques jours, il a aussi l'olfaction – associée à ses fonctionnements de besoin corporel, l'odeur de la nourriture, son lait habituel, et de ses excréments –, mais si la mère ne lui donne pas de paroles en même temps, alors n'importe qui peut se substituer à elle; il s'éduque sans paroles en fait, parce que les paroles qui sont dites par quelqu'un qui n'a pas l'odeur et la nourriture qu'il reconnaît, ce ne sont pas des paroles adressées à lui; il ne sait pas d'où ni à qui c'est adressé.

Ainsi se noue la première triangulation, qui a com-mencé *in utero*. C'est une certitude scientifique : le fœtus n'entend que les sons graves; il ne perçoit pas la voix de sa mère surtout si elle a une voix aiguë, mais il entend les voix masculines de l'entourage maternel. Les fréquences audibles *in utero* ne sont pas les fréquences que les adultes font lorsque avec une voix haute ils s'adressent aux bébés. Le fœtus entend des graves en réponse à quelque chose qui est comme sa voix à lui – la voix de la mère lui paraissant la sienne.

Le docteur Tomatis procède à ce qu'il appelle « l'accouchement phonique » en faisant entendre à des enfants psychotiques l'enregistrement de la voix de la mère. Mais il ne peut y avoir de mémoire auditive de la vie intra-utérine puisque à cette époque de sa vie l'individu ne perçoit pas les aigus de la voix maternelle.

Si une personne avec qui l'enfant psychotique est en confiance, à propos de rencontres thérapeutiques régulières, médiatise la voix de la mère par un appareil – la voix de la mère telle que son oreille de bébé pouvait la percevoir –, il arrive qu'au cours de la séance il se retrouve comme aux premiers jours de sa vie. Ce montage technique peut s'associer au thérapeute médiateur, sur qui il se fixe par un transfert. Ainsi est évoqué pour lui le climat vocal pré et post-natal, mais dans un climat affectif d'aujourd'hui. Il peut, dans certains cas, retrouver cette identité connue avec sa mère et qu'il avait perdue. Le système de Tomatis ne sert absolument à rien s'il n'y a pas déjà une relation privilégiée avec la personne qui manipule l'appareil. Quand c'est n'importe quelle manipulatrice ou étudiant stagiaire qui fait marcher l'appareil pour un enfant autiste, ce n'est pas opérant du tout.

Le mode d'accueil à la naissance au monde, au moment de la césure ombilicale, est, à mon avis, très important. Je suis très inquiète de ce qui se passe actuellement dans les maternités des hôpitaux.

Un psychanalyste qui est dans une maternité hospitalière de Paris m'a dit : « C'est absolument affolant de voir ça : les mères sont complètement parquées et ne voient pas leur bébé, sauf celles qui nourrissent, mais on les décourage de donner le sein, en leur disant : " C'est beaucoup mieux de donner le biberon, il n'y a pas de danger, vous n'avez pas besoin de vous en occuper, n'importe qui peut le donner, vous gardez votre liberté de mouvement... " Si le père vient les voir, ou quelqu'un de la famille, on amène le bébé trois minutes, cinq minutes, pendant que la visite est là; et puis l'enfant repart, et la mère ne l'a pas à ses côtés. Et pendant les jours où ils sont à l'hôpital, elle ne voit pas son enfant; elle ne le soigne pas; il n'est pas dans l'odeur de sa mère; il est dans le braillage des nouveau-nés de la pouponnière, soigné par une mercenaire interchangeable d'odeur, de voix, de rythme. »

Nous vivons une époque où beaucoup d'enfants ne sont pas accueillis, même symboliquement, par la société, et même pas entre leurs père et mère.

Le père peut demander à assister à l'accouchement. Il y a des hôpitaux où on l'y oblige; d'autres où on le lui refuse.

A une table ronde entre obstétriciens, sages-femmes, infirmières de maternité, et où ceux qui s'occupent des femmes après les couches parlaient à égalité avec les médecins[1], j'ai repris un praticien qui, avec condescendance, parlait de « la petite sage-femme » à propos d'une participante qui était plus âgée que lui, très intelligente et fine. « La petite sage-femme... » « La petite accouchée... » Le pouvoir médical est à qui « accouche ». Les médecins se trahissent par les habitudes de langage : « J'ai accouché trois enfants ce matin. » Tout le monde riait d'entendre dire que c'est le médecin qui avait accouché les enfants, au lieu d'avoir aidé des femmes à accoucher! Glissement de

1. Cf. Les Cahiers du nouveau-né, Stock.

sens? Voire. Plutôt assujettissement au praticien de la parturiente, de son conjoint, de leur enfant.

Dans le langage courant, on saisit les médecins en flagrant délit de réduction, parce que ce n'est ni eux ni même la mère qui accouchent... C'est l'enfant qui vient au monde. C'est ça l'événement le plus important. Le savoir obstétrical mis au service des parturientes a sa finalité dans le fait d'aider les enfants à naître de la façon la moins traumatique possible tant pour eux que pour leurs mères. Mais par-delà le processus obstétrical, c'est aussi l'accueil psychosocial de ce nouveau-né et le respect de sa relation psychique à ses géniteurs en actes et en paroles qui sont dans les attributions de l'équipe de soins ainsi que l'accueil socio-administratif de son groupe ethnique tel que la clinique ou l'hôpital en permettent ou non d'en faciliter l'expression.

CHAPITRE VI

PARENTS DIFFICILES, ENFANTS SADISÉS

CHANT SANS PAROLES

CE n'est pas parce qu'il n'émet pas des paroles que le petit enfant ne les réceptionne pas : si les finesses incluses dans le langage lui échappent encore, il en appréhende le sens grâce à son intuition directe de la personne qui lui parle, quelle que soit la langue qu'elle emploie pour s'adresser à lui. Il comprend les langues parce qu'il comprend la langue de la relation affective à sa personne, et des relations de vie ou de mort qui l'entourent. Je crois que c'est principalement ça : l'enfant saisit les relations qui soutiennent la vie ou qui la contrecarrent, celles qui sont dysharmoniques ou qui sont harmoniques. Mais comment se fait-il que des phonèmes comme sourire soient enregistrés par le nouveau-né ? Le mot a été prononcé à son oreille pour la première fois lorsqu'en sortant de l'utérus il a fait une grimace obligée. Nous faisons tous cette grimace qui sert de langage pour le parent, puisque ce dernier, avec une voix de plaisir éprouvé, dit alors : « Oh ! quel beau sourire ! » Après quoi, il suffit de demander : « Encore un sourire », pour qu'immédiatement le bébé le refasse. Ce qui prouve que sur une sensation interne, un phonème s'est croisé. L'un appelle l'autre. En fait, l'autre (le parent) est suscité dans sa tendresse par l'un, cet un, ce nouveau-né dont une grimace particulière a ému le parent qui a vêtu son émotion du mot « sourire ».

C'est là, du reste, que tout le processus d'aliénation pourrait trouver son origine. Dans la répétition forcée de la mimique, l'être est tenté par l'adulte de faire semblant au lieu de l'éprouver profondément. Sourire à l'autre et non pas sourire par dépendance à l'autre.

On voit des enfants sadisés (les gens ne savent pas que ce sont des enfants sadisés, on les dit timides et bien élevés); ils sont tellement angoissés qu'ils sourient tout le temps; un sourire figé comme pour faire plaisir à l'autre, tellement ils ont peur que l'autre, s'ils n'ont pas l'air contents, les agresse.

Si c'était consciemment calculé, on dirait que c'est une façade pour donner le change. D'ailleurs, on peut le rapprocher de ce qu'on appelle le « sourire commercial ». On dira qu'il n'est pas de cet âge. Mais l'enfant est capable, très tôt, de saisir le dressage commercial au rythme des besoins. Comme il cherche à se mettre en bonne harmonie avec la mère, il subit sa mère qui le dérythme pour être conforme au vouloir de sa mère. Et tout va de travers à partir de là.

La limitation à la demande n'est pas comme la répétition d'un phénomène scientifique. Les conditions de l'affectivité ne peuvent pas se répéter d'une personne à l'autre. Et si elles se répètent, c'est l'aliénation névrosante. C'est substituer à une relation créatrice un fonctionnement d'habitudes au niveau d'un besoin. Et nous sommes dépendants de nos besoins; à partir du moment où on crée une réaction qui est répétitive, elle entre de ce fait dans la catégorie des besoins, c'est-à-dire dans la mort de l'esprit. A ce moment-là, le désir de parler est coupé, refoulé, il est entré dans la rubrique des besoins. Toute notre vie est ainsi prise dans l'engrenage. Un désir, c'est une surprise dans l'attente impatiente de sa satisfaction et qui révèle à chacun une part inconnue de soi. Et d'un autre, lorsqu'on découvre avec ce quelqu'un d'autre un nouveau mode de relation fondé sur la satisfaction du désir. C'est le désir qui mène à l'amour. Mais si on ne peut plus se passer de la satisfaction de ce désir sans entrer dans un état dépressif, c'est que ce désir est devenu besoin. On le voit constamment parce que c'est ainsi que se construit tout l'être humain. L'être humain est mû par un désir de parler alors qu'avant il ne savait pas parler; à partir du moment où il parle, il a induit un besoin de parler. Un enfant a la révélation d'être debout la première fois qu'il marche. Après quelque usage, l'envie d'être debout sera devenue un besoin de station verticale.

On a raison de créer des lieux de socialisation de l'enfant, mais il faut faire attention de ne pas mêler des enfants de deux ans à des rythmes d'écoles maternelles, qui ne sont pas du tout faits pour eux, ni même pour ceux de trois ans s'ils n'ont pas vraiment trois ans d'âge émotionnel, affectif. Il y a des enfants qui à deux ans ne savent pas encore qui ils sont, ce que c'est que d'être fille ou garçon, qui est leur père, qui est leur mère, qui sont les autres proches parents, les grands-parents côté mère et les grands-parents côté père. Trois ans, c'est, pour certains, trop tôt pour aller à la maternelle. Celui qui ne sait pas seul se lever, se coucher, s'habiller, se laver – sauf cas exceptionnels évidemment, je pense à certains handicapés physiques –, manger seul; dans le cadre géographique courant de sa vie, lorsqu'il est dehors, retrouver sa maison; en tout cas, dire son adresse, n'est pas un enfant de trois ans pour l'âge émotionnel.

Au lieu de demander au plus grand nombre d'adultes formés et motivés de médiatiser les rapports entre les enfants, je crains qu'on en vienne à faire un self-service éducationnel; c'est-à-dire à confondre de plus en plus l'équipement avec la méthode, en ne mettant l'accent que sur l'augmentation des crédits pour les crèches. La capacité d'accueil, oui, mais aussi la qualité de l'accueil. Avancer l'âge d'entrer à l'école maternelle est préjudiciable au développement des enfants. J'ai peur que le régime actuel ne confonde le récipient avec le contenu, toujours dans l'esprit un peu démagogique de libérer la mère, de lui permettre d'être moins esclave domestique. Et je crains que l'on oublie le véritable problème de l'individuation lente de l'enfant, riche de l'enracinement de son identité dans la valorisation affective et sociale de son appartenance à sa cellule familiale. L'en sortir trop tôt ou trop vite lui est préjudiciable. Il s'agit d'étendre la cellule familiale en établissant des relais progressifs, ce qui permet à l'enfant de rester toujours lui-même, de plus en plus autonome grâce au vocabulaire mimique, gestuel, verbal, et d'éveiller un sens critique à l'égard de tout ce qu'il perçoit.

Non moins inquiétante, la nouvelle utopie scientiste qui consiste à remplacer le précepteur rousseauiste par un terminal d'ordinateur devant lequel on place l'enfant, à charge pour lui de se former tout seul, avec naturellement les mêmes programmes pour tous.

On en viendrait à une autre forme de cette robotisation qu'on voulait éviter, en croyant faire mieux que les libéraux avancés qui avaient mis l'accent sur les neurosciences comme appelées à bouleverser les normes de la pédagogie. Il est vrai que l'on avait abusé, du côté des psychosociologues, de l'étude statistique des facteurs d'environnement.

C'était très important, et il faut toujours en tenir compte. Mais je crois qu'on ne peut pas non plus y trouver toute l'explication en faisant des statistiques. Par exemple, si on étudie un groupe d'enfants sans père et un groupe d'enfants avec père, on s'aperçoit qu'il y a dans le 1er groupe plus de délinquance, parce que le critère du psychologue, c'est la délinquance, ou la pathologie. La pathologie n'est pas forcément hospitalisée, pas forcément comptabilisable. Il n'y a pas que celle-là, comme pathologie. Dans les tests, on ne peut pas prendre en compte ce qui est impression chez l'enfant qui n'exprime pas une réponse. Nombre d'enfants qui, aux tests, paraissent débiles parce qu'ils n'ont pas exprimé de réponse sont extrêmement intelligents, mais ils en sont encore au stade de la réception et pas de l'émission réactionnelle. Certains enfants n'ont été traités que comme des objets, et ils deviennent par leur premier acte délinquant, ce jour-là, sujets, sans avoir jamais eu de lois, ni de dignité personnelle. C'est la dignité de l'enfant et la dignité de la relation père-mère-enfant qui ne sont jamais prises en compte dans aucune maternelle, et dans aucune crèche, et dans aucune école primaire. Justement, l'instrument des statistiques et des tests ne mesure pas cette carence, cette aliénation-là. Il est important certes d'étudier les pathologies graves, les déviances, la délinquance récidiviste et de s'interroger sur les moyens de prévention. Mais ce qui est observable, testable, n'est que la partie visible de l'iceberg.

« L'inconscient, disait Freud, c'est tout ce qui est invisible de l'iceberg; ce n'est pas le visible. » Les statistiques ne comptent qu'avec le visible, sans s'occuper de la partie cachée.

Au regard de la psychosociologie échappent les enfants qui vont inventer. Ils vont se servir de leur marginalité dans des sublimations, c'est-à-dire en mobilisant leurs énergies dans des activités recherchées pour leur plaisir et peut-être celui des autres. L'agréable est parfois utile à la société. La création gratuite, le dépassement du connu.

L'originalité est marginalisée. Tous ces enfants, à la moindre incartade ou incompréhension de l'adulte, on va les faire glisser, les classer, soit vers les délinquants, soit vers les pathologiques. Petits, ils ne peuvent absolument pas s'adapter à un groupe nombreux quand ils sortent de leur famille. Même dans une famille nombreuse, ils restent l'objet, petit, d'un groupe relativement grand. Ils ont besoin d'être identifiés enfant unique d'une relation unique à leur père et unique à leur mère, et c'est de cette relation-là que l'on doit partir – en paroles – pour les aider tels qu'ils sont de par leur origine à s'adapter aux autres. En les privant de cette relation, en les arrachant à leur vie affective propre pour imposer à tous une même norme éducationnelle, on leur inculque le langage du rapt, le langage du viol et le langage où le plus fort a raison du plus faible, langages qui sont transgressions de l'éthique humaine, mais parce que c'est banal, c'est admis comme morale. C'est admettre cette morale mensongère qui vous fait juger « normaux », à l'école, des principes éducatifs pervers et pervertissants.

L'individuation des enfants repose sur une meilleure utilisation de la présence parentale quel que soit son style et non pas sa suppression. Plutôt qu'une substitution pure et simple, il y a une médiatisation possible, dans un climat de confiance, des adultes tutélaires fonctionnaires conscients, et le disant, d'être au service des adultes géniteurs en instruisant leurs enfants sur les difficultés de ces parents sans les juger.

La relation langagière entre l'adulte éducateur ou instructeur et l'enfant scolarisé est rarement connectée. L'inégalité entre les citoyens dès qu'ils sont petits vient de ce qu'on ne valorise pas le mode de langage qu'ils ont avec leurs parents, qui est un langage très riche, gestuel, émotionnel, mais qui est non verbal, et c'est justement en mettant des paroles sur leur langage affectif avec leur mère qu'on les instruit du langage verbal. On s'abstient de le faire à l'école. On dit même aux élèves de ne pas communiquer en classe, alors qu'un enfant qui s'occupe parle tout le temps, jusqu'à 7-8 ans.

Savez-vous qu'on ne peut faire aucune différence entre une récréation d'enfants entendants et une récréation d'enfants sourds, tellement les bruits glottiques, qu'ils n'entendent pas, font partie de leurs joies ou de leur peines : quand un enfant sourd s'amuse vraiment, ou quand il a vraiment du chagrin, il n'y a aucune différence avec un enfant entendant dans la cour de l'école des sourds et muets. Ils ne braillent pas, comme les gens le croient des enfants entendants, pour faire venir des parents; ils ne s'entendent pas eux-mêmes. Les instituteurs bavardent entre eux, laissant les enfants faire la foire d'empoigne entre eux, comme dans une cour d'école ordinaire. Il est très intéressant d'observer ce qui se passe entre les enfants pendant les récréations. Or, jamais personne ne le fait, ou bien n'en parle pas.

Dans les cours de récréation, il y a une perversion des rapports naturels entre enfants, qui peut même aller jusqu'aux rites de la cruauté. Le film *Sa Majesté des Mouches* est une parabole troublante. Un groupe d'enfants naufragés se retrouvant tout seuls sur une île réinventent une société avec des rites très cruels : initiation, esclavage...

C'est ce qu'on leur a enseigné depuis qu'ils sont petits; ils ne font que reproduire ce qui leur est inculqué depuis le premier âge par le pouvoir adulte. La pression dans les classes est tellement forte que dans la cour de récréation, il y a effectivement une explosion de leurs pulsions « animales », je veux dire non parlées. L'individu qui les surveille n'intervient que lorsque ça tourne mal, au lieu de mettre en langage leurs activités motrices. En classe, et même ailleurs, il ne faut pas qu'ils fassent « trop de bruit », alors que ce bruit peut être parfaitement nécessaire et naturel. Alors qu'ils ne peuvent plus se contrôler, on leur dit : « Contrôlez-vous. » Les sournois qui peuvent aller jusqu'à martyriser un souffre-douleur dans les cabinets, ils ne font pas de bruit, et ceux-là, personne ne va leur dire quoi que ce soit. On ne punit que celui qu'on entend et qui réagit; et jamais celui qui a provoqué la réaction. Le clown est plus sévèrement réprimé que le sadique qui agit en hypocrite dans les coins. Et puis celui qui en vient à se comporter comme objet, à n'être plus moteur, celui-là est bien vu du maître. Pensez donc, il ne se plaint pas, il ne dérange pas et il a des résultats sur le papier. Il n'est qu'une projection de la bonne conscience de l'instructeur. Tant pis si c'est au prix d'une soumission d'esclave ou pour une affaire rentable : être bien vu du maître. Désir vendu à qui paie.

C'est ce que j'appelle l'école digestive. Le bon élève, en fait, c'est celui qui accepte que l'adulte l'ait coupé de ses racines et forcé à l'imiter.

C'est ce qui plaît à la société qui a peur de la mouvance. On préfère la répétition. Celui qui accepte de faire de la répétition, on trouve que c'est un bon élève. Il ne cherche à ce moment-là qu'à paraître et qu'à plaire, en se coulant dans le modèle qu'on lui impose, au lieu d'établir une relation de sujet, en s'exprimant. C'est le lâche qui est magnifié. Il peut arriver qu'un enfant exceptionnel, marginal, arrive, tout en étant bon élève, à conserver la motricité, l'inventivité, l'esprit critique libre et aussi la relation aux autres et se dire : « Bon, dans la classe je fais ça, mais le reste du temps, je me dérobe complètement au pouvoir de l'adulte... » Celui-là deviendra génial; mais il y en a 1 sur 20 000. Je citera l'histoire de Camille Flammarion. Flammarion qui est devenu le célèbre astronome : il était le 15e ou le 13e enfant d'une famille et, depuis qu'il avait trois ans, Camille était celui que tout le monde appelait « Flammarion »; les autres avaient des prénoms... lui était appelé Flammarion, même dans sa famille, parce que c'était l'enfant brillant en classe, mais il était aussi curieux observateur de tout en dehors de la classe, intelligent, industrieux, plein d'initiatives, qui avait une vie personnelle. Mais c'était un enfant exceptionnel. Combien d'enfants très valables croupissent parmi les débiles! Il y a ceux qui dorment, deviennent des choses pour avoir la paix, et passent pour vraiment débiles. Illustre exemple : Einstein. Einstein était aimé de sa famille, et personne ne se souciait de ses mauvaises notes à l'école. On disait : « Il y aura toujours l'oncle Untel, drapier, qui le prendra comme manutentionnaire. »

Aujourd'hui, on ne peut plus être comme l'élève Einstein, même si sa famille l'admettait, il serait très vite « vidé » et réorienté. Ça ne durerait pas deux ans. On commence à faire la sélection dès la 5e. On sait presque, à la fin du premier trimestre, hélas! qui va redoubler et qui va être rejeté du droit aux études secondaires, alors que ce serait son désir vraiment personnel.

Ce ne serait pas mal si lâcher les études était son désir à lui, si ce n'était pas ressenti comme un rejet mais une orientation qui rende l'enfant heureux et à l'occasion de laquelle on le féliciterait de s'engager dans la voie pour laquelle il est doué.

Il y a quand même des mots qui ne trompent pas. Les classes de transition sont présentées de telle façon à l'enfant que celui-ci dit : « Je ne veux pas aller chez les fous[1]. » Au départ de la vie, on ne fait pas une sélection qui se ferait d'elle-même si on enseignait la musique, la peinture, la tactilité, la danse, la gymnastique, au même titre que la lecture, la parole, l'écriture.

Le travail manuel a été stupidement dévalorisé en France. L'adresse corporelle, l'adresse manuelle, la sensibilité tactile, auditive, visuelle, gustative, olfactive sont absentes de l'enseignement. Les parents de dire, en cas d'échec scolaire : « Fais attention, si tu n'as pas de bonnes notes en 5e et en 4e, tu vas devenir un manuel. » Pour l'enfant c'est un échec, pour les parents une humiliation! Les adultes enseignants en menacent comme d'une punition. Quand je les entends user du mot « manuel » d'une façon péjorative, je leur dis, devant l'enfant, exprès : « Si vous voulez opposer manuel à intellectuel, il y a des manuels plus intelligents que bien des intellectuels; il y a du travail manuel intelligent, et créatif. » Un manuel intelligent peut être bien plus heureux qu'un intellectuel maladroit, qui ne sait rien faire de ses

---

1. Car fou signifie marginal.

mains. Des polytechniciens qui ne savent pas remettre un plomb, qui n'ont pas de mains; ils manipulent dans leur tête des abstractions, ils lisent, mais ils sont incapables de faire cuire un œuf. Je connais un ingénieur, qui a écrit des livres de vulgarisation de sciences physiques, qui sont d'une clarté extraordinaire, ses camarades ingénieurs le « snobaient » parce qu'il passait ses loisirs à bricoler chez lui dans son atelier. On l'avait chargé dans une grande entreprise de sélectionner les ingénieurs. Ses services donnaient satisfaction, mais les candidats éconduits, dont certains sortant de Polytechnique ou de Centrale, faisaient front contre lui, il était pourtant de leur bord. Sa méthode? Il recevait les ingénieurs à sélectionner d'abord selon leurs diplômes et titres. Ils parlaient de choses savantes, du ressort de leurs techniques et, à brûle-pourpoint, il demandait : « Quel est le prix du kilo de pain? Quel est le prix de la baguette? Quel est le prix des bas morceaux de bœuf? Quel est le prix du beefsteak? Faites-vous marcher la machine à laver à la maison? » Le candidat protestait : « Mais enfin, c'est ma femme qui fait cela. » « Quel diamètre de plomb on met quand on a un courant de dix ampères? » Le polytechnicien se lançait dans des calculs complexes, et passait à côté de la bonne réponse : la plus simple. Il était collé. Mon cousin justifiait ainsi sa méthode : Ces ingénieurs, en usine, vont être au contact des ouvriers; jamais ils ne feront comprendre le travail qu'ils ont à faire à des gens qui ont des mains. L'ingénieur doit être capable de faire passer le savoir intellectuel à travers le travail manuel. Ceux qui ne peuvent se faire comprendre des ouvriers n'ont pas leur place à la direction des ateliers. Les intellectuels qui ne peuvent pas dire un mot des choses de la vie courante ne sont pas des gens intelligents au sens de la vie. Ils avaient beau être sortis d'une école prestigieuse dans un excellent rang, ils étaient nuls pour les postes d'ingénieurs qu'ils briguaient là. Qu'ils aillent ailleurs, mais pas dans les ateliers. Il avait tout à fait raison.

Mais il y a eu tellement de plaintes de gens qui auraient voulu entrer dans cette entreprise, alors qu'il y avait des places et qu'ils avaient des titres. Lui, il choisissait plutôt un ingénieur qui avait fait une petite école de base, mais qui avait le sens pratique. Et puis il leur parlait de leur femme, leurs enfants : « Votre fils de trois ans, vous pensez qu'il a quel vocabulaire? Quelles sont les choses qui l'intéressent? » Pour entrer dans cette grande entreprise, il estimait qu'à tous les niveaux on devait savoir des choses très simples, de celles qui s'acquièrent au contact de la vie. Eh bien, ce mode de sélection à l'embauche des ingénieurs n'était pas du tout apprécié de ceux qui y échouaient. Ces éconduits n'étaient-ils pas les représentants de l'élite de la scolarité réussie!

LES CONTRESENS PÉDAGOGIQUES

Plus souvent encore que les mères peu instruites, ce sont des femmes qui ont des activités intellectuelles, des mères « en col blanc », qui ne comprennent pas qu'elles ont vis-à-vis de leur enfant une attitude suprotectrice. Elles retardent les expériences par lesquelles il conquerrait l'autodéfense de sa sécurité. Elles sont surinfantilisantes. Dans leur mode de directivité elles se donnent bonne conscience : « Mais je ne lui ai jamais parlé bébé, je n'ai jamais bêtifié, etc. » Elles croient que c'est une question de vocabulaire, mais, alors que leur fils ou fille a quatorze ans – et elles ont tenu ce langage-là depuis les premiers mois de leur vie –, elles disent encore : « Fais-le pour Maman », ou « pour Papa », ne se rendant pas compte que cette façon de se désigner et de désigner le père de son enfant est abêtissante, puérilisante et non pas le fait de déformer les mots. De plus leur code moral se résume à : « Si tu veux me faire plaisir », alors que c'est pervers d'agir pour faire plaisir à sa mère, à son père, à quatorze ans, et même infantilisant après 8-9 ans. Autre mot perroquet lancé par ces mères à des adolescents de quinze ans : « Tu me tues. » Un jeune de cet âge, garçon ou fille, devrait pouvoir lui répondre : « Heureusement qu'en tant que mère, je te tue, parce que c'est fini : sois une femme, une femme pour mon père ou ton homme, alors je pourrai, moi-même, devenir un homme » (ou « une femme »).

Un livre tout à fait remarquable : *Manuel à l'usage des enfants qui ont des parents difficiles*[1], renverse la situation en proposant aux enfants d'être assez adultes pour prendre les parents comme ils sont, de grands enfants de mauvaise foi et de sale caractère. Ce qui revient non pas à être les parents de ses parents, mais à les « honorer » vraiment en assumant la responsabilité de soi-même et à ne pas croupir dans une relation d'enfant aimant et soumis à des adultes infantiles qui, même avec la meilleure bonne foi, perpétuent des névroses familiales. Avec un humour décapant, l'auteur suggère de ne pas contrarier ces animaux bizarres. Pour avoir la paix, donnez aux parents ce dont ils ont besoin pour pouvoir continuer de vivre : que leur enfant soit leur jouet. L'objet de leurs désirs contradictoires.

Si on veut que l'enfant ait le plus de chances de garder ses potentialités, il faut que l'éducation soit la plus légère possible dans sa directivité. Au lieu de vouloir tout comprendre, respectons toutes les réactions de l'enfant que nous ne comprenons pas. Les parents viennent consulter quand leur enfant a des symptômes qui les gênent. Combien de fois m'a-t-on demandé : « Je voudrais comprendre pourquoi il fait ça. » – « Mais ça ne vous regarde pas. » Il le fait; ça vous gêne ou ça ne vous gêne pas... Si ça vous gêne, vous lui dites : « ça me gêne », mais ne cherchez pas à comprendre. S'il y a un grave trouble et que cet enfant souffre, alors, vous pouvez le conduire à quelqu'un

1. De Jeanne Van den Brouck, Jean-Pierre Delarge éd.

dont c'est le métier de l'aider à se comprendre et à dépasser ce qui le fait souffrir. Si ce qu'il fait vous gêne et non pas lui, je ne vous dirai pas pourquoi, parce que ça ne vous regarde ni ne m'intéresse.

Je me souviens d'un petit qui faisait pipi au lit. La mère se plaignait : « Ça pue dans la maison. » – « Lui, est-ce que ça l'ennuie? » – « Non. » Je me tourne vers son fils : « Ça ennuie ta mère? » – « Oui. » – « Dans la vie, est-ce qu'il y a quelque chose qui t'ennuie? » Alors, il me dit : « Oui, c'est ma petite sœur; je voudrais bien qu'elle ne soit pas née. » – « Mais peut-être qu'en étant toi, tu pourrais peut-être te désintéresser un peu de ta sœur et arriver à être moins malheureux de son existence. Si tu veux, on va essayer de travailler ensemble. » Nous avons travaillé ensemble et son énurésie n'a eu qu'un temps. Que s'est-il passé? Par effet secondaire, il a acquis la fierté de son corps de garçon, et donc maîtrisé ses sphincters. Tous les mammifères sont continents; il n'y a que les humains, par fonction symbolique, qui ne sont pas continents au-delà d'un certain développement physiologique; leur incontinence est un langage : un langage de désir. « Je ne veux pas grandir. Pourquoi? Parce que je voudrais être ma sœur, ou je voudrais qu'elle ne soit pas née. Je ne voudrais pas que mes parents aient eu besoin d'un autre être humain. Je veux vivre comme si elle n'existait pas. » Tous désirs qui font nier et refuser à ce garçon son âge et son sexe. On ne peut partir que de ce qui fait souffrir l'enfant. Mais pas du tout de ce qui fait souffrir la mère. Et c'est très intéressant de comprendre les choses de cette façon. Il faut analyser ce mal-être avec l'enfant, et non avec les parents. Qu'est-il pour eux? Toujours objet de curiosité, de maîtrise, de triomphe de leur pouvoir; c'est un objet partiel d'eux-mêmes ou de leur couple dont ils doivent tirer un bénéfice.

Depuis que les médias ont leur « psychologue de service », depuis la floraison des guides de pédiatrie en tous genres, on reproche à la pédagogie moderne de culpabiliser les mères qui ne savent plus à qui se vouer et ont peur de se tromper. Un courant féministe qui dénonce les erreurs de l'éducation trop directive comme du libéralisme trop laxiste essaie de renverser le sens du vent en appuyant son analyse sur une enquête historique. Ainsi, *L'Histoire des Mères* « démontre » brillamment qu'il n'y a pas d'instinct maternel autre que ce que dictent la société, les modes philosophiques ou sociales, et que par conséquent il n'y a pas de reproches à faire aux mères, quoi qu'elles fassent. Au lieu de les charger, on tend à les irresponsabiliser.

La question fondamentale est encore occultée : le confort intellectuel des mères est une chose. La cause des enfants en est une autre. Etudier le problème de sa formation et de son développement de leur seul point de vue n'a pas de commune mesure avec le discours des « sciences de l'éducation ». Impossible d'avancer dans ce domaine sans changer d'échelle et d'instrument d'observation. Ce sont eux les révélateurs, à leur insu les observateurs du phénomène adulte.

Ils « voient » ce qu'ils subissent, sans le savoir, leur cheminement en est révélateur.

Education pervertissante par excès de protection, culte de la norme unique, soumission aux modes du jour, imposition du modèle parental. Pourquoi pères et mères s'accrochent-ils obstinément à ces bouées? Pourquoi sont-ils perdus, ces parents, s'ils ne marchent pas dans les traces d'un guide? Ils sécrètent beaucoup trop d'anxiété. Plus ils sont anxieux, plus ils veulent savoir à l'avance les réponses sur l'avenir de leur progéniture. Ce que l'expérience nous apprend, c'est que cette attitude accroît dangereusement les probabilités de blocage des enfants.

Instruction pervertissante que celle qui consiste à faire régurgiter à l'élève le savoir du professeur transmis par ses pairs. « C'est bien d'avoir une bonne note en me disant ce que moi je sais. » Le contresens des contresens pédagogiques. Ce qui est intéressant pour un enfant confié à un adulte qui veut l'initier à se servir de son intelligence, c'est d'être avec lui à chercher quelque chose. L'adulte n'a que trop tendance à vouloir imposer « la » méthode. Convient-elle à cet enfant? Si celui-ci a une autre méthode et qu'il arrive à un résultat qui lui apporte satisfaction, il a raison de l'adopter. On voit néanmoins des professeurs de maths donner une très mauvaise note à un élève parce qu'il est arrivé au résultat, mais par une autre méthode que celle qui lui a été indiquée. Il devrait le féliciter, en tout cas lui dire : « Avec cette méthode-là, dans ce cas particulier, tu as pu le résoudre; nous verrons une autre fois si cette méthode est applicable... » Et l'enfant, peut-être, découvrira une méthode plus adéquate. Il y a des enfants qui sont inventeurs de méthodes adéquates. Et le professeur est fâché : « Untel a réussi, oui, mais je veux qu'il applique cette méthode parce que dans un autre cas il ne réussirait pas. » A la limite, s'il a au moins cette raison-là, il est encore éducateur.

Mais ce serait encore mieux d'attendre que l'enfant se heurte au fait de ne pas trouver la solution d'un problème en se servant de sa méthode, et à ce moment-là, il est prêt à entendre : « Tu vois, avec une autre méthode, que je peux t'indiquer, tu arriverais au résultat. » Chaque être humain cherche sa méthode...

Devant les échecs scolaires, les maîtres de l'Education nationale posent la mauvaise question quantitative : « Comment faire pour en limiter le nombre? » La vraie question est celle-ci : « Pourquoi tant d'échecs? » On dit que les élèves ne sont pas « motivés ». Que les élèves n'expriment aucun goût pour ce qu'on leur propose. Cela ne veut pas dire qu'ils n'ont aucune curiosité. Il s'agit de trouver où elle sommeille, en attente d'être sollicitée.

Un être humain a toujours quelque chose qui l'intéresse; toujours. Quelquefois, c'est passif d'apparence. Dans des classes dites actives, combien a-t-on vu d'enfants ne s'intéressant à rien qu'à regarder les autres. Et puis, au bout de six mois, un beau jour, ils exécutent aussi bien que s'ils avaient fait tous les exercices... à force d'avoir regardé les autres, attentivement, s'identifiant à eux. En fait, ils étaient attentifs, mais se réservant pour plus tard, ils avaient l'air atones et absents. Ce n'est pas plus étonnant qu'il y ait des enfants qui apprennent à parler avec des ébauches de langage peu à peu corrigées, et puis d'autres qui tout d'un coup parlent avec une syntaxe excellente, en n'ayant pas parlé jusqu'à dix-huit mois, vingt mois, et même trente mois. Tout dépend s'ils sont dans la communication et s'ils sont intéressés par ce que se disent, leur disent et leur proposent les adultes. Ils sont en communication mimique, gestante, affective. Aussi, messieurs les pédagogues, ne vous tracassez pas et ne faites pas de rééducation de parole. Mais vous-même, parlez devant lui de choses qui vous intéressent, au lieu d'essayer de le faire parler de ce qui, soi-disant, devrait l'intéresser.

Finalement, l'éducation la moins perverse, c'est toujours celle qui est fondée avant tout sur l'exemple et très peu sur les indications du maître, sauf quand elles répondent à une demande de l'enseigné lui-même et que ces indications données, « Tu peux les prendre ou les laisser, je te les ai données parce que tu me les as demandées; c'est tout! ».

Un certain nombre d'enfants, conscients du mimétisme des autres, ont envie de faire autre chose que d'imiter, et ils sont peut-être choqués ou étonnés de voir tous ces perroquets, tous ces singes savants, etc. Les « bons élèves » seraient des élèves qui ont intégré très vite que c'était un rôle dans une comédie sociale qu'on leur demandait de jouer; qu'il fallait en passer par là; ils n'en sont pas dupes, mais ils le font. Seulement, la conscience, chez d'autres enfants, est plus dissociée, c'est-à-dire qu'à partir du moment où ils observent la règle du jeu, ils ne peuvent pas en même temps l'appliquer. Et c'est beaucoup plus tard qu'ils arriveront à jouer un rôle qui les fait applaudir et ne pas s'identifier à ce rôle, mais rester authentiquement soi-même.

Une enquête sur les anciens élèves de Georges Pompidou au Lycée Henri-IV : les forts en thème sont devenus des fonctionnaires tranquilles, et les « paresseux » ont donné des chefs d'entreprise dynamiques. Ceux du fond de classes, qu'on appelait avant Mai 1968 du joli nom de « cancres », savent aussi bien, et peut-être mieux que les anciennes « têtes de classe », dans la vie active, briller quand il le faut, exhiber un savoir, éblouir l'interlocuteur ou parler le même langage que lui. Ils l'ont appris beaucoup plus tard, mais ils le maîtrisent parce qu'ils n'ont pas étouffé ce qu'il y avait en eux. Elèves, ils ont refusé de considérer comme des instruments les formules d'un savoir théorique. Ils ont acquis sur le terrain les moyens du pouvoir[1].

Il est troublant d'examiner sur une génération les résultats sociaux de la discrimination scolaire. On est frappé de voir ce que chacun est devenu : ceux qui étaient de bons élèves ont fait des grandes écoles et sont des gens pour qui le travail est routine; et ceux qui étaient des cancres sont tous aujourd'hui ou bien des marginaux (mais qui ne s'embêtent pas dans la vie), ou bien, au contraire, des créateurs d'emplois, des animateurs de la vie économique, alors qu'ils ont passé leur jeunesse à être vus comme des fumistes par leurs camarades. Autant les brillants ont mal vieilli, autant les cancres ont réussi leur vie en faisant des choses tout à fait inattendues, qui ne sont pas dans les orientations professionnelles prévues. Ce sont des êtres humains qui ont gardé leur originalité, en supportant d'être un peu méprisés par leurs copains.

On donnerait aux enfants les moyens de s'intéresser

---

1. « La dernière classe de Georges Pompidou », *Lectures pour tous*, n° 198, juillet 1970.

à des choses en leur laissant le temps et la liberté soit d'agir, soit de regarder ceux qui agissent, et de conquérir quand ils le veulent un badge : « Ah! Je voudrais bien avoir tel examen. » – « Eh bien, tu peux, quand tu veux dans ton cursus scolaire. » Mais on persévère dans l'erreur de vouloir faire passer sous les Fourches Caudines tout le monde en même temps et au même âge.

L'ADULTE DE RÉFÉRENCE

L'éducateur a le plus souvent tendance à ne voir que ce qui est négatif. Exactement comme lorsqu'on lit la biographie d'un accusé : tout se retourne contre lui. Il cherche ce qui peut s'objectiver dans un être humain, alors que c'est ce que chacun ressent en lui qui est important. Quand l'éducateur est en situation d'échec momentané, qui sait si le sujet, qui se dérobe à tout voyeurisme que l'éducateur au nom de contrôles veut exercer sur lui, n'est pas en train de s'enrichir pour éclore quand il sera séparé de cet éducateur-là? On voit souvent dans les familles des jeunes apathiques, inactifs – on appelle ça les eaux dormantes. Et puis, sortis de leur milieu, ils s'éveillent. Le séjour dans une famille à l'étranger est tout indiqué. Tout d'un coup, en eux s'éclosent des manières de penser et d'être qu'ils ne se connaissaient pas, du fait d'avoir observé d'autres gens et d'avoir pris ailleurs des modèles de valeur. Et ils vont être changés, tout en restant les mêmes, en tant que sujets. Inconsciemment en eux se modifie leur manière d'articuler les relations entre les gens... et de comprendre. Ils vont relativer tout ce que jusque-là ils avaient pris pour de l'absolu. L'important, je crois, c'est de développer chez l'enfant, très tôt, son autonomie, en lui proposant, sans les lui imposer, toutes sortes d'activités et de personnes ou de groupes avec qui les découvrir, éventuellement les exercer.

L'adulte de référence, dont la façon de vivre a valeur d'exemple, ne prétend pas dispenser une méthode, LA méthode – c'est de l'anti-pédagogie –, mais il montre de l'intérêt pour l'ouvrage qu'il accomplit lui-même chaque jour. Si une mère s'intéresse à ce qu'elle fait et laisse son enfant s'intéresser à autre chose, sans l'observer pour le faire avancer dans une direction ou une autre, cet enfant-là prend exemple sur des gens qui ont donné un sens à leur vie, et dont il constate qu'ils sont heureux, il cherche son propre bonheur et sa vie prend à son tour un sens. De même, un professeur qui s'intéresse à une discipline n'embêtera pas des enfants qui ne s'y intéressent pas. Jamais. Il est passionné de sa discipline, il l'expose, il a envie de communiquer le virus de passion pour sa discipline; certains se sont pris au jeu, mais les réfractaires, il ne les méprise pas du tout; il les laisse tranquilles... lire des bandes dessinées. « Je ne t'oblige pas à t'intéresser à ce que je fais, mais ça intéresse plusieurs de tes camarades. Alors, ne les dérange pas! » Finalement, ceux qui sont contaminables sont contaminés, au moins pendant une année, et ceux qui restent indifférents s'occupent à autre chose, mais ils ne sont pas rejetés. Malheureusement, la plupart des enseignants, au lieu de se demander : « Suis-je intéressant? Suis-je captivant? », excluent de la classe ou blâment les inattentifs et les distraits : « Tu me gênes, tu me contestes... tu ne me trouves pas intéressant... Tu ne mérites que le mépris. » Il est pathétique de voir, dans la maison de Cézanne, les devoirs de la classe de dessin de ce grand artiste quand il était encore au collège, et leurs notes et appréciations méprisantes de la part de son professeur! Et le souci chagrin que s'en faisait cet élève qui déjà orientait sa vie dans la poursuite d'une discipline pour laquelle on le disait sans aucun don. Ce « on » qui désigne ses professeurs de dessin successifs.

Les parents ont une curieuse façon d'aggraver les difficultés de comportement de leur enfant quoiqu'ils prétendent tout faire pour l'en sortir. Combien de mères qui ont fille ou garçon de dix ans lui parlent d'elles-mêmes à la troisième personne : « Pourquoi fais-tu ça à maman? » Je ne manque pas de les reprendre à ce sujet. Il s'ensuit un échange de ce type :

« C'est comme cela que vous parlez à votre fille?

— Pourquoi, ce n'est pas bien?

— Vous lui dites : « Il faut que maman fasse ses courses », comment voulez-vous que votre fille se sente une fille de dix ans si vous lui parlez de vous à la troisième personne, comme si elle avait un an... Et même, à un an, on dit déjà « je » à son enfant quand on parle de soi. C'est vous qui devez aller voir quelqu'un avec qui parler, parce que vous obligez votre fille qui a dix ans à rester dans un moule d'enfant bébé.

— Oui, c'est vrai, je suis tellement nerveuse; je vois des médecins tout le temps, qui me donnent des médicaments.

— N'utilisez pas les médicaments, allez parler à quelqu'un pour comprendre pourquoi vous avez gardé votre enfant dans un moule de bébé dont vous aviez sans doute besoin, et maintenant cet enfant sort du moule et vous fait souffrir parce que c'est vous le moule et vous éclatez... Allez parler. »

Depuis ma série d'émissions à France Inter, « Lorsque l'enfant paraît », les parents s'adressent à moi alors qu'ils auraient pu connaître plus tôt des psychanalystes. Des pères ont commencé à se découvrir... pères. Récemment, un homme me téléphone pour sa « petite fille » qui ne va pas : « Vraiment, il n'y a que vous qui puissiez nous aider. » Je lui demande : « Etes-vous le grand-père? » – « Ah! mais non! » –

« Quel âge a votre fille? » – « 22 ans... » « Ma petite fille! » Alors je lui dis : « Mais comment, monsieur, considérez-vous votre fille, née de vous, en parlant d'elle comme si elle était une petite fille? Or, elle est majeure depuis quatre ans. » – « Oui. Vous savez, c'est une longue histoire... Cette petite a été tout pour moi. » Je lui demande : « Depuis quand trouvez-vous que votre fille ne va pas? » – « Depuis qu'elle a eu l'âge d'aller au lycée : elle n'a rien pu y faire. » Il ne se rendait pas compte du tout qu'elle était psychotique. Alors, il a une folle à la maison; elle ne bouge pas, reste recluse, fait des scènes. Mais pourquoi? parce que le père a eu vis-à-vis d'elle, et continue d'avoir, une relation de possessivité imaginaire, de nounou-grand-père sur une petite fille qui ne peut pas s'en sortir. Son premier homme ne l'a pas rendue femme, pour des raisons pathologiques. Et je connais de plus en plus de cas semblables.

Si les étapes symboliques n'ont jamais été franchies, il faut, quel que soit l'âge, refaire le chemin. Est-ce qu'on ne se retrouve pas, pour l'affectivité, dans la situation que Piaget décrivait pour la formation de l'intelligence, même si l'enfant a quinze ans; à la limite, même s'il a vingt ans?

Si, par exemple, un père n'a pas su être présent au premier âge, rien n'est perdu : il peut, avec son enfant de sept ou huit ans, essayer de créer la relation langagière, mais à condition de dire à cet enfant qu'il ne l'avait pas compris du tout jusqu'à cet âge-là. Et pour y arriver, l'aide de son enfant est indispensable, car c'est l'enfant qui va devenir le père de l'homme; il va rendre son père père, par la souffrance que le père a de son enfant qui ne l'est pas. Chacun de son côté peut être soutenu, à condition que ce ne soit pas par la même personne. C'est primordial, parce que si le transfert s'opère sur la même personne, le père se retrouve comme jumeau de son enfant, et l'enfant est bloqué aussi, dans la relation qu'il a avec le psychanalyste. Le père doit faire le chemin avec une autre personne, par rapport à son histoire, pendant que l'enfant est aidé par un autre psychanalyste qui lui permette de vivre en orphelin et de parler à ce père qui lui-même était orphelin tant qu'il n'avait pas, grâce à cet enfant problème, rencontré un psychanalyste. C'est un travail très difficile et je ne sais pas du tout si ça peut être généralisé. Quoi qu'il en soit, c'est seulement dans une relation de parole que le père et le fils pourront s'intercomprendre comme étant paumés tous les deux. Si le parent et l'enfant veulent se retrouver, ça doit venir des deux côtés. Ce rapprochement se fera si chacun est aidé à comprendre que le père pour le fils, le fils pour le père, est un être spirituel à égalité de valeur.

Ce qui n'est pas possible, à dix ans, c'est de reprendre le biberon. Pas plus que si un enfant est rachitique, parce qu'il n'a pas eu la nourriture qu'il lui fallait, qu'il a les signes osseux du rachitisme, on ne peut refaire son squelette, à dix ans, en lui donnant un lait complet qu'il n'a pas eu quand il était petit. C'est fixé. Mais ce n'est pas le corps qui est le plus important chez un être humain; ce qui le rend vivant, c'est la communication psychique à égalité de valeur entre celui qui lui parle et celui à qui il parle. C'est cela qu'a trouvé la psychanalyse, quand ce sont de vrais psychanalystes qui reçoivent l'enfant ou le jeune enfermé et angoissé. Il s'agit d'une résonance à tous les niveaux de réception et d'écoute, dans le langage verbal et le langage pré-verbal comme ceux du mime, du geste, des rythmes de la musique, la peinture, la sculpture. Le langage verbal, nous ne savons pas du tout comment il est écouté par l'autre ni de quelle représentation il est porteur dans l'économie psychique. Si je vous parle dans un langage conceptuel, si je vous dis « un chien », ce n'est rien qu'un son, un chien, tant que nous ne disons pas : « Mais de quelle race le vois-tu, pendant que je te parle? » Quel est l'imaginaire évoqué par ce concept pour celui à qui l'on parle et pour celui qui parle? Peut-être qu'ils ne se rencontrent absolument pas dans ce concept. C'est cela tout le temps. Si vous dites à un être humain : « Ta famille », pour lui, c'est lui dire « l'enfer ». Pour la personne qui parle, c'est lui dire : « Tu as bien de la famille. » Pour cette personne qui parle, « famille », c'est un lieu de secours possible, de ressourcement, et de joies, de fêtes. Si pour celui à qui l'on parle, c'est l'enfer, il est agressé de tous les côtés par le mot « famille ». Celui qui étouffe dans le carcan familial dira : « Famille, je vous hais. » Pour l'enfant prodigue, c'est le retour à la famille qui peut le remettre en selle. Tout dépend de ce que le groupe familial représente dans l'histoire du sujet. Il la fuit ou il la recherche.

Les médias, la télévision, les magazines ont mis en avant les « papas-poules », les pères célibataires, les pères qui pouponnent[1]. Ce courant n'a pas manqué d'influencer certains pères qui, eux, ont brillé par leur absence à la maison pendant de longues années. D'aucuns regrettent de ne pas avoir eu avec leur enfant adolescent tous les échanges qui étaient désirés au moment où il était entièrement soigné par la mère. Ils ont un manque et une mauvaise conscience. Alors, ils essaient de rattraper et ils se comportent exactement comme ils auraient dû le faire quand l'enfant avait trois ans. Ils l'embrassent, ils le caressent, etc., alors qu'ils ne le faisaient pas avant[2].

Ce n'est justement pas lorsque l'enfant a sept ans, ou dix ans, qu'il faut le faire. Il a sûrement besoin du père, mais pas à ce niveau de langage. Ce comportement est une érotisation homosexuelle de l'enfant par le père, ce qui en est la forme la plus grave. Il vaut

1. *Papa poule*, Daniel Goldenberg, J.-Cl. Lattès.
2. *En attendant la bombe*, Guy Bedos, Calmann-Lévy.

beaucoup mieux qu'il soit érotisé par n'importe qui plutôt que par cet homme. En effet, cet homme, parce qu'il est son géniteur, lui-même inverse le temps et fait régresser la relation des deux dans son histoire, alors que le père croit aider et pouvoir faire progresser son enfant. Ils sont très dangereux, ces pères névrosés qui découvrent tout d'un coup que leur enfant, leur fils ou fille qu'ils ignorent, va « mourir », près d'éclore jeune homme ou jeune fille; ils voudraient faire revivre l'enfant en eux, alors qu'ils l'ont traité comme un chien. Ils croient qu'en jouant au camarade ils vont aider à ce passage, en comblant une lacune. Mais en fait, ce sont eux qui veulent connaître ce dont ils se sont privés et qui veulent pérenniser leur relation tutélaire manquée et qui est terminée.

Je soupçonne ces nouveaux pères, qui ont envie pas seulement d'aider leur femme mais de se substituer à la mère auprès de leur enfant, d'être « enceints » par cette espèce de désir vague de materner; d'être un peu des « cannibales ». La façon dont ils parlent de leur petit évoque l'amour-succion. Ce n'est pas une relation intersubjective entre deux êtres humains à égalité de valeur. Ce n'est pas un futur homme, ou une future femme, avec qui il entre en contact alors qu'il a la responsabilité de ce corps faible mais d'un esprit qui est son égal déjà. Les enfants ont en valeur un esprit égal à celui des adultes. Et ce qui est essentiel, c'est de ne pas gêner l'éveil de cet enfant et, en même temps, d'entrer en communication authentique avec lui. Si on s'accroche à cet enfant, comme à une branche, à une bouée de sauvetage, il risque de se ressentir un objet partiel de l'adulte. C'est vrai que certains enfants donnent force à leurs parents. Mais on ne peut entrer en relation saine pour lui avec un enfant que si soi-même on est en relation d'échange avec d'autres et s'il est, lui, en relation avec les autres (adultes et de son âge) et pas seulement avec soi (l'adulte ou le parent tutélaire aimant).

Observons la relation d'un adulte avec un enfant dont il est le père. Elle dépend de ce qu'a été ou n'a pas été pour lui son propre père. S'il a perdu précocement, ou s'il n'a pas connu son père, l'adulte se comporte avec son fils d'une façon tout à fait aberrante, parce qu'il n'a aucune référence. S'il est en identification, il divague encore plus, parce qu'il élève son fils comme s'il était lui quand il était petit; et s'il est en contradiction avec son père, c'est encore tout à fait aberrant, puisque son seul repère c'est de faire le contraire de ce qui a été fait pour lui; mais c'est toujours lui qu'il éduque, comme si c'était lui la réalité dans ses enfants; il s'élève lui. Voilà à quoi tient la relation de l'adulte à l'enfant : elle est viciée tant que le père ne comprend pas que nous n'avons pas à nous élever nous-même dans notre enfant comme nous l'avons été ou comme nous aurions voulu l'être, puisque cet enfant n'a pas à être nous, ni comme nous, mais tout autre que nous.

Les modes vont toujours d'un extrême à l'autre. En matière éducative, elles sont dangereuses. Trop longtemps exclu par les pédiatres du couple mère-enfant, le père revient en force et au moment où les femmes commencent à découvrir leur bébé comme être de langage, voilà que papa-poule érotise à son profit la relation à son enfant et qu'il commet l'excès d'attouchements et de caresses des mères possessives.

Rapprochons ces deux cas opposés que séparent à peine trois décennies. Dans les années 50, une agrégée présente à un pédiatre son bébé de six mois qui dépérit. « Lui parlez-vous souvent en le nourrissant? » s'enquiert le médecin. « Jamais. A cet âge, il ne peut rien comprendre. »

Elle ne communiquait pas plus, cette femme professeur qui m'écrit en 1984 que, revenant chez elle en phase dépressive après avoir accouché, elle se forçait à parler à son bébé alors qu'elle n'en avait aucune envie. Elle parlait pour ne rien dire, parce qu'elle m'avait entendue recommander la relation parlée de la mère à son bébé. Son enfant, tandis qu'elle disait n'importe quoi, détournait la tête. Il ne lui a souri qu'à trois mois, lorsqu'elle lui a enfin exprimé ce qu'elle pensait sincèrement, « un langage intérieur véridique ». On ne trompe pas un enfant sur la qualité du verbe.

Aux Etats-Unis, le docteur Thomas Berry Brazelton, âgé de 65 ans, a le mérite, comme en France Franz Veldman, tenant de l'haptonomie (du grec qui veut dire toucher), de faire prendre conscience au futur père de la plénitude du rôle actif qu'il a à assumer pour soutenir le développement sain de l'enfant en formation. Mais j'exprimerai une réserve sur la présentation qu'on en a vue à la télévision : elle pourrait engendrer un malentendu auprès de leurs émules qui risquent de voir en ce type de médecins des substituts du père ou du grand-père (l'art d'être grand-père souriant n'est pas du ressort du pédiatre). Attention à ne pas érotiser ni angéliser la relation du père à son enfant. L'haptonomie n'est pas une technique manipulatrice particulière appliquée aux enfants, c'est un moyen d'éveiller les parents et les pédiatres à une relation globale saine aux effets autant physiques que symboliques sur l'acquisition de la sécurité existentielle des tout-petits.

LA CLASSE D'ÂGE :
LES PARENTS AVEC LES PARENTS,
LES ENFANTS AVEC LES ENFANTS

Les couples en crise espèrent que la venue d'un enfant va cimenter leur union ou plutôt compenser leur désunion. En fait, l'enfant est un révélateur. Si le couple traverse un désert, la vie familiale restera un désert. Et l'un ou l'autre conjoint de s'en prendre à ce « trouble-fête ». Ce n'est pas lui, Pierre ou Jeanne, sa personne en tant que sujet, qui est la cause de la mésentente, c'eût été la même chose avec Paul ou

Laure, ou tout autre troisième à sa place. Mais on finit par le lui faire croire. Et on l'invite à jouer le provocateur de service, ce qu'il ne peut pas ne pas faire. C'est, disent souvent les parents, l'enfant qui les divise, qui les sépare, qui s'appuie sur l'un contre l'autre, qui semble faire la loi. Réaction : on s'accroche l'un à l'autre encore plus en se disant que le couple marchera quand l'enfant sera parti, ou bien qu'adolescent il va modifier son attitude vis-à-vis de ses parents. Mais c'est un leurre, parce que précisément, une fois l'enfant parti, ou s'il cesse de tirer les ficelles de ses pantins de parents, ayant sa vie propre hors de la famille, le père et la mère se retrouvent l'un en face de l'autre et le vide réapparaît, insondable. Très souvent, ce report sur l'enfant qu'on attend comme le messie et qu'on crucifie ensuite vient du fait que les adultes n'ont pas continué à avoir des amis de leur classe d'âge, pour l'entraide, les loisirs et cultiver avec eux les intérêts de leur âge. Ils se sont beaucoup trop réduits à leur vie de couple, s'éloignant de leurs amis et activités de célibataires, et puis sur la vie dite de famille, c'est-à-dire à leurs enfants et à leur maison, et ils ont perdu leurs amis et relations de jeunesse et perdent aussi les moyens d'intégration sociale autre que celle que leur procure aux heures ouvrables leur profession.

A la république des professeurs a succédé l'ère des pédagogues, orchestrée par les médias qui colportent des conseils comme des recettes de beauté. Ce matraquage entretient dans les familles des classes moyennes une espèce d'obnubilation sur le rôle du parent; parents, recyclez-vous. C'est un deuxième métier que d'être parents. Et l'on se crée la fausse obligation de sacrifier la vie du couple (sacrifice inutile, comme la plupart des sacrifices). On observe cet excès de pédagogie depuis la baisse de la natalité, vers la fin de la Seconde Guerre mondiale. Il répond à toute une floraison de discours sur l'enfant.

On a culpabilisé les parents en leur disant qu'ils devaient être beaucoup plus présents; qu'ils devaient davantage s'occuper de leurs enfants, etc. Et je crois que ça leur a donné mauvaise conscience, et ils ont sécrété beaucoup plus d'angoisse sur leurs enfants à partir de ce moment-là. Et, loin de les aider à se libérer du cocon, ils ont alourdi encore le carcan familial.

Pour bien se développer, l'enfant devrait être à la périphérie du groupe de ses parents, et non pas en constituer le centre. Les parents devraient rechercher les gens de leur âge, qui ont ou qui n'ont pas d'enfant. Il n'est jamais trop tard pour s'y mettre.

Dans la famille nucléaire actuelle, il serait salutaire de loger l'enfant du centre. Dans les années 60, il a été à la fois l'enfant-roi et l'enfant-prisonnier. Alors qu'il est au centre des conversations, il est floué : on parle de lui et on ne lui parle pas. Le mettre au centre de sa vie à lui, ce n'est pas le mettre au centre de la famille. La famille garde sa fonction : pépinière d'adultes, mais à condition d'élever les enfants à agir par eux-mêmes; c'est ce que j'appelle conquérir leur autonomie au jour le jour, les parents restant autonomes eux aussi. Le préalable consiste à mettre l'enfant avec sa classe d'âge, les parents demeurant avec la leur. Leur entrain, leur allant peuvent donner aux enfants envie de grandir. Puisque les parents s'amusent tellement, pourquoi ne pas devenir comme les adultes, et donc comme les parents entre eux et avec leurs amis. Pour ça, il faut que les parents les laissent aller de leur côté, sans les mettre à la rue, exerçant le plus léger des contrôles, mais là où ils sont accessibles à l'enfant. La Maison des Enfants est le lieu à créer. Sinon, dans la situation actuelle, que leur reste-t-il? Il leur reste à devenir les éducateurs de leurs parents, s'ils ont affaire à des parents qui ne sont pas autonomes.

Quel est le regard analytique sur ce renversement qui fait que, à un moment donné de son existence, on devient les parents de ses parents?

Ce renversement, il peut venir des deux côtés. Mais il peut aussi ne venir que du jeune, sans que ce soit d'accord avec « ses vieux ». Il peut venir à la demande implicite du vieux qui ne se sent plus d'attaque pour assumer la responsabilité entière de ses actes, de ses conditions de vie; il veut se faire aider dans les contraintes qu'il subit. Pour le jeune, c'est une part de sa prise d'autonomie en tant qu'adulte. Il ne dépend plus de ses parents en les prenant en charge. Ça le soutient pour franchir ce pas. Donner la vieillesse aux parents ou voir ses parents vieux déculpabilise le fait de les aimer encore avec tendresse alors que l'on se sent devenir soi-même adulte. Ce peut être un recours en cas d'échec dans les débuts de sa vie sociale; ce peut être un piège aussi, un trucage pour résoudre un Œdipe non dénoué. On voit des filles qui, à cinquante ans, n'ont toujours pas coupé le cordon ombilical – leur mère a été extrêmement autoritaire et possessive – et qui, tout d'un coup, se mettent à dorloter leur mère qui se crispe, veut rester toujours la dominatrice et n'accepte pas cette proposition de tutelle. Et d'accumuler les preuves qu'elle ne diminue pas, qu'elle a son acuité intellectuelle, son indépendance économique, etc. Pour que le renversement s'opère, il faut que le parent ne reste pas dans sa pleine puissance d'adulte; il faut qu'il redevienne enfant ou, au moins, qu'il accepte de se laisser protéger, bref de jouer le jeu. Il y a des vieux qui sont abandonnés. Mais il y a des jeunes dont les parents ne sont pas du tout à protéger et dont les enfants sont furieux si les parents estiment que le moment n'est pas encore venu de les ranger parmi les vieillards à assister. C'est la personne âgée qui devient la frustrée par rapport à la jeune qui tend à la priver de sa liberté. Les jeux du pouvoir entre humains sont générateurs de bien des souffrances, mais d'autant plus déshumanisantes qu'elles ne peuvent pas s'exprimer.

LE DIVORCE AU LYCÉE

On est très inquiet en haut lieu de découvrir combien il y a de suicides d'enfants après quelques mois d'application des décisions de garde, surtout depuis que les divorces se font « à l'amiable ». Maintenant, le divorce est un arrangement entre parents qui décident de se séparer, et ce sont les enfants qui prennent tout le choc; on a inventé le partage du temps et du lieu de vie des enfants. Le juge ratifie la décision prise par les deux parents. Personne ne considère jamais le divorce au nom des enfants, dans les conséquences prévisibles pourtant des décisions prises par des parents immatures, concernant les gardes et les droits de visite au mépris de l'âge et du sexe de l'enfant, au mépris de son insertion dans son milieu scolaire, amical, social, personnel, indépendant maintenant dès 5 ou 6 ans du milieu social de ses parents.

Il est quelques avocats qui ont le souci de consulter l'enfant et d'essayer de convaincre leur client de renoncer à sa garde ou, devant les perturbations de l'enfant, d'aller voir un médecin ou un psychologue. Ainsi, j'ai vu pas mal de parents, ensemble ou séparément, qui, avant de divorcer, venaient consulter pour faire au mieux pour leurs enfants, pour chacun d'eux.

J'ai pensé avec d'autres analystes que si on nous permettait de faire une enquête dans les lycées, en classes de seconde et première, nous pourrions apprendre des enfants de couples divorcés ce qu'ils pensent de la garde par l'un ou par l'autre parent, et comment ils ont vécu, au fur et à mesure de leur croissance, leur histoire d'enfants de parents divorcés. Cela a été très difficile : l'autorisation demandée depuis le mois d'octobre a été donnée en mai, et pour une seule classe dans deux lycées. Nous y sommes allés à trois : un homme, sociologue; et puis deux femmes : moi, psychanalyste d'origine médicale, et une autre d'origine psychologue, qui travaille dans le service du professeur Jean Bernard. Je pressentais ce que les jeunes allaient nous dire. En effet c'est l'appartement, le lieu de vie, leur classe, leurs copains qui sont plus importants que les parents. J'avais l'impression, d'après tout ce que j'avais observé jusque-là, que les enfants étaient traumatisés quand le divorce les avait séparés de ceux de leur classe d'âge et de leur appartement, de leur espace de vie avec les deux parents... mais pas tellement d'avoir été séparés de leur parent. Les histoires de rivalité entre les parents, entre les grandes familles compliquaient la situation, mais pour chacun l'essentiel était de ne pas perdre son cadre. Ce qu'ils cherchent, c'est le *statu quo*, rester dans l'illusion que rien n'a changé. En rencontrant des adolescents qui en étaient passés par là, nous allions peut-être apprendre quelque chose d'autre.

Le cadre et le style des deux établissements où nous étions autorisés à pénétrer étaient très différents. Le premier, à Montreuil, est un L.E.P., soi-disant un lycée d'enseignement pratique; en fait, c'est une école professionnelle. Les salles, décorées par les professeurs de peintures et de dessins, étaient agréables. Les bâtiments étaient bien tenus, le ménage bien fait. Le lycée de Montgeron, lui, est installé dans un parc de 30 hectares, un petit château et des communs aménagés. Un beau site, mais à demi délabré, sale. Autant le lycée technique était pimpant et accueillant, autant l'autre, soi-disant d'enseignement secondaire, ne respirait pas le plaisir de vivre et de travailler alors qu'il est situé dans un espace vert mais comme non humanisé. Les élèves de Montgeron étaient des enfants de cadres; ceux de Montreuil, non.

A Montreuil, les jeunes de terminale, âgés de 16 à 18 ans, étaient assez bien préparés à notre visite. La directrice avait obtenu l'autorisation des parents – puisqu'il fallait leur permission – et elle leur avait dit : « Vous allez discuter sur le divorce »; mais comme on ne leur avait pas dit : « Cette équipe vient pour vous demander votre opinion », ils croyaient que nous, nous allions leur faire un cours de droit et puis qu'ils auraient un petit peu la parole. La directrice nous avait avertis : « Vous savez, ce ne sont pas des enfants qui ont un vocabulaire suffisant pour s'exprimer. » N'empêche que, ayant moins de vocabulaire, ils étaient de plain-pied, et quand on leur a dit : « C'est nous qui sommes demandeurs », alors, en dix minutes, ils ont compris et chacun a parlé ouvertement de lui. Pour les élèves de ce lycée-là, les conditions matérielles du divorce avaient été terribles. Sur les quinze jeunes que nous avons vus, un seul avait un père qui, ayant le droit de garde, se conduisait en responsable; pour les autres, le père était parti, soit quand ils étaient petits, soit quand ils étaient plus grands ou qu'ils étaient déjà quatre ou cinq enfants, et avait laissé la mère sans un sou et sans lui verser la pension requise. La mère tentait de faire opposition sur sa paye mais alors il disparaissait, ce père irresponsable. Ce n'était pas du tout la même chose pour les élèves du lycée de Montgeron, appartenant principalement au milieu bourgeois moyen, cadre ou petit-bourgeois : la mère divorcée qui n'avait pas travaillé depuis quinze ans avait dû trouver du travail, mais il n'y avait pas eu gêne matérielle, ni empêchement de partir en vacances. C'étaient des difficultés affectives dont ils avaient le plus souffert, et ils étaient tous beaucoup plus angoissés que ceux de Montreuil. Là encore, à Montgeron comme à Montreuil, un seul père sur quinze avait le droit de garde et l'exerçait.

Jamais, chez les uns comme chez les autres, les parents ne leur avaient parlé de leur divorce, ni avant ni après, sauf dans les deux cas de pères responsables.

Au lycée de Montgeron, une fille est venue, qui n'avait rien à voir avec le divorce, mais, sa mère étant morte quand elle était jeune, son père s'était remarié et elle croyait qu'on allait lui dire ses droits contre sa belle-mère. Elle s'estimait une enfant du divorce parce que son père s'était remarié et qu'elle ne s'entendait pas avec sa belle-mère. En fait, c'est ne pas s'entendre avec l'un des parents, ou s'entendre avec un seul d'entre eux, qui pour eux est le divorce. Mais ça n'a rien à voir avec leurs propres responsabilités, et à peine à voir avec la loi.

Le psychologue de notre groupe a demandé aux enfants de Montreuil : « Et après, que pourrez-vous faire, en sortant du lycée? Vous pourriez aller dans un I.U.T.? » Alors, ils se regardaient tous, en riant : « Oui, on pourrait peut-être, mais ça ne nous intéresse pas; nous, ce que l'on veut, c'est travailler en sortant d'ici. » Ils étaient dans le préprofessionnel et espéraient travailler en sortant du lycée, dans un an ou deux.

Pour les enfants de Montgeron, leur avenir était encore loin : vivre en couple, ne pas se marier; au lycée de Montgeron, aucun, plus tard, selon leur idée, ne se mariera. Ils avaient l'air de trouver que leur parler d'un projet d'avenir était exagéré. Ils étaient comme des enfants de douze ans, alors qu'ils avaient le même âge que ceux de Montreuil : seize à dix-huit ans. Selon eux, ce qu'il faut, c'est s'aimer un temps, et puis se séparer quand on en a assez. « Et alors, pensez-vous que vous aurez des enfants? » – « Eh bien, peut-être. » – « Et alors? » – « Ah! bien, disaient les filles, naturellement, j'élèverai mes enfants. » – « Oui, mais votre conjoint? » – « Eh bien, tant pis pour lui! » Et les garçons : « C'est sûr, j'élèverai mes enfants. » – « Et alors, comment ferez-vous si vous les avez eus avec une fille que vous n'aimez plus? Pensez-vous aux enfants? » – « Ah! oui... Eh bien, alors là, il faudra peut-être se marier pour pouvoir divorcer... Oh, mais c'est loin... »

C'est un comportement infantile qui va reproduire, pour leurs enfants, ce que ces jeunes auront vécu avec souffrance. On prépare encore des divorces.

Ceux de Montgeron ne donnaient ni tort ni raison à leurs parents divorcés. On ne se plaît pas, on se quitte, c'est la vie. Dans le premier lycée, à Montreuil, par contre, c'était tort ou raison. Avait tort le père qui était parti; la mère qui avait gardé les enfants et qui s'en était occupée avait eu raison. A Montgeron, toutes les filles parlaient de leur père avec tension, souffrance; et les garçons, c'était de leur mère.

Pour eux, le mariage est contre l'amour. Dans les deux lycées, ils ont dit que, mariés, on ne pouvait plus s'aimer : « Tant qu'on n'est pas mariés, si on n'est pas du même avis, comme on a peur de ne plus rester ensemble, il y en a un qui cède pour qu'on reste ensemble; tandis que quand on est mariés, ça ne marche plus du tout, on ne fait plus d'efforts pour essayer de trouver une solution. » Le mariage empêche l'affectivité : puisqu'il y a un lien matériel, légal, il devient moyen de chantage. Tandis que, quand il n'y a pas de lien matériel ni légal, l'affectivité œuvre pour qu'on reste ensemble. « Oui... rester un moment ensemble... » – Une fille a répondu : « Oui, peut-être jusqu'à 40 ans, 45 ans, au moment où il faut tout de même avoir un enfant, parce que sans ça la vie n'est pas drôle, si on n'a pas d'enfant. »

Dans le premier lycée, ils avaient été relativement préparés à cet entretien avec nous, ils comprenaient que nous étions demandeurs. Dans le deuxième lycée, l'administration avait noyé le poisson. Le proviseur n'avait pas visiblement le contact avec ses jeunes. Il s'était arrangé pour que cet entretien ait lieu pendant la « Journée des métiers » : jour où les parents étaient invités à venir parler aux élèves du métier qu'ils exercent. Alors, on nous a pris pour des parents qui arrivent et demandent une salle. Sur les portes des classes, il était écrit : ingénieur, assureur..., enfin tous les métiers, et dans la plupart des salles, il n'y avait personne : sauf l'adulte qui, présent, attendait. Aucun enfant ne venait les voir, ni s'informer du métier en question. On leur avait dit que c'était facultatif. En réalité, nous l'avons compris, l'entrée dans la vie professionnelle n'est pas dans leur désir. Et les élèves croyaient que nous étions des « psy » qui allions leur raconter notre travail, alors qu'il s'agissait d'une enquête pour laquelle leur expérience pourrait servir à d'autres jeunes dans l'avenir. Ils n'étaient donc pas préparés.

Quand on a demandé aux élèves : « Est-ce que, en instruction civique, on vous a parlé des lois du mariage, des lois du divorce? » Jamais. Et entre eux, ces enfants ont tous dit qu'ils n'avaient jamais parlé à aucun camarade et à aucun professeur de leur situation d'enfants de parents divorcés. C'est complètement différent de notre époque, quand nous étions au lycée, ma collègue à Victor-Duruy, moi en classes terminales au lycée Molière, nous parlions avec les professeurs. Et là, tous les enfants ont dit qu'ils ne pouvaient parler avec les professeurs, précisant que ce serait mal vu des autres élèves, et aussi des professeurs, si bien qu'ils ne parlent jamais de leur vie personnelle.

« Mais, en français, est-ce que vous n'étudiez pas des romans où il y a des forces, des amours passionnées qui ne durent pas, et les enfants sont déchirés ensuite? » Jamais. En français, ils n'ont jamais eu à discuter là-dessus; ni en instruction civique. Alors, qu'est-ce qu'il reste?

Il me semble même que, quand on apprend l'histoire, le droit, on devrait mettre toujours l'accent sur l'histoire des enfants et sur les droits et les lois dans la famille. Ils sont à l'âge où on peut les intéresser à ça... à eux-mêmes. Mais c'est toujours un mode d'adultes, très abstrait et théorique. Jamais on n'attire leur attention sur ce qui personnellement les concerne.

Parce que c'est très bien de leur parler de l'avenir... Mais donner ces modèles alors qu'on ne leur parle pas d'eux-mêmes; on ne leur parle pas de ce devenir; on ne leur dit pas ce qu'ils vont trouver sur cette passerelle, très longue de l'adolescence studieuse, qui les mènera à l'âge adulte. Or, la meilleure façon d'arriver au bout de la passerelle, c'est d'observer et de parler ensemble de ce qu'il y a sur la passerelle. Or, c'est exclu des lycées. On ne parle pas du tout des enfants, ni en littérature, ni en histoire, ni en instruction civique.

Dans les autres pays, notamment les pays anglo-saxons, les rapports affectifs avec les professeurs sont plus développés et les jeux de l'enfant existent davantage à l'école. Et puis, le juridisme ne sévit pas comme en France, où il se traduit par une bureaucratie tracassière et inhibitrice. Toute activité en dehors des heures de classe se heurte à la question de l'assurance. Qui paierait s'il y a incident ou accident?

Une des lycéennes avait rapporté cette phrase d'une de ses camarades : « Tu as de la chance que tes parents soient divorcés », et de nous dire : « Ça m'étonne qu'elle dise ça, parce que je serai obligée de rester avec ma mère; je ne pourrai pas, comme elle à dix-huit ans, partir de chez moi, parce que ma mère est toute seule; elle m'a élevée; elle n'a pas mérité que je la lâche. » C'est la fille qui va être coincée avec sa mère. Les deux qui ont un père qui les garde sont les seuls qui nous aient dit : « Eh bien, moi, à dix-huit ans, je prendrai une chambre. » Ce sont les seuls qui pourront, avant de se coupler, vivre quelque chose de leur pleine responsabilité d'eux-mêmes. Et à la question : « Est-ce que votre mère travaillait avant le mariage? » les jeunes de Montreuil ont répondu : « Oui, elle travaillait, mais dès qu'elle a eu des enfants, elle n'a plus travaillé pour s'en occuper; quand mon père est parti, il a bien fallu qu'elle retravaille. » Pour les autres, non. Les divorces se sont faits, les grands-parents n'avaient pas été très d'accord pour le mariage de la mère qui est retournée chez ses parents. Les enfants étaient élevés par les grands-parents et la mère travaillant, comme une fille de dix-huit ans vivant chez ses parents avant de se marier, ses enfants ne la sentaient pas capable de vivre seule, et ne désiraient pas du tout que leur mère se remarie.

Nous n'avons pu interroger que quinze enfants de divorcés dans un des lycées où il y en a beaucoup plus; parce que les parents des autres ont interdit que leurs enfants viennent écouter la causerie ou parler de leur cas. Il est tout de même assez troublant que des parents puissent refuser à des enfants qui ne sont pas loin de leur majorité civique de venir à un colloque parler de choses qui leur sont désagréables, à eux parents. Alors quelles difficultés peut avoir un enfant de moins de dix ans à dire ce qu'il pense! Va-t-on le consulter, puisque déjà passé dix ans, et même jusqu'à dix-huit ans, et même parfois au-delà, un enfant non seulement n'est pas sollicité, mais on peut lui interdire de parler d'un sujet qui bouleverse sa vie.

Aucun des quarante élèves interrogés dans les deux lycées n'avait été informé par ses parents de leur décision de divorcer; ils voyaient bien qu'ils se disputaient, et puis un jour ils se sont trouvés soit seuls avec la mère ou à déménager chez les grands-parents, et ils ont vu qu'elle avait des complications, parce qu'il lui fallait « voir les avocats ». Pour certaines c'était difficile parce que c'était aux heures de travail, alors que son patron ne voulait pas et qu'elle avait des ennuis d'argent. Et enfin qu'elle ne savait pas se défendre dans le maquis de la procédure.

Tous ces enfants ont dit qu'ils auraient aimé que quelqu'un leur parle du fait que leurs parents divorçaient... plutôt que de le découvrir lentement. Mais alors, qui? Il faudrait que ça se passe comme ça, et pas par quelqu'un fait exprès pour; il ne faudrait pas que ce soit un juge. « Auriez-vous aimé que le juge vous convoque et vous demande votre avis? » – « Non, sûrement pas! » Ceux de Montreuil n'auraient pas voulu avoir affaire au juge, mais auraient souhaité que quelqu'un de neutre leur expose la situation. Et ceux qui s'exprimaient avec plus d'aisance – ceux de Montgeron – ont dit : « Oui, ce serait bien que le juge convoque les enfants en leur disant : " Vos parents sont en train de divorcer, donnez-vous votre avis. " Peut-être pas le juge lui-même : c'est trop dur, un juge, mais une personne que l'on ne connaîtrait pas, qui nous parlerait de ces choses-là, des changements décidés et puis qu'on serait sûr qu'on ne répéterait pas aux parents ce qu'on aurait dit. Il faudrait qu'on nous dise : " Il y a là une personne qui a quelque chose à te dire. ". »

Interrogés sur l'âge à partir duquel ils auraient voulu pouvoir donner leur avis, tous ont répondu : onze ans. Mais pour l'âge où ils auraient voulu être avertis il n'y avait pas de limite d'âge inférieure. « Tout de suite quand ils en avaient décidé. »

A une table ronde des « Dossiers de l'Ecran » sur le divorce, un garçon de quatorze ans, qui avait vécu ce déchirement, avait été invité sur le plateau. Un avocat et un juge étaient assis en face de lui. Une discussion s'était engagée sur la garde. Le magistrat a déclaré : « Mais un enfant peut venir voir un juge des enfants pour lui dire qu'il aimerait, pour la garde, être avec l'un des parents, et pas avec l'autre. » Le garçon a répliqué : « Il faut du courage pour faire ça ! »

Dans une société qui se socialise, où on est assisté, où l'Etat a ce rôle prépondérant, peut-être faut-il commencer par faire une réglementation. Et je pense que pour les divorces, ce sera la même chose. Alors, il est à craindre que l'on institue un médiateur qui ne sera pas le juge des enfants, qui sera peut-être moins rebutant qu'un magistrat, mais cet arbitre fonctionnaire ne sera pas l'interlocuteur le plus demandeur auprès de l'enfant de parents en divorce, mais enfin, ce sera mieux que rien. Et ce sera déjà un pas de fait si l'enfant, au moment d'un divorce, peut être prévenu de ce qui se passe entre ses parents et entendu, par un tiers, en dehors de l'appareil de justice. A mon avis, il vaudrait mieux que ce soit quelqu'un de médico-social, peut-être un psychologue articulé au médecin de famille si c'est possible, ou encore le psychologue scolaire, ou d'abord le directeur de l'établissement. D'autant plus que lui, par son rôle, devrait être tenu d'envoyer les bulletins scolaires, séparément, aux deux parents.

L'ÉTAT-PÈRE

Qu'il s'agisse du socialisme à la suédoise, de la social-démocratie ou d'un socialisme à la française, l'Etat intervient de plus en plus dans les « affaires familiales[1] *». C'est peut-être en Suède et particulièrement en matière de garde de l'enfant que l'assistance publique devient la plus « envahissante » et « prend le pouvoir ». Les travailleurs sociaux viennent enlever à ses parents l'enfant dont « le bien physique ou l'équilibre psychique » se trouveraient en péril. Une plainte de voisin, même une dénonciation suffisent. Le petit est alors gardé en observation pendant quatre semaines. Si l'enquête établit que l'affaire est dénuée de fondement, on restitue l'enfant à sa famille. Dans le cas contraire, on le confie à des parents nourriciers choisis par l'Etat. Certains avocats scandinaves n'hésitent pas à parler de « rapt légalisé », de kidnapping institutionnel.*

Il y a sans doute des abus. Mais ce « rapt » peut être dans l'intérêt véritable de l'enfant et lui réussir. Ce fut le cas d'un jeune Suédois dont on m'a raconté l'histoire. C'était en 1930. On voit que cette intrusion de

---

1. *L'Enfant et la raison d'Etat*, Philippe Meyer, Points, Le Seuil.

l'Etat dans la vie familiale et sa substitution à la volonté paternelle ne datent pas d'hier. A tout le moins dans les pays nordiques. Le garçon, âgé de 12 ans, répugnait au travail scolaire dans un enseignement classique. Les parents qui avaient des titres universitaires ne pouvaient concevoir qu'il ne devînt pas à son tour un col blanc. Un beau jour, d'autorité, la direction de l'orientation scolaire l'enlève à sa famille et décide de le placer comme mousse sur un bateau. Les parents ne peuvent plus le voir qu'une fois par an. Ils crient au rapt, ils dénoncent les négriers d'enfants. Rien n'y fait. « Pauvre petit, comme il doit être malheureux », répètent ses géniteurs. Surprise. Pas du tout, il est ravi, il a pris goût à la vie de marin et sur le bateau il décide de reprendre des cours par correspondance. A 19 ans, il est lieutenant de vaisseau. Et il est plus mûr que son frère aîné resté dans l'ouate familiale. A cet âge, les enfants sont moins fragiles que leurs parents et ils ont plus de chances de s'advenir à eux-mêmes en naviguant de par le monde, assumant des responsabilités, plutôt qu'en demeurant ancrés à leurs géniteurs.

En revanche, séparer, par décision réglementaire, le très jeune enfant de sa mère ne devrait être qu'une mesure d'urgence, provisoire et réversible et accompagnée d'entretiens avec elle et l'enfant si elle (ou son compagnon) inflige un mauvais traitement à sa victime. Même en présence des bourrelles, la conduite à tenir ne s'impose pas toujours de façon univoque. Certes, il m'est arrivé de protéger l'enfant des risques physiques. Lorsque j'avais une consultation à l'hôpital Trousseau, une femme était venue supplier le médecin de service de signer un certificat pour que sa fille âgée de 2 ans et demi lui soit rendue, à sa sortie. L'enfant, battue à la maison, avait été admise pour plusieurs fractures. Mais elle réclamait sa mère. Les infirmières disaient : « Si la petite demande la présence de sa mère, c'est qu'elle a besoin d'elle. » Je reçois la mère qui commence à promettre et jurer qu'elle ne battra plus sa fille.

Elle avait aussi maltraité son aîné. Le garçon avait reçu des coups jusqu'à ce qu'il ait l'âge de s'enfuir par la fenêtre – heureusement, la mère habitait au rez-de-chaussée. Elle changeait souvent de compagnon. Certains de ses amants étaient gentils avec le garçon; d'autres ajoutaient des coups aux sévices de la mère.

« Ma petite sœur provoque ma mère », m'avait-il dit alors...

J'ai engagé la conversation avec la bourrelle qui venait protester de ses bonnes résolutions; elle allait s'amender, etc.

« Avec votre fille, ça se passe comme avec votre garçon quand il était petit. Mais elle n'a pas encore l'âge de sauter par la fenêtre pour échapper à vos colères. »

Je lui faisais revivre le processus.

« Ah! ça se passe bien les premières heures, puis elle m'énerve, et quand je commence à la toucher, vous voyez ces mains (les siennes), eh bien, je ne peux plus m'arrêter... »

Je lui ai fait reconnaître que si elle récupérait la garde de l'enfant, elle recommencerait à la battre. Et je n'ai pas signé le bon de sortie et de remise de l'enfant.

Les bourrelles, souvent, ont elles-mêmes été élevées sans amour, ou encore elles ont été séparées quelque temps de leur enfant dans son premier âge, à la suite d'une maladie, d'un accident du nouveau-né ou d'une épreuve personnelle.

L'enfant n'est pas innocent dans ces mauvais traitements : il a tendance à provoquer sa mère.

Cela dit, je ne suis pas partisan d'enlever complètement l'enfant à la mère qui lui inflige de mauvais traitements : il faudrait des structures d'accueil plus légères que celles qui existent en France, afin que l'enfant puisse revenir voir sa mère en fin de semaine, ou qu'elle puisse aller le voir après son travail et les jours de congé, sans pour autant être à sa merci sous son toit continûment.

J'exprimerai beaucoup de réserves à l'égard du placement d'office dans les familles d'accueil ou adoptives. Les offices de protection de l'enfance agissent avec l'arbitraire que leur prête l'avocat qui est commis. Si le droit de visite du parent « sanctionné » est supprimé, la protection devient interventionnisme. Quant à la garde des enfants du divorce, elle fait l'objet de décisions qui sont souvent violation pure et simple des droits de l'être humain. Dans le meilleur des cas, la main de l'Etat reste beaucoup trop lourde.

Le pouvoir judiciaire est en passe de réduire la famille nucléaire au couple mère-enfant, exceptionnellement père-enfant, grand-mère-enfant. Le mouvement féministe ne fait que traduire le courant qui porte les citoyens à devenir des assistés et à s'en remettre à l'Etat. Les enfants, revendiquent les militantes du M.L.F., ne doivent pas changer le destin individuel de la femme. Leur « élevage » est l'affaire des autres. Groupements coopératifs, nourriciers, bénévoles ou appointés, villages d'enfants ou émancipation précoce de l'enfant, autant de solutions de relais pour que la mère garde toute sa liberté de manœuvre.

Le père entre en lice. Il cherche à défendre et reprendre ses droits[1]. Il profite du refus féministe devant le maternage mais, en même temps, il devient l'allié objectif des féministes. S'il s'agit de partager avec la mère les soins nécessaires au nouveau-né, ce rééquilibrage de la famille nucléaire pourrait être profitable à l'enfant. Mais il est à craindre que cette réaction soit imprégnée d'esprit concurrentiel, de

1. *Cf.* Colloque international : Fathers today, Les pères d'aujourd'hui, évolution des attitudes et des rôles masculins dans les pays de la Communauté européenne (Paris, 1982).

revanche sur la femme, de mimétisme. Les complémentaires ne sont pas impunément interchangeables et ne devraient pas s'exclure l'un l'autre. Mais faut-il vraiment défendre la structure de la famille nucléaire que l'on croit – imposture de notre siècle – « traditionnelle » et qui est d'invention relativement récente : à peine séculaire? Interrogeons-nous sur les résultats de cette expérience séculaire. Ses limites, son inadéquation actuelle la condamnent-elles? A-t-elle été faussée, parasitée par des faits politiques : la crise économique, les guerres, l'urbanisation, la communication de masse, etc.? Ou est-elle une aberration en soi?

Le couple mère-père représente toujours la médiation de base, la cellule de référence symbolique pour tous les enfants du monde, puisque sa fonction originelle est d'assumer la triangulation. Sans triangulation, le langage symbolique ne peut s'exprimer et accomplir la structuration du sujet. Mais la relation triangulaire peut très bien se jouer en l'absence des parents biologiques. Les nourriciers ou les adoptifs sont en mesure d'en assurer le relais, à condition de nommer à l'enfant ses géniteurs et de lui faire connaître l'histoire de ses ascendants réels.

Contrairement aux orientations qu'on a cru devoir prendre, l'adoption légale ne devrait pas être instituée à la naissance, mais bien plus tard, à dix ou onze ans. Les nourriciers, futurs adoptants de cet enfant, pourraient être rémunérés. La mère, sur son lit d'accouchée, pourrait dire au nouveau-né qu'elle le confie à des personnes qui s'occuperont très bien de lui.

En aucun cas, l'existence de ses géniteurs ne serait cachée à l'enfant. Le non-dit commande à tout le sexe. L'enfant n'est que pulsions primaires, il ne peut sublimer sa libido s'il ignore de qui il est le fils ou la fille. Comprendre ce qui se passe dans la relation triangulaire, c'est à quoi la psychanalyse de demain doit se consacrer essentiellement.

L'enfant n'a pas tous les droits, mais il n'a que des

droits. Les parents n'ont sur sa personne aucun droit : ils n'ont que des devoirs.

Dès la vie fœtale, l'être humain n'est pas une partie du corps maternel, il est déjà unique. C'est lui qui par la médiation de père et mère prend vie et se donnne naissance. Il est la Vie même. Il persévère dans son développement et sa venue à terme par son désir à naître. Au sens psychanalytique, la mère n'est qu'un médiateur d'abord biologique puis symbolique. Ce n'est pas rien. C'est capital.

La législation de l'avortement ne tient pas compte de ces données. Elle est aussi la marque de l'ingérence de l'Etat-père.

L'une des plus graves, qui frise l'abus de pouvoir. Quand une mineure est enceinte, la société (parents, éducateurs, médecins) fait pression pour que son enfant ne voie pas le jour. Si elle persiste à vouloir accoucher, elle est contrainte d'accepter de vivre enfermée dans un « hôtel maternel ». Intervenir sur le fœtus, sous prétexte qu'il s'agit d'un enfant à haut risque, c'est manipuler le jeu réel de la vie et de la mort. Si l'organisme maternel peut lui nuire, il faut remédier à cette déficience et soigner la mère. Mais l'acharnement thérapeutique n'a pas à se substituer au vouloir-vivre ou non du fœtus.

Il est, en tout cas, fallacieux de prétendre programmer l'I.V.G. à la demande de la mère. La maternité change des militantes qui, pendant des années, ont prêché le refus de la grossesse. Quand on donne la vie, on ne se nourrit pas de fantasmes.

A mon sens, l'avortement ne doit pas être pénalisé. Mais je pense que c'est une erreur que de le légaliser.

D'une manière générale, la prise en charge par l'Etat a pour effet (et pour but!) de produire des enfants impersonnels car les sujets sont coupés de leur histoire.

LE TRIANGLE... À QUATRE (la mère et son compagnon, père ou non, et l'accueil social à temps partiel régulier ou irrégulier).

Finalement, le meilleur service que l'on pourrait rendre aux pères et mères, c'est d'essayer de minimiser droits et rôles respectifs des parents géniteurs en les démythifiant, en parlant de leur rôle de géniteurs, de l'aide dont ils ont besoin pour assumer leurs devoirs d'élevage et d'éducation de leur enfant, ou de leur droit à déléguer ce rôle et le moins possible leur parler de « droits des parents ».

Des adultes parentaux sont fatalement nécessaires, qu'ils soient parents géniteurs ou parents tutélaires, ou les deux. Finalement, tout ce qui peut, dans le groupe social, répartir l'angoisse de cette interdépendance est bénéfique pour le petit; plus il est enfermé dans le triangle, dans la relation père-mère, plus il étouffe, moins il a de chances d'être lui-même. Il faut que cette cellule s'ouvre, mais sans qu'il passe brutalement de ce noyau à un autre noyau possesseur. C'est que l'enfant est l'enfant de sa mère et de l'homme avec qui elle l'a conçu, qu'elle soit célibataire ou non. Avant de le mettre à la crèche, il doit savoir qu'il est l'enfant de cette femme, qu'il a désiré naître d'elle et de l'homme avec qui elle l'a conçu. Que cette femme l'a désiré, mais qu'elle a aussi besoin de la société, comme lui aussi en a besoin et qu'il ne va pas être modifié dans son être profond s'il est en tutelle d'autres personnes à qui sa mère le confie en relais. Il faut établir ce relais progressivement, par la parole et par la médiation sensorielle pour que l'enfant sache qu'il est le même à la crèche que celui qu'il est avec sa mère le soir au foyer, alors que beaucoup de ses perceptions sont modifiées. Pour qu'il n'y ait pas une rupture, tout cela doit être expliqué à l'enfant, en présence de ses parents. Cette première triangulation se complique lorsque l'enfant est mis dans les bras d'une autre personne et c'est alors qu'il est indispensable de lui dire qui elle est : c'est à la parole de la mère et du père de ne pas couper le cordon de sécurité. Ce sont les voix maternelle ou paternelle seules qui pourront « mamaïser » et « papaïser » les personnes à qui l'on confie la garde du petit. Alors, les corps de ces personnes seront symboles de sécurité, de représentants temporaires de père et mère. De ce fait, l'enfant reste le même qu'à la maison et peut garder toutes ses potentialités sensorielles, sans en faire somnóler aucune. Alors, il a la force de supporter les atermoiements de retrouvailles. Il conserve son tonus, sans se replier dans sa coquille comme un escargot, car il est assuré que cette coquille (ses parents dont on lui parle) en pensée ne le quitte jamais. A cette condition, il est un être de la société. C'est cette puissance de l'enfant qui étonne les animateurs de crèches quand ils reçoivent, à deux mois, un petit qui vient de cette Maison Verte, lieu de socialisation des tout-petits dans la sécurité de la présence continue parentale, lieu où tout lui a été dit, en paroles. Racontée sa gestation. Raconté son destin. Par exemple, un petit garçon, ou fille, qui n'a pas de père légal et dont la mère a dit : « Il n'a pas de père. » Nous la controns avec humour du tac au tac : « Comment, vous seriez une exception dans la nature ! » et à l'enfant : « Ta mère t'a conçu, comme tous les enfants, avec un homme. » – « Oui... Mais qui compte pour si peu ! » – « Comment, qui compte pour si peu, puisque c'est cet enfant qui l'a choisi comme père, pour naître en vous. Etes-vous heureuse de l'avoir ! » – « Bien sûr, puisque je le voulais ! » Alors, nous parlons à cet enfant : « Tu vois, tu as été voulu, et puis tu ne connais pas ton papa, mais tu as, comme tous les êtres humains, un père. Et ta mère a eu un père ; tu as donc un grand-père. Et ton père-géniteur qui t'a donné à ta mère avait un père que tu ne connaîtras pas, puisque ta mère ne l'a pas connu et ne peut pas t'en dire. Mais tu l'as en toi, et toi, tu le connais, d'une façon que nous ne savons pas. »

Ces enfants de la Maison Verte, quand ils arrivent à la crèche, d'abord, ils ne font pas de syndrome d'adaptation, c'est-à-dire une perte de leur tonus, un trouble de leurs fonctionnements digestifs ou des rhino-pharyngites; ils sont aussi heureux qu'à la maison et à la Maison Verte où pourtant leur mère ne les laisse pas; et surtout, ils écoutent ce qu'on leur dit. Nous avons parfois des nouvelles des « anciens »; ils ont quatre-cinq ans aujourd'hui et se sont tout à fait adaptés à l'école; ils supportent l'hôpital, la maladie; ils supportent les épreuves avec un réseau langagier suffisant pour s'accrocher à ce que j'appelle un narcissisme de base. Je crois que c'étaient des choses qui se passaient à notre insu dans la vie tribale, et dans la vie villageoise, et dans la vie familiale du temps d'une seule pièce chauffée, lorsqu'il y avait des traditions, des retrouvailles, des dimanches en famille; tout cela était, pour les petits, un enracinement, une sécurité d'être en société articulée à leur famille, quand ils survivaient à des maladies dues au manque d'hygiène, à l'absorption précoce d'alcool. On s'aperçoit que bien souvent les parents apportent beaucoup plus d'obstacles que de soutien au développement de leurs enfants. Leur amour est toujours possessif, facilement angoissé, au lieu d'être libérateur. C'est cela : nous avons un amour qui est tout le temps parasité du besoin de dévorer. Le parent, trop souvent de nos jours, est le parasite par excellence, par rapport au petit d'homme.

Il faut non pas « remettre à leur place », mais soutenir les adultes à rester à la place où ils étaient avant la conception de l'enfant, que leur désir se vive dans la fréquentation d'adultes; qu'ils restent seulement à leur place de désirants. Il se trouve que, piégées dans la maternité, ou la paternité, les valences libres de désir qui se vivaient entre adultes sont mobilisées par leur progéniture et se refixent sur cet enfant qui prend pour chacun une partie de la place du conjoint.

Et le conjoint perd de sa valeur par rapport à cette révélation aussi de la puissance libidinale attractive et séductrice d'un enfant. Ou il est séducteur, ou il est rejeté; ou on veut le dévorer, ou on veut le commander, le dresser, toujours avec un amour dérivé de notre narcissisme, parce qu'il est corps de notre corps. C'est le génie de Freud d'avoir compris cela avec le mot « complexe d'Œdipe ».

CHAPITRE VII

UNE DÉCOUVERTE CAPITALE

LA « SOLIDARITÉ GÉNÉTIQUE »

« *Vos demoiselles ont infiniment plus besoin d'apprendre à se conduire chrétiennement dans le monde et à bien gouverner leur famille avec sagesse, que de faire les savantes et les héroïnes; les femmes ne savent jamais qu'à demi et le peu qu'elles savent les rend communément fières, dédaigneuses, causeuses et dégoûtées des choses solides.* » (Entretiens sur l'éducation des filles, *1696.)*

Depuis Mme de Maintenon, qui a écrit sur l'éducation des filles un ensemble de préceptes coercitifs et quelques jugements méprisants sur les enfants, les bons philosophes ont ignoré le sujet. Ils ont laissé le champ libre aux religieuses, aux confesseurs, aux personnes de bonnes manières, aux gouvernantes, aux nounous, aux marchandes à la toilette. L'adage « Les filles sont toutes des comédiennes » ayant valeur de postulat, on n'espérait pas en faire autre chose que des objets pour les hommes. On s'est beaucoup plus préoccupé de former les garçons à la vie active. L'enfance des chefs. Il y a eu des éducations types, comme l'éducation jésuite. C'était la méritocratie.

Que le meilleur gagne. Le meilleur étant jugé par les adultes. Comme il s'agit de leur plaire, le gagnant, c'est le plus malin ou le plus soumis, pour manipuler ceux qui ont le pouvoir. Avec ou sans jésuites, la société est vraiment la grande école d'hypocrisie. Et c'est surtout le mensonge par la parole, tous les mots sont faux. Ce langage fondé sur « Tu arriveras par ton mérite, par ton effort... », tout est complètement récupéré... C'est les mots stéréotypés qui intoxiquent. On les retrouve aujourd'hui dans le discours politique qui devient de plus en plus lénifiant. C'est peut-être ça qui caractérise ce sous-emploi ou cette dernière perversion du langage éducatif. Maintenant, c'est l'éducation de la masse. Avant, il y avait une éducation collective, fondée sur la transmission d'un savoir, et à partir de la préadolescence, l'éducation du sens critique. Maintenant, on ne cherche pas à ce que les masses soient instruites; au contraire : moins elles sauront, mieux on les conduira. Le savoir-faire tient lieu de savoir. Savoir manipuler l'ordinateur. Il s'agit, pour tout, de connaître le mode d'emploi. Notre société n'est plus qu'une société de droits à faire valoir. On est loin de la société des citoyens qui, par le travail qu'ils donnent à faire et celui qu'ils font, sont au service les uns des autres. Je crois que si vraiment, dans cette société, chacun était conscient que là où il est payé, son temps et son travail sont au service des usagers en échange du paiement qu'il reçoit, beaucoup de choses changeraient. Ce serait déjà une révolution : que dans les hôpitaux, les infirmières et les médecins soient au service des malades qui les paient, que les puéricultrices soient au service des enfants des parents qui les paient, que les instituteurs soient au service des enseignés qui les paient. Ce serait une société de solidarité et de responsabilité. Il aurait mieux valu appeler le ministère de la Solidarité « ministère de la Responsabilité », parce que la solidarité, c'est très équivoque; ça garde une petite connotation de charité, de bonnes œuvres (donner un minimum à ceux qui n'ont pas assez pour avoir la conscience tranquille). Mieux vaut dire que chaque citoyen est responsable de soi et de son agir envers les autres. Les gens ne sont pas des saints. L'éthique personnelle de chacun est enracinée dans la névrose familiale quelle qu'elle soit, puisqu'il y a toujours en nous une part de névrose. Je ne dis pas que de rendre service aux autres, en étant payé, soit désintéressé. C'est viable parce que ça paie. C'est une communication à bénéfice partagé et réciproque. C'est toujours un bénéfice pour soi-même mais cela doit l'être aussi pour les autres. C'est très important d'accepter d'être payé en échange de son travail, car : « J'ai la responsabilité du service pour lequel je suis payé... Si ce n'est pas payé, j'ai beaucoup de mérite mais je n'ai pas la responsabilité, mais puisqu'on me paie, on me délègue la responsabilité de mon travail. C'est juste. »

Le sens de la responsabilité découle naturellement de la conscience de la maturation génitale dans le corps de chacun de nous. Il y a inconsciemment naissance du sens de responsabilité lorsqu'un acte délibérément accompli peut porter fruit immédiatement et à long terme, dans les générations à venir. Dès l'âge de raison, huit-neuf ans, tout enfant peut comprendre qu'il est responsable en partie ou en totalité des effets sur autrui que produit son comportement. L'éducation devrait aider les gens et surtout les enfants à faire la différence entre la culpabilité et la responsabilité. La confusion est inévitable si on ne développe pas très tôt en chacun le sens critique et un sens éthique de la responsabilité. Celui-ci passe par la solidarité, sans laquelle il n'est pas possible d'initier à cette éthique les inférieurs d'âge ou les inférieurs défavorisés.

La psychanalyse a révélé ce qu'on pourrait appeler la « solidarité génétique ». Elle a permis de découvrir que des événements qui sont arrivés dans la famille d'un être humain, avant même qu'il ne naisse, pendant qu'il est fœtus, dans le ventre de sa mère qui souffre de l'événement qui s'est passé et qui n'a personne à qui le dire, sont capables d'induire une psychose chez cet être en gestation. Cet enfant va, par son corps, dire la souffrance que la mère a tue. Donc, il a porté l'effet

d'une souffrance non dite de la mère. La psychanalyse
– et surtout la psychanalyse d'enfants – a fait comprendre la solidarité des générations devant les effets
dévitalisants de certains traumatismes, stress, chocs
affectifs ou vitalisants, réussites, joies.

Cette découverte de la transmission de l'héritage
aussi bien que de la dette sur le plan émotionnel
inconscient des êtres humains est comparable, pour
son importance capitale, à la découverte sur le plan
pathogène de la transmission génétique de certaines
maladies. Tout se passe comme lorsqu'on lance quelque chose par la fenêtre : si rien ne l'arrête, ça ne peut
que tomber par terre. Il ne s'agit pas de déterminisme
philosophique. La psychanalyse révèle les lois des
relations interhumaines et le dynamisme opérationnel
du vivre entre humains articulés ensemble dans le
temps, dans l'espace, et par les échanges substanciels
et subtils de leur commerce au sens le plus large du
terme.

L'ORIGINE ÉTHIQUE DES MALADIES

Personne ne s'aperçoit de ce dont un enfant souffre
moralement. Car on soigne le corps, l'être à grandir,
mais pas l'être humain qui a toute une histoire et qui
aurait besoin de le dire mais il n'a pas de mots pour
ça. Il s'empêche de grandir jusqu'à ce que cela soit
exprimé.

L'orphelin reste invisiblement accroché au corps
mort de son père à sa naissance tant qu'on ne lui en a
pas parlé. Son deuil silencieux, sa douleur doivent être
reconnus par quelqu'un. Le lien douloureux peut être
dépassé si on le parle, s'il est rendu communicable à
d'autres d'une façon symbolique.

Comme un adulte, un bébé peut faire une dépression mortifère. Il la traduit dans son corps, car l'effet
en est organique. Mais pas la cause. Il est déjà dans le

langage. Ce qui est merveilleux, c'est que dès sa naissance, l'être humain est un être de langage. C'est fondamental. La santé de l'enfant est aussi psychosomatique que l'est la maladie.

Sa santé parle le langage de la vie : ce qui est hier est hier, et aujourd'hui prépare demain. Si rien ne le retient en arrière, il est en bonne santé. Le petit enfant est réceptif de tout événement auquel il est mêlé : n'importe quelle expérience peut laisser des traces, aussi bien stimulantes que débilitantes de son tonus.

Il y a une éthique inconsciente chez chaque être humain dès la naissance : les chiens ne font pas les chats. Tout se passe comme s'il y avait une liberté de choix : certains êtres humains, enfants, préfèrent devenir muets, être mal vivants plutôt que malades pour ne pas, sains, devenir pervers ou délinquants. Une prudence comme intuitive les retient d'accéder au niveau de maîtrise sociale qui leur permettrait de se structurer à l'image de ce qui leur est imposé, des délinquants. Tout se passe en eux comme s'il existait un axe éthique beaucoup plus profond que la morale de leur groupe social formateur. Il y a une trajectoire potentielle chez chacun. Si on cherche à l'en détourner, cela peut l'empêcher de grandir. Il y a une possibilité de l'utiliser autrement, d'une manière qui pour la société est morale ou immorale. Par exemple, certains êtres ne peuvent pas au fond d'eux-mêmes devenir des êtres d'argent. Il y a une marque originelle de l'ambition qui peut être incompatible avec telle valeur des adultes « modèles » ou inducteurs de la direction à l'ambition de l'enfant.

Plus que par la malléabilité de certains enfants, je suis frappée par la résistance de certains autres devant les tentatives de séduction de personnes qui voudraient les engager sur certaines voies.

L'esprit d'un être humain est en quelque chose totalement mature dès son apparition sur terre. Il va se déformer ou continuer dans sa ligne, par commerce avec le monde, il va ou non gauchir son éthique.

Certains ne veulent pas commencer et, plutôt que d'entrer dans ce jeu, deviennent des arriérés ou des psychotiques. Pourquoi? Comment?

Je n'oublie pas un garçon à qui on cachait le nom de son père. Jusqu'à ce qu'il ait rencontré un psychanalyste, cet enfant était retardé. Tous les barrages étaient donnés par la mère et la grand-mère pour qu'il ne découvre pas le secret.

Le fait d'être maintenu par un non-dit concernant sa naissance l'empêchait de naître à tout.

On touche là le principe initial, fondamental, du désir de s'incarner. D'être le représentant de la rencontre de deux êtres géniteurs. Le non-dit intentionnel culpabilise.

L'homme délivre le droit à vivre ou l'empêchement de vivre. S'il ne sait pas comment il a été créé, l'enfant, qui préfère être marginal, ne peut pas être créatif. Si on le lui dit en réponse à ses questions, si on le reconnaît dans sa valeur propre, il s'autorespecte. Il s'assume son être consciemment.

Il garde son secret : « Ne le dis pas à Grand-Mère. Je suis content de savoir que je suis ton fils... c'est un secret que j'ai trouvé. » Voilà ce qu'après quelques mois de psychanalyse, un enfant élevé par des femmes, ses tantes (mais non sa mère, elle décédée), est capable de dire à son grand-père après l'avoir découvert tardivement, son géniteur incestueux. En même temps qu'il sort complètement de sa passivité et de son arriération psycho-affective.

LES JOURS LES PLUS LONGS
DE L'ÊTRE HUMAIN

Selon Jean-Pierre Changeux, neurobiologiste à l'Institut Pasteur, le cerveau du nouveau-né contiendrait peut-être cent fois plus de neurones que celui de l'adulte. Cette hypothèse rejoint la théorie de Jacques Mehler, de l'Institut des Sciences de l'Homme : « Le dévelop-

pement intellectuel ne serait pas une acquisition de facultés nouvelles, mais, au contraire, une perte de capacités présentes à la naissance. »

Pour le docteur Julien Cohen-Solal, « les développements affectif et intellectuel sont indissolublement liés. Au-delà de 8 mois, les effets paraissent difficilement réversibles sur le comportement émotionnel et, au-delà de 24 mois, sur le développement intellectuel. Si les données de la neurophysiologie sont exactes, alors le jour le plus important de la vie est le premier, puis le deuxième et ainsi de suite... ».

Le docteur Léon Kreisler, pédiatre, lors du second Congrès mondial de psychiatrie du nourrisson (Cannes, 1983), a souligné que les troubles psychosomatiques du premier âge (insomnie, vomissements, coliques, diarrhées...), qui apparaissent souvent peu de temps après la naissance, viennent de ce que l'expression mentale du nouveau-né utilise « la voie souterraine des organes ». Troubles qui ont trois origines : l'insuffisance chronique de l'attachement (vide affectif), l'excès de stimulation (hyperprotection), les ruptures dans le mode de garde. « Rien n'est définitif, estime-t-il, avant l'adolescence. Ces troubles sont réversibles. »

On regarde la pathologie du nourrisson comme si c'était le corps défaillant qui était l'origine de ses difficultés relationnelles. C'est l'inverse. Ce sont les troubles de la relation avec l'adulte tutélaire responsable de lui qui perturbent la croissance physique. L'affectif est si dominant chez la plupart des êtres humains qu'il modifie le comportement biologique d'un enfant : l'appétit, la digestion, la motricité, le tonus, tout cela dépend des échanges langagiers avec la personne qui s'occupe de lui. Bien sûr, le capital génétique a sa part et le métabolisme aussi. Si on sous-alimente un enfant et qu'il n'a pas suffisamment de calories, il va fléchir : physiologiquement d'abord pour certains, mentalement pour d'autres, suivant la nature propre, son patrimoine génétique. C'est ce que l'on a vu dans les camps de concentration. Quand l'on donne aux gens 500 calories par jour, on ne peut pas s'attendre à ce qu'ils continuent d'être aussi actifs, physiquement et mentalement. Il en est qui se défendent très bien contre la déchéance morale et le délabrement psychique; l'âme résiste, dit-on, mais pas le corps. D'autres tiennent le coup avec le corps, mais ils deviennent des animaux les uns vis-à-vis des autres. Dans les camps de déportation, des gens perdaient tout sentiment de confraternité humaine avec les autres pour se jeter sur la nourriture et ainsi défendre leurs corps. D'autres, au contraire, soutenaient moralement les autres, crevaient de faim tout en gardant une éthique humaine et le goût de communiquer. On me dira que c'était uniquement dû à des hormones qui se défaisaient et qui n'avaient pas le même effet chez les uns et chez les autres. Mais, en fait, c'était certainement commandé par l'empreinte profonde d'une première éducation.

Les neurosciences pourront-elles fonder scientifiquement que l'enfant n'appartient pas à ses parents, n'est pas du tout, comme on dit, « chair de leur chair, ni sang de leur sang »... tout au moins pas par la conception et la génétique? Il est entier dans cette précoce vie relationnelle symbolique, dans l'amour donné et reçu entre l'enfant et ses adultes tutélaires que la filiation structure.

Si on pouvait fonder par quelques constatations précises que, en fin de compte, chaque enfant est extrêmement différent de ses géniteurs, je crois que ça serait un bon apport des neurosciences. On n'en est pas là; ça viendra peut-être. Mais cela ne changerait pas l'affectivité, la possessivité, le désir des adultes qui se sentent des droits sur le destin de leur enfant.

Qui aurait pensé, il y a cinquante ans, avant les travaux de Jacques Ruffié au Collège de France, qu'on pourrait démontrer scientifiquement l'inanité du racisme? L'hématologie géographique infirme complètemet la doctrine de l'idéologie du racisme.

Alors, peut-être découvrira-t-on un certain nombre de données sur les transmissions héréditaires qui montreront que les pulsions des parents naturels qui s'approprient leur progéniture et s'identifient à elle n'ont pas de fondement biologique. J'en suis convaincue. Il n'est que de voir les relations d'adoption. Le fondement biologique allégué est une rationalisation destinée à nous donner bonne conscience dans notre désir jamais éradiqué d'exercer un pouvoir sur un autre.

L'éthologie animale intéresse les chercheurs en psychologie expérimentale[1]. Mais y a-t-il des termes de comparaison avec l'éthologie humaine?

Il est probable que l'observation par les humains du développement des animaux et de leurs relations entre eux ne change pas le comportement individuel. En revanche, la relation des humains observés par des humains change quelque chose, parce qu'elle introduit dans la vie symbolique de l'observé des recherches futures, revenons sur le terrain de la psychologie expérimentale. Elle pourrait, dans l'immédiat, apporter un moyen médiateur pour mieux connaître le potentiel de chaque enfant. Avec la méthode d'un dépistage, elle devrait inscrire à son programme l'étude de la butée perceptionnelle des différents sens chez l'enfant. Ce ne serait pas nuisible et cela permettrait déjà de faire comprendre aux géniteurs que tel de leurs enfants est doué perceptionnellement plus, par exemple, de la vue que de l'audition, plus de l'olfaction que de la tactilité, plus de l'équilibre que de rapidité motrice, etc. Il y a aussi le respect des rythmes de chaque enfant : les besoins sont naturellement rythmés et ces rythmes sont à respecter.

1. Cf. *L'Attachement*, ouvrage cité.

A la Maison Verte, au cours de la simple observation d'un enfant, j'ai pu ainsi découvrir un musicien. Un jeune musicien chez un garçon de trois ans dépassés qui avait déjà un retard de développement. Les parents, avec qui je m'entretenais et que je rendais attentifs au comportement de leur enfant, se sont rappelé que ce petit qui marchait à peine s'était accroché à un vieux monsieur qu'il ne connaissait pas et qu'il avait rencontré dans une réunion. C'était le musicien de la famille. Personne n'avait compris pourquoi cet enfant s'accrochait à ce monsieur qui ne s'occupait pas des enfants. Ses parents le croyaient un arriéré, jusqu'au jour où j'ai pu en l'observant découvrir qu'il était un percepteur auditif étonnant. Je leur ai dit : « Il est peut-être arriéré, je n'en sais rien, mais il a une acuité auditive et une capacité d'attention dans sa perception auditive étonnantes. Et c'est par cela qu'il est motivé. » Dans la salle de jeux de la Maison Verte, il avait monopolisé le mange-disques et il défaisait sans cesse la pile des 45 tours : aussitôt mis, aussitôt retiré. Pour sa mère, c'était signe d'instabilité. Et ça n'était pas vrai : si on l'observait suffisamment, on voyait qu'une fois qu'il était tombé sur la face du petit disque avec la musique qu'il cherchait, alors là, il était stable; mieux, concentré, car il l'écoutait en entier, remontant le mouvement, une fois le disque terminé, c'est celui-là qu'il remettait pour le réécouter.

Voilà une observation d'un enfant laissé en pleine liberté, avec un très grand respect de sa spontanéité. Au lieu de tester des groupes d'enfants avec des quantités de paramètres, on pourrait étudier un par un les paramètres sensoriels de chacun d'entre eux; ça ne les dérangerait pas trop.

A l'origine, les parents cherchent chez leur enfant des signes particuliers. Les mères sont tellement préoccupées de savoir à qui il ressemble. S'il a le pied palmé du grand-père, il sera comme lui un grand marin. On se sert de certains aspects physiques de la surface corporelle pour en déduire la vie intérieure et les options de désir de cette personne, alors que celles-ci sont tellement peu visibles. Le langage des parents n'est pas innocent quand on compare l'enfant à tel ou tel aïeul. Mais on ne peut que le constater. Les sonorités accompagnées de sens de communication que l'enfant reçoit exercent une très grande influence sur lui. On ne peut pas pour autant rendre les parents « aseptiques », mais on peut les aider à ne pas méjuger d'un enfant dont ils ne partagent pas les goûts sensoriels, les intérêts.

Une philosophe avait voulu faire cette expérience de mettre les enfants tout à fait à part, élevés par des gens qui ne leur parleraient jamais, pour savoir s'ils découvriraient un langage à eux. Elle a échoué complètement, parce que, dès que les enfants ont eu l'âge de parler, ils ont parlé comme le voisinage. De deux choses l'une : ou bien les personnes qui soi-disant ne leur parlaient pas n'arrivaient pas à se taire, ou bien le langage intérieur – les silences et les attitudes – était suffisamment expressif et contaminant.

Si on montrait aux parents ce que leur enfant a en propre, ils auraient moins de possessivité; ils auraient moins la tentation de juger l'enfant par rapport à ce qu'ils sont eux-mêmes et à ce qu'ils en attendent. Ils seraient plus enclins à admettre que cet enfant se conduise d'après ses propres affinités en lui donnant l'opportunité de rencontrer des gens comme lui.

ÉCHEC DÉPRIMANT, MALADIE INITIATRICE

Quand il était petit, l'un de mes fils, qui maintenant est architecte naval, ne rêvait que de moteurs. Le jour du lancement de la première fusée envoyée par les humains dans la stratosphère, il a été complètement déprimé. « C'est plus la peine de vivre, on a tout inventé dans les moteurs. Alors, à quoi ça sert d'aller à l'école? » Ce qu'il pouvait apprendre sur les moteurs était dépassé. « Il n'y a plus rien à trouver... Et s'il n'y a plus rien à trouver de scientifique, à quoi ça sert de vivre? » Il a vraiment cru que la science était arrêtée; que la recherche, c'était fini. Il n'y avait que cela qui l'intéressait. Et ça m'a beaucoup frappée, parce qu'il a fallu lui remonter le moral pendant deux jours : « Mais tu sais, il y a encore d'autres choses à inventer... Après tout, cette fusée ne monte pas aussi haut que ça... »

On ne prête pas assez d'attention à l'attitude d'un enfant qui s'identifie à quelqu'un qui lui donne le sentiment d'avoir tout achevé. Il faut, en même temps, que lui il puisse continuer, reprendre le flambeau, en faire autant, faire mieux ou autre chose. Sinon, il s'immobilisera dans le « Je suis né trop tard » ou le « A quoi bon ».

Les pères qui font figure de pionniers, de héros chercheurs, devraient, même s'ils sont très occupés, dire devant l'enfant, très tôt : « Ah! il y a encore telle chose, tel domaine à explorer... Il y a encore là une inconnue... » ou : « Je ne sais pas plus que toi sur telle question. »

A l'inverse des héros qui réussissent, il y a les « perdants » qui risquent de décourager la « relève ». Les pères en déprime parce que mécontents de leur sort développent aussi chez les enfants l'idée que tout effort est vain, tout travail inutile, toute initiative mal reçue dans un monde hostile et clos. Combien d'hommes qui ont des responsabilités arrivent chez eux pour se plaindre : « Ce métier est fichu, cette profession n'est plus efficace... Je me tue pour rien... »

Ce n'est pas désastreux pour l'adolescent. Au contraire : son père est humain. Et puis ça lui apprend aussi qu'il y a des choses barrées, fermées, et qu'il faut aller ailleurs, faire autre chose, trouver une autre voie, ne pas faire la même profession. C'est une information.

Mais chez le très jeune enfant, c'est déprimant s'il n'entend de son père que la complainte de sa vie manquée. Cette attitude paternelle est sadique. Au lieu d'être initiatrice, elle est mutilatrice de ses forces vives. Elle exprime aussi la déception de l'ensemble social dont le cadre familial où vit l'enfant fait partie. Parce que toute action n'a de sens que reprise avec les autres, pour les autres; au fond, ces parents déçus sont des gens qui n'ont pas travaillé pour les autres, ni avec les autres, ni avec leur classe d'âge. Mais cette absence de vie d'équipe et de but social vient du fait qu'aujourd'hui règne un narcissisme individuel exacerbé, au mépris des grandes théories sociales qui ne sont pas du tout vécues par les individus.

Les pères ont beau jeu de dire à leur enfant : « Prépare ton avenir; il faut que tu arrives à travailler... » Il se rebiffe : « A quoi ça sert, puisque travailler comme toi, c'est ne plus vivre. » Ou le père est un ambitieux boulimique... un activiste, et son succès l'écrase et le rebute car il est esclave de sa réussite; ou bien le père vit un échec; dans les deux cas, si on ne suscite pas l'enfant à critiquer ce et ceux qu'il observe, il pense qu'il n'y a pas d'autre voie que de faire comme son père.

Si ce père qui a énormément travaillé pour arriver, riche mais épuisé à cinquante ans, ou sans amis, sans joie ou aigri, ou ruiné, lui dit : « Mais moi, à ton âge, je travaillais! je faisais ci, je faisais ça », il se dit : « Oui, mais voilà le résultat; alors, il vaut mieux prendre son plaisir maintenant puisqu'il n'en a pas pris quand il était jeune et maintenant voilà où il en est. »

Il est vrai qu'il faut sécuriser la jeunesse, aussi la stimuler; mais la sécuriser par la confiance et sa force à elle de faire son chemin. Cela suppose de ne pas lui parler de réussite ou d'échec, d'être un exemple actuel, pas dans son passé.

Si le père dit : « Quand je l'ai commencé, je trouvais qu'il y avait un sens dans le métier que je fais; maintenant, il y a probablement une trop grande compétition, je ne suis pas à la hauteur de lutter; il y en a qui arrivent encore dans ce métier, mais moi peut-être pas. Toi, tu as tes chances. Mais si c'est trop saturé et que tu as envie d'exercer un autre métier, tu as bien raison de changer de voie. »

En lui parlant comme ça, il ne l'enferme pas dans son échec, il ouvre le jeu et stimule sa combativité ou lui ouvre d'autres horizons.

Il paraît inoffensif aux parents qui reviennent du travail d'afficher leur découragement, leur dépression devant des enfants de moins de dix ans, sous prétexte qu'il « ne comprend pas encore ». Sur ce plan, aucune retenue, aucune préoccupation de ce que ressent leur jeune témoin. On se laisse aller. Singulière façon de construire un modèle pour des enfants qui ne sont pas encore autonomes par rapport à eux totalement. Mais, en même temps, avec quelle précaution, quelle ruse, on s'attachera à leur cacher la mort réelle, la maladie réelle quand elle frappe le foyer. On ne songe pas que, si elle est assumée par les parents, elle est, au contraire, une initiation à la vie. On me présentait à la consultation des enfants à qui la famille ne voulait pas dire que leur mère était atteinte d'une maladie grave. Et pourtant, tout le monde se battait : la famille contribuait à payer les soins et elle faisait tout ce qu'elle pouvait, humainement et spirituellement, pour lutter contre la maladie, mais ce n'était pas dit à l'enfant; si bien qu'il assistait à la décrépitude de la mère et on lui en cachait les raisons; résultat, cet enfant n'était pas humanisé devant cette épreuve. Il était dans un tel état de dépréciation de soi-même qu'il ratait tout à l'école. On nous a demandé d'intervenir. Le traitement psychologique consiste à dire la vérité à l'enfant. « Mais, ça va lui faire trop de peine! » L'aider vraiment, c'est lui dire que la vie physique de sa mère est en danger, mais pas du tout l'amour qu'elle a pour lui, ni la force qu'elle veut lui donner de lutter, puisqu'elle lui donne l'exemple de lutter. Elle a l'air d'être vaincue, et l'entourage ne lui dit pas du tout qu'elle lutte. Et elle est une image d'abandon de poste, si je peux dire. Alors que si, au contraire, on la lui montre dans l'état de faiblesse où elle est, comme luttant énormément (elle serait déjà morte si elle n'avait pas lutté), elle lui donne l'exemple de la combativité. D'ailleurs, la preuve en est que si quelqu'un d'étranger à la famille lui parle de ce qui se passe, sans rien cacher de la vérité, il reprend toutes ses forces, et il accepte l'éventualité de la mort de sa mère, lui s'autonomisant pour la perpétuer, comme elle voudrait qu'il continue la vie qu'elle lui a donnée dans l'espérance au moment où elle était bien portante.

On voit à quel point la faillite morale du « modèle » est plus éprouvante que l'échec conjugal de leurs parents pour les enfants quand les pères divorcés se déchoient eux-mêmes de leurs responsabilités quand ils ne veulent ni assumer la garde ni verser la pension à la mère. Ces enfants sont marqués de déréliction et ne peuvent pas réussir leur vie : ils sont faillis parce que le père se montre failli. Non par le fait d'avoir divorcé, mais par son comportement d'irresponsable et d'homme sans parole vis-à-vis de lui et de la mère. Et à ce moment-là, ils vous disent : « J'aimerais mieux qu'il soit mort, parce que mort, il ne serait pas un failli; mort, il serait vaincu par les lois de la vie. Mais, comme il est vivant et qu'il est failli, je ne peux m'identifier qu'à un failli; tandis que mort, je peux reprendre des forces et aller plus loin. »

CES PARENTS QUI « SUICIDENT » L'ENFANT

Les parents suicident leurs enfants pour se venger de leurs propres parents. En témoigne une enfant des corons dont le témoignage autobiographique est écrit au scalpel : « Ma naissance fut un interminable coma. Ce coma dura dix-neuf ans. Dix-neuf années d'exil de moi-même. Et si l'état civil daigne m'accorder vingt-neuf ans, je ne m'en reconnais que dix. Mon enfance

> m'est inconnue. Quelquefois, elle m'apparaît comme une terre étrangère livrée à tous les pillages. Pendant toutes ces années, « ils » me suicidèrent et ma seule résistance fut l'autodestruction... »
>
> **Ingrid Nahour,**
> *Les lèvres mortes*, Ed. Papyrus

Les gens ne songent pas au retentissement que leurs propos et attitudes peuvent avoir sur le petit enfant, parce qu'ils lui prêtent communément une existence larvaire. A une larve, ils croient pouvoir faire toutes les blessures, parce qu'une chenille n'a pas de valeur à leurs yeux. Ils agissent comme si le papillon qui les émerveille n'en était pas issu. Contresens biologique. Précisément, toute trace dévitalisante que subit la larve va potentiellement dévitaliser l'être mutant et le papillon futur sera un papillon raté.

LE FAIBLE, FACTEUR D'ÉQUILIBRE

Le sacrifice antique avait pour finalité de servir le groupe social en difficulté. La notion même de victime propitiatoire, d'oblat, peut paraître exclue de nos mentalités. On retrouve cependant le thème du sacrifice dans le groupe familial d'aujourd'hui. Lorsqu'un des membres de la famille est dans une certaine régression, les autres en profitent pour établir un certain ordre, nouer des liens de solidarité, « gagner leur ciel », se sanctifier, s'équilibrer dans les conflits.

Un débile, un fou, un délinquant aussi sert le groupe. L'expérience le démontre *a contrario* : dès qu'on peut aider un faible, un handicapé, un repoussé à reprendre son autonomie, tout autour de lui se déglingue. Les membres d'une famille n'ont souvent un équilibre qu'en faisceau de fusils : ils tiennent debout parce qu'ils sont appuyés les uns sur les autres; vous en sortez un, tous les autres se déséquilibrent. Cette interdépendance fait qu'il est difficile d'acquérir une autonomie par rapport à ceux avec lesquels on a été éduqué, surtout dans un groupe familial, mais même aussi dans un petit groupe occasionnel. Les gens qui font de la psychologie de groupe savent qu'au bout de deux, trois ou quatre jours, une certaine cohésion s'est établie. J'ai fait deux croisières et j'ai été étonnée de voir qu'au bout de quelques heures, les pions sont distribués, les places sur l'échiquier prises. Les passagers adoptent un type d'être les uns par rapport aux autres. Il faut qu'il y ait l'aventurière, l'amuseur, le naïf qui se fait prendre partout, le rouspéteur perpétuel. Et il n'y en a pas deux, il n'y en a pas trois, et s'il n'y avait pas eu celui-là, c'est un autre qui aurait pris cette place. Dans une société, chacun doit prendre sa place. C'est très étonnant. Cette distribution des rôles ne s'organise pas d'en haut. C'est un équilibre qui naît de la relation entre les êtres. Les rôles correspondent probablement à des archétypes très anciens. Dans le ciel des dieux païens, chaque type humain a son représentant mythique. Ces mêmes personnes, si on les revoit après, n'ont pas cet emploi dans la vie courante.

Pourquoi est-ce nécessaire à l'équilibre du groupe? Souvent, cela se fait aux dépens de quelqu'un qui fait fonction de victime. Dans le cas de la croisière, il peut arriver que le groupe se désigne une « tête de Turc ». Mais les gens ont plutôt envie que cela se passe bien. Chacun est volontaire. On ne lui impose pas un personnage. C'est lui qui prend le rôle mais inconsciemment. Ce rôle est reconnu par les autres comme convenablement tenu, il le conserve, jusqu'à la fin du voyage.

Il n'y a pas de bons ou de mauvais rôles, tous les rôles sont dynamiques : il y a les rôles du rejeté, de celui qui s'occupe de la motricité, celui qui s'occupe

411

de la bouffe, celui qui s'occupe de mettre les gens en rang quand on va sortir, qui organise les taxis... Il y a le séducteur, il y a le rouspéteur, et puis il y a l'éternel flemmard, celui qui se fait servir par les autres; celui qui est un hypertonique et qui fait tout. Et il n'y en a pas deux. C'est curieux à première vue. Pourquoi n'y aurait-il pas trois aventurières? Non, pas du tout, il y a une seule et unique personne énigmatique et qui fait figure d'aventurière. On trouve également le malade : celui qui est toujours souffrant, l'allergique, qui va se reposer dans sa couchette.

A la veille de l'arrivée, tout le monde est abattu parce qu'on va se séparer. Ces croisières sont des naissances à autre chose. Des temps où on a l'impression de vivre plus intensément. Même phénomène chez les adhérents des associations qui organisent des week-ends.

Spontanément, les gens ont besoin de psychodrame lorsqu'ils n'ont pas résolu par eux-mêmes ce qu'un traitement individuel aurait pu dénoncer.

Que peut-on attendre d'un traitement individuel? Qu'au bout du compte, l'on puisse tout de même jouer le jeu, quoique en même temps on n'y croie pas. On sait bien qu'on est le fruit d'une histoire, mais si douloureuse soit-elle, on ne souffre plus comme les gens qui n'ont pas fait d'analyse et qui, adultes, en veulent à leurs parents et qui sont encore passionnés entre frères et sœurs. Non, on se plaît à jouer le jeu et on n'est pas coincé par un rôle. Mais on n'est pas indifférent pour ça. Il n'y a plus de passion. Pour l'analysé, la libido n'est pas engagée dans des choses enracinées, des processus à répétition.

On dit : « Il est beaucoup moins sensible aux frustrations. » Et qu'est-ce que c'est que la frustration si ce n'est la conscience d'avoir été moins favorisé qu'un autre, quand on était enfant... frustré par la nature des choses, par l'impuissance de l'enfance, frustré de ne pas avoir été autre qu'on est, de ne pas avoir eu le parent du voisin qui a l'air mieux que le sien, etc.

Analysé, on ne voit plus là que des contingences qui, certes, ont structuré l'individu, mais dont le souvenir ne lui laisse aucune souffrance, c'est comme un estompage du passé, sans douceur nostalgique. La vie en groupe réveille cette nostalgie, c'est amusant comme le jeu. On ne peut plus être ni bon joueur ni mauvais joueur. Joueur tout court. On fait partie du groupe et la libido n'est engagée qu'au jour le jour dans ce qui aujourd'hui prépare demain.

TROISIÈME PARTIE

UTOPIES POUR DEMAIN

L'imagination des enfants au pouvoir

« Les enfants sont aux sources du savoir. Des métaphysiciens. Des êtres qui posent les vraies questions. Comme les chercheurs. Ils cherchent des réponses. »

« Le lieu de vie est à créer. Le lieu de vie relationnelle favorisant le développement de la communication interpsychique. »

FRANÇOISE DOLTO

CHAPITRE I

JOUER AUX ADULTES

DANS LA MAISON DES ENFANTS

En France, les inconditionnels de la famille nucléaire ont une forte prévention à l'encontre des systèmes de vie communautaire qui séparent à temps partiel parents et enfants. Pour eux, socialiser l'enfant, c'est le frustrer affectivement. L'expérience semble prouver le contraire. L'aliénation peut venir de l'enfermement familial. Clara Malraux a observé que les enfants élevés dans un kibboutz d'Israël et qui, ne voyant leurs parents que le soir, étaient délivrés de la succion de la mère, de sa surprotection, avaient un développement langagier excellent, une socialisation très bonne. Elle avait interrogé un certain nombre de psychologues et éducateurs israéliens. Pour eux, c'est la richesse des relations entre enfants qui expliquait cet épanouissement[1].

Les enfants des kibboutz échappent aux excès de pouvoir des adultes. Dès l'âge de dix-huit mois, ils sont seuls, entre eux, sans adulte, même la nuit. Et ils ont la liberté de dormir à leurs heures, d'aller et de venir. Très tôt, ils prennent des initiatives, par rapport à leur propre corps, à leur nourriture, à leur lever, leur coucher, pour aller s'occuper de leur petit potager, de leurs jeux. Les parents fabriquent des jeux pour les enfants, qui sont des miniatures de leurs propres

1. *Civilisation du kibboutz*, Clara Malraux, Gonthier.

instruments : des vieilles voitures qu'on leur arrange, des vieilles motos, des vieux instruments aratoires qu'on met dans le terrain des enfants. Les petits jouent à s'identifier au père sur son tracteur, à la mère aux champs, avec des appareils qui ne sont plus fonctionnels et dont on a retiré tout ce qui peut être dangereux. Sur le terrain des enfants, ils rappellent l'activité de travail des parents. Dans la maison des petits (moins de dix-huit mois), il y a une personne qui les surveille relativement, mais ils sont tout à fait libres entre eux; elle empêche le sadisme trop fort entre eux, et elle leur parle de façon fort intelligente, comme tout adulte devrait le faire, sans donner ni tort ni raison, en verbalisant les motivations, les points de vue possibles des uns et des autres à l'origine du différend. Et ils retrouvent leurs parents deux heures par jour au moins : de 5 à 7 heures. C'est là que l'on voit la différence entre besoin et désir : ceux qui parmi les parents ont peu d'échanges parlés vont chercher à la cuisine des laitages, des gâteaux; d'autres parents montrent des photos, lisent des histoires, jouent avec eux; leurs enfants ont un vocabulaire qui se développe énormément ces deux heures où la mère ne s'occupe de rien, ne fait que la relation à ses enfants; et le père aussi. C'est très important. Mais ceux des parents qui ne peuvent pas faire autrement que de les gaver à ce moment-là sont très étonnés de savoir que le soir, c'est-à-dire un quart d'heure après qu'ils ont mangé chez eux des gâteaux, ils prennent leur repas. « Comment peuvent-ils manger deux fois? » Et les enfants répondaient : « Mais ce n'est pas pareil, ce que l'on mange chez les parents et ce que l'on mange chez nous. » Les enfants des kibboutz n'ont pas d'anorexie. Alors que l'anorexie, le chipotage des aliments est courant chez bien des enfants.

Les juifs pratiquants ont des interdits alimentaires qu'ils ne font pas observer aux petits; ils attendent qu'ils soient assez grands pour les suivre. L'enfant se sent tous les droits, sur le plan oral. En grandissant, ils ont soif de la parole, grand désir d'apprendre. Les enfants des kibboutz, eux, sont à l'affût de la relation avec les parents, qui n'a plus rien à voir avec leur besoin courant. Dans les familles juives traditionnelles, on respecte beaucoup le sommeil des enfants. Au kibboutz, dans leur maison des enfants, ils se lèvent la nuit, se promènent d'un lit à l'autre, ça ne dérange pas les autres : chacun suit son rythme, justement parce que les petits ne sont pas obligés de rester au lit. Il n'y a pas de pouvoir adulte sur eux. Et c'est vers 13-14 ans, au plus tard, qu'ils ont le même rythme de sommeil que les adultes. Pour certains, ça commence vers 8 ans; et d'autres vers 13 ans. Lorsque j'ai visité un kibboutz un après-midi d'un jour de congé, j'en ai eu la surprise : dans la maison des enfants, d'aucuns étaient sur leur lit, qui dormaient même, ou qui lisaient. On m'a expliqué : « Vous savez, tous les enfants ne supportent pas la communauté, alors ils sont très contents, le jour où les autres sont dehors, de revenir seuls à la maison commune. Et on les laisse très libres; c'est leur maison, ils y font ce qu'ils veulent. On ne dit pas : " Non, non, ce n'est pas l'heure de se coucher. " S'ils veulent se recoucher, ils se recouchent... quand c'est le jour de congé; les autres jours, ils sont rythmés par l'école. »

Les fondateurs des kibboutz, les pionniers, des adultes célibataires, ont fait cet aveu extraordinaire – il vaut pour tous les types de sociétés : on avait ouvert le premier kibboutz sans penser aux enfants qui naîtraient! Cette expérience, qui s'avère plutôt positive que négative, au départ, était mal partie puisqu'il n'y avait pas de place pour les enfants. On avait créé un lieu pour adultes et on avait oublié l'enfant. Une société sans enfants, c'est de la grande utopie. Le postulat était presque absurde : oublier que quand on fait l'amour on peut concevoir des enfants, et donc que des enfants naîtraient en ce lieu. Sur le terrain, les pionniers se sont dit : « Qu'est-ce qu'on va faire? » Il y aurait eu un modèle, on aurait commencé par pré-établir un village d'enfants, à côté du village des parents, etc., peut-être aurait-on fait beaucoup plus d'erreurs en voulant trop bien faire, trop organiser, trop rationaliser.

Par exemple, mettre ensemble les enfants de deux ou trois kibboutz, ce qui aurait été horrible. Les enfants ont absolument besoin d'être enracinés dans leur génitude. On s'en rend compte quand on visite un kibboutz. Entre 7 et 9 ans, les guides sont des enfants. Au cours de la visite, ils vous désignent les jeunes que l'on croise : « Vous voyez celle-là, qui a le tricot, là, c'est ma sœur. Et puis l'autre, là, le grand, c'est mon frère, le troisième; moi, je suis le quatrième. Et puis j'ai un petit frère, mais il n'est pas là; si on le rencontre, je vous le montrerai... » Ils savent leur fratrie et ils la disent à des touristes; ils montrent le petit bungalow de leurs parents. Ils ne sont pas du tout anonymes; ils sont tout ce qu'il y a de nommés et de familialement étroitement liés à ces frères et sœurs dans les maisons desquels ils ne sont jamais, mais qu'ils rencontrent aux mêmes heures, chez leurs parents.

Dans tous les ouvrages sur l'éducation, on a beaucoup trop donné d'importance à la relation de l'enfant et de l'adulte. L'histoire des relations entre enfants reste à étudier à fond.

C'est dominant. C'est ce que j'ai voulu faire à la Maison Verte. Mais ce qu'il faut savoir, c'est que la relation avec les autres enfants doit être médiatisée par la mère et le père. Ce qui est toujours fait dans les kibboutz. Lorsqu'ils sont bébés, la mère vient assister au moins à l'un des repas, celui du matin ou celui du soir, cela tant que l'enfant est petit, jusqu'au moment où il sait manger seul; à ce moment-là, il n'y a personne d'autre qui la remplace; la personne qui est avec eux surveille un peu, mais n'a aucun pouvoir sur eux : ce sont la mère et le père qui sont les initiateurs à la vie sociale.

La même chose pourrait être transposée au cadre scolaire : si les enseignants étaient formés pour être des médiateurs, l'école aurait pour objet essentiel l'apprentissage des relations entre enfants. Entre les enfants et les adultes investis et nommés par les parents et professionnellement formés pour assurer le relais des parents. L'enfant a une partie de lui qui est encore objet jusqu'au moment où il devient définitivement sujet, et dans la période où il est encore objet du sujet – la mère –, s'enseignant à devenir sujet entre ce père et cette mère, il a absolument besoin que son père ou sa mère le confie personnellement en tant qu'objet au sujet – la maîtresse, leur auxiliaire et non leur substitut. Et alors, ce sujet de son papa et de sa maman en train de s'identifier avec ce corps, temporairement séparé d'eux, devient sujet de la relation à la maîtresse, et non pas petit objet craintif au milieu des autres, en s'imaginant que la maîtresse a pouvoir discrétionnaire sur eux. Certains instituteurs et institutrices font très bien, surtout à la campagne, le relais avec les parents : on vient chercher l'enfant, on a un peu de temps, on bavarde, on est du même bord. Ils ne sont pas mystérieux, les instituteurs ruraux. Tandis que dans les villes, les instituteurs sont des entités abstraites. Ce sont pour leurs élèves comme des juges de paix : ils établissent une sorte de relation juridique : « ce qui est permis, ce qui est défendu... », « j'ai le droit, j'ai pas le droit », avec des bons ou des mauvais points, faire ses devoirs, apprendre ses leçons, tout reçoit sanction. Du reste, on dit bien : sanctionner un succès! C'est révélateur autant que sanctionner un échec.

A l'école publique urbaine, les élèves ne sont pas vus comme originés dans leurs parents; ils sont vraiment rendus anonymes. On essaye de rattraper cela par des petites choses comme la fête des mères, ou celle des pères qui sont pathogènes plus qu'autre chose. Et les orphelins de mère? Ou ceux dont la mère les a abandonnés ou ne peut les voir? Personne ne s'occupe du petit objet qu'ils construisent pour la fête des mères, personne, alors qu'il devrait, à ce moment-là, se passer quelque chose de très important : « Tu le fais pour ta mère, ta mère que tu n'as plus, mais à qui, si tu l'avais, tu serais heureux de l'offrir. Elle aussi serait heureuse de ce cadeau mais elle est toujours dans ton cœur. Et on va voir ce qu'on l'on va faire de ces petits cadeaux de fête des mères quand on n'a plus sa maman. » On peut très bien avoir une photo de la maman et dire à l'enfant : « Tu vois, tu le donnes à ta maman, moi je suis témoin... ce n'est pas pour moi, la maîtresse... C'est pour ta maman, ta mère qui t'a mise au monde. Quant à la femme actuelle de ton père, tu peux, si tu le penses, lui faire aussi un cadeau mais c'est une maman, ce n'est pas ta mère. » De même pour les beaux-pères, temporaires ou durables.

Les fêtes des mères et des pères pourraient être l'occasion d'éduquer au sens du vocabulaire de la parenté, de la sexualité, de sa finalité, procréation dans le plaisir de l'union physique responsable de deux adultes. L'éducation qui, au vrai sens du terme, a pour fin de guider les enfants de la nature à la culture, se devrait, se doit, par l'école justement, de clarifier par le sens des mots du vocabulaire la parenté et les notions du droit, le code des lois concernant le mariage, la parenté naturelle, légale.

Que deviennent les enfants élevés dans les kibboutz? Sont-ils mieux adaptés que les autres ayant grandi entre père et mère?

De tous les kibboutz que j'ai visités, je n'en ai connu qu'un seul qui fût harmonieux; il s'agissait d'un kibboutz dont les membres avaient un intérêt commun : la musique. Dans les autres kibboutz, au moment de leur puberté, les enfants traversaient difficilement leur crise sexuelle. Ils n'avaient jamais appris à lutter contre les tentations du monde extérieur, en se référant à des modèles. Or, dans un kibboutz, il n'y a aucun modèle de la vie sexuelle des parents; ils paraissaient vivre tous comme des moines et des moniales laïques. Les jeunes quittaient le kibboutz sans argent; ils allaient s'inscrire à la faculté et, le samedi et le dimanche, ils revenaient pour se réfugier dans leur kibboutz – dans la sécurité. Les responsables ont réagi assez vite et ils ont organisé des échanges d'enfants par classes d'âge inter-kibboutz. Le samedi et le dimanche, ils mélangeaient des enfants d'autres kibboutz pour qu'ils se connaissent et qu'ils s'écrivent, et qu'ainsi ils aient des relations à l'extérieur pour se rencontrer plus tard. Sinon, ils étaient totalement isolés, et quand ils allaient à la faculté, ils n'avaient qu'une idée, c'était de retrouver ceux des kibboutz qui faisaient des études aussi et avec lesquels ils s'enfermaient. Ils essayaient de reproduire ce groupe pseudo-familial et ils n'avaient pas d'autres relations; entre jeunes ils vivaient et s'aimaient comme frères et sœurs. Il y a eu pas mal de cas d'inadaptés à la société en elle-même après le kibboutz. Cette expérience-là est très particulière à Israël, mais elle confirme ce que la psychanalyse nous a appris sur les conditions qui compromettent l'insertion des jeunes adultes dans la société.

Le kibboutz libère les petits des risques de surprotection familiale, mais il ne fait que différer le problème de l'enfermement : il l'épargne aux enfants pour le reporter sur les jeunes adultes qui ont des difficultés à quitter ce cadre de vie. Il reste que la Maison des enfants est un lieu vivifiant. Le rapport de Bruno Bettelheim sur les enfants des kibboutz est assez positif pour ce qui est de leur éveil au sentiment de la responsabilité, aussi bien filles que garçons...

Dans la Maison des enfants, ils ont leur basse-cour, leurs petites chèvres, leur potager-verger modèle réduit, et, soucieux de leur rentabilité, ils tiennent les comptes : les dépenses, la nourriture donnée à ces animaux; les recettes, ce que ça rapporte de les vendre... Ils ont déjà leur petite entreprise agronomique, à leur niveau. Et ils se lèvent à n'importe quelle heure de la nuit. Ils sont réglés par leurs propres responsabilités. Ils n'ont pas sur eux le pouvoir adulte. Les interrelations entre enfants priment sur la pression des adultes. Ceux-ci n'occupent pas leur maison. Ça ne les empêche pas de jouer aux adultes, parce qu'ils font dans leur maison ce que font les adultes dans l'ensemble du kibboutz. Ils suivent le modèle des adultes, qui est toujours le même modèle : il faut de l'argent pour faire marcher quelque chose et il faut que ça rapporte. Il ne faut pas qu'on dépense plus que ça ne rapporte. Donc, ils apprennent à gérer, et de façon capitaliste communautaire.

Jusqu'à trois ans, ils développent leur autoresponsabilité, maternante, puis leur conduite. Il y a une liberté pour gérer son temps. Et gérer son temps, c'est aussi gérer son estomac, son corps. Personne ne les oblige à rien. Les repas sont à une certaine heure, ils les prennent ou ils ne les prennent pas; personne ne les oblige à manger... Et il n'y a pas d'anorexie. Mais, malheureusement, dans un des kibboutz que j'ai vus, les enfants avaient l'autorisation, s'ils étaient souffrants, de venir chez leurs parents qui avaient des lits pliants, pour que la mère puisse surveiller son enfant s'il était fébrile, au lieu d'aller le voir, s'il est malade, à l'infirmerie des enfants (ce que l'on fait tout de même : quand les enfants sont très malades, il y a une infirmerie pour les enfants, où les parents peuvent aller)... Mais là, non : l'enfant pouvait passer la nuit dans la maison de ses parents s'il était souffrant. Eh bien, dans ce kibboutz-là, il y a énormément de troubles (psychosomatiques) jusqu'à 7-8 ans. C'est très intéressant : beaucoup de « patraqueries », vomissements, maux de ventre, de tête, bobos, fatigues qui font qu'on va chez maman... Et ça fait plaisir à la mère aussi. C'est dans l'Œdipe. Et puis, à 8 ans, c'est fini. Même proportion de malades que dans les autres kibboutz, c'est-à-dire très peu.

CHAPITRE II

L'ÉCOLE A TOUTE HEURE
ET A LA CARTE

DANS LES BERGERIES
DE L'ÉDUCATION NATIONALE

CE que je trouve terrible – parce que j'ai eu à le vivre en fin d'études – c'est le morcellement du temps, de l'emploi du temps, dans les lycées. Et il est possible que si j'avais été élevée depuis la petite enfance comme ça, rien ne m'aurait intéressée. Ce morcellement du temps est nuisible à l'intelligence des enfants et à leur rythme personnel.

Je n'étais pas inscrite dans un lycée; jusqu'au baccalauréat, je travaillais dans un petit cours où on allait une fois par semaine pour les disciplines de français, littérature, dictée, narration, etc.; et puis une fois pour les sciences, le calcul, les mathématiques. Le reste du temps, on travaillait chez soi. On avait du temps pour consulter le dictionnaire; je m'attardais ainsi parfois deux heures devant le dictionnaire, le devoir n'était pas fait, mais comme il était à remettre dans trois jours, on n'avait pas l'impression que l'heure était passée et qu'on n'avait pas fait le devoir. C'est terrible pour un enfant d'être obligé de lâcher le dictionnaire tout de suite. On l'ouvre pour chercher un mot, et aussitôt, on est attiré à en voir d'autres. Beaucoup d'enfants ne le consultent jamais parce que le dictionnaire est l'organe de frustration totale si on a un devoir à rendre sur l'heure. Tandis que lorsqu'on a à remettre son travail deux fois par semaine : une fois pour les sciences, une fois pour les lettres, on a du temps pour penser. On a une poésie à apprendre, dans un livre de poésies. Eh bien, on regarde toutes les autres! On les lit et le temps a passé : on n'a pas appris sa poésie. Tant pis! On l'apprendra ce soir, demain... C'est pour dans trois jours...

A la rentrée, quand j'étrennais mes nouveaux manuels scolaires, je lisais les livres jusqu'au bout et je trouvais imbécile qu'on les partage en tranches de dix ou vingt pages. Moi, tout m'intéressait! Quelquefois, on arrivait en juin et je savais tout ce qu'il y avait en juin, alors que j'avais fait ce qu'il fallait dans les premiers mois, mais ce n'était pas cela qui m'intéressait; c'était la fin du livre... Pourquoi un élève ne commencerait-il pas par la fin du livre? On ne peut pas, dans certains livres comme la géométrie – admirable; vraiment, ça a été une révélation pour moi : on ne pouvait pas comprendre le deuxième livre si on n'avait pas compris le premier. J'ai découvert ça à force de lire des livres dans tous les sens... en commençant par la préface, bien sûr. Et quand l'auteur écrivait en préambule : « J'ai pensé mettre le verbe X avant le verbe Y », alors, j'allais au verbe X. Pourquoi avait-il pensé à ça? Cette préface me faisait beaucoup réfléchir. Et ce livre était pour moi l'œuvre d'une personne qui avait pensé et réussi à faire quelque chose pour des élèves, après maintes questions.

On apprenait ce qu'était le « temps imposé » une fois par trimestre, au moment des compositions : on avait alors un temps limité pour faire ce que chez soi on faisait à son rythme. Dans la plupart des établissements scolaires, c'est une obligation d'arriver à l'heure exacte, sinon on n'est pas admis. En retard de trois ou quatre minutes, on va en permanence. En Grande-Bretagne, le directeur de l'école de Summer-Hill raconte qu'il a adopté le règlement suivant : tout élève peut ne pas venir assister au cours, mais s'il vient, il lui faut être à l'heure; la belle idée, en vérité! Le jour où il a envie, s'il a cinq minutes de retard? Il ne peut pas entrer. Je trouve que c'est du nazisme déguisé... Au lieu d'enseigner aux autres que le comportement de l'un ne doit pas influencer les autres, on éduque l'enfant sous la férule du grégarisme. Le grégarisme n'est pas humain; réduire l'être humain à un animal social. De la harde au troupeau. Les écoles sont les bergeries de moutons de Panurge. Et on enseigne aux humains que cet instinct qu'ils ont à l'instar des animaux sociaux est le nerf de l'éducation, alors que ça devrait être interdit. « Communiquez avec les autres, mais ne faites pas tous la même chose, ni le même exercice ni le même devoir. » Pourquoi les enfants font-ils tous le même devoir, ont-ils tous les mêmes livres de classe? Admettons qu'on donne le même sujet pour les compositions, une, deux ou trois fois par an, parce que c'est plus facile à corriger pour le professeur. Mais le reste du temps, à chacun un exercice qui comporte l'application de ce que l'on a appris. Et chacun différemment. Pourquoi faire faire tous pareils? C'est plus commode pour le maître, mais on n'est pas là pour lui; l'enfant est là pour lui-même. Le principe sacro-saint du même horaire pour tous et de la ponctualité est lui aussi entaché de raisons troubles. L'argument des pédagogues suivant lequel un enfant qui aurait été admis à arriver à l'heure qu'il veut à l'école, ne saurait jamais prendre un train ou un avion à l'heure, ne tient pas. Il fera lui-même la différence. Quand il aura raté un train ou un avion, il prendra ses dispositions pour arriver à temps. En réalité, ça cache le véritable argument : c'est que le professeur veut être, dans sa classe, une espèce de maître après Dieu, de capitaine indiscuté. Alors, on joue sur le grégarisme : « Prends exemple sur l'autre! » Non! Ce discours est à redresser : « Tu peux prendre exemple sur le maître si tu veux... Que le maître soit toujours à l'heure : oui. » Il donne ainsi l'exemple de commencer son cours à l'heure prévue, et les autres ont raté le début à leurs dépens... Mais pourquoi se fâche-t-il parce qu'on est arrivé en retard? Si ça n'intéresse pas les autres? C'est la colère du mauvais pédagogue. Il a peur de ne pas être assez intéressant, ou de ne pas savoir captiver ses auditeurs. Telle est la vraie raison de son courroux. « L'apprentissage » de la ponctualité n'est que prétexte. Personne ne veut manquer ce qui l'intéresse.

Quand un enfant aime ce qu'il fait, il ne veut pas lâcher ce qu'il est en train de faire. On en connaît qui, pour ne pas perdre une minute avec un maître qui l'intéresse, fera pipi dans sa culotte. Mais s'il demande à sortir pour aller aux toilettes, il est stupide de l'empêcher de sortir pendant le cours. A une époque où les enfants aiment tant la motricité... En récréation, ils veulent tellement s'amuser qu'en effet, ils ne vont pas faire leurs besoins pendant la récréation. Ils arrivent dans la classe et, tout d'un coup, ils ont envie d'y aller. Un maître d'une classe de 8e est venu me voir pour me dire que le directeur de son école ne voulait pas que les enfants circulent dans les couloirs. C'était le règlement. Il le trouvait inhumain. Je l'ai appuyé dans ce sens : « Vous allez laisser de côté le règlement. Le directeur vise un certain but; vous, un autre. Vous allez prévenir les enfants : Monsieur le Directeur ne veut pas; si vous le rencontrez, vous serez embêtés, mais moi je ne veux pas vous empêcher d'aller faire pipi; j'aimerais mieux que vous alliez faire vos besoins pendant le temps de la récréation, mais je sais bien que c'est tellement amusant, la récréation, que vous préférez jouer que d'aller aux toilettes. Alors, ne faites pas de bruit; allez si vous voulez, ne m'en demandez pas la permission, partez et revenez discrètement, et ne dérangez pas les autres. » Il m'a objecté : « Mais je risque de voir la classe défiler sans arrêt pour aller aux cabinets! » – « Peut-être, si vous n'êtes pas intéressant; mais je ne crois pas. Je crois que si vous leur parlez comme ça, ils vous auront à la bonne et ils feront attention eux-mêmes. » Lui, il était choqué de voir ces enfants qui n'écoutent pas tellement, qui sont pris du besoin d'aller faire pipi, et à qui on interdit de se soulager parce que la classe est commencée, une classe qui les ennuie peut-être, mais ce n'est pas en les brimant qu'on les rend attentifs, bien au contraire, on les braque.

Ce maître, au risque d'être mal noté, n'a pas agi comme le voulait son directeur; il a réagi en homme qui est là pour s'intéresser à chaque enfant. Le défilé n'a pas duré. En huit jours, les élèves se sont rythmés eux-mêmes de manière à ne pas avoir à quitter la classe. Beaucoup de professeurs s'appuient sur les interdits du règlement parce qu'ils ont peur de cette minute de vérité sur l'intérêt de leurs cours si ceux dont l'attention n'est pas captée étaient libres de sortir. Un professeur antipathique n'a aucune chance d'intéresser son auditoire. Il faut donc d'abord laisser chacun vivre pour pouvoir être ce que l'on appelle banalement « sympathique »... Après, si on sait intéresser les enfants, on est écouté.

Dans bien des institutions scolaires, on marche la tête en bas. Comment peut-on prétendre faire ingurgiter de force un savoir à un enfant par cette même personne qui le dérange dans les rythmes naturels de son corps en lui imposant soit une continence viscérale douloureuse, soit la tension musculo-nerveuse d'une continence motrice? Cet enfant ne peut que penser qu'à ça. Naturellement, il peut encore moins écouter ce prof qui lui devient de ce fait de plus en plus rébarbatif. A moins que pour lui plaire il devienne masochiste, il le ressent comme sadique. Pour en revenir à l'interdiction de sortir de classe, je comprends très bien qu'un directeur ait établi ce règlement. C'est le rôle d'un administratif d'établir des règlements, après tout. Mais chaque maître doit l'adapter à ceux dont il a la charge pour n'être nuisible à personne. Le règlement est fait pour l'homme et pas l'homme pour le règlement. Si on formait des maîtres à être au service des enfants, le règlement cesserait d'être une barrière de sécurité derrière laquelle les adultes se retranchent en fonctionnaires anonymes vis-à-vis d'élèves robotisés, interchangeables, sauf à juger bons, médiocres, mauvais selon leur docilité.

A ce compte-là, des machines à enseigner suffiraient. Au moins, on n'attendrait rien d'autre de ces machines... Tandis que d'un être à apparence humaine, on attend autre chose!

LA RÉVOLUTION FRANÇAISE ÉDUCATIVE

Le temps est venu de poser les termes du choix. Quelle est la volonté populaire? A quoi tend le corps social? Quelle est sa finalité? Est-ce que l'on veut reconduire indéfiniment une société hiérarchisée partagée entre ceux qui commandent et ceux qui sont les serviteurs de ceux qui commandent, ou est-ce que l'on veut, à la base, découvrir toutes les possibilités d'un être humain, pour qu'à partir d'un certain âge, 13-14 ans, chacun s'oriente de son propre gré selon ses potentialités? Dans ce cas, l'éducation cesserait d'être fondée sur l'autorité. Tel est le problème : sait-on seulement ce que l'on veut vraiment? J'en doute quand j'entends les cyniques et les désabusés me dire la même chose : « Mais l'éducation que vous préconisez dans le petit âge va engendrer des êtres humains qui penseront; et, en fait, notre monde veut des êtres humains qui ne pensent pas et qui obéissent. »

La massification fait redouter encore plus aux politiques d'être débordés par la jeunesse. Quelle n'a pas été l'aprévoyance de ceux qui ont maintenu, pour la scolarisation obligatoire jusqu'à 16 ans, le système qui était valable lorsqu'il y avait une population scolaire qui ne dépassait pas certains quotas. A partir du moment où il y a une telle masse scolarisable, ce système est complètement asphyxié. Alors, le résultat est là : les gens préfèrent « tailler dans la masse », sans s'embarrasser de scrupules : c'est la sélection.

On élimine les talents, les inspirations, les désirs, parce qu'on a voulu faire entrer toute cette masse dans un système qui n'était pas prévu pour ça et qui ne correspond plus à nos moyens de communication. La jeunesse peut être initiée intellectuellement par beaucoup d'autres moyens que par l'école : par la radio, par la télévision, par les expositions, par la vie mécanique aussi, qui facilite le travail, mais il y a aussi la formation du caractère, de la maîtrise physique, de la coordination et de l'adresse manuelle, l'initiation, la mémoire et la maîtrise sensorielle.

Peut-on réformer l'école publique?

Il faut avoir le courage de dire que l'école dans sa conception actuelle n'est pas faite pour l'enfant avant un certain âge. D'autres lieux d'accueil sont à créer. Prétendre « humaniser l'école », c'est peut-être aussi utopique que de vouloir rendre la guerre « humaine ». On n'humanisera jamais la guerre! On peut la rendre plus technique, on peut organiser à plus grande échelle l'horreur, mais c'est tout ce qu'on peut faire. Une guerre humanitaire, ça n'existera jamais.

Je me demande si une école d'Etat pourra jamais être la maison des jeunes en restant ce qu'elle est, ce qu'elle a toujours été, avec des finalités économiques toujours axées sur la compétition, et que l'on veut, de l'intérieur, la réformer. Je crois qu'il faut reconstruire l'école extra-muros.

Si l'enseignement secondaire ne change pas, ce serait déjà un « mieux » que d'en reculer le moment de l'entrée obligatoire. Mais on peut imaginer une école portes ouvertes.

A partir du moment où un enfant désire acquérir une connaissance, pourquoi ne pas jalonner par degrés l'apprentissage de ce savoir? Pourquoi faut-il que tous apprennent les mêmes choses en même temps? Prenons l'apprentissage de la lecture. Combien d'enfants arrivent en 6e et 5e qui ne savent pas lire bien. Ils sont bloqués partout. Ils ont appris d'autres choses, alors qu'ils ne savaient pas encore lire et qu'ils auraient dû rester une heure par jour dans la classe où on ne fait uniquement que l'apprentissage de la lecture. Pourquoi ne pas passer des degrés de lecture jusqu'à celui de la lecture courante expressive? A partir de ce moment-là, on entre dans tout ce que l'on veut. On s'inscrit en histoire, on s'inscrit en géographie, on s'inscrit en économie. Pourquoi pas en économie dès l'âge de 8 ans? Pourquoi pas en danse? en peinture? en musique?

Un programme à la carte. Une formation sur mesure, en quelque sorte personnalisée, avec des degrés à conquérir, sanctionnés par des examens auxquels les élèves s'inscriraient quand ils se sentiraient prêts. Toute l'année.

ÉCOLE SUR MESURE

En 1935, le Laboratoire de Psychobiologie de l'enfant (Ecole pratique des Hautes Etudes), dirigé par Henri Wallon, du Collège de France, menait une étude sur les inadaptés scolaires d'après les observations recueillies dans un cours secondaire : l'établissement choisi par les chercheurs se proposait alors de récupérer « les enfants doués d'une intelligence normale, capables en principe d'accéder aux grades universitaires, qui ne travaillent pas ou travaillent mal dans des classes nombreuses ». André Ombredane, chargé de l'enquête, concluait ainsi son rapport : « ... Au lieu de multiplier dans un même établissement le même type de classes où tous les sujets sont confondus, il est désirable qu'on crée des types différents de classe adaptés aux possibilités des principaux types psychologiques d'écoliers, ce que Claparède a nommé *l'école sur mesure*. »

Le personnel de l'Education nationale, les syndicats d'enseignants suivraient-ils? Y verraient-ils des mesures contraires à l'autodéfense de leurs privilèges? Les fonctionnaires de l'Education nationale sont notés et rétribués en fonction de leur ancienneté et des classes qu'ils font (le professeur de 6e n'est pas payé comme le professeur de 1re). Là, on s'attaque à une véritable féodalité qui conserve la politique du moindre ennui et du plus grand confort. Un professeur qui veut être vraiment un pédagogue, un véritable ami des élèves, exerce un sacerdoce. Ça devient de plus en plus rare. Les professeurs ne sont pas formés comme des animateurs. C'est pour cela que, dès que vous leur dites de sortir de leur chaire, dès que vous les faites se lever dans la classe, aller et venir, ils n'ont pas de corps, ils ont peur, ils ne savent pas. Ils ne savent pas organiser l'espace, la vie dans cet espace. Et puis les chefs d'établissement invoqueraient les règles de sécurité. Dans les collèges, les portes sont fermées 16 heures sur 24. Il n'est pas question de rester à l'école pour des activités libres, parce qu'il n'y a pas de personnel pour surveiller et pas d'assurance qui couvre les risques d'accident.

L'éducation se fonctionnarisant de plus en plus, toutes ces modulations de l'apprentissage, de l'acquisition, si elles sont individuées, seront difficilement applicables. Bien que les consciences soient mûres pour imaginer cette transformation. L'Education nationale est le ministère qui est réputé le plus ingouvernable. Sous les régimes les plus stables (sous de Gaulle), il y a eu le plus de changements de ministres à l'Education nationale. Et ils ont tous, on peut le dire sans parti pris, échoué.

C'est absolument inhumain, un programme où tous les enfants doivent être homogènes, tous à un même niveau de connaissances. Il y a des enfants qui sont doués en maths et qui feraient, à 9 ans, les maths que d'autres font à 16 ans. En économie, il y a des enfants capables, à 10 ans, de comprendre la gestion. Je propose qu'on crée des diplômes des principales disciplines de 1er, 2e, 3e degré ouverts à n'importe quel âge.

Je vois des enfants qui se perdent à l'école par ennui; ceux qui savent déjà lire en arrivant à l'école doivent rester dans la classe préparatoire où on ânonne. Ils voudraient lire tout le temps en classe, mais pas du tout, on les oblige à souligner le verbe, le complément. Il y a des enfants qui adorent la grammaire : pourquoi n'y aurait-il pas des niveaux de grammaire? On aurait son 1er, 2e, 3e niveau, et puis, après le 4e niveau, on ne va plus en classe de grammaire, mais on peut continuer la grammaire pour soi-même, on devient un savant grammairien. Pourquoi pas? Mais l'école n'enseigne pas au-delà du 3e ou 4e niveau de grammaire.

On voit des enfants qui sont nuls en maths et qui ne peuvent pas passer dans la classe au-dessus bien qu'ils soient très bons en lettres, en histoire ou en géographie. Un jour viendront les maths pour eux, et si elles ne viennent jamais, tant pis!

On leur impose d'être homogènes en tout : c'est monstrueux. C'est cette homogénéité qu'on exige dans le menu qu'il faut arriver à avoir avalé alors qu'on n'était pas motivé. Et ça dégoûte de la curiosité intellectuelle, et de la curiosité manuelle et corporelle, de se former soi-même à ces connaissances.

La technologie peut offrir une chance, avec les machines à enseigner. Qu'on n'objecte pas qu'il y aurait moins de contacts car les professeurs deviendraient plus des animateurs que des distributeurs de savoir. Ils parleraient ainsi avec l'enfant qui cherche : « Voilà où tu peux trouver, tu viendras m'en parler »; bref, les professeurs seraient des directeurs de recherches, disponibles, prêts à guider les curiosités et les efforts des enfants intéressés à l'occasion de la conquête de leurs « degrés » choisis.

Imaginons que dans certains établissements publics

on puisse passer toute l'année des examens de degrés de toutes les disciplines. Les élèves s'inscriraient volontairement aux degrés de telle discipline, et quel que soit leur âge, ils passeraient ce degré et puis ils auraient ce diplôme de degré. Ils seraient, par exemple, au 4e degré de maths, au 5e d'histoire ou au 3e de danse, au 5e degré d'économie politique.

Les êtres humains ne sont pas motivés toute la vie à faire les disciplines qu'on les oblige à étudier. C'est pour cela que je dis : les enfants qui seraient motivés pour une discipline, pendant une année, pourraient ne faire que cette discipline – la géographie ou le dessin –, dans laquelle ils arriveraient au degré le plus élevé.

Pour pouvoir mettre à l'essai cette modulation, ne faudrait-il pas, à l'Education nationale, repartir sur des bases tout autres, les diplômés d'université motivés et formés comme animateurs de recherche? On réunirait ces volontaires autour du même projet : pour la première fois, l'école va répondre aux demandes de connaissances et de formation des enfants. L'Etat créerait un centre permanent de vérification des niveaux dans telle connaissance (aussi bien une connaissance de techniques manuelles : le bois, le fer). Il y aurait un lieu d'examen permanent dans toutes les régions. En sortant, les élèves auraient leur 2e degré de bois, 3e degré de géographie, 1er degré d'histoire, 5e degré d'économie politique, leur 4e degré d'ethnologie ou de tel sport, ou de cuisine, de ménage ou de danse, et cela à partir de n'importe quel âge. Ils auraient acquis ces « tickets », preuves de leurs connaissances techniques ou de leur savoir, délivrés ailleurs qu'à leur école. Les écoles seraient bien obligées de changer puisque les enfants travailleraient en partie tout seuls, avec les livres de la matière choisie par eux, dirigés par des maîtres et conseillés par un expert, professeur, moniteur ou artisan de cette discipline, ou dans des ateliers, des bibliothèques. Les écoles seraient réellement les maisons des jeunes, leurs lieux de vie.

Les jeunes pourraient aussi travailler en d'autres

lieux, pour préparer leurs degrés, dans telle ou telle discipline.

On ne changera rien en partant de la base, parce que tout le monde ne sera jamais d'accord. Mais en créant un centre qui pourrait être un organisme européen. Beaucoup de disciplines pourraient être enseignées dans toutes les langues. Et la querelle école privée-école publique serait enfin éteinte.

L'assistance aux cours traditionnels serait facultative. Il y aurait toujours des écoles vieux système, classes au menu obligatoire, parce que des parents rétro voudraient que leurs enfants soient éduqués comme eux ont été éduqués. Mais il y en aurait beaucoup d'autres où l'assistance aux cours traditionnels serait facultative, sauf pour ceux des disciplines à option, suivant des décisions de l'enfant et contrats à temps partiel.

Et si on veut maintenir les classes, les élèves pourraient les sauter pour les disciplines où ils ont atteint le degré supérieur, comme dans les conservatoires de musique.

Il ne faut pas enfermer l'enfant dans une entité, mais créer un ministère de la Jeunesse, distinguant l'éducation de l'instruction, l'enseignement de la formation. Mais il se trouve que l'on a confondu les deux choses, en subordonnant l'éducation à l'instruction.

Et c'est une folie, chez l'être humain qui est toujours de lui-même curieux de quelque chose et pour cela prêt aux efforts, mais souvent d'autre chose que ce qu'on lui propose. La curiosité, comme l'appétit, ne se commande pas.

L'Education pourrait être confiée au ministère de la Jeunesse et des Sports, chargé de former le corps et l'esprit. Tous les niveaux culturels, que ce soit la musique, la danse, les arts et techniques graphiques, picturales, plastiques, l'adresse physique, manuelle, l'adresse mentale, seraient accessibles dans les disciplines connues. Et aussi dans des disciplines inconnues encore où, sans diplôme de niveaux, enfants et adolescents auraient du temps pour s'y initier à leur demande auprès d'un inventeur désireux d'enseigner.

Ce qui relève du ministère de l'Education nationale ressortirait du ministère de l'Instruction chargé d'organiser le contrôle des connaissances, chargé aussi de l'instruction des adultes et de la Formation continue, en particulier de maîtres à la fois sachant leur discipline mais pédagogues, puisqu'il n'y aurait pas d'âge pour acquérir ces degrés. La botanique, par exemple : il y a des êtres qui sont passionnés de végétaux... On peut, à travers l'intérêt et l'étude pour la botanique, devenir extrêmement cultivé; de même par la passion pour la zoologie, la biologie, la chimie, la physique et leurs branches, même si on ne fait pas les autres études générales pour elles-mêmes. Il faut voir la passion des enfants pour les films sur les animaux! Un élève qui s'intéresse avant tout à une autre discipline qui n'est pas au programme de sa classe primaire ou secondaire est obligé d'aller passer ses journées dans une classe où peu de chose le concernent, et le soir, de faire des devoirs insipides qui ne l'intéressent pas.

NE PAS INTERDIRE L'INTELLIGENCE AUX MOINS DE TREIZE ANS

Dans le système scolaire actuel fondé sur l'enseignement uniforme obligatoire, les élèves qui sautent les classes passent pour prodiges et sont exhibés par les médias comme autrefois les phénomènes de foire sur la place publique.

Ces cas sont moins rares qu'on ne le pense et se multiplieraient au vu de tous, si on encourageait les enfants à brûler les étapes pour la discipline qui les attire précocement; avec la liberté d'en changer après avoir épuisé le « désir » de la première.

Quelques exemples entre cent. Un jeune citoyen d'une République populaire de l'U.R.S.S. entre dès l'âge de 10 ans à l'Université. A 2 ans, il révélait des dispositions remarquables pour les sciences. Surdoué en mathématiques, il abordait, à 8 ans, la génétique. En Californie, les kid computers, placés de plus en plus tôt devant un clavier d'ordinateur, initient enfants et adultes à l'informatique domestique. Un Français de 15 ans, en bricolant une simple calculette, a mis au point un interface qui étonne les constructeurs.

A l'Université de New York, Stephen est, à 13 ans, un brillant informaticien. Ce qui ne l'empêche pas d'être aussi acteur. Ruth, une Anglaise de 10 ans, est entrée à la section mathématiques d'un collège d'Oxford très réputé. En France, Jean R., à 6 ans, est musicien, graphologue et photographe. Pierre T., bachelier à 11 ans (dans le Nord de la France), aspirait à 6 ans à devenir plus tard expert en Bourse.

La précocité intellectuelle des petits d'homme n'a rien d'étonnant quand l'on sait que le cerveau est ce qu'il y a de tout le corps humain à la naissance le moins immature. A l'âge du désir, de 0 à 10 ans, il ne faut pas imposer de limite mais faciliter la vocation de spécialisation ou de multidisciplinarité qui sont l'une et l'autre plus naturelles à l'enfant qu'à l'adulte.

Plus j'y pense, plus je me dis que cette idée pourrait peut-être aider à la transformation de la société dans ses relations au savoir, en laissant au savoir sa valeur vitalisante pour chacun, promotionnante, sa valeur de sublimation, pour les individus, de moyens de liens sociaux, même supranationaux, mais de sublimation laissée à leur désir libre.

Regardez un sportif, par exemple : arriverait-il à gagner un centimètre de saut, un dixième de seconde de vitesse, s'il n'était pas motivé? Les humains ont besoin de concentrer leurs énergies vers un but. L'espoir d'y arriver un jour les fait vivre! On l'a vu à Paris, pendant la guerre : il n'y avait plus autant de gens déprimés dans les consultations, à hospitaliser, parce que les gens se sentaient nécessaires, ne serait-ce qu'à faire la queue dès quatre heures du matin, pour avoir du pain pour eux ou pour leurs voisins, quand à sept heures ouvraient les boulangeries. Ils luttaient pour ou contre quelque chose. On ne retirera jamais à l'humain cette focalisation vers un désir qui, lorsqu'il devient prédominant, le motive à travailler. A mon sens, la possibilité de se promotionner vers un degré supérieur dans une discipline, de façon individualisée, redonnerait cette santé intellectuelle et affective, cet appétit de connaissances à bien des jeunes qui pourraient, à leur choix, gagner tous les niveaux dans telle ou telle discipline tout en restant chacun avec ceux de leur classe d'âge, dans la fréquentation de l'école, les bâtiments scolaires ouverts pour tous et tout le temps, sans ségrégation comme maintenant.

Il y a eu toute une effervescence après Mai 68. Il semble que la pédagogie non directive se soit un peu fourvoyée car elle n'a rien construit sur les motivations des jeunes, mais elle a été plutôt une opposition de principe, un rejet de ce qui avait été fait jusque-là[1]. On voulait faire disparaître le magistère, on voulait changer la relation adulte-enfant, immédiatement. C'est allé jusqu'à la démission, l'incohérence et le découragement. Il n'y avait pas un vrai dessein, il n'y avait pas une grande idée, ni la volonté ferme de changer, comme on dit à l'usine, « les conditions de travail ». On n'a pas véritablement changé les conditions de travail à l'école. Tantôt on laissait le champ en friche et les enfants faisaient ce qu'ils voulaient, ou bien on revenait de plus en plus à une pédagogie très traditionnelle. Ces quinze dernières années, ça a toujours oscillé de la sorte.

1. Cf. le film *Alertez les bébés*, réalisé par Jean-Michel Carré, du collectif « Grain de sable », avec le concours des maîtres de l'école expérimentale de la rue Vitruve (20e arr. de Paris).

Il est certain que depuis Montessori, depuis Freinet, il n'y a pas eu de véritable innovation. Et on s'aperçoit maintenant qu'il faudrait une véritable révolution. Non pas, comme on dit, « casser la baraque », mais vraiment repartir sur une tout autre base; enlever les cloisons; changer l'idée de classes de niveau, « omnivores » et obligatoires.

On ne peut le faire qu'en attirant les jeunes vers la formation individualisée pour ce qui les intéresse. Il faudrait que l'on puisse commencer les études purement intellectuelles beaucoup plus tard, sans faire pour autant des étudiants attardés, ou d'éternels étudiants. Pourquoi n'y aurait-il pas une formation permanente, pourquoi ne pourrait-on pas avoir deux ou trois métiers dans sa vie? On peut très bien découvrir, un an après le bac, ou le diplôme professionnel, que l'on doit changer de voie, mais on peut n'en prendre conscience que dix ans, même vingt ans après. Il y a des appels tardifs, des prises de conscience très tardives. On le voit pour quelques écrivains, quelques artistes. C'est étonnant de voir que, après cinquante ans, soixante ans, il y a encore une fécondité très grande possible chez certains êtres... Plus qu'on ne croit, du reste, parce que rares sont ceux qui osent se révéler tardivement et c'est toujours accueilli avec incrédulité et commisération : « ce démon de minuit, littéraire ou artistique », etc. Un ingénieur de quarante ans qui dit à son patron : « Tiens, j'aurais dû être un enseignant... » ou un enseignant : « Maintenant, je veux devenir un commerçant, ou un industriel », c'est chose courante aux Etats-Unis, mais on le considère en France comme une instabilité caractérielle. Ou, si la personne a toujours été très stable, un dérangement : « Il est sous le coup d'une dépression! »

Dans une vie d'homme, on ne peut pas s'être trompé et repartir de zéro... ne serait-ce que pour ne pas perdre les avantages de retraite!

Neil, le directeur d'école de Summer-Hill, a été seul

maître à bord pendant trente ans, mais il a été vite classé sur le Continent comme un personnage dangereux. En Angleterre, on a beaucoup plus le sens de l'individuation, on a beaucoup plus le respect des chemins autodidactiques. Mais combien de ses anciens élèves n'ont jamais trouvé ensuite à s'adapter dans la société, parce qu'ils n'ont pas été vaccinés contre les épreuves de la compétition par exemple. Si on forme les jeunes en les marginalisant, après ils ne sont plus du tout adaptés. C'est important d'avoir reçu le moyen de se défendre. Ceux qui s'en sortent sont des individus qui se sont construits tellement dans un désir qu'ils continuent dans leur ligne en disant : « Tant pis! les autres ne comprennent pas, mais ils comprendront peut-être un jour. Et puis, je sens que c'est ça qu'il faut que je fasse. »

Une directrice d'école Montessori m'a fait part de cette observation : un enfant ayant eu la scarlatine ou une fracture qui l'a immobilisé pendant trois mois, rattrape la scolarité manquée à une vitesse extraordinaire et il fait plus que ceux qui sont restés dans la classe, parce que le travail est individualisé pour toutes les disciplines de base. Dans la méthode Montessori, en français, en grammaire et en calcul, tout est divisé en questions majeures et en questions intermédiaires, lesquelles sont analytiques des questions majeures, qui s'emboîtent les unes dans les autres. L'enfant refait toutes les bases tous les ans, c'est-à-dire qu'il repasse en revue les grosses questions; et quand il cale sur l'une d'entre elles, il reprend, depuis la question qu'il a ratée, toutes les questions intermédiaires tout seul : il a son cahier personnel. Il travaille le matin, tout seul, le maître, présent à tous, répond aux questions qui embarrassent les enfants; l'après-midi, les élèves étudient ensemble les disciplines : histoire, géographie, qu'ils jouent, qu'ils miment... Ils ont chacun des cahiers différents et ils travaillent par exemple la même période de l'histoire, la même région géographique, le même thème littéraire, etc., mais chacun différemment. Et puis, l'après-midi, ensemble, assistés du maître qui coordonne, donne la parole, résume les dires, ils mettent en commun ce qu'ils ont trouvé séparément. Ils apprennent ainsi à s'exprimer, à se faire comprendre des autres et l'originalité du regard, de l'écoute, du questionnement de chacun est respectée.

Un enfant qui a un arrêt de maladie de trois mois ou que ses parents ont emmené en voyage revoit lui-même, à son retour, les questions, avec son cahier. Quand il ne veut faire que du calcul, il ne fait que du calcul, il fera du français le trimestre ou l'année d'après. Et quand il sent qu'il est arrivé à rattraper le niveau des autres d'une année en trois mois, et même qu'il est déjà au niveau du premier trimestre de la classe suivante, eh bien, à ce moment-là, il est tellement fier de lui qu'il reprend une discipline dans laquelle il est moins bien noté, aidé par la personne qui centralise le travail de tous.

Ce qu'on appelle, chez Montessori, le travail sur fiches, c'est du travail d'étudiant au niveau des enfants. Ce n'est pas la mère qui est derrière; ils s'auxiliarisent eux-mêmes, avec le jeu des fiches. « Ah! J'ai fait dix fiches aujourd'hui... J'ai fait cinq grosses fiches, et je suis déjà aux fiches intermédiaires... » Ils règlent leur effort. Le programme a été établi d'une façon merveilleuse, parce qu'une fois qu'on a atteint la connaissance des grosses fiches, on sait tous les détails qu'il y avait sur les intercalaires. C'est une méthode excellente et qui peut être généralisée pour toutes les disciplines. Dans cette école, les enfants avaient entre six et douze ans. Ils ne travaillaient que sur ce qui les intéressait, par exemple : il y avait un groupe de quatre ou cinq qui n'étudiait que la France, tandis que d'autres c'était l'Europe : un ou deux se penchaient ensemble sur l'économie, d'autres se réservaient la géographie physique; et puis, avec le maître, on reprenait tout ce que chaque groupe avait glané de connaissances. Chacun avait son mot à dire. On apprenait les uns des autres à découvrir les sources des réponses qu'on se donnait.

Certes, cela exige beaucoup de participation de la part de l'individu enfant et une grande disponibilité de la part du maître. Mais c'est une activité cérébrale et générale suscitée aussi bien par l'intérêt du corps que par la curiosité intellectuelle. L'imagination et l'intelligence de chacun servent au groupe qui est centré sur un sujet adopté par tous.

Pourquoi, dans le même esprit, ne pas attirer les enfants à acquérir des niveaux, en passant les examens de degrés organisés par l'Etat hors écoles? Les classes continueraient d'être comme elles sont, et il y a assez de bibliothèques à côté. On développerait par soi-même des connaissances dans une discipline qui vous attire, à partir de huit-neuf ans. Ce serait très promotionnant pour les enfants. Il est certain qu'il y aurait moins de déchets, parce que moins de dissuasion. Ce système laisserait échapper moins de talents; moins perdre de dons.

On parle beaucoup (c'est presque de mode) des enfants dont les difficultés scolaires viennent d'un milieu défavorisé. Enfants d'immigrés, abandonnés, ou de parents divorcés. Pour beaucoup, le vocabulaire et la syntaxe qu'ils utilisent en famille n'ont rien à voir avec le vocabulaire en usage à l'école pour d'autres, et ils sentent leurs parents diminués au point de vue socio-économique par rapport à ceux de leurs camarades. A la maison, on ne leur parle pas, il n'y a pas de livres, on n'écoute pas de musique, il n'y a aucune incitation culturelle. Dans les milieux nantis, on voit un certain nombre d'enfants qui ont tout cela, mais se ferment, dont les parents sont instables ou séparés. Les enfants sont sans sécurité. Bien qu'intelligents, éveillés, très astucieux, sensibles, par angoisse, ils en viennent à tout refuser. L'esprit de compétition, ou même de rivalité, ne convient pas à un certain nombre d'individus, et l'école ne leur propose rien d'autre. Même dans les disciplines artistiques, il y a, là encore, des centres d'enseignement artistique trop directifs pour des enfants qui ont une sensibilité extrêmement vive, peut-être un petit peu écorchée et qui auraient besoin d'être initiés par la seule fréquentation, la simple présence avant de faire les choses par eux-mêmes, à leur rythme. Ces études, comme à la carte, donneraient toutes leurs chances aux autodidactes de tous âges. Il peut y avoir des autodidactes en art et en sport, comme en toute discipline, amateurs, non pratiquants aimant à écouter et regarder faire les autres. Parmi ceux-ci, certains désirent s'initier à la pratique. Mais pourquoi faut-il, à l'école, quelle qu'elle soit, être un actif, un exécutant?

C'est peut-être tout à fait utopique, mais il me semble qu'il faut s'engager dans cette voie-là pour sortir de l'impasse actuelle : l'accueil et l'initiation des citoyens passifs autant que les actifs pourvu qu'ils désirent s'intéresser à ce qu'un maître enseigne.

L'Education nationale transmet à ses fonctionnaires la mentalité de gardiens de musée. « On ferme! » On ne sait dire que cela après l'heure des cours. Tous ces locaux scolaires qui restent vides de 4 h 30 à 9 heures du soir et les jours libres de milieu et fin de semaine, quel gâchis! au lieu que leur école soit le deuxième chez-soi pour le travail et les loisirs de tous les enfants du secteur géographique de leur logement.

C'est dans les loisirs que les enfants inventent, l'école ouverte, le lieu-temps où on aime à se retrouver librement ensemble et où l'on apprend la vie. Les clubs, les ateliers artistiques sont des recours et pallient la carence qui découle de l'utilisation du temps et de l'espace des établissements scolaires. Si les conservatoires prennent beaucoup d'importance, et les stades s'il y en avait assez, et les piscines, c'est que des jeunes trouvent dans la musique et le sport aliment à leur désir. Mais il y a l'écran de télévision qu'on regarde passif et en solitaire. Il y a la rue. Tout le reste est payant.

Ce qui n'est pas donné à l'école est recherché

ailleurs que dans l'obligatoire. Le principal défaut de l'instruction publique, c'est d'être obligatoire. Ce qui est obligatoire prend le caractère du travail forcé. Le bagne existe toujours... dans les esprits.

Il y a actuellement une station de radio libre qui veut être une radio faite par des enfants et pour eux. Mais tout est vicié à la base, puisqu'ils sont encadrés par des gars de 21 à 25 ans; ce ne sont plus des enfants. Les étudiants caporalisent les plus jeunes! « Alors, tu peux venir à partir de 13 ans donner tes idées », mais l'invite vient d'un animateur de 21-25 ans, alors qu'il devrait être interdit aux cadres de cette radio libre d'enfants de dépasser 18 ans. « A 18 ans, tu t'en vas! » C'est le dernier délai; ça devrait même s'arrêter à 16 ans. Mais enfin! Mettons la majorité, et limitée aux techniciens, pas aux speakers ni animateurs pour qui 16 ans devraient signifier le départ. Ce sont des enfants de 8 à 13 ans qui devraient être en majorité responsables de ce poste. A 18 ans, les techniciens s'en iraient en ayant formé les plus jeunes. Il faut bien mourir un jour. Actuellement, ceux qui ont maintenant 21 ou 25 ans et qui semblent les écouter (deux chefs scouts) ont commencé à 16-17 ans.

C'est comme des éducateurs qui veulent manipuler leurs pupilles; des Blanche-Neige aux sept nains. Pour l'instant, ils fixent à 25 ans la limite d'âge, mais dans deux ans, ils diront 27. C'est ne pas vouloir laisser la place aux jeunes. Et on veut appeler cela une radio libre d'enfants.

Un poste de radio dit pour *enfants*, et par eux : à partir du moment où il y a un adulte de plus de 18 ans qui les encadre, c'est faussé.

A mon avis, cela ressemble à un piège para-policier, pour attirer des jeunes et savoir ce qu'ils font, qui ils sont, où ils sont... Alors, on prend des airs très contestataires, très nouveaux : « Tout ce que tu veux dire, tu pourras le dire, on t'écoutera... » C'est suspect : ou bien on fait un laboratoire, une expérience en vase clos – et ça, c'est la pseudo-science – ou bien alors, c'est le cirque.

Il y a les enfants qui s'ennuient en famille, sont très isolés et qui ne sont pas satisfaits par l'école. Ils vont aller traîner leurs savates dans cette radio, miroir aux alouettes : « On va te prêter des micros, tu feras des enquêtes toi-même, tu nous diras ce que tu penses, etc. » Moi, je crois que c'est une manière de récupérer et comme de mettre en carte des enfants qui sont un peu perdus dans leur famille ou dans leur lycée. Il y a loin entre une expérience partie de jeunes eux-mêmes soutenus financièrement et techniquement à réussir leur innovation et un piège démagogique où les « enfants » sont un prétexte politique pour un encadrement pseudo-policier « bien-pensant ».

Un professeur de français de Toulouse a donné comme rédaction : « Si vous étiez reçu à l'Elysée, qu'est-ce que vous diriez à M. Mitterrand ? » C'est intéressant de mettre le président de la République sur la sellette. Mais la seconde question : « Si vous étiez président de la République...? » Ça, c'est une espèce de fantasme ou de jeu inventé par les adultes. Alors, naturellement, il y a un journal qui s'en est emparé et qui a reproduit un certain nombre de copies d'enfants. Les journaux aiment bien les mots d'enfants qui font plaisir aux adultes. Un des candidats avait fait un petit jeu de mots du genre : « Guy Mollet, jeu de mollet... » Mais on mettait en avant les propos qui allaient dans le sens du journal, comme pour montrer que les enfants n'étaient pas très contents de la gestion socialiste. Encore de la manipulation.

POUR EN FINIR UNE FOIS POUR TOUTES AVEC LA GUERRE LAÏQUE

Les enfants qui, très tôt, ont été privés de relations langagières avec leurs géniteurs et leurs nourriciers deviennent particulièrement agressifs à la puberté. 10, 12 ans, c'est trop tard pour un traitement de prévention. C'est dramatique ce qui se passe dans bien des familles appartenant aussi bien aux milieux très aisés qu'aux milieux ouvriers. On y entend la mère être injuriée; le père, s'il est présent, ne dit rien. Les fils qui frappent leur mère. Le père regarde la télévision et se désintéresse de la famille. Il y a des fils qui rançonnent leur mère; des filles qui rançonnent leur père.

Sans compter les « ados », qui, simplement, empêchent leurs parents de parler : « Tais-toi! Je ne t'écoute pas. Tu n'as rien à dire... Tu ne dis que des conneries! »... Et, actuellement, c'est presque une mode : entre eux, dans les collèges, ils se vantent de parler à leurs parents comme ça. Bien entendu, il y a ceux qui disent qu'ils font ça... de manière perverse; et puis il y a ceux qui, pour faire comme les copains, font pareil chez eux quand ils rentrent. Seulement, s'il n'y a pas vraiment de conflit, ça peut se terminer en humour. Cette mode vient au moment où le vocabulaire se réduit beaucoup. Quand on n'a pas beaucoup de moyens de répondre à un adulte, la meilleure façon c'est de lui clouer le bec; ou, physiquement, de l'empêcher de parler. Alors, on met la sono ou, carrément, on lui dit : « Tais-toi ou je t'assomme... ou je t'empêche de parler. » Et ça, ce n'est peut-être qu'une mode, mais c'est significatif comme une certaine réponse d'une époque donnée.

Ce n'est pas tellement étonnant à partir du moment où l'enfant a été mis beaucoup trop tôt au centre du monde, avant 7 ans... Je crois qu'il faut tout de même inventer quelque chose qui permette à cette génération de devenir autonome de façon créatrice et de laisser les autres générations vivre, chacun à sa place. Actuellement, ce sont les rapports humanisés qui semblent débordés par des rapports d'indifférence ou d'agressivité réciproque.

Le couple ne doit-il pas réapparaître, exister davantage, parce que c'est la meilleure façon de rééquilibrer les forces? Si le couple existe, les choses se répartissent... les attractions sont mieux réparties.

Si le couple existe... Mais on ne peut pas obliger le couple à exister. Ce n'est pas toujours dans cette cellule que les adultes existent par rapport à des adultes. Et puis, ce peut être un couple désuni momentanément... Et qui a sa liberté, comme l'enfant a sa liberté. Le père et la mère ne veulent pas s'arrêter de vivre, simplement parce qu'ils ont eu des enfants. Ils ne veulent pas être des êtres morts. C'est pour ça que je pense que ce serait formidable si, à la période de 8 à 12 ans, après les classes, les enfants pouvaient rester dans leur école, ou y retourner s'ils s'ennuient en famille. Il y aurait alors des éducateurs pour encadrer les activités choisies et les loisirs des enfants. Ils feraient leurs huit heures de 16 heures à 22 heures et le matin de 6 heures à 8 heures, avant que les enseignants arrivent, afin d'encadrer les enfants pour le petit déjeuner de ceux qui auraient couché là... plutôt que de rentrer chez eux. Pourquoi faut-il que les enfants soient ou pensionnaires ou en famille et cela de façon délibérée, institutionnalisée et à long terme?

Il est certain que cela impliquerait un changement complet de la vie quotidienne de la cité. Mais ce n'est pas impossible. Il y a des locaux. Les questions de sécurité peuvent être résolues. Il pourrait y avoir une assurance pour toute la journée, pas seulement pour les heures d'école. Et on pourrait même faire valoir que, faute de cette structure d'accueil, les enfants seraient livrés à la rue, même les plus nantis, même ceux qui, tout en ayant cinquante mètres carrés pour eux dans une maison, ne se gênent pas pour en claquer la porte. Donc, dans la rue, ils courent bien plus de risques imprévisibles. Tandis que s'ils circulent davantage de la maison à leur maison d'école, les risques sont prévisibles. Ça, on peut le démontrer.

Le mercredi, les élèves sont libres; leurs parents sont au travail. Que font-ils? – Beaucoup ne font rien. Ils ne savent pas où aller. Tout ça parce que l'école est fermée le mercredi. Ce serait peut-être la solution de l'enseignement privé et de l'enseignement public : l'école publique faisant l'enseignement et toutes les maisons d'enseignement libre assurant l'accueil des enfants 24 heures sur 24... Enfin, en dehors des heures scolaires. Ça serait vraiment des lieux éducation. L'enseignement libre ferait alors vraiment l'éducation; et l'enseignement d'Etat ferait l'essentiel de l'instruction.

L'enseignement libre ne pourrait-il pas s'occuper de tous les enfants que les parents voudraient lui confier à partir de 16 h 30? Tout simplement. Ainsi, l'enseignement libre ne ferait plus d'instruction programmée; il ne ferait plus que de l'éducation-animation, c'est-à-dire qu'il ferait faire les devoirs, les répétitions des exercices que les enfants auraient à faire pour l'enseignement public. L'instruction de tout niveau serait personnalisée pour certains enfants scolairement retardés. Cours particuliers, groupes. Tous les enfants seraient inscrits à l'enseignement public et certains enfants, boursiers ou payants, fréquenteraient hors des heures de l'enseignement public les lieux dévolus actuellement à l'enseignement libre pour tout le reste du temps.

Je pense que tout cela deviendra possible, et je ne fais qu'annoncer, prévoir des choses auxquelles, aujourd'hui, les syndicats s'opposent, mais qui demain seront peut-être réalisables. Lorsqu'une situation est bloquée, c'est le commencement de la fin, et c'est donc l'approche d'une nouvelle expérience. Nous sommes arrivés à un tel point d'obstruction que ça changera. Il y a déjà des signes précurseurs d'un éclatement à venir.

L'Education nationale, telle qu'elle est, dans un

système hérité de Jules Ferry, devra fermer pour rebâtir autre chose. Ce n'est pas à l'intérieur de ces structures-là qu'il sera possible véritablement de changer. Certainement, oui, des points gagnés par-ci, par-là... Il y aura beaucoup de crises, des pour, des contre... des îlots expérimentaux qui peut-être préfigureront, soit ce qu'il ne faut pas faire, soit ce qu'on sera amené à faire. Mais je crois que c'est quand même à l'extérieur que les choses renaîtront...

On pourrait abolir le fait que des gens vocationnés ne peuvent pas enseigner dans l'enseignement public. Mais que ce qui est de l'ordre de l'éducation et de l'animation soit fait par des gens doués pour cela, et pas nécessairement par ceux qui enseignent. Parmi les enseignants, il y a des gens qui n'aiment que transmettre un savoir, et faire cela bien, cela suffit.

Il y a quand même des pas qui sont faits, parce qu'on voit des gens de l'industrie qui enseignent dans le technique : aux Arts et Métiers, dans les écoles de gestion. En dehors de l'Éducation nationale, dans les écoles privées notamment, on voit des gens de l'industrie qui viennent enseigner, alors qu'ils sont dans la vie active, dans les secteurs de l'économie (des financiers, des gestionnaires, des administratifs, des ingénieurs pour la technique, viennent enseigner les choses qu'ils connaissent, et eux ne perdent pas de vue l'application du savoir). Et souvent, ils ont un certain crédit vis-à-vis des jeunes. Pour l'instant, ça ne se passe encore que pour des étudiants qui sont presque des adultes. Pourquoi ne pas le faire dans les écoles du secondaire et même du primaire?

À force de vouloir uniformiser et, en même temps, tout organiser, normaliser, l'État rendra le système actuel non viable, et c'est à ce moment-là qu'il faudra trouver d'autres choses. Pour les socialistes, l'Éducation nationale, tout comme la culture, c'est chasse gardée, domaine réservé. Dans les pays socialistes, on n'a pas trouvé mieux : les Chinois font des études qui les passionnent et que deviennent-ils? garde-barrière, ou garde de canal dans un coin, ils sont tous employés par l'Etat à faire des choses qui n'ont aucun rapport avec les études qu'ils ont faites. Tout le monde est instruit. Il faut dire qu'il y a un professeur pour dix élèves. Les étudiants ont un animateur qui est avec eux du matin au soir, et qui ne les enseigne pas. Ils ont des cours. Mais celui-là est avec eux, comme une mère poule. Les étudiants travaillent beaucoup pour avoir des examens... Après quoi, ils ne font rien du tout. Ils apprennent un français merveilleux... pour être gratte-papier dans le fin fond d'une province, qui ne parle peut-être pas le même chinois... puisqu'ils parlent tous des chinois différents. Je ne crois pas que les pays dits socialistes puissent faire mieux que ça!

Pour les jeunes Français, le lycée semble être devenu l'endroit le plus ennuyeux qui soit. Ils ne sont même plus revendiquants. C'est un état dépressif généralisé. Ce n'est même pas l'hôpital de jour... C'est peut-être la prison de jour... Pour que les parents aient les allocations familiales on vient y faire de la figuration. Même ceux qui travaillent, notamment les filles qui font tout ce qu'on leur demande de faire, ont le sentiment que ça ne sert à rien. Evidemment, ceux qui bûchent le font pour avoir l'examen, les yeux rivés sur le programme et les coefficients. Pourquoi cet examen?

Pour avoir la paix. Et aussi pour ne plus avoir cet ennui mortel. Quant aux autres, ils s'agitent beaucoup, ils font du bruit, ils fument, ils vont au cinéma, ils s'occupent des filles... pour passer le temps. Et puis il y a ceux « qui se la coulent douce », qui ne s'ennuient pas du tout et qui, dans la vie, se laisseront, parasites, porter par les autres. Voyant que ceux qui bûchent et ceux qui font la foire n'auront pas plus les uns que les autres des débouchés, ou un centre d'intérêt dans la vie, ils envisagent de vivre en assistés. Et ces trois attitudes différentes, donc ces trois réponses que peuvent avoir des lycéens dans ce système, ont un dénominateur commun : c'est le sans espoir, sans but, sans lendemain; au jour le jour. Et ça, je trouve que c'est terrible pour la jeunesse. « Ça ne sert à rien. On ne voit pas pourquoi... » Une sorte de survivance pour eux d'une obligation imbécile. Si on leur demandait : « Qu'est-ce que vous feriez à leur place? Quels parents aimeriez-vous avoir? Quels enseignants voudriez-vous avoir? » Qu'est-ce qu'ils diraient? Peut-être une lueur d'intérêt illuminerait ces ténèbres. Il reste à faire un travail immense pour qu'ils soient eux-mêmes. S'ils étaient payés en retour, les lycéens auraient une autre vision de leurs études. S'ils étaient avant tout convaincus que c'était leur affaire, leur entreprise. Et qu'ils y auraient le droit à leurs initiations créatrices, à leurs curiosités littéraires, artistiques ou scientifiques personnelles.

Jusqu'à dix ans, les enfants ne seraient pas astreints au raisonnement abstrait et spéculatif. L'école développerait les expériences directes manuelles, orales, corporelles, dans la communication et l'échange. Les activités intellectuelles viendraient beaucoup plus tard.

Nous ne pouvons faire que répéter ce que nous, nous estimons nécessaire à notre vie d'aujourd'hui. Or, nous préparons, pour une vie dont nous ne savons pas ce qu'elle sera, des enfants qui, justement, ont à être différents de nous, du fait qu'ils ont acquis des expériences qui nous étaient inconnues à un âge égal. Il y a quelque chose de tout à fait faux dans la scolarisation actuelle. La pédagogie moderne devrait surtout viser à développer la communication. Sur ce seul point, elle ne peut pas être hors du coup. Les disciplines obligatoires seraient la lecture, le calcul et l'écriture, et c'est tout. Le reste : à la carte. Et toute l'école : un lieu de vie. Au fur et à mesure du désir de l'enfant : une technologie. Il veut lutter : technologie de la lutte. Il veut danser : technologie de la danse, mais d'une façon souple, à la demande, au jour le jour, comme une découverte qu'il fait en suivant ce que l'humanité a fait depuis le début; plus rapidement bien sûr, mais chaque enfant a à découvrir son désir, sa curiosité, et passer, grâce à un technicien, par l'histoire du développement de cette discipline qui n'a rien de neuf. Ce qu'il y a de neuf, c'est que, par la technologie, des « sens » de plus en plus réduits ont été représentés dans des outils qui les remplacent. C'est ça qu'il y a de neuf, et rien d'autre. Nos cellules nerveuses se projettent, par exemple, dans un petit poste à transistors, mais tout ça vient de notre corps projeté.

En Seine-Saint-Denis, une institutrice, Rachel Cohen, poursuit une expérience d'apprentissage précoce de la lecture dans les milieux défavorisés.

Pourquoi pas? Mais je ne crois pas qu'il serait bon de l'instituer dans toutes les maternelles.

Il est essentiel d'apprendre aux enfants à considérer les lettres de l'alphabet comme des symboles qui représentent les sons. Les laisser les appréhender d'une manière purement affective comme ils le font d'emblée si on ne leur dit rien, est dangereux. M, c'est mort. F, c'est le feu qui brûle... et induit des situations schizophréniques. Les associations de sons peuvent détacher de la réalité.

« Allô? » Une mère répondait souvent au téléphone pendant le bain de son bébé... Pour lui, le téléphone était une machine à répandre de l'eau sur sa mère.

Jean-Jacques Servan-Schreiber fait croisade pour les kid-computers : « Dès l'âge de 4 ans, à votre digital! »

Je crois que la société gaspille ses forces vives en laissant les potentialités inexploitées à l'âge où elles sont très facilement mobilisables. Il ne faut pas obliger les plus doués à attendre que tous les enfants de la même classe d'âge soient à leur niveau. Mais attention à ne pas les soumettre à une finalité technocratique et à ne pas pousser toutes les matières ou la même discipline pour tous, mais une seule, variant selon les désirs de chaque enfant, celle qui les attire.

Je trouve que l'école devrait avoir des éducateurs, pas seulement des instructeurs, et que les éducateurs auraient une très grande part au développement des enfants en faisant équipe avec l'instructeur qui prendrait les enfants par petits groupes homogènes de langage et de performances et leur demanderait de fixer leur attention pendant une courte durée. Entre deux « temps forts », les enfants iraient en activités libres avec deux ou trois éducateurs (un éducateur par dix enfants), qui feraient quelque chose qui les intéresse; puis l'esprit serait de nouveau sollicité pour faire un effort qui durerait un quart d'heure, vingt minutes.

LA COMÉDIE DU BON ÉLÈVE

Comment se fait-il que tant d'enfants refusent la scolarité? Et parmi eux, des élèves intelligents et qui ne vivent pas un drame familial; leur cadre scolaire n'a rien de particulièrement rebutant, et pourtant, ils le rejettent. Pourquoi?

Ils ne sont pas motivés. Ça ne les intéresse pas. Est-ce parce qu'ils sont plus intelligents que d'autres et que, peut-être, ils ont moins de passivité, ils renâclent à faire comme si, à faire semblant?... Ceux qui s'y plient et qui sont cités en modèles sont vraiment soumis à l'adulte et n'éclosent pas en adultes. Ou ils sont particulièrement sans intérêt pour rien et, qu'ils fassent ça ou autre chose, c'est une manière de tuer le temps. Ou ils veulent le pouvoir et ils ont compris qu'il fallait d'abord se soumettre pour avoir le pouvoir. Ils se forcent à avoir de bonnes notes tout en n'ayant aucun intérêt pour les disciplines. Certains font peut-être aussi le raisonnement d'assurer ce qu'on leur demande pour avoir la paix et être beaucoup plus libres d'eux-mêmes dans leurs loisirs.

LES KID-COMPUTERS DANS LES GHETTOS

Une école pour enfants de couleur, dans un quartier pauvre d'Emeryville, près de Berkeley.
Les élèves ont des résultats scolaires très inférieurs à ceux de la moyenne des enfants blancs de la région. Leurs parents n'ont pas les moyens de leur acheter pour leur usage privé un micro-ordinateur. C'est réservé aux familles riches de Santa Barbara.
Pourtant, dans cette école de ghetto, quelques ordinateurs ont été mis à la disposition des élèves, tous issus de milieux très défavorisés. Une université de Californie a assuré le financement de l'opération.
Assis devant les écrans de visualisation, les petits Noirs et les chicanos se familiarisent avec la discipline de l'informatique. On les voit apprendre l'orthographe en jouant avec l'une des machines à enseigner. Alors que l'on désespérait de la leur inculquer par les méthodes classiques. Dans une enquête sur la Californie résolument optimiste (*Le Nouvel Age*, Le Seuil), Sylvie Crossmann, ancienne correspondante du *Monde* à Los Angeles, rapporte ce propos d'un des instituteurs qui ont participé à cette expérience pédagogique : « L'ordinateur a un avantage surtout pour les enfants défavorisés : il n'émet pas de jugements péjoratifs, auxquels ces élèves sont particulièrement sensibles. Il est impartial. Il parle leur langage, s'ils le veulent. Il obéit à leurs ordres. »

Mais même les loisirs sont dirigés. Le temps libre est imposé. Quand les études ont été organisées, rien n'était imposé puisque n'allaient à l'école que ceux qui voulaient y aller. C'est le fait d'avoir rendu l'école obligatoire qui a cancérisé le système. Je pense que le morcellement de l'enseignement rend les enfants allergiques au système scolaire : une heure ci, trois quarts d'heure ça... c'est un rythme impossible pour les enfants; il ne rime à rien. C'est faux. Ce n'est pas la vie.

Si chaque matière était jugée par rapport à elle-même, ça ne serait pas écrasant pour l'enfant. Ce qui est écrasant, c'est la programmation : programme 1, programme 2... Tous ces programmes des classes et des « baccalauréats », exclusifs les uns des autres. On les multiplie, et ça sert à quoi? Au lieu que le jeune homme ou la jeune fille conquière des grades dans les disciplines qui l'intéressent, tel degré en lecture, tel degré en écriture, idem en calcul, maths, danse classique ou adresse acrobatique, tel degré en dessin, peinture, etc., cinq ou six degrés pour chaque discipline. L'enfant chercherait à les conquérir de lui-même, les élèves étant tous ensemble, avec des adultes maîtres, formateurs de caractère, d'intelligence, tous enseignants, mais tous qui peuvent les aider à trouver réponse. Une fois que le jeune estime être au niveau de l'examen demandé, il s'y présente, le passe ou non. Toute l'année, il y aurait des examinateurs qui feraient passer les niveaux. Avec le système d'acquisition personnelle de degrés dans telle ou telle discipline, il pourrait y avoir des cours, suivis par des jeunes d'âges différents.

Dans cette nouvelle structure scolaire, ça ne serait plus les parents qui désireraient pour leur enfant. C'est l'enfant qui, lui-même, désirerait suivre tel ou tel cours qui, pour lui, aurait de l'intérêt. A mon avis, c'est ça l'avenir de l'éducation associée à l'instruction. Ça serait vraiment de l'éducation et de l'instruction sensées (dans le sens du désir), en même temps que de l'information et de la formation de citoyens responsables.

Un certain nombre d'élèves, dès le cours prépara-toire, accepteraient bien la scolarisation telle qu'elle est imposée, mais ils ne sont pas d'accord avec les horai-res. Par exemple, pour finir un travail, ils ne vou-draient pas être obligés d'aller en récréation... Et finir, par contre, une partie de ballon, quitte à rentrer cinq minutes plus tard en classe. Des éducateurs qui font partie de commissions chargées d'étudier une réforme de la répartition du temps scolaire disent : « Ça serait l'anarchie si chacun pouvait entrer quand il veut, ou arriver un peu en retard... » Ne pourrait-il pas, sans qu'il y ait anarchie, y avoir des marges, une certaine flexibilité?

C'est ce qu'on essaie de faire maintenant au niveau des adultes, avec le travail au temps choisi; il y a une tâche à faire et les gens s'arrangent pour l'accomplir au moment qui leur convient le mieux.

Il faudrait pour ça que l'organisation de l'enseigne-ment ne soit plus ce qu'elle est. Je concevrais très bien que dans chaque matière le professeur prépare à six degrés. Un même élève pourrait, par exemple, cumu-ler le 1er degré de français, le 3e degré de calcul, le 4e de géographie, etc. En géographie, il pourrait choisir géographie physique plutôt que géographie économi-que, ou l'inverse. Il travaille quand il veut parce que cela l'intéresse. Si, ayant passé le 3e degré de calcul, il veut être auditeur libre au 4e degré, pour voir si ça l'intéressera, pourquoi pas? C'est son affaire, et il choisit le jour où il passe le contrôle. Laisser ce choix à l'élève voudrait dire qu'on lui reconnaît sa propre motivation, son propre désir et qu'on admet qu'un être humain enfant sent bien ce qu'il a à faire. La société est là pour vérifier qu'il a acquis les connaissances de tel ou tel degré. A ce compte, on verrait sûrement des enfants de 9 et 10 ans être déjà au niveau math-sup et en être encore à perfectionner la lecture et l'écriture; celles-ci, on devrait les enseigner sans discontinuer et les parfaire jusqu'au moment où tellement intégrées à l'individu, elles ne sont plus un travail difficile pour lui.

Tant que les enfants ânonnent encore, ils ne peuvent pas se faire une représentation de ce qui est dans les livres. Je ne vois pas pourquoi on ne resterait pas à la lecture et à l'écriture tout le temps nécessaire, et pendant ce temps-là, on ferait des travaux manuels, de la natation, de la prestidigitation, de la danse, de la musique, etc., enfin tout ce qui peut intéresser un enfant manuel, jusqu'à ce qu'il sache parfaitement lire et écrire. Et à partir de là : « Voilà toutes les choses nouvelles que tu peux faire, si tu veux. »

L'ÉCOLE ASILE DE NUIT

Les enfants demandent à ce que la vie se déroule, dans le temps scolaire, comme en classe de neige ou de mer. On pourrait très bien imaginer qu'il y ait des échanges entre écoles : toutes n'ont pas la chance d'être à la campagne. Des écoles accueillantes en milieu rural serviraient de maisons de vacances.

Pourquoi maintenir la coupure des grandes vacances dans le monde moderne? On peut étaler l'année sur quatre trimestres au lieu de trois, en étant en vacances tous les après-midi.

Autre proposition, pourquoi ceux qui sont à la campagne, à la montagne ou au bord de la mer les trois trimestres, ne viendraient-ils pas à la ville trois mois? On pourrait organiser des échanges de bâtiments. Mais pour ça, il faut aménager les combles pour que les enfants puissent y dormir.

La capacité d'hébergement des établissements scolaires, voilà le vrai problème. Et il ne s'agit pas seulement des « grandes vacances », mais de l'utilisation des locaux à longueur d'année. Allons au fond des choses.

Si l'école était la maison des enfants, les élèves s'y sentiraient chez eux. La séparation entre internat et externat ne serait plus aussi nette. Un enfant externe qui voudrait y passer la nuit serait accueilli, parmi les internes. Il y aurait le grand atelier de l'école, la grande salle de gymnastique où ils pourraient s'amuser. Il faudrait qu'il y ait un corps d'éducateurs qui ne soit pas le corps des enseignants. Il pourrait y avoir des éducateurs aux heures où les enseignants rentrent chez eux, les éducateurs et un personnel d'hôtellerie encadrant les enfants présents.

La pente est très difficile à remonter, parce que les préjugés sont inscrits dans les esprits de telle façon que tout ce qui se passe en dehors des heures de l'école est éminemment suspect : c'est le sabbat qui commence. A l'idée qu'il puisse y avoir des activités, le soir, lorsque le soleil est couché, les bonnes gens tireraient la sonnette d'alarme : « Qu'est-ce qui pourrait se passer ? Que feraient ces jeunes ensemble ? » L'opinion a peur de ces activités, même en dehors des bâtiments scolaires (a fortiori si c'est un bâtiment scolaire). Quand un professeur invite des adolescents chez lui, la rumeur publique dit que c'est la drogue-partie; c'est tout de suite suspect, surtout si le professeur est une femme. En province, c'est terrible. Il n'y a rien à faire, cet esprit malin est en nous, parce qu'on n'a pas été habitués à ça. C'est étrange si quelqu'un prend l'initiative de le faire; c'est marginal, ça n'est pas innocent.

On pourrait imaginer une télé-partie (il y a trois chaînes de télévision) le soir, dans trois salles, avec les éducateurs. L'école devrait être un lieu de vie où les enfants seraient chez eux, en dehors des cours.

Dans les colonies de vacances d'aujourd'hui (pas celles de la chanson), les moniteurs ferment les yeux sur ce qui se passe le soir. Les enfants sont libres d'aller au village, de se coucher tard. Il n'y a pas plus d'histoires ni d'accidents qu'à l'époque du casernement; peut-être moins de bêtises dans les dortoirs. Alors, puisque ça marche ainsi la nuit dans les colonies de vacances, pourquoi ça ne marcherait pas dans les écoles à la ville?

Ces propositions choqueront tout le monde : ceux qui sont prêts tout de suite à vous démontrer que c'est absolument scandaleux; et les autres, qui souriront en disant « utopie »! Mais il faut quand même que les mots soient lâchés.

Contrairement à ces augures, je suis sûre que cette utilisation plus large des locaux scolaires donnerait aux jeunes une expérience de vie qui les formerait à devenir par la suite maîtres d'eux-mêmes. La famille nucléaire serait moins étouffante car l'enfant ne serait pas obligé d'y être tout le temps, mais sa famille saurait que s'il n'est pas à la maison, il peut être à l'école; un coup de fil à l'école : « Il est bien avec nous », rassurerait.

Dans le système actuel de l'école portes fermées, les enfants sont ou dans la rue, ou à la maison. Et s'ils sont à la maison, beaucoup ne savent pas quoi y faire. On ne peut pas institutionnaliser les échanges entre voisins : ils s'opèrent de particuliers à particuliers et ce n'est pas une solution d'ensemble; ce sont des recours individuels. Il y a des familles qui supportent mal qu'un enfant d'une autre famille vienne tout le temps. D'autres sont prêtes à le couver, et ce n'est pas bon quand un « vilain canard » s'est sauvé de chez lui et va fréquenter une famille où il se sent beaucoup mieux; que se passe-t-il très souvent? La mère a une sorte d'engouement pour lui, le donne en exemple à son propre rejeton : « Tu vois, il est très bien ce garçon », et elle va dire à la mère qui a des problèmes avec son fils qui s'échappe de la maison que celui-ci est absolument délicieux, et qu'elle aimerait avoir un enfant comme ça. Ce qui est vrai, d'ailleurs, parce qu'à l'extérieur de sa famille, il ne se comporte pas de la même façon. Il y a des mères assez « intelligentes » pour se dire : « Tant mieux, mon enfant s'entend bien avec les autres, et moi, je le retrouverai un jour; c'est une crise, c'est l'âge, etc. » Mais il y en a d'autres qui ont tellement eu de problèmes en tant que filles avec leur père ou leur mère qu'elles sont complètement perdues à partir du moment où on leur dit qu'ailleurs leur enfant est différent. Elles devraient se réjouir, mais elles pensent qu'elles sont de mauvaises mères; ou que c'est très injuste que leur fils, ou leur fille, les méconnaissent. Ce sont des mères qui n'ont pas non plus développé leur vie personnelle et qui se sont laissé piéger par la maternité. Elles ne peuvent pas laisser leur enfant devenir autonome.

Il y a un terme à faire revenir à l'honneur, car il a été assez occulté tous ces temps-ci : le couple. Les médias ont gonflé le phénomène du retour en force du père, ou de la restauration du père après la mort (ou le procès) du père en 1968. Je crois qu'on devrait plutôt parler de la mort du couple. La chose la plus réconfortante que l'on puisse montrer à ses enfants, c'est une vie de couple qui résiste au temps.

Si les enfants avaient un lieu latéral, leur école comme second foyer, où aller, les couples de parents aussi se retrouveraient mieux, du fait que les enfants ne seraient pas là constamment. Surtout maintenant qu'il y a un ou deux enfants seulement par couple, souvent espacés d'âge et qui ont besoin de leur compagnie. La famille nucléaire refermée sur elle-même est un piège qui provoque les névroses. A tout âge, tout être humain a besoin de relations sociales avec ceux qui ont les mêmes intérêts que lui.

CHAPITRE III

UN NOUVEL ESPACE
POUR LES ENFANTS

LES BÉBÉS À L'USINE

Nous avons la mémoire courte. Aussi avons-nous tendance à croire que la structure de la famille bourgeoise repliée sur elle-même, malthusienne, a « toujours » été telle qu'elle est de nos jours, à part quelques accidents de l'histoire. Or, nous savons que l'enfant a été socialisé du Moyen Age au XVIIIᵉ siècle.

Les jeunes mères d'aujourd'hui, si on ne leur retrace pas la perspective historique, croient que la famille a toujours été telle : l'enfant étant au centre, le père et la mère hyperprotecteurs et angoissés, traitant, même s'ils ont plusieurs enfants, chaque enfant comme un enfant unique, et avec de plus en plus de distance des autres générations. Mais c'est un phénomène relativement récent. La famille nucléaire (le couple à un ou deux enfants) n'est-elle pas une invention du siècle?

Ce tissu familial en peau de chagrin vaut surtout pour les couches moyennes de la société actuelle, mais ni pour les riches ni pour les pauvres. Les pauvres ont beaucoup d'enfants encore (ce que l'on appelle le quart monde), et les riches ont parfois plus d'enfants que ceux des classes moyennes. Pourquoi? Sans doute parce qu'ils ont plus d'espace habitable, qu'ils ont table ouverte et peuvent encore être aidés, payer des gouvernantes et des domestiques.

Ce sont les gens de la classe moyenne qui en sont réduits à ce masochisme familial qu'ils prennent pour une force. C'est vraiment masochiste dans le sens qu'ils répriment leur vitalité, croyant naïvement que c'est pour leur bonheur.

On voit maintenant des petits-fils ou des petites-filles de père et mère enfants uniques, fils de père et mère enfants uniques. Il y a cinquante ans, c'était l'exception. Aujourd'hui, non.

Ces enfants d'enfants uniques ont des névroses particulières : ils épousent n'importe qui pour avoir dix enfants, tellement ils ont souffert de la solitude : il n'y a pas de cousins, pas de grands-parents. Quand les parents meurent, il n'y a plus rien, ni d'un côté ni de l'autre : il n'y a plus de lignée; c'est vraiment des orphelins, seuls au monde... des abandonnés. Et les parents qui ne meurent pas sont les parasites de leurs enfants, parce qu'ils n'ont qu'eux au monde. Autrefois, ces extinctions se produisaient dans des cas limites : fins de races, épidémies, maladies, mortalité infantile ou angoisse de partager une grande fortune. Et maintenant, c'est pour ne pas partager l'infortune. Pour que l'infortune dans laquelle on est permette de vivre le moins tristement possible. Mais il faut reconnaître qu'élever un enfant dans une société « civilisée », crée tellement d'obligations que les gens se disent : « Ce n'est pas possible! » On ne peut pas l'emmener avec soi à son travail comme autrefois : on allait au champ, on tirait les carottes avec son enfant. On ne peut plus travailler sur un chantier, gagner sa vie humblement en ayant son enfant avec soi. Cette exclusion a complètement sadisé les gens par rapport à leur génitude.

Une femme qui dirige une entreprise raconte qu'ayant un bébé à allaiter, elle mettait la nacelle du landau dans sa voiture et, entre deux visites de chantiers, elle lui donnait le sein. Le jour de la paie, les ouvriers entraient dans son bureau et faisaient la risette à l'enfant en recevant leur enveloppe. Elle pouvait, mais une ouvrière ne pourrait pas mettre son enfant dans un coin de l'usine sans être priée de le faire garder à l'extérieur.

Le père de Marguerite Yourcenar, professeur de philosophie, emmenait sa fille avec lui, dans sa classe, tandis qu'il enseignait les jeunes gens. Elle n'a jamais été à l'école. Elle avait perdu sa mère relativement jeune, et son père ne l'a pas lâchée. Partout où il allait, elle l'accompagnait. C'est lui qui l'a instruite : à la maison pendant qu'il corrigeait ses devoirs, il lui donnait des versions latines, grecques à faire. A l'université, elle écoutait les cours qu'il faisait aux étudiants. Les proviseurs n'empêchaient pas ce professeur d'installer sa petite fille dans sa classe. Cela se passait en Belgique, ce n'était pas en France. Mais à un ouvrier, à une ouvrière, c'est interdit. Même une femme de ménage n'a pas le droit : sa patronne ne lui donne pas de travail si elle a son bébé avec elle.

Admettre les bébés sur les lieux de travail, ce serait la véritable révolution sociale. Mais il faudrait que les adultes supportent la vie. Et ils ne supportent plus la vie comme elle est. Le travail est au rendement à l'heure, il n'est plus à la tâche en prenant son temps comme on veut.

Si l'on voulait renouer avec la socialisation de l'enfant, que l'on constatait dans la société des XVIIᵉ et XVIIIᵉ siècles, il faudrait emmener les enfants à l'usine. En arrivant le matin, le père ou la mère déposeraient leurs petits à la crèche de l'usine où seraient réunis tous les enfants, et les parents iraient les voir comme ils le voudraient. Mais l'administration actuelle ferait échec à une telle expérience dès que l'enfant aurait un petit malaise, ou 38° de température (ah! la manie du thermomètre!). On ne peut plus vivre parce qu'on est pris dans des ukases tels que le père serait obligé, trois jours sur huit, d'amener son enfant à l'hôpital au lieu de l'amener à l'usine. C'est pourtant un lieu de vie. Si le père a la grippe et s'il veut travailler, on ne l'empêche pas de venir à son travail, on l'accepte souffrant. Mais son enfant, non. On est décidément dans un monde où tout est réglé par des impératifs inhumains pour des humains, dans un esprit de soi-disant protection collective. Protection collective du corps au prix de l'infirmation de l'être de langage et de relation civique. Alors, on vit dans un monde complètement fou. Il est aberrant que quelqu'un qui travaille n'emmène pas avec lui son enfant – le père comme la mère –, jusqu'à l'âge où la société l'emploierait lui-même. Il serait alors prêt à entrer dans le monde du travail puisqu'il y aurait été mêlé, avec père ou mère, au milieu de leur vie active. Et il serait préparé à y aller par lui-même.

En Italie, le dimanche, c'est rituel : simple, modeste ou riche, on va au restaurant en famille, avec les enfants qui grouillent au milieu des tables, et personne ne s'en formalise. Mais en France, ce n'est pas admis. Essayez d'entrer dans un café ou dans un restaurant avec un petit enfant qui crie ou touche à tout. L'enfant qui pleure dans les hôtels, c'est la hantise des parents, qui l'étoufferaient pour qu'il se taise. Mais il y a trop d'interdictions, l'enfant se sent un intrus. S'il y était admis, il ne pleurerait pas; s'il y avait la place pour lui de vivre, et l'accueil.

A la Maison Verte, il y a cinquante enfants, dans un petit espace, mais il n'y a pas de cris, pas de pleurs, pas de larmes... ça vit : tout le monde grouille et est occupé à quelque chose. C'est très bon.

La famille nucléaire, fermée sur elle-même, est une dégénérescence de société. La société peut être un recours, en permettant aux enfants de sortir de ce cercle étouffant; elle peut aussi aller dans le même sens et devenir elle-même un autre cercle fermé.

Un cercle fermé sur vingt enfants à la fois, c'est moins fermé tout de même que sur un seul : deux ou trois personnes avec vingt enfants, c'est moins fermé que deux personnes se concentrant sur un enfant.

La société contemporaine est assez ambivalente : elle peut aider l'enfant à sortir du noyau familial qui l'empêcherait de se développer, à partir du moment où, dès treize-quatorze ans, l'enfant peut avoir une plus grande autonomie, davantage se responsabiliser, etc. Mais en même temps, plus que jamais, elle impose des modèles. Elle détermine les finalités, la compétition, la sélection. Ce que, d'un côté, elle peut apporter de libératoire à l'enfant par rapport à son milieu familial dont elle le dégage assez vite, elle le reprend en exerçant sur lui le magistère suprême. La société fait jouer tous les enfants au jeu de l'oie : si on n'a pas atteint telle case, on revient au point de départ, ou on est éjecté – c'est nécessaire ou souhaitable. Pourquoi éliminer qui que ce soit? Il n'y a personne à éliminer. Mais un certain nombre d'individus jeunes à orienter vers telle activité qui leur plaît et à laquelle leur formation et leur esprit conviennent, sans que ce soit pour autant une destruction du reste.

Mais pourquoi faut-il que la sélection s'opère par groupe, au lieu d'être individuée? Tout ça parce qu'on s'érige en juge, et pour juger les élèves, il faut qu'ils soient passés au même moule.

L'enfant est piégé. Il est pris dans un certain nombre d'itinéraires tracés à l'avance, entièrement balisés, avec toutes les chausse-trappes ou toutes les impasses d'où il n'y a pas moyen de sortir. On définit ce qui est la bonne voie et ce qui est le cul-de-sac, et finalement, on ne compte plus les ratés.

Le gaspillage de toute cette énergie vitale que portent les jeunes est fantastique et il est vraiment la mort pour cette société. Parce que les vivants, ce n'est pas seulement les sélectionnés. Tous les autres sont vivants également!

C'est là le paradoxe : l'enfant trouve refuge dans la famille nucléaire qu'il devrait quitter pour prendre son autonomie et où il est confiné dans la mesure où il est devenu un déchet, il est devenu un rejeté. Dans ce cas, la famille consolide l'échec, soit qu'elle s'obstine à le pousser dans une voie où il ne peut pas s'exprimer lui-même, soit qu'elle le couve comme étant définitivement un incapable, un marginal. Comme il n'a pas satisfait le désir de ses maîtres, et comme il n'est pas dans la bonne voie pour y répondre, son propre désir, il faut l'étouffer. On le culpabilise de ses envies, de ses curiosités, de ses avidités. Le jugement de société est donc reçu par la famille comme étant un verdict. Alors qu'il est relatif à une certaine insertion, mais pas du tout à la valeur de cet être humain. Je crois que cette politique du pire en matière d'éducation, de l'échec institutionnel, est révélatrice d'une fin de système plutôt que de civilisation. Il serait temps de repenser complètement le problème de la formation d'un enfant en fonction de sa croissance, tant au point de vue physique qu'au point de vue psychique, dans la communication au monde extérieur. Et chacun prenant là où il a envie de prendre. L'école devrait être un lieu où chaque adulte propose quelque chose à conquérir au lieu d'imposer à l'enfant de prendre sans qu'il en ait le désir : c'est lui qui s'inscrirait : « Je viens chez vous pendant tant de temps. »

En attendant que cette révolution se fasse dans les esprits et se traduise dans les mœurs, il n'est pas étonnant que la science-fiction soit le nouveau refuge des enfants.

L'OPÉRA DE 7 ANS

En 1982, cent dix-sept enfants de 7 à 11 ans, de l'école primaire Edouard-Herriot de Fresnes, ont interprété, salle Favart, à l'Opéra-Comique de Paris, « Les secrets de la nuit », un opéra inspiré par un conte d'Andersen. Ils ont entièrement créé leur spectacle : le livret, la bande-son, la mise en scène, la décoration, les costumes. La préparation a demandé toute une année scolaire. Le premier trimestre, ils se sont initiés à l'expression corporelle et à l'instrumentation d'orchestre. Et selon les goûts et les talents de chacun, ils se sont répartis dans les ateliers, art lyrique, orchestre, décoration.

Ce qui est résolument novateur de la part des adultes responsables est de n'avoir exclu aucun enfant de l'école par sélection, et d'avoir mobilisé toutes les énergies des élèves quels que soient les niveaux.

LES CORVÉES AU PROGRAMME

Dans les internats, dans les pensionnats, les enfants qui y vivent n'ont jamais à faire ni le ménage, ni la cuisine. Pourquoi n'y a-t-il pas, à tour de rôle, des enfants à l'entretien, aux cuisines, au potager, au marché? Pas seulement la corvée de patates comme on le fait au régiment, mais en même temps le service de la table. Pourquoi? On m'objectera : « Ils pourraient se couper ou se brûler. » Si, petits, ils avaient été initiés par la mère aux risques de la vie domestique, il n'y aurait pas d'accidents graves. Et tous ces enfants ne sortiraient pas de l'école en ne sachant rien de la vie. On les entretient aussi dans le préjugé que c'est une corvée qui serait refusée par les adultes. On ne leur dit pas que ce serait valorisant. La corvée de cuisine prend tout de suite un tour de punition. Ils auraient moins de dégoût vis-à-vis de ces activités manuelles si on leur disait plus souvent que l'entretien du corps et la conservation de son environnement dépendent de la répartition des tâches et sont affaire d'entraide collective.

Je voudrais résumer ici l'essentiel des idées que je propose concernant la transformation de l'organisation scolaire afin que les enfants y trouvent la joie et la possibilité de s'instruire et de s'y développer en acquérant le goût de l'effort et la maîtrise de leurs impulsions vers une authentique stabilisation, non par crainte mais par sentiment exaltant de la liberté d'être chacun différent des autres, aimé d'eux et les tolérant tous dans leurs particularités personnelles et familiales.

L'espace. L'organisation des locaux. Le temps.

Toute école primaire autant que secondaire devrait comprendre trois espaces de vie « scolaire » : classes, ateliers, bibliothèque, et trois temps de vie personnelle et sociale : repas, étude et activités, repos et récréation. La cuisine et l'entretien qui veulent être assumés par des adultes compétents et responsables seraient en partie assurés à tour de rôle par tous les élèves groupés par équipes, d'âge mélangé de préférence. Il faudrait donc que le personnel de cuisine et d'entretien soit aussi formé à la pédagogie afin de savoir intéresser et intégrer les enfants aux divers aspects de leur travail. Je veux dire : à la cuisine, diététique, préparation, service de table, laverie vaisselle; entretien de l'école, sa décoration; le bricolage réparateur pouvant aussi faire partie des « ateliers ».

Les plus grands seraient initiés à la partie comptable et gestionnaire de leur classe par le personnel administratif, avec roulement des élèves assistant les préposés aux divers postes administratifs. Le personnel administratif serait donc engagé pour ses qualités pédagogiques associées à ses capacités techniques.

Les adultes au contact des enfants et des jeunes.

Quant aux personnes chargées des élèves, elles devraient être de deux sortes, différentes des catégories actuelles des adultes mis au contact des enfants et des jeunes. Grosso modo, d'une part des éducateurs, d'autre part des enseignants.

Parmi ceux que je nomme *éducateurs*, je réprouve ceux qui ont acquis ce diplôme mais qui n'ont pas par ailleurs un art, un sport, un artisanat comme vivante et effective activité, laquelle éventuellement pourrait les faire vivre. Avoir « l'objet humain » comme matériau du cœur et de l'intelligence pour un adulte salarié à n'être qu'éducateur est une aberration qui fatalement le conduit à confondre éducation et manipulation. Ces éducateurs compétents dans un art, un artisanat, un sport, continueraient de le travailler à côté de leur métier d'éducateur, et pourraient aussi initier, au moins par l'exemple de leur plaisir au travail personnel, les jeunes qui sont à leur charge pédagogique.

Dans ce rôle d'éducateurs et sur un pied d'égalité avec eux, il y aurait pour chaque école un certain nombre d'entre eux psychologues de formation. Animateurs d'ateliers, de groupes, leur rôle ne serait pas confondu avec celui des psychologues cliniciens, compétents en recherche, diagnostic et thérapie d'enfants en difficultés caractérielles ou scolaires, mais qui ne doivent – ces psychologues cliniciens – avoir aucune responsabilité dans les décisions pratiques qu'une école ou des parents peuvent être arrivés à prendre et pour lesquelles – à tort – on demande son avis au psychologue scolaire qui, étant tenu au secret professionnel, est amené en donnant son avis à perdre la confiance des enfants. Ce sont, au contraire, les psychologues de formation mais éducateurs de rôle auprès des enfants qui – vivant quotidiennement avec eux – auraient à jouer ce rôle d'éducateur conseiller et

animateur à la fois, rôle complémentaire des éducateurs moniteurs entraîneurs en art, artisanat ou
sport.

L'autre type d'adultes serait les *enseignants*.
D'abord ceux qui seraient chargés de l'enseignement
général concernant la discipline pour laquelle ils ont
acquis un savoir particulier et que leur passion personnelle pour cette discipline rend désireux d'y intéresser
les jeunes et de leur donner une méthodologie adéquate. Ce sont en fait les enseignants efficaces de
toujours et qui sont l'honneur du corps enseignant. A
côté de ces maîtres en discipline, littéraire ou scientifique, de niveau optimum pour chaque groupe des
enseignements complémentaires davantage chargés
d'ateliers d'application. A côté des purs enseignants, il
y aurait les instructeurs, pédagogues et techniciens. Ils
seraient chargés de contrôler ce que l'élève assimile et
d'aider à l'utilisation dans des exercices pratiques du
contenu des cours de l'enseignant général. Plus proches des enfants, ils feraient en quelque sorte équipe
avec le professeur « en chaire » et serviraient de
médiateurs aux disciplines ardues pour certains élèves
qui perdent pied lorsqu'on ne reprend pas plus concrè-
tement et chacun à son rythme la leçon entendue.

CHAPITRE IV

OUVRIR LES ASILES

REPEUPLER LE DÉPARTEMENT
DE L'ENFANCE INADAPTÉE

EN 1982, pour me rendre à Aurillac où j'avais rendez-vous avec la Direction de l'Action Sanitaire et Sociale, je suis montée à bord d'un petit coucou à huit places. On passait entre les sommets, comme un oiseau qui vole. Il faisait un temps splendide et j'ai ainsi vu tout le Cantal. Un désert français. Que de maisons isolées! 160000 habitants pour tout le département. J'ai rencontré le président et le vice-président de la D.A.S.S. Ils m'ont dit que, depuis trente ans, le Cantal a eu la vocation d'avoir des maisons d'enfants inadaptés. Séparés de leurs parents, ils viennent de toute la France. Comme ce n'était pas cher, on a placé ces enfants dans ce département pauvre. Ils ne quittent pas les murs. Ils ne font rien.

Ce n'est pas rentable pour l'économie de la région, car ces inadaptés donnent des adultes débiles. Si on les juge dangereux, on les met en camisole chimique, un point c'est tout. Les anciens pensionnaires constituent environ un tiers de la population : ils sont venus enfants et ils ont vécu là; ce sont des assistés de l'Etat, donc des contribuables.

Pour secouer cette léthargie, j'ai interpellé mes hôtes : « C'est incroyable que vous, la D.A.S.S., qui avez en charge la prévention des jeunes, vous ne preniez pas d'initiative. Vous dites que cette terre est totalement vide (il n'y a pas d'industries, même pas de moutons; les paysans ont des vaches, mais qu'on ne voit guère dans les champs, et le lait s'en va dans des fabriques de produits laitiers qui ne sont pas dans le Cantal). » Il paraît que dans le département de la Lozère, c'est la même chose. Je leur dis : « Mais pourquoi ne pas attirer ici des jeunes qui ont le goût de la nature, qui sont des écologistes, qui vivent en couples, qui ne peuvent pas se loger, qui sont obligés de devenir délinquants dans les agglomérations, parce qu'ils ne savent pas où aller? A votre place, je réquisitionnerais ces terrains inexploités pour y mettre des maisons préfabriquées. Je les donnerais aux jeunes " pionniers " pour trente ans, en échange de quoi ces couples, qui vont avoir des enfants, prendraient, du samedi au lundi, qui deux, qui trois, ou qui quatre enfants et adolescents inadaptés pour les aider à faire leur maison, à faire leurs champs, à travailler... Ainsi, ces jeunes auraient des familles d'accueil pendant le week-end. Ils en changeraient par roulement, mais s'ils s'entendaient bien avec une famille, ils en deviendraient le familier et seraient insérés dans la vie sociale, comme leurs hôtes. Voilà comment vous allez repeupler votre Cantal! »

Le président de la D.A.S.S. m'a répondu : « Mais moi, je ne veux pas m'occuper de ça; je dis aux directeurs de ces institutions que c'est à eux de trouver, du samedi au lundi, une solution pour que leurs enfants ne soient pas enfermés. » Ils sont, depuis l'âge de quatre-cinq ans, enfermés dans le même établissement, sans sortir et sans voir leurs parents qui sont trop loin; alors, ils deviennent de plus en plus retardés et assistés. Et l'administration d'avancer l'argument économique : « Pour qu'elle soit rentable, il faut que l'institution qui accueille des inadaptés marche tous les jours; il ne faut pas que les enfants partent pendant les week-ends, pendant les vacances. » Je proteste : « Mais alors, c'est insoluble. » – « Si, c'est à eux de trouver, pendant les vacances et pendant les week-ends, à faire autre chose... Mais je ne veux pas que mes directeurs d'institutions se reposent du samedi au lundi et pendant les vacances. Il faut que ces maisons, que nous avons installées, soient rentables. » Et je lui dis : « Mais ce n'est pas eux qui vont chercher à faire partir les enfants, puisque, enfermés, ils laissent en paix les directeurs... C'est la prison... Et ils gardent leur prison. » Il s'entête : « Oui, c'est comme ça... à eux de se débrouiller ! » – « Mais alors, vous, vous ne voulez rien faire, vous voulez que ce soit les autres qui fassent... Mais c'est vous, la D.A.S.S... » Je l'ai secoué : « Un administrateur de maison, ce n'est pas à lui d'avoir de l'imagination. C'est vous qui devez décider : du samedi au lundi, les enfants partiront, et comme je veux que la maison soit occupée, eh bien, j'ai des gens qui vont vous créer une animation de week-end. Vous pouvez avoir des week-ends de formation-recyclage. Ça ferait vivre le Cantal. Des gens viendraient pour un congrès de quelques jours pendant les petites vacances. Le directeur de maison d'inadaptés serait administrateur de ses élèves la semaine, et il serait administrateur de petits congrès les fins de semaine. Tous les curés et bonnes sœurs qui ont de grands établissements qui n'ont plus assez d'élèves, ou quand les élèves retournent dans leur famille, font cela. Alors, pourquoi l'administration ne pourrait-elle pas en faire autant ? »

C'était des gens qui se disaient « de gauche ». J'ai eu l'impression de parler à des gens qui étaient peut-être des communistes d'obédience, en tout cas pas des socialistes, parce que les socialistes pensent. Ceux-là ne pensent pas, ils sont gentils, ils sont obéissants : « Moi, je ne suis que le pauvre administrateur, je fais ce que l'on me dit de faire. » Je revins à la charge : « Mais enfin, dans votre département, vous avez des jeunes lycéens et des jeunes travailleurs, c'est de 9 à 25 ans qu'on a envie de pratiquer un nouveau sport ; vous pouvez faire des clubs de vol à voile, dans le

Cantal, vous pouvez en avoir six. » – « Mais il y en a un...! » – « Un, qu'est-ce que c'est! Il faut dire aux jeunes des lycées : Groupez-vous, combien seriez-vous si on faisait un club de planeur? Ils vont vous faire le plan de ce qu'il faut comme budget... Ce sont eux qui vont le faire. Si vous voulez que ça tombe d'en haut, vous n'y arriverez jamais! Orchestrez les initiatives. »

Ces hauts fonctionnaires étaient sidérés que je les bouscule ainsi : « Vous êtes pour la prévention, et vous allez avoir dans des hôpitaux psychiatriques ou dans des prisons tous ceux pour qui vous n'aurez rien fait quand ils étaient jeunes. C'est ça que vous voulez? Personne ne leur propose rien. Demandez-leur de créer, ils sont capables de le faire... » – « Mais les propriétaires de tous ces champs qui ne servent à rien ne veulent ni les louer, ni les prêter, ni les vendre. » – « Mais si on faisait une autoroute, on les exproprierait, et ils n'auraient pas à piper... Alors, faites-le. » – « Ah! Mais on n'a pas d'argent. » – « Parce que vous ne voulez pas... Vous pouvez très bien exproprier 1/20 des propriétés qui ne servent à rien, qui sont des champs perdus où personne ne va... Il n'y a pas de maisons à 20 kilomètres de ces champs perdus, et où on pourrait faire des lieux d'exercice. »

Rien... Ces responsables de la prévention n'ont pas d'imagination. Mais ils ne veulent pas donner le droit de penser et de réaliser à des jeunes.

Vraiment, ça a été une révélation pour moi de voir cette Auvergne, qui est magnifique, ne servir à rien. Ces immenses terres inutiles. La seule industrie du département, c'est l'hôpital d'Aurillac. Pour le faire tourner, il faut bien que l'on trouve des malades... Quand il y en a un qui y va par hasard, on ne va pas le laisser repartir en disant : « Vous n'avez rien. » Et voilà le bilan : le Cantal vit de l'hôpital et des « prisons » des enfants inadaptés qu'on a ségrégués là, sans aucun contact avec rien.

Il est plus facile à l'homme de faire des déserts que

des forêts! Et je crois que c'est ce qui se passe un peu partout. Mais il y a plus stérile que le désert géographique : le désert des relations affectives. C'est bouleversant de voir le Cantal battre le record de l'aridité humaine.

CHAPITRE V

LES ÉTATS GÉNÉRAUX
DES ENFANTS

DE NOUVEAUX RAPPORTS AVEC L'ARGENT

La presse enfantine a déjà publié des sondages, sur des questions anecdotiques du genre : « Que faire de son argent de poche? Qu'est-ce que vous suggérez pour vos vacances? etc. » Il faudrait les solliciter sur des choses plus graves. Bien sûr, ce qui est important pour les petits ne l'est pas pour les grands, mais on pourrait élever le débat en parlant de ce qui les concerne vraiment : au lieu de l'argent de poche, l'argent tout court, la relation à l'argent...

Par le canal de la télévision, au moment où ils regardent tous les publicités et par voie de presse, les enfants pourraient être invités à s'exprimer à titre individuel et en groupes de réflexion sur des problèmes précis, comme par exemple le divorce, la garde, l'emploi du temps, le rythme de vie, le type de société, le racisme, l'art et la création, la liberté, la solidarité, les handicapés, les malades mentaux, la santé publique, l'écologie.

A mon avis, tant qu'il n'y a pas encore de lieux où les enfants soient chez eux, je ne crois pas que l'on puisse leur demander leur avis sans qu'ils soient complètement inféodés à ce que leurs parents leur diraient de dire. Les enfants, invités à s'exprimer dans des séminaires, des colloques..., s'abritent derrière des phrases passe-partout gratifiant les adultes dont ils dépendent. Ils ne diront pas qu'ils sont malheureux, ni qu'on les exploite, encore moins qu'on les maltraite ou qu'on se moque d'eux.

Malheur à ceux qui parlent un langage de vérité que l'adulte n'est pas prêt à recevoir.

Un inspecteur en visite accapare le professeur d'une classe dans une école active. Il interroge une élève : – « Ah! ce qu'on s'ennuie. » S'ennuyer dans une école active? C'est choquant. – « On s'ennuie parce que vous êtes là! » Incongru. Atteinte à sa dignité académique. L'inspecteur en fait toute une histoire. Et la petite fille a seulement dit ce qu'elle pensait. Elle va très bien. Mais la société ne l'admet pas. Ce n'est pas convenable de parler ainsi au représentant de l'Administration, au censeur de son professeur.

Il y a eu, à Nice, un salon : « L'enfant et la télématique », et certains enfants sont venus parler au micro. Dans cette situation-là, ils sont en représentation, c'est de l'interview et ils répondent comme les adultes, suivant des types de comportement qu'ils adoptent ou qu'ils feignent d'adopter. Il n'y aurait pas le même mimétisme spontané s'il s'agissait vraiment de problèmes qui, du reste, mettent en cause le système colporté et retransmis, imposé par les adultes.

Par exemple, la relation à l'argent, c'est une chose qui devrait être débattue *dès* l'école. Un certain nombre d'adolescents, quand ils parlent du « fric », en parlent comme d'une chose absolument ordurière, négative. Disons qu'ils sont brouillés avec le symbole même de l'argent, alors que dans toutes les sociétés faites par l'homme, un symbole de valeur admis par tous préside aux échanges (argent ou monnaie); c'est une chose extrêmement importante et qu'on ne peut pas éviter. Mais ils en viennent à une espèce de rejet et de dégoût profond de tout ce qui est échange fondé sur l'argent ou sur une monnaie fiduciaire, au point d'essayer d'en revenir au troc, ou à des communautés où on ne touche jamais à l'argent. Cela seul les marginalise. Alors que si, beaucoup plus tôt, ils avaient pu s'exprimer sur ces questions de l'argent dans la société, ils n'auraient peut-être pas un vécu par rapport à l'argent aussi hostile, conflictuel, etc. Quand ils arrivent à l'âge adulte, ils disent « le fric » et à ce moment-là, il y a une espèce de haine.

L'argent des enfants est remis aux parents. Les allocations familiales sont données aux parents et pas aux enfants. Quand l'enfant reçoit une certaine somme, ce n'est pas lui qui la gère... ce sont les parents. S'il a des petits gains, parce qu'il rend des services, cet argent, souvent, on l'oblige à le mettre dans une tirelire, ou à la Caisse d'Epargne, et il ne peut pas y toucher avant 16 ans. Et c'est la mère ou le père qui le redistribue, en argent de poche, au compte-gouttes... et de s'étonner qu'il le dépense tout de suite... alors qu'on ne lui a jamais appris à gérer. Par exemple : « Voilà ton budget pour trois mois... » Evidemment, la première fois, il n'y aura plus rien au bout de trois jours, mais il aura fait une expérience. Seulement, il faut lui expliquer, sans pour autant le pénaliser la première fois... Tout ça est très difficile, et je crois que, là-dessus, les adultes sont complètement désarmés devant un jeune enfant qui leur pose la question fondamentale : « Pourquoi tout ceci est fondé sur l'argent? Pourquoi je ne peux pas le gagner et le gérer? » Il y a des enfants de 12 ans qui ne comprennent pas pourquoi, pendant les vacances, ils ne peuvent pas gagner d'argent; personne n'accepte de les employer, pour des raisons de sécurité, avant 16 ans...

Le système des allocations familiales, dont on perd le bénéfice si le jeune ne pointe pas à l'école jusqu'à 16 ans, pervertit la valeur de formation. La présence à l'école est obligatoire. N'y rien faire et s'y démoraliser est rentable.

Les parents des milieux défavorisés sont placés dans une situation de proxénètes vis-à-vis de l'Education nationale. Ils monnaient la présence de leurs enfants à l'école.

Les allocations pourraient être versées à l'enfant en échange d'un certain effort fourni au cours de ses études, et estimées par un contrôle du travail qu'il effectue.

Je ne comprends pas pourquoi l'école ne donne pas en argent un équivalent de réussite : son prix, au choix un disque, un livre ou de l'argent. C'est une richesse pour le pays un enfant qui passe un niveau dans une discipline. Tous les élèves pourraient avoir une certaine somme : 100 francs le diplôme; un enfant de 8 ans passe son diplôme de français : il a 100 francs; et puis le deuxième diplôme, il a 150 francs; le troisième diplôme, 300 francs; le quatrième... Pourquoi pas?

Ou constituer des bourses d'études : je veux dire qu'ils pourraient avoir le sentiment qu'ils vont, en somme, autofinancer leurs études... Ça leur donne un capital. Et, au bout de quelques années, ils pourraient opter pour utiliser ce capital dans la vie, s'ils veulent arrêter leurs études, et l'utiliser pour un voyage, ou pour commencer dans la vie, ou bien le réinvestir dans des études supérieures.

C'est vraiment lamentable de voir ces jeunes qui sortent à 16 ans, ayant des diplômes, pas un sou en poche, et rien pour rien faire après... Ils me font l'effet du prisonnier qui sort de cellule et qui n'a pratiquement rien devant lui. Même pas un ticket de métro.

Et le diplômé arrive complètement démuni. Et il n'a pas d'organisme prêteur. En dehors de la famille, il n'y a personne pour agir à l'exemple de ce père qui dit à ses enfants : « Jusqu'à telle année, je vous avance, sur l'honneur... J'investis jusqu'à telle année; après ça, il faudra que vous vous débrouilliez. » Il existe bien un ou deux systèmes d'assurance scolarité, comme aux P. et T., l'Assurance Etudes... Mais ça ne permet pas à un écolier d'avoir le sentiment qu'il peut s'autofinancer. Au Canada, chaque paroisse peut délivrer des bourses; les paroisses, c'est l'équivalent de nos communes. Et les gens qui sont arrivés paient une bourse à un étudiant. J'ai connu des médecins canadiens qui, grâce à une bourse, sont venus en France, pour être psychanalysés en France. Ils avaient une bourse de quatre ans; et ils se payaient une psychanalyse en même temps. Et eux, plus tard, créeront une bourse pour un jeune de leur paroisse.

En France, c'est l'Etat qui attribue les bourses; c'est impersonnel. Le parrain de la bourse privée, on le connaît; on sait qui c'est. Et ce Monsieur, une fois par an, on lui écrit pour lui dire où on en est de ses études. Ici, les bourses gardent trop ce caractère d'aide publique anonyme aux nécessiteux... ça ne résout pas la question.

C'est finalement presque toujours les enfants d'instituteurs ou protégés par eux, distingués par eux, qui reçoivent les bourses... et ceux dont les parents sont au courant de toutes les bourses auxquelles on peut concourir. Il reste tous les autres, les enfants et adolescents dont les parents pourraient parfaitement payer les études que leur enfant désire, mais qui ne sont pas preneurs dans la mesure où, n'étant pas du tout intéressés par ces études, ils trouvent que c'est du gaspillage de les financer et on ne demande pas l'avis des jeunes. Mais le niveau socio-économique des parents n'autorise pas leurs enfants à concourir pour la bourse d'études qui serait pour ces enfants leur seul recours pour assumer leur désir d'études.

A défaut de rétribuer le travail scolaire, il pourrait y avoir dans les écoles des ateliers, des clubs où on pourrait faire des choses vendables : des poteries, des miniatures, des peintures... ou même rendre des services à la population.

Au lieu de craindre que si on les introduit dans des propriétés privées, ils n'aillent tout casser, on pourrait demander aux jeunes de participer à des travaux d'aménagement. Dans leur quartier, ils pourraient peut-être rendre des services. Seulement, il y a cette question d'assurance, de sécurité, de charges sociales... mais, en fait, on ne peut les prendre qu'au noir. La mairie ne peut pas donner un tel exemple.

Mais pourquoi ne pas leur payer leur scolarité? Enfin, les récompenser de leurs résultats scolaires?

Pour que la scolarité obligatoire ait un sens pour eux, est-ce qu'il ne faudrait pas plutôt qu'ils la paient, comme les étudiants américains paient leur scolarité en ayant des petits jobs... de la même façon que l'on doit payer sa psychanalyse...? Est-ce que ça n'est pas de la même nature? Dans le même ordre de valeurs, si l'enfant, d'une certaine manière, payait sa scolarité avant d'attendre qu'il soit étudiant, est-ce que vous ne pensez pas qu'il aurait de meilleures relations à l'école?

J'en suis sûre. Mais pas avec les programmes actuels. S'il y avait des programmes à options, les enfants choisiraient leur programme et seraient prêts à des efforts et des sacrifices pour pouvoir se l'offrir.

Aucun enfant n'entre en analyse sans payer : il a droit à trois séances pour lui gratuites, c'est-à-dire payées par les parents ou la Sécurité sociale. Je le préviens : « Si le travail t'intéresse, tu verras ça au bout de trois séances; alors, tu paieras un prix symbolique, je ne te verrai pas si tu n'apportes pas quelque chose... »; les petits, un caillou; les plus grands, un timbre; s'ils ont de l'argent de poche, une pièce de dix centimes. L'enfant qui arrive les mains vides à la séance suivante, je le félicite de son refus (ou de son oubli) et lui dis de revenir s'il le désire la fois suivante avec son paiement appelé symbolique et je lui garde son rendez-vous. Je rassure les parents : « Non... Vous êtes inquiets pour votre enfant, mais lui (ou elle) ne trouve pas que ça vaut la peine de payer dix centimes : ça casse un carambar et il ne veut pas casser un carambar, et il a raison : c'est qu'il n'éprouve pas le besoin d'être aidé, ou qu'il n'a pas confiance en moi.

Vous feriez de même. » C'est un extraordinaire levier : ça provoque l'enfant à désirer authentiquement s'exprimer. Il expérimente parfois tout nouvellement qu'on ne le prend pas de force; ce n'est pas terrible de préparer son petit timbre chez lui, de ramasser un caillou et de l'apporter... Et ceux qui ne le font pas, c'est vraiment qu'ils n'ont pas besoin du traitement. Ce sont leurs parents qui alors, inquiets de lui (ou d'elle), viennent pour l'enfant. Je les y invite : « Venez pour parler de votre situation avec votre enfant... Nous chercherons ensemble pourquoi votre enfant ne peut pas encore se sentir responsable de lui. » Très souvent, ce sont les parents qui empêchent leur enfant de devenir autonome. Eux sont angoissés mais leur enfant ne l'est pas encore. Il s'exprime par opposition passive ou active aux désirs d'autrui qui veut s'imposer à lui.

Quant au paiement réel, j'ai eu des jeunes à partir de 14 ans, en dette d'honneur; ils paient une partie – ce qu'ils peuvent – à chaque séance demandée par eux-mêmes, et puis il y a une dette d'honneur qu'ils doivent à leurs parents ou à moi...

Le contrat de paiement symbolique est parfaitement intelligible à un enfant très jeune. Il doit signifier son désir, en décider par lui-même – bien sûr, il ne peut le faire qu'après avoir compris ce qui lui est proposé et en avoir expérimenté l'intérêt, le bienfait (le but à long terme ou à moyen terme fait partie du style de bienfait reconnaissable par un enfant aussi bien pour l'acquisition de connaissances que pour l'allègement de son angoisse en psychothérapie). Ce qui est efficace et libératoire en relation psychothérapique est à transposer au plan de l'école : l'appétit de savoir, le désir d'apprendre, de connaître, non pas soumission obligatoire aux parents et adultes maîtres, mais possibilité de s'exprimer, agir, créer. Depuis Charlemagne, le prince qui manifeste le désir d'avoir des cadres pour son administration a choisi de récompenser les bons élèves, ceux qui font plaisir au maître, et de punir ou rejeter les mauvais, ceux qui ne donnent pas des résultats conformes au but que se propose le désir du maître, ou qui ne se plient pas aux règles établies pour la commodité du groupe.

Conquérir quelque chose que l'on désire est tout autre chose que d'être obligé à le recevoir. Rendre les connaissances accessibles à tous ceux qui les briguent, quel que soit le désir de leurs parents et quels que soient leur rythme d'acquisition, leurs facilités, à condition qu'ils en éprouvent l'ardent désir et le manifestent, ce n'est pas du tout la même chose que de rendre l'instruction obligatoire. Il est juste de stigmatiser l'exploitation de la santé d'un être humain (physique, mentale, morale). Mais ce n'est pas en interdisant le travail rémunéré ou non aux enfants de huit à seize ans qu'on résout le problème. C'est en informant les enfants sur les limites des droits des employeurs. En fait, les enfants sont beaucoup plus exploités en étant les bénéficiaires obligés d'adultes qui sont justifiés institutionnellement d'user à leur égard de droits discrétionnaires sur leurs occupations et de pouvoirs inconditionnels, économiquement et physiquement forts, sur les faibles qu'ils sont.

Les enfants n'ont aucun recours entre leur famille et l'école obligatoire. Si le travail, donc le gain d'argent, leur sont interdits, ils n'ont comme ressource que de se révolter, devenir délinquants ou se soumettre (délinquants passifs, bien vus des parents et maîtres), ou de développer des maladies de malvivance, de mauvais et destructeurs échanges affectifs et mentaux : les névroses, les psychoses, bref des états morbides qui signifient la stérilité du désir bafoué, mutilé, interdit d'expression et d'intégration aux activités de l'ensemble de la société.

Aux Etats-Unis, les petits Américains ont le droit de gagner de l'argent. Ils peuvent faire des petits travaux dès l'âge de 8 ans, en dehors des heures de classe. On les voit distribuer les journaux, le lait.

C'est très important de se sentir responsable de soi. Si la société française facilitait ces choses-là pour les très jeunes, dès l'âge de 7-8 ans, enfin dès qu'un enfant sait être autonome en famille, qu'il sait traverser la rue, aller d'un endroit à un autre, pour lui, en famille et en société, les rapports s'amélioreraient. L'enfant se sentirait utile, et pas seulement toléré. Ce serait une belle révolution en France. On aurait tout le monde contre soi; tous les parents – quand je conseille de payer aux enfants des petites corvées qui leur évitent une femme de ménage... au lieu de les y contraindre – me disent (c'est ce que j'entends dans les réunions) : « Mais enfin, si les enfants rendent service en échange d'argent, c'est honteux. » – « Mais pourquoi? Puisque vous paieriez une femme de ménage, vous paieriez un homme de peine pour le faire... » – « Mais il ne le fait pas aussi bien qu'un adulte! » – « Vous pouvez le payer moins cher parce que c'est moins bien fait, ou lui dire : C'est parfaitement bien fait, et payer le prix. Libre à lui de refuser une partie pour marquer sa solidarité au budget familial. »

C'est de 9 à 12 ans qu'un enfant apprend à faire tout ce qu'on peut faire dans une maison pour aider; à le faire correctement pour pouvoir le faire ensuite chez d'autres personnes... étant adolescent, ce n'est pas dans sa famille qu'il le fera. A 12-13 ans, il a besoin de sortir de sa famille et de se faire admettre dans d'autres familles. Ainsi, il n'a pas le sentiment d'être exploité par ses parents, ou malmené sous prétexte qu'il est un peu leur esclave. Chez les autres, il ne sent pas cette tension qui règne souvent à la maison.

Les fils, au XVIe siècle et au XVIIe siècle, allaient comme apprentis ou comme pages chez les autres. Et dans les campagnes aussi, les fils de paysans, à partir de 12 ans, allaient comme valets, pendant un ou deux ans, chez des égaux de leurs parents qui faisaient le même métier que les parents. Sachant le métier, ils étaient libres ou non de revenir au foyer paternel, aider en adulte leur père vieillissant.

Au fond, ces sociétés plus anciennes avaient expérimenté la socialisation des enfants. On pourrait retransposer dans notre société moderne les mêmes échanges, si l'école était un lieu d'éducation complète de l'enfant : les élèves y seraient avec le peintre, avec le menuisier, avec la cuisinière, avec les balayeurs... enfin avec tout le monde qui entretient l'école... Et en même temps, avec les professeurs. Ils pourraient apprendre beaucoup de choses, si l'école était le lieu de vie de l'enfant et si les maîtres étaient payés pour transmettre leur savoir aux jeunes, les sentant, en valeur et en liberté, à égalité avec eux. Bien sûr, le savoir qu'ils ont, les enfants ne peuvent pas l'avoir, mais tout ce qui est latéral et qui peut les préparer à la vie active, ils l'auraient. Et ils auraient, de ce fait, des échanges. C'est tout de même terrible de voir que dans les cantines, les enfants se mettent les pieds sous la table, au lieu de faire le service, à tour de rôle.

Dans les collectivités de loisirs, il y a une répartition des tâches.

Combien d'enfants disent qu'ils voudraient quitter leur famille pour aller dans une pension « comme c'est pendant les vacances ». S'ils ne savent pas dire « une pension », alors ils disent : « J'aimerais que ça soit toujours comme pendant les vacances, et puis on aiderait tout le monde... » comme ils font quand ils sont en classe verte ou de neige. Là, pendant un mois, tout le monde contribue au travail de maison à tour de rôle : un groupe de cinq ou six va aux courses, avec un professeur; un autre fait le ménage de la maison, d'autres sont à la cuisine. Là, ils sont heureux d'être loin de leurs parents; heureux de revenir les voir aussi, mais pas tout le temps.

La vraie révolution commencerait par faire de l'école publique un lieu où apprendre à vivre responsable de soi-même et solidairement les uns avec les autres, âges confondus pour des tâches nécessaires à tous.

Il y a là un mur presque infranchissable. Car les syndicats seraient contre.

SUR UN CAHIER DE DOLÉANCES...

Lors de la réunion des Etats Généraux, la cause des enfants fut la grande oubliée. Dans les cahiers de doléances, on ne relève rien qui puisse vraiment changer la vie des futurs citoyens. Mais un anonyme qui circula après 1789 entendit réparer cette omission. A qui le lit aujourd'hui, la forme de certaines revendications pourrait prêter à sourire mais leur esprit dépasse le petit folklore d'une fièvre contestataire. Ainsi le ou les rédacteurs exigent la suppression des fessées et du dressage sous la menace de l'enfer ou du grand méchant loup, et réclament le droit à l'instruction des filles. Et ordonnent à tous les parents et maîtres de « ne plus contredire sans cesse par leurs actions ou paroles les leçons qu'ils donnent aux bambins des deux sexes parce qu'il est on ne peut plus maladroit de défendre aux autres des actions mauvaises, celles que l'on fait tous les jours à leurs yeux, sans scrupule ».

Si les Etats Généraux des enfants se réunissaient en 1984, ces « doléances » seraient encore à porter à l'ordre du jour...

UN MINISTÈRE DES JEUNES DANS UNE SOCIÉTÉ POUR LES ENFANTS?

Sans tomber dans l'exercice « rétro » et puéril des « dix commandements », le Children's Bureau, en Angleterre, au terme de ses recherches et travaux, s'est tourné vers l'avenir et s'est interrogé sur les mesures préventives qui pourraient améliorer la condition des enfants et accroître leurs chances de développement. Comment construire le futur, que faire pour aller plus loin? Ce questionnaire intitulé « Questions sans réponse » est soumis à la réflexion des éducateurs. En prenant connaissance des thèmes, Françoise Dolto y réagit spontanément[1].

1. Quelle sorte d'adultes désirons-nous que deviennent les enfants d'aujourd'hui?

C'est là tout le problème. L'équipe du Children's Bureau a mis en prémices la finalité. Je mesure l'importance de préparer les enfants à advenir, dès l'âge de 9 ans, autonomes quant à leur désir de vie, et de lieu de vie, et soutenus à poursuivre le maximum de connaissance et d'expérience concernant leurs intérêts personnels. Mais personne ne peut dire encore quels adultes ils deviendront. L'adulte est totalement responsable de ses actes face aux lois. Pour favoriser l'éclosion de ces adultes, il faut rendre garçons et filles responsables d'eux-mêmes et capables d'être dégagés de l'influence de leurs propres parents au plus tard à l'âge de 14-15 ans, tout en gardant s'ils le désirent l'échange d'affectivité avec eux, si c'est possible. C'est pour cela que j'aurais voulu que la majorité fût à 16 ans, et non pas à 18, et la possibilité d'émancipation à 14 ans sur le désir du jeune. Quand un individu est arrivé à l'âge de la majorité, il est en droit, selon la loi, de se séparer de ses parents s'il souffre dans l'ambiance familiale. Si la majorité était à 16 ans, ils seraient émancipables à 14. Actuellement ce sont les parents qui peuvent seuls demander l'émancipation légale, alors qu'il faudrait que ce soit le jeune qui la

---

1. *The needs of children.* Quelques questions sans réponse, Mia Kellmer Pringle, Hutchinson and Co.

demande, même si les parents s'y opposent, et que ce soit possible dès l'âge de 14 ans.

A partir du moment où l'enseignement est obligatoire jusqu'à 16 ans, la majorité devrait être à 16 ans. Elle est moralement à 16 ans. Je crois que le législateur fait une cote mal taillée, parce qu'il n'a pas voulu passer directement de 21 à 16 : sans doute cela lui semblait trop radical. Alors, on a marqué une étape.

Beaucoup de jeunes iraient plus tôt dans la vie active, quitte à reprendre un peu plus tard des études. Comment se fait-il qu'un être n'ait pas le droit de s'absenter d'une filière, pendant un an ou deux? La possibilité de prendre une année sabbatique à sa majorité permettrait aux jeunes d'y voir clair avant de décider de poursuivre ou d'arrêter leurs études.

2. Ne devrait-on pas instituer deux formes différentes de mariage? Le mariage où l'on fait une expérience probatoire, et puis le mariage où l'on s'engage à fonder une famille.

Il peut arriver qu'il y ait quand même des enfants qui naissent de ce couplage probatoire de compagnonnage amoureux. Ce qu'il faudrait, c'est que la responsabilité reste aux géniteurs, s'ils la désirent... Et s'ils ne la désirent pas, cette responsabilité serait prise par quelqu'un de la famille de ses géniteurs (c'est-à-dire de l'enfant), ou par l'Etat... sans pour cela nier et supprimer le lien affectif, les visites et les relations épistolaires, avec l'un ou l'autre géniteur ou leur famille.

Il est tout de même insensé que pour se marier, il suffise de publier les bans quinze jours à l'avance, alors que pour divorcer il faut trois ans. C'est stupide. Il vaudrait beaucoup mieux trois ans de bans, trois ans de couplage compagnonnage (reconductible d'année en année) jusqu'au jour où le couple décide de son union définitive. Mais cet essai ne doit pas être dissocié de la responsabilité de mettre des enfants au monde. Il ne faut pas l'avoir trop tôt, sinon il n'y a pas de vie de couple, mais si un accident arrive, il faut être prêt à agir dans le seul intérêt de l'enfant imprévu.

3. Faut-il envisager une préparation, dans les écoles, au rôle de parents? Jusqu'où peut-on aller en rendant l'apprentissage du métier de parent obligatoire? A la limite, vers un C.A.P., certificat d'aptitude à la profession de parent?

Je crois que c'est une question absolument utopique. On n'est apte à être parent que quand on a atteint le niveau nécessaire pour assumer la responsabilité d'un être différent de soi et qui ne vous appartiendra jamais.

Il y a certainement une information qui peut être donnée. Mais cette information tombe sur des enfants qui sont sous dépendance de leurs parents et qui, à cause de cela, sont en mal d'identification. L'instruction mentale, ce n'est rien par rapport au fait d'être dans la situation de parent. Il faut une très grande maturité pour être capable d'être parent, car cela implique d'être conscient que ce n'est pas une situation de pouvoir, mais une situation de devoir, et qu'on n'a aucun droit à attendre en échange. C'est justement ce qui, actuellement, manque à tant de parents. Nous le voyons, l'enfant se met à être « dévorateur » du parent, et le parent ne reste pas dans la loi de son âge : il se met à être en cheville avec cet enfant, et parce qu'il n'a pas vécu suffisamment son enfance. A travers son enfant, il joue de nouveau. Si l'un des géniteurs se laisse piéger par sa maternité ou sa paternité au détriment de sa relation amoureuse à l'autre, ou de son intérêt pour son travail, il ne prend plus plaisir à la vie du couple et ne reste plus relié au géniteur de cet enfant; c'est la cause de tant de divorces. Si on enseignait à des enfants ce que c'est que d'être parents, on devrait enseigner que c'est de ne jamais posséder aucun droit sur ses enfants et n'avoir que des devoirs à leur égard, et principalement celui de les armer pour la vie, les éduquer à se libérer de leur tutelle. Quant aux enfants, ils doivent être enseignés à n'avoir aucun devoir vis-à-vis de leurs parents que celui de les assister dans leur vieillesse impuissante comme les parents assistent leurs enfants dans leur jeunesse impuissante.

4. *Il faudrait utiliser les énergies des jeunes et des personnes âgées pour compléter les soins parentaux.*

C'est très important. C'est ce que j'appelle les personnes latérales. C'est tout le problème associatif : ne pas démobiliser les générations âgées par rapport aux jeunes, parce qu'elles ont l'esprit plus libre et sont moins érotiques vis-à-vis des gens de leur classe d'âge et même, de ce fait, moins rivaux sexuels des jeunes que le sont les adultes. Le fait que deux générations séparent les vieux des jeunes fait que les jeux de pouvoir sont moindres et le plaisir à la communication plus grand. Ce sont les personnes âgées familiales qui jouent encore un rôle actuellement, mais ça devrait être les personnes âgées extra-familiales, surtout maintenant où les familles sont géographiquement dispersées.

L'énergie des personnes âgées, et aussi celle des jeunes, est à réhabiliter. Les jeunes peuvent s'occuper des petits, surtout s'ils ne sont pas leurs frères et sœurs. Certains ont un talent énorme d'animateur. Ils n'ont pas de pouvoir vis-à-vis des enfants des autres, mais ils centralisent les énergies, canalisent et promotionnent des enfants violents et même dangereux pour les plus petits. Mais, sous prétexte de l'interdit du travail, on ne peut plus permettre au groupe social de développer ces valeurs de communication formatrice réciproque entre les classes d'âge.

5. *Les féministes disent : « Un bébé n'a pas le droit de modifier en quoi que ce soit la vie d'une femme. »*

Ne peut-on s'inquiéter de voir que le droit des enfants est miné par le féminisme?

Il se trouve qu'une femme qui a porté déjà un bébé pendant neuf mois (elle l'a voulu, car celles qui n'en veulent pas peuvent avorter) est modifiée par des forces physiques et affectives qui se développent en elle, surtout à l'accouchement. Ce sont des mots que disent les féministes avant d'être mères, ou longtemps après l'avoir été et s'être laissé exploiter par une maternité masochiste. Une fois qu'elles ont un enfant, elles le gardent. Et pas malgré elles. Aujourd'hui, une femme accouchée peut très bien dire : « Je ne peux pas élever mon bébé », et le confier à la D.A.S.S.

Un certain nombre de jeunes femmes qui ont un bébé (elles sont d'ailleurs en général très anxieuses) se fatiguent vite de leur enfant et ont tendance à le laisser en charge à qui veut, grands-parents, mari ou voisine. Elles ne supportent pas d'organiser sa garde en crèche ou par une nourrice, elles veulent garder leur enfant, et ne le supportent plus. Et elles disent : « Mais il me prend tout l'air... » Elles ne savent pas rester femme en étant mère. Ce n'est pas bon pour l'enfant non plus. Dans ce cas, il vaut mieux qu'elles s'en débarrassent sans culpabilité; bien au contraire. Je ne crois pas que ça soit bon à toutes les femmes d'élever elles-mêmes leur enfant. Et quand c'est mauvais pour la femme, c'est nuisible au conjoint et c'est mauvais pour l'enfant. Donc, si elle peut trouver autour d'elle quelqu'un qui aime s'occuper de son enfant, pourquoi pas? Mais c'est à la maternité même que les femmes nouvellement mères devraient parler des problèmes personnels que cette maternité leur pose, et trouver apaisement à leur angoisse.

6. Question pratique : A ceux qui s'occupent des enfants du premier âge, à temps plein, il faudrait verser des allocations.

Je me demande pourquoi des personnes morales comme les mutuelles, ou comme les banques, qui prêtent de l'argent pour acheter un appartement, ne prêteraient pas à toute mère qui voudrait élever son bébé. Cette somme minime au regard de prêts au logement serait remboursable à partir des 18 mois de l'enfant, en 10, 20 ou 30 ans. Les femmes pourraient ainsi – celles qui le désirent – élever leurs enfants jusqu'à l'âge de 18 mois-2 ans, jusqu'à l'âge de la marche habile et confirmée. Il n'est pas juste qu'on ne donne pas d'allocation à une mère pour élever son enfant, alors qu'on paie sa garde à une autre femme si la mère renonce à élever son enfant. Si une mère confie son enfant à la D.A.S.S., l'enfant est pris en charge et la femme qui s'en occupe, en placement familial, reçoit 2 500 F par enfant et par mois.

Je citerai l'exemple d'une nourrice qui a six enfants, tous débiles de parole et de motricité; elle ne sait que les nourrir et les tenir propres; elle ne sait pas les élever, mais elle vit sur le dos des enfants, la D.A.S.S. lui payant de l'argent.

C'est certain qu'une femme devrait avoir une allocation jusqu'à ce que son enfant ait 18 mois, pour l'élever, si elle le désire. Et être libre de le remettre à une personne de confiance si elle veut continuer à travailler. Quelqu'un de sa famille, par exemple. Mais l'Administration met partout des obstacles. Même une grand-mère ne peut officiellement garder régulièrement ses petits-enfants que si la D.A.S.S. l'a homologuée comme gardienne d'enfants. Elle est alors obligée d'accepter en plus la garde d'autres enfants. C'est le syndicat des gardiennes d'enfants qui a fait imposer cette réglementation, pour que ce travail soit respecté plus qu'il ne l'était. On n'a pas le droit, actuellement, de prendre une jeune fille, une amie, une parente, chez soi pour garder ses enfants. C'est se mettre en infraction. Mme Simone Veil, quand elle était ministre de la Santé, avait déclaré : « Je voudrais que toutes les femmes de France soient délinquantes sur ce plan »; c'est-à-dire qu'elles gardent leurs enfants à la maison, aidées de grand-mères, d'amies ou en payant personnellement une personne qui a leur confiance, quand elles travaillent.

Tous ces règlements qui entravent la liberté des gens partent de bonnes intentions. Comment tester les gens capables d'élever des enfants, et combien leur en confier? Une nourrice qui peut en prendre deux chez elle, quels que soient les locaux, ne peut peut-être pas en élever trois ou quatre sans être complètement débordée. Et puis quelle nature d'enfant? Chaque enfant a son comportement, plus ou moins fatigant. Et est-elle capable de supporter la jalousie inévitable de la mère, ou sa dépendance à l'égard de qui a comme en otage son enfant?

La responsabilité est lourde car le vrai travail consiste à donner à l'enfant, en le laissant prendre des initiatives (tout en limitant les dangers) et faire l'expérience de sa sensorialité à l'aide de la parole. Le législateur est peut-être parti d'une bonne intention en exigeant des nourrices certaines compétences. Mais, comment bien les contrôler? Et puis, au fur et à mesure qu'une nourrice en a un certain nombre, l'esprit devient corporatif; il y a un syndicat de gardiennage, et à ce moment-là les interlocuteurs n'ont plus que des intérêts de défense professionnelle. On est à mille lieues de l'esprit d'entraide rétribuée. Je crois qu'il y a une notion qui a disparu : c'est la noblesse du service. L'entraide, si elle est gratuite, c'est une exploitation; le service, c'est servile. Alors que nous sommes là à vivre en société, avec nos compétences au service des uns et des autres. Il n'est que de voir la façon dont les « entrants » sont traités dans les hôpitaux, alors que les infirmières et médecins sont payés pour être à leur service. Mais pas du tout : les malades sont objets du pouvoir médical et du pouvoir infirmier. C'est la même chose pour les enfants : sous prétexte de rendre service à un être humain à l'état d'enfance, on le fait passer sous son pouvoir. C'est toute une modification de la société qui est à promouvoir. On pourrait favoriser ce changement en commençant par initier des enfants assez tôt à la solidarité sociale; ceux qui ont le goût de s'occuper des plus jeunes : « Tu es au service des autres, tu dis que tu t'intéresses aux enfants, alors ne t'occupe pas de celui sur lequel tu estimes que tu as du pouvoir, que ce soit de ton fait ou du sien. Explique-lui qu'il fait fausse route. » Aux adultes maternant, il faut le répéter cent fois : « Vous êtes au service de chacun de ces enfants et de leurs parents; ce sont eux qui vous paient, même si ce n'est pas directement. »

Car c'est une perversion de l'aide à l'enfance universellement répandue. Ça devrait être tout le temps redit... toute la journée, comme un slogan, aux « maternantes » des pouponnières : « Vous êtes au service de ces enfants »; et que les enfants des services hospitaliers s'entendent dire : « Vous êtes comme nous les adultes, vous les enfants, au service les uns des autres. » Dans les garderies, dans les cliniques, favorisons l'entraide entre les enfants et les personnes compétentes au service de ceux – les petits, les moins développés – qui sont là pour recevoir des soins et sortir de leurs impuissances.

Le mot « service » est devenu synonyme de servilité et d'exploitation. Réhabilitons-le. Il est le mot clef de la vivante solidarité consciente de toute société.

7. *Développons la prévention par l'écoute de la voix des enfants.*

Dans cette écoute, nous devrions surtout leur donner, à eux, l'émotion d'apprendre des autres que ce qu'ils pensent est à écouter, même si on ne peut pas toujours le réaliser. « Mais tu as eu raison de le dire. »

Dans certaines situations cette vraie écoute ne peut être opérante dans le milieu familial. Par exemple, chez un enfant du divorce, pour le choix du parent avec qui il désire vivre. On ne peut pas l'écouter tant qu'il est dans l'orbe de son père et de sa mère, il n'est pas dans des conditions d'expression libre, il faut des lieux où il soit écouté pour lui-même, et non comme parole de son père ou parole de sa mère. Il y a un travail énorme à faire pour les enfants du divorce. Les assistantes de justice qui vont faire les enquêtes les font dans le lieu où vit l'enfant et où il n'est pas libre de s'exprimer, c'est plus nuisible que de ne rien savoir des options affectives et des besoins réels de l'enfant.

La personne à l'écoute ne devrait pas systématiquement être plus âgée que lui. Ce pourrait très bien être un jeune. Il y a des jeunes extraordinaires pour leur disponibilité naturelle à l'écoute des autres. Les enfants sont aussi plus confiants entre enfants qu'avec des adultes.

8. Dernière question importante du Children's Bureau : La création d'un ministère des Enfants s'impose-t-elle?

Pas un « ministère des Enfants » (car il pourrait consacrer leur enfermement dans un monde à part). Je verrais plutôt un « ministère de la Famille » jusqu'à 14 ans; et, à partir de 14 ans : un « préposé aux Jeunes ».

L'actuel ministère de la Jeunesse et des Sports ne s'occupe finalement que de culture physique et de compétitions. Le ministère des Jeunes, ce serait autre chose. De la jeunesse affective, créatrice, souffrante; et les sports auraient leur secrétariat d'Etat, puisqu'on fait du sport à tout âge. « Jeunesse et Sports », c'est vraiment réducteur. La jeunesse mérite largement à elle seule tout un ministère. Le ministère des Sports devrait être aussi bien pour les adultes que pour la jeunesse : « Sports et temps libre. » Et le ministère des Jeunes prendrait le relais du ministère de la Famille, pour tous ceux qui, à 14 ans, sont en âge de s'émanciper – tout ou partie – de la tutelle familiale ou de ses substituts.

FAIRE VOTER LES ENFANTS

Les meilleurs démocrates et les républicains au-dessus de tout soupçon n'ont pas de considération pour les enfants : ils ne leur donnent pas de voix consultatives aux élections. Nulle part le fait d'être père ou mère ne donne plus de voix au citoyen qui est responsable de futurs adultes. Il est tout à fait inhumain de penser que ceux qui ont mis au monde des enfants n'ont qu'une voix, comme le vieillard, comme le célibataire à vie, alors qu'ils représentent l'humanité montante. Je propose entre autres : Dans une famille de quatre enfants (deux garçons, deux filles), le père devrait avoir trois voix et la mère trois voix, la voix des filles à la mère, la voix des garçons au père, jusqu'à leurs 12 ans. Et puis, à 12 ans, les enfants voteraient. On les laisserait devenir responsables de leur propre voix. Ce serait consultatif de 12 à 18 ans (puisque la majorité n'est, hélas, qu'à 18 ans). Mais au moins, on aurait, en face du vote exécutif des adultes, le vote consultatif des 12 à 18 ans, ce qui donnerait une image du pays en devenir, et surtout donnerait le moyen aux élus de faire quelque chose pour l'avenir du pays. Alors qu'on ne parle jamais que de l'actuel du pays et du passé du pays. On fait des choses pour les vieillards, on fait des choses pour les adultes. Mais pour les enfants, presque rien, à côté de tout ce qu'il faudrait faire pour eux. Même à l'école, on leur donne ce qu'ils ne demandent pas puisque la moitié ne suit pas l'école... ce qui prouve qu'on leur donne quelque chose qui ne leur convient pas. Et c'est venu de ce qu'on ne s'est pas occupé de la population montante, dans le scrutin dit universel. Il n'est pas du tout universel puisque les enfants n'ont pas de voix à travers leurs parents, et ensuite à exprimer par eux-mêmes. Elle est débile ou perverse cette démocratie qui ne veut pas compter avec les enfants. J'ai essayé de dire à un député, familialement proche, que je trouvais qu'on devrait tout faire pour soutenir les jeunes à s'intéresser à leur présent et à leur devenir. Non à la politique politicienne, mais oui à la politique de la vie qui monte dans un pays. Il m'a répondu : « Mais c'est totalement impensable, ça changerait complètement la carte électorale. » – « Tant mieux! Les parents qui ont des enfants qui sont l'avenir du pays auraient autant de voix qu'ils ont d'enfants, au lieu de donner autant de voix à des gens qui ne défendent que leur sécurité existentielle personnelle et non l'avenir. »

PREMIER CONSEIL MUNICIPAL
DES ENFANTS

A Schiltigheim (Bas-Rhin), ville de trente mille habitants, a été institué pour la première fois dans l'histoire de la République française un conseil municipal composé d'élus âgés de moins de treize ans. L'événement, qui remonte à novembre 1979, n'a guère été suivi que par la presse alsacienne. La Mairie, en inaugurant cette expérience, en a ainsi tracé la finalité :

« La ville pourrait y entendre les souhaits, les critiques des enfants et essayer dans la mesure du possible de trouver une réponse appropriée; de même les associations, les enseignants, les parents pourraient écouter ce que rarement les enfants leur disent. »

Les deux premiers conseils, estime le maire, ont largement répondu à cette attente et « chacun fut frappé des nombreuses revendications des enfants énoncées avec un naturel souvent bien supérieur à celui des conseils municipaux adultes ».

« Les enfants, conclut-il, connaissent bien leurs quartiers et leur demande d'amélioration des espaces existants, de multiplication des possibilités d'activités, y compris dans le temps scolaire, est importante. Ils réclament un environnement y compris relationnel, plus humain et plus proche d'eux. » A chaque séance, 30 enfants (élus dans les 5 écoles primaires de la ville et deux centres socioculturels, proportionnellement à leur nombre par quartiers) sont réunis autour du maire. Le même numerus clausus que celui des conseillers municipaux adultes. La séance est ouverte au public. Chaque enfant assiste à deux conseils et à plusieurs réunions de travail. Le renouvellement se fait chaque année.

En se contentant des quelques petits cadeaux qu'elle fait aux enfants, la société ne veut pas vraiment prendre le problème en main. D'autant que c'est avec ce droit de vote que l'on verrait un véritable changement d'attitude vis-à-vis des enfants et d'eux vis-à-vis de la collectivité. Les citoyens mineurs seraient considérés comme une force valable dès l'enfance, les adultes valorisés en tant que responsables de familles et portés à voir dans leurs enfants leur prolongation en adultes, mais déjà partie prenante de la démocratie.

Quand il est adulte, l'être humain doit prévoir la suite; il le fait en mettant des enfants au monde, mais la société trouve équitable que d'avoir une progéniture soit une charge qui en elle-même ne donne aucun droit électoral. Il est certain que de donner ces voix serait beaucoup plus nataliste que d'augmenter symboliquement les allocations familiales avec de l'argent qui perd sa valeur rapidement.

Les sociologues disent : « A notre époque, il y a enfin une prise de conscience pour défendre les droits de l'enfant. » L'optimisme est un peu simplet. Que l'enfant soit un thème vedette, c'est incontestable. Mais on omet l'essentiel : on ne le prend pas comme un homme ou une femme en devenir. On n'éduque pas son sens critique, et on ne favorise pas l'exercice de sa liberté dans les initiatives qu'il ou elle désire assumer.

Moi, je pense que maintenant les gens de 12 ans sont à peu près ce qu'étaient en 1900 les gens de 25-30 ans au point de vue maturité civique et sociale. On a donné le droit de vote aux jeunes de 18 ans. C'est seulement à cet âge-là qu'ils « apprennent » à voter; cela devrait être expérimenté bien avant d'en avoir le droit et le devoir.

Une minorité milite aux extrêmes, mais la masse des jeunes qui ont maintenant ce pouvoir de voter à 18 ans constitue une masse d'indifférents arbitrairement laissés jusqu'alors hors du système électoral, ils n'y croient pas. Ils pensent et disent que ce n'est pas la peine de voter, que ça ne change rien. Evidemment, la jeunesse n'a jamais pesé sur les scrutins. La politique au sens politicien a d'abord été menée par la moitié de l'humanité seulement, la moitié masculine qui, déjà, ségréguait les femmes pour prouver sa puissance, au lieu de partager à égalité les responsabilités de décision concernant le présent et ses prolongements dans l'avenir de la vie des gens.

Si les parents avaient les voix de leur enfant pour voter, pour les représenter dans des décisions à prendre, forcément, les élus compteraient aussi avec ceux qui soutiennent et apportent les richesses de la vitalité physique et fonctionnelle, le renouvellement de la société. Ce sont des humains vivants. Ce sont ces voix-là qui devront faire élire ceux qui défendront les intérêts des enfants et des jeunes. Nous aurions tout à fait une autre politique de l'éducation si les députés représentaient aussi dans leur circonscription les enfants qui vagissent encore, mais qui ont leur voix, à travers celle de leurs parents, pour soutenir les élus soucieux des générations montantes, la force vive d'un pays.

Dans la situation présente, qui aura le courage de décider dans nos sociétés gérontocratiques qu'aucun poste de décision ni de commandes au gouvernement ne pourrait être tenu par des hommes ou des femmes de plus de 40 ans ou de 50 ans? A cet âge, ils serviraient, choisis par les jeunes, dans le rôle de conseillers dans les disciplines ou les technologies dont ils auraient l'expérience, mais en aucun cas ils n'auraient le pouvoir, ni exécutif, ni législatif, à aucun poste de responsabilité.

Ce renversement des âges du personnel au pouvoir, actuellement, semble une utopie du plus haut comique. Pourquoi?

QUATRIÈME PARTIE

LA RÉVOLUTION DES PETITS PAS

Esquisse d'une prévention précoce
et premières pierres des « maisons des enfants »

> « Les adultes veulent comprendre les enfants et les dominer : ils devraient les écouter. »

> « L'un petit, l'autre grand, mais d'égale valeur. »

FRANÇOISE DOLTO

CHAPITRE I

L'ÉCOUTE

AVANT QUATRE ANS...

ETRE à l'écoute des enfants.

Ce n'est pas les observer comme objet de recherche, ni chercher à les éduquer, c'est respecter, aimer en eux cette génération nouvelle qu'ils portent. Sait-on jamais jusqu'à quel point nous sommes à l'écoute sans tricher, sans interférer, sans brouiller les ondes?

Nous n'avons rien à imposer aux enfants. Mon idée, c'est qu'il n'y a qu'une seule façon de les aider : en étant soi-même authentique et en disant aux enfants que nous ne savons pas, mais qu'eux doivent apprendre à savoir; que nous ne faisons pas leur avenir, mais qu'eux le feront; en leur donnant ce rôle de prendre leur destin en charge exactement comme eux veulent le prendre. Malheureusement, nous les influençons aussi, même sans le vouloir.

Face à leur demande, nous réagissons avec des automatismes dus à un certain héritage génétique et à un conditionnement social, nous cédons à nos impulsions, à nos humeurs, aux pressions extérieures. Mais les erreurs blessent moins lorsqu'elles viennent de l'amour maladroit, lorsque la confiance et le respect réciproques créent le climat des échanges.

Il est heureux que l'on se soit préoccupé de créer des « lieux d'éducation ». Mais c'est une erreur que de confier à la même personne le travail psychologique d'analyse avec l'enfant et la fonction d'éducateur de l'enfant. Une confusion des rôles a été introduite et c'est tout à fait regrettable, car les démarches sont inverses.

D'un côté, le psychanalyste se met à l'écoute en aidant l'enfant à exprimer le non-dit des premières années de sa vie, donc en revenant avec lui sur son passé, l'exploration se faisant par régression imaginaire inconsciente à sa vie passée voire fœtale. De l'autre, on sollicite l'enfant de se projeter en avant, de préparer l'avenir. Le psychanalyste n'a aucune visée pratique et n'exerce aucune pression éducative. Il ne juge ni ne conseille. L'éducateur, au contraire, est agent de l'insertion dans tel type de société et doit guider l'enfant.

Ce qui nous fonde à nous intéresser de préférence aux êtres humains encore à l'état d'enfance, c'est qu'à ce stade de leur développement on peut communiquer avec toutes leurs potentialités, les mobiliser est possible. A l'âge de l'analyste, tout est joué pour lui. Ou presque. A l'âge de son « patient », il y a quelque chose de neuf, d'unique, d'incomparable à aider à vivre, à réveiller, à soutenir.

Conscientiser les parents, ce n'est pas les culpabiliser. La mère d'un psychotique souffre d'être séparée de son enfant lorsque celui-ci suit un traitement analytique. La psychanalyse doit, selon moi, tenir compte de cette souffrance. Et je n'exclus pas la mère du traitement de l'enfant. Ce qui évite qu'au moment du transfert sur l'analyste, l'enfant ne prenne celui-ci comme substitut de la mère.

L'état de l'enfant libéré de la mère qu'il veut dévorante ou qui l'est, va s'améliorant. Il quitte le stade de régression. Sous l'emprise de la génitrice, il n'était qu'une partie de sa mère. Celle-ci, en le voyant prendre son autonomie, se sont mutilée. C'est elle aussi qui est à aider dans son épreuve.

Il faut assurer le relais plus tôt. Avant la maternelle, quand la mère est au foyer; avant la mise en garderie, quand la femme travaille.

De nombreux parents se sont jetés sur le livre de Dodson, comme si c'était un recueil de recettes pour que leur enfant soit un bon élève et fasse une bonne carrière. Il semble que tout ce que vous avez observé permet de dire que c'est bien avant six ans que tout se joue.

Si l'on essaie de s'intéresser sérieusement aux enfants, il faut porter une attention toute particulière aux petits. Je pense que tout le travail est à faire avant quatre ans; avant l'entrée à l'école. C'est le « passage » où il reste possible de les enraciner dans une identité irréductible à tout bourrage de crâne.

Tout se joue avant six ans... ou avant quatre ans?

Il ne s'agit pas de juger si, passé cet âge, on va de mal en pis, mais de savoir que la structure est acquise.

Quand je dis « tout se joue », je n'entends pas la future carrière, la future réussite sociale. Ce n'est pas du tout dans ce sens-là.

Si on veut parler de l'essentiel, de tout ce qui se peut sur le plan de la prévention pour éviter des lésions, des blocages, des dérapages, je crois que c'est avant quatre ans. Le mal peut se faire avant, bien avant. Séparer l'enfant de sa mère à sa naissance puis à la crèche sans les avoir préparés, est lourd de conséquences, car les enfants les plus humains, c'est-à-dire les plus sensibles, sont ceux qui vont être marqués d'avoir été séparés de leur mère sans la médiation du langage. C'est quelque chose qui ne va pas se rattraper; l'enfant a absolument besoin de cette sécurité contenue dans la parole d'amour dite à sa personne par la génitrice et le géniteur s'il est là, et du soutien de tout l'entourage social, pour renforcer dans la vie affective et symbolique cette intimité triangulaire qui est la source de la foi en lui-même et dans les autres de tout humain.

Je n'ai qu'une chose à dire aux hommes politiques : c'est de 0 à 6 ans que le législateur devrait le plus s'occuper des citoyens.

CHAPITRE II

ACCUEILLIR À LA NAISSANCE

CONVERSATIONS « IN UTERO »

Aux Saintes-Maries-de-la-Mer, Françoise Dolto a rencontré des Gitans chez une amie de Manitas de Plata, Sarah Astruc, qui leur ouvrait sa maison et était très aimée d'eux. Un fait dont ils sont les témoins coutumiers jette une première lueur sur les possibilités de communication avec l'enfant in utero.

Les hôtes de mon amie m'ont confié que pour qu'un enfant gitan devienne musicien, on décidait que, pendant les six dernières semaines avant sa naissance et les six premières semaines de la vie de cet enfant, tous les jours, le meilleur musicien d'un instrument irait jouer pour lui auprès de la mère enceinte, puis accouchée et nourrice. Et, affirmaient-ils, c'était de cet instrument-là qu'il désirait jouer en grandissant et dans lequel il deviendrait un exécutant valeureux.

Les observations montrent que, en effet, l'affinité pour cet instrument-là s'est incarnée en lui, comme un arbre en terre. Cette transmission à l'enfant à naître correspond bien à ce que nous savons en psychanalyse; ce n'est pas une imprégnation, c'est tout à fait autre chose : c'est une symbolisation, c'est le langage de la vie qui s'est tissé à ses organes comme langage de vie et qui fait qu'il en a profondément la vocation.

A Pithiviers, dans une clinique d'accouchements

« sans violence », se déroule une expérience pilote pour développer une sorte de communication avec l'enfant en gestation. Des futurs parents volontaires ont, avec l'enfant à naître, des activités ludiques. On apprend au père et à la mère à « rencontrer » leur fœtus à certaines heures. Il y a des pressions du doigt... comme lorsqu'on cogne à la cloison entre prisonniers. Un dialogue s'établit. L'enfant ne se contente pas de se déplacer, mais répond, une fois qu'il est réveillé. On demande au père de parler, de manière que le fœtus entende la voix du père.

Il entend davantage les graves, donc la voix du père, que la voix de la mère, il entend peu les aigus. Mon mari et moi, nous en avons fait l'expérience avec nos propres enfants; mon mari parlait à notre enfant *in utero* et c'était extraordinaire la façon dont le fœtus, à partir de 7 mois et demi surtout, se calmait immédiatement quand il était agité... Moi, j'avais beau lui dire : « Ecoute, calme-toi, maintenant je vais dormir... » Son père lui parlait et mettait la main sur mon ventre, et immédiatement le fœtus s'endormait avant moi, sa mère. C'est un fait incontestable : on peut parler à son fœtus. Récemment, une jeune mère qui est psychanalyste elle-même et qui était soucieuse de vivre pleinement sa maternité jusqu'à la fin, sans préjugé et sans subir le pouvoir médical, me disait combien son enfant remuait en elle. Je l'ai engagée à entrer en contact langagier avec le bébé : « Vous n'avez pas besoin de prononcer les paroles; parlez-lui intérieurement, mais adressez-vous à " sa personne ". » Quelque temps après, elle me dit : « C'est extraordinaire comme il répond! » Moi, en tant que jeune mère, j'en avais fait l'expérience en pédalant sur ma bicyclette. C'était pendant la guerre. J'attendais mon fils aîné, Jean (qui est devenu Carlos). En revenant de courses, je remontais souvent à bicyclette la rue Saint-Jacques qui est très pentue, et je disais à Jean – je ne savais pas si ce serait un garçon ou une fille –, je disais au bébé que je portais dans mon ventre :

« Ecoute, il faut absolument que je rentre à la maison, et si tu t'agites comme ça ni toi ni moi nous n'y arriverons. » Evidemment, je peinais et probablement il lui manquait un peu d'oxygène parce que, moi aussi, j'étais essoufflée. A huit jours de l'accouchement, je me souviens de lui avoir dit, alors que j'étais au niveau de la rue des Ecoles : « Reste un peu tranquille maintenant, parce qu'il n'y en a plus pour longtemps... Mais si tu fais comme ça, je serai obligée de descendre de la bicyclette, je suis très fatiguée, et ce sera encore plus long pour arriver à la maison et nous reposer. » Après cet échange, il se calmait tout à fait. Quand j'arrivais à la porte de mon immeuble, je lui disais : « Maintenant, tu peux y aller, maintenant on est à la maison! » Alors, il faisait la sarabande dans mon ventre... Mais ça ne me fatiguait plus, je pouvais remonter à la maison, je me reposais, il se calmait. J'ai rapporté cet étonnant dialogue à mon mari et, à partir de ce jour-là, tous les soirs, nous parlions à cet enfant, avant sa naissance. C'était merveilleux. Ensuite, le dialogue a continué avec notre second fils. C'était encore la guerre. Pendant les alertes, jamais nous ne descendions à l'abri. A quoi cela eût-il servi? Si la maison s'abattait, on était emmurés. Mon mari, qui travaillait beaucoup pendant la journée, et moi, nous avions tous deux un sommeil imperturbable. Je ne suis pas facilement angoissée. Je ne suis sur le qui-vive que lorsque quelqu'un que j'aime est en difficulté; je sais alors que c'est quelqu'un qui a besoin que je pense à lui. Je pense que dans ce cas l'on peut dire que je suis télépathe. Mais quand il n'y a pas de danger, le plus grand des vacarmes ne me gêne pas. Quand mes enfants étaient bébés, la nuit, le moindre mouvement du bébé qui avait besoin de moi me réveillait, mais les bombardements ne me réveillaient absolument pas. Toutes les mères connaissent cela : la mère a une espèce de téléphone avec son bébé. Deux mois avant la naissance de notre second, qui allait être Grégoire, il y eut le bombardement de la Halle aux Vins, qui a secoué notre quartier comme si la catastrophe était sur nous, et moi, je dormais. Je n'ai été réveillée que par une espèce de serrement à l'intérieur de mon corps. Cette douleur m'a réveillée. J'ai réalisé ce vacarme assourdissant. Mon mari et l'aîné dormaient. Le bébé qui s'était comme serré en boule et en moi bougeait, il avait besoin que je lui parle. Je lui ai dit : « Calme-toi; papa est là, moi je suis là, nous sommes tous là avec toi, il n'y a pas de danger. » J'ai senti mon ventre se détendre. Le fœtus s'est arrêté de bouger tandis que le bombardement continuait... Et une fois qu'il est né, malgré les sirènes et les bombardements, il n'avait plus aucune inquiétude si j'étais là et que je disais : « Maman est là, papa est là... Je suis là : tu n'es pas tout seul. »

A Pithiviers, l'équipe médicale déclare que les enfants qui sont nés de parents qui ont ainsi « joué » avec eux au stade fœtal, ont un meilleur équilibre corporel : par exemple, ils s'assoient beaucoup plus vite que les autres.

... Et ils sont surtout beaucoup moins sujets à l'angoisse. Leur potentialité humaine n'a pas été entamée symboliquement par une inquiétude des parents. Le monde est ainsi fait : alors que certains fœtus sont objets d'expériences, d'autres, en très petit nombre pour l'instant, sont l'objet de soins, d'échanges langagiers de la gestation. Ils sont reconnus comme des humains de plein droit, aussi importants, au point de vue personne humaine, que le sont leurs parents.

Je ferai tout de même une observation : si le père joue avec l'enfant *in utero,* le soir, d'une façon répétée pendant la grossesse, il est plus que probable que l'enfant après la naissance sera rythmé sur ce rendez-vous ludique. Ceci explique que certains bébés de Pithiviers ou d'ailleurs ne parviennent pas à trouver le sommeil à 11 heures du soir. C'était l'heure de la communication avec papa. Méfions-nous aussi des modes. Et surtout de celle qui met en cause le nouveau-né. Institutionnaliser le jeu de communication avec le fœtus serait dangereux si les futurs parents le pratiquent comme une « méthode » au lieu de vivre cet échange vrai qui ne se voit pas et qui n'est pas du domaine du jeu. Des hommes comme Velzmann en France et Brazelton aux Etats-Unis font un bon travail en révélant au père sa responsabilité, l'importance de sa présence affective de géniteur, mais il serait peu bénéfique que les pédiatres se mettent à jouer les gentils pères ou grands-pères avec les fœtus et les nouveau-nés. Ils doivent au petit d'homme le sérieux dû à un égal. Le nouveau-né n'est pas un ludion. Mais une personne à part entière entre ses géniteurs qui l'accueillent à sa naissance et qui ont, eux, la charge de l'initier à ses proches et à la réalité.

Que ce soit en Afrique, ou en Amérique du Sud, ou dans le Pacifique, les rites anciens qui accompagnaient la grossesse et la naissance recelaient des intuitions et des connaissances empiriques essentielles qui laissent supposer un immense respect de l'humain dans ce temps de passage. L'anthropologie issue de la mentalité coloniale ne rend compte que de rites d'exorcismes ou de tabous. Mais, bien au-delà, l'interprétation symbolique y décèle un fantastique accueil familial et social à l'enfant non sans lui ménager des épreuves formatrices et promotionnantes, dont nos sociétés techniques ont peine à fonder l'équivalent. C'était une manière de saluer l'entrée du nouveau venu dans la communauté et son acceptation; on manifestait d'une façon à la fois gestuelle et verbale l'attente et l'amour du groupe pour ce rejeton plein de promesses, nécessaire déjà à tous.

On prenait aussi, en même temps, des mesures de protection pour éviter à la naissance l'agression du bruit ou de la lumière.

Un de mes amis, médecin psychanalyste au Chili,

Arturo Prat, et qui a séjourné longtemps à l'île de Pâques, parmi les anciens, a été frappé par l'acuité visuelle extraordinaire, même nocturne, que gardent les vieux de quatre-vingts ans. Ils lui ont expliqué pourquoi. Avant que l'obstétrique à la façon américaine – occidentale – s'impose jusque dans cette île, il était de tradition de n'exposer le bébé à la lumière du jour qu'un mois après sa naissance; l'accouchement se faisait dans une pièce sombre, la sage-femme étant juste éclairée pour faire l'accouchement; et ensuite, la mère et l'enfant restaient dans une pièce sans lumière, dans le fond de la case, pendant une lune ou un mois. Le nom par baptême lui était donné selon un rituel qui se passait à un mois. L'enfant dans les bras de sa mère sortait de cette obscurité, au moment où l'aube allait poindre, toute la famille était là et toute la tribu, avec la mère, le père... Et on attendait le lever du soleil avec des chants rituels. Quand le soleil se montrait, on présentait l'enfant à la lumière... Il apercevait donc la lumière du jour avec un lever du soleil, en même temps que se célébrait le rite de la nomination. Et c'est à partir de là qu'il vivait selon le rythme diurne des adultes qui distinguent le jour de la nuit. Jusqu'à cette date, il était resté dans la pénombre, et les anciens disent que les yeux des bébés sont trop fragiles pour voir la lumière avant un mois. Alors, la lumière leur était donnée en même temps que leur nom. Les jeunes qui souvent sont mis au monde à la façon des Européens ont, paraît-il, les yeux aussi fragiles que les nôtres et une acuité visuelle bien moindre que les anciens.

En plus de cet accueil symbolique au monde, il y a économie d'agression : le choc de la naissance est atténué. En Inde, on préserve aussi les nouveau-nés de l'éblouissement violent. Que fait-on d'autre à Pithiviers chez Odent, à Auxerre chez Lherbinet qui scandalise certains professeurs d'obstétrique? On éclaire la mère pendant l'accouchement du bébé, mais on fait la pénombre à l'expulsion, pour que les yeux du bébé ne soient pas frappés par la lumière. Nous le savons bien : quand nous arrivons aux sports d'hiver, si nous ne mettons pas de lunettes noires, nous contractons vite une ophtalmie. Malgré tout, dans les maternités modernes, on met des gouttes dans les yeux du bébé pour qu'il n'ait pas d'ophtalmies dues aux germes pathogènes qu'il rencontre dans le vagin de la mère à la sortie, mais on l'expose à la lumière qui peut lui donner une ophtalmie du fait qu'il sort de l'obscurité pour arriver brusquement dans un éclairage cru, ce qui est tout à fait mauvais. Nous le sentons bien nous-mêmes, quand nous passons de l'ombre à la lumière : la lumière nous fait mal aux yeux; mais on l'oublie quand on impose au bébé cet éblouissement. Nous, les Occidentaux, nous avons les yeux plus ou moins fatigués quand nous arrivons à cinquante ans. Mais pas du tout à l'île de Pâques. Et les Pascuens pensent que c'est parce qu'ils ont permis aux yeux de se solidifier avant d'arriver à la lumière, pendant un mois, puis de découvrir lentement le jour, au rythme lent de l'aube au grand jour.

Dans ces pratiques coutumières, le bénéfice physio-logique est associé à l'accueil symbolique. A ce moment-là, l'enfant perçoit qu'il est désiré, qu'il a sa place dans la société. Au sceptique qui ne croit pas que cet accueil puisse avoir un effet si profond sur le fœtus et sur le nouveau-né, disons que de toute façon la « cérémonie » prépare les adultes qui vont avoir à s'occuper de lui à le considérer comme une personne. Je crois que le concept d'immaturité du petit d'homme couvre bien des procédés qui sont très négatifs, très destructifs vis-à-vis de l'enfant. Sous prétexte qu'il est immature, qu'il ne comprend pas, etc., on croit pou-voir impunément, les premières semaines, les premiers mois, ne pas tenir compte de sa présence et même, les premières années, l'exclure des échanges qu'on a en sa présence, avoir un langage puéril à son égard et un comportement avec lui qui, sous prétexte d'éducation, confine au dressage d'un animal domestique. Si ce n'est celui d'un animal de cirque.

PRÉVENTION DE LA VIOLENCE

Certaines sociétés anciennes font appel à la puissance du verbe pour saluer la venue au monde des enfants. Ce qui est le plus remarquable, c'est que la phrase rituelle, l'invocation, est adressée au bébé lui-même, admis dans la communauté comme un être unique, interpellé et identifié dans sa filiation et son appartenance ethnique. Ce rite de la naissance est présent en particulier dans le Pacifique, du Japon à l'île de Pâques.

Dans les cliniques où l'accouchement sans violence est mis en pratique, le père comme la mère, en lui parlant, reconnaissent le petit d'homme qui vient au monde comme un être de langage. Il est important que le personnel médical l'accueille également : « Maintenant, tu es reçu par nous... pas seulement par tes parents... Tes parents t'ont donné l'opportunité de naître, mais c'est toi qui désires vivre... Et maintenant que tu désires vivre, tout le monde est prêt pour t'y aider. » On ne lui fait pas ce discours, mais c'est ce qui est signifié.

L'accueil du groupe, à la naissance, est capital. La personne qui va s'occuper de lui à la maternelle doit signifier cette intronisation au groupe social de sa classe d'âge. « Par l'opportunité de tes parents, te voilà un petit citoyen de 2 ans et demi, mais maintenant, à toi d'advenir avec tout ce que nous te proposons, mais nous ne t'imposons rien. » Pour ne pas trahir cette parole, il ne faut surtout pas lui imposer une classe d'âge qui ne soit pas la sienne. Moi, je crois que la classe d'âge est très importante chez le petit enfant pour le mêler à d'autres qui ont les mêmes modes de perception et un intérêt pour les mêmes choses. Par la suite, c'est encore et toujours la parole médiatrice, les agissements animés du respect pour l'enfant et ses parents qui assurent la prévention de la violence. C'est ce que nous tentons de faire à la Maison Verte.

La télévision, pour « l'Invité du Jeudi », a filmé une petite séquence où l'on voit un garçon qui veut aller dans la petite maison que nous avons placée dans un coin de la salle; il est à la fenêtre, et voilà qu'une fille arrive; il l'agresse violemment pour qu'elle n'y vienne pas. La fille en détresse cherche sa mère. Celle-ci la ramène auprès du petit garçon à qui elle parle, mais pas du tout pour le gronder. On n'entend pas ce qu'elle lui dit, mais on voit la petite fille et le petit garçon aller ensemble à la fenêtre; lui n'est plus agressif contre elle et elle semble consolée par la parole de la mère. Que lui a-t-elle dit? Elle lui a expliqué que c'est parce que le petit garçon s'intéressait beaucoup à elle qu'il ne voulait pas d'elle; il croyait qu'elle allait lui prendre son plaisir en regardant avec lui par la fenêtre. Cette mère avait compris ce que nous disons aux parents : le geste de violence cache toujours une crainte de perdre son identité si un autre vient partager un jeu ou un plaisir. Il le rejette. Et celui qui est rejeté croit qu'alors il n'a plus le droit de ses initiatives puisque l'autre l'a rejeté, alors qu'il voulait devenir comme cet autre, par identification. On voit la résolution d'un accès de violence d'un enfant sur un autre. C'est vraiment cela, la prévention de la violence : c'est mettre des mots, des mots qui justifient les comportements des deux enfants et les leur expliquent; l'angoisse disparaît. Il n'est que de voir un enfant qui est victime d'une agression et que l'on console; immédiatement, il retourne vers celui qui l'a agressé. Il a donc à y prendre quelque chose, sans cela il n'y retournerait pas. Et il cherche à devenir fort et à être ami avec celui qui a été violent avec lui, pour que tous deux soient à égalité pour l'action de l'un à laquelle voulait mêler ou s'opposer l'autre.

Cette prévention de la violence est à mettre en œuvre dès l'âge du tout petit. Elle implique que les parents comprennent l'importance pour un enfant d'être aidé et vacciné contre les difficultés des relations avec ceux de sa classe d'âge. Une histoire très ancienne : elle remonte à Caïn et Abel. Après qu'il a tué son frère Abel, Caïn a été marqué comme celui à qui personne ne toucherait un cheveu de la tête. Et pourtant, il se sentait coupable et il pensait que le monde entier allait venger son frère. Et Dieu lui dit : « Pas du tout, tu vas être le fondateur des villes. » C'est-à-dire le fondateur de communautés où les gens vivent ensemble pour se protéger contre les dangers extérieurs. « Ce n'est pas ton frère qui est le danger. Vous êtes tous le danger, entraidez-vous. » L'union fait la force, cette idée est née de l'expérience d'un meurtre. Vraiment, la Bible, c'est la genèse de tout ce qui se passe dans les pulsions des individus, à l'intérieur d'eux-mêmes, entre ce qu'ils veulent refouler et ce qu'ils veulent garder et développer. Et c'est en arrivant à négocier avec toutes ces pulsions qu'on arrive à être en paix avec ces mêmes pulsions dans les autres.

La prévention peut se développer en pensant à tout cela. Elle préserve toutes les potentialités pour que le sujet les exploite, comme il a envie de les exploiter. Mais elle n'opère que si on lui dit dès l'origine les raisons qu'allèguent ses géniteurs ou ses tutélaires pour l'avoir qualifié des phonèmes de son prénom associé au fait qu'ils l'aiment. C'est très important l'identité sexuée d'un enfant, pas seulement d'un visage.

Une mère blanche a eu un enfant avec un Noir et elle n'a jamais dit à son enfant qu'il était métis. Elle vient à la Maison Verte. Généralement les enfants métis sont beaux.

Nous lui disons : « Il est beau votre enfant... C'est beau le métissage. » Elle s'offusque du terme. « Vous ne lui avez jamais dit qu'il était métis et que c'est pour ça qu'il est beau? – Non, je suis seule avec lui... – Mais enfin vous avez aimé son père. D'où était-il ce père? Africain, Antillais? » L'enfant s'approche et je lui dis : « Je suis en train de parler avec ta maman pour savoir pourquoi tu es métis et qui a été ton père qui a donné la semence de vie qui fait que tu es beau et un beau métis. – Oh! dit la mère, moi, je n'aurais jamais pu lui dire. » L'enfant revient et dit à sa mère : « A l'école, moi, négro. – Quoi, qu'est-ce que tu dis? – A l'école (maternelle), moi, négro. – Vous voyez, il fallait lui parler de son métissage. Vous devez lui expliquer qu'il est l'enfant de l'amour de vous, une Blanche, et de son père géniteur, aimé par vous, un Noir. – Oh! mais il ne verra jamais cet homme. Il a ses oncles, ma famille... – Oui, mais il ne peut pas identifier votre frère à son père, il ne peut pas être un enfant incestueux! Et puis cet homme, vous l'avez aimé... – Ah! oui (une larme perle), pendant six ans, nous étions étudiants, il est reparti dans son pays, là-bas, c'est la polygamie, c'est pas possible. – Oui, mais un enfant est né de votre amour. Vous l'aimez; pourquoi ne lui en parlez-vous pas en lui montrant les photos de son père? – Je n'en ai plus. – Vous en avez sûrement! » Quand elle revient : « Vous aviez raison, il m'en restait une. – Vous lui avez montré? – Oui, je lui ai dit : tu vois, c'était ton papa. – Vous revoyez-vous? – Oui, quand il revient en France. Il veut voir le petit mais je ne veux pas, j'ai peur qu'il veuille l'emmener dans son pays! – Mais non, vous l'avez reconnu, il n'a pas de droit sur lui. Avez-vous des rapports quand il revient en France? – Oui. – Donc vous êtes encore attachés et c'est important pour l'enfant. On vit plus du cœur que du légal. »

C'est fantastique comme prévention pour que l'enfant ne se sente pas seulement accueilli au monde par la lignée maternelle mais aussi par la société que nous représentons et qui justifie ce que la mère croit avoir été une faute, parce qu'elle souffre de n'avoir pu légaliser son couple et qu'elle est encore éprise du père de son enfant. Elle reste fidèle à son amant dans l'enfant, mais lui l'ignore, c'est incestueux pour lui. Il peut se croire le seul amour de sa mère. « Heureusement vous avez des relations sexuelles quand il vient, cela donne un sens à l'existence de votre enfant. » Lui faire comprendre à cet enfant qu'il est un précurseur de ce qui se passera dans une société qui tend à devenir multiraciale. Il est un précurseur du métissage qui se développe de plus en plus dans les milieux étudiants.

Il est primordial que l'enfant sente qu'il est né de l'amour d'un homme et d'une femme, tel amour de tel couple bien précis, même s'il s'est ensuite désuni. Même dans les familles conventionnelles, où le père rentre tous les soirs, la relation du père et de l'enfant n'exprime pas cet amour. Le père peut paraître un instrument du désir de la mère qui lui demande de distribuer taloches ou punitions. Le gendarme représentant de l'ordre : « Tu verras quand ton père rentrera! » lui dit la mère. C'est en l'absence du père que la mère seule avec son fils consomme. Le mâle et la virilité sont exclus de l'amour qui pourtant, d'une femme et d'un homme, a fait venir au monde cet être humain, garçon ou fille.

Le père devrait, avant d'être le représentant de la loi, être aux yeux de l'enfant représentant du désir adulte pour une femme adulte. Hélas! trop souvent, dans leur langage de couple, les maris disent « maman » quand ils parlent de leur épouse devant les enfants, et les mères « papa » en parlant de leur mari comme de leur propre père. C'est une expression de la carence paternelle si le père n'apparaît plus comme l'aimant de la mère, comme responsable du couple. Il s'agit de donner à l'enfant l'image d'un couple de désirants vivants et non pas seulement d'associés utilisateurs du même espace.

Etre adulte, c'est avoir des prérogatives sur l'autre adulte qui font que l'enfant est élevé dans ce couple mais ne prend pas la place du père quand celui-ci est absent, et que le père, quand la mère n'est pas là, ne joue pas la mère. Le père souvent joue la mère avec l'enfant et la mère joue les deux. Les mères seules disent : « Mais je suis obligée de faire le père et la mère ensemble. » Elle n'est pas obligée du tout. C'est qu'elle n'a pas soutenu son mari, dans ses dires et son attitude valorisée par elle, à rester le père au foyer, et ne s'est pas attachée à en parler comme tel en son absence.

Dans les milieux évolués, si le père n'administre pas les sanctions, il discute méthode éducative avec la mère, ils sont en désaccord et l'enfant devient l'objet de discorde. A la Maison Verte, surtout la première année, c'était rare de voir les pères, bien que nous soyons exprès ouverts jusqu'à 19 heures, le samedi et le lundi, et que sur les trois personnes de l'équipe d'accueil il y ait toujours au moins un homme. On s'est aperçu qu'ils craignaient d'être inféodés par nous à devenir des mères bis. Ils s'étonnent de nous entendre leur dire qu'un enfant a besoin de son père qui ne soit pas comme une mère mais « comme vous êtes son père ». Les pères qui viennent parlent plus volontiers avec l'éducateur ou le médecin, homme de l'équipe du jour.

C'est un écueil actuel : il y a confusion des rôles. Confusion-substitution. Un soi-disant principe éducatif se passe de bouche en bouche : le père et la mère doivent se comporter pareillement vis-à-vis de l'enfant. Aberrant, pervers, ce « principe ». Je crois que c'est sorti de la mode unisexe de vêtements et de coiffure. Unisexe... et uni-âge. La confusion.

CHAPITRE III

GUÉRIR LES AUTISTES

APPRENDRE DES PSYCHOTIQUES

Quelques films ont été consacrés à la vie des autistes. L'un d'eux, que Françoise Dolto a visionné, était un travail qui portait sur les deux premières années d'un enfant autiste soigné dans un de ces lieux de ségrégation où se trouvent ces enfants rejetés par la société. Cette réalité est-elle fixable sur la pellicule?

Je trouve que c'est intéressant de mettre la population dans son ensemble, par les mass média, au courant de la vie symbolique d'un être humain marginal, comme l'est un autiste. Mais ce qui se voit n'est rien à côté de ce qui se vit en lui. Nous ne découvrons pas en voyant l'habitus apparent de cet enfant qu'il est le représentant de l'humanité la plus sensible et la plus précoce à sa naissance, et qui porte une dette qui n'est ni visible ni communicable. C'est un être de langage, mais tout est décodé. Sa mère ne sait pas comment aimer cet enfant vivant; son corps l'a été, l'est, mais pas son psychisme, et elle porte la dette d'une ou de deux lignées, avec l'impossibilité de se le dire. Les autistes sont l'image d'une humanité aux prises avec les pulsions de mort du sujet du désir, qui, en moindre intensité et en moindre quantité, existent en chacun de nous. Il vit nié en tant qu'être de communication. C'est ça le problème de l'autisme, secondaire au manque de communication dont il a souffert bébé, ou primaire, provoquant par son aspect la difficulté des adultes à communiquer avec lui? Peut-être les deux.

Les enfants psychotiques ont beaucoup à enseigner à ceux qui les acceptent. La société gagnerait à une meilleure intégration dans notre vie quotidienne des enfants dits anormaux. Mais les gens en ont peur et le manifestent même parfois de manière tout à fait déplaisante; par exemple, des pétitions de riverains contre la création d'instituts pour débiles. Ils ne veulent pas qu'on les insère dans leur quartier. Et ils mettent en avant leurs propres enfants, en disant : « Ça va les choquer. »

Ce n'est pas vrai : les enfants ne sont pas du tout choqués; ce sont les adultes. Mais ça ressemble à des guerres de religion. On ne dit plus qu'ils sont possédés mais : « Ils vont empêcher nos enfants de se développer, parce que nos enfants les prendront comme modèles! » Ces parents-là veulent imposer à leurs enfants leurs modèles et ils répètent leur propre vie. Mais les enfants acquièrent tout à fait leur identité et leur individuation, en respectant l'individuation d'un autre s'ils sont enseignés dans ce sens : « Toi, tu es comme ça; celui-là, il est autrement pour ses raisons à lui. » Et quand ils sont mis tout petits avec des enfants infirmes de la communication, ou infirmes moteurs cérébraux, les enfants sains ne s'identifient pas du tout à eux, mais ils les font entrer dans la danse de leur communication; ils sont avec eux. Cet enfant a besoin, lui, d'être aidé à connaître son histoire de sujet à travers celle que l'on peut percevoir de ses parents en parlant avec eux. Mais il faut qu'il soit aussi avec les autres enfants; les handicapés sont des humains et des humains qui soutiennent la vie des autres; ils font partie du tissu social. L'école doit leur donner leur place. Mais il y a une telle transformation à faire que ça n'est pas mûr. Il faut donc préparer, peu à peu, les esprits. Il faut qu'en dix, vingt ans, les gens changent et comprennent que les psychotiques, c'est leur propre âme mal aimée d'eux-mêmes, les « normaux », qu'ils représentent.

LES AUTISTES

A Vérone, un collectif d'accoucheurs, de puéricultrices et de psychiatres a réalisé une étude qui confirme que la prévention de l'autisme est possible.

Avant qu'il n'y ait des hôpitaux où les femmes accouchent, en maternités, on ne comptait que 13 ou 14 inadaptés mentaux dans toute la province (de 6 à 12 ans). Depuis deux-trois ans, on a signalé beaucoup de cas d'enfants autistes (les femmes venaient de la montagne accoucher en maternité et y restaient huit jours). Personne n'accueillait plus l'enfant à sa naissance dans son village.

Il a été décidé d'organiser des équipes volantes. L'accouchement a lieu à l'hôpital pour éviter la mortalité néo-natale mais le retour au village est assuré au bout de quarante-huit heures, si tout est normal.

L'équipe volante lui rend visite tous les jours, relayée par les femmes du village que l'équipe médicale investit de compétence en la leur reconnaissant.

Cela modifie complètement les relations de l'enfant à son père, à sa mère, à sa famille.

En Italie, tout ne vient pas d'en haut, on décide à l'échelon régional. L'expérience est en cours.

L'autisme, en fait, cela n'existe pas à la naissance. Il est fabriqué. C'est un processus réactionnel d'adaptation à une épreuve touchant l'identité de l'enfant. Un état traumatisant qui fait perdre au bébé la relation affective et symbolique à la mère ou empêche son établissement sensoriel. C'est induit généralement soit les premiers jours de la vie, soit entre quatre et dix mois; ce n'est pas du tout congénital.

Pris à temps, c'est récupérable. Ne pas attendre les

effets de cette aliénation à la communication avec les autres.

L'autiste fuit dans le climat solitaire d'un langage intérieur. Il a perdu le langage avec autrui. C'est comme un Martien au milieu de sa famille. Il est superbe. Il n'attrape pas de maladies.

Entre quatre et neuf mois, un événement est intervenu; c'est souvent une absence de la mère (deuil, voyage). Une interruption brusque de leur rythme connu de vie, que la mère ne lui a pas expliquée; elle-même ne sait pas bien souvent ce qui s'est passé. Cet état de non-communication démarre à petit bruit. Quand elle a retrouvé tous les détails de l'événement déclenchant, elle peut sortir son enfant de son nuage en trouvant le moment et les mots pour restituer à l'enfant son vécu prétraumatique.

« Sans l'embrasser, aux marges du sommeil, dites à l'enfant ce qui s'est passé. » A la radio, j'ai pu correspondre avec des mères d'autistes encore jeunes, de moins de trois ans. Je les ai engagées à parler à leur enfant de leur éclipse au moment où il avait entre quatre et neuf mois et du fait qu'elles n'avaient pas compris qu'il en avait tant souffert. Une dizaine – de moins de trois ans – ont pu se regreffer à leur mère comme aux moments qui avaient précédé leur entrée dans l'autisme.

Je ne crois pas aux psychotiques. Je veux dire à la « fatalité » de ces états. Pour moi, ce sont des enfants précoces à qui on ne parle pas de ce qui les concerne. Ça peut se passer dans les premiers jours, à la maternité, quand on ne parle pas à l'enfant, par exemple, de l'angoisse de sa mère à accoucher un enfant sans père, ou qu'elle ne lui dit pas que sa famille ne voudra pas de lui, ou qu'elle voulait une fille et que c'est un garçon ou qu'elle a tel ou tel souci majeur étranger à lui qui l'obsède.

On dit que des enfants ont une inadaptation, un blocage, parce qu'ils sont abandonnés ou qu'ils se sentent rejetés. Non, c'est parce qu'il n'y a pas eu de parole pour leur dire les circonstances des difficultés à travers lesquelles leur corps a survécu mais dans l'illusion que la mère (maladie-accident-soucis) les avait rejetés.

Mon travail est de reprendre les enfants en leur racontant l'origine de cette rupture. Comme c'est une autre personne que la mère qui leur parle, ils font un transfert régressif, ce qu'il y a de sain est regreffé sur une maternante institutionnelle, ce qui ne l'est pas est devenu fou. Ils font d'abord un transfert de la relation à la mère sur le ou la thérapeute, dont il faut après les débarrasser pour qu'ils puissent entrer en relation, sans s'attacher de façon régressive, avec quelqu'un d'autre qui leur servira de tutelle mais jamais de mère ni de père archaïques (ceux-ci étant intégrés à leur propre corps).

C'est pour ça qu'il faut que le thérapeute soit avec eux uniquement dans la parole, et pas du tout dans le toucher.

Une relation transférée et symbolisée.

Dans les pouponnières dont le personnel fait les trois-huit, et où les maternantes se relaient, les enfants ont peur et raison d'avoir peur de s'attacher à une personne professionnelle qui fait partie du nécessaire et qui passe dans leur vie quelques semaines, ou quelques mois.

Quand toutes les radicelles de vie qui attachent à quelqu'un qu'on aime sont arrachées, il n'y a plus de quoi s'accrocher, quand il s'agit d'un bébé séparé de son adulte médiateur – élu du monde vivant; mais quand cet arrachement est compris par la mère et qu'il est exprimé par elle, il est déjà mieux supporté. La blessure n'est pas guérie pour autant mais elle peut ramener au souvenir d'un temps révolu ce corps qui est à l'enfant son espace de sécurité perdue. Réévoquer un passé et rendre au sujet du désir le droit à son espérance en lui et dans les autres, tel est le difficile travail auquel se livrent les psychothérapeutes aidés des parents, avec les enfants autistes, hélas! très nombreux. Mais ce travail psychanalytique n'exclut pas l'accueil sociopédagogique dont ces enfants ont un très grand besoin – bien qu'ils y paraissent indifférents sinon imperméables. C'est qu'ils sont phobiques de liens qu'ils pourraient établir. Ils se méfient d'aimer et d'être aimés. Il faut savoir les en justifier et pourtant persévérer à leur parler de tout ce qui intéresse des enfants de leur âge.

Toute épreuve relationnelle chez les nourrissons est exprimée par des troubles fonctionnels.

Chez un enfant, c'est vécu dans le corps même. Sa mère ou la personne connue de lui le quitte, sa souffrance s'exprime par une bronchite, une rhinopharyngite; il dit « merde » par le nez, par les poumons, par le cavum. Il fait une maladie réactionnelle à l'épreuve, et c'est un signe de santé psychique. Tout le cavum qui avait été rempli de l'odeur de la personne qui a fondé sa connaissance de lui-même s'irrite ou se dévitalise de perdre cette odeur. Son oreille qui ne perçoit plus la voix familière fait une otite. Les lieux dévitalisés sont la proie de microbes habituellement sans virulence.

Il fait une congestion de souffrance aux lieux mêmes de son corps qui sont privés du plaisir de cette relation structurante. « Cette voix me construisait. Elle est partie, elle me déconstruit au lieu où je m'étais construit par le plaisir du désir de communiquer. » Le plaisir et le désir de communiquer sont érotisés en des endroits auxquels l'adulte ne pense pas, cavum, les yeux et les oreilles, tube digestif et siège. Ces lieux sont touchés de plein fouet par l'épreuve de la privation d'entendre la douceur de la voix connue, de respirer son odeur. Ceci arrive quand l'enfant est tout à coup séparé des heures de sa mère qui reprend son travail et qui ne l'a pas préparé. On peut prévenir ces grandes souffrances morales à effets dévitalisants.

La mère ou son substitut doit expliquer qu'elle les aime toujours, qu'elle va ailleurs, mais qu'elle ne les oublie pas et que telle personne va s'occuper d'eux.

Les enfants qui ont la chandelle au nez, qui respirent très mal, font des otites à répétition et finalement deviennent demi-sourds pour ne plus entendre que ça change tout le temps. La surdité induite les amène à ne plus entendre de vocabulaire, donc à se retarder.

Comme il n'y a plus de mortalité infantile, le corps survit, mais à force de ne considérer que lui, la relation symbolique a été méconnue comme aussi importante que le corps, on l'a étêtée, éradiquée parfois, d'où les pré-psychoses, expression inconsciente de détresse psychique chez les enfants précoces et sensibles dont la santé physique a tenu, médicalement assistée ou non. Là aussi, la séparation hospitalière chez le jeune enfant est un agent de rupture relationnelle avec son identité.

Il vaudrait mieux prévenir que guérir.

C'est la parole qui, chez l'être humain, tisse le lien symbolique, en même temps que le toucher, le plaisir que l'enfant en a, complice de sa mère ou de sa nourrice connue.

Il y a aussi le sens qui donne à l'enfant l'enracinement dans son origine. C'est pour cela que je lui dis le prénom de sa mère et son nom, et je lui dis tout ce que je peux savoir de son chemin : comment il est arrivé dans la pouponnière. « Avant, c'est toi qui le sais, tu peux t'en souvenir peut-être; ta maman a souffert et ne pouvait pas te garder... » Quand on leur parle comme ça, si vous voyiez les regards de ces enfants qui s'enracinent dans vos yeux. C'est bouleversant. C'est ce qui a transformé les maternantes qui assistent au traitement.

« Tu vois tes mains, tes doigts, elle a aussi des mains comme toi, ta mère Unetelle les a aussi; ton père, dont on ne sait pas le nom, les avait. Tu es comme une personne depuis que tu es petit. Tu es un vivant qui deviendra un homme, une femme, comme Pierrette, comme Rose que tu avais avant, comme ta maman qui t'a confié à elles... » C'est tout ce relais par la parole qui fait que l'enfant retrouve et conserve sa sécurité d'être depuis son origine en ayant des substituts dont il nomme des personnes représentatives. Son statut tel qu'il est, de sans parents quand c'est son destin, il faut le lui expliquer.

Mais quand c'est à l'accouchement qu'on le sépare et qu'il a une infirmière qui s'occupe de lui au milieu des cris des autres nouveau-nés, il ne sait plus qui il est quand il retrouve sa mère à la sortie; il y a déjà eu huit jours de désert de la relation qu'il avait avec elle avant; il est coupé des bruits de la famille qu'il percevait *in utero*.

En Italie, ils ont compris ça et ils ont d'excellents résultats. En France, il y a des boxes attenant à la chambre des accouchées dans certaines maternités. Mais une cloison de verre les sépare. Elles ne peuvent ni l'entendre, ni le toucher. Lui, n'entend pas la voix de sa mère. Il n'est pas dans la confusion sonore de la nursery mais c'est un isolement nocif de la voix des adultes.

Il est important qu'il conserve le continuum, il a besoin d'entendre les aigus de la voix de sa mère et de sentir ses odeurs corporelles. Sous prétexte que la mère doit se reposer, c'est une autre femme qui lui donne le biberon, qui le lange. Soit. Mais alors, il faut tout lui expliquer.

Si une mère est désolée de ne pas avoir un enfant de l'autre sexe, il ne faut pas le lui cacher, ni le reprocher à cette femme. « Tu vois, ta maman aurait désiré une fille et tu es né garçon. Tu as bien fait. Tu es toi. Mais c'est une surprise, il faut qu'elle se fasse à cette idée. La réalité n'est pas ce qu'on imagine, tu le comprendras toi aussi. »

C'est d'autant mieux si les paroles dites au bébé le sont devant la maman qui continue de regretter que son désir conscient ne soit pas satisfait. Conscient parce que si elle l'a nourri dans son corps, c'est que son corps était d'accord; le désir inconscient était bien de donner vie à un enfant du sexe qui est celui que manifeste le corps de son bébé. Le bébé imaginaire qu'elle regrette était autre. On aide ainsi les deux, la mère et son enfant.

Etablir le circuit de la parole à trois personnes est excellent.

Beaucoup de mères ne sauraient pas parler d'elles-mêmes à un nouveau-né. Quand elles voient quelqu'un lui parler de ce qu'elles viennent de dire, et qu'elles voient l'enfant qui regarde la personne qui établit le circuit de la parole à trois, elles disent : « C'est étonnant, il a l'air de vous comprendre. » – « Bien sûr, il comprend le langage. Un être humain, c'est un humain dès le premier jour, donc c'est un être de parole dès le début. » Ce propos les attache énormément à leur bébé. Et elles disent, deux-trois jours après : « J'ai réussi, je lui ai parlé, il m'écoutait, il m'écoutait. Mais je ne savais pas qu'on pouvait le faire avec un bébé. » C'est merveilleux.

On voit des pères en consultation qui vous disent qu'ils peuvent parler à leur chat, à leur chien, et qu'ils ne peuvent pas parler à un enfant déjà grand de quatre-cinq ans.

Comment expliquer cette maladresse? Cette mésentente?

C'est une réédition de ce qui s'est passé quand ils étaient petits. Il en est qui y parviennent plus difficilement que d'autres.

Quand une mère voit une nourrice parler à l'enfant qu'elle lui a confié, alors qu'elle, elle ne sait pas le faire, elle devient jalouse et souvent alors elle lui en retire la garde. Elle a peur qu'il aime la nourrice plus qu'elle. Elle ne sait pas parler à l'enfant au moment du relais. L'enfant reste toute la journée avec une autre femme qui lui parle, et avec qui il est heureux. Quand la mère revient, il se ferme. Il part avec la mère comme un paquet, il revient avec elle comme une chose. De nouveau chez la nourrice, au bout de cinq minutes, il redevient un enfant de communication. Il fait des grands sourires quand il revoit la nourrice. Pas à sa mère quand elle revient. Avec sa mère, il a une relation de chose, régressive, tandis qu'avec la nourrice, il a une relation d'humain, en évolution.

A ma consultation, la surveillante, au début, annonçait les consultants enfants : " Bébé Untel ".

Voilà Bébé Untel. « Comment, madame Arlette, lui dis-je, vous avez dit " Bébé " à cette petite fille! Mais c'est Mlle Untel. » Alors, on voyait le bébé tout content qu'on gronde madame Arlette. Et celle-ci s'excusait auprès de l'enfant, très sincèrement. Les enfants sont très sensibles quand on les traite avec respect; le même respect que l'on a pour soi-même.

Plus tard, à l'école, la réciprocité du vouvoiement ou du tutoiement devrait de même avoir lieu.

La mode est d'appeler les gens par leur prénom, et les mères veulent que l'enfant ait un prénom bien à lui. Il y a des prénoms ambigus quant au sexe – Claude, Camille... et bien d'autres. En groupe d'enfants, il faut ajouter : garçon et fille. Il faut les présenter aux autres. Ainsi : nous soulignons... Camille garçon. « Tu sais que Camille, ça pourrait être une fille. Tu dois savoir que tu es garçon. Ta maman dit qu'elle t'a donné ce nom parce que au début elle aurait mieux aimé une petite fille. Mais tu es né Camille garçon. C'est aussi un nom de garçon. » Et il l'entend. Il doit savoir qu'il est potentiellement garçon et que son prénom à double sens sexué lors de son enfance imaginaire n'est pas une impasse au sexe pour lui, alors que ça l'a été pour sa mère.

Tous les autistes sont surdoués pour la relation humaine et pourtant ils sont dans un désert de communication. Souvent la personne qui s'occupait d'eux était désertée elle aussi au cours de son premier âge et elle a transmis l'état de désert à ce bébé qui évoquait pour elle son petit âge. L'autisme n'existe qu'en raison de l'importance de la fonction symbolique chez l'être humain. L'autisme n'existe pas chez les animaux. C'est une maladie spécifique à l'être humain. Il y a rarement d'autisme, et encore il est tardif (après le sevrage), chez les enfants qui ont été nourris au sein. Par contre, il est plus fréquent chez ceux dont la mère a calé le biberon dans les plis de l'oreiller et laissé le bébé boire tout seul.

Il y a vingt et un ans, à Saint-Vincent-de-Paul, dans la chapelle désaffectée qui était la pouponnière des enfants abandonnés, on pouvait voir une infirmière, seule de garde pour toutes les travées, placer les biberons dans le pli de l'oreiller et les ramasser, après avoir lu son polar. Ils étaient aux trois quarts pleins, parce que les nourrissons avaient laissé échapper la tétine[1].

Ceci mettait ces êtres humains dans une situation de fonction symbolique déshumanisée. Leur fonction symbolique marche tout le temps, mais le code de langage qui en découle n'est humain que si les éléments sensoriels qui alimentent cette fonction ont le même sens pour au moins deux sujets vivants. Ainsi, la mère pour ces bébés pendant les tétées, c'était peut-être le plafond; le père, peut-être la tétine qui sert de pénis. Et l'enfant ainsi nourri était remis dans une situation utérine dans laquelle les perceptions auditives, visuelles, celles de tractus digestif, prennent sens pour lui de son existence animale. La rencontre de ces perceptions tient lieu de langage, mais langage qui est illusion de communication, car il ne reçoit pas de variance de la complicité d'échange avec la sensibilité d'un autre. L'enfant devient chose, parce qu'il est soigné comme une chose, par des personnes qui le manipulent comme une chose. Fatalement, il y a des variations optiques, des variations auditives, des variations olfactives. Et tout ça est pris pour un langage qui

1. « Les enfants malades d'être trop aimés », *Lectures pour tous*, n° 113, mai 1963.

lui donne des jouissances ou des vides passagers, et c'est de cela que s'alimente sa fonction symbolique.

Les autistes vivent. Parfaitement sains, enfants, le plus souvent sans aucune maladie, ils sont superbes. Mais, en grandissant, peu à peu, ils prennent des attitudes courbées, ils ne marchent plus verticaux, ils sont comme des loups qui cherchent à manger, ou qui cherchent, quand ce sont des hommes, à pénétrer n'importe qui, à obtenir n'importe quoi. Ils sont en manque permanent; ils violent... On les ségrègue de plus en plus. Ce sont ceux qui, adultes, dépourvus de sens critique, confondent désir et besoin, font des meurtriers, des violeurs irresponsables, comme M. le Maudit.

Les autistes ne savent pas qui ils sont. Leur corps n'est pas le leur. Leur esprit est on ne sait où. Leur être au monde est codé dans la mort au lieu d'être codé dans la vie. Ils sont morts quant à la relation à la réalité des autres, mais ils sont très vivants par rapport à on ne sait quoi d'indicible imaginaire.

L'enfant autiste est télépathe. J'ai l'exemple d'une petite fille autiste de cinq ou six ans. Sa mère me racontait que lorsqu'elle voyageait avec elle dans le train, c'était intolérable parce que cette enfant parlait toute seule, et elle disait la vérité des gens qui étaient dans le compartiment... Une fois, une voisine disait à sa mère : « Je vais à Paris voir mon mari... », et l'enfant coupait : « C'est pas vrai, c'est pas son mari, c'est un monsieur que son mari connaît pas... » Elle parlait avec une voix bizarre, sans poser son regard, dans un habitus de somnambule.

Cette enfant avait pour cas particulier d'autisme qu'elle n'avait pas l'usage du bas de son corps; elle ne pouvait pas se tenir debout; il fallait qu'elle fût portée; elle ne pouvait pas marcher ni seule rester assise. Dès qu'elle était quelque part, il fallait la coucher par terre. En fait, cela me paraît être sous le nom d'autisme une hystérie extrêmement précoce.

Je me rappelle la première fois qu'elle est venue me

voir. Elle était portée par son père, car elle était trop grande et trop lourde pour sa mère. On l'a couchée par terre, sur le tapis de mon bureau; et moi, je suis allée au-dessus d'elle. Je voulais comprendre à partir de quoi elle ne pouvait pas se verticaliser, puisque l'être humain est un être qui naît vertical. Je partais de l'image que l'enfant a de son corps : il a une forme phallique de son corps. Il naît debout parce que les voies génitales de la mère, c'est comme une conque, une corne d'abondance qui est étroite au départ, dans le centre de la mère, et de plus en plus large au vagin et à la vulve; l'enfant sort, et s'il n'y avait pas la pesanteur, il arriverait face à face avec sa mère; c'est ça la naissance.

La petite ne s'étant pas assise à l'âge habituel, on l'avait crue atteinte d'une encéphalopathie. Je n'avais pas beaucoup d'espoir en voyant pour la première fois cette enfant qui roulait les yeux et semblait perdue. Si elle n'était pas appuyée contre son père ou sa mère, elle avait les jambes flasques. A première vue, il fallait que le haut de son corps fasse partie du corps de son père, ou partie du corps de sa mère, pour que le bas de son corps ne soit pas « poupée molle ». Mais une observation a fait « tilt » en moi; dès qu'elle était séparée du corps de sa mère, elle était complètement molle, et quand elle était contre son père, elle était statufiée; elle avait des jambes non pas en coton, mais raides. Elle n'était donc pas paraplégique. Elle était greffée imaginairement sur le corps de sa mère et n'avait pas de bas du corps. Dans mon bureau, elle était donc par terre, et j'ai mis deux mains autour de sa taille – un peu plus bas, à l'endroit de son ombilic – et à ce moment-là, je l'ai soulevée; j'ai fait un petit mouvement pour qu'elle puisse s'asseoir; elle s'est assise. Puis, tout d'un coup, je l'ai tenue par la taille de façon que ses pieds touchent le sol. Et je lui ai dit : « C'est comme ça que tu serais debout par toi-même. » La visite suivante, la petite fille marchait dans mon bureau, touchant à tout, mais elle était comme absente et elle n'allait pas vers sa mère. Elle ne savait pas qui elle était de corps, comme si elle avait le bassin de sa mère et les jambes de son père (qui l'avait longtemps portée dans ses bras). J'ai travaillé avec sa mère qui l'accompagnait. De son côté, le père est entré en psychanalyse. Dans le château paternel, il vivait une situation dramatique : être payé au-dessous du S.M.I.C., par un père terrible qui dirigeait une usine, et dont lui, ingénieur, devait être le valet. Le fils voulait se sortir de cette situation d'objet, de chien couchant, à son père, et faire marcher l'affaire pour qu'elle nourrisse toute la famille (tout le monde vivait sur cette usine). S'il s'en allait, c'était la ruine de la famille : le grand-père maternel était sénile et incapable de bien gérer. Quant à la mère de l'enfant, c'était une fille d'officier qui était tout à fait dans la communication, comme sont les filles d'officiers (je crois qu'elle avait connu seize déménagements depuis qu'elle était enfant) qui n'ont jamais séjourné longtemps dans la même garnison. Mais leur mère et ses sœurs avaient toujours su installer et organiser n'importe quelle maison de fonction pour qu'elle soit vivable; enfin la vraie fille d'officier, qui ne se posait pas de questions métaphysiques; on vivait dans les échanges matériels et sociaux, avec politesse et civisme. Elle avait tout de même eu deux premiers enfants sains. Mais la dernière – cette enfant que je voyais – avait été très malade à la naissance et était restée atteinte de cette anomalie bizarre que j'ai jugée une hystérie précoce. Qu'est-ce qui s'était passé? L'enfant avait simplement, dans sa vie, un retard de deux ans : elle a été finalement reprise par sa mère comme un nourrisson à partir de deux ans. Je lui ai dit que sa fille était visiblement intelligente et elle a repris courage.

Pendant deux ans, j'ai suivi la mère et l'enfant ensemble. Elles venaient à peu près tous les deux mois. Nous avons refait ensemble, avec cette enfant en paroles, en souvenirs racontés par sa mère et repris par moi, tout le chemin de cette enfance de bric et de broc, pour que l'enfant se retrouve, elle, vivante, ayant le droit d'être elle-même. Elle ne parlait pas au début quand elle est venue ici; elle s'est mise à parler très vite, et justement à faire comme un nourrisson qui aurait la parole et qui, télépathe, dirait à tout le monde sa vérité en même temps que tout ce qu'il pense, ce qu'il sent de la réalité des choses. A sept ans, la petite est entrée à la maternelle, dans une école privée qui l'a prise comme si elle avait trois ans, alors qu'elle avait l'âge et la taille d'un enfant de sept ans, et elle s'est développée à partir de là, a eu une vie sociale avec deux à trois ans de retard scolaire et de retard de maturation, manifestant les intérêts d'un enfant plus jeune que son âge. Et tout s'est développé chez cette enfant qui maintenant est devenue femme. A neuf ans et demi, il y a eu un petit bal costumé, et l'enfant voulait absolument y aller. Elle voulait avoir un déguisement et elle a dit à sa mère : « Je veux que tu me fasses le costume que la dame m'a fait – la dame, c'était moi –, la dame qui m'a guérie. » – « Quel costume t'a-t-elle fait? – Tu sais, elle m'avait fait un tutu de bananes. » – Banane : forme phallique à consommer. C'était le fantasme qu'elle avait eu quand je l'avais soulevée, mes deux mains entourant sa taille et que j'avais permis ainsi à ses pieds de toucher terre. Ce fantasme qui lui avait rendu l'image de sa verticalité individuée sur des jambes incapables de la porter – elle a voulu que sa mère le lui réalise. Quand celle-ci lui a essayé le tutu de « bananes », la petite l'a embrassée comme elle ne l'avait jamais fait, disant : « Ce que tu es bonne, maman! » Et elle a eu beaucoup de succès avec ce costume.

Depuis cette fête, tout a bien été pour elle.

CHAPITRE IV

NOUS IRONS
À LA MAISON VERTE

LA « MEILLEURE MATERNELLE DU MONDE »?

La transformation opérée chez les mères qui fréquentent la Maison Verte est spectaculaire. Elles ont du temps pour penser et pour être, alors qu'avant elles étaient traquées par leurs enfants qui les accaparaient. Tout devient facile dans leur vie, et les maris qui viennent nous disent : « Quelle transformation à la maison depuis que ma femme vient ici... Le soir, quand je rentre, elle ne se précipite pas sur moi en me disant tout ce qui s'est passé dans la journée... » L'enfant s'occupe, la mère s'occupe, ils communiquent, ils ne sont plus collés ensemble, il n'y a plus de tension, et le père lui aussi, quand il vient là, découvre son enfant avec d'autres enfants; il découvre sa femme avec d'autres femmes et d'autres enfants, et lui se découvre dans une dimension de père en même temps que d'époux vis-à-vis de sa femme. C'est énorme le travail qui se fait là.

Le nom même de notre « lieu de vie » est une création du collectif d'enfants. Il n'y a pas d'auteur, ni de baptiste. Ce nom est à eux, en eux. Il leur parle de leur maison. Quand la mère dit « la Maison Verte », tout de suite, l'enfant sait. Mon mari, évoquant son enfance en Russie, racontait que lorsque à table on disait : « Demain on va aller à la perdrix », le chien, qui était couché et avait l'air de dormir dans le coin de la salle à manger, tout de suite se mettait à japper en tournant autour de la table; il avait entendu le mot « perdrix »... Il y a des mères qui me confient : « Il suffit de dire " la Maison Verte " pour que mon enfant, qui était énervé, se calme immédiatement. » La Maison Verte est en orbite dans son espace. C'est extraordinaire. Sa création est peut-être aussi importante qu'il y a quelque 75 ans, le début des maternelles. Elle œuvre pour la prévention du sevrage, ce qui est la même chose que la prévention de la violence et, par là, des drames sociaux.

Rappelons quel était l'ancêtre de la « maternelle » d'aujourd'hui.

Ça s'appelait l'« asile ». Ce fut le nom commun des crèches et des maternelles. Enfant, là où j'allais en vacances, je lisais la pancarte « Asile ». L'asile, c'était une crèche. Les mères qui travaillaient mettaient leur bébé du matin au soir chez les bonnes sœurs, depuis les tout petits jusqu'à l'âge scolaire. Ça s'appelait « asile », et les enfants étaient en uniforme, de longues robes jusqu'aux pieds, dessous ils n'avaient pas de culottes; c'était comme à la campagne, ils pouvaient faire pipi-caca, aucune importance : on ramassait. Il y avait le secteur des petits, le secteur des moyens, et le secteur des grands... et les grands, c'était la maternelle.

Pour se faire une idée du début des classes maternelles, il faut lire La Maternelle, *de Léon Frappier. Ceux qui ont fondé la maternelle se sont trouvés, au départ, dans des difficultés semblables à celles que rencontre aujourd'hui pour exister la « Maison Verte ».*

Les édiles ne croyaient pas aux méthodes qui ont été instituées et qui ont fait la qualité de l'Ecole Maternelle en France, et sa réputation mondiale.

Cette maternelle, qui a fait ses preuves, suit une évolution qui me paraît dangereuse. Elle trahit le bon travail de ses pionniers. Ce qui m'inquiète, c'est qu'on y admette des enfants de 2 ans avec des professeurs qui sont formés pour des enfants de 3 ans. Mais quand on dit 2 ans et 3 ans, c'est comme si on disait 12 ans et 25 ans. Il y a une telle différence entre un enfant de 2 ans et un enfant de 3 ans... une différence aussi grande que pré-pubère et déjà jeune adulte. A 2 ans, le système nerveux central n'est pas terminé; la queue de cheval n'est pas terminée; l'enfant n'a pas le contrôle sensitif et émissif à plaisir de son fonctionnement sphinctérien. Si on le dresse à la continence, comme il a peur d'être en dysharmonie avec l'adulte, il greffe son bassin (son en-vie) sur le désir (le plaisir) de l'adulte tutélaire; ça fausse toute son identité sexuée dont le bassin fait partie. Plus tard, garçon ou fille deviennent homme ou femme mais il y a de gros risques, la région génitale ayant été aliénée à l'adulte, pour un refoulement avec inhibition pathogène de la sexualité adulte. L'éducation sphinctérienne précoce est tout à fait nocive. On a récemment décidé en France d'ouvrir les classes maternelles aux enfants de 2 ans, 2 ans et demi; on y prépare des inspecteurs de classes maternelles. Or à cet âge, de 3 mois en 3 mois, les enfants évoluent énormément; leurs intérêts, leur mode de langage au sens large du terme sont en continuelle mutation. On enverra à l'école des enfants qui atteignent tout juste à la marche délurée. Avant 30 mois, aucun enfant n'est prêt pour la propreté « naturelle », tout au moins sans accidents dans la culotte, ni pour le rythme horaire de l'école. Si on veut élargir, accroître l'accueil des petits à l'école, il faut imaginer autre chose que la classe dite maternelle, laquelle est parfaite pour les enfants de 3 ans, de réellement 3 ans de maturité. A partir de 2 ans, les enfants qui restent à la crèche se puérilisent parce qu'il n'y a là que des petits et des femmes pour les encadrer, et même s'il y a des éducatrices, elles savent rarement parler vrai aux enfants de ce qui les intéresse. Elles visent à les initier à des manipulations, des chansons mais dans des activités dirigées... dirigées! hélas! déjà. Ces éducatrices de crèches y viennent en tant que vacataires et sont détestées par les maternantes qui, elles, sont reléguées à être des agents de tâches matérielles, biberons, nourriture et couches. C'est un problème. Ce serait tout différent si, au lieu d'éducatrices, on imposait des hommes à plein temps associés aux femmes pour s'occuper des enfants. Qu'on les appelle comme on voudra! ni psy, ni éducateurs, ni animateurs, mais pourquoi pas des tontis, puisque les maternantes sont des tatis!

J'ai entendu les arguments allégués pour accueillir dès 2 ans les enfants en maternelle : quand un grand est à la maternelle, pourquoi son petit frère ou sa petite sœur n'irait-il pas à la maternelle avec lui? C'est en ordre inverse ce qui se passe en crèche. Quand il y a un bébé à la crèche, alors on laisse le grand frère ou la grande sœur à la crèche. Mais quand il va à l'école maternelle, pourquoi le petit, qui, déjà à la maison, se met à jouer avec ce grand, ne pourrait-il pas aller aussi au même endroit que le grand? Pourquoi séparer la fratrie? Leur maman et leur papa seront beaucoup plus avec eux s'ils restent ensemble que si on les met dans des endroits différents. En famille ils seraient élevés ensemble et ils s'aideraient mutuellement à se développer. Cet argument paraît juste mais c'est l'attitude éducatrice et ses exigences qui font problème.

En fait, il faudrait qu'il y ait une non-discontinuité depuis la naissance, l'apprentissage de la propreté, jusqu'à l'acquisition de l'écriture, la lecture et le calcul confirmés, c'est-à-dire jusqu'à l'âge de 8 ans révolus; il faudrait qu'il y ait une communication entre des pavillons ou des salles préposés aux enfants de 2 à 6 ans et que les enfants puissent aller et venir, se retrouver... lieux de vie, avec des aménagements d'espace et de centres d'intérêt, bref, on aurait besoin de vie encadrée sans directivité au début, puis à partir de la maturité (et non l'âge civil) de 3 ans, avec une directivité progressive. Les enfants iraient par affinité selon le niveau de cet intérêt, en changeant de lieux. Actuellement, ils ne peuvent pas retourner en arrière dans une classe précédente, ni aller en avant, ne fût-ce qu'en auditeur libre. C'est pourtant cette souplesse qu'il faudrait ménager de 2 ans jusqu'à 6 ans, et après, de 5 à 8 ans.

Sur mon conseil, des architectes qui avaient à prévoir une ville nouvelle ont conçu un centre avec de telles ouvertures et possibilités de communication. Il paraît que ça marche très bien. Il n'y a aucune rupture, aucune ségrégation. La maternité et l'infirmerie où l'on met les enfants qui sont un peu malades sont un peu séparées pour la contagion, mais une maman peut aller y voir un bébé, et puis aller voir son second enfant qui est à la crèche, et de là l'aîné qui est à la maternelle, en empruntant des petits couloirs couverts. Sur le terrain de jeux, il y a, comme au jardin du Luxembourg, du macadam avec des petits toits, pour s'abriter s'il pleut quand on passe de l'un à l'autre. On laisse un enfant de maternelle retourner à la crèche s'il veut y retrouver son petit frère ou sa petite sœur pour jouer avec eux.

J'avais demandé aussi que le terrain pour les vieux qui jouent aux boules, avec des bancs pour les femmes qui tricotent, et qui est un terrain un peu dégagé, ensoleillé, ne soit pas séparé du jardin des petits; qu'il n'y ait pas un mur, mais une haie d'arbustes qu'ils ne puissent enjamber, mais qui soient juste à la hauteur du nez d'un enfant qui marche. Il était souhaitable que les adultes puissent voir les enfants, et que les enfants puissent voir les vieux qui jouent aux boules et les grand-mères qui dès les beaux jours sont là sur des bancs. Les architectes ont ménagé cette visibilité. Et depuis que le jardin a été inauguré, il s'est établi une liaison extraordinaire entre les grands-pères et grand-mères et les petits qui sont dans les premières classes. C'est très important que les vieux puissent, s'ils le veulent, voir les enfants (il y a des bancs plus éloignés pour ceux qui ne veulent pas des cris d'enfants). C'est ainsi que, dans la société, se tissent des relations entre tous les âges.

On constate en France une espèce d'autosatisfaction des hommes politiques; chaque fois qu'ils sont sommés par l'opposition de faire le bilan de la politique d'éducation, ils répètent toujours : « Nous avons... comme nous avions le meilleur réseau routier en 1936, la meilleure poste du monde en 1920... la meilleure maternelle du monde... »

C'est vrai. Mais est-elle adaptée aux enfants qu'on veut lui confier? A leur nombre et à leur âge?

La maternelle qui a fait ses preuves dans la France de l'avant-guerre ne répond plus exactement au problème des enfants qui, aujourd'hui, sont admis beaucoup plus tôt : 2 ans au lieu de 3-4 ans.

Les femmes de service, qui s'appellent maintenant des agents municipaux, sont là pour le ménage et ne veulent pas de saletés. Elles sont au service des locaux, mais pas au service des enfants. Si bien que personne ne s'emploie à enseigner à un enfant à se laver tout seul, à se laver les dents, à se changer, à se mettre une culotte sèche.

Personne ne peut donc lui donner le vocabulaire de son corps. Ils sont grondés s'ils mouillent la salle d'eau, s'ils font une saleté. Ces femmes de service se sentent humiliées de faire ce qu'elles appellent des « corvées ». Elles protègent les locaux. Un enfant doit vivre dans l'eau, le pipi, le caca à certains moments, et il va dans la classe après. Et elles devraient être des femmes maternelles qui leur parlent leur corps, qui leur parlent leurs besoins, qui leur parlent leurs doigts, leurs mains, leur visage, qui les fassent s'aimer beaux et propres, prendre soin d'eux-mêmes. Des femmes qui leur parlent leur famille, en la connaissant. Enfin, elles devraient être instruites de l'éducation des petits. Mais non. Elles sont payées par la municipalité, alors que les maîtresses sont payées par l'Education nationale. Ça fait une séparation totale, et c'est très rare qu'elles fassent équipe avec la maîtresse. Très peu d'entre elles sont assez disponibles ou se permettent de s'intéresser aux enfants. Pourtant elles ont, pour la plupart, l'intelligence de cœur et aiment vraiment les enfants.

Il faudrait absolument, à mon avis, que la maîtresse de maternelle n'ait à s'occuper à la fois que de six enfants au maximum, et que tous les autres soient occupés par des éducateurs-éducatrices dont la fonction est maternante. Les femmes (dites de service) sont tout à fait capables d'assumer ce rôle à l'école des petits. Pourquoi pas hommes et femmes d'ailleurs? Les enfants ne seraient pas centrés plus de vingt minutes (au maximum) autour de l'institutrice ou de l'instituteur, la personne... paternante. A l'école maternelle, la maîtresse est essentiellement « paternante », elle enseigne la discipline, la correction du parler, des gestes et l'adresse manuelle. C'est le groupe d'enfants qui est « porteur » maternant. On est loin de cette organisation désirable, pour les enfants qui n'ont pas encore le niveau de 3 ans pour lequel la classe maternelle a été pensée.

Que de classes surchargées en maternelle. Il y a eu une grève d'institutrices : elles avaient 35 enfants, de 2 à 4 ans, et elles n'arrivaient à rien dans le chahut. Le tohu-bohu ne peut que s'amplifier s'il n'y a personne pour voir cette angoisse des petits et les aider. A cette occasion, j'ai écrit un article pour répondre à la question : « Quel est le nombre d'enfants souhaitable dans une classe maternelle? »

Quand on voit tant de personnes qui sont au chômage, ne pourrait-on leur proposer de venir travailler à la maternelle et faire équipe avec des professeurs dûment formés selon une certaine méthode, à faire acquérir à l'enfant un savoir industrieux, habile, manuel, corporel, vocal, observation avec les yeux, ou éducation du toucher... enfin, vraiment tout ce qui est éducation de l'enfant : exercice de tous les sens et formation à la communication par langage corporel, mimique, verbal. Il faudrait que ces assistantes s'entendent bien avec les maîtresses, comme autrefois s'entendaient des braves dames du village qui avaient des enfants autour d'elles, pour éplucher les légumes. Ces nouvelles aides des maternelles pourraient parler à chaque petit en tant qu'enfant de sa famille, de son papa et de sa maman, et de ses frère ou sœur. Ces personnes pourraient connaître les mère et père de chacun de ces enfants, créer la médiation entre la famille et l'école. Dans les maternelles, on ne parle jamais aux enfants du père et de la mère. On convoque... ou bien on répond à la mère qui vient exposer ses problèmes.

Les maîtresses sont moins disponibles qu'autrefois. Maintenant, elles sont énervées, elles sont fatiguées, etc. Il s'y est instauré ce qui maintenant est devenu chronique dans le primaire et dans le premier cycle du secondaire : une espèce de rivalité parents/enseignants, les enseignants se plaignant que les parents ne fassent pas leur travail éducatif, et, à l'inverse, les parents ayant tendance à trop déléguer, trop s'en remettre aux maîtresses pour faire soi-disant l'éducation alors qu'elles n'ont été enseignées qu'à instruire les enfants.

LA MAISON VERTE

L'inauguration de la Maison Verte, place Saint-Charles, dans le XVe arrondissement de Paris, a eu lieu le 6 janvier 1979. Ce n'est pas une garderie, ni un centre de dépistage, mais la première pierre de cette « Maison de l'Enfant » qui, selon le vœu de Françoise Dolto, devrait précéder la mise des bébés traditionnelle en crèche, en garderies puis à l'école maternelle. En ce lieu de loisirs et de rencontres où les bébés sont traités comme sujet, *personne n'est fiché, l'anonymat est respecté, seule compte la présence humaine : le parent* *qui accompagne l'enfant et ne quitte jamais le lieu tant que l'enfant y est, lui aussi se repose et s'occupe. Il rencontre ses semblables. L'équipe de trois adultes d'accueil, dont un homme au moins, ne fait aucun traitement, aucune observation formelle, ni aucune expérience concertée. Ils sont simplement disponibles, à l'écoute et s'adressent aux enfants devant les parents.*

A la Maison Verte, qui n'a pas d'équivalent dans le monde, se pratique au jour le jour, hors de l'emprise de tout pouvoir médical ou soignant et sans récupération ni directives éducatives, le parler vrai à tout enfant de ce qui le concerne là, soit dans ce que ses parents disent, soit dans ce qu'il fait et qui lui vaut une déconvenue dans sa réussite ou une épreuve dans sa relation avec un autre. C'est l'entrée dans la convivialité, sans dépendance au groupe.

L'ouverture était annoncée par des panonceaux. Les gens regardaient repeindre et aménager cette boutique entre une teinturerie, anciennement laverie automatique, et un café avec des tables dehors, sur une place très passante. On en parlait dans le quartier. La place Saint-Charles est une place assez rurale dans une ville comme Paris, tout à côté de ces grandes tours du Front de Seine qui cachent la moitié du ciel; c'est une place où les enfants jouent aux patins à roulettes, où les cyclistes qui font une course viennent attacher aux arbres leur vélo. C'est une place un peu vivante. Le jour où nous avons ouvert boutique, c'était le jour des Rois. Nous avions accroché ballons et couronnes à la fenêtre et nous avions écrit sur une pancarte : « Venez fêter les Rois à la Maison Verte, avec vos petits enfants de 0 à 3 ans. » Et des gens sont venus, comme ça, par curiosité. Quelques mamans avaient même apporté des galettes. Nous, nous avions préparé une grande galette. Les mères se sont assises sur les fauteuils et les enfants ont dispersé les joujoux par terre. Nous avons dit d'emblée aux femmes présentes : « Voilà, nous commençons quelque chose de neuf, quelle est votre idée? La nôtre, c'est de préparer vos enfants à la crèche, à aller en garderie, puis en maternelle. » Ce premier jour, il n'y avait pas de bébés de moins de deux mois, mais je crois me rappeler qu'il y avait une femme enceinte qui, faisant sa petite marche recommandée par son accoucheur, était entrée par hasard.

C'est comme ça qu'on a commencé. Et le bouche à oreille a joué.

Les pères, au début, ne venaient que le soir chercher leurs femmes, après la sortie du travail, entre 6 et 7 heures. Sans doute pour monter l'enfant avec la poussette quand elles rentraient chez elles.

Au début, il y eut quelques malentendus... Certaines femmes, travaillant, ont cru que c'était une garderie. Dans les premiers jours, une femme nous a demandé : « Je peux vous laisser mon enfant? » S'entendant dire : « Non, madame », elle nous a fait une petite scène : « Ben alors, si vous n'êtes pas une garderie, à quoi servez-vous? » – « Eh bien, nous servons à ce que vous veniez, vous, avec votre enfant, pour le préparer à être séparé de vous sans histoire. » – « Ah! ben, il fera des histoires! » – « Mais si vous cherchez une garderie, on peut vous en indiquer. » Nous avons donné l'adresse de garderies, en insistant sur ce point : la Maison Verte, c'est un intermédiaire entre le foyer et la garderie, entre le foyer et la crèche. Les gens l'ont très bien compris, rapidement. Pour certains parents, surtout pour les mères dont la mise, une fois ou deux en garderie, avait beaucoup perturbé leur enfant, il a été moins facile d'admettre de ne pas laisser l'enfant, même pendant deux minutes. A une mère qui voulait laisser son enfant, âgé de quatre-cinq mois, le temps d'aller faire une course, j'ai dit : « Non, vous emmenez l'enfant pendant la course, et vous revenez. » – « Mais alors, ce n'est pas la peine que vous existiez! » – « Si, c'est la peine que nous existions, parce que le jour où vous voudrez, vous, faire des courses, vous pourrez, sans aucun souci pour vous ni risque pour lui, laisser en garderie votre enfant. Il sera en bonne intelligence, même en votre absence, avec les autres, enfants et adultes... » Furieuse, elle est restée tout de même pour sortir son venin, et une autre maman lui a dit : « Vous savez, vous pouvez très bien l'emmener faire votre course et revenir. » – « Non! rhabiller l'enfant! » Elle aurait voulu s'absenter pour soi-disant acheter des petits gâteaux, alors, l'autre maman lui a dit : « ...Mais, tenez, prenez mes petits gâteaux, j'en ai... » Les personnes d'accueil étaient toutes bouleversées de la colère de cette femme, et surtout de la détresse de son bébé dès les premiers mots : « Je vous le laisse cinq minutes, le temps de faire une course. »

J'ai rassuré le bébé en disant : « Tu vois, ta maman, c'est très bien qu'elle fasse une scène... ça lui fait beaucoup de bien de faire une scène. » Du coup, le bébé s'est rasséréné, bien que la mère continuât sa scène. J'étais contente qu'elle fasse une scène, parce qu'elle ne comprenait pas et il fallait qu'elle comprenne. Au lieu de partir, elle est restée deux heures, alors qu'elle avait commencé par dire que ce n'était pas la peine de venir, etc. Et le soir, elle a dit à l'une d'entre nous : « J'ai compris... C'est formidable. Et je vous remercie de m'avoir retenue alors que je voulais faire une scène et m'en aller immédiatement. » En réalité, on ne l'avait pas retenue... Et elle nous a dit : « Vous avez tout à fait raison. Je ne vous ai pas dit, mais j'ai essayé la garderie, et ça a été épouvantable : l'enfant a hurlé tout de suite... mais ici, non, alors, comme il était bien là, je pensais que je pouvais vous le laisser. » – « Eh non! Vous arriverez à le laisser à la garderie quand il aura été préparé ici. » Et d'ailleurs, quand on parle, le moment venu, de la garderie à l'enfant qui ne parle pas encore, l'enfant reste serein, il fait « oui » de la tête. On en parle à la Maison Verte, en disant : « Ta maman va te mettre à la garderie, ça veut dire qu'elle ne restera pas avec toi, mais c'est des enfants comme ici, c'est des dames comme ici, et si tu es un peu malheureux, tu penseras à la Maison Verte et ta maman te ramènera à la Maison Verte demain, mais aujourd'hui, il faut qu'elle aille faire des courses. » Les enfants comprennent très bien.

Cette mère nous avait dit : Je *le* laisse, parlant de son bébé à la troisième personne, devant lui. Elle n'avait pas dit : « Je *te* laisse. » Nous, nous corrigeons ces façons de parler de l'enfant sans lui parler à lui. Quand une mère arrive à l'accueil, c'est au bébé que nous parlons, c'est au bébé que nous présentons les lieux. « Voilà le cabinet... le même pour les grandes personnes et pour les enfants. » Si c'est un petit : « Voilà la table à langer : c'est là que ta maman pourra venir te langer. » C'est la mère qui devient la troisième personne. « Voilà les engins à roulettes, le bac à eau, l'échelle, le toboggan, les joujoux, le tableau à dessiner. Tu peux jouer à ce que tu veux. Il y a un règlement : on ne peut pas jouer à l'eau sans tablier de caoutchouc. Si on joue avec les engins à roulettes, on ne peut pas passer telle ligne de séparation entre les deux pièces. »

CARTE D'IDENTITÉ DE LA MAISON VERTE
(d'après une idée de Françoise Dolto)

Un lieu de rencontre et de loisirs pour les tout petits avec leurs parents.
Pour une vie sociale dès la naissance, pour les Parents parfois très isolés devant les difficultés quotidiennes qu'ils rencontrent avec leurs Enfants.
Ni une crèche, ni une halte-garderie, ni un centre de soins, mais une maison où Mères et Pères, Grands-Parents, Nourrices, Promeneuses sont accueillis... et où leurs petits y rencontrent des amis.
Les femmes enceintes et leurs compagnons y sont aussi les bienvenus.

La Maison Verte accueille tous les jours de 14 h à 19 h. Le samedi de 15 h à 18 h (sauf le dimanche), 13, rue Meilhac (rue piétonne), 75015 Paris. Tél. : 306-02-82.

La Maison Verte prépare l'enfant à être, à deux mois, séparé de sa mère, sans être le théâtre de ce fameux « syndrome d'adaptation », à vivre en toute sécurité sans elle dans la société. Beaucoup de mères qui viennent là savent qu'à deux mois elles seront obligées de mettre à la crèche leur enfant, parce qu'elles ont leur travail à reprendre et qu'elles ne pourraient pas vivre sans. Ces petits, au bout de cinq à six fois (c'est suffisant), sont préparés à vivre avec des adultes à qui la mère fait confiance et des enfants de leur âge dont les mamans ont le même problème de se séparer de leur enfant toute la journée. Ce n'est pas humain, pour une femme, de se séparer, à deux mois, de son bébé. Elle est prise entre sa nécessité de gagner de l'argent et son impossibilité de rester auprès de son enfant. Pour d'autres, c'est une crainte de ne pas retrouver son travail après quelques mois. Pour d'autres encore, travailler, c'est échapper à l'expérience qu'elle a de s'ennuyer avec un bébé toute la journée dans un petit logement. Elle se sent coupable. Elle vient nous voir. C'est au bébé que l'on parle et elle entend ce que nous disons au bébé... Et les directrices de crèches n'y comprennent rien. Les bébés qui ont commencé par la Maison Verte sont différents. Ils n'ont pas de syndrome d'adaptation. En présence des mères, nous annonçons aux bébés ce qui les attend : « Quand ta maman te mettra le matin... elle ira à son travail, comme quand tu étais dans son ventre... Quand tu étais dans son ventre, tu allais au travail avec elle. C'est elle qui parlait avec les gens, et toi tu étais dans elle... Maintenant, tu es né, tu ne peux pas aller au travail avec les adultes, parce que tu dois être avec des enfants de ton âge... D'autres dames s'occuperont de toi, comme nous (les autres dames et les messieurs qui sont là) nous occupons de tous les enfants, et tu seras séparé de ta maman toute la journée, puisqu'elle travaille. » Le bébé entend tout ce qu'on lui dit; il comprend. Comment? Je crois qu'il comprendrait tout langage, même si nous parlions chinois. C'est après quelques mois qu'il ne comprendra plus que le français; il comprend que nous parlons à sa personne de l'épreuve qui l'attend; il se rassure de nous entendre dire que cette épreuve, c'est un signe qu'il aime sa maman, qu'il est aimé d'elle, qui est sa mère, seule et unique, de son père, de tous les deux qui l'ont mis au monde et qui travaillent pour lui. Nous préparons aussi les parents à retrouver leur bébé après huit heures d'absence : « Quand vous irez le chercher à la crèche, surtout, ne l'embrassez pas; parlez-lui, parlez à la personne qui l'a eu dans la journée pour savoir comment ça s'est passé; habillez-le avec vos gestes caressants, mais ne vous précipitez pas. Ne cédez pas à votre envie d'embrasser votre enfant. Huit heures par jour, pour un bébé, c'est comme sept ou huit jours pour un adulte. Alors il vous a oubliée, il ne sait pas, il est pris dans un autre climat. Lui, quand il est en état de besoin, il se jette sur le biberon; si vous vous jetez sur lui, c'est qu'il est pour vous comme une nourriture ou un biberon : il se sent dévoré. Donc, mettez-le dans l'ambiance de votre relation à lui, parlez-lui, habillez-le, et rentrez à la maison. Là seulement, vous ferez la fête des bisous, tant que vous voudrez. » Et les mères qui ont été à la Maison Verte disent : « C'est formidable, la différence avec les autres enfants mis directement à la crèche : ceux-ci hurlent quand la mère part et qu'elle revient, ils n'ont pas d'autres moyens de marquer une tension, que ce soit une tension de plaisir ou une tension de douleur. Mais en tout cas, ils sont tout à fait en insécurité; on les donne déshabillés à leur mère qui se précipite pour les embrasser. Alors qu'ils sont sevrés de leur mère, ces bébés, les mères, elles, ne sont pas sevrées de leur bébé. Elles se jettent sur le sein... le bébé, c'est leur sein. »

Ce travail que nous faisons à la Maison Verte, avant

que les bébés n'aillent à la crèche, c'est une prévention formidable des troubles consécutifs au malaise que l'enfant éprouve à ce ping-pong auquel il est soumis entre la pouponnière et sa maison. Nos anciens petits hôtes sont souriants avec les gens de la crèche qui disent : « C'est merveilleux, comme ces enfants sont observateurs et présents! » Ce n'est pas la même chose quand on met à la garderie un enfant qui a toujours été avec sa maman : il hurle tout l'après-midi. Dans les garderies, les maternantes nous disent qu'elles passent leur temps à protéger les petits de l'agression, et les petits pleurent tout de même; ils ont peur des grands, parce qu'ils n'ont pas été initiés, par la personne qu'ils connaissent, à ces petits risques de la société. Ces agressions les atteignent moins s'ils sont sûrs que la mère est toujours introjectée en eux pour les sécuriser. Mais pour que la sécurité (ce qu'est la mère pour son enfant) soit introjectée par lui, il faut qu'elle ait été témoin compatissant de la peine éprouvée par lui, de ses expériences et qu'elle l'en ait consolé. Il faut qu'elle lui permette d'affronter à nouveau le danger en même temps qu'elle, présente sans angoisse, et qu'elle lui parle du « danger » auquel il désire se mesurer, en le soutenant par des paroles justes sur la réalité du risque, souvent minime, mais qui, pour l'enfant, est tragique quand il est tout seul. Nous voyons arriver des enfants qui sont totalement phobiques d'un endroit où il y a des enfants; ils restent à la porte, collés à leur mère. Alors, nous, nous sortons et nous leur parlons dehors : « Bien sûr que tu as raison... Ta maman t'avait mis en garderie et tu ne savais pas comment c'était, et puis ta maman était partie sans te prévenir... Tu avais cru qu'elle restait, et puis tu ne l'as plus retrouvée. »

Les adultes n'ont pas idée de ce qui se passe dans ces garderies : que d'arrachements d'enfants! Quand ceci a été réparé (c'est assez long de réparer la phobie de la garderie), nous préparons l'enfant, lui proposant que sa maman s'en aille cinq minutes. (C'est uniquement dans le cas d'enfants traumatisés par l'expérience de garderie que nous agissons et cette expérience ne se vit que si l'enfant est tout à fait d'accord.) Mais il y a des mères qui disent « 10 minutes », on regarde la pendule, elles restent 20 minutes; alors, l'enfant, depuis les 10 minutes où elle devrait être là, est affolé; nous le calmons : « Tu vois comment sont les mamans... Elle dit " 10 minutes " et pour elle, c'est 20 minutes, elle ne sait pas ce que c'est qu'une pendule. » Quand elle revient, nous la grondons : « Vous voulez aider votre enfant et en même temps, vous ne tenez pas parole. Comment peut-il vous croire?... Bien sûr, il est en sécurité ici, mais vous... est-ce que vous êtes en sécurité quand vous savez que vous avez fait souffrir votre enfant? Il faut absolument que vous soyez dans la vérité, et pas dans le mensonge. » Dans des cas semblables, il lui faudra à nouveau trois visites avant qu'il ose recommencer l'expérience de la séparation. Et nous travaillons dans ce sens. Et puis, quand c'est accepté, nous disons : « Tu vois, bientôt, quand tu voudras, tu pourras aller à la garderie, là où les mamans ne restent pas... C'est comme ici mais sans les mamans. » Alors, il dit : « Non, pas encore, pas encore. »... – « Bon : pas encore; le jour où tu voudras. » Et puis on en parle et, cinq ou six jours après, il dit : « Je crois que maintenant, la garderie, je pourrai... » Alors, la mère essaie. Nous lui disons : « Vous le mettrez une demi-heure à la garderie sans vous, puis une heure. Vous lui montrerez la pendule quand vous reviendrez. » Et elle revient le lendemain du premier jour de mise en garderie et l'enfant raconte comme ça s'est passé là-bas : « Il y avait un méchant qui faisait ça; il y avait la dame qui a fessé. (Vrai ou faux.) » On écoute... Et s'il ne veut pas encore parler et qu'on le voit se précipiter pour jouer à l'eau, on lui dit : « Tu vois, l'eau, c'est comme quand tu étais bébé, que tu te baignais avec ta maman, que tu étais dans le ventre de ta maman et que tu es sorti d'elle avec les eaux. A la garderie, tu penseras à l'eau et tu verras que tout ira bien... Tu penseras à l'eau et ça sera aussi bien que s'il y avait de l'eau. »... Et c'est vrai que ça marche.

Si l'enfant n'est pas encore au stade du langage, il entend tout. Il comprend tout. Il faut voir sa joie de retrouver la Maison Verte. Il vient avec son papa et sa maman, le jour de congé des parents, où il ne va pas à la crèche. D'autres jours, il vient après, le soir : nous sommes ouverts jusqu'à 19 heures.

Le financement de la Maison Verte, qui est très minime étant donné le nombre des enfants et des adultes qui la fréquentent, ne pourrait-il pas être pris en charge en qualité de publicité par des grands magasins, des banques, avec ou sans la commune? Si l'un de ces sponsors faisait savoir qu'il investit sur la jeunesse et sur les jeunes parents qui ont des enfants, ça lui ferait une publicité formidable. Une banque devrait comprendre que la vie humaine est à promouvoir alors qu'elle n'est encore que promesse, que ce sont les enfants la première valeur d'une société, que l'argent est signe d'échange entre vivants, son rôle est d'intervenir et promouvoir la vie humaine. Eh bien, les vivants, c'est là qu'ils commencent. A l'âge de la Maison Verte, de la crèche, des garderies, de la maternelle. Ce n'est pas l'Etat nourrice, ce sont les particuliers motivés qui devraient prendre à cœur le rôle de solidarité vis-à-vis des jeunes parents et de leurs enfants. On fait bien des prêts au logement, et on ne fait pas des prêts à l'éducation première des enfants. Il y a bien, par l'argent de l'Etat, des allocations pour la « mère au foyer », mais cela peut être une prime au piège d'une vie repliée sur l'enfant et la mère, sans les contacts sociaux nécessaires à la stimulation mentale, physique et affective de ces deux citoyens d'âge différent, qui chacun ont à être ensemble en sécurité au contact vivifiant de leurs semblables.

Il reste à accomplir tout un cheminement mental nouveau pour que l'éducation dans les premières années de l'enfant non séparé des siens devienne prioritaire. Ce qui est relégué à la rubrique du domaine scolaire et de l'éducation n'est pas considéré comme le sujet des sujets, quelque chose de majeur.

On a peur aussi d'aller y regarder de près, parce qu'on se rend compte effectivement, ne serait-ce que par intuition, que tout l'avenir social dépend de cela, et alors, à ce moment-là, on a mauvaise conscience, parce qu'on sait qu'on ne donne pas priorité au problème de l'humanisation de la petite enfance, à ce moment capital de la séparation réussie mère-enfant. Ce sujet-là est refoulé, masqué, alors que c'est là que prennent source la tolérance des différences, l'entraide entre les êtres humains, les amitiés structurantes, l'intégration réussie des enfants en tant qu'éléments actifs, porteurs et créatifs en société de leur âge, et les amitiés d'adultes, hommes et femmes, en tant que parents, initiant leurs petits, par exemple, à la convi-vialité entre générations quand des intérêts et des plaisirs leur sont partageables, dans des lieux et temps adéquats.

Quand un enfant en agresse un autre – celui-là et pas les autres –, nous remarquons à la Maison Verte qu'ils sont faits pour devenir amis. L'agression élective est signe d'affinité réciproque chez ceux qui ne peu-vent encore parler.

Scène classique : les mères des enfants qui se battent se prennent de bec. Il y a une manière de parler à l'enfant agressé devant sa mère et celle de l'agresseur, qui incite l'enfant à comprendre pourquoi l'autre l'a bousculé ou lui a arraché un jouet, au lieu de le fuir, de crier et de se réfugier auprès de sa mère. « Ce n'est pas ton jouet qu'il veut, mais ton attention. Il est attiré par ta façon de jouer, ou parce que tu lui apparais comme le petit frère qu'il voudrait avoir, etc. » Il est bon qu'il ait recours à sa mère, pour se remettre de son émotion. A la surprise de celle-ci, à peine remis, il la quitte pour repartir vers l'autre, son agresseur de peu de date. Il n'y a ni blâme ni conseil à distribuer. Il s'agit de compatir, bien sûr, de revigorer et de chercher le sens du différend. Ce comportement, axé sur le fait que tout est langage à décoder, est la base de notre travail préventif des troubles psychosociaux des petits.

La Maison Verte prépare l'enfant à être confié à une crèche ou à la maternelle, en lui évitant les épreuves d'un passage trop brutal, sans le recours à la personne qui jusque-là est garante de son identité, de son intégrité corporelle, de sa sécurité. Il a à se « vacciner » contre les épreuves de la vie en société.

Une mère vient-elle avec un petit de 3 ans à qui l'entrée en maternelle pose de graves perturbations et se plaint-elle que son enfant ne manifeste aucun intérêt pour la vie scolaire, « Il n'aime pas la maîtresse ». Nous disons à l'enfant : « Tu joues bien à la Maison Verte, ta maman est là comme à la maison, et tu y rencontres aussi d'autres personnes. A l'école, ta maman ne peut pas être présente, elle confie à l'institutrice le soin de t'apprendre des choses intéressantes et d'animer le groupe des enfants. » – « La maîtresse est moche, elle n'est pas comme Maman. » – « La maîtresse n'a pas à être jolie ou laide, ou à ressembler à ta maman, c'est une institutrice. Elle est payée pour instruire les enfants. L'école n'est pas la maison. Tu dois faire la différence. » Nous relativons les situations. C'est très important de relativer avec les enfants, de leur montrer comment les rôles et fonctions se distribuent dans la société. Chacun a sa place. « L'école est comme elle est. A toi de l'accepter et de ne pas attendre de la maîtresse ni qu'elle remplace ta mère ni qu'elle soit comme tu la voudrais. » Ces colloques sont réellement opérationnels! Combien de mères voudraient que la maîtresse soit comme elles la souhaiteraient, et surtout « gentille » avec tous les élèves pareillement!

Quand on a ouvert la Maison Verte, des gens ont dit : « Mais enfin, vous ne faites rien, vous laissez vivre. »

Oui, nous laissons vivre, en parlant de la vie qui s'élabore à chaque minute, en nommant tous les mots du vocabulaire concernant les activités de ces enfants, en étant présents et disponibles. Mais jamais nous ne dirigeons un jeu. « Mais qu'est-ce que vous faites donc ? » nous demande-t-on.

« Vous ne faites pas de direction de jeux pédagogiques, sensoriels, de groupes d'orthophonie ou de psychomotricité, pas de groupe de parents... Alors quoi ? » Etre avec les humains, ce n'est pas faire. Il faut faire ! Est-ce ça le jeu ? Non. C'est de développer plus d'être.

Faudrait-il tendre vers ce « meilleur des mondes[1] » qui consisterait à sélectionner et à tester à la naissance le plus tôt possible ?

Sélectionner en vue de quoi ? En vue d'une production alors qu'on ne peut pas sélectionner l'être qui au jour le jour se développe, pour être plus un être de communication. La communication peut présager qu'il y aura productivité mais c'est une autre dimension de l'être humain, la communication restant la dimension principale, si elle développe un plaisir réciproque entre ceux qui communiquent.

Défendre son propre désir et non pas prendre le désir de l'autre pour soi, c'est une condition essentielle pour construire sa personnalité. Or, l'être humain à l'état d'enfance a tendance à inverser les valeurs. Le lui rappeler, c'est encore un travail de prévention que nous sommes bien placés pour faire tout le temps à la Maison Verte. Lorsqu'un enfant dédaigne un jouet qui ne l'intéresse pas, et qu'il voit un autre s'y intéresser, il

1. Cf. *Le Meilleur des Mondes* d'Aldous Huxley.

veut lui prendre ce jouet. Nous nous sommes arrangés pour qu'il y ait deux ou trois exemplaires de chaque sorte de jouet. Que voyons-nous? Michel veut prendre le camion de Marcel. A sa portée de main, il y a un autre véhicule, sa réplique exacte. Disponible. Eh bien, il n'en veut pas. Il veut le camion que Marcel a. Et nous lui en parlons sans lui reprocher d'agir ainsi : « Est-ce que tu comprends que c'est parce que Marcel est assis dessus et qu'il le fait marcher que tu veux ce camion-là... alors que le même camion, qui est à côté, il est libre... Tu peux le prendre si toi tu as envie de ce camion... Mais as-tu envie d'être Marcel ou as-tu envie de jouer avec le camion? Si tu as envie de jouer au camion, il est là; si tu as envie d'être Marcel, tu n'y arriveras jamais, parce que tu es toi. » Et l'enfant attentif écoute, il réfléchit, c'est cela qui est extraordinaire. Mais on peut aussi, à ce moment-là, dire : « Si Marcel te connaît et si tu le connais, peut-être qu'il te prêtera son camion. »

Marcel entend ce que nous disons. « Marcel y tient, à son camion. Mais peut-être Marcel serait aussi content de prendre l'autre camion. « Marcel, que ce soit ce camion-là ou l'autre, toi, tu veux bien l'un ou l'autre... » Marcel regarde l'autre camion et, parce que ça a été dit avec des mots, laisse son camion et va à l'autre. Mais Michel, lui, veut prendre le camion que Marcel a pris... Et c'est à ce moment-là qu'on voit qu'il veut être Marcel... Il veut être son grand frère s'il a déjà un grand frère, et c'est à l'adulte de lui dire : « Tu vois, moi aussi, quand j'étais petite, ton papa aussi quand il était petit... nous nous trompions, nous ne savions pas si nous voulions être nous ou si nous voulions être un autre... Et c'est ça qui est compliqué quand on est des humains. »

En deux ou trois fois, ils ont compris que d'être soi, c'est mieux que de faire comme l'autre. Ça commence aussi avec le goûter : un enfant demande le goûter à sa mère; alors, tout de suite, un autre veut le goûter de cet enfant; alors, la mère se dit : « Je vais lui donner le sien. » Et nous lui disons : « Pourquoi voulez-vous donner son goûter à votre enfant, vous n'y pensiez pas il y a trente secondes. » – « Mais il le réclame. » – « Mais est-ce qu'il vous le réclame parce qu'il en a besoin, ou c'est parce que l'autre a découvert qu'il en avait besoin ? » Elle dit : « Oui, il ne devrait l'avoir que dans une heure, étant donné son repas. » – « Alors, pourquoi le lui donnez-vous ? » Et nous disons à l'enfant : « Tu voudrais être Paul, à qui la maman donne le goûter ? »... Il nous regarde d'un air étonné... « Tu voudrais être Paul ? Tu voudrais avoir la maman de Paul ? Et le papa de Paul ? Et pas ta maman ? »... Alors cela, non ! Il se précipite contre les jambes de sa mère à lui. « Tu vois, chaque maman pense le goûter de son enfant. Et si tu ne veux pas changer de maman, eh bien, ta maman, elle sait que ton estomac n'a pas encore faim... C'est tes yeux qui avaient faim, mais pas ton corps... Va jouer. » Alors, maintenant, nous avons des enfants qui mangent à leurs heures... et ils ne s'imitent pas les uns les autres. Et les mères ont compris qu'il ne faut pas être la servante de n'importe quelle demande qui n'a pas de sens de nécessité matérielle. Le plaisir de goûter ensemble, de faire la dînette, c'est d'un autre âge. Il faut d'abord être assuré qu'on est soi-même et que ce « soi-même » est dans une sécurité telle que, n'importe où, on sait ce dont le corps a besoin et on ne se laisse pas piéger par le regard, par l'oreille... Le besoin du corps peut se révéler par une tentation des yeux, à condition que dans la parole intelligente le sens critique de l'enfant par rapport à ses propres désirs et besoins lui soit enseigné.

La Maison Verte n'est-elle pas un petit peu l'embryon de la Maison des Enfants ?

Si on veut. Elle en serait la première étape, celle qui prépare de part et d'autre, le moment venu pour chacun et progressivement, le sevrage de la mère et de son enfant quant à l'« auxiliariat » de dépendance totale.

Elle dépend de l'aide de la société qui en comprend la nécessité. C'est l'Administration de la D.D.A.S.S. qui actuellement en finance le budget. Mais pour nous c'est une expérience tout à fait neuve, cette association réunit des psychanalystes (qui n'y font aucune consultation) et un personnel d'accueil qui permet aux mères et aux pères de parler et de se reposer pendant que leur enfant, jamais loin d'eux, est en sécurité dans ses libres jeux sous les yeux vigilants de l'équipe du jour (toujours 1 homme et 2 femmes). Nos débuts administratifs ont été difficiles.

A nos débuts (1979 et les premières années), notre président, qui est allé à la préfecture, dit qu'il n'a jamais été reçu avec autant d'agressivité et de négativisme, même par Brejnev qui lui a accordé une audience, que lorsqu'il a été reçu par le représentant du préfet. Celui-ci était furieux d'avoir une première fois signé la convention : « Nous avons été piégés par ces gens " ridicules " et qui ne font rien... A quoi ça sert de socialiser des enfants avant l'âge de la scolarité ? »

A la préfecture, on m'a dit : « Il faut que vous représentiez une demande de convention, et dans 18 mois vous n'aurez rien du tout, et c'en sera fini avec cette imbécillité. » Ce qui montre à quel point ils sont angoissés... Sinon, il n'y aurait pas cette animosité ; il y aurait de l'indifférence bureaucratique.

D'un autre côté, de partout en France, les gens viennent nous voir et veulent créer des Maisons Vertes, parce que des mères en ont parlé. Quand une délégation d'éducateurs de pays étrangers vient en France et demande au ministère de l'Education nationale ou au ministère de la Santé : « Que faites-vous pour les petits ? », on répond : « Allez voir la Maison Verte, c'est ce qu'on fait en France... »

Ils viennent, et ils ne se doutent pas des difficultés que nous avons traversées. Pour réduire la subvention, les fonctionnaires divisaient le nombre d'enfants que nous accueillions par le nombre d'adultes de permanence, et ils marchandaient : « Vous n'avez pas besoin d'y être de 2 heures à 7 heures puisque les gens viennent surtout entre 4 heures et 7 heures. Alors, ne venez qu'à 4 heures. » – « Et ceux qui viennent de 2 à 4 ? » – « Eh bien, il y aura foule d'enfants entre 4 heures et 5 heures et demie. Vous avez trois personnes, vous n'avez que six mères et enfants, pendant une heure, tandis qu'après, vous en aurez vingt-cinq, pendant 1 heure et demie... Eh bien, vous n'avez qu'à fermer pendant les deux premières heures et vous en aurez vingt-huit... » Comme si on pouvait faire ces comptes d'épicier avec du vivant ! Si des mères arrivent plus tôt avec leurs enfants, c'est parce qu'elles sentent qu'ils sont mieux quand il y a moins de monde, ils ont un peu plus d'espace.

On veut introduire la notion de rentabilité, alors que c'est tellement important que l'être humain, justement, ne soit pas là pour sa rentabilité, mais qu'il soit accueilli. Qu'ils viennent nombreux ou pas nombreux, ils sont là, et c'est très bien, et tout s'arrange. Et on voit les mères qui, avant, venaient vers 2 heures et s'en allaient quand la foule des enfants arrivait à 4 heures et demie... peu à peu, l'enfant les supportant bien, elles restent le temps de parler à d'autres mères... Et il y en a d'autres, au contraire, qui arrivent en fin de foule, et avec les pères, entre 6 et 7 heures.

Pour l'Administration, il n'est pas question de rester jusqu'à 7 heures, tous les bureaux doivent s'arrêter à 6 heures. Nous répliquons : « Mais si vous arrêtez à 6 heures, vous n'aurez pas les enfants qui viennent après la crèche. » – « Mais après la crèche, à quoi ça sert ? Les parents n'ont qu'à s'occuper de leurs enfants ! » – « Mais c'est justement pour mieux s'occuper de leur enfant : c'est, pour les parents, une détente de venir avec d'autres parents passer un instant à la Maison Verte avec leur enfant, après le travail et le retour de la crèche. »

Autre exigence de l'Administration : elle veut que ce soit le même personnel toute la semaine : « Qu'est-ce que c'est que ces gens qui ne travaillent qu'un jour là et ailleurs les quatre autres jours? Ils devraient travailler toujours au même endroit. » – « Mais non, parce que nous voulons que les mères, les pères et les enfants se sentent chez eux et non pas les personnes d'accueil. Elles sont à leur service mais pas chez elles. » Nous y tenons beaucoup : que personne n'inféode personne sur la façon de faire. C'est tout un état d'esprit. La rotation fréquente évite qu'un même individu impose sa manière de voir les choses.

Il y a des gens qui disent : « Moi, je viens le lundi pour voir Mme Dolto. » D'autres : « Je préfère venir le mardi puisque je peux alors voir Marie-Noëlle... » Et puis c'est fini. Mais elles en ont parlé... Elles disent : « Ah! Je vois toujours la mère avec cet enfant-là... quel jour vient-elle? » – « Elle vient plutôt le mercredi. » – « Ah! bon... Eh bien, je ne viendrai plus le mercredi; je viendrai le jeudi. » Et un beau jour, elle revient le mercredi, elle revoit cette dame et lui dit : « Vous savez, je ne voulais pas vous voir, parce que votre fils, avec ma fille, c'était terrible... » Si c'était tous les jours la même personne et les mêmes habitudes, jamais il n'y aurait cet informel grâce auquel ce sont les parents et les enfants qui décident pour eux, et non pas les personnes d'accueil. C'est cela que les fonctionnaires ont beaucoup de peine à comprendre. Ce qui est le comble pour eux : nous ne voulons savoir ni le nom de famille, ni l'adresse, ni le statut économique et social des gens. Nous ne faisons pas de fiches. Nous faisons deux feuilles de statistiques dont l'une est tenue par les parents eux-mêmes. C'est très amusant, parce que les « petits grands », ceux qui vont bientôt avoir 3 ans, viennent voir ce que leur mère inscrit : « Qu'est-ce que tu mets là? » – « Je mets que tu as plus de 2 ans et moins de 3 ans. » –

« Ah oui... C'est là, dans cette colonne... Alors, je vais le faire moi-même. » Alors, la mère tient la main de l'enfant qui met sa petite croix là où il faut cocher les colonnes. Il dit ainsi tour à tour qu'il est lui fille ou garçon de tel âge, qu'il est venu à la Maison Verte, que son papa est (ou n'est pas) français, que sa maman est (ou n'est pas) française...

Si nous tenons aussi notre statistique, c'est parce qu'il y a des parents qui oublient, mais nous la tenons sur un autre cahier. Et quelquefois, les mamans vérifient si nous avons bien mis que leur enfant est venu. Les personnes d'accueil leur montrent volontiers leurs statistiques à elles. Quelquefois, une mère veut faire des recherches, savoir si elle est venue tel jour... Les feuilles de statistiques vont tout de suite au comptable. On lui explique : « On n'a plus votre feuille de statistiques, mais on va voir sur notre petit cahier à nous. » Elle commente ce qu'elle lit : « Si on est venu tel jour, c'est le lendemain qu'il est arrivé... » C'est vivant, mais ce n'est pas une statistique pour la statistique.

L'Administration, elle, voudrait des fiches individuelles. Si un enfant a été vu comme un enfant difficile ou retardé, ils voudraient que ça soit dit à la maternelle. Ils font des fiches qui suivent l'enfant toute sa vie. Cette inquisition policière, justement, nous ne voulons pas la servir. Aussi ne savons-nous ni le nom de famille, ni le statut économique et social, ni l'adresse de nos hôtes. On sait le prénom de l'enfant, et c'est tout, si ses parents sont venus l'un ou l'autre, combien d'heures. Et s'il y a des frères et sœurs, on met un petit repère indiquant qu'ils sont frères et sœurs. Et quand c'est un prénom masculin et féminin, comme Dominique par exemple, on met G. ou F. pour que le sexe soit précisé. Mais ce sont des documents qui n'ont rien de policier et uniquement pour la meilleure connaissance affective de cet enfant. Il est certain que cette démarche ne va pas dans le sens de l'Administration qui vise à assurer la surveillance permanente de la population.

A l'heure actuelle, par son interventionnisme, l'Administration entretient une sorte d'antagonisme entre les familles et les jeunes. Si on l'en croit, les enfants de cette génération, il faut les enlever tôt à leur famille, il faut les éduquer en dehors de la famille. L'enfermement, c'est malsain. On procède par arrachement. Nous, nous aidons les enfants à vivre un détachement progressif. C'est tout à fait différent. Il n'y a pas d'antagonisme, mais collaboration. Le groupe social coopère d'autant mieux qu'il y a signification, en paroles, des différences. La diversité entraîne les uns et les autres à collaborer ensemble dans le respect de chacun. C'est cela qui se passe, c'est un fait. Et j'y assiste. Et toutes les personnes qui viennent, qui ont des garderies, des crèches dans des départements différents, sont absolument passionnées par l'expérience. Elles n'en reviennent pas de découvrir le climat détendu de la Maison Verte : « Je n'aurais jamais pensé que vingt-cinq enfants et vingt-cinq parents, parfois trente-cinq ou quarante enfants et autant d'adultes, pouvaient se réunir sans bruit, sans cris... c'est social... » Bien sûr, il y a du brouhaha, chacun est occupé, un psychanalyste, homme ou femme, est présent sur les trois personnes d'accueil, mais il ne fait aucun entretien singulier ni ne donne aucune consultation. Ça passe l'entendement de nos fonctionnaires, qu'un analyste qui est médecin soit là sans y être ès qualités! mais comme un simple citoyen, encore plus s'il est psychiatre ou pédiatre de formation prépsychanalytique.

L'attitude de l'administration avec les parents est tout à fait différente surtout dans des cas dits « sociaux ». Les travailleurs sociaux décrètent que ces parents sont nuisibles, incapables d'élever leurs enfants (or, ils ne le sont jamais ou exceptionnellement, c'est ceux-là qui ont mis au monde l'enfant). A ce moment-là, la société prend en charge les enfants, en fait des assistés individués, déviant le lien affectif parents-enfants.

A la Maison Verte, nous avons une manière très douce de montrer aux parents les tendances possessives, castratrices, frustrantes qu'ils ont vis-à-vis de leurs enfants. Sans les juger. On le leur montre par une observation immédiate, apparemment anodine. Ils se sentent alors le droit de revivre à leur niveau, pour eux. Et les mères disent : « Quand je pense qu'avant de venir ici, tout était tellement difficile... Mais c'est facile d'élever un enfant... Maintenant, pour moi, c'est facile. Je ne me sens plus anxieuse. Il s'occupe autour de moi. Je peux faire ce que j'ai à faire. »

Ce travail de prévention est très novateur, même par rapport aux recherches du Children's Bureau en Angleterre, dont les responsables ont été jusqu'à envisager un C.A.P. de l'aptitude à être parents. Mais cette prévention aurait lieu trop tard, alors que tout s'est déjà joué. Il faut aider les bébés et leurs mères dès la naissance et avant la mise en crèche ou en garderie. Quand nous les voyons anxieux, surstimuler ou inhiber leurs petits, nous ne leur donnons pas tort, nous rassurons l'enfant; en décrispant la mère, nous l'excusons auprès de son bébé! « Elle agit ainsi parce qu'elle t'aime, qu'elle s'inquiète à ton sujet. » Par exemple, nous avons un bac rempli d'eau qui attire les nouveaux. Certaines mères se précipitent sur leur enfant qui court vers le bac, et lui donnent une fessée : « Je t'interdis de jouer à l'eau. Je t'ai toujours interdit de jouer à l'eau. » Nous l'informons de notre règlement intérieur : quand on joue à l'eau, on met un tablier. La mère s'obstine : « Même avec un tablier, je t'interdis de jouer à l'eau. » Alors, l'enfant est un peu perdu de voir les autres qui jouent à l'eau... Et c'est nous qui lui disons : « Ta maman a ses raisons de craindre que tu attrapes froid..., mais il y a beaucoup d'autres choses; tu peux jouer à autre chose qu'à l'eau. » L'enfant est consolé et la mère désarme : après quelques venues, elle n'a plus envie de poursuivre ce qui était son anxiété que l'enfant prenne froid, ou provocation à notre égard, surtout après qu'elle en a parlé avec des mères qui ont vécu les mêmes angoisses à leurs premiers contacts avec la Maison Verte.

Je citerai un autre exemple de décrispation : une mère crie : « C'est épouvantable! » à sa fille parce qu'elle a taché sa robe avec des feutres destinés à dessiner au tableau. Elle dit : « C'est terrible! » et regarde si on la regarde. Et sans que personne ne lui dise rien s'adresse à un visage qu'elle prend à témoin : « Enfin, il faut tout de même qu'elle apprenne à protéger sa robe... » Elle exige cela, alors que l'enfant a juste un an. Nous nous taisons. Elle se tourne vers nous : « Vous trouvez que j'ai eu tort de donner une fessée? » et on répond : « Mais qui vous dit que vous avez eu tort? » – « Ah ben, moi, c'est comme cela que j'ai été élevée. » Et puis elle se raconte. Pendant ce temps-là, l'enfant revient tout barbouillé : « Qu'est-ce que je peux faire? » – « Eh bien, vous la laverez en rentrant à la maison! »... On rit, on met de l'humour. Et elle revient quelques jours après... « Jamais ma petite, dit-elle, n'a si bien dormi, ni si bien mangé que depuis sa venue ici! »

COMMENT PARLENT LES BÉBÉS À LA MAISON VERTE

A la Maison Verte, nous voyons chaque jour combien se transforment les relations de l'enfant à la société et de l'enfant à sa mère, et de la mère et du père à leur enfant, à partir du moment où ils ont constaté qu'un enfant de quinze jours comprend la parole et qu'on peut lui parler de ce qu'il lui est arrivé aux dires de sa mère, de ce qui se vit pour lui et qui le concerne. Dans ces implications et applications, on en est aux balbutiements d'une découverte essentielle : que l'être humain est un être de langage dès sa conception; qu'il y a un désir qui habite cet être humain; qu'il a des potentialités que nous soutenons ou que nous négativons. C'est surtout cela : il a des potentialités de désir mais, si celui-ci n'est pas tissé d'éléments langagiers, la fonction symbolique qui est toujours en activité, durant les états de veille, marche à vide sans code, sans organiser un langage communicable. L'accueil et la communication interpsychique langagière sont indispensables. Nous ne croyons pas le bébé capable d'entendement de la parole, parce qu'il ne peut encore émettre des sons spécifiques qui répondent de son entendement des paroles qu'il entend. Mais si on assiste et sait observer sa mimique, il répond à tout.

A la Maison Verte, les autres mères qui sont là – pas seulement sa mère – deviennent attentives à la mimique éloquente des enfants. L'autre jour, une femme est venue avec un bébé de moins de trois mois. Elle nous dit : « Je le laisse; je vais juste en face chercher quelque chose... » C'était la première fois que cette femme venait, et je lui ai dit : « Mais, madame, il n'en est pas question. Vous ne laisserez pas votre bébé. Ici, aucune mère ne laisse son bébé. » – « Mais c'est pour aller juste en face! » – « Eh bien, vous lui remettez son petit vêtement, vous allez juste en face et vous revenez. » – « Ah! Eh bien alors, je ne reviendrai pas. » – « Vous ferez comme vous voudrez, mais vous ne laisserez pas Untel (le bébé en question). » Au moment où elle venait de dire cela, on avait vu le visage du bébé qui était tout angoissé à l'idée que sa mère allait le laisser. C'est le seul être au monde qu'il connaît et elle va le laisser dans un monde inconnu où elle vient d'arriver depuis cinq minutes! Je lui ai dit : « Mais regardez votre bébé! » – « Vous croyez? Mais c'est par hasard! » Elle avait bien vu... et toutes les mamans présentes aussi mais elle le niait, c'était un hasard... J'ai dit au bébé : « Tu vois, ta maman, elle partira avec toi; elle ne reviendra peut-être pas; mais elle partira avec toi; ici, aucune maman ne laisse son bébé. » Immédiatement, il s'est rasséréné, il a regardé sa mère et c'était fini. Alors, elle est restée avec lui. A la fin de l'après-midi, elle a dit aux autres mères : « Eh bien, maintenant j'ai compris... C'est extraordinaire! Tout à l'heure, j'étais décidée à ne plus jamais revenir... Je croyais que Mme Dolto m'attaquait, mais j'ai compris que c'est dans l'intérêt du bébé... C'est extraordinaire qu'un bébé entende le langage. »

S'il entend, s'il comprend? Tout ce que l'on dit et ne dit pas. Je voudrais citer le témoignage de Claude, trois mois, huit jours. Avant qu'il ne nous montre comme il suit le discours des adultes, parlons de la jalousie de sa sœur aînée, Lucienne, âgée de trois ans. On verra que les parents qui viennent à la Maison Verte sont associés très étroitement au travail que nous faisons sur le terrain. Et combien se dénouent sur place, en douceur et « en direct », de situations qui, non prises à temps, pourraient devenir dramatiques.

La mère de Lucienne et de Claude était venue une première fois à la place Saint-Charles – la première adresse de la Maison Verte – avec sa petite aînée avant qu'elle n'ait trois ans et aille à l'école. Quand le second a eu trois mois et huit jours, elle est revenue nous voir avec son mari, le bébé et l'aînée. Le bébé allait bien. Son père le portait. Ils avaient l'air heureux tous les deux. Mais l'aînée, dès son arrivée, s'est mise par terre (cachée), comme si elle était une morte, sous le vêtement de cuir de son père. La mère, désolée : « Vous connaissiez Lucienne; ce n'est plus elle, regardez! Elle est devenue insupportable; elle refait pipi-caca, etc. » L'enfant, que je savais très intelligente, très sensible, était là, le visage caché comme un paquet, mais elle écoutait tout ce que sa mère disait. Celle-ci était venue me confier que Lucienne faisait une jalousie térébrante depuis la naissance du petit frère. Je calmai la mère : « Oui, mais laissez-la; elle rejoue sa vie fœtale, parce qu'elle essaie d'aimer son petit frère et elle ne sait pas comment; probablement vous vouliez déjà qu'elle fût née garçon. » Elle me dit : « Mais oui! Mais comment le savez-vous? » – « Mais, à la réaction de votre fille... La joie que vous avez montrée à ce petit frère; elle s'est demandé si on lui avait montré la même joie, à elle quand elle est née; à elle qui était fille. » Je le disais, sachant que ce « paquet », sous le cuir du père, entendait tout : « Mais, vous-même, avez-vous eu, après vous, un autre enfant dans la famille? » Elle me dit : « Oui, j'ai eu une petite sœur... Et ma mère m'a dit que ma jalousie avait été épouvantable. » – « Et maintenant, avec votre sœur? » – « Oh... Ma sœur, c'est pour moi une étrangère... » Elle racontait avec un ton froid, voire agressif... Et tout d'un coup, après avoir parlé comme cela, cette femme s'est précipitée dans l'épaule droite de son mari qui était à côté, et qui avait le petit Claude sur les genoux. Et elle s'est précipitée, elle a sangloté dans l'épaule de son mari, en se rappelant brusquement, en revivant sa jalousie d'enfant, jalousie de sa sœur, pendant que sa fille était là en train de vivre cette épreuve terrible qu'elle pouvait vivre parce qu'elle était à la Maison Verte. Cette femme a été bouleversée elle-même de cette détresse subite qui l'avait envahie. Son mari me regardait, essayant de la calmer... Elle est restée comme cela à sangloter sur l'épaule d'un époux papa-maman-grand-père-grand-mère... Elle revivait intacte, à 25 ans, la jalousie de sa petite sœur. Et elle est revenue quelques jours après en disant : « C'est extraordinaire... J'ai été soulagée... D'abord, plus du tout d'agressivité contre ma fille qui montrait cette souffrance... Ça m'a étonnée... Ce n'est pas commode, mais j'ai compris... Et surtout moi, j'ai téléphoné à ma sœur, et c'est complètement fini : je n'ai plus rien contre ma sœur... Alors qu'elle était pour moi quasiment une étrangère contre qui j'avais gardé un reste d'animosité... » Une semaine après avoir « craqué » à la Maison Verte, ayant liquidé complètement la jalousie de sa sœur, elle a permis à sa fille de vivre la jalousie de son petit frère, sans en entraver l'expression et sans être angoissée, ce qui auparavant l'obligeait à se fâcher contre sa fille. Un dénouement à une vitesse étonnante. Elle est revenue quinze jours après, sans son mari, avec le petit Claude et sa fille aînée qui jouait avec les autres et qui avait retrouvé le comportement de son âge. C'était presque terminé : elle était un petit peu négligente de son petit frère; elle ne s'occupait que des autres gens; elle a reparlé de notre première Maison Verte, place Saint-Charles... Enfin, une enfant parlant, vivante comme elle était auparavant.

Voilà pour Lucienne. Maintenant, au tour de Claude, trois mois. Il était sur les genoux de sa mère pendant que Lucienne jouait, et ce jour-là, il y avait une délégation canadienne – trois éducatrices que le ministère des Affaires sociales nous avait envoyées. Elles avaient demandé ce qu'il y avait de nouveau en France concernant les crèches, les pouponnières, et le ministère les avait orientées vers nous, comme il le fait d'habitude lorsque des visiteurs étrangers s'adressent à lui. Un éducateur de permanence, Dominique, s'occupait de ces trois dames et, pour leur faire comprendre notre travail, il leur parlait d'Hector, trois ans, qui était là, chez nous, avec sa sœur cadette, Colette; il était tellement agressif avec elle qu'elle n'osait pas marcher; si son frère la voyait marcher, il la renversait. Un jour, la mère nous a raconté que Hector s'était réveillé un beau matin en claironnant : « J'ai fait un rêve, que papa était mort. » Et il semblait aux anges. « C'est terrible, son père a fait une dépression subite en voyant son fils très content d'avoir rêvé qu'il était mort. » Et le père est arrivé, le samedi suivant, complètement déconfit, en disant : « Mon fils ne m'aime pas puisqu'il se réjouit de me voir mort. Comment peut-il penser une chose pareille! » Il a parlé avec un des psychanalystes qui étaient là, lequel lui a expliqué que cet enfant « naissait » à sa propre identité et qu'à partir de ce moment-là, il avait à vivre ce que nous appelons l'Œdipe – un ensemble de sentiments contradictoires. Mais évidemment, n'étant pas au courant de la psychanalyse, il n'en est pas plus avancé. Les gens croient que l'âge de l'Œdipe commence automatiquement à l'adolescence alors que cela se passe à trois ans et que c'est totalement inconscient.

Il faudrait expliquer à ce père que, justement, Hector est en train d'aimer en lui le père qui naît, puisqu'il est en train de donner imaginairement, dans un rêve, la mort à son père en devenant lui le seul mâle de sa mère, à la maison... Alors, il est tout content de prendre la place du père, ce qui prouve qu'il l'aime, car sans cela il ne prendrait pas sa place; il ne chercherait pas son identité de mâle de cette façon-là.

Dominique racontait donc l'histoire d'Hector à ces trois Canadiennes, pour dire à quel point nous pouvons faire une prévention de ces tensions qui naissent entre enfants et parents au moment de l'Œdipe, en les aidant à comprendre, sans faire de grande psychanalyse... C'est le développement d'un enfant à comprendre et à lui faire comprendre que d'autant plus qu'il peut rêver ça, d'autant plus il devient un fils aimant et sain qui honore son père.

Et voilà Claude qui, la fois où il était venu, avait montré cette espèce de confiance jubilatoire quand il était dans les bras de son père, voilà Claude, garçon de trois mois et huit jours, qui se met à se décomposer et à hurler. La mère m'avait dit que cet enfant ne pleurait jamais, toujours souriant ou calme. Alors je me dis : « Claude pleure; il a quelque chose... Il pleure parce que Dominique vient de raconter que Hector a rêvé la mort de son père et qu'il en était heureux... Il a entendu ça. » Alors, immédiatement, je m'adresse à Claude, le petit de trois mois, et je lui dis : « Mais, Claude, ce n'est pas toi qui as rêvé que ton papa mourait, puisque toi, tu aimes beaucoup ton père et que tu ne pourrais pas encore rêver cela; c'est Hector qui a rêvé ça, ce n'est pas Claude... Claude aime son papa et Claude est trop jeune pour rêver que son papa serait mort. » Immédiatement, Claude s'est calmé. Il a tourné son visage vers sa mère, vers moi, vers Dominique qui venait de parler... Alors, rasséréné, il a retrouvé son habitus souriant. Les dames canadiennes qui ont vu ça étaient stupéfiées : « C'est extraordinaire, un enfant de trois mois comprend! » Oui, et non seulement il comprend, mais il se met à l'unisson de la conversation qu'il y a autour de lui et qui, par rapport à lui, le touche à cause de l'éventuelle annulation de la valeur de ce qu'il ressent ou, au contraire, d'autres fois en soutien de ce qu'il ressent, suivant la parole qui lui est donnée à ce moment-là. Ce n'est pas rien de parler devant un bébé. Il a une réceptivité parfois beaucoup plus fine et plus grande que celle des adultes. Mais n'est-ce pas cela « comprendre », faire sien?

Il est à l'unisson de ce qui est exprimé comme émoi dans le langage. A la Maison Verte, quand des parents viennent avec leur enfant, on peut, par le bébé qui ne parle pas, comprendre ce que la mère ne peut pas dire.

Il y a environ deux ans, une mère est venue nous voir, inquiète de sa petite fille qui, à vingt-deux mois, ne parlait pas encore : « Quand elle a eu dix-huit mois, j'ai commencé à m'étonner qu'elle ne parle pas. » L'enfant avait apporté un ours qu'elle avait calé dans les bras de son papa, et je voyais qu'elle suivait la conversation. Je lui ai dit : « Ta mère vient pour toi, elle est un peu ennuyée de voir que tu n'entres pas dans la parole comme les autres enfants de ton âge. Nous allons parler pour toi, et toi, pendant ce temps-là, tu peux écouter. » Nous étions tous les trois ensemble, ses parents et moi, à essayer d'approfondir le problème. J'ai demandé à la mère ce qui s'était passé quand elle avait dix-huit mois, puisque c'est à cet âge que la mère a commencé à s'inquiéter que sa fille n'entre pas dans le langage. « Rien... Rien », me dit-elle. Et je vois l'enfant qui va prendre dans un coin une poupée tout à fait délabrée, la met sur le devant de la jupe de sa mère et s'arrange pour qu'elle tombe, alors qu'elle avait bien calé le nounours dans les bras de son père. Elle la ramasse et elle la remet, visiblement pour qu'elle retombe. Alors, je dis à la mère, en nommant la petite : « Regardez ce que fait Laurence : elle apporte cette poupée délabrée (et Dieu sait qu'il y a des poupées qui sont en bon état), elle apporte cette poupée délabrée et vous la met sur votre sexe et s'arrange pour qu'elle tombe... Ça veut dire quelque chose. Il me semble que Laurence est en train de me dire que vous auriez fait une fausse couche quand elle avait dix-huit mois. » – « Quoi? Qu'est-ce que vous dites? Mais oui, c'est vrai! » Et la petite me regarde, regarde sa maman, regarde son papa... et va se nicher dans sa maman quand elle me dit : « Oui, c'est vrai... J'ai fait un avortement volontaire parce que nous ne voulions pas... » – « C'est cela qui s'est passé : vous ne l'avez pas raconté à votre fille... Alors, elle ne comprend pas et, depuis, elle se dit : « Mais ma mère ne veut pas de moi, enfant, puisqu'elle n'a pas voulu d'un enfant. » Un bébé est enceint co-sa mère, et si la mère refuse les potentialités de la vie, à ce moment-là ça joue sur les potentialités vivantes de l'enfant, qui sont alors freinées. Laurence, à ce moment-là, est restée nounours de son papa, au lieu de continuer de se développer fille à l'image de sa mère. »

Ça a été un entretien absolument magique, diraient des gens qui ne connaissent pas la psychanalyse; miraculeux, diraient les autres, parce que la petite fille est redevenue positive à sa mère, ce qu'elle n'était plus depuis ce temps-là : sa mère était pour elle une potentialité de danger quant à la vie qu'elle sentait en elle, parce qu'elle n'avait pas eu d'explication verbale sur le refus temporaire d'avoir un autre enfant : ses parents ne disaient pas qu'ils n'auraient pas d'autre enfant plus tard, mais que ce n'était pas le moment, pour leur budget, pour ceci, pour cela... On n'avait pas prévenu cette enfant que l'on n'entamait pas pour autant ses potentialités fécondes pour elle-même... puisque la fécondité est constante chez un être, avec ce qu'il reçoit des autres. Et ce freinage de la fécondité peut freiner le développement d'un enfant.

Sans elle, nous n'aurions pas su quel événement – la fausse couche de sa mère – pouvait avoir joué sur elle. C'est l'enfant qui nous le signifiait. Bien sûr, ça aurait pu ne rien vouloir dire... Un pur hasard. Mais je ne crois pas au hasard. Elle avait niché ce petit ours, c'est-à-dire l'enfant avant d'être fille, dans les bras de son père... Et elle avait ensuite joué à ce jeu de chute d'un pipi-caca sous forme d'un bébé délabré. Elle voulait dire quelque chose... Elle ne nichait pas cet enfant sur sa mère – pas du tout – comme elle avait mis l'ourson sur son père. Elle écoutait ce que nous disions et c'était sa façon à elle de nous signaler ce qui s'était passé à l'insu de sa mère.

C'est extraordinaire... Si on fait attention aux mimiques des enfants pendant que nous parlons, ils sont à l'unisson de ce qui est signifié à travers ce qu'ils perçoivent.

Au moment où sa mère, devant nos questions concernant le signifié gestuel de l'enfant qui semblait parler d'une fausse couche, a confirmé avec émotion la réalité de cet événement, Laurence, soi-disant muette, a tiré son père par la manche : « Viens, papa, cette dame est embêtante, je veux m'en aller! » Je rappelle qu'elle avait vingt-deux mois et ne « parlait » pas.

L'attachement que l'on observe dans le monde animal montre que tout n'est pas dans le rite alimentaire. Les animaux ont une affectivité avec leur mère, d'adoption ou pas, enfin la nourricière, et ils peuvent ne pas se nourrir ou dépérir, etc., si cet attachement est coupé. Est-ce de nature différente chez l'homme?

Non. Même l'animal est en communication. Les canards qui sortent de leur œuf adoptent le premier être humain vivant qui prend soin d'eux comme étant la mère. Konrad Lorenz l'a bien constaté. S'il ne se mettait pas à croupetons devant les petits canards pour les amener à la mare, ils n'iraient pas. Il faut que ça soit lui qui leur donne l'exemple, lui, leur mère de remplacement, qui les mène à la mare, et alors, arrivant sur les bords, ils savent, par la mémoire ancestrale qui est dans leur organisme, ils savent nager; mais, élevés sur terre, ils ne se mettraient pas à l'eau si ce n'était pas lui qui les amenait à la mare. Il leur sert de mère du fait que les rencontres vitales de perception, les rencontres visuelles – perception optique, perception sensorielle, etc. – les ont accrochés à lui comme étant la mère.

La mère coucou ne va déposer ses œufs que dans le nid de l'espèce où elle est née...

Il y a donc une sorte de mémoire ancestrale. Ce qui se voit d'ailleurs chez les enfants que nous avons en analyse... Même des adultes, parfois. Pour ceux qu'on dit être « psychotiques », le travail analytique, le travail inconscient nous exprime ce qui s'est passé dans la vie de leur mère avant de nous exprimer ce qui s'est passé dans la leur. Le psychotique est une expression de cette vie fœtale qui a reçu l'héritage symbolique dont sa mère était chargée encore et qui n'avait pas pu se dire. Tout ce qui n'a pas pu se dire s'inscrit dans le corps et gêne, dans cet individu de l'espèce, ses fonctionnements eugéniques, ses fonctionnements euphoriques. C'est l'individu de l'espèce qui prend en charge la dette du sujet de son histoire, articulé au sujet de l'histoire de sa mère et de son père. On peut donc dire qu'il y a des enfants qui portent leurs parents; ils sont les premiers thérapeutes de leurs parents qui, ayant refoulé, enfants, une partie de leur histoire, la rejettent chez leur enfant quand il a l'âge où ils ont souffert sans être entendus.

Avec les psychotiques de moins de cinq ans, et même de moins de dix ans, il y a quand même plus de réversibilité que lorsqu'on attend les psychoses de l'adolescence. C'est pour cela que le travail analytique doit être fait précocement pour que la dette que les parents ont réussi à avaliser, mais qui est restée enclavée en eux, ne soit pas le poids pour un autre enfant qui a besoin de l'exprimer. Ce qui a besoin de s'exprimer doit s'exprimer... Et si ce n'est pas le parent, ce sera son enfant, ce sera son arrière-petit-enfant, mais ça doit s'exprimer dans cette lignée, parce que c'est une épreuve symbolique, c'est une souffrance qui a besoin d'être criée et partagée et reçue par quelqu'un qui l'écoute, l'éponge et, en en permettant l'expression, réhabilite la valeur affective de cet individu redevenu pleinement humain. « C'est ni bien ni mal; ce n'est pas commode à vivre, mais c'est ton épreuve et tu aides ta mère et tu aides toute ta famille et tu t'aides toi, ta famille du passé en même temps que ta famille future... en exprimant la douleur humaine, celle qui s'exprime, qui en appelle à un autre, celle qui se venge... mais celle aussi qui se pardonne. »

Là, aucune comparaison avec l'éthologie animale ne tient; c'est le propre de l'être humain que de pouvoir prendre en compte l'histoire de la mère, l'histoire du père, l'histoire de la famille; de pouvoir, finalement, être chargé d'une énergie, d'une souffrance que les autres n'ont pas résolue. Et cette transmission-là est unique dans notre espèce. Je crois que c'est cela que le mythe a inclus sous le signe péché originel. Ce qui a été souffert, dévitalisant, ou survalorisant, certaines perceptions au mépris d'autres, ce qui est la suite de la consommation du fruit défendu (enfin, ce qu'on a formulé de cette façon), c'est une intuition extraordinaire de l'humanité, des relations émotionnelles de père en fils et de mère en fille piégés par la loi inconsciente de leur fonction symbolique, quand leurs actes démentent leur dire et vice versa.

*Les sociétés ont, en quelque sorte, transposé, exem-
plarisé cette condition humaine. Certaines, même
encore de nos jours, maintiennent la responsabilité
familiale : on est comme responsable d'une faute
commise par un ascendant, et aussi d'une action
valeureuse.*

Le tragique est que les humains n'arrivent pas à faire
la différence entre la responsabilité et la culpabilité.
L'épouvantable chez l'humain, c'est qu'il se sent coupable de ce dont il est responsable (alors qu'il n'est en
rien coupable). Et, comme il se sent coupable, il a
honte et il s'empêche d'exprimer... Comme la mère de
Lucienne qui a eu honte d'être prise dans cette violence de détresse et a cherché une épaule pour pouvoir
la dire... Il se trouvait que c'était l'épaule de son élu
d'aujourd'hui qui était son mari et qui lui servait, à ce
moment-là, de grand-mère ou de mère pour comprendre ce qui se passait. De façon punctiforme dans le
temps et dans l'espace, cet homme a été cette épaule
de quelqu'un quand elle était petite pour comprendre
cette souffrance. C'était ni bien ni mal; c'était souffrance que son père et sa mère avaient désiré un enfant
qu'elle n'avait pas désiré, et qui était sa sœur. De
même, la petite Lucienne : son père et sa mère, dans
leur amour réciproque, avaient désiré mettre au
monde Claude, le petit frère dont elle ne voulait pas :
d'abord, c'était un second après elle; et en plus, il était
du sexe que sa mère avait désiré pour elle... Et la
réalité avait fait que le désir de cet enfant s'était inscrit
en sexe féminin. Alors, elle se disait : « A quoi ça sert
d'être fille... à rien... je veux mourir. »... Comme si
l'enfant – le sujet – démolissait ce corps qui n'était
plus représentable de sa dignité humaine. Et elle
reculait dans son temps, jusqu'à vivre à l'état fœtal. Et
la mère disait : « Mais elle va étouffer sous ce manteau de cuir. » – « Mais pas du tout : elle désire être
là, tranquille; elle dort et elle écoute tout ce que nous

disons. » – « Comment peut-on dormir et écouter? » – « Comme quand elle était dans votre ventre : elle dormait en écoutant aussi; elle vivait avec vous. »

Symboliquement, Lucienne refaisait le chemin pour mener tous ceux qui étaient concernés, tous les protagonistes, à l'endroit où tout s'était arrêté. Une part de ses potentialités vitales était freinée par un langage non dit et qui inhibait en elle le droit d'être, dans son individuation et dans son identité sexuée de grande sœur.

Finalement, la crise, pour chaque individu, se noue dans le non-dit et dans le mal entendu. Par exemple, pour le petit Claude, c'était dans le mal entendu : on parlait d'un garçon qui pour lui était un modèle de vie : ce petit Hector, un « grand » qui court, qui va, qui vient tout autour et qui est un modèle du garçonnet qu'il a envie de devenir. Claude, lui, il est encore dans l'impuissance du nourrisson, mais les petits garçons qui sont autour de lui lui apportent l'image de lui qui l'attire à grandir. Et voilà que grandir provoquerait en même temps la mort du père. Claude était au désespoir. Alors, je lui ai dit : « Mais ce n'est pas toi... C'est Hector qui a rêvé ça de son papa à lui, qui n'est pas ton papa à toi; toi, tu ne rêves pas ça de ton papa à toi. » Immédiatement, il était rendu à son individuation et à son identité.

Voilà un exemple de cette prévention que nous faisons là-bas. Cette mère-là ne serait jamais allée chez un psychiatre, ni pour sa fille, ni pour elle.

La prévention doit surtout éclairer l'attitude des parents pendant la vie fœtale, la façon dont ils se représentent l'enfant et dont ils échangent avec lui; puis, à la naissance, et pendant les premiers mois. Je crois qu'on peut faire un travail de démystification et d'information encore plus précis dans cette période-là. C'est dans cette phase qu'il y a le plus d'idées reçues, de malentendus. Justement, cela concerne le temps de l'être humain qui a paru complètement insaisissable et inintéressant à des générations d'éducateurs. Encore aujourd'hui, la plupart des adultes passent à côté de cela avec leurs enfants. Il reste plus de travail à faire sur les premiers mois de l'être humain que sur les dix premières années, qui ont été largement étudiées.

Un exemple vraiment très intéressant pour saisir sur le vif le « langage » intégré par un enfant et qu'il a besoin de répéter pour se retrouver lui-même. C'est un langage au sens large du terme.

Dans notre Maison Verte, nous avons un petit bac à eau qui est en haut de deux petites marches. Jamais on n'avait vu, après deux ans de fonctionnement, des enfants jouer à monter des engins à roulettes sur la deuxième marche, près de ce bac. Et voilà qu'une petite fille de dix-huit mois s'amuse à y faire grimper, en la faisant avancer avec effort entre ses jambes, une petite voiture de poupée et puis à la descendre : toc, toc... Et de recommencer l'ascension difficile. Sans l'imiter, semble-t-il, à un autre moment son frère, âgé de 3 ans, hisse son camion de la même façon. Tous deux avaient besoin de faire ça. Observant ce manège, je vois la mère et surtout le père très fâchés de ce jeu inventé par leurs enfants, alors que ça ne dérangeait personne. Ça leur était particulier. J'ai demandé à la mère : « Mais, quand ils étaient petits et qu'ils étaient dans la poussette, est-ce que vous aviez des marches à descendre et à monter quand vous sortiez ? » – « Ne m'en parlez pas ! » Elle rit avec son mari et lui glisse : « Tu te rappelles notre appartement ? » Lui : « Pourquoi cette question ? » – « Parce que je vous vois tellement fâché de ce que vos enfants font, qui ne gêne personne. » Et il était prêt à les en empêcher. La mère me dit : « Nous habitions un rez-de-chaussée surélevé, nous avions une concierge insupportable qui ne permettait pas que je laisse le landau dans la petite entrée... Si bien que j'étais obligée de monter sept ou huit marches pour arriver à notre appartement ; et quand le deuxième est né, il y avait deux enfants dans la voiture et je ne pouvais pas les descendre, remonter chercher la voiture, etc., si bien que je descendais... toc, toc, toc... » Le mari faisait des scènes à la concierge et engueulait sa femme qui ne pouvait pas convaincre la concierge qu'il fallait qu'on laisse la voiture en bas, que vraiment c'était inhumain d'obliger une maman à faire cela... Si bien qu'il engueulait ses enfants de la même façon ici et maintenant qu'il se fâchait là-bas. Et finalement, ils ont déménagé pour trouver un appartement de plain-pied avec un ascenseur et où il ne serait plus obligatoire de faire ce manège. Alors, je leur dis : « Voilà ce que vos enfants font. » La petite avait vécu ça pendant trois ou quatre mois; le garçon, lui, toute sa petite enfance. Et dans leur langage à eux, exprimé avec un engin, ils refaisaient la sécurité avec maman : c'était de faire toc, toc, toc et de remonter pour faire toc, toc, toc. Ces deux enfants ne jouaient vraiment qu'à ça.

Des gestes qui paraissent insignifiants ou intolérables à des parents peuvent, au contraire, être tout à fait révélateurs. Ce manège était significatif de la sécurité avec maman. Les gronderies du père ne leur faisaient aucun effet; dès qu'il avait le dos tourné, ils recommençaient. Pour eux, c'était plus essentiel de jouer à ça; ils retrouvaient leur sécurité, celle qui résiste aux variations d'humeur des gens.

On voit sur le vif comme les parents ont tendance à étouffer et censurer des expressions, des manifestations de leur enfant qui devraient leur apprendre quelque chose d'important sur son intelligence.

Ces deux parents ont appris quelque chose ce jour-là : que l'enfant est en sécurité quand il répète un langage qu'il a assimilé au contact de sa mère, et que le langage va bien plus loin que les paroles : il veut dire la manière de bien vivre. C'est un bon sensorium de base; être en sécurité avec soi-même depuis qu'on est petit, c'est reproduire certaines situations en bravant les gronderies. C'est certainement un processus d'intégration et d'initiation au vivre, que les enfants répètent de cette façon. Mais il faut des petites observations comme celle-là pour le saisir. La Maison Verte s'y prête. Et c'est important parce que cela se passe avant l'entrée en maternelle, donc avant que l'enfant soit pris dans l'admissible et le non-admissible par la société. A ce stade, non seulement des perturbations de l'enfant, mais bien des malentendus, des incompréhensions des adultes sont réversibles. Les parents découvrent ce que c'est que l'intelligence du monde de leur enfant. Ce qu'ils ont d'abord pris pour un « tic », une « manie », un caprice, une bêtise, et qui les a énervés, leur révèle un extraordinaire réseau de connexions psychiques tissé autour des événements les plus quotidiens du premier âge et de la vie de l'enfant, dans ce cas contemporaine de la vie difficile du jeune couple. Ce père furieux de cette navette incessante avec le camion ou la voiture de poupée a fini par en rire d'un rire libérateur : « Je n'aurais pas pensé que mon fils et ma fille puissent se souvenir de cette comédie de l'escalier et qu'ils aient envie de la recommencer ! »

LA PUDEUR N'A PAS D'ÂGE

A la Maison Verte, nous avons réservé un coin pour une petite table à langer, derrière un pilier. Nous ne voulions pas qu'elle soit au milieu de la salle d'accueil. Changé devant tout le monde, l'enfant n'est pas à son aise comme un enfant langé dans l'intimité, seul, éloigné des regards des autres. Ce qui semble montrer que l'enfant a déjà une pudeur et qu'il est gêné quand on dénude devant tout le monde la région de son corps qui est à changer. Les mères s'en rendent compte : « Vous avez raison, il est tellement mieux : il est comme un enfant changé à domicile. » Nous voyons arriver des enfants qui ne peuvent pas faire pipi ou caca sans aller chercher le pot et l'amener au milieu des gens. Et c'est nous qui disons à la mère : « Non, ici les enfants vont derrière le rideau (c'est un petit rideau), on ne sort pas les pots de chambre[1]. » Une mère est allée jusqu'à dire : « Mais alors, il ne faudrait pas qu'ils mangent devant tout le monde? » A quoi j'ai répondu : « Si, parce que dans notre ethnie, nous mangeons les uns devant les autres, sans sentir que c'est de l'impudeur. Quand vous faites quelque chose avec un enfant, imaginez-vous que c'est vous. Est-ce que vous, vous seriez contente d'apporter votre pot de chambre devant tout le monde? » – « Non, bien sûr... Mais les enfants ce n'est pas pareil. » – « Peut-être que si. » Et l'on voit, quand on respecte l'enfant, que, même très petit, il acquiert une dignité de lui-même qu'il n'avait pas du tout concernant ces opérations de besoin, de change.

Au XVIIᵉ siècle, les nobles recevaient, assis sur leur chaise percée. Aux yeux des manants, de leurs gens, de leurs enfants, c'était promotionnant[2]. Devant tel modèle adulte, l'enfant se voit tel qu'il désirerait être. Pourquoi lui imposer de faire des choses que la personne qui représente l'adulte idéal ne ferait pas par pudeur?

En chaque enfant, on l'ignore trop, naît et se développe le projet intuitif d'être considéré comme une (grande) personne. Aussi attend-il qu'on ait à son égard le comportement et le respect que l'on a vis-à-vis d'un adulte. Il a raison.

Pour tout ce qui touche à la pudeur, il faut ne pas perdre de vue cette exigence. Prenons les situations les plus quotidiennes. Ainsi, pour les parents qui se promènent chez eux en costume d'Adam et Eve. On me demande : « Si les enfants nous voient, c'est bien

1. Nous étions alors dans un lieu temporaire. Maintenant la Maison Verte a un W.-C.
2. Est-ce le regret que tout Monsieur ou Madame, père ou mère ne soient pas frère et sœur de roi, qui leur fait traiter leur enfant comme autrefois le roi, amenant son pot de chambre dans les pièces à vivre?

ou ce n'est pas bien? » Je leur dis : « Lorsque vous avez des amis chez vous, des amis que vous honorez, est-ce que vous faites du nudisme? » – « Ah! non. » – « Alors, ne le faites pas devant l'enfant. Vous promener ainsi, ça veut dire que vous faites du nudisme avec votre conjoint, c'est très bien. Mais votre enfant n'est pas appelé à être votre conjoint. Mais si vous faites du nudisme en société, avec d'autres, pourquoi pas? » Les parents qui font du nudisme à domicile sont très étonnés de voir les garçons, entre 6 et 8 ans, devenir d'une pruderie maladive. Encore plus d'apprendre que les petites filles, dès qu'elles sont à la maternelle et qu'il y a une école de plus grands, courent les cabinets pour voir se dénuder les grands. Justement pour fuir la privauté de l'inceste... que ce soit avec tout le monde comme avec papa-maman. J'ai reçu beaucoup de lettres de parents qui grondent, se fâchent même contre leur enfant qui s'enferme dans les toilettes. La pudeur naît très tôt, mais l'enfant la manifeste quand il ne peut plus faire autrement et quand il est menacé par l'interdit de viol et l'interdit d'être lui-même violé par le regard d'autrui.

La génération qui avait 20 ans en 1968 a eu le souci de ne pas faire croire aux enfants que le corps est honteux, à l'encontre des ascendants qui cachaient encore ces parties du corps : « Ne te montre pas à tout le monde. » Mais, en même temps, les parents donnaient l'exemple de ne pas se montrer nus. Maintenant, ils donnent l'exemple de le faire, et ils ne se rendent pas compte que le corps adulte de ses parents, c'est tellement beau pour un enfant que celui-ci en est infériorisé. Engagé dans la compétition de la valeur esthétique, il ne peut pas lutter par rapport au corps adulte. Les enfants entre eux ne sont pas choqués par la nudité. Celle des adultes qui ne sont pas leurs parents ne les trouble pas. Mais celle de leurs géniteurs est vue d'une manière tout à fait particulière; pour l'enfant, ce sont des modèles intérieurs. Si c'est l'extérieur qui parade et s'exhibe, l'enfant ne sait plus du tout où est son advenant adulte qui est mis en question par le fait que son propre corps nu n'est pas comparable. Ces femmes qui se promènent nues devant leur garçon jusqu'à je ne sais quel âge réduisent chez l'enfant sa marge de liberté. La mode était de « banaliser » la nudité. Mais le nu de la mère ou du père, ce n'est pas banalisable pour l'enfant. Il est opportun de remettre les choses au point. Les parents, à ce sujet, sont aussi déboussolés qu'un prêtre à qui on demande aujourd'hui si, dans l'Eucharistie, il y a vraiment la présence du Christ, et qui vous répond : « Jugez en conscience. » Entre le souci de ne pas faire comme leurs parents et de dire à l'enfant que c'est naturel et puis le respect d'un certain mystère, les parents d'aujourd'hui sont perdus.

Même embarras en présence des enfants pour tout ce qui est de la vie du couple. La nudité, oui, et la tendresse? Entre les couples qui s'abstiennent de s'embrasser devant les enfants, et même de se faire des petits signes d'affection – alors que l'enfant a besoin de savoir que ses parents s'aiment –, et ceux qui se caressent en public sans retenue, peu savent garder leur naturel.

C'est bien simple, je dis aux parents : « Qu'est-ce que vous faites devant des hôtes qui sont chez vous? Eh bien, comportez-vous vis-à-vis de vos enfants comme devant des hôtes que vous respectez; n'en faites pas plus devant votre enfant. » Il n'y a pas d'autres critères. C'est une attitude éthique et bien des parents ne l'ont pas. Convaincus qu'ils sont que leur éducation leur a apporté les complications émotionnelles, affectives, sexuelles dont ils souffrent, ils veulent les empêcher chez l'enfant, et finalement le but qu'ils visent, c'est de prendre le contre-pied de leurs propres parents. Résultat, leurs enfants arrivent à être en contradiction avec eux. Il est très nuisible que les parents adoptent une conduite vis-à-vis de leurs enfants, uniquement en fonction de leurs propres parents : il est pourtant possible de perpétuer l'espèce autrement qu'en perpétuant les cadavres d'Œdipe. Encore faut-il avoir égard à la liberté de l'autre.

Respecter la liberté d'un enfant, c'est lui proposer des modèles et lui laisser la faculté de ne pas les imiter. Un enfant ne peut se créer lui-même qu'en disant Non. Devant ses refus répétés, les parents sont complètement déroutés et font un constat d'échec. Mais qu'est-ce qui est raté? Leur projet de voir aller leur progéniture dans tel sens, selon leur norme. Mais pas le projet que porte leur enfant. En vivant mal leur échec, ils surexcitent la sexualité de l'enfant. Ils se comportent à son égard comme si le devenir de cet enfant n'avait de sens qu'au moment de leur intimité dans le coït et pas le reste du temps. Ils nient que son désir d'être autre chose que celui qu'ils attendent ait un sens.

AVEC LES MATERNANTES DE LA POUPONNIÈRE

J'ai soigné deux petits Mauritaniens, un frère et une sœur qui étaient confiés à une pouponnière. Dominique, 3 ans, et Véronique, 22 mois. Deux prénoms de consonance voisine. Le garçon, depuis trois mois qu'il était là, n'avait jamais dit un mot; il agressait sa sœur qui, elle, était atonique et dépressive, mais il ne parlait pas. Alors, on le croyait retardé. Il ne l'était pas du tout : il était dans un contexte où rien ne lui avait été expliqué de la raison pour laquelle il avait été tout d'un coup séparé de son père et de sa mère : des Mauritaniens. Il n'avait que sa petite sœur comme souvenir de la famille. Et il l'agressait parce qu'il voulait probablement qu'elle reste bébé, comme avant la rupture familiale.

La mère est venue une fois avec son mari : elle ne regardait même pas les enfants. C'était une femme déracinée de son milieu tribal personnel de Mauritanie; elle n'était pas du tout adaptée à Paris; elle faisait des ménages pour gagner de l'argent; et on comprend que, enceinte d'un troisième, elle n'ait pas pu garder les premiers.

C'est la Justice qui les a séparés, par plainte des voisins, parce que les enfants étaient battus. Le juge les a confiés à la pouponnière. J'ai vu les parents, traumatisés qu'on leur ait retiré leurs enfants, uniquement parce que la mère, en état de troisième grossesse tout en continuant à travailler, ne supportait plus les cris de la petite Véronique. Quand les parents venaient, la petite fille se réfugiait avec les dames et hurlait de crainte que sa mère ne la reprenne. Le petit garçon, lui, allait vers sa mère, ensuite vers son père.

Je me suis dit : le plus grand n'est malheureux dans ce lieu et n'a régressé que parce qu'il y a eu dans l'espace ce petit qui est venu compliquer la vie de la famille. Donc, c'est tout à fait normal qu'il agresse cette enfant; il n'agressera pas un autre enfant du même âge; c'est sa sœur qu'il agresse, en lui prenant les objets qu'elle touche... parce que cette sœur lui a pris sa maman et que c'est à partir de là que la maison s'est déglinguée. Mais si on ne lui explique pas cela, il va persister dans ce comportement qui inhibe la deuxième : la deuxième ne peut pas se développer parce que l'aîné lui interdit tout intérêt pour un objet en le lui arrachant des mains. Les séparer serait une erreur. Si on les sépare, on sépare complètement cette famille. C'est pour cela qu'il faut les laisser ensemble, mais il faut aider l'aîné à comprendre que son comportement, en empêchant sa sœur de vivre, ne lui permet pas davantage de vivre. Et lui donner un sens : il interdit que sa sœur prenne un objet parce que, quand elle est née, elle lui a pris sa maman; il pense que si sa sœur n'était pas née, il n'aurait pas été chassé de la famille; que Maman ne serait pas devenue si nerveuse, qu'elle ne les aurait pas battus, que les voisins ne se seraient pas plaints des cris, et que le juge ne les aurait pas enlevés aux parents. On le lui explique et il comprend parfaitement. Sa façon d'agir avec sa sœur n'est ni bien ni mal. Il est « parlant » et compris et il est remis dans une dynamique qui a un sens pour lui. Et alors, il se met à communiquer, de nouveau, au lieu d'empêcher que sa sœur communique avec les objets.

On voit très bien comment ça se passe : l'aîné qui gêne la maman autour du bébé, parce que par exemple il vient prendre les couches ou boit le biberon du bébé; elle le tape; l'enfant pleure, elle le tape. Et puis, un beau jour, les tapes deviennent un véritable tapage pour les voisins; ils se plaignent, et puis le juge alerté fait faire une enquête : milieu sous-développé dit « cas social »; on leur retire leurs enfants. Tout le travail est à faire. L'aîné fait cette fixation sur sa sœur, parce qu'il se dit que c'est à cause d'elle que ces malheurs arrivent. Mais ça ne lui est pas dit verbalement, pour qu'il comprenne alors une situation qui est tout à fait autre : sa mère fatiguée est de nouveau enceinte; c'est une bonne mère, mais sans sa mère (la grand-mère restée dans son pays), elle est toute seule pour élever les enfants, et c'est difficile dans leur famille. Les enfants la gênaient pour trouver à faire des ménages, parce que aucun client ne voulait qu'elle vienne avec ses deux petits.

Il s'agit de faire comprendre au garçon que c'est une erreur de sa pensée que de croire que le départ de sa maison est la faute de sa sœur (ou la sienne) ou celle de ses parents impuissants contre les gendarmes.

Je lui ai dit : « C'est pas parce que tu es Dominique; n'importe quel grand enfant ayant besoin de sa maman aurait été malheureux à ce moment-là... Pierre, Paul, Jacques... Dominique, c'était toi, et toi tu étais malheureux et tu croyais que c'était à cause de Véronique. Mais c'est parce que ta maman a eu deux enfants et c'était beaucoup de fatigue alors qu'elle faisait des ménages à côté pour gagner de l'argent. »

Au lieu de se mettre à parler avec des enfants de son âge, Dominique était constamment en train de guetter sa sœur, pour l'empêcher d'être. Et la petite dépérissait parce qu'elle aimait son frère, et, pour lui obéir, elle se réduisait comme pour disparaître.

Les éducateurs qui veulent que les deux enfants se développent d'après leur âge voient qu'il y en a une qui se retarde et l'autre qui stagne. Ce n'était relationnel entre les deux qu'en apparence; en fait, c'était parce que tous les deux avaient besoin d'entendre la raison pour laquelle ils étaient entrés à la pouponnière et qui n'était pas due à eux en tant que sujets, mais qui était due à une situation où ils étaient des enfants de tel âge. Mais ils ne sont pas que des enfants : ils sont des sujets de leur propre intentionnalité... C'est-à-dire de la triangulation père-mère, avec des frères et sœurs autour.

Je disais à Dominique, pour qu'il fasse la différence entre sujet et individu de tel âge : « Toi, tu comprenais, mais ton corps était enfant et ton corps-enfant ne savait pas comment faire autrement. Alors, ta maman, parce que tu étais un enfant, croyait que si elle te tapait dessus, tu allais savoir... Mais toi, tu ne savais pas comment faire. » Et je leur dis, quel que soit l'âge : « Ce n'est pas à cause de toi, Untel, c'est à cause de toi parce que tu as cet âge-là... Mais ça aurait pu être Pierre, Paul ou Jacques... Ce n'est pas Dominique qui est fautif, c'est la situation qui est difficile. »

L'état d'enfance, c'est aussi l'impuissance de tel âge à pouvoir se sortir de désirs qui ont à manifester. Dominique voudrait s'exprimer, mais il n'a que ce moyen-là – battre sa sœur – pour s'exprimer.

Au terme de ces entretiens avec Dominique, en présence de sa petite sœur et avec le concours d'une maternante, le garçon a retrouvé le langage et n'a plus besoin de psychothérapie; il est entré dans la petite classe du jardin d'enfants intégrée à la pouponnière et il n'ennuie plus sa petite sœur qui est dans le même dortoir que lui; il dort près d'elle, très gentiment.

Je me suis alors occupée de sa sœur qui, elle aussi, avait besoin d'une aide langagière. Je me suis concertée avec les maternantes de la pouponnière : « La petite Véronique, je veux la voir toute seule, parce que maintenant le grand, ça y est : il s'en est sorti, il est en classe, il aime bien sa sœur, il va avec ses parents, tout content quand ils arrivent... Mais la petite a encore un peu peur : elle va vers son père, mais elle évite sa mère. Alors, la mère est malheureuse, parce qu'elle aime tout de même bien sa fille. » Sûrement, cette femme, d'après ce que j'ai compris, était incapable d'élever une fille sans la présence d'une auxiliaire familière. Elle portait encore les habits de son pays, elle restait avec ses souvenirs, complètement isolée. Bien sûr, c'était insupportable pour les voisins d'entendre cette femme qui faisait brailler ses enfants sans arrêt. Véronique avait des yeux vivants, intelligents. Mais elle était en retard de langage. Je lui proposais des modelages en lui disant : « C'est Geneviève » (la maternante du matin), ou : « C'est Christine » (la maternante du soir), ou : « Ça, c'est Mme Dolto. » Quand je lui donnais quelque chose, elle proférait maladroitement un ou deux phonèmes, et j'avais remarqué que tout en essayant de parler, elle se tortillait du derrière, comme un canard qui joue du croupion. Alors, je lui dis : « Véronique, tu voudrais parler avec ta bouche; ta bouche de figure; et c'est ta bouche de derrière qui parle. » Elle m'a regardée, très intéressée, et la fois d'après, elle a parlé en même temps. Et elle a ri aux éclats de remuer son derrière en même temps qu'elle sortait des phonèmes. Ça parlait des deux pôles. Et cette enfant va pouvoir préférencier le pôle oral, mais chaque fois qu'elle parle, c'est en fait les fessées qu'elle recevait de sa mère qui parlent à son derrière. Je ne lui ai pas encore parlé de fessées; j'ai seulement fait prendre conscience que pour parler, son derrière parlait avant que sa bouche ne parle. Et elle trouvait ça très drôle, parce que c'était vrai.

Je la stimule avec des modelages : « Ça c'est la vache », elle sourit, elle répète les mots. Quand elle dit « bieu » au lieu de bleu, et « apiu » au lieu de a plus, je l'aide à reprendre[1]. Moi, je suis attentive à corriger les moindres phonèmes qui viennent, parce que c'est cela vivre avec un enfant. Quand elle essaie la correction du phonème, il faut d'abord qu'elle secoue son derrière. Et alors, elle y arrive. Elle veut le faire, elle veut parler bien... mais pour parler bien, il faut faire bien caca avant... Le bien est autour du derrière qui a reçu les fessées ou qui a fait caca, lieu de son corps électif dans la relation de sa mère à son bébé. Et, finalement, c'est un don qu'elle fait à l'adulte avec qui elle communique : lui donner en don un phonème auditif qui va être conforme à ce que l'adulte demande. Et si elle le dit bien, elle sera comprise par tous les enfants et par tout le monde. En ce moment, elle commence à être industrieuse. Voilà une psychothérapie. Mais si on voulait filmer cette enfant, qu'est-ce qu'on en verrait? On en verrait que c'est une enfant qui s'anime et qui, tout le temps, joue avec et de son derrière... On ne comprendrait pas exactement à quel moment d'intentionnalité expressive ça se confond pour elle : faire bien... en bas ou en haut? On ne sait pas. La petite Véronique n'a pas encore d'autres moyens pour s'exprimer que la zone de son derrière : c'est là le lieu qui donnait satisfaction à sa mère; elle y retourne. Elle est fantastiquement intelligente, sensible au moindre mot que l'on dit. C'est merveilleux! On voit que l'enfant n'est pas encore dans les moyens langagiers qui sont ceux de son âge dans une civilisation où on parle avec sa bouche, et pour trouver les phonèmes, il faut qu'elle secoue son derrière – qui est à la fois son sexe –, en même temps, son désir est là admis et reconnu par sa mère et après elle, les maternantes, dans son bassin. Et c'est toute une civilisation que d'arriver à exprimer, en faisant des choses avec les mains (« faire » a le sens lié au caca et pipi),

1. Mais le fait de prononcer « i » au lieu de « l » signifie une vérité pour Véronique : « i » de « id » et de « io », « je » au lieu de « l », elle, la fille.

le déplacement de l'idée de sphincter sur les mains au contact de la pâte à modeler. Le premier objet que l'enfant touche, c'est évidemment son caca. Et quand il se promène, qu'est-ce qu'il ramasse? Les cacas de chien, tout de suite. Pour lui, c'est intéressant. Il faut se mettre au niveau où est l'enfant. L'amener à la civilisation consiste à déplacer son intérêt sur autre chose. Mais on ne peut pas tout déplacer d'un coup, et le corps joue encore en souvenir de l'époque où la mère la langeait. Ce que la caméra ne peut faire apparaître, la psychanalyse le fait voir à des témoins comme la maternante, et qui peuvent confirmer le résultat observé.

Tout ce que fait l'enfant doit être justifié au niveau dynamique. Il est alors déculpabilisé d'être enfant. En fin de compte, ce qui est important, ce n'est pas qu'il soit enfant, c'est que l'on s'adresse à lui comme à une personne n'ayant provisoirement que des moyens d'enfant.

Le but des parents, c'est de socialiser l'enfant, mais ils ne le prennent pas au niveau où il se trouve. Ils veulent tout de suite avoir le résultat en le coupant de ses racines.

En fait, tout est fondé, dans le comportement familial et social, sur l'oubli, l'amnésie de la vie fœtale, de la vie néo-natale, de la petite enfance neurologiquement inachevée.

La mère de Véronique m'a dit que sa fille était tout de suite sale, dès qu'elle la changeait; ayant été nourrie au sein, elle n'avait pas eu les troubles du début, mais elle a eu les troubles secondaires : voulant que sa mère s'intéresse à elle, elle gardait toujours de quoi déféquer ou uriner pour sa mère revienne à elle. Et la mère disait que ça n'était plus possible; alors, elle lui donnait des fessées pour qu'elle ne fasse plus pipi-caca tout le temps.

On peut dire que l'éducation est trop fondée sur la transplantation et la bouture. On coupe les racines et l'enfant n'a plus les fondements de sa propre histoire :

il ne sait plus communiquer, il est complètement perdu.

Les adultes croient que c'est salutaire pour sortir l'enfant du stade immature, animal. Ils se cachent la raison économique : la mère veut être libre pour aller à son travail. Or, cet enfant a besoin d'elle. Et elle, sûrement, aurait besoin de son enfant, comme quand elle était petite et que, privée de sa mère, sa grand-mère la gardait sur elle et la portait partout avec elle. Et cet enfant répond à cette demande inconsciente de la mère : ne pas se séparer de son enfant, et pourtant gagner des sous comme on dit. Tout le drame des enfants mis trop tôt à la pouponnière vient de là.

Que de mères à bout de nerfs battent leur bébé pour qu'il ne se resalisse pas sitôt changé. Elles sont pressées de sortir, elles sont débordées et fatiguées. On leur a inculqué que l'enfant doit accepter le code de la société et satisfaire l'adulte parce que celui-ci lui dit : « Fais-le parce que j'en ai besoin, etc. » Il en va autrement. L'enfant n'acceptera finalement le code que s'il est connecté à lui-même, s'il a retrouvé la bonne relation à lui-même, dont le corps a souvenir. Pour cela, on s'adresse au sujet qui est en lui comme un interlocuteur valable, en lui expliquant ce que le sujet par ce corps est en train d'exprimer. Sinon, il régresse et flotte dans ce brouillard, à la recherche de lui-même, et ne peut pas être sensible aux propos normatifs de l'adulte. Il se dévitalise, refusant une norme qu'il prend pour un interdit de vivre. « Il faut que je sois une chose, une chose qui ne fonctionne plus. » Alors, tous ses fonctionnements se dérèglent. Avant que je m'occupe d'elle, on donnait des hormones à la petite Véronique, pour qu'elle ait de l'appétit, pour qu'elle dorme à l'heure dite et pour qu'elle remue, qu'elle s'agite une fois réveillée, alors qu'elle était devenue complètement passive et éteinte, inquiétant la pouponnière. On appelait « retardée », parce qu'elle en montrait l'apparence, cette petite personne tellement intelligente !

Même dans la « meilleure des sociétés », on ne peut pas réduire les besoins de l'enfant à des insuffisances biochimiques.

Je crois que le désir, qui est spécifiquement humain (en tout cas, que nous n'observons pas chez l'animal), c'est le désir de communication interpsychique avec les adultes. Tout est langage pour un enfant avec l'adulte... L'histoire de cette famille de Mauritaniens est révélatrice.

Actuellement, dans notre société civilisée où il y a tant d'enfants de mère déracinée ou de père déraciné, on voit comment, finalement, ces enfants s'acculturent au point de vue langage. Les parents ont avec leurs petits des façons de communiquer qui ne sont pas celles qu'ils avaient avant. Ils voudraient continuer d'avoir le langage qu'ils ont reçu quand ils étaient bébés de leur mère, mais ils ne sont pas dans les conditions de pouvoir le donner, ce langage de la vie tribale. L'enfant ne sait plus du tout comment se développer. La mère veut que l'enfant se comporte de façon à lui permettre d'aller travailler, ce qui n'était pas du tout le cas dans sa vie tribale.

C'est le traitement des tout-petits qui nous confirme cette découverte capitale : l'être humain est accroché à une histoire depuis son œuf. Mais il ne peut se développer que si rien ne le brise du passé. Et il ne peut se séparer d'une image du corps, que si cette image du corps a été symbolisée par la parole[1]. Par exemple, un bébé qui tète ne peut être sevré que si la mère fait le même travail que lui et se met, quant à elle, à prendre plus de plaisir à communiquer avec lui par la parole que par les soins corps à corps. Si elle sèvre le bébé, mais continue à l'embrasser sur son corps, partout – c'est-à-dire qu'elle a droit à son corps, avec sa bouche, alors que lui n'a plus de droit au corps

---

1. *L'Image inconsciente du corps*, F. Dolto, Le Seuil, 1984.

de la mère avec sa bouche –, l'enfant vit dans une contradiction totale : il est devenu le sein de la mère, mais lui n'a plus de sein. Et il n'a plus le lait de la parole, car la parole est un lait auditif. Il devient un objet de jouissance sans échange de plaisir : il a comme plaisir de devenir l'objet de sa mère, et non plus le sujet de sa propre recherche de communication. Ainsi s'installe le début d'un dysfonctionnement qui peut arriver à la débilité, à la psychose. Plus les enfants sont intelligents, plus, exploités, ils débouchent rapidement sur la débilité ou la psychose. Véronique débouchait sur la psychose; son frère aîné débouchait sur la débilité, puisqu'il ne parlait plus et, n'ayant plus de communication par la parole, ses mains étaient une gueule agressive qui retirait tout objet à sa sœur. Il fallait protéger sa sœur de lui pendant qu'il mangeait : il aurait pris sa nourriture, pour qu'on ne la lui donne pas : « Pour que je sois encore là avant qu'elle vive, parce que là, on vivait bien. » C'est cela que ça veut dire; non pas qu'il ne voulait pas qu'elle vive mais : « Je veux, moi, me retrouver vivant. »

Maintenant qu'il est vivant à son niveau, il voit ses parents tous les huit jours et tout se passe très bien pour lui. Ils ont même repris Véronique un week-end, et elle en est revenue toute narcissisée, avec ses cheveux de Mauritanienne tout frisés, avec des petits nœuds partout. La semaine d'après, elle a pleuré, non pas quand elle a vu sa maman comme elle le faisait avant le traitement, mais quand elle a vu son papa. Celui-ci a dû se fâcher de quelque chose, disant peut-être : « Regarde le temps que tu passes à lui faire des coiffures... » Je ne sais pas ce qui s'est passé, mais c'était le père qui était craint. Elle tenait la maternante pour aller vers maman... Et elle a été à son devant, sûre que de nouveau elle pouvait chérir sa mère.

Les maternantes de cette pouponnière font le travail analytique avec moi. Moi, je ne fais que de la parole, et c'est la maternante qui touche l'enfant. Quand je dis quelque chose, Véronique regarde Geneviève et je dis :

« Geneviève, ta maman de remplacement, permet que je te dise cela. » Alors, elle est contente, ça se passe par la médiation du corps.

Quand un enfant est traité en présence de sa mère, nous devons agir de même. La mère aussi se met à comprendre combien son enfant est intelligent dans ses réactions. Jusqu'au moment où l'enfant ne veut plus de la mère. Son comportement est très clair. Il prend le sac de la mère, lui met sur les genoux et la tire pour qu'elle aille vers la porte. C'est ce que fait un enfant qui ne parle pas encore. « Vous voyez, votre enfant aujourd'hui voudrait rester seul avec moi... Est-ce que vous permettez? » La mère dit : « Mais, je peux laisser mon sac. » Et l'enfant prend le sac et le lui donne : il ne veut pas qu'il reste quelque chose de sa mère [1]. A ce moment-là, il faut vraiment veiller au grain, parce que la mère souffre beaucoup. Il y a aussi des sujets qui laissent entrer leur mère et restent à la porte. Alors, on laisse la porte ouverte; l'enfant va et vient. Puis, peu à peu, il entre en contact avec nous, en même temps que nous parlons avec la mère. Et on donne, à ce moment-là, de l'importance à ce que fait l'enfant par rapport à ces deux personnes (le thérapeute et la maman).

Ça commence toujours ainsi : au début, il esquisse un geste mais ne tarde pas à se remettre sur les genoux de sa maman. S'il fait quelque chose avec ses mains, par exemple de la pâte à modeler, il ne sait pas si ça ne va pas le séparer de sa racine qui est dans sa mère. Les enfants que l'on voit toujours en psychopathologie, ce sont toujours des enfants dont la mère précisément a raté le sevrage. L'enfant veut rester un objet pour être sûr d'avoir son corps dans le corps de la mère, mais dès qu'il commence à fonctionner (s'exprimer) avec une autre personne, il a peur : puisque lui, pendant

1. Pour accéder à la mère symbolique l'enfant doit renoncer temporairement à la présence de la mère réelle et toute mère de même. C'est le travail de « sevrage » de part et d'autre. L'initiative venant de l'enfant et acceptée par la mère est plus favorable à l'enfant que l'inverse.

une minute, oublie sa mère, il a peur qu'elle en fasse autant. Ça se verbalise : « Tu sais, tu peux oublier une minute que ta maman est là; elle permet que tu oublies qu'elle est là, puisqu'elle est venue avec toi, ici, pour que tu deviennes toi, une petite fille (ou un petit garçon) amie des autres enfants. » Ce sont des paroles comme ça, qui sont dites, paroles qui tentent d'exprimer ce qui se passe dans l'angoisse immédiate de l'enfant. L'enfant s'éloigne de sa mère, on sait que ça ne va pas durer plus de deux minutes. « Tu veux aller la retrouver? Tu veux voir si ta maman est toujours là? » On ne sait pas ce qu'il veut voir. Alors, on l'accompagne. « Tu vois, ta maman est toujours là; elle ne te laisse pas, elle t'attend. » Il revient; puis, il repart; il a fait quelque chose et veut le porter à sa mère; on le suit, on parle : « Votre enfant craint que s'il fait quelque chose que vous ne voyez pas, vous pourriez être fâchée... Peut-être aussi regardez-vous toujours le caca qu'il fait? » – « Ah oui! C'est vrai, je veux toujours vérifier ce qu'il fait. » – « Là, ce qu'il a fait avec ses mains, c'est un peu comme une autre sorte de pipi, mais c'est *faire*, c'est toujours faire. » Le traité du style d'Aragon commence par cette phrase : « Faire, en français, veut dire chier. » Il est tellement vrai, cet esprit d'enfance qu'ont les poètes quand ils expriment le fond des choses, que tout un chacun éprouve mais ne saurait dire.

C'est un déplacement d'un faire. Chez Véronique, c'est ou sa vulve ou son anus qui parle. Mais tout ça peut être dit en paroles, et c'est très chaste, ce n'est pas du tout érotisant. Au contraire, c'est une manière de quitter l'érotisme pour la communication langagière.

Ce sont des découvertes récentes... Et on en est tellement au début!... Et chaque enfant est différent. Mais c'est là, même à petits pas, que peut s'élaborer une autre approche.

Les maternantes, comme les mères, sont très prises par les besognes matérielles, elles n'ont presque pas le temps de parler et de jouer avec les enfants. Et puis :

« Nous n'avons même pas de papier, même pas de jouet. Dès que nous avons quelque chose, tout est démoli, alors on ne peut pas leur redonner des jouets. » Je leur répondais : « Oui, je comprends très bien. Mais c'est pour cela que vous venez ici... pour assister, justement, au développement de cet enfant au fur et à mesure. »

Dès que l'enfant y est préparé, il est mis avec une éducatrice dans ce qu'on appelle le « jardin d'enfants intérieur ». Là ils ont des objets. Mais dans l'endroit où vivent les enfants – il y en a de six mois à trois ans – ce n'est pas possible : très vite il n'y a plus que des débris; il faudrait trop d'argent pour les remplacer très souvent. Dans la salle de séjour de la pouponnière, les petits n'ont que des chiffons, des couches, les pots, mais ils n'ont rien pour créer, c'est-à-dire jouer.

Les maternantes sont un peu frustrées parce qu'elles ne voient que l'enfant de besoins. L'enfant de désirs se révèle dans les classes du jardin intérieur, là où il se met à faire des choses avec ses mains. Le fait que les maternantes assistent aux entretiens thérapeutiques avec les enfants, et qu'elles comprennent ce qui s'y passe, change déjà leur manière d'être avec eux, et avec les autres enfants, ceux qui posent moins de problèmes.

DES ANIMATEURS SANS LIMITE D'ÂGE

Certains enfants sont des animateurs-nés pour les tout-petits. Mais il ne faut pas les mettre avec leurs frères et sœurs. Je sais que c'est dangereux.

Nous avons reçu à la Maison Verte une petite fille de 5 ans qui était un parasite de son petit frère âgé de 3 ans (maintenant, nous n'avons pas le droit de les prendre au-delà de 3 ans) : elle était tout le temps avec lui, le possédant comme un objet partiel. Quand nous lui avons interdit de s'occuper de son frère, ça a été épatant. Et son frère a commencé à respirer de ne pas être étouffé par sa sœur. Mais ça, c'était quelque chose d'ordre œdipien : elle voulait être la mère et le père à la fois de cet enfant. Finalement, elle le détestait en tant que vivant par lui-même. Mais elle s'occupait très bien des autres enfants, à partir du moment où nous lui avons, nous, interdit : « Tant que tu es dans les murs, ici, ton frère est chez lui et libre de faire ce qu'il veut. Et toi, tu fais ce que tu veux avec les autres; ou tu t'en vas, tu ne viens pas... Tu peux aller dehors, il y en a d'autres... » Elle a compris. Nous formions comme un commando... les trois personnes d'accueil qui étaient là. La mère laissait sa fille parasiter son frère plus jeune. Et à partir du moment où on a dit : « Tu parasites tous, mais pas celui-là », elle n'a pas du tout parasité les autres; elle a été animatrice avisée des autres enfants sur lesquels elle transférait son intérêt. Tout se passait bien parce qu'elle n'était pas associée à l'œdipe des autres; elle était avec eux une petite fille qui, pour eux, n'était pas une doublure de leur père ou de leur mère. Il y avait un transfert. Un lien génétique direct empêche le transfert, il se produit une espèce de gauchissement de l'œdipe et le petit frère c'est comme son enfant à elle, comme si imaginairement elle l'avait reçu de son père ou de sa mère. Un frère aîné de 9 ans qui ne « savait que faire crier » son petit frère à la maison, était pour les autres un animateur excellent. La mère me disait : « Si on va dans un jardin public, tous les enfants sont autour de lui, il les fait jouer et ça l'amuse. Et de temps en temps, il dit : Je suis fatigué! Je vais prendre un livre, vous allez me laisser tranquille... » Il se mettait dans un coin calme. Et les autres attendaient qu'il ait fini de lire et de se reposer. Donc, c'est en dehors de cette fratrie réelle qu'un grand peut aider, guider de plus jeunes sans dommage secondaire.

De même, il y a des grand-mères qui sont d'excellentes meneuses de jeu, mais elles sont trop possessives avec leurs propres petits-enfants. D'autres, moins possessives, prennent l'initiative de réunir d'autres enfants autour des leurs. Je crois que les vieilles personnes sont très bien dans les centres de loisirs où il y a des petits de diverses familles. Elle est tyrannique, cette possessivité charnelle, si l'enfant est comme un morceau de soi. Et il faut la pourchasser sans répit. C'est par le langage que les personnes âgées peuvent le mieux communiquer avec les enfants.

Actuellement, on essaie de créer des groupes de grand-mères qui racontent des histoires. Plusieurs d'entre elles sont passées à la télévision. Je verrais très bien une chaîne de radio où on ne ferait que raconter des histoires. Pourquoi pas? On y ferait aussi lire des morceaux choisis des grandes œuvres par des gens qui savent dire.

Pendant une longue période, François Périer a lu des contes sur France Inter. Récemment, à Europe 1, Annie Girardot a raconté une histoire tous les matins; une histoire vraie. Elle demandait aux gens : « Envoyez-moi une histoire qui vous est arrivée, ou qui est arrivée à quelqu'un que vous connaissez. » Et puis, elle la mettait en forme et la racontait : des histoires vraies de jeunes filles au travail, de femmes exploitées, de mariages où apparemment tout va bien et puis, dès le mariage, le loup qui était caché derrière l'amant devenu mari montre les dents. Il y aurait une expérience intéressante à faire : ce serait qu'un poste (pourquoi pas une radio libre) demande aux enfants de raconter des histoires; ça pourrait aider les autres enfants, à l'écoute; ils se rendraient compte qu'ils ne sont pas tout seuls à avoir vécu certaines choses. Et en même temps, le langage serait très libérateur.

CHAPITRE V

DES ENFANTS POUR LE DIRE

AUX FUTURS PARENTS QUI NE VEULENT PAS ÊTRE PÉDOPHILES

FREUD a bouleversé son temps en découvrant que les comportements sexuels des adultes prennent leurs racines dans l'histoire relationnelle de chacun à ses parents, dans les modalités d'attachement à la mère et au père, les identifications et rivalités précoces remontant chez tous les humains à cette première dépendance aux êtres géniteurs et tutélaires et aux premières fixations sensorielles et sensuelles, à leurs parents et à leur frère et sœur avant que d'être génitales, de façon incestueuse, et de ce fait émotionnellement source d'angoisse. Cette angoisse inévitable, oubliée chez l'adulte (d'où la réprobation du monde scientifique à l'égard de Freud), il l'a nommée angoisse de castration, liée aux conflits de cinq à sept ans, période qu'il a nommée le complexe d'Œdipe en relation au mythe antique.

Ce qu'on appelait autrefois l'âge de raison traduit la résolution de ce conflit dans l'acceptation consciente de la loi de l'interdit de réaliser le désir incestueux. Cette acceptation varie selon les modalités du milieu ethnique. Ce moment nodal de « l'âge de raison », c'est l'acceptation de la loi qui régit tous ceux de son sexe, jusque dans les processus imaginaires. Cela produit chez l'enfant une mutation, c'est l'intégration du sujet à la société en tant que responsable de ses actes délibérés. Si l'exercice de sa liberté lui est laissé par ses parents, il devient autonome, intéressé à toutes les lois de la vie sociale, et il vise une réussite dans sa classe d'âge, au-delà de la vie familiale. C'est alors l'orientation de son désir dans l'apprentissage ludique technologique industrieux utilitaire et créatif en attente de sa nubilité. L'adolescence remanie la structure œdipienne ébauchée et détache définitivement le désir génital de ses visées incestueuses en assurant le refoulement dynamogène des pulsions incestueuses au profit de la recherche d'objets désirables dans la communauté, hors de la famille. Adulte de corps, l'individu humain, devenu capable de procréation, assure la continuation de l'espèce. Mais c'est son rôle symbolique maternel et paternel, son amour pour ses enfants, le sens de sa responsabilité à leur égard et sa capacité d'assumer ses engagements qui leur assurent survie, sécurité et protection des dangers. C'est aussi cette responsabilité parentale que la société a érigée en loi. C'est la chasteté du désir des parents vis-à-vis de leurs enfants, des adultes éducateurs et maîtres vis-à-vis des jeunes, qui, par l'exemple et le langage, informe de la réalité et de ses lois le désir des jeunes, les suscite à prendre des initiatives, à participer aux activités familiales et sociales comme ils en donnent l'exemple. Par la délivrance du savoir de l'interdit de l'inceste, les adultes soutiennent la confiance du jeune en sa future génitalité dédiée à des êtres aimés hors de leur famille. Ils encouragent l'exercice de la liberté des petits et des jeunes dans l'acquisition de l'autonomie comportementale par leurs propres expériences formatrices au cours de leur croissance en allégeant progressivement tutelle et contrôle familial, permettant ainsi aux jeunes leur accession à la vie sociale de sujets responsables de leurs paroles et de leurs actes, devenant moralement autonomes.

Ce n'est pas, chez l'être humain, la capacité physique de procréer qui rend les adultes capables d'élevage et d'éducation des enfants qu'ils ont mis au monde, fussent-ils couplés par mariage ou par désir, ou par amour l'un pour l'autre, fussent-ils heureux d'enfanter et de fantasmer maternité et paternité. Les jeunes enfants n'en font-ils pas autant? Combien de parents sont fétichistes de leurs enfants, combien sont pédophiles ou font de leurs engendrés leurs esclaves, combien les maltraitent ou les laissent sans avoir, sans pouvoir, sans savoir, sans communication, sans joie, alors que d'autres les emprisonnent dans une prison dorée, les étouffent par leur surprotection.

C'est l'amour des parents pour leurs enfants, et non le besoin ni le désir d'en avoir, qui les fait accéder au sens humain de leur responsabilité tutélaire, et rend le sentiment de cette responsabilité à chacun des parents, séparément ou ensemble, aussi important à leurs yeux que leur responsabilité personnelle vis-à-vis d'eux-mêmes. Faute de l'accès à ce niveau symbolique paternel et maternel, la procréation d'enfants piège l'adulte dans le rejet ou la dépendance au rôle que lui dévolue la loi sociale, celui de responsable qui a des droits sur sa progéniture. Il ressent l'enfant comme un parasite qui aliène péniblement sa liberté perdue et parle de « sacrifice », ce qui implique la violence à laquelle ses désirs sont soumis par cette responsabilité, violence qui, inconsciemment, s'exprime dans les modalités de sa tutelle maternelle et paternelle.

La capacité d'assumer cette responsabilité de la vie et du comportement de leur enfant au cours de son développement, pour sa survie, son initiation aux dangers, la psychanalyse a permis de découvrir qu'elle est en relation avec la chasteté du désir adulte à l'égard du jeune. La tolérance de ses expériences au fur et à mesure de sa croissance. Les réponses justes aux questions que le développement mental de l'être humain désire recevoir de ses maîtres à vivre. La liberté d'accéder à la connaissance de lui-même, du monde qui l'entoure et des autres.

Les parents angoissés, frustrés eux-mêmes dans la

liberté de leurs désirs, sont inconsciemment intolérants aux joies et aux peines de leurs petits qu'ils surprotègent par langage gestuel et verbal, limitant leurs initiatives et sévissant lorsque les enfants, à bon escient, transgressent des interdits à leur liberté, devenus périmés du fait de leur développement psychologique et moteur.

C'est par l'exemple, par le langage que les parents assument l'éducation des enfants et leur accès à l'autonomie comportementale, au respect de la liberté d'autrui, à la maîtrise et au renoncement à l'instinct agressif et grégaire sans jugement critique, et à la responsabilité de leurs actes, tout en les laissant exprimer désirs inadaptés aux lois de la réalité et de la société en jeux, en fantasmes et en langage parlé. C'est par la maîtrise de leur sensualité vis-à-vis de la séduction à laquelle le désir de l'enfant vise à faire de père et mère ses objets de plaisir, que les adultes manifestent leur capacité éducatrice et non par leur faiblesse permissive ou leur violence répressive de la liberté d'expression au désir de l'enfant.

L'intelligence de l'enfant est intuitive et observatrice. Il perçoit à son égard des attitudes des adultes contradictoires à leurs dires et se sent alors en insécurité, s'il ignore que ses parents sont à son égard dans la même loi que tous et que lui-même par rapport au respect de sa vie et au désir sexuel génital, agressif et séducteur pour son objet, tel qu'il le considère. C'est pourquoi l'adulte doit lui signifier cette loi tant par la chasteté de son comportement, de ses attitudes à son égard, que par ses paroles véridiques concernant la limitation de ses droits sur les enfants, fussent-ils les siens. Il ne s'agit pas de « réprimer » l'expression des fantasmes du désir incestueux de l'enfant, mais simplement de ne pas y répondre dans la réalité, de ne pas être sensible aux exigences des privautés sensuelles manifestées par les petits, toujours avides de plaisirs, ignorant ceux qui leur seraient dangereux à satisfaire. C'est donc une question de l'identification psycho-affective de l'enfant à l'esprit de l'éthique de l'adulte tutélaire, lui-même ordonné dans son désir adulte et respectueux de la loi. L'adulte répond et informe l'enfant autant par la parole que par l'exemple.

C'est aussi par la liberté laissée par l'adulte, chaque jour plus grande, à l'enfant, de l'exercice de son désir, de son droit et même de son devoir à l'auto-conservation et à celui de se protéger des malveillances venues des autres, aussi bien adultes qu'enfants, dans la communauté sociale... Il a à se soustraire, par ses expériences formatrices, à la tutelle continuelle parentale et des rivalités fraternelles au foyer.

Comment éveiller l'enfant à l'autonomie au cours de son éducation? Françoise Dolto a eu maintes fois l'occasion d'en débattre avec des enseignants et des éducateurs. Ses interventions ont provoqué un courrier qui révèle les errances et les contresens des adultes, en particulier de ceux qui croient avoir tout compris.

Le plus difficile est de faire comprendre aux enseignants qui ont forgé le néologisme « autonomiser », que si on « autonomise » un être, cela veut dire qu'il n'est pas autonome. Il s'agit de laisser l'enfant prendre sa liberté et en user. Pour cela, il est indispensable que les parents prennent de la distance vis-à-vis de lui et lui fassent confiance. Ce qui ne veut pas dire lui exprimer de l'indifférence, bien au contraire. L'aimer autonome. Des parents cèdent à tout et, par exemple, s'interdisent de laisser seul à la maison leur enfant parce que celui-ci impose son caprice. « Si je ne fais pas ce que mon enfant veut, alors il dit que je suis méchante et que je ne l'aime plus! » Je dis aux mères qui me rapportent ce genre de scène : « Et ça vous fait du mal qu'il vous dise ça? Laissez-le dire. Ça lui fait du bien de vous le dire et vous, ça ne vous fait aucun mal. Quand vous le laissez seul, expliquez-lui que vous avez envie de vous distraire, de voir des amis.

Lui, il sera très bien à la maison. S'il s'ennuie, qu'il aille chez le voisin, ou appelle des copains... – Mais alors, protestent ces mères, je rends malheureux mon enfant! » Elles ne peuvent pas supporter qu'on leur dise : « Tu ne m'aimes pas. » Pour que l'enfant prenne son autonomie, encore faut-il que l'adulte qui s'occupe de lui, lui donne l'exemple de prendre sa part de liberté et de défendre sa propre autonomie. Combien d'adultes n'acceptent les rapports avec les enfants qu'en situation duelle : le père/sa fille, le professeur/son élève. Si un homme tient la place qu'il doit prendre dans la vie d'une femme, et vice versa, le fils de celle-ci est bien obligé de ne pas coller ni à son père ni à sa mère. La triangulation est assurée. Autre erreur commune : croire que l'autonomie d'un enfant ne doit s'éveiller et se manifester qu'en groupe. Et de s'évertuer à lui trouver un groupe substitut du noyau familial. Faut-il vraiment qu'un enfant qui ne le désire pas aille en groupe? S'il veut être solitaire, ne contrarions pas cette volonté. Favorisons au contraire toutes les expériences qu'il désire faire. C'est en connaissance de cause qu'il comprendra ce qui lui convient le mieux, mais seulement à condition d'avoir été jusqu'au bout de ses désirs et d'en avoir éprouvé les effets à court, moyen et long terme.

L'ENTRAIDE N'EST PAS L'ASSISTANCE

La sécurité dans la famille et l'ouverture aux idées semées de l'extérieur, l'accueil d'autres familles tant par les adultes que par les enfants, leurs échanges avec d'autres groupes, familiaux et sociaux, la libre discussion des observations et témoignages venus de l'extérieur, tout en conservant au style de chaque famille sa particularité, tel est le mode de vie qui forme le jugement des enfants dans un foyer et des jeunes qui y grandissent.

C'est ce mode de vie familiale qui les prépare à assumer progressivement leur auto-gouverne et leur sens de leur propre responsabilité dans l'indépendance progressive, vis-à-vis de leurs parents. Ils deviennent alors des adolescents conscients des risques de la vie et capables de les assumer, surtout si leurs parents leur font confiance, sachant qu'ils les ont, à temps, armés pour les épreuves des rencontres, des influences, de l'amitié trahie, de l'amour impossible ou éphémère, du désir maîtrisé, si violent soit-il, quand le partenaire rêvé se refuse dans la réalité et que du désir humain, qui n'est pas un rut, des jeunes gens et jeunes adultes des deux sexes doivent, au nom du respect de l'autre, accepter qu'on se refuse à son désir, à son amitié, à son amour.

Les échanges d'idées, la collaboration dans le travail, le respect de la valeur humaine des êtres humains de toutes les générations, l'attachement du cœur dans l'estime réciproque les uns des autres et la tolérance à leurs modalités de vie sans aliénation de la liberté des uns par l'autorité des forts visant à écraser les faibles, l'entraide humaine, sont des forces vives dans une société dont la valeur est faite de celle de chacun de ceux qui la composent; du rayonnement de la joie de vivre et de la santé morale des petits et des jeunes qui y grandissent.

L'enfance et la vieillesse ont besoin de l'assistance du reste de la population. La jeunesse a besoin de libertés et de confiance en elle. L'assistance dont jeunes et vieux ont besoin s'accompagne souvent du mépris pour la faiblesse naturelle de ces tranches d'âge de la population. C'est, à ne pas douter, un signe de dégradation de la vie de l'esprit; celle qui caractérise l'être humain. Cette dégradation, c'est l'inflation de la valeur donnée à la productivité pour la conquête exclusive des biens matériels. Cette inflation est un narcotique visant à nier le mystère de la vie éphémère de l'être humain qu'étreint l'angoisse de sa mort physique individuelle et de l'inconnaissable après.

L'accord avec les cycles de la nature, le respect des créatures, la protection des espèces dès lors que leur nombre n'est pas nuisible à l'espèce humaine, la compassion pour qui souffre de solitude et de misère, sont des valeurs qui tendent à promouvoir les jeunes de notre civilisation, qui voient la conquête et l'administration des biens matériels accaparer l'énergie des adultes qui, à leur tour, veulent faire prendre le même chemin aux jeunes qui s'y refusent.

L'entraide est chose interpersonnelle et non assistance anonyme par l'Etat bureaucratique, laquelle développe une éthique de destin sans risques, où le désir et l'amour meurent et où le parasitisme est vertu. L'inventivité et la créativité ne peuvent pas être orchestrées par le prince ou l'Etat aux multiples bureaucrates à pouvoir discrétionnaire. Pas plus que dans la famille, des droits sur leurs enfants ne peuvent être dévolus aux parents, pas plus le droit de disposer d'un autre ne peut être dévolu à un individu, fût-il sorti de la masse anonyme ou d'une classe de privilégiés en savoir. L'idée d'une sécurité assurée à chacun par la société s'est concrétisée dans un système démagogique en réalité antidémocratique chez nous.

Notre société n'est-elle pas malade d'avoir voulu assurer la même sécurité et soins à tous, quelles que soient ressources et fortune, et toute la vie? C'est à tous les enfants qu'en soins, en assistance, en nourriture, en nature, en lieux de vie d'éducation et de loisirs, et non en argent à leurs parents que la société se doit d'apporter aide, pour soutenir leur développement. C'est en création de lieux de rencontres, de cultures, de loisirs et de vie communautaire possible quand ils désireraient échapper à l'ennui ou à l'enfer de leur vie en famille, qu'il faudrait aider tous les enfants, mais pas exclusivement à ceux de parents pécuniairement ou caractériellement défavorisés. C'est en argent à gérer personnellement qu'il faudrait aider les enfants, dès la nubilité et encore d'âge scolaire, en rémunérant d'une façon personnelle plus qu'en récompensant leur assiduité, leurs efforts, leur contribution à la vie sociale, leurs réussites et leurs performances, aussi bien corporelles, manuelles qu'intellectuelles. C'est la rémunération de réussites culturelles sportives, autant que de travail à temps partiel, matériellement productif à réhabiliter qu'il faudrait instituer, afin de soutenir l'inventivité, la créativité des jeunes que leurs parents ne peuvent, ni ne savent soutenir à développer leurs goûts et leurs aptitudes, tant que la société ne considère pas valable ni licite le rôle social des jeunes. Puis, de 16 à 55 ans, ce serait n'assister individuellement, en nature et en argent, que les handicapés et les inaptes à s'entretenir par leur travail. On n'assisterait pas matériellement les autres, ceux qui travaillent et qui seraient suscités à organiser individuellement leur entraide mutuelle en cas de maladie ou d'accident. A partir de 55 ans, la collectivité reprendrait à charge gratuitement les soins et l'assistance en nature aux personnes âgées démunies de famille et de ressources. Obsèques et sépulture décente seraient gratuitement assurées à tout âge à chaque personne dont les siens sont démunis de ressources.

Une organisation de sécurité ainsi autrement pensée, assurée gratuitement pendant le cours de croissance et dès le début de la sénescence, permettrait que toute la société active soutienne ceux qui en ont vraiment besoin, sans dévaloriser l'entraide interpersonnelle et familiale. Notre système encourage l'esprit de dépendance et de régression, le refuge dans la maladie, la revendication du droit à la santé à tout âge[1], alors même que le mode de vie, délibérément pathologique, physiquement ou moralement, est choisi par bien des citoyens.

Je ne crois pas que penser autrement et appliquer autrement qu'on l'a fait la sécurité sociale soit une utopie. Peut-être fallait-il mesurer ce qu'entraîne notre

---

1. Parlons de « droit aux soins » pour tous (il s'agit du droit à se soigner et pas seulement à se faire soigner).

système, l'esprit démissionnaire devant la responsabilité de chacun vis-à-vis de lui-même et des autres de son entourage, je pense aux parents âgés, pour en voir les défauts. C'est l'impact sur l'inconscient à effet débilitant sur le désir, ce sont les avantages secondaires conscients obtenus par le refuge dans les accidents ou la maladie en cas d'épreuve du désir, que la psychanalyse permet de comprendre.

Notre société doit tenir compte des lois de l'inconscient. Le risque et l'angoisse du risque font partie du désir et soutiennent la vitalité des désirants que nous sommes.

Viser à les supprimer conduit à dégrader la vie en société et à la déshumaniser chez l'individu.

VACCINER L'ENFANT CONTRE LA MALADIE DE LA MÈRE OU DU PÈRE

Il y a un certain nombre de vérités à rappeler à tous les parents. Vérités qui peuvent être dures pour un certain nombre de parents responsables d'enfants psychotiques et qui de ce fait s'en croient coupables, mais qui peuvent être très instructives pour les parents d'enfants dits « difficiles », qui eux-mêmes dans leur enfance ont souffert, ou dont leurs bébés ont été soignés par des nourrices successives.

Tout enfant est obligé de supporter le climat dans lequel il grandit mais aussi les effets pathogènes restés en séquelles du passé pathologique non seulement de sa mère et de son père mais aussi des personnes qui s'occupent de lui. Il est porteur de cette dette contractée à son époque fusionnelle prénatale puis de dépendances post-natales qui l'a structuré. Ce processus est inévitable et, en prenant sa part d'angoisse, l'enfant aide ses parents, mais parfois cette charge écrase ses forces vives.

Insistons sur ce que l'expérience du traitement des

enfants psychotiques apporte à la connaissance de l'homme dans ses premières années : l'intensification du malaise, du déséquilibre venant de l'impossibilité de s'individuer soi-même, de croire dans un sentiment « eugène » de sécurité et de confiance, dont est victime, pour l'observateur et le thérapeute, l'enfant gravement atteint, est révélateur de ce qui se passe en moins visible, en ébauché, pour beaucoup d'enfants en bas âge. Nous savons maintenant que la folie est souvent induite chez l'enfant par ses parents, ceux-ci étant apparemment sains. Dans le premier âge, le nourrisson se tisse au vécu inconscient de sa mère qui pour lui, quel que soit le comportement de sa nourrice, est langage d'amour. Il n'est pas capable encore de comprendre ce qu'il y a de pathogène dans ce langage d'une femme angoissée et qu'elle lui envoie l'effet de tension dont elle est elle-même dérangée « en pleine gueule » sans se rendre compte qu'elle induit inconsciemment le climat de désordre émotionnel de son bébé. Une fois qu'il aura le langage verbal, il pourra trouver la manière de se défendre : « Elle dit des choses absurdes, ma mère, c'est parce qu'elle est malheureuse... Et quand on est malheureux, on dit n'importe quoi... » Il en souffrira, mais il pourra se développer lui-même s'il perçoit que l'adulte qu'il aime et dont il est aimé souffre, est en contradiction avec lui-même; le savoir rend la chose supportable. Tant que cela n'est pas dit, il « jouit » dans le sens qu'il « subit » fusionnellement les angoisses ou la folie de sa mère, il a partie liée aux fantasmes ou au délire maternel et ça le rend fou. Il nourrit le besoin de s'angoisser à propos de sa mère et en même temps, ce faisant, il la soigne. En empathie avec elle, il en est le premier thérapeute. Mais thérapeute-victime, c'est-à-dire que finalement il est sacrifié, comme autrefois dans la mythologie. Il ne sait et ne peut pas encore se défendre. Iphigénie a été sacrifiée au désir incestueux de son père pour elle, et aussi par son désir incestueux pour son père. Elle devait sauver la société en étant de ce fantasme actualisé la première victime, bien sûr offerte aux dieux.

Les sociétés essaient de vacciner l'enfant. Je crois que la circoncision est là pour prévenir que le garçon soit victime de son père. Dans la société juive, l'individu enfant laisse la peau de sa verge comme pour être marqué par le désir de son père comme son égal devant Dieu, mais non comme une tête de bétail entièrement possédée et soumise à son maître. Les fils d'Isaac se prémunissent contre le geste ancestral d'Abraham qui offrait son fils unique à Dieu comme la plus belle pièce de son bétail. Dieu arrêta son bras, se contenta d'un bouc. La société peut limiter les droits possessifs des parents sur leurs enfants, et même sauver l'enfant de sa possession par son père ou sa mère. La loi juive mettait l'enfant sous l'autorité de ses seuls parents. Le Christ a parlé aux adultes : « Laissez venir *à moi* ces petits enfants », au lieu de les garder *à vous*. C'était une mutation des relations jusque-là en usage.

Quand il dit : « Je diviserai les familles », c'est peut-être justement pour sauver leur descendance de la soumission servile aux parents. « Le fils lâchera son père et sa mère pour s'attacher à sa femme », est-il dit dans la Bible.

Dans la société chrétienne médiévale, l'enfant était enlevé très vite à sa mère. On peut se demander si ce n'était pas une certaine protection de l'hygiène mentale de l'enfant. Evidemment, ce sont des choses très dures à dire.

Les parents se justifient : « Avec le savoir parallèle, l'école de la rue, avec la T.V., avec la mobilité qu'ont actuellement les enfants très jeunes, nous sommes dépassés, débordés, etc. » Il ne faut pas que les parents continuent à croire que c'est un mal en soi que leurs enfants s'abreuvent à d'autres sources, puisque bien des sociétés historiques permettaient justement aux enfants d'être moins enfermés et d'être mêlés aux clans, aux confréries, à la vie des métiers.

Tempérer l'abus de pouvoir parental n'est pas un

mal. Sinon l'enfant risque dans certains cas d'être étouffé, dévoré par le besoin d'aide matérielle, ou pire, le désir de sa présence que ses parents ont de lui ou d'elle. Dépendance inculquée aux enfants comme vertu d'obéissance à l'exercice du pouvoir discrétionnaire de leurs parents sur eux.

Les familles sadisent leurs enfants pour se sauver de leurs souffrances. Il y a souvent un laisser faire d'un des conjoints. C'est rarement dans les milieux socio-économiques défavorisés, bien que cela existe aussi dans les familles pauvres. Il s'agit de troubles de la relation symbolique de la famille de l'enfant avec le groupe social de l'entourage.

La puissance des pulsions qui sont en jeu chez l'enfant rend nécessaire une rencontre ordonnée, non pas avec quelqu'un de son âge, mais avec un adulte âgé : un grand-père pour un garçon, ou une grand-mère pour une fille, c'est quelqu'un qui a passé la vie d'adulte et qui lui donne l'image d'une sécurité idéale : s'il a pu arriver à un grand âge, c'est qu'il a su se materner et se paterner. On conçoit bien que les romanciers soient eux-mêmes à la recherche de leur petite enfance, mais les personnages d'enfants qu'ils font revivre sont plus proches de dix ans que de cinq. Le roman d'un échange entre un tout petit de moins de cinq ans et un adulte reste à écrire. En dehors d'une cure de psychanalyse, bien peu d'enfants ont la possibilité de parler pour dire ce qu'ils ont à dire d'avant quatre, cinq ans de leur vie, de l'époque de leur vie dont les blessures les ont marqués, dont les cicatrices ne sont pas fermées.

Ce que la psychanalyse, après Freud, a découvert, c'est le refoulement à 6-7 ans au plus tard de tout le vécu de l'enfance. Et ce sont les enfants, engendrés par ces adultes qui ont oublié leurs traumatismes d'enfance, qui réactualisent à l'insu de leurs parents et au même âge qu'eux ce qui – refoulé – n'avait pas pu être symbolisé.

La psychanalyse en ses débuts ne remontait guère dans l'histoire du sujet en deçà de « l'âge de raison », 8, 9 ans. Puis elle s'est intéressée au premier âge. Aujourd'hui, on commence à saisir que la vie *in utero* est très importante sinon déterminante dans l'apparition des névroses, comme aussi dans les assises de la santé psycho-sociale.

Le Ça a été exploré; le Moi ensuite a occupé le devant de la scène, le divan. Le Je échappe. Mais c'est cette réalité qui sous-tend la relation de triangulation et dont la recherche constitue le tournant marquant de la psychanalyse. Un nouvel éclairage laisse apparaître la véritable nature symbolique de la santé comme celle des névroses et psychoses, le corps comme langage du non-dit, le caractère transmissible de l'Œdipe mal résolu, des reports narcissiques, des obsessions, sur plusieurs générations. La genèse des névroses remonte à l'histoire des parents et parfois des grands-parents.

Le corps de l'enfant est le langage de l'histoire de ses parents. Le fœtus se défend pour rester viable par des réactions humorales. Quand la parole le libère, du fait de cette mise en lumière, il se lave des humeurs de son corps qui ne sont plus psychotisantes. Tels sont les indices d'une nouvelle interprétation métaphorique des maladies psychosomatiques du premier âge. Prenons l'exemple des grossesses à haut risque. Si la mère surmonte tous les moments difficiles, si elle a pris sur elle, cela ne veut pas dire que l'enfant n'est pas marqué des épreuves de la mère, alors que si elle a été elle-même terrassée par un état dépressif, l'enfant peut être vigoureux et résistant car le fœtus a lutté pour compenser la dépression de la mère. Ce n'est donc pas une relation directe de cause à effet. Il s'agit d'une dialectique vivante.

Qu'est-ce que le *Je*? Ce *Je* grammatical est une

métaphore d'un sujet qui veut s'incarner. Mais quelle est sa nature? Sans doute, plus métaphysique que physique. Il semble être en relation avec les autres sujets occultés et trahis par des « moi ». Le Moi est destiné à mourir. Le *Je* représentant du verbe être entre dans un paraître avec une dynamique totalement pure, quelle que soit la perversion de ce paraître dynamique, l'individu qui sert exclusivement le groupe ethnique et l'équilibre de l'espèce. Mais si le *Je* est matérialisation génétique d'énergie, la mort de l'individu, de ce point de vue, ne serait qu'un transfert de cette énergie.

Si on s'engage dans cette voie de réflexion, dans cette prise de conscience, les prétendus critères selon lesquels la société pourrait décider qu'une existence humaine est viable ou pas ne résistent pas à l'analyse. Le « Je » peut s'incarner à part entière dans un individu en dépit de tous ses handicaps physiques. Le vouloir vivre et survivre d'un fœtus est déterminant et l'emporte.

Ces dernières années, des équipes de gynécologues et d'obstétriciens se sont spécialisées dans la conception in vitro. Ils répondent à la demande de couples stériles qui désirent fortement avoir un enfant. La publicité faite à ce que l'on appelle avec une simplification abusive « bébés-éprouvettes » entraîne une surévaluation du pouvoir médical. Et pourtant les opérateurs qui assurent par une manipulation de laboratoire la rencontre de deux gamètes, mâle et femelle, et transplantent l'embryon dans l'utérus maternel, n'en savent pas plus que les autres humains sur l'origine de la vie, sur ce qui donne naissance à un homme nouveau en devenir. Ce n'est pas le chercheur qui donne la vie, qui fait l'enfant, pas plus du reste que les géniteurs lors de la fécondation par les voies naturelles.

Il n'en est pas moins vrai que ces expériences amènent leurs praticiens à une réflexion nouvelle. Et à se poser une question qui leur paraît capitale : Quand l'embryon fécondé in vitro *devient-il personne humaine? A partir de quel instant s'opère le « passage » de la vie animale à la différenciation qui fait de nous des humains? Les animateurs de l'une de ces équipes médicales à l'hôpital Beclère, dont le Dr Jacques Testard, se disent les explorateurs de la « médecine du désir ». « C'est seulement par le désir de ses parents, déclarent-ils, que le fœtus conçu* in vitro *naît personne humaine. »*

Je ne vois pas ce que peut être la « médecine du désir » alors que l'énigme du désir demeure entière. La vie, nous ne la verrons jamais, même avec les instruments d'observation les plus perfectionnés. Aucun de ces gynécologues ne peut dire qu'il donne la vie *in vitro.* Tout au plus : « J'assiste à l'échange des énergies de deux gamètes. » Psychanalystes, nous savons que la vie c'est le désir même. Seulement voilà, le désirant vivre n'est pas le géniteur, mais celui à naître. A la conception, le désirant appelé ou non prend corps. Nous ignorons toujours ce que c'est que de s'incarner pour un être qui est langage – langage de désir, par la médiation de deux autres êtres qui peuvent manipuler les potentialités d'un devenir humain. Il est donc pervers de prêter au désir des géniteurs et des tutélaires le pouvoir de donner et entretenir la vie de l'enfant. Seul chaque enfant se donne vie par son désir de vivre. Ne nous trompons pas sur le sens du : « Je n'ai pas demandé à naître. » Ce déni émane souvent de l'adolescent trop adulé dont les parents dévorants ont tari en lui la source même du désir. Il est devenu incapable de reconduire le désir de vivre, et il interprète rétroactivement que ce sont les autres qui ont décidé de sa conception, de sa naissance et de sa survie. Bien accueillir un nouveau-né, c'est avant tout respecter son désir à venir au monde, tel qu'il est, qu'il ressemble ou non à ce que l'on aime. Le fœtus apporte avec lui une énergie nouvelle. Si on le laisse se développer en utilisant cette énergie, il la fait rayonner alentour et il a sa chance de s'accomplir adulte. Il créera toujours au jour le jour, pour peu qu'il y ait de quoi survivre et soutenir le courage de ses parents, si de vivre, il garde le désir.

Il revient à chaque jeune d'assurer la part de transformation de son environnement qui lui permettra de s'en sortir, au risque de mourir. Le risque de la mort fait partie de la vie : aussi la nôtre n'appartient pas aux autres même si autrui peut y mettre fin. L'énigme du désir pose le vrai problème de société : légaliser l'avortement met la collectivité en péril de légaliser la mort d'un sujet désirant. Il serait plus juste de dépénaliser l'aide à une femme qui veut avorter, comme de dépénaliser l'euthanasie. Le suicide, qui est une euthanasie, n'est pas pénalisé en France.

Les tenants inconditionnels de la loi sur l'interruption volontaire de la grossesse refusent d'y voir une contradiction tout en se félicitant de prévenir ainsi les malheurs sociaux qu'entraîne la surpopulation. L'I.V.G. étant selon beaucoup le moyen le plus sûr de contrôler les naissances.

Je réponds : Accueillons au monde les désirants. Ils entreront dans une société qui aura à faire face à un surnombre de ses membres. Pourquoi les jeunes de cette société-là n'inventeraient-ils pas les moyens de la gérer ? Ce sera leur affaire. Pas celle de leurs parents. Arrêtons le génocide.

Annexes

Chercheurs dont les travaux
sont cités dans l'ouvrage
(classés ici par discipline)

Histoire : Philippe ARIÈS (France), Elisabeth BADINTER (France), Catherine FOUQUET (France), Yvonne KNI-BIEHLER (France).

Archéologie : Adam FALKENSTEIN (Allemagne), Thorkild JACOBSON (Etats-Unis).

Ethologie : Konrad LORENZ (Autriche), Hubert MONTA-GNER (France).

Ethnologie : Arnold van GENNEP (France), Robert JAU-LIN (France).

Anthropologie : Pr LOVEJOY (Etats-Unis).

Psychosociologie : Marie-José CHOMBART DE LAUWE (France).

Psychologie : Jacques MEHLER (France), Jean PIAGET (Suisse), Mia KELLMER PRINGLE (Grande-Bretagne), René ZAZZO (France).

Neurophysiologie : Michel IMBERT (France).

Neurobiologie : Jean-Pierre CHANGEUX (France).

Pédiatrie : Julien COHEN-SOLAL (France), Fitzhugh DODSON (Etats-Unis), Albert GRENIER (France), Léon KREISLER (France).

Psychiatrie infantile : Bruno BETTELHEIM (Etats-Unis).

Pédagogie : Maria MONTESSORI (Italie).

Nutrition : Jean TREMOLIÈRES (France).

Repères chronologiques

(Mesures législatives et réglementaires ayant eu une incidence notable sur la cause des enfants.)

VIe s. ap. J.-C. : suppression, à Rome, du droit de vie et de mort sur l'enfant, concédé au père au moment de la naissance.

1215 : interdiction de communier avant l'âge de 12 ans (pour les filles) et de 14 ans (pour les garçons) – Concile du Latran.

1545-1563 : le Concile de Trente rend cette communion solennelle obligatoire sous peine d'anathème.

1833 : loi Guizot créant l'école publique dans chaque commune de France.

1841 : loi du 22 mars apportant les premières restrictions au travail des enfants. Elle interdit l'emploi d'enfants dans les ateliers avant l'âge de 8 ans.

1874 : la loi du 19 mai 1874 relève à 12 ans l'âge minimum d'admission dans les manufactures.

1881 : l'instruction primaire devient obligatoire.

1882 : loi du 28 mars 1882 rendant obligatoire en France l'instruction pour les enfants des deux sexes à partir de 6 ans et jusqu'à 16 ans. Cette obligation scolaire est restée non respectée pendant des décennies. Cette disposition était du reste en contradiction avec la loi aux termes de laquelle l'enfant restait placé sous l'autorité paternelle jusqu'à sa majorité.

1892 : la durée du travail pour les adolescents de 16 à 18 ans ne doit pas dépasser 11 heures par jour ou 60 heures par semaine.

1906 : majorité pénale portée de 16 à 18 ans.

1910 : décret de Pie X ramenant l'âge de discrétion à 7 ans pour la communion privée, avec obligation de la faire précéder de la confession.

1912 : loi du 22 juillet créant les tribunaux pour enfants et prévoyant une mesure intermédiaire entre la remise des mineurs délinquants de 13 à 18 ans « ayant agi sans discernement » à leur famille et l'envoi en colonie pénitentiaire : ils pourront être confiés à un tiers ou à une institution charitable.

1946 : la Constitution (française) prévoit l'égal accès pour tous à la culture.

1946 : loi du 22 août 1946 (appliquée le 1er janvier 1947) donnant droit aux allocations prénatales aux femmes qui satisfont aux examens prénataux.

1955 : vaccination obligatoire au B.C.G. (11 mai, L 215 code de santé publique) pour les enfants du 1er âge et 2e âge confiés aux crèches, pouponnières, nourrices, écoles.

1959 : décret Berthoin rendant la formation scolaire obligatoire jusqu'à 16 ans. Ce qui entraîne l'interdiction du travail professionnel avant cet âge.

1959 : 20 novembre : déclaration universelle des droits de l'enfant.

1967 : par ordonnance du 27 septembre 1967, tout mineur devant être scolarisé jusqu'à 16 ans, il ne peut *ipso facto* être, avant cet âge, légalement employé dans une entreprise.

1969 : « Ordo baptismi parvulorum » de Paul VI : c'est la première fois dans l'histoire du catholicisme que le baptême des petits enfants est vraiment dissocié de celui des adultes selon un rituel distinct.

1970 : suppression de la puissance paternelle (4 juin) au profit de l'autorité du chef de famille.

1972 : la vaccination anti-variolique est rendue

	obligatoire par décret du 16 novembre au titre du L 5 du code de la santé.
1974 :	l'âge de la majorité est fixé à 18 ans (5 juillet 1974). La majorité avait été longtemps régie par le droit romain (article 488 du Code). De 25 ans sous l'Ancien Régime, elle fut ramenée, sous la Révolution, à 18 ans. Puis elle oscilla périodiquement entre 25 et 21 ans, jusqu'en 1974.
1975 :	loi Veil sur l'interruption volontaire de grossesse.
17 janvier	loi sur le divorce : le juge peut ne pas prononcer le divorce
11 juillet	si la dissolution du mariage est préjudiciable à l'enfant[1].
1984 :	l'obligation de la vaccination anti-variolique est totalement supprimée (30 mai 1984).

1. Article 287 du Code civil:

Selon l'intérêt des enfants mineurs, leur garde est conférée à l'un ou l'autre des époux. A titre exceptionnel, et si l'intérêt des enfants l'exige, cette garde peut être confiée soit à une autre personne, choisie de préférence dans leur parenté, soit, si cela s'avérait impossible, à un établissement d'éducation.

Avant de statuer sur la garde des enfants provisoire ou définitive, et sur le droit de visite, le juge peut donner mission à toute personne qualifiée d'effectuer une enquête sociale. Celle-ci a pour but de recueillir des renseignements sur la situation matérielle et morale de la famille, sur les conditions dans lesquelles vivent et sont élevés les enfants et sur les mesures qu'il y a lieu de prendre dans leur intérêt. Si l'un des époux conteste les conclusions de l'enquête sociale, il peut demander une contre-enquête.

Dans la pratique, le droit de visite est fixé à la 1re et la 3e semaine du mois.

Quant à son émancipation, ce n'est malheureusement pas l'enfant qui peut l'obtenir sans l'autorisation de ses parents. Comme si un enfant n'avait pas le droit de se sevrer!

Déclaration universelle
des droits de l'enfant

Préambule

Considérant que, dans la Charte, les peuples des Nations Unies ont proclamé à nouveau leur foi dans les droits fondamentaux de l'homme et dans la dignité et la valeur de la personne humaine, et qu'ils se sont déclarés résolus à favoriser le progrès social et à instaurer de meilleures conditions de vie dans une liberté plus grande.

Considérant que, dans la Déclaration universelle des droits de l'homme, les Nations Unies ont proclamé que chacun peut se prévaloir de tous les droits et de toutes les libertés qui y sont énoncés, sans distinction aucune, notamment de race, de couleur, de sexe, de langue, de religion, d'opinion politique ou de toute autre opinion, d'origine nationale ou sociale, de fortune, de naissance ou de toute autre situation.

Considérant que l'enfant, en raison de son manque de maturité physique et intellectuelle, a besoin d'une protection spéciale et de soins spéciaux, notamment d'une protection juridique appropriée, avant comme après la naissance.

Considérant que la nécessité de cette protection spéciale a été énoncée dans la Déclaration de Genève de 1924 sur les droits de l'enfant et reconnue dans la Déclaration universelle des droits de l'homme ainsi que dans les statuts des institutions spécialisées et des organisations internationales qui se consacrent au bien-être de l'enfance.

Considérant que l'humanité se doit de donner à l'enfant le meilleur d'elle-même,

L'Assemblée générale

Proclame la présente Déclaration des droits de l'enfant afin qu'il ait une enfance heureuse et bénéficie, dans son intérêt comme dans l'intérêt de la société, des droits et libertés qui y sont énoncés; elle invite les parents, les hommes et les femmes à titre individuel, ainsi que les organisations bénévoles, les autorités locales et les gouvernements nationaux à reconnaître ces droits et à s'efforcer d'en assurer le respect au moyen de mesures législatives et autres adoptées progressivement en application des principes suivants :

Principe premier

L'enfant doit jouir de tous les droits énoncés dans la présente Déclaration. Ces droits doivent être reconnus à tous les enfants sans exception aucune, et sans distinction ou discrimination fondées sur la race, la couleur, le sexe, la langue, la religion, les opinions politiques ou autres, l'origine nationale ou sociale, la fortune, la naissance, ou sur toute autre situation, que celle-ci s'applique à l'enfant lui-même ou à sa famille.

Principe 2

L'enfant doit bénéficier d'une protection spéciale et se voir accorder des possibilités et des facilités par l'effet de la loi et par d'autres moyens, afin d'être en mesure de se développer d'une façon saine et normale sur le plan physique, intellectuel, moral, spirituel et social, dans des conditions de liberté et de dignité. Dans l'adoption de lois à cette fin, l'intérêt supérieur de l'enfant doit être la considération déterminante.

Principe 3

L'enfant a droit, dès sa naissance, à un nom et à une nationalité.

Principe 4

L'enfant doit bénéficier de la sécurité sociale. Il doit pouvoir grandir et se développer d'une façon saine; à cette fin, une aide et une protection spéciales doivent lui être assurées ainsi qu'à sa mère, notamment des soins prénatals et postnatals adéquats. L'enfant a droit à une alimentation, à un logement, à des loisirs et à des soins médicaux adéquats.

Principe 5

L'enfant physiquement, mentalement ou socialement désavantagé doit recevoir le traitement, l'éducation et les soins spéciaux que nécessite son état ou sa situation.

Principe 6

L'enfant, pour l'épanouissement harmonieux de sa personnalité, a besoin d'amour et de compréhension. Il doit, autant que possible, grandir sous la sauvegarde et sous la responsabilité de ses parents et, en tout état de cause, dans une atmosphère d'affection et de sécurité morale et matérielle; l'enfant en bas âge ne doit pas, sauf circonstances exceptionnelles, être séparé de sa mère. La société et les pouvoirs publics ont le devoir de prendre un soin particulier des enfants sans famille ou de ceux qui n'ont pas de moyens d'existence suffisants. Il est souhaitable que soient accordées aux familles nombreuses des allocations de l'Etat ou autres pour l'entretien des enfants.

Principe 7

L'enfant a droit à une éducation qui doit être gratuite et obligatoire au moins aux niveaux élémentaires. Il doit bénéficier d'une éducation qui contribue à sa culture générale et lui permette, dans des conditions d'égalité de chances, de développer ses facultés, son jugement personnel et son sens des responsabilités morales et sociales, et de devenir un membre utile de la société.

L'intérêt supérieur de l'enfant doit être le guide de ceux qui ont la responsabilité de son éducation et de son orientation; cette responsabilité incombe en priorité à ses parents.

L'enfant doit avoir toutes possibilités de se livrer à des jeux et à des activités récréatives, qui doivent être orientés vers les fins visées par l'éducation; la société et les pouvoirs publics doivent s'efforcer de favoriser la jouissance de ce droit.

Principe 8

L'enfant doit, en toutes circonstances, être parmi les premiers à recevoir protection et secours.

Principe 9

L'enfant doit être protégé contre toute forme de négligence, de cruauté et d'exploitation.

Il ne doit pas être soumis à la traite, sous quelque forme que ce soit.

L'enfant ne doit pas être admis à l'emploi avant d'avoir atteint un âge minimum approprié; il ne doit en aucun cas être astreint ou autorisé à prendre une occupation ou un emploi qui nuise à sa santé ou à son éducation, ou qui entrave son développement physique, mental ou moral.

Principe 10

L'enfant doit être protégé contre les pratiques qui peuvent pousser à la discrimination raciale, à la discrimination religieuse ou à toute autre forme de discrimination. Il doit être élevé dans un esprit de compréhension, de tolérance, d'amitié entre les peuples, de paix et de fraternité universelle, et dans le sentiment qu'il lui appartient de consacrer son énergie et ses talents au service de ses semblables.

Note du collectif :

Un discours rassurant mais insuffisant. Les principes concernent surtout l'enfance malheureuse, maltraitée, abandonnée. La Déclaration accorde en fait aux enfants le droit de passer tous par la même norme de protection et d'éducation. Elle passe sous silence les risques des enfants nantis : hyperprotection, tutelle des adultes. Elle n'insiste pas sur le droit à l'autonomie et sur la liberté d'advenir à soi-même, selon son désir à vivre, sans imiter le modèle des adultes.

Légalisation de l'avortement

Certaines prises de position publiques ont sans doute fait avancer le mouvement en faveur de la dépénalisation de l'avortement. Notamment, des témoignages de médecins au cours de procès.

L'affaire judiciaire la plus retentissante qui ait pu jouer en France un rôle moteur et influencer le législateur est le procès dit de Bobigny.

Le 11 octobre 1972, Marie-Claire X., 17 ans, défendue par maître Gisèle Halimi, est relaxée par le tribunal de Bobigny. Le professeur Paul Milliez est sanctionné par l'Ordre des Médecins pour son témoignage au procès, favorable à la dépénalisation et à l'engagement personnel des médecins en conscience.

D'autres cas ont pu sensibiliser l'opinion dans l'année qui a précédé la préparation de la loi Veil. La presse française, qui a senti l'intérêt du public pour ces affaires à débat, leur donne un large écho.

Citons :

– Janvier 1973 : le docteur William Pears, un gynécologue de Namur (Belgique), poursuivi pour actes abortifs, est astreint à 35 jours de prison préventive.

– A Saint-Etienne, septembre 1973 : « scandale » de 7 médecins du G.L.A., groupe pour la liberté de l'avortement et de la contraception (fondé par le docteur Lacour), qui révèlent avoir pratiqué de mai à septembre 400 I.V.G. Blâme du Conseil de l'ordre.

– Deux cars de Françaises revenant de Hollande (pour I.V.G.) retenus à la frontière franco-belge, pendant 48 heures. Mais le « barrage » se lève sans suite judiciaire. La loi Veil est dans l'air.

Utilisation des tissus fœteaux

Le Comité d'Ethique [1], présidé par Jean Bernard, a rendu son premier avis sur l'utilisation des tissus humains fœtaux à des fins diagnostiques, thérapeutiques ou scientifiques. S'il se déclare favorable à ces prélèvements, c'est dans certaines limites et sous surveillance :

– caractère exceptionnel de l'utilisation des tissus fœtaux à des fins thérapeutiques, en l'état actuel des connaissances;

– dissociation nécessaire entre les prélèvements et la méthode d'interruption de grossesse;

– consentement des parents;

– clause de conscience pour ne pas coopérer à des prélèvements lorsque la mort du fœtus est due à une I.V.G.;

– limitation de l'utilisation du fœtus à des établissements agréés et contrôlés;

– non-commercialisation des produits de la conception humaine.

Le Conseil national de l'Ordre se déclare en accord total avec ces recommandations qui rejoignent ses propres conclusions sur ce sujet (rapport du docteur René, Bulletin de l'Ordre, n° 1, avril 1983).

Il prend note du fait que le Comité déclare que « *cet embryon ou ce fœtus doit être reconnu comme une personne humaine qui est ou a été vivante et dont le respect s'impose à tous* ». (Bulletin de l'Ordre des Médecins, juillet 1984.)

1. Du Conseil national de l'Ordre des médecins.

L'âge de la Première Communion

Décret de la Congrégation
pour les Sacrements « quam singulari », 8 août 1910[1]

RÈGLES PRATIQUES

I. – L'âge de discrétion, aussi bien pour la communion que pour la confession, est celui où l'enfant commence à raisonner, c'est-à-dire vers sept ans, soit au-dessus, soit même au-dessous. Dès ce moment commence l'obligation de satisfaire au double précepte de la confession et de la communion.

II. – Pour la première confession et la Première Communion, point n'est nécessaire une pleine et parfaite connaissance de la doctrine chrétienne. L'enfant devra cependant ensuite continuer à apprendre graduellement le catéchisme entier, suivant la capacité de son intelligence.

III. – La connaissance de la religion requise dans l'enfant pour qu'il soit convenablement préparé à la Première Communion est qu'il comprenne, suivant sa capacité, les mystères de la foi, nécessaires de nécessité de moyen, et qu'il sache distinguer le pain eucharistique du pain ordinaire et corporel, afin de s'approcher de la Sainte Table avec la dévotion que comporte son âge.

IV. – L'obligation du précepte de la confession et de la communion qui touche l'enfant, retombe sur ceux-là surtout qui sont chargés de lui, c'est-à-dire les parents, le confesseur, les instituteurs et le curé. C'est au père ou à ceux qui le remplacent, et au confesseur, qu'il appartient, suivant le Catéchisme Romain, d'admettre l'enfant à la Première Communion.

---

1. Traduction française par les moines de Solesmes (les Enseignements pontificaux, la liturgie).

La population des enfants de 0 à 11-12 ans

Un Français sur cinq a de 0 à 12 ans. 2 sur 3 (dans cette tranche d'âge) vivent en *milieu urbain*.

RÉPARTITION SELON L'ÂGE ET LE SEXE.

Ages	Masculin	Féminin	Total
0-3	1 314 580	1 253 270	2 567 850
4-6	1 293 315	1 236 805	2 530 120
7-10	1 725 365	1 646 550	3 371 915
11-12	890 765	853 170	1 743 935
0-12	5 224 025	4 989 795	*10 213 820*
%	51,1	48,9	100

RÉPARTITION SELON L'ÂGE ET L'APPARTENANCE AU MONDE RURAL OU URBAIN

Ages	Rural	Urbain	Total
0-3	607 500	1 960 350	2 567 850
4-6	651 870	1 878 250	2 530 120
7-10	929 100	2 442 815	3 371 915
11-12	490 450	1 253 485	1 743 935
0-12	*2 678 920*	*7 534 900*	10 213 820
%	26,2	73,8	100

Table

PREMIÈRE PARTIE

Tant qu'il y aura des enfants

DEUXIÈME PARTIE

Un être de langage

maladies. Echec déprimant, maladie initiatrice.
Le faible, facteur d'équilibre.

IMPRIMÉ EN FRANCE PAR BRODARD ET TAUPIN
Usine de La Flèche (Sarthe).
LIBRAIRIE GÉNÉRALE FRANÇAISE - 6, rue Pierre-Sarrazin - 75006 Paris.

ISBN : 2 - 253 - 03936 - 5 　　　　　　◈ 30/6222/1